経済解析 基礎篇

経済解析

基礎篇

宇沢弘文著

岩波書店

はしがき

本書は，経済解析の基礎的事項と分析的手法について，できるだけ平易に解説したものである．将来経済理論の研究者を志す人々，あるいは先端的な理論研究の源流を探りたいと思う人々が必要とする経済解析の知識を提供するということを念頭におきながら書かれたものである．しかし，ここで取り上げられている事項は必ずしも網羅的でないし，重複する個所も多く，また分析的手法についてもその代表的な考え方をつくしてはいない．

経済解析という言葉について一言説明が必要であろう．ここで用いられている経済解析という言葉はほぼ経済分析と同義であるが，経済分析が現実の経済を分析するというニュアンスがつよいに反して，経済解析というときにはむしろ，経済を分析するさいの基本的視点と分析的方法に焦点を当てる．そこでは経済分析の数学的手法が主役を演ずる．しかし，本書で展開するアプローチはいわゆる数理経済学でとられているそれとかなり異なる性格をもつものであることをまず強調しておきたい．本書で主として問題とする経済制度は資本主義的市場経済であって，その制度的特質やそれを構成する経済主体の行動様式をどのように抽象化して，論理的考察をおこなうかという問題に重点がおかれ，一つの論理的体系の整合性ないしは審美性を求めるということには必ずしも考慮がはらわれてはいないからである．

経済解析の歴史は経済学とともに古い．しかし，本書で用いられているような意味での経済解析のアプローチが経済学研究の中心となったのは，1954年に発表されたアロー=デブリューの古典的な論文，“Existence of an Equilibrium for a Competitive Economy,” *Econometrica*, Vol. 22(1954)，を契機とするといっても過言ではないであろう．

しかし，アロー=デブリュー論文のインパクトは，その後の経済学の発展にとって必ずしも望ましいものではなかった．それは，アロー=デブリュー論文で使われた数学的手法があまりにも高度であり，難解であったのと対比的に，その経済学的内容があまりにも平板的で，非現実的だったからである．そして，経済理論の研究者の間に，一種のポラリゼーション(polarization)ともいうべき現象を形づくってゆくことになった．一方の極には，数学的整合性，審美性を追って，ますます高度な，そして強力な数学的手法を使って，経済学的にはあまり意味のない，しかし難解な――そしてときとしては知的な興味をつよくそそるような――論文が多く発表された．と同時に，経済学的にきわめて重要な問題，あるいは分析手法を，論理的整合性を無視して，たんに文学的表現だけに依存するような論文もまた少なからず出された．このポラリゼーションは1970年代に入ってからいっそうきわ立ったものとなってゆき，経済学研究に一つの大きな危機をもたらした．これは，思想的，政治的な観点から起こった経済学の危機――ジョーン・ロビンソンの言葉を借りれば，「経済学の第二の危機」――と共鳴現象を惹き起こし，経済学者の間に深刻な亀裂を生みだしていったのであった．

しかし，1980年代も半ばを過ぎる頃になってから，このような分裂症的現象につよい安定力が働くようになり，経済解析本来の目的と機能が経済学者の間で徐々にではあるがはっきり認識されるようになってきた．そして，現実の経済社会の制度的諸条件を，論理的，数学的な枠組みをもつ分析視点のもとで謙虚に，そして創造的に集約し，その社会的インプリケーションを見極めようとする作業が多くの経済学者――とくに若い経済学者たち――によってはじめられることになったのである．

本書の企画がつくられたのは著者が帰国した年，すでに20年も前のことである．その間，著者自身も上に述べた攪流(ターブユランス)に巻き込まれ，自ら進むべき方向に悩んだこともあって上梓が非常識におくれてしまった．しかし著者がこのような形で本書を上梓することになったのは，なによりも同僚の若い経済学者たちから寄せられた力づよい精神的な支持があったからである．かれらは，この攪流のなかで，経済学の研究をたゆむことなくつづけ，経済学研究における「ペレストロイカ」を可能にしたのである．本書は経済解析における「60年代」の復権を求めるものであるといってしまっては言い過ぎであろうか．

本書はもともと一冊の書物として企画されたものの前半に相当する．本書で説明した経済解析の方法がさらに精緻化され，その取り扱う問題が拡大化され，基本的視点がどのように深化されていったかという点については，『経済解析――展開篇』でくわしく述べることにしたい．

第24章，第27章についてはそれぞれ，「新古典派成長理論の批判的展望」(『季刊現代経済』1973年)，「経済成長の動学的安定性」(『経済学論集』1970年)に準拠した．これらの論文はいずれも宇沢弘文著『経済動学の理論』(東京大学出版会，1986年)に収められている．このような形での収録を快諾された東京大学出版会の編集部に謝意を表したい．

本書は，その企画の段階から，攪流の時代を経て，今日にいたるまで，岩波書店の竹田行之さんと杉田忠史さんの御力によるところが大きい．おふたりのきびしい御鞭撻と暖かい御配慮によってはじめて本書がこのような形で上梓されることが可能になったのである．膨大な校正の作業を丹念にしていただいたのは筧直さんであった．竹田さん，杉田さん，筧さんに改めて感謝の意を表したい．

1990年1月

宇 沢 弘 文

目　　次

第I部　消費の理論

第1章　消費者選好の理論

国民経済を構成する一つの基本的な経済単位として，個人または個人のある特定の集団(たとえば家族)が存在する．その経済的側面を強調するときには家計(household)と呼ぶ．このような経済的主体がどのような行動基準にしたがって経済的活動を選択するかということは，経済学にとってもっとも基礎的な問題であって，その分析にかんする研究はある意味では経済学の歴史とともに古い．この章では，このような個人について，消費者としての側面に焦点を当てて，これまでどのような理論的分析が試みられてきたかということにかんして説明することにしたい．もっぱら，消費者が各時点でどのような行動を選択するかという問題について考察する．いわゆる消費者行動の純粋理論(pure theory of consumers' behaviour)である．

消費者行動の理論はまた，効用理論(utility theory)とも呼ばれてきた．それはもともとベンサム(Bentham)が，その『貨幣論』(*On Money*)で導入した効用の概念にもとづいて，消費者の行動基準として効用最大化という形で，消費者行動の理論が展開されてきたという歴史的経緯にもよるものである．各個人が，主観的効用の最大化を求めて，合理的に行動するという経済人(homo economicus)の概念は現在にいたるまで，経済分析の基礎に位置づけられていて，このような合理的行動仮説を除いたとき，経済学のよってたつ基盤に大きな修正を加えることが必要となってくる．この点は，現代経済学の根元的課題にかかわることでもあるが，ここでは差し当たって，現代経済理論，とくに新古典派経済理論の生成，発展にさいして中心的な役割を果たしてきた消費者行動の純粋理論を追ってみることにしよう．

ベンサム的な効用理論

消費者行動を体系的に説明したのは，1840年代から1850年代にかけての，デュプイ[Jules Dupuit(1844)]とゴッセン[Heinrich Gossen(1854)]の業績である．かれらの理論はさらに，1870年代に，ジェボンズ[Stanley W. Jevons(1871)]，メンガー[Carl Menger(1871)]，ワルラス[Léon Walras(1874)]の手によって，近代経済理論が構築されるさいに，いわゆる主観的価値にかんする限界効用理論(marginal utility theory of subjective value)として，そのもっとも基本的な支柱を形成することになっていった．限界効用理論はついで，エッジワース[F. Y. Edgeworth(1881)]，アウスピッツ=リーベン[Auspitz and Lieben(1889)]によって，無差別曲線(indifference curve)の立場から，より一般的な枠組みのなかで考察されていった．19世紀末期になって，さらに，アーヴィング・フィッシャー[Irving Fisher(1892)]やパレート[V. Pareto(1896-97)]によって，効用の基数性(cardinality)は必要でなく，その序数性(ordinality)のみによって消費者行動の理論を組み立てることが可能であるということが指摘された．これに対して，効用最大化によって得られる需要関数の性質を完全に導きだし，特徴づけることに成功したのが，1915年のスルツキーの論文[E. Slutsky(1915)]であった．そこで導きだされた代替効果と所得効果にかんする，いわゆるスルツキー方程式は，現代需要理論のいわば出発点とも言えるものである．

1930年代には，ヒックス[J. R. Hicks(1934)]，アレン[Allen(1934, 1938, 1956)]，ウォルド[H. Wold(1943-44, 1953)]などの経済学者によってスルツキー方程式の再検討がなされていったが，消費理論に新機軸を開いたのは，1938年に発表されたサミュエルソンの論文[Paul A. Samuelson(1938)]である．サミュエルソンはこの論文で，revealed preference(顕示選好と訳すべきか)という概念を導入して消費理論から効用ないしは選好関係(preference relation)という概念を追放しようと試みたのであった．"revealed"という言葉から，イギリス・ケンブリッジの経済学者デニス・ロバートソン(D. H. Robertson)は，サミュエルソンのいたハーヴァードのあるアメリカ・ケンブリッジのチャールズ河畔に神の啓示があったのかと思ったと揶揄したほどであった[Robertson(1952)]．のちになってハウトハッカーによって，このrevealed preferenceの理論は，じつは，選好関係にもとづく消費者行動の理論と表裏一体であり，いわば硬貨の両面であることが示された[Houthakker(1950)]．サミュエルソンの言葉を借りるならば，このハウトハッカーの論文によって，消費理論の輝かしい一章が完結したともいえるのである．フィッシャー，サミュエルソン，ハウトハッカーの考え方の発展を跡づけて，消費者行動の理論がどのような形で現代的発展を遂げてきたかということを垣間みようとするのが本章の意図である．本章は主としてUzawa(1960)に展開されたアプローチにしたがう．

選好関係

ここで考察しようとしている消費者は，個人あるいはその集団であるが，経済的な主体として，ある一定の主体的な価値基準をもっていて，その基準のもとで常に合理的な選択をおこなうようなものを対象とする．その価値基準は，さまざまな消費のパターンに対する選好関係(preference ordering)によって表現されると考える．

まず消費財がn種類存在するとしよう．$j=1, \cdots, n$と番号づける．単位期間における各財の消費量をそれぞれ$x_1, \cdots, x_n$とすれば，消費のパターンは消費ベクトル$x=(x_1, \cdots, x_n)$で表わすことができ，n次元空間のなかの一点$x=(x_1, \cdots, x_n)$として表現することができる．以下，負の消費はあり得ないとする．すなわち，$x_1 \geqq 0, \cdots, x_n \geqq 0$.

ここで，ベクトルの大小関係をつぎのように定義しておく．

二つのベクトル$x=(x_1, \cdots, x_n)$，$y=(y_1, \cdots, y_n)$について，

$$x \geqq y \iff x_j \geqq y_j \qquad (j=1, \cdots, n),$$

$$x \geq y \Longleftrightarrow x \geqq y,\ x \neq y,$$

$$x > y \Longleftrightarrow x_j > y_j \qquad (j = 1, \cdots, n).$$

消費ベクトルの可能な領域Ωは,

$$\Omega = \{x = (x_1, \cdots, x_n) : x \geqq 0\} \quad \text{あるいは} \quad \Omega = \{x = (x_1, \cdots, x_n) : x > 0\}$$

であるとする.

消費者が，その主観的価値基準のもとで，ある消費ベクトルxを他の消費ベクトルyよりも好ましいと判断するとき，xPyと記すこととし,「xがyより選好される」("x is preferred to y")という．この選好関係Pは，消費ベクトルの可能領域Ωの上で定義された二項関係(binary relation)である．すなわち，すべての$x, y \in \Omega$に対して，xPyあるいは$\overline{xPy}$が成立する[$\overline{xPy}$はxPyの否定を意味する].

この選好関係Pは一般につぎのような諸条件をみたしていると考えてもよいであろう.

まず，ある消費ベクトルxが他の消費ベクトルyより選好されているときに，yがxより選好されるということはあり得ない．すなわち，選好関係は非反射的(irreflexive)である.

P. I $\qquad xPy \Longrightarrow \overline{yPx}.$

また，あるベクトルxが他のベクトルyより選好され，さらにyがもう一つのベクトルzより選好されるときには，最初のベクトルxはzより選好される．すなわち，選好関係は推移的(transitive)である.

P. II $\qquad xPy,\ yPz \Longrightarrow xPz.$

さらに，二つの消費ベクトル$x=(x_1, \cdots, x_n)$, $y=(y_1, \cdots, y_n)$について，xの方がyより各財の消費量が多い，すなわち，$x>y$であるとすれば，xの方がyより選好される．これが単調性(monotonicity)の条件である.

P. III $\qquad x > y \Longrightarrow xPy.$

この三つの条件は，選好関係にかんしてわれわれがもっている直観的な理解からほとんど自明のことのように思われるであろう．消費者行動の分析をおこなうためには，さらに，つぎのような条件をも仮定することが必要となる．これらの条件の意味については，のちに展開する議論の過程でより明白となるであろう.

いま，二つの異なるベクトルx, yについて，xがyより選好されてはいないとする：$\overline{xPy}$.
このとき，xとyとを結ぶ線分の上の各点$z=(1-\theta)x+\theta y$ $(0<\theta<1)$は，必ずxより選好されているという条件がみたされているとする．いわゆるconvexityの条件である.

P. IV $\quad x \neq y,\ \overline{xPy} \Longrightarrow ((1-\theta)x+\theta y)Px \qquad$ (すべての$0<\theta<1$に対して).

このconvexityの条件の意味を明らかにするために，つぎのような消費ベクトルの集合$B(x^0)$を考えてみよう．ある消費ベクトルx^0が与えられているとき，x^0より選好される消費

ベクトルの全体が $B(x^0)$ である．すなわち，

$$B(x^0) = \{x : xPx^0\}.$$

[この定義で，$x \in \Omega$ は明示的に表わさない．以下同様である.] $B(x^0)$ は x^0 の優位集合(superior set)と呼ばれるものである．これに対して，x^0 が選好されるような消費ベクトルの集合を $C(x^0)$ と記し，x^0 の劣位集合 $C(x^0)$ と呼ぶ．

$$C(x^0) = \{x : x^0Px\}.$$

図1-1は，2次元の場合について，条件P.IVを図示したものである．いま，$\overline{xPy}$ となるような x, y を考える．$B(y)$ は y の優位集合で，点の部分を除いたものとしよう[この点についての正確な議論は，連続性の条件を考慮に入れなければならないが]．$\overline{xPy}$ ということは，$x \notin B(y)$ を意味する．このとき，$z=(1-\theta)x+\theta y$ $(0<\theta<1)$ は必ず $B(x)$ に属しているということを意味する．すなわち，$B(x)$ がconvexであるということを示唆している．しかし，この点についても厳密なことは連続性を使わなければならない．

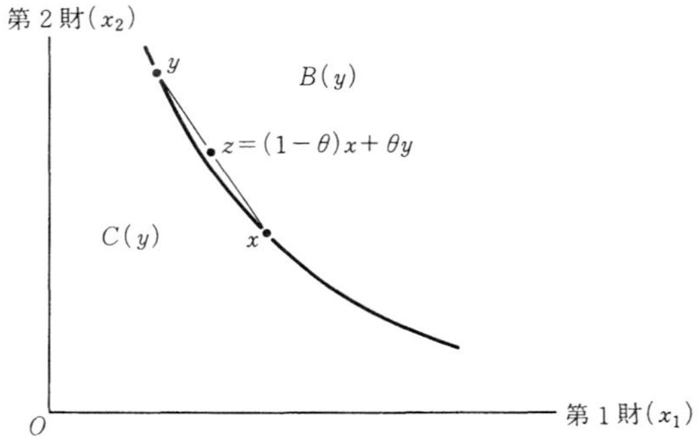

図1-1　Convexity 公理

連続性の条件はつぎのように考える．二つの消費ベクトル x, y があって，x の方が y より選好されるとき，y' が y からごくわずかしか違わないとすれば xPy'．同じように，x' が x からごくわずかしか違わないときも $x'Py$．このとき，ごくわずかに乖離しているとか，非常に近いということは，たとえば，二つのベクトル y, y' の距離が小さいということ，すなわち，非常に小さな正数 $\delta>0$ に対して，

$$\|y-y'\| = \sqrt{(y_1-y_1')^2+\cdots+(y_n-y_n')^2} < \delta$$

が成立するという条件によって表現される．

したがって，選好関係 P が連続(continuous)であるというのは，任意の消費ベクトル x^0 に対して，上に導入した二つの集合 $B(x^0)$, $C(x^0)$ がともに開集合(open set)であるときをいう．しかし，選好理論の文脈では，$C(x^0)$ が開集合であるという条件の方がより基本的な意味をもっていることが以下の所論からわかるであろう．

P. V　任意の x^0 について，$C(x^0)=\{x:x^0Px\}$ は開集合である†.

P. VI　任意の x^0 について，$B(x^0)=\{x:xPx^0\}$ は開集合である.

無差別曲線(曲面)と効用関数

前項では，消費者の主観的価値基準を選好関係 P で表わし，公理体系 P.I-P.VI を導入した．このような選好関係にもとづいて，消費者行動の理論を展開するわけであるが，その前に，ここで導入した選好関係が無差別曲線，効用関数という古典的な概念とどのような関連をもつのかということを説明しておこう．

まず，無差別(indifference)という関係を定義する．二つのベクトル x, y について，xPy でもなく，yPx でもないとき，x と y とは無差別であるといい，xIy と記すことにする．

$$xIy \iff \overline{xPy},\ \overline{yPx}.$$

ある消費ベクトル x^0 を基準にとったとき，x^0 と無差別となるような消費ベクトルの集合

$$I(x^0)=\{x:xIx^0\}$$

を，x^0 を通る無差別曲面(あるいは曲線)と呼ぶ．

前項で導入した $B(x^0)$ と $C(x^0)$ に関連させれば，$I(x^0)$ は，$B(x^0)$ と $C(x^0)$ のどちらにも属さないベクトルの集合となる．じじつ，

$$\Omega=B(x^0)\cup I(x^0)\cup C(x^0)$$

となり，この三つの部分集合はいずれも共通点をもたない．

無差別関係については，つぎの諸条件がみたされる．

(i)　$$xIx,$$

(ii)　$$xIy \Longrightarrow yIx,$$

(iii)　$$xIy,\ yIz \Longrightarrow xIz.$$

(i)が成立することは P. I そのものである．(ii)は自明．(iii)がもし成立しないとすれば，つぎの条件をみたすような三つの異なるベクトル x, y, z が存在するはずである．

$$xIy,\ \ yIz,\ \ xPz.$$

したがって，P.IV によって，

(1)　$$((1-\theta)y+\theta z)Py \qquad (すべての\ 0<\theta<1\ について).$$

連続性の公理 P.V によって，xPz のときには，z' が z に非常に近ければ，xPz'.

(1)式で θ が1に近ければ，$z'=(1-\theta)y+\theta z$ は z に非常に近くなり，xPz', $z'Py$. したがって xPy となって最初の仮定 xIy と矛盾する．　Q.E.D.

---

† 開集合であるというのは，可能な消費ベクトルの集合 Ω のなかの位相についてである．以下すべて Ω のなかの位相について議論が進められるので，この点についてはいちいちふれない．

さらに，つぎのような関係がみたされることは明白であろう．

(iv)　　$xPy,\ yIz \Longrightarrow xPz,$

(v)　　$xIy,\ yPz \Longrightarrow xPz.$

$n=2$ のときに無差別曲面が1次元の曲線となる．一般には，$n-1$ 次の曲面となることは，P.III からの当然の帰結である．この点についてくわしく考察するために，選好関係 P の背後にある効用関数の存在の可能性を検討してみよう．

いま任意に与えられた正の消費ベクトル $a=(a_1, \cdots, a_n)$ $(a>0)$ を固定しておいて，基準ベクトルとする．原点と a を通る直線を $R(a)$ で表わす．

$$R(a) = \{ua : u \geqq 0\}.$$

任意の消費ベクトル x に対して，x を通る無差別曲線 $I(x)$ と $R(a)$ との交点を u_0a とする(図1-2)．ベクトル u_0a は，つぎのような条件をみたす消費ベクトルである．

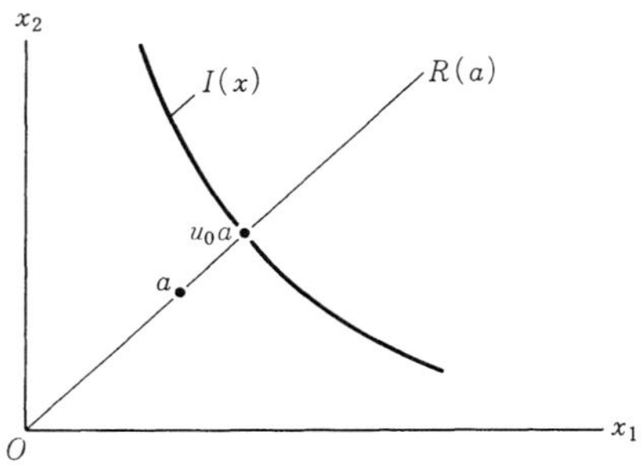

図1-2　効用関数の構築

(2)　　$u_0aIx.$

このような u_0a が一意的に決まってくるということは，無差別関係 I にかんする性質(iii)を使って証明することができる．もしかりにこのような u_0a が一意的に決まらないとしよう．このとき，二つの異なる u_0, u_0' があって(たとえば $u_0>u_0'$ とする)，u_0aIx かつ $u_0'aIx$. したがって，(iii)によって，$u_0aIu_0'a$. 一方，$u_0>u_0'$ だから $u_0a>u_0'a$, 故に $u_0aPu_0'a$ となって仮定と矛盾する．　　Q.E.D.

このことから，(2)式をみたすような正数 u_0 は x の関数として $u_0=u(x)$ のように表わすことができる．すなわち $u(x)$ は，

(3)　　$u(x)aIx$

によって一意的に定められることになる．

この関数 $u(x)$ はいうまでもなく，どのようなベクトルを基準ベクトル a として採用するかに依存して異なったものとなる．

このように定義された関数 $u(x)$ について，つぎのような性質がみたされる．

(4)
$$xPy \Longleftrightarrow u(x) > u(y).$$

この関係式(4)を証明する．まず，xPy としよう．

$$u(x)aIx,\quad u(y)aIy$$

であるから，I にかんする性質(iv)，(v)から，$u(x)aPu(y)a$．したがって，P.I と P.III を使えば，$u(x)>u(y)$．

逆に，$u(x)>u(y)$ としよう．P.III から $u(x)aPu(y)a$．
さらに $u(x)aIx, u(y)aIy$．したがって，I にかんする性質(v)によって，xPy．　Q.E.D.

このことから，つぎの性質も容易にわかる．

(5)
$$xIy \Longleftrightarrow u(x) = u(y).$$

(4)の条件をみたすような関数 $u(x)$ を，選好関係 P の効用尺度(utility indicator)あるいは効用関数(utility function)という．選好関係 P.I-P.VI に対応して，上に定義された $u(x)$ はつぎの諸性質をみたす．

U. I　$u(x)$ は Ω で定義される関数(実数値をとる)である．

U. II　$u(x)$ は単調増大関数である．すなわち，
$$x > y \Longrightarrow u(x) > u(y).$$

U. III　$u(x)$ は厳密な意味で準凹関数(strictly quasi-concave)である．すなわち，
$$u(y) \geqq u(x),\ x \neq y \Longrightarrow u[(1-\theta)x+\theta y] > u(x)$$
(すべての $0<\theta<1$ について)．

U. IV　$u(x)$ は上方半連続(upper semi-continuous)である．すなわち，
$$\lim_{\nu\to\infty} x^\nu = x^0 \Longrightarrow \overline{\lim_{\nu\to\infty}}\, u(x^\nu) \leqq u(x^0).$$

U. V　$u(x)$ は下方半連続(lower semi-continuous)である．すなわち，
$$\lim_{\nu\to\infty} x^\nu = x^0 \Longrightarrow \underline{\lim_{\nu\to\infty}}\, u(x^\nu) \geqq u(x^0).$$

さきにふれたように，ここに導入した効用関数 $u(x)$ は基準ベクトル a の取り方に依存する．したがって，効用関数は一意的に決まるものではない．ここで説明した方法以外にいくらでも効用関数のつくり方を考えることも可能である．

これまで，選好関係 P から出発して，その効用関数 $u(x)$ を考えてきた．逆に，Ω で定義された関数 $u(x)$ があって，U.I-U.V がみたされているとしよう．このような関数 $u(x)$ を一般に効用関数と呼ぶことにしよう．じじつ，はじめに述べたように，歴史的には，このような効用関数の概念から出発して，ずっとあとになってから選好関係という概念が導入されたのであるが，ここでは，その順序をまさに逆転して考えを進めているのである．このとき，つぎの命

題が成立することは明白であろう.

定理1 効用関数 $u(x)$ があって, U.I-U.IV をみたしているとしよう. このとき, 関係 P をつぎのように定義する.

$$xPy \iff u(x) > u(y).$$

この関係 P は P.I-P.V をみたす.

この関係 P を, 効用関数 $u(x)$ に対応する選好関係と呼ぶ.

また, U.V は P.VI と対応することは容易にわかるであろう.

さきにみたように, 無差別曲面は,

$$I(x) = \{y : u(y) = u(x)\}$$

によって特徴づけられる. この曲面が, 原点に対して凸(convex)曲面となることもまた明らかであろう.

これまで説明してきたような同値関係によって, 消費者行動の分析は, 選好関係 P, 効用関数 $u(x)$, 無差別曲面 $I(x)$ にもとづいておこなったとしても同じ結果となることがわかる. しかし以下では主として, 選好関係 P を基礎として, 消費者行動の理論を組み立てることにしよう.

需要関数

前項までに導入した選好関係 P によって表現されるような主観的価値基準あるいは嗜好をもつ消費者を想定しよう. この消費者が, ある単位期間中におこなおうとする消費計画は, どのような要因によって, どのようにして決定されるであろうか, という問題を考察するのが, 消費者行動の理論にとってもっとも基本的な課題である. このとき需要関数の概念を用いて議論が展開される.

いま考察している消費者が, 単位期間中に得る所得を Y^0 とする. 所得 Y^0 はある特定の単位をもってはかられている. たとえば貨幣単位ではかった名目所得(nominal income)であるとする. 各財の市場価格を $p_1{}^0, \cdots, p_n{}^0$ とし, 価格ベクトルを $p^0=(p_1{}^0, \cdots, p_n{}^0)$ とする. 市場は完全競争的であると仮定する. すなわち, 個別的な消費者の行動によって市場価格は直接影響を受けないとし, 各消費者は価格 $p_1{}^0, \cdots, p_n{}^0$ をパラメータと考えてその行動を選択するということが可能となる.

いま考察の対象としている消費者の所得は Y^0 であるから, その消費計画 $x=(x_1, \cdots, x_n)$ は, 市場価格 $p^0=(p_1{}^0, \cdots, p_n{}^0)$ によってはかった支出額が Y^0 を超えないことが要請される.

$$p^0x=\sum_{j=1}^{n}p_j^0x_j \leqq Y^0.$$

この予算制約式をみたすような消費ベクトルの集合を $X(p^0, Y^0)$ と記す.

$$X(p^0, Y^0)=\{x : x \geqq 0,\ p^0x \leqq Y^0\}.$$

この項では, $\Omega=\{x=(x_1, \cdots, x_n) : x \geqq 0\}$ の場合を考える. 消費者は, この $X(p^0, Y^0)$ のなかから, その選好関係 P を基準として, もっとも望ましい消費ベクトル x^0 を選択しようとするであろう. このような消費ベクトル x^0 を最適(optimum)と呼ぶ. すなわち, x^0 が最適な消費ベクトルであるというのは, $X(p^0, Y^0)$ のなかにあって, しかも, $X(p^0, Y^0)$ のなかの他のどのような消費ベクトルより選好されるときである. 形式的にいえば, 所得が Y^0 で与えられ, 価格体系が $p^0=(p_1^0, \cdots, p_n^0)$ のとき, 消費ベクトル x^0 が最適であるというのは,

(6) $$p^0x^0 \leqq Y^0,\ \ x^0 \geqq 0,$$

(7) $$p^0x \leqq Y^0,\ \ x \geqq 0,\ \ x \neq x^0 \Longrightarrow x^0Px$$

という二つの条件がみたされているときである. このときつぎの基本的な命題が成立する.

定理2　選好関係 P が公理体系P.I-P.V をみたすとき, 任意の所得水準 $Y^0>0$ と価格体系 $p^0>0$ に対して, 最適な消費ベクトル x^0 は必ず存在して, かつ, 一意的に定まる.

［証明］ まず, 最適な消費ベクトルが存在すれば, それは必ず一意的に定まるということからみよう. もしかりに, 二つの異なる消費ベクトル x^0, x^1 がともに最適であるとすれば, x^0Px^1 かつ x^1Px^0 となって, P.I に矛盾するからである.

最適消費ベクトルの存在については, さきに導入した効用関数 $u(x)$ を利用する. まず予算制約集合 $X(p^0, Y^0)$ は, 有界かつ閉集合であるから, コンパクトとなる. 効用関数 $u(x)$ は連続であるから, $X(p^0, Y^0)$ のなかで, $u(x)$ が最大となるような点 x^0 は必ず存在する. すなわち, $x^0 \in X(p^0, Y^0)$ かつ

(8) $$x \in X(p^0, Y^0) \Longrightarrow u(x^0) \geqq u(x).$$

このベクトル x^0 は最適である. もし最適でないとすれば, (7)式がみたされていないことになる. したがって,

$$p^0x^1 \leqq Y^0,\ \ x^1 \geqq 0,\ \ x^1 \neq x^0$$

であって, $u(x^1) \geqq u(x^0)$ となるような x^1 が存在することを意味する. このとき, $0<\theta<1$, $x^\theta=(1-\theta)x^0+\theta x^1$ とすれば, $u(x^\theta)>u(x^0)$. しかも $p^0x^\theta \leqq Y^0$ となって(8)の条件に矛盾する. つまり, x^0 は最適な消費ベクトルでなければならない.　Q.E.D.

最適な消費ベクトル x^0 は市場価格 p^0 と所得 Y^0 とによって一意的に定められることになる. この間の関係は $x^0=f(p^0, Y^0)$ というような関数で表現することができる. この関数 $x^0=$

$f(p^0, Y^0)$ が普通需要関数(demand function)と呼ばれているものである．予算制約集合 $X(p^0, Y^0)$ のなかから一点 x^0 を選択するという点に注目して，選択関数(choice function)ということもある．

繰り返していえば，需要関数 $x^0=f(p^0, Y^0)$ はつぎの二つの条件によって特徴づけられる．

(i) $$x^0 \geqq 0,\ \ p^0x^0 \leqq Y^0,$$

(ii) $$x \geqq 0,\ \ x \neq x^0,\ \ p^0x \leqq Y^0 \Longrightarrow x^0Px.$$

定理 3 P.I-P.VI をみたすような選好関係 P から導きだされた需要関数を $x^0=f(p^0, Y^0)$ とする．この需要関数 $x^0=f(p^0, Y^0)$ はつぎの三つの条件をみたす．

D. I 需要関数 $x^0=f(p^0, Y^0)$ は，すべての正の価格体系 $p^0>0$ と正の所得 $Y^0>0$ に対して定義されていて，その値 $x^0=f(p^0, Y^0)$ は消費ベクトルである：$f(p^0, Y^0) \geqq 0$.

D. II すべての正消費ベクトル $x^0>0$ に対して，x^0 を需要ベクトルとするような価格体系 $p^0>0$ と所得 $Y^0>0$ が必ず存在する：$x^0=f(p^0, Y^0)$.

D. III 予算制約式がみたされている．

［証明］ D.I については上に示した通りである．D.III についても，P.III から明白であろう．D.II を証明するために，x^0 を任意の正ベクトル $(x^0>0)$ とする．いま，

$$\bar{B}(x^0) = \{x : x \geqq 0,\ \overline{x^0Px}\}$$

という集合を考えると，P.V によって $\bar{B}(x^0)$ は閉集合である．また $\bar{B}(x^0)$ は凸集合であることは，つぎのようにしてみることができる．$x' \neq x'' \in \bar{B}(x^0)$ とすれば，$\overline{x^0Px'}$, $\overline{x^0Px''}$, $x' \neq x''$. もしかりに $\overline{x'Px''}$ とすれば，$\overline{x^0Px'}$ から $\overline{x^0Px''}$，したがって，$x^\theta=(1-\theta)x'+\theta x''$ $(0<\theta<1)$ と置けば，P.IV によって，$\overline{x'Px''} \Rightarrow x^\theta Px'$．このことは $\overline{x^0Px'}$ と一緒にしてみれば $x^\theta Px^0$．すなわち，$x^\theta \in \bar{B}(x^0)$．$\overline{x''Px'}$ のときもまったく同じようにして $x^\theta \in \bar{B}(x^0)$.

$\bar{B}(x^0)$ は閉集合でかつ凸集合であり，x^0 は内点ではない．したがって分離定理を適用することによって，つぎのような $p^0 \neq 0$ が存在することがわかる．

(9) $$x \in \bar{B}(x^0) \Longrightarrow p^0x \geqq p^0x^0.$$

P.III と P.V から明らかなように，このようなベクトル p^0 は正となる：$p^0>0$.

いま所得を $Y^0=p^0x^0$ とすれば，x^0 が $X(p^0, Y^0)$ のなかで最適な消費ベクトルとなることを示そう．このために，(9)式を書き直してみると，

(10) $$p^0x < p^0x^0 \Longrightarrow x^0Px.$$

さて，もしかりに x^0 が $X(p^0, Y^0)$ のなかで最適でないとすると，

$$p^0x^1 \leqq Y^0,\ \ \overline{x^0Px^1},\ \ x^1 \neq x^0,\ \ x^1 \geqq 0$$

となるような x^1 が存在するはずである．したがって $x^\theta=(1-\theta)x^0+\theta x^1$ $(0<\theta<1)$ と置けば，

P.IV によって,

$$p^0x^\theta \leqq Y^0,\quad x^\theta P x^0.$$

さらに，$x' < x^\theta$ となるような x' で x^θ に非常に近いものをとれば，P.VI によって，$x'Px^0$ かつ $p^0x' < p^0x^\theta \leqq Y^0$ となって，(10)と矛盾することになる．以上 x^0 が $X(p^0, Y^0)$ $(Y^0 = p^0x^0)$ のなかで最適となることが証明された．　Q.E.D.

顕示選好(Revealed Preference)

前項では，選好関係 P が公理体系 P.I-P.V をみたすとき，それにもとづいて導入された需要関数 $f(p, Y)$ が D.I-D.III をみたすということを証明した．ところで，需要関数 $f(p, Y)$ は原則として，市場での消費者の行動を通じて観察することができるが，選好関係 P は，消費者の内面にかかわることであって，直接に観察することはできない．このとき，直接に観察可能な需要関数 $f(p, Y)$ を知ることができたときに，その需要関数にかんする知識から，その背後にある選好関係 P を推定することが可能であろうか．あるいは，選好関係 P は需要関数を通じて reveal，顕示されうるであろうか．これが，サミュエルソンが，かれのエポック・メーキングな論文[Samuelson (1938)]で提起した revealed preference (顕示選好)の問題であった．

いま，$x = f(p, Y)$ が需要関数であって，D.I-D.III をみたしているとする．需要関数というのは，価格体系 p と所得 Y が与えられたときに，消費者がどのような消費ベクトル x を選ぶかということを明示的に表わしたものである．さてある一つの価格 p^0 と所得 Y^0 の組み合わせを考え，そのとき需要が x^0 であるとする：$x^0 = f(p^0, Y^0)$．D.III によって，$p^0x^0 = Y^0$ となる．もし，予算制約集合 $X(p^0, Y^0)$ のなかから x^0 以外の消費ベクトル x^1 をとってきたとする．すなわち，

$$x^1 \neq x^0,\quad p^0x^1 \leqq p^0x^0.$$

このような x^0, x^1 を比較してみると，x^0, x^1 はともに選択可能であったにもかかわらず，この消費者は x^0 を選択したということを意味している．このときに，x^0 が x^1 より選好されていることが顕示された(x^0 is revealed preferred to x^1)といい，x^0Rx^1 と記すことにしよう．すなわち，

(11)　$$x^0Rx^1 \Longleftrightarrow x^0 = f(p^0, Y^0),\quad x^1 \neq x^0,\quad p^0x^1 \leqq p^0x^0.$$

需要関数 $f(p, Y)$ が，選好関係 P から導きだされたものであるということがわかっているときには，需要関数の定義から明らかなように x^0 が x^1 より選好されていることが顕示されていれば，当然 x^0 は x^1 より選好される．すなわち，

(12)　$$x^0Rx^1 \Longrightarrow x^0Px^1.$$

したがって，x^0Rx^1 のときに，同時に x^1Rx^0 ということはありえない．もしそうだとすれば，x^0Px^1 かつ x^1Px^0 となって P.I に矛盾するからである．すなわち，

$$x^0Rx^1 \Longrightarrow \overline{x^1Rx^0}.$$

顕示選好の定義に還って述べれば,

(W) $$p^0x^0 \geqq p^0x^1,\ \ x^0 \neq x^1 \Longrightarrow p^1x^0 > p^1x^1.$$

ただし, $x^0=f(p^0, Y^0)$, $x^1=f(p^1, Y^1)$.

これは, サミュエルソンが Weak Axiom of Revealed Preference と呼んだものである. 以上の考察をまとめれば,

需要関数 $f(p, Y)$ が, ある選好関係 P から最適化によって導きだされたものであるときには Weak Axiom of Revealed Preference (W) が成りたつ.

サミュエルソンが最初に revealed preference の概念を導入したときに, かれは, 需要関数 $f(p, Y)$ が Weak Axiom (W) をみたしていれば, それは必ずある選好関係 P から導きだされたものであるという推測を立てていたのであった. じじつ, Samuelson (1938) に示されているように $n=2$ の場合にはこの推測が正しい. しかし, $n>2$ の場合には, この推測が必ずしも正しくないことがのちに Gale (1960) によって厳密に証明された. したがって, 需要関数がある選好関係から導きだされたものであるためには, さらに Weak Axiom よりも強い仮定が置かれなければならない. これを Strong Axiom of Revealed Preference という形で定式化したのが Houthakker (1950) である. 以下, ハウトハッカーの方法に準拠しながら, Strong Axiom の果たす役割について分析を加えることにしよう. この方法はもともと Uzawa (1960) に展開されたものであるが, さらに Uzawa (1971) で修正を加えられたものである.

Strong Axiom of Revealed Preference ハウトハッカーの Strong Axiom はつぎのように定式化される. まず消費ベクトルの列 $x^0, x^1, \cdots, x^S$ が鎖を形成しているというのは,

$$p^0x^0 \geqq p^0x^1,\ \ p^1x^1 \geqq p^1x^2,\ \ \cdots,\ \ p^{S-1}x^{S-1} \geqq p^{S-1}x^S,$$
$$x^0 \neq x^1,\ \ x^1 \neq x^2,\ \ \cdots,\ \ x^{S-1} \neq x^S,$$
$$x^s = f(p^s, Y^s) \qquad (s=0, 1, \cdots, S).$$

すなわち,

$$x^0Rx^1,\ \ x^1Rx^2,\ \ \cdots,\ \ x^{S-1}Rx^S$$

が成立するときである[図1-3].

一般に, 二つの消費ベクトル x^a, x^b に対して, $x^0=x^a, x^1, \cdots, x^S=x^b$ となるような鎖が存在するとき, x^a は x^b より間接的に顕示選好される (x^a is indirectly revealed preferred to x^b) といい, $x^aR^*x^b$ と表わすことにする. もし需要関数 $f(p, Y)$ が選好関係 P から導きだされたものであれば, (12) と P.II から,

(13) $$x^aR^*x^b \Longrightarrow x^aPx^b.$$

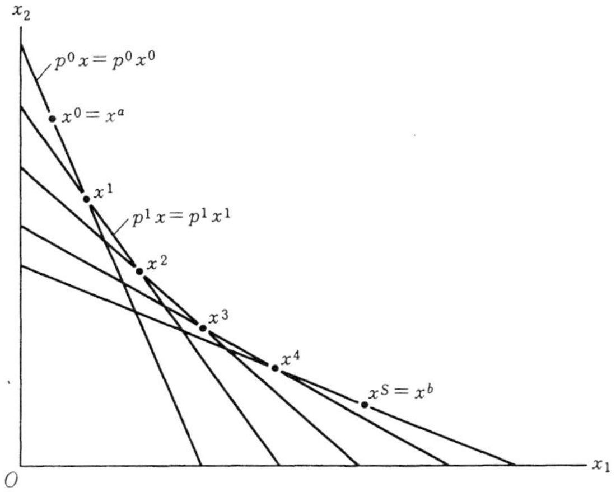

図1-3　Revealed Preference の列

したがって，このときには，

$$x^aR^*x^b \Longrightarrow \overline{x^bR^*x^a}.$$

すなわち，

$$\text{(S)} \qquad p^0x^0 \geqq p^0x^1,\ p^1x^1 \geqq p^1x^2,\ \cdots,\ p^{S-1}x^{S-1} \geqq p^{S-1}x^S,$$

$$x^0 \neq x^1,\ x^1 \neq x^2,\ \cdots,\ x^{S-1} \neq x^S \Longrightarrow p^Sx^0 > p^Sx^S.$$

$$[\text{ただし，}\ x^s = f(p^s, Y^s),\ s = 0, 1, \cdots, S]$$

が成立する．これがハウトハッカーの Strong Axiom of Revealed Preference である．このことを要約しておこう．

需要関数 $f(p, Y)$ がある選好関係から導きだされたものであるときには，ハウトハッカーの Strong Axiom (S) がみたされる．

需要関数と選好関係

これまで，選好関係 P から出発して，最適化によって得られる需要関数 $f(p, Y)$ の存在とその性質を考察してきた．とくに，選好関係 P が P.I-P.V をみたしているときには，需要関数 $f(p, Y)$ が D.I-D.III をみたし，かつハウトハッカーの Strong Axiom of Revealed Preference (S) がみたされていることを示した．

ここで視点をかえて，需要関数 $x=f(p, Y)$ が与えられているとき，それが選好関係 P から最適化によって導きだされたものと考えてもよいであろうか．これは，消費者行動の理論においてもっとも基本的な問題の一つであるが，まず，これまで展開してきたサミュエルソン=ハウトハッカーによる revealed preference の概念を使って，この問題に対する解決を試みる．そのあとで，より古典的なアプローチを説明することにしよう．

いま一つの需要関数 $x=f(p, Y)$ が与えられているとしよう．D.I-D.III の条件がみたされているとする．この需要関数がもしある選好関係 P から最適化によって導きだされたものとすれば Strong Axiom (S) がみたされなければならないが，D.I-D.III と (S) が十分条件であろうか．つまり，任意の需要関数 $x=f(p, Y)$ が D.I-D.III と Strong Axiom (S) をみたしているときに，この需要関数 $f(p, Y)$ を導きだすような選好関係の存在を主張することができるであろうかという問題である．

このような選好関係の有力な候補は上に導入した間接的顕示選好 R^* という関係である．もういちど，ここで R^* を定義しておこう．

$x^a R^* x^b \iff x^a = x^0 R x^1,\ x^1 R x^2,\ \cdots,\ x^{S-1} R x^S = x^b$ となるような鎖 $(x^0, x^1, x^2, \cdots, x^S)$ が存在するとき．

この関係 R^* を選好関係の候補としたときに，P.I-P.VI の諸条件がみたされていること，およびこの関係 R^* から最初に与えられた需要関数 $f(p, Y)$ が導きだされるということを示すことができたとすれば，上の問題に対する解答を見いだすことができるわけである．

まず，$f(p, Y)$ が間接的顕示選好 R^* から導きだされた需要関数となっていることは明白である．もし，$x^0=f(p^0, Y^0)$，$p^0x^0 \geqq p^0x^1$，$x^0 \neq x^1$ ならば x^0Rx^1，当然 $x^0R^*x^1$ となるからである．

P.I は Strong Axiom そのものである．P.II は R^* の定義から明らかにみたされている．P.III について：もし，$x^0 > x^1$ ならば $p^0x^0 > p^0x^1$，$x^0 \neq x^1$．したがって x^0Rx^1，当然 $x^0R^*x^1$．

ところが convexity の公理 P.IV および連続性 P.V，P.VI の条件は，必ずしもみたされない．残りの条件を証明するためには，需要関数 $f(p, Y)$ について追加的な条件がみたされなければならない．ここで仮定するのはつぎのような条件である．

D. IV　需要関数 $f(p, Y)$ は所得にかんしてリプシッツ (Lipschitz) の条件をみたす．すなわち，任意の所得水準 $Y^0>0$ と価格ベクトル $p^0>0$ に対して，適当な正数 $\varepsilon>0$ と $K>0$ を選ぶことによって，

$$|Y'-Y^0| < \varepsilon,\ |Y''-Y^0| < \varepsilon \Longrightarrow \|f(p^0, Y')-f(p^0, Y'')\| < K\,|Y'-Y''|$$

が成立するようにできる．

このリプシッツの条件は，たとえば，各財がすべて優等財 (superior goods) であるとき，すなわち，

$$Y' < Y'' \Longrightarrow f_j(p,\,Y') < f_j(p,\,Y'') \qquad (j=1,\cdots,n)$$

のときに，常に成立していることが，D.III から明白であろう．

さて，消費理論における一つの基本定理は，つぎのように定式化される．

基本定理　需要関数 $f(p,\,Y)$ が D.I–D.IV と Strong Axiom of Revealed Preference(S) をみたしているとする．この需要関数から得られた間接的顕示選好関係 R^* は，P.I–P.V をみたすような選好関係である．そして，需要関数 $f(p,\,Y)$ はこの選好関係 R^* から最適化によって導きだされたものになる．

さらに，需要関数 $f(p,\,Y)$ が P.I–P.V をみたすようなある選好関係 P から導きだされたとすれば，P は必ず R^* と Ω_0 で一致する．ただし $\Omega_0=\{x=(x_1,\cdots,x_n):x>0\}$．

［証明］　R^* が P.I–P.III をみたすことは上にみた通りである．また $f(p,\,Y)$ が R^* から最適化によって導きだされるということも明白であった．定理の残りの部分を証明するためにつぎの Lemma が必要となってくる．

Lemma　需要関数 $f(p,\,Y)$ が D.I–D.IV および Strong Axiom(S) をみたしているとする．いま，二つの価格ベクトル $p',\,p''$ が任意に与えられたときに，つぎのような関数 $\delta_{p',p''}(Y)$ を定義する．

$$\delta_{p',p''}(Y') = \sup\{Y'' : f(p',\,Y')R^*f(p'',\,Y'')\}.$$

ただし，R^* は $f(p,\,Y)$ から得られた間接的顕示選好である［図 1-4］．

このとき，

$$Y < \delta_{p',p''}(Y') \Longrightarrow f(p',\,Y')R^*f(p'',\,Y),$$

$$Y > \delta_{p',p''}(Y') \Longrightarrow f(p'',\,Y)R^*f(p',\,Y').$$

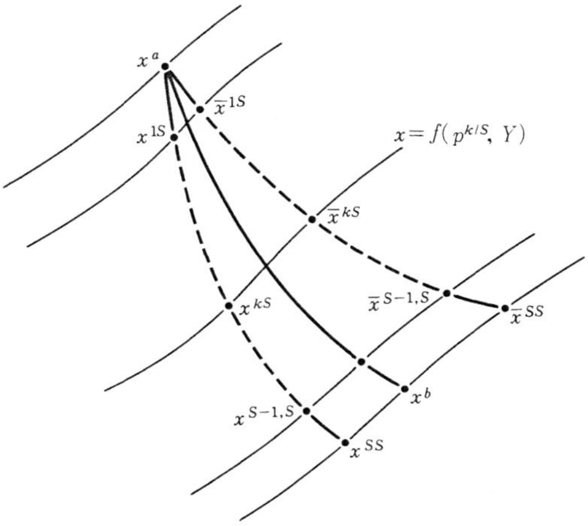

図 1-4　Indirect Revealed Preference の列

Lemmaを証明するために，補助的な関数 $\bar{\delta}_{p',p''}(Y')$ を定義する．

$$\bar{\delta}_{p',p''}(Y') = \inf\{Y'' : f(p'', Y'')R^*f(p', Y')\}.$$

このとき，Lemmaの結論は，つぎの関係と同じことになる．

任意の正価格ベクトル p', p'' に対して，

(14)　$\delta_{p',p''}(Y') = \bar{\delta}_{p',p''}(Y')$　（すべての $Y'>0$ について）.

この(14)式を証明するために，ハウトハッカーによって最初導入された二つの所得系列を考えよう[Houthakker (1950)].

$$p^t = p' + t(p'' - p'),\ \ 0 \leqq t \leqq 1,$$
$$p^0 = p',\ \ p^1 = p''.$$

まず，任意の整数 S に対して，第1のupper-income系列 $(\bar{Y}^{0S}, \bar{Y}^{1S}, \cdots, \bar{Y}^{SS})$ をつぎのように定義する．

(15)
$$\begin{cases} \bar{Y}^{0S} = Y',\ \ \bar{x}^{0S} = x' = f(p', Y'), \\ \bar{Y}^{k+1,S} = p^{(k+1)/S}\bar{x}^{kS},\ \ \bar{x}^{kS} = f(p^{k/S}, \bar{Y}^{kS}),\ \ (k = 0, 1, \cdots, S-1). \end{cases}$$

他方，lower-income系列 $(Y^{0S}, Y^{1S}, \cdots, Y^{SS})$ はつぎのようにして定義される．

(16)
$$Y^{kS} = p^{k/S}x^{k+1,S},\quad x^{k+1,S} = f(p^{(k+1)/S}, Y^{k+1,S}),$$
$$(k = 0, 1, \cdots, S-1).$$

リプシッツの条件D.IVから需要関数 $f(p, Y)$ は Y について連続となるから，上の式で，$Y^{k+1,S}$ を一意的に解くことができる．

Strong Axiom (S) によって，

$$\delta_{p',p''}(Y') \leqq \bar{\delta}_{p',p''}(Y')\quad（すべての\ Y'>0\ について）$$

となることは明白である．

したがって，

$$Y^{SS} \leqq \delta_{p',p''}(Y') \leqq \bar{\delta}_{p',p''}(Y') \leqq \bar{Y}^{SS}$$

となるから，(14)式を証明するためには，

(17)
$$\lim_{S\to\infty}(\bar{Y}^{SS} - Y^{SS}) = 0$$

となることを示せばよい．

そのためにまずupper-income系列の定義式(15)と予算制約式D.IIIとから，

$$\bar{Y}^{k+1,S} - \bar{Y}^{kS} = p^{\frac{k+1}{S}}\bar{x}^{kS} - p^{\frac{k}{S}}\bar{x}^{kS} = \frac{1}{S}(p'' - p')\bar{x}^{kS}.$$

他方，lower-income系列の定義式(16)を使って，

$$Y^{k+1,S} - Y^{kS} = p^{\frac{k+1}{S}}x^{k+1,S} - p^{\frac{k}{S}}x^{k+1,S} = \frac{1}{S}(p'' - p')x^{k+1,S}.$$

さて，$u^{kS} = \bar{Y}^{kS} - Y^{kS}$ $(u^{0S} = 0)$ とすれば，

$$u^{k+1,S}-u^{kS}=\frac{1}{S}(p''-p')(\bar{x}^{kS}-x^{k+1,S}) \qquad (k=0,1,\cdots,S-1).$$

この式を $k=0,1,\cdots,j-1$ について加えれば，

$$u^{jS}=\frac{1}{S}(p''-p')\left\{(x'-x^{jS})+\sum_{k=1}^{j-1}(\bar{x}^{kS}-x^{kS})\right\}. \tag{18}$$

lower-income 系列の定義式(16)から，$x'R^*x^{jS}$ となるから，Strong Axiom(S)によって，

$$p^{\frac{j}{S}}x' > p^{\frac{j}{S}}x^{jS}.$$

したがって，$\bar{p}=\max(p',p'')$，$\underline{p}=\min(p',p'')$ と置けば，

$$\bar{p}x' > \underline{p}x^{jS}.$$

また，

$$A=\max_{x\geqq 0,\underline{p}x\leqq \bar{p}x'}|(p''-p')(x'-x)|<+\infty. \tag{19}$$

他方，リプシッツの条件 D.IV によって，

$$\|\bar{x}^{kS}-x^{kS}\|=\|f(p^{\frac{k}{S}},\bar{Y}^{kS})-f(p^{\frac{k}{S}},Y^{kS})\|<K\,|\bar{Y}^{kS}-Y^{kS}| \tag{20}$$

（K はリプシッツの定数）.

(19), (20)式を使えば，(18)式は，

$$u^{jS}\leqq\frac{1}{S}\left\{A+B(u^{1S}+\cdots+u^{j-1,S})\right\} \qquad (j=1,\cdots,S),$$

ただし，$B=K\,|p'-p''|$.

この式からつぎのような recursive な公式を求めることができる.

$$u^{jS}\leqq\frac{A}{S}\left(1+\frac{B}{S}\right)^{j-1} \qquad (j=1,\cdots,S).$$

とくに，

$$u^{SS}\leqq\frac{A}{S}\left(1+\frac{B}{S}\right)^{S-1}.$$

したがって，

$$0\leqq\lim_{S\to\infty}u^{SS}\leqq\lim_{S\to\infty}\frac{A}{S}\left(1+\frac{B}{S}\right)^{S-1}=0$$

となって，(17)式が示され，Lemma が証明された.

さて，基本定理の証明に戻ることにしよう．P.IV, P.V を示せばよいが，まず，convexity の公理 P.IV についてみてみよう.

いま，$x^0=f(p^0,Y^0)$，$x^1=f(p^1,Y^1)$ に対して，$\overline{x^0R^*x^1}$，$x^0\neq x^1$ とする.
$x^\theta=(1-\theta)x^0+\theta x^1$ $(0<\theta<1)$ とすれば，

$$x^\theta\neq x^0 \text{ で，} p^\theta x^\theta\geqq p^\theta x^0 \text{ か，あるいは } p^\theta x^\theta>p^\theta x^1$$

のどちらかである．もし，$p^\theta x^\theta\geqq p^\theta x^0$ であれば，$x^\theta Rx^0$ で問題ない．もし，$p^\theta x^\theta>p^\theta x^1$ ならば，$x^\theta Rf(p^1,Y^1)$，$Y^1=p^1x^1$．したがって，$f(p,Y)$ の Y にかんする連続性から，$x^\theta R^*f(p^1,Y^1+\varepsilon)$ となるような正数 $\varepsilon>0$ が存在する．他方，Lemma を使えば，$\overline{x^0R^*x^1}$ から

$f(p^1, Y^1+\varepsilon)R^*x^0$ となることがわかる．したがって，$x^\theta R^* x^0$ となり，P.IV が成立することがわかった．

上半連続性 P.V を証明するために，x^0R^*x とすると，$x^0, x^1, \cdots, x^{S-1}, x^S=x$ となるような鎖が存在して，

$$p^0x^0 \geqq p^0x^1,\ \ p^1x^1 \geqq p^1x^2,\ \ \cdots,\ \ p^{S-1}x^{S-1} \geqq p^Sx^S,$$
$$x^0 \neq x^1,\ \ x^1 \neq x^2,\ \ \cdots,\ \ x^{S-1} \neq x^S = x,$$
$$x^s = f(p^s, Y^s),\ \ s = 0, 1, \cdots, S.$$
$$x'' = \frac{1}{2}(x^{S-1}+x) \quad \text{と置けば} \quad x'' \neq x^{S-1}, x.$$

いま，$x''=f(p'', Y'')$ とすれば，

$$p^{S-1}x^{S-1} \geqq p^Sx'',\ \ x'' \neq x^{S-1} \quad \text{となるから} \quad p''x^{S-1} > p''x''.$$

したがって，$p''x''>p''x$ となるから，x の近傍 $V(x)$ を適当にとれば，

$$p''x'' > p''\bar{x} \qquad (\text{すべての } \bar{x} \in V(x) \text{ について}).$$

故に，

$$x^0R^*\bar{x} \qquad (\text{すべての } \bar{x} \in V(x) \text{ について})$$

が成立する．

一意性を証明するために，われわれの需要関数 $f(p, Y)$ がある選好関係 P から導きだされたとしよう．このとき $xRy \Rightarrow xPy$．したがって，$xR^*y \Rightarrow xPy$．

逆に，$\overline{xR^*y}$ のときには，Lemma によって，

$$y = \lim_{\nu\to\infty} y^\nu,\ \ y^\nu R^* x\,;\ \nu = 1, 2, \cdots$$

となるような消費ベクトルの列 $\{y^\nu\}$ が存在する．このとき $y^\nu Px$ $(\nu=1, 2, \cdots)$．選好関係が P.V をみたすときには，$\overline{xPy}$．すなわち，$\overline{xR^*y} \Rightarrow \overline{xPy}$．したがって，$P$ は R^* と一致することが示された． Q.E.D.

このようにして定義した間接顕示選好 R^* は必ずしも P.VI をみたさない．

さて，需要関数 $f(p, Y)$ について，Y にかんして，リプシッツの条件 D.IV が仮定されているが，価格ベクトル p にかんしては，連続性すら前提してこなかった．しかし，上の基本定理からつぎの命題を導きだすことができる．

需要関数 $f(p, Y)$ が D.I-D.IV をみたしているとすれば，$f(p, Y)$ は価格ベクトル p と所得 Y とにかんして連続となる．

［証明］ 基本定理によって，

$$x^0 = f(p^0, Y^0) \Longleftrightarrow [\text{すべての } x \neq x^0,\ p^0 x \leqq Y^0 \text{ に対して } x^0 R^* x]$$

が証明された．したがって，P.IV を使えば，

$$(21) \qquad x^0 = f(p^0, Y^0) \Longleftrightarrow [\text{すべての } p^0 x < Y^0 \text{ に対して } \overline{x R^* x^0}]$$

ということがわかる．この性質から，$f(p, Y)$ が価格 p にかんして連続であることが証明される．

いま $\lim_{\nu\to\infty} p^\nu = p^0$, $\lim_{\nu\to\infty} Y^\nu = Y$ となるような系列 $\{(p^\nu, Y^\nu); \nu=1, 2, \cdots\}$ があるとしよう．$x^\nu = f(p^\nu, Y^\nu)$ と置けば，

$$p^\nu x < Y^\nu \Longrightarrow x^\nu R^* x.$$

さて，$f(p, Y)$ が (p, Y) について連続であることを証明するためには，$\{x^\nu ; \nu=1, 2, \cdots\}$ の集積点が常に $x^0 = f(p^0, Y^0)$ であることを示せばよい．いま，x^* が集積点であるとする．すなわち，

$$(22) \qquad x^* = \lim_{k\to\infty} x^{\nu_k}$$

となるような部分列 $\{x^{\nu_k} ; k=1, 2, \cdots\}$ が存在するとする．

そこで，$p^0 x < Y^0$ となるような任意の消費ベクトル x をとると，ν が十分に大きければ $p^\nu x < Y^\nu$．したがって，$x^\nu R^* x$.

(22)式から，$\overline{x R^* x^*}$．この関係がすべての $p^0 x < Y^0$ に対して成立するから，(21)を使えば，$x^* = f(p^0, Y^0)$．すなわち，$\{x^\nu\}$ の集積点はすべて $f(p^0, Y^0)$ になるから，

$$\lim_{\nu\to\infty} f(p^\nu, Y^\nu) = f(p^0, Y^0). \qquad \text{Q.E.D.}$$

これまでの議論を要約しておこう．選好関係 P が P.I-P.V をみたすとき，最適化によって，需要関数 $f(p, Y)$ を導きだすことができる．$x^0 = f(p^0, Y^0)$ はつぎのような条件をみたす消費ベクトルとして一意的に決まってくる．

$$(\text{i}) \qquad p^0 x^0 = Y^0, \quad x^0 \geqq 0,$$

$$(\text{ii}) \qquad p^0 x \leqq Y^0, \quad x \geqq 0, \quad x \neq x^0 \Longrightarrow x^0 P x.$$

このようにして導きだされた需要関数 $f(p, Y)$ は，D.I-D.III および Strong Axiom of Revealed Preference (S) をみたす．

逆に，需要関数 $f(p, Y)$ が与えられているとする．この需要関数 $f(p, Y)$ から間接的顕示選好関係 R^* を定義することができる．

$$x R^* y \Longleftrightarrow x = x^0 R x^1,\ x^1 R x^2,\ \cdots,\ x^{S-1} R x^S = y$$

となるような鎖 $\{x^0, x^1, \cdots, x^S\}$ が存在するとき，ここで，

$$x^0 R x^1 \Longleftrightarrow x^0 = f(p^0, Y^0) \neq x^1 = f(p^1, Y^1), \quad p^0 x^0 \geqq p^0 x^1.$$

需要関数 $f(p, Y)$ が D.I-D.III と Strong Axiom (S) に加えて，リプシッツの条件 D.IV をみ

たすとき，間接的顕示選好関係 R^* は P.I-P.V をみたし，与えられた需要関数 $f(p, Y)$ は，この R^* から最適化によって導きだされたものとなる．しかも，需要関数 $f(p, Y)$ を導きだすような選好関係 P は $\Omega_0=\{x: x>0\}$ では必ず R^* と一致する．

このようにして，選好関係 P と需要関数 $f(p, Y)$ の間には，1対1の対応が存在することが明らかにされた．消費者行動の理論において，選好関係にもとづいて構成するアプローチと，需要関数にもとづくアプローチは，本質的に同じ内容をもつものであることがわかったわけである．

マス-コレルの定理

前項では，需要関数から間接的顕示選好関係を通じて，選好関係自体を知ることができるためには，需要関数が所得にかんしてリプシッツの条件をみたしていなければならないということをみた．マス-コレル[Mas-Colell(1977)]は，選好関係 P について直接リプシッツの条件を導入して，上の対応関係をさらに明確なものとした．ここで，マス-コレルの論文にもとづいて，前項の理論がさらにどのように展開されてきたかということをみてみよう．

定　義　消費ベクトルの集合は $\Omega=\{x: x\in R_n, x\geqq 0\}$ とする．R^n はすべての n 次元ベクトルの全体とする．R^n のなかで，空でない，コンパクトな凸集合の全体を E とし，E にハウスドルフの距離 d を導入する．すなわち，$A, A'\in E$ [これは，A, A' が R^n のなかの空でない，コンパクトな凸集合であるということを意味する！]に対して，

$$d(A, A') = \max\{\hat{d}(A, A'), \hat{d}(A', A)\}.$$

ただし，

$$\hat{d}(A, A') = \max_{x\in A}\min_{y\in A'}\|x-y\|.$$

このハウスドルフの距離 d はつぎの条件をみたす．

(i) $$d(A, A') \geqq 0,$$

(ii) $$d(A, A') = 0 \Longrightarrow A = A',$$

(iii) $$d(A, A'') \leqq d(A, A') + d(A', A'').$$

いま，$e=(1, \cdots, 1)$ というベクトルをとってきて，K_r を定義する．

$$K_r = \left\{x: x\in\Omega,\ \frac{1}{1+r}e \leqq x \leqq (1+r)e\right\}.$$

任意の，上半連続で，単調な選好関係 P [すなわち，P.I-P.V をみたすような P]に対して，K_r から E のなかへの関数 $V_{P,r}(x)$ をつぎのように定義する．

$$V_{P,r}(x) = \{y: y\in K_r, \overline{xPy}\}.$$

このとき，P が連続である[すなわち，公理 P.V をみたす]ために必要にして十分な条件は，す

べての $r>0$ について $V_{P,r}(x)$ が連続であることである．

P.I-P.III をみたす選好関係 P にかんするリプシッツの条件というのは，

$$d(V_{P,r}(x),\ V_{P,r}(x')) \leqq H_r \|x-x'\| \qquad (x,\ x' \in K_r)$$

をみたすような H_r $(r>0)$ が存在するときを指す．

効用関数 $u(x)$ についてもリプシッツの条件を定義することができる．$u(x)$ がリプシッツ的であるというのは，すべての $r>0$ に対して，$u(x)$ $(x \in K_r)$ がリプシッツ的であるときとして定義される．また，効用関数 $u(x)$ が正則(regular)であるというのは，任意の $r>0$ に対して，

$$u(x)-u(y) \geqq \delta \|x-y\| \qquad (x \geqq y,\ x, y \in K_r)$$

となるような $\delta>0$ が存在するときである．

定理1　選好関係 P が P.I-P.V をみたすとする．P がリプシッツ的であるために必要にして十分な条件は，その効用関数 $u(x)$ がリプシッツ的で，正則であることである．

定理2　P, P' が二つの P.I-P.V をみたす選好関係とし，その需要関数をそれぞれ $f(p, Y)$, $f'(p, Y)$ とする．もし，P, P' がともにリプシッツ的で，$f=f'$ ならば，$P=P'$ となる．

定理3　P は P.I-P.V をみたす選好関係とし，$f(p, Y)$ はその需要関数とする．いま，$f(p, Y)$ が所得にかんするリプシッツの条件をみたすとする．

$\{(p, Y): p>0, Y>0\}$ の任意のコンパクト集合 L に対して，

$$\|f(p, Y)-f(p, Y')\| \leqq H_L |Y-Y'| \qquad ((p, Y) \in L)$$

をみたすような正数 H_L が存在する．

このとき，P はリプシッツ的となる．

参 考 文 献

Allen, R. G. D.(1934). "A Reconsideration of the Theory of Value, II," *Economica*, N. S., Vol. 1, pp. 196-219.

——(1938). *Mathematical Analysis for Economists*, London, Macmillan.

——(1956). *Mathematical Economics*, London, Macmillan.

Allen, R. G. D., and A. L. Bowley(1935). *Family Expenditure : A Study of its Variation*, London, Staples Press.

Armstrong, W. E.(1939). "Determinateness of the Utility Function," *Economic Journal*, Vol. 49, pp. 453-467.

Arrow, K. J.(1951). "Alternative Approaches to the Theory of Choice in Risk-Taking Situations," *Econometrica*, Vol. 19, pp. 404-437.

——(1959). "Rational Choice Functions and Orderings," *Economica*, N. S., Vol. 26, pp. 121-127.

Arrow, K. J., and L. Hurwicz(1958). "On the Stability of the Competitive Equilibrium," *Econometrica*, Vol. 26, pp. 522-552.

Auspitz, R., and R. Lieben(1889). *Untersuchungen über die Theorie des Preises*, Leipzig, Duncker & Humblot.

Basmann, R. L.(1956). "A Theory of Demand with Consumer's Preferences Variable," *Econometrica*, Vol. 24, pp. 47-58.

Bergson(Burk), A.(1936). "Real Income, Expenditure Proportionality and Frisch's New Methods of Measuring Marginal Utility," *Review of Economic Studies*, Vol. 4, pp. 33-52.

Bowley, A. L.(1941). "Earnings and Prices, 1904, 1914, 1937-8," *Review of Economic Studies*, Vol. 8, pp. 129-142.

Bushaw, D. W., and R. W. Clower(1954). "Price Determination in a Stock-Flow Economy," *Econometrica*, Vol. 18, pp. 236-241.

Cassel, G.(1918). *Theoretische Sozialökonomie*, Leipzig, Scholl.

Chipman, J. S.(1960). "The Foundations of Utility," *Econometrica*, Vol. 28, pp. 193-224.

Coddington, E. A., and N. Levinson(1955). *Theory of Ordinary Differential Equations*, New York, McGraw-Hill.

Corlett, W. J., and P. K. Newman(1952). "A Note on Revealed Preference and the Transitivity Condition," *Review of Economic Studies*, Vol. 20, pp. 156-158.

Debreu, G.(1954). "Representation of a Preference Ordering by a Numerical Function," in *Decision Processes*, edited by R. M. Thrall, New York, Wiley, pp. 159-165.

Dupuit, J.(1844). *De l'utilité et de sa mesure*, Turin, La Rifarma Sociale.

Edgeworth, F. Y.(1881). *Mathematical Psychics*, London, Kegan Paul.

Fenchel, W.(1953). *Convex Cones, Sets, and Functions*, Princeton, Princeton University, Department of Mathematics.

Fisher, I.(1892). "Mathematical Investigations in the Theory of Value and Prices," *Transactions of Connecticut Academy of Arts and Sciences*, Vol. 9(I), pp. 1-124.

Gale, D.(1960). "A Note on Revealed Preference," *Economica*, N. S., Vol. 27, pp. 348-354.

Georgescu-Roegen, N.(1936). "The Pure Theory of Consumer's Behavior," *Quarterly Journal of Economics*, Vol. 50, pp. 545-593.

——(1954). "Choice, Expectations, and Measurability," *Quarterly Journal of Economics*, Vol. 58, pp. 503-534.

Gorman, W. M.(1953). "Community Preference Fields," *Econometrica*, Vol. 21, pp. 63-80.

——(1959). "Separable Utility and Aggregation," *Econometrica*, Vol. 27, pp. 469-481.

Gossen, H. H.(1854). *Entwicklung der Gesetze des menschlichen Verkehrs, und der daraus fliessenden Regeln für menschliches Handeln*, Berlin, Prager.

Hicks, J. R.(1934). "A Reconsideration of the Theory of Value, I," *Economica*, N. S., Vol. 1, pp.

52-75.

——(1939). *Value and Capital*, Oxford, Clarendon Press.

——(1943). "The Four Consumer's Surpluses," *Review of Economic Studies*, Vol. 11, pp. 31-41.

——(1951). "A Comment on Mr. Ichimura's Definition," *Review of Economic Studies*, Vol. 18, pp. 184-187.

——(1956). *A Revision of Demand Theory*, Oxford, Clarendon Press.

Hotelling, H.(1932). "Edgeworth's Taxation Paradox and the Nature of Demand and Supply Functions," *Journal of Political Economy*, Vol. 40, pp. 577-616.

Houthakker, H. S.(1950). "Revealed Preference and the Utility Function," *Economica*, N. S., Vol. 17, pp. 159-174.

——(1952). "Compensated Changes in Quantities and Qualities Consumed," *Review of Economic Studies*, Vol. 19, pp. 155-164.

Jevons, S. W.(1871). *The Theory of Political Economy*, London and New York, Macmillan.

Mas-Colell, A.(1977). "The Recoverability of Consumers' Preferences from Market Demand Behavior," *Econometrica*, Vol. 45, pp. 1409-1430.

McKenzie, L. W.(1957). "Demand Theory without a Utility Index," *Review of Economic Studies*, Vol. 24, pp. 185-189.

Menger, C.(1871). *Grundsätze der Volkswirtschaftslehre*, Vienna, W. Braunmuller.

Pareto, V.(1896-97). *Cours d'économie politique*, Lausanne, F. Rouge.

Robertson, D. H.(1952). *Utility and All That*, London, Macmillan.

Samuelson, P. A.(1938). "A Note on the Pure Theory of Consumer's Behaviour," *Economica*, Vol. 5, pp. 61-71, 353-354.

——(1947). *Foundations of Economic Analysis*, Cambridge, Harvard University Press.

——(1950). "The Problem of Integrability in Utility Theory," *Economica*, Vol. 17, pp. 355-385.

Slutsky, E.(1915). "Sulla teoria del bilancio del consomatore," *Giornale degli Economisti*, Vol. 51, pp. 1-26.

Uzawa, H.(1960). "Preference and Rational Choice in the Theory of Consumption," in *Mathematical Methods in the Social Sciences*, Stanford University Press.

——(1971). *Preferences, Utility, and Demand*, edited by Chipman, Hurwicz, Richter, and Sonnenschein, New York, Harcourt, Brace, Jovanovich, pp. 114-148. Reprinted in *Preference, Production, and Capital : Selected Papers of Hirofumi Uzawa*, New York, Cambridge University Press, 1988.

Ville, J.(1946). "Sur les conditions d'éxistence d'une ophélimité totale et d'un indice du niveau des prix," *Annales de l'Université de Lyon,* Vol. 9, pp. 32-39.

Walras, L.(1874). *Éléments d'économie politique pure*, Lausanne, L. Corbaz.

Wold, H.(1943-44). "A Synthesis of Pure Demand Analysis," *Skandinavisk Aktuarietidskrift*, Vol. 26, pp. 85-118, 220-263, and Vol. 27, pp. 69-120.

——(1952). "Ordinal Preferences or Cardinal Utility?," *Econometrica*, Vol. 20, pp. 661-664.

——(1953). *Demand Analysis*, New York, John Wiley.

第2章　需要関数の積分可能性

第1章では，顕示選好(revealed preference)の概念を用いて，消費者行動の純粋理論を説明した．そこで主役を演じたのは，ハウトハッカーの Strong Axiom of Revealed Preference であった．また選好関係(preference ordering あるいは relation)についても，P.I–P.VI という公理体系でその基本的な性質を規定した．いずれも，概念規定はいわゆる有限性 “finite” の範疇に属するものであって，選好関係あるいは需要関数の概念的な性質を明確にし，その意味するところを分析するために適切な方法であるということができても，その操作可能性(operationality)という観点からは必ずしも効果的なアプローチであるとは言いがたい．読者の大部分がおそらく，ヒックスの古典的名著『価値と資本』(J. R. Hicks, *Value and Capital*, 1939)の付論やサミュエルソンの『経済分析の基礎』(Paul A. Samuelson, *Foundations of Economic Analysis*, 1947)の第5章で学んだように，効用関数の最大化によって導きだされた需要関数にかんして，そのスルツキー代替効果の行列は，対称(symmetric)でしかも半負値定形式(negative semi-definite)となるという基本的な性質をもっている．このことは古典的な需要理論においては，もっとも重要な命題であって，実証的にもまた大きな意味をもつものであった．需要関数について，スルツキー代替効果の行列が対称で半負値定形式であるとすれば，逆にその需要関数を「積分」して，効用関数を導きだすことができるであろうか．このような観点から，需要関数の積分可能性という形で問題が提起されたのであった．この古典的な「積分可能性」の問題は，サミュエルソンによって，『経済分析の基礎』のなかで新しく取り上げられ，さらにサミュエルソン[Samuelson(1950)]は，間接的需要関数(indirect demand function)の概念を用いて，一つの解決を与えたのであった．のちにくわしく述べるように，サミュエルソンの間接的需要関数は，single-valued の関数であって，スルツキー行列の係数にかんしてつよい制約条件がみたされなければならなかった．この点について，ハーヴィッチ=宇沢[Hurwicz and Uzawa(1971)]で，マッケンジーの方法[L. W. McKenzie(1956-57)]を用いて，一般的な場合について証明されるとともに，より直観的な取り扱いが展開された．本章では主として，ハーヴィッチ=宇沢論文にしたがって，需要関数の「積分可能性」ということの意味を探るとともに，スルツキー代替効果にかんする古典的な結果を導きだすことにしよう．

基本的な前提条件

消費財が n 個存在する一般的な場合を考え，消費ベクトル $x=(x_1, \cdots, x_n)$ はすべて $x \geqq 0$ であるとし，価格ベクトル $p=(p_1, \cdots, p_n)$ にかんしてはすべて正であるとする．価格ベクトルの

全体を Π で表わす．

$$\Pi = \{p = (p_1, \cdots, p_n) : p_1, \cdots, p_n > 0\}.$$

需要関数 $x=f(p, Y)$ は，任意の価格ベクトル p と所得 Y に対して定義される関数である．(p, Y) の全体を Ω で表わす．

$$\Omega = \{(p, Y) : p > 0,\ Y \geqq 0\}.$$

需要関数にかんする性質をいくつか挙げておく．

(A)　$f(p, Y)=(f_1(p, Y), \cdots, f_n(p, Y))$ は，Ω の上で定義された n 次元のベクトルの値をとる関数である．

(B)　予算制約式がみたされている：$pf(p, Y)=Y$　　$((p, Y)\in\Omega)$．

(D)　$f_1(p, Y), \cdots, f_n(p, Y)$ はすべて Ω の上で微分をもっている．

(E)　任意に与えられた二つの正数 a', a'' $(a'<a'')$ に対して，

$$\left|\frac{\partial f_i}{\partial Y}(p, Y)\right| \leqq K_{a',a''} \qquad [(p, Y)\in\Omega,\ \ a' \leqq p_j \leqq a'' \quad (j=1, \cdots, n)]$$

をみたすような正数 $K_{a',a''}$ が存在する．ただし，$\dfrac{\partial f_i}{\partial Y}(p, Y)$ は，$f_i(p, Y)$ を Y について偏微分したものである．

需要関数 $f(p, Y)$ の値がとる領域を X で表わす．

$$X = \{f(p, Y) : (p, Y)\in\Omega\}.$$

微分可能性

n 次元のユークリッド空間 R^n の部分集合 S で定義されたある関数 $f(x)$, $x=(x_1, \cdots, x_n)$, が $x^0=(x_1^0, \cdots, x_n^0)\in S$ で微分をもつ(to possess a differential)というのは，つぎのような性質をもつ n 個の数 $\phi_i(x^0)$ $(i=1, \cdots, n)$ が存在することを意味する．

$\varepsilon>0$ がどんなに小さくとも，必ずある正数 $\delta>0$ を見つけてきて，

$$\frac{f(x)-f(x^0)-\sum\phi_i(x^0)(x_i-x_i^0)}{\|x-x^0\|} < \varepsilon \qquad (\text{すべての } x\in S,\ \|x-x^0\|<\delta)$$

が成立するようにできる．

x^0 が S の内点であるときは，

$$\phi_i(x^0) = \left.\frac{\partial f}{\partial x_i}\right|_{x=x^0}$$

となって，有限である[Graves(1956)，pp. 76-77 参照]．

需要関数の積分可能性(integrability)を取り上げる前に，選好関係から導きだされた需要関数にかんする古典的な議論をここで再現しておこう．需要関数 $f(p, Y)$ が選好関係 P から最適化によって導きだされたものであるとする．すなわち，$x^0=f(p^0, Y^0)$ は $\{x : p^0x\leqq Y^0\}$ のな

かで唯一の最適ベクトルであるとする．このとき，上に挙げた条件(A), (B), (D)がみたされているとする．

いまある消費ベクトル $x^0=f(p^0, Y^0)$, $(p^0, Y^0)\in\Omega$, をとる．この x^0 に対して，つぎの集合を考えよう．

$$K=\{x:\overline{x^0Px}\}.$$

この K は P.V によって閉集合で，しかも凸集合となる．このとき正の価格ベクトル $p>0$ を任意に与えたとき，

$$\mu(p)=\inf_{x\in K}px.$$

$p>0$, $x\geqq 0$ だから常に $px\geqq 0$．したがって，$\mu(p)$ は存在して，$\mu(p)\geqq 0$．このとき，$\mu(p)$ を補償所得(compensated income)という．

このようにして定義された補償所得 $\mu(p)$ は $\mu(p\,;p^0, Y^0)$ とも表わすことができる．この関数 $\mu(p)$ は $\Pi=\{p:p>0\}$ の上で定義された凸関数となる．図2-1はこのような $\mu(p)$ のつくり方を図示したものである[数学付論]．

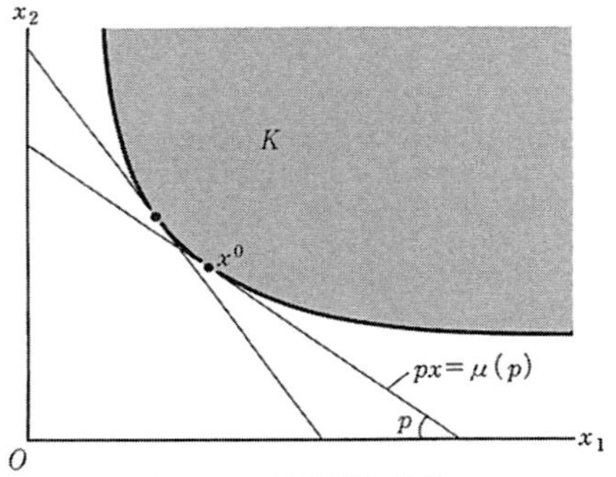

図2-1　補償所得関数

(1)　　$$X(p)=f(p, \mu(p))\qquad(p\in\Pi)$$

を定義すると，$X(p)$ は Π で連続となる．$f(p, Y)$ も $Y=\mu(p)$ もともに連続だからである．

また，(B)がみたされているから，

(2)　　$$pX(p)=\mu(p)\qquad(p\in\Pi).$$

このとき，任意の $p'\in\Pi$ をとってきたとき，

(3)　　$$pX(p)\leqq pX(p').$$

［証明］ $\mu(\cdot)$ の定義から，つぎのような消費ベクトルの列 $\{x^1, x^2, \cdots\}$ が存在する．

$$\overline{x^0Px^\nu},\quad \nu=1, 2, \cdots\,;\ \lim_{\nu\to\infty}p'x^\nu=\mu(p')=\inf_{x\in K}p'x.$$

したがって，任意の $\varepsilon>0$ に対して，

$$p'x^\nu < \mu(p')+\varepsilon \qquad (\nu \geqq \nu_\varepsilon)$$

となるような ν_ε が存在する．

いま，$x_\varepsilon=f(p', \mu(p')+\varepsilon)$ とおくと，x_ε は $\{x: x\geqq 0, p'x\leqq\mu(p')+\varepsilon\}$ のなかで，P にかんして唯一の最適な消費ベクトルであるから，

$$p'x^\nu < \mu(p')+\varepsilon \Longrightarrow x_\varepsilon P x^\nu \Longrightarrow x_\varepsilon \in K.$$

他方，$f(p, Y)$ は Y にかんして連続だから，

$$\lim_{\varepsilon\to 0} x_\varepsilon = X(p')\,(\equiv f(p', \mu(p')))$$

となる．

ここで，$X(p)\in K$ の場合を考えよう．このとき(2)式から，$X(p)$ は K のなかで px を最小にするものであるから，$x_\varepsilon\in K$ によって，

$$pX(p) \leqq px_\varepsilon \qquad (\varepsilon > 0).$$

したがって，$x_\varepsilon\to X(p')$ $(\varepsilon\to 0)$ だから，

$$pX(p) \leqq pX(p').$$

つぎに，$X(p)\notin K$ の場合を考えよう．このとき，$x^0PX(p)$．また $\overline{x^0Px^\nu}$, $x_\varepsilon Px^\nu$ であるから，$x_\varepsilon PX(p)$．

ここでもしかりに $pX(p)>pX(p')$ だったとしよう．このときには，ε が小さいときには $pX(p)>px_\varepsilon$．しかも $x_\varepsilon PX(p)$ となって，$X(p)=f(p, \mu(p))$ に矛盾する．したがって，$pX(p)\leqq pX(p')$ でなければならない．　Q.E.D.

つぎに，$\mu(p)$ の偏微分 $\dfrac{\partial\mu}{\partial p_j}$ $(j=1, \cdots, n)$ が必ず存在して，連続であり，しかも，

$$\frac{\partial\mu}{\partial p_j} = X_j(p) \qquad (j=1, \cdots, n) \tag{4}$$

が成立する．

［証明］　二つの価格ベクトル p と $p+\Delta p$ を考える．$X(p), X(p+\Delta p)$ をそれぞれ対応する消費ベクトルとしよう．上に証明した(3)から，

$$p\cdot X(p) \leqq p\cdot X(p+\Delta p).$$

ここで，$\Delta X(p)=X(p+\Delta p)-X(p)$ と置けば，

$$p\cdot\Delta X \geqq 0. \tag{5}$$

したがって，

$$\begin{aligned}\Delta\mu(p) &= \mu(p+\Delta p)-\mu(p)\\ &= (p+\Delta p)(X(p)+\Delta X(p))-pX(p)\\ &= p\cdot\Delta X(p)+\Delta p\cdot X(p)+\Delta p\cdot\Delta X(p)\end{aligned}$$

$$\geqq \Delta p\cdot X(p)+\Delta p\cdot \Delta X(p) \qquad [\text{上の(5)を使って}].$$

ここで，$\Delta p=(0,\cdots,0,\Delta p_j,0,\cdots,0)$，$\Delta p_j>0$，と置くと，

$$\frac{\Delta\mu}{\Delta p_j}\geqq X_j(p)+\Delta X_j(p).$$

一方，$X_j(p)$ は連続であるから，$\lim_{\Delta p_j\to 0}\Delta X_j(p)=0$.

$\mu(p)$ は p の凸関数だから，$\left(\frac{\partial\mu}{\partial p_j}\right)_-$, $\left(\frac{\partial\mu}{\partial p_j}\right)_+$ はともに存在する[数学付論および Bonnesen and Fenchel(1934)]．したがって，

$$\left(\frac{\partial\mu}{\partial p_j}\right)_+=\lim_{\substack{\Delta p_j\to 0\\ \Delta p_j>0}}\frac{\Delta\mu}{\Delta p_j}\geqq X_j(p).$$

同じように，$\Delta p=(0,\cdots,0,\Delta p_j,0,\cdots,0)$，$\Delta p_j<0$，と置くと，

$$\left(\frac{\partial\mu}{\partial p_j}\right)_-=\lim_{\substack{\Delta p_j\to 0\\ \Delta p_j<0}}\frac{\Delta\mu}{\Delta p_j}\leqq X_j(p).$$

したがって，

$$\left(\frac{\partial\mu}{\partial p_j}\right)_-\leqq X_j(p)\leqq\left(\frac{\partial\mu}{\partial p_j}\right)_+.$$

また，$\mu(p)$ は p の凸関数だから，

$$\left(\frac{\partial\mu}{\partial p_j}\right)_+\leqq\left(\frac{\partial\mu}{\partial p_j}\right)_-.$$

故に(4)式が成立する．

また $X_j(p)$ は連続だから[数学付論および Bonnesen and Fenchel(1934)]，$\frac{\partial\mu}{\partial p_j}$ もまた連続となる．

Q.E.D.

ここで，需要関数にかんする微分可能性の条件(D)がみたされているとすると，上に証明した $\mu(p)$ の連続微分可能性と一緒にして，$X_j(p)=X_i(p,\mu(p))$ の偏微分に対して chain rule を適用することができる．

$$\frac{\partial X_i}{\partial p_j}\equiv\frac{\partial X_i(p)}{\partial p_j}=\frac{\partial f_i}{\partial p_j}+\frac{\partial f_i}{\partial Y}\frac{\partial\mu}{\partial p_j}=\left(\frac{\partial f_i}{\partial p_j}\right)_{(p,\mu(p))}+\left(\frac{\partial f_i}{\partial Y}\right)_{(p,\mu(p))}f_i(p,\mu(p))$$

この右辺の表現に注目してみよう．いま $x_i=f_i(p,Y)$ とし，偏微分にかんして慣習的な表現を用いれば，

$$S_{ij}=\frac{\partial x_i}{\partial p_j}+\frac{\partial x_i}{\partial Y}x_j$$

となる．右辺は (p,Y) で評価するとすれば，正確には $S_{ij}=S_{ij}(p,Y)$ と記すべきであろう．これが，スルツキー項(Slutsky terms)あるいは代替項(substitution terms)と呼ばれる概念である．上の式は，

(6)
$$\frac{\partial X_i(p)}{\partial p_j} = S_{ij}(p, \mu(p)) \qquad (i, j = 1, \cdots, n)$$

となる．

さらに，(4)式を使えば，

(7)
$$\mu_{ji}(p) = S_{ij}(p, \mu(p)).$$

ここで，$\mu_{ji} = \dfrac{\partial^2 \mu}{\partial p_i \partial p_j}$.

さて，$\mu(p)$ は，$p = p^0$ のとき Y^0 に等しくなる：$Y^0 = \mu(p^0)$.

何となれば，$\mu(p)$ の定義から，$Y^0 \geqq \mu(p^0)$ は明らか．もしかりに，$Y^0 > \mu(p^0)$ だったとすれば，

$$x^1 = f(p^1, Y^1), \quad Y^0 = p^0 x^0 > p^0 x^1, \quad x^1 P x^0$$

となるような x^1 が存在することになって矛盾するからである．

したがって，

(8)
$$S_{ij}(p^0, Y^0) = \mu_{ji}(p^0).$$

$\mu_j(p)$ は微分可能だから，ヤングの定理[数学付論および Young (1960)]を適用して，

$$\mu_{ij}(p^0) = \mu_{ji}(p^0) \qquad (p^0 \in \Pi, \ i, j = 1, \cdots, n).$$

したがって，

(S)
$$S_{ji}(p^0, Y^0) = S_{ij}(p^0, Y^0) \qquad ((p^0, Y^0) \in \Omega, \ i, j = 1, \cdots, n).$$

さらに，$\mu(p)$ は2回連続微分可能であり，凸関数であるから[数学付論]，

$$\begin{pmatrix} \mu_{11}(p) & \cdots & \mu_{1n}(p) \\ & \cdots\cdots & \\ \mu_{n1}(p) & \cdots & \mu_{nn}(p) \end{pmatrix} \qquad (p \in \Pi)$$

は，対称的で，negative semi-definite となる．したがって，

(N)
$$\begin{pmatrix} S_{11}(p^0, Y^0) & \cdots & S_{1n}(p^0, Y^0) \\ & \cdots\cdots & \\ S_{n1}(p^0, Y^0) & \cdots & S_{nn}(p^0, Y^0) \end{pmatrix} \qquad (p^0 \in \Pi, \ Y^0 > 0)$$

は，negative semi-definite である．

この二つの条件(S), (N)は，スルツキーの代替項 $S_{ij}(p, Y)$ にかんする基本的な性質である．

以上の議論をまとめておこう．

定理1　需要関数 $f(p, Y)$ が，選好関係 P から導きだされたものであるとする．この需要関数 $f(p, Y)$ が条件(A), (B), (D)をみたすと仮定しよう．このとき，スルツキー項

$$S_{ij}(p, Y) = \frac{\partial x_i}{\partial p_j} + \frac{\partial x_i}{\partial Y} x_j$$

[$x_i = f_i(p, Y)$, $i = 1, \cdots, n$, として，すべて (p, Y) で評価する] から構成されるスルツキー行列

$$\begin{pmatrix} S_{11}(p, Y) & \cdots & S_{1n}(p, Y) \\ & \cdots\cdots & \\ S_{n1}(p, Y) & \cdots & S_{nn}(p, Y) \end{pmatrix} \qquad (p > 0,\ Y \geqq 0)$$

は，対称的(S)かつ negative semi-definite(N)となる．

需要関数が選好関係から求められるための十分条件

前項で示したように，需要関数 $f(p, Y)$ が選好関係 P の最適化によって得られたものであるとき，スルツキー行列 $(S_{ij}(p, Y))$ にかんして対称性(S)と negative semi-definiteness(N)という二つの条件がみたされている．逆に需要関数 $f(p, Y)$ がこの二つの条件をみたしているときに，それが，ある選好関係 P の最適化によって得られたものであろうか．この設問に対する回答は肯定的である．ただ厳密に証明するためには，需要関数がある種の数学的条件をみたされなければならない[条件(E)]．このことを証明するために，(4)式で表わされる偏微分方程式体系を解くことが必要となるのであるが，このような偏微分方程式体系が解をもつために必要にして十分な条件が普通積分可能性(integrability)の条件といわれるものである．この問題が，消費理論の古典的なアプローチで，積分可能性の問題と呼ばれてきた所以である．

定理 2　需要関数 $x=f(p, Y)$ が上に挙げた(A), (B), (D), (E)をみたすとする．もし，スルツキー項 $S_{ij}(p, Y)$ が(S), (N)をみたすとき，需要関数 $f(p, Y)$ のとる値の領域 X の上で定義された効用関数 $u(x)$ $(x \in X)$ が存在して，任意の $p^0>0$, $Y^0 \geqq 0$ に対して $x^0=f(p^0, Y^0)$ は，予算集合 $\{x : x \in X, px \leqq Y\}$ のなかで $u(x)$ を最大にする消費ベクトルとして一意的に決められるようになる．

定理 2 の証明　まず，つぎの偏微分方程式体系を考察する．

(9)
$$\frac{\partial Y}{\partial p_i} = f_i(p, Y) \qquad (i = 1, 2, \cdots, n),$$

ベクトル表記を用いれば，

(9′)
$$\frac{\partial Y}{\partial p} = f(p, Y).$$

第 2 章付論にある存在定理 III を適用すれば，つぎの Lemma が得られる．

Lemma 1　需要関数 $f(p, Y)$ が(A), (D), (E), (S)をみたすと仮定する．このとき，(9)の偏微分方程式体系は一意的に積分可能である．すなわち，すべての $(p^*, Y^*) \in \Omega$ に対して，つぎのような条件をみたす関数 $\mu(p ; p^*, Y^*)$ $(p \in \Pi)$ が存在し，一意的に定まる．

(10)
$$\mu(p^* ; p^*, Y^*) = Y^*,$$

(11)
$$\mu_i(p ; p^*, Y^*) = f_i(p, \mu(p ; p^*, Y^*)), \quad i = 1, \cdots, n \ (p \in \Pi).$$

［ここで，$\mu_i(p\,;p^*, Y^*)$ は $\mu(p\,;p^*, Y^*)$ を p_i で偏微分したもの.］

$\mu(p\,;p^*, Y^*)$ は，$p\in\Pi$ を固定したとき，(p^*, Y^*) の連続関数となる.

この「補償所得」関数 $\mu(p\,;p^*, Y^*)$ にもとづいて，さまざまな価格と所得の組み合わせ (p, Y) を比較することによって，選好関係ないしは効用関数を求めようというのが基本的なアイディアである．すなわち，価格ベクトルをある点 p^* に固定しておいて，

$$(p', Y') > (p'', Y'') \iff \mu(p^*\,;p', Y') > \mu(p^*\,;p'', Y'')$$

によって，(p', Y') と (p'', Y'') の間に選好関係を定義して，所与の需要関数 $f(p, Y)$ がこの選好関係から最適化によって導きだされるということを示したい．そのためにはまず，このような関係が，整合的に定義され，しかも選好関係の諸条件をみたすということを示さなければならない.

Lemma 2　ある $p^0\in\Pi$ について，$\mu(p^0\,;p', Y')=\mu(p^0\,;p'', Y'')$ ならば，すべての $p\in\Pi$ について，$\mu(p\,;p', Y')=\mu(p\,;p'', Y'')$ となる.

［証明］ 偏微分方程式体系(9)の解 $\mu(p\,;p^*, Y^*)$ が一意的に決まるということから明らか.

Q.E.D.

Lemma 3　ある $p^0\in\Pi$ について，$\mu(p^0\,;p', Y')<\mu(p^0\,;p'', Y'')$ ならば，すべての $p\in\Pi$ について，$\mu(p\,;p', Y')<\mu(p\,;p'', Y'')$ となる.

［証明］ Lemma の主張に反して，かりに，

$$\mu(p^0\,;p', Y') < \mu(p^0\,;p'', Y''), \quad \mu(p^1\,;p', Y') \geqq \mu(p^1\,;p'', Y'')$$

となるような p^0, p^1 が存在したとする．このとき，$p^t=p^0+t(p^1-p^0)$，$0\leqq t\leqq 1$ と置き，関数 $\varphi(t)$ を，

$$\varphi(t) = \mu(p^t\,;p', Y') - \mu(p^t\,;p'', Y'')$$

によって定義する．Lemma 1 から $\varphi(t)$ は連続関数であり，$\varphi(0)<0$，$\varphi(1)\geqq 0$．したがって，$\varphi(\tau)=0$，$0<\tau\leqq 1$ となるような τ が存在する．すなわち，

$$\mu(p^\tau\,;p', Y') = \mu(p^\tau\,;p'', Y'')$$

となる．したがって，Lemma 2 を使って，すべての $p\in\Pi$ に対して，

$$\mu(p\,;p', Y') = \mu(p\,;p'', Y'')$$

となり，上の仮定と矛盾する.　Q.E.D.

効用関数の構築

上に定義した補償所得関数 $\mu(p^*\,;p, Y)$ を使って，$X=\{x=f(p, Y):(p, Y)\in\Omega\}$ の上に，効用関数 $u(x)$ を定義することにしよう．いま価格ベクトルを p^* に固定する．各 $x\in X$ に対して，

$$u(x) = \mu(p^*\,;p, Y), \quad x = f(p, Y) \tag{12}$$

として効用を定義してみよう．このような効用関数は p^* に依存するから，$u(\cdot)=U_{p^*}(\cdot)$ のように記すこともある．

これから，この関数 $u(x)$ が，定理2で求められている効用関数となることを示したいが，まず，(12)式で定義された $u(x)$ が整合的であるということを示さなければならない．すなわち，与えられた $x \in X$ に対して，(12)式の値が，$x=f(p, Y)$ となるような価格ベクトル p と所得 Y の選び方に無関係であることを証明しておかなければならない．このことは，あとになって，Lemma 7で証明されることになる．その前に，補償所得関数 μ の性質をいくつか導きださなければならない．

Lemma 4　$x^0=f(p^0, Y^0)$，$x^1=f(p^1, Y^1)$ について，$x^0 \neq x^1$ かつ，$Y^1 \geqq \mu(p^1; p^0, Y^0)$ ならば，

$$p^0x^1 > p^0x^0. \tag{13}$$

［証明］　まず，$Y^1=\mu(p^1; p^0, Y^0)$ のとき，(13)を証明しよう．

このとき，

$$x^t = f(p^t, Y^t),\quad p^t = p^0+t(p^1-p^0),\quad Y^t = Y^0+t(Y^1-Y^0),\quad 0 \leqq t \leqq 1$$

とし，$\Psi(t)=p^0x^t$ と定義する．

$\Psi(t)$ を t について微分すれば，

$$\Psi'(t) = p^0\left(\frac{\partial f}{\partial p}+\frac{\partial f}{\partial Y}\frac{\partial \mu}{\partial p}\right)\frac{dp^t}{dt} = p^0S(p^t, Y^t)(p^1-p^0), \tag{14}$$

ここで，偏微分はすべて (p^t, Y^t) で評価し，$S(p, Y)$ はスルツキー行列である．

また $p^tx^t=Y^t$ を t について微分すると，

$$(p^1-p^0)x^t+p^tS(p^t, Y^t)(p^1-p^0) = Y^1-Y^0.$$

故に，

$$p^tS(p^t, Y^t)(p^1-p^0) = \frac{1}{t}(\Psi(t)-\Psi(0)). \tag{15}$$

(14)から(15)を引けば，

$$t\Psi'(t)-[\Psi(t)-\Psi(0)] = -(p^t-p^0)S(p^t, Y^t)(p^t-p^0). \tag{16}$$

したがって，

$$t\Psi'(t)-[\Psi(t)-\Psi(0)] \geqq 0 \qquad (0 \leqq t \leqq 1).$$

したがって，

$$\Psi(1) \geqq \Psi(0). \tag{17}$$

このとき，

$$\Psi(1) > \Psi(0)$$

となることを示そう．もしかりに，$\Psi(1)=\Psi(0)$ とすれば，$\Psi'(t)=0$ $(0 \leqq t \leqq 1)$．したがって，(16)から，

$$(p^t-p^0)S(p^t,\ Y^t)(p^t-p^0)=0 \qquad (0<t\leqq 1).$$

$S(p^t,\ Y^t)$ は negative semi-definite だから，

$$S(p^t,\ Y^t)(p^1-p^0)=0 \qquad (0<t\leqq 1). \tag{18}$$

$x^t=f(p^t,\ Y^t)$ を t について微分すれば，

$$\frac{dx^t}{dt}=S(p^t,\ Y^t)(p^1-p^0) \qquad (0<t\leqq 1)$$

であるから，(18)式が成立するときには，

$$\frac{dx^t}{dt}=0 \qquad (0\leqq t\leqq 1).$$

したがって，$x^t=x^1\ (0<t\leqq 1)$．x^t は $t=0$ で連続だから，$x^1=x^0$ となって，Lemma 4 の仮定に矛盾する．

つぎに，$Y^1>\mu(p^1\,;p^0,\ Y^0)$ のときを考えよう．

このとき，$Y^1=\mu(p^1\,;p^1,\ Y^1)$ だから，

$$\mu(p^1\,;p^1,\ Y^1)>\mu(p^1\,;p^0,\ Y^0).$$

したがって，Lemma 3 を使って，

$$\mu(p^0\,;p^1,\ Y^1)>\mu(p^0\,;p^0,\ Y^0)=Y^0. \tag{19}$$

また，$Y^*=\mu(p^0\,;p^1,\ Y^1)$ と置くとき，(17)式を導きだしたのと同じような論法を用いて，

$$Y^*\leqq p^0x^1.$$

この式と(19)を組み合わせれば，

$$p^0x^0=Y^0<Y^*\leqq p^0x^1. \qquad \text{Q.E.D.}$$

Lemma 5(Weak Axiom of Revealed Preference)　いま $x^0=f(p^0,\ Y^0)$，$x^1=f(p^1,\ Y^1)$ とする．このとき，

$$p^0x^0\geqq p^0x^1,\quad x^0\neq x^1 \Longrightarrow p^1x^0>p^1x^1.$$

[証明]　$p^0x^0\geqq p^0x^1$，$x^0\neq x^1$ ならば，Lemma 4 から，

$$Y^1<\mu(p^1\,;p^0,\ Y^0).$$

$Y^1=\mu(p^1\,;p^1,\ Y^1)$ だから，$\mu(p^1\,;p^1,\ Y^1)<\mu(p^1\,;p^0,\ Y^0)$．Lemma 3 を使えば，

$$\mu(p^0\,;p^1,\ Y^1)<\mu(p^0\,;p^0,\ Y^0)=Y^0.$$

再び，Lemma 4 を適用して，$p^1x^0>p^1x^1$．　Q.E.D.

Lemma 5 の証明と同じようにして，Strong Axiom of Revealed Preference が成立することも簡単に証明できる．

Lemma 6　任意の $x\in X$ に対して，

$$\{(p,\ Y):f(p,\ Y)=x\}$$

は凸集合である．

［証明］ $\bar{x}=f(p^0, Y^0)=f(p^1, Y^1)$ としよう．このとき，

$$Y^0 = p^0\bar{x}, \quad Y^1 = p^1\bar{x},$$

$$p(t) = p^0+t(p^1-p^0), \quad Y(t) = Y^0+t(Y^1-Y^0) \qquad (0 \leqq t \leqq 1)$$

とし，$x(t)=f[p(t), Y(t)]$ とする．

このような $x(t)$ は必ず $\bar{x}$ に等しいということを示せば，Lemma は証明される．もしかりに，$x(t) \neq \bar{x}$ となるような $0<t<1$ が存在したとしよう．このとき，

(20) $$p(t)\bar{x} = Y(t) = p(t)x(t), \quad \bar{x} = f(p^0, Y^0) = f(p^1, Y^1)$$

だから，Lemma 5 によって，

$$p^0\bar{x} < p^0x(t), \quad p^1\bar{x} < p^1x(t).$$

したがって，$p(t)\bar{x}<p(t)x(t)$ となって(20)と矛盾する．したがって，$x(t)=\bar{x}$ $(0\leqq t\leqq 1)$ が常に成立する．すなわち，$\{(p, Y): f(p, Y)=\bar{x}\}$ は凸集合である．　Q.E.D.

Lemma 7 $f(p^0, Y^0) = f(p^1, Y^1) \Longrightarrow \mu(p; p^0, Y^0) = \mu(p; p^1, Y^1) \qquad (p \in \Pi).$

［証明］ $p(t)$，$Y(t)$ は Lemma 6 の証明のときと同じように定義する．Lemma 6 によって，

$$x(t) = f[p(t), Y(t)] = f(p^0, Y^0) = f(p^1, Y^1) = \bar{x} \qquad (0 \leqq t \leqq 1).$$

したがって，$Y(t)=p(t)x(t)$ を t について微分すれば，

$$\frac{dY(t)}{dt} = f[p(t), Y(t)]\frac{dp(t)}{dt} \qquad (0 \leqq t \leqq 1).$$

この関係式は，$\{(p(t), Y(t)): 0\leqq t\leqq 1\}$ が偏微分方程式(9)の解の上にある曲線であるということを意味している．したがって，Lemma 2 を使えば，

$$\mu(p(t): p^0, Y^0) = Y(t) \qquad (0 \leqq t \leqq 1).$$

このことから，$\mu(p^1; p^0, Y^0)=Y(1)=Y^1$.

Lemma 2 を再び使って，$\mu(p; p^0, Y^0)=\mu(p; p^1, Y^1)$ $(p\in\Pi)$.　Q.E.D.

定理 2 はつぎの Lemma 8 からただちに導きだされる．

Lemma 8 需要関数 $f(p, Y)$ が(A)，(B)，(D)，(E)，(S)，(N)をすべてみたしているとする．正の価格ベクトル p^* を任意に与えたとき，$U_{p^*}(x)$ を

$$U_{p^*}(x) = \mu(p^*; p, Y), \quad x = f(p, Y)$$

によって定義する．

$U_{p^*}(x)$ は，需要関数 $f(p, Y)$ の値の領域 X の上で定義された関数となり，任意の価格ベクトル $p>0$ と所得 $Y\geqq 0$ に対して，

(21) $$x\in X, \quad px \leqq Y, \quad x \neq f(p, Y) \Longrightarrow U_{p^*}(x) < U_{p^*}[f(p, Y)].$$

［証明］ このような $U_p{}^*(x)$ が整合的に決まることは Lemma 1, 2, 7 から導きだされる．

(21)が成立することをみるために，$x^0=f(p^0, Y^0)$，$p^0x^0=Y^0$，$x^1=f(p^1, Y^1)$，$p^1x^1=Y^1$ とし，

$$p^0x^1 \leqq p^0x^0,\quad x^1 \neq x^0$$

であるとしよう．このとき，Lemma 4 によって，

$$Y^1 < \mu(p^1 ; p^0, Y^0),$$

すなわち，

$$\mu(p^1 ; p^1, Y^1) < \mu(p^1 ; p^0, Y^0).$$

したがって，Lemma 3 を使って，

$$\mu(p ; p^1, Y^1) < \mu(p ; p^0, Y^0) \qquad (p \in \Pi).$$

とくに，$\mu(p^* ; p^1, Y^1) < \mu(p^* ; p^0, Y^0)$．すなわち，$U_{p^*}(x^0) < U_{p^*}(x^1)$．　Q.E.D.

効用関数の不変性

上に定義した効用関数 $U_{p^*}(\cdot)$ は基準とする価格ベクトル p^* の取り方に依存して異なったものになる．しかし，つぎの定理が成立する．

定理3　二つの異なる価格ベクトル p^*, p^{**} をとるとき，$U_{p^*}(x)$ と $U_{p^{**}}(x)$ は X の上で同じ選好関係をもたらす．すなわち，

$$U_{p^*}(x') > U_{p^*}(x'') \iff U_{p^{**}}(x') > U_{p^{**}}(x'') \qquad (x', x'' \in X).$$

［証明］　定義によって，

$$U_{p^*}(x') > U_{p^*}(x'') \iff \mu(p^* ; p', Y') > \mu(p^* ; p'', Y''),$$

$$U_{p^{**}}(x') > U_{p^{**}}(x'') \iff \mu(p^{**} ; p', Y') > \mu(p^{**} ; p'', Y'').$$

ただし，$x'=f(p', Y')$，$x''=f(p'', Y'')$．Lemma 3 から上の関係が同値になることがわかる．

Q.E.D.

単調性，凸性

無差別曲面が原点からみて厳密な意味で凸である(strictly convex towards the origin)という概念をここではつぎのような意味に使う．n 次元ベクトルの集合 A の上で定義された関数 $f(a)$ について，その無差別曲面が原点からみて厳密な意味で凸であるというのは，すべての $a^0 \in A$ に対して，正ベクトル $q>0$ が必ず存在して，

$$a \in A,\ f(a) = f(a^0),\ a \neq a^0 \Longrightarrow qa^0 < qa$$

という条件がみたされるときである．

定理4　任意の正の価格ベクトル $p^*>0$ に対して，$U_{p^*}(x)$ $(x \in X)$ は，x にかんして単調増大で，しかも，その無差別曲面は原点からみて厳密な意味で凸となる．

［証明］ 単調増大性は Lemma 8 から明白．無差別曲面が原点からみて厳密な意味で凸となることを証明するためには，任意の $(p^0, Y^0) \in \Omega$ に対して，

$$(22) \qquad x \in X,\ U_{p^*}(x) = U_{p^*}(x^0) \Longrightarrow p^0x > p^0x^0$$

を示せばよい．

このために，$U_{p^*}(x^1) = U_{p^*}(x^0)$ となるような任意の $x^1 \in X$ に対して，$x^0 = f(p^0, Y^0)$，$x^1 = f(p^1, Y^1)$ とし，$\Psi(t) = p^0x^t$，$x^t = f(p^t, Y^t)$，$p^t = p^0 + t(p^1 - p^0)$，$Y^t = Y^0 + t(Y^1 - Y^0)$ をつくる．Lemma 4 の証明と同じように，$x^0 \neq x^1$ ならば，$\Psi(0) < \Psi(1)$．すなわち(22)が成立する． Q.E.D.

効用関数 $U_{p^*}(\cdot)$ の連続性

定理 5 定理 2 と同じ仮定を置くとき，効用関数 $U_{p^*}(x)$ は x にかんして上半連続(upper semi-continuous)となる．

［証明］ $U_{p^*}(x)$ が上半連続であることを証明するためには，任意の $\alpha > 0$ に対して，

$$A = \{x : x \in X,\ U_{p^*}(x) < \alpha\}$$

が開集合であることを示せばよい．

A から任意に一点 x^1 をとる．すなわち，$x^1 \in X$，$U_{p^*}(x^1) < \alpha$．
ここで $x^1 = f(p^1, Y^1)$ とすると，$\mu(p^*; p^1, Y^1) < \alpha$．したがって，$\mu(p^*; p^1, Y)$ は Y について連続であるから，

$$(23) \qquad \mu(p^*; p^1, Y^1 + \varepsilon) < \alpha$$

となるような $\varepsilon > 0$ が存在する．

他方，$p^1x^1 = Y^1$ で，p^1x は x について連続であるから，

$$(24) \qquad \|x - x^1\| < \delta \Longrightarrow p^1x < Y^1 + \varepsilon$$

となるような $\delta > 0$ が存在する．

ここで，$x^\varepsilon = f(p^1, Y^1 + \varepsilon)$ と置けば，(24)と Lemma 8 とから，

$$\|x - x^1\| < \delta \Longrightarrow U_{p^*}(x) < U_{p^*}(x^\varepsilon).$$

したがって，(23)を使って，

$$\|x - x^1\| < \delta \Longrightarrow U_{p^*}(x) < U_{p^*}(x^\varepsilon) < \alpha.$$

すなわち，A が開集合であることが示された． Q.E.D.

効用関数の下半連続性

効用関数 $U_{p^*}(x)$ がじつは下半連続となっている．このことを示すためには，多少追加的な条件が必要となってくる．ここに定理だけを述べておこう．証明については，Hurwicz and Uzawa (1971) を参照されたい．

定理6　さきに挙げた条件(A), (B), (D), (E)の他につぎの三つの条件のいずれかが成立しているとき，効用関数 $U_{p^*}(x)$ は下半連続(lower semi-continuous)となる．

(a)　もし，$p^\nu>0$, $\lim_{\nu\to\infty} p^\nu=p^0$, $p^0\neq 0$, $p^0 \ngtr 0$ がみたされるときには，すべての (p, Y) に対して $\{f[p^\nu, \mu(p^\nu; p, Y)]\}$ は必ず有界でない．

(b)　一価の逆需要関数が存在する．すなわち，

$$f(p', Y') = f(p'', Y'') \Longrightarrow Y' = Y'' = 0 \quad \text{か} \quad \frac{p'}{Y'} = \frac{p''}{Y''}.$$

(c)　$f(p, Y)$ は境界でリプシッツの条件をみたす．すなわち，$p^0 \geqq 0$, $p^0 \neq 0$, $p^0 \ngtr 0$ のとき，

$$p>0, \ \|p-p^0\| < \varepsilon \Longrightarrow \|f(p, Y')-f(p, Y'')\| < K\,|Y'-Y''|$$

となるような正数 $\varepsilon>0$, $K>0$ が存在する．

参考文献

Bonnesen, T., and W. Fenchel (1934). *Theorie der konvexen Körper, Ergebnisse der Mathematik*, Vol. 3, 1, Berlin, Julius Springer.

Fenchel, W. (1953). "Convex Cones, Sets, and Functions," Lecture Notes, Princeton University.

Fourgeaud, C., and A. Nataf (1959). "Consommation en prix et revenu réels et théorie des choix," *Econometrica*, Vol. 27, pp. 329-354.

Graves, L. M. (1956). *The Theory of Functions of Real Variables*, 2nd ed., New York, McGraw-Hill.

Hartman, P. (1970). "Frobenius Theorem under Carathéodory Type Conditions," *Journal of Differential Equations*, Vol. 7, pp. 307-333.

Hicks, J. R. (1939). *Value and Capital*, Oxford, Clarendon Press.

Hurwicz, L., and H. Uzawa (1971). "On the Integrability of Demand Functions," in *Preference, Utility, and Demand*, edited by J. S. Chipman, L. Hurwicz, M. K. Richter, and H. Sonnenschein, New York, Harcourt, Brace, Jovanovich, pp. 114-148.

McKenzie, L. W. (1956-57). "Demand Theory Without a Utility Index," *Review of Economic Studies*, Vol. 24, pp. 185-189.

Mosak, J. L. (1942). "On the Interpretation of the Fundamental Equation of Value Theory," in *Studies in Mathematical Economics and Econometrics*, edited by O. Lange, F. McIntyre, and O. Yntema, Chicago, University of Chicago Press, pp. 69-74.

Samuelson, P. A. (1947). *Foundations of Economic Analysis*, Cambridge, Harvard University Press.

—— (1950). "The Problem of Integrability in Utility Theory," *Economica*, Vol. 17, pp. 355-385.

Slutsky, E. E. (1952). "On the Theory of the Budget of the Consumer," in *Readings in Price Theory*, edited by G. J. Stigler, and J. K. Boulding, Chicago, Irwin, pp. 27-56.

Uzawa, H. (1960). "Preference and Rational Choice in the Theory of Consumption," in *Mathematical Methods in the Social Sciences*, edited by K. J. Arrow, S. Karlin, and P. Suppes, Stanford, Stanford University Press, pp. 129-148. Reprinted in *Preference, Production, and Capital : Selected Papers of Hirofumi Uzawa*, New York, Cambridge University Press, 1988.

Young, W. H. (1960). *The Fundamental Theorems of the Differential Calculus*, New York, Hafner.

第2章付論　偏微分方程式の解について

第2章の議論では，ある種の偏微分方程式体系に対する解の存在と一意性が中心的な役割を果たした．偏微分方程式については，その理解が必ずしも容易ではなく，また一般的な知識とはなっていない．ここではとくに，第2章で使われた存在定理を中心に，簡単な解説を試み，本文の理解をたすけることにしたい．

ここで考察しようとするのは，偏微分方程式の体系

(A1) $$\frac{\partial z}{\partial x_i} = f_i(x_1, \cdots, x_n, z), \quad i = 1, 2, \cdots, n$$

について，ある所与の点 $x^0=(x_1^0, \cdots, x_n^0)$ で，ある特定の値 z^0 をとるような解が存在して，一意的に定まるであろうか，という問題である．［ここで，z は1次元としているが，以下の結論は，z が多次元の場合にも容易に拡張される．］

この問題は数学的にもっと厳密な形に定式化しておく必要がある．まずつぎの記号を導入する．

Π：　n 次元ベクトル $x=(x_1, \cdots, x_n)$ の集合，

Θ：　実数 z の集合．

n 個の関数 $f_1(x, z), \cdots, f_n(x, z)$ は，$\Omega=\Pi\times\Theta=\{(x, z) : x\in\Pi, z\in\Theta\}$ の上で定義されている．

偏微分方程式体系(A1)にかんして，初期条件 $(x^0, z^0)\in\Omega$ をもつ(Π の部分集合 Π^* における)解というのは，Π の部分集合 Π^* の上で定義された関数 $z=\omega(x)$ で，

(A2) $$\frac{\partial \omega}{\partial x_i}(x) = f_i(x, \omega(x)), \quad i = 1, \cdots, n\,; x\in\Pi^*,$$

(A3) $$\omega(x^0) = z^0$$

の条件がみたされるときとして定義される．初期条件 (x^0, z^0) に表わすために，$\omega(x\,; x^0, z^0)$ とも書く．ここで注意しなければならないのは，$\omega(x)\in\Theta$ でなければならないということである．

つぎのニクリボルツ[Nikliborc(1929)]によって得られた定理が基本的である．

ニクリボルツの定理　$f_i(x, z)$ $(i=1, \cdots, n)$ はつぎの定義域をもつとする(a, b はある正数)．

$$\Pi = \{x = (x_1, \cdots, x_n) : |x_i - x_i^0| \leqq a, \quad i = 1, 2, \cdots, n\},$$

$$\Theta = \{z : |z - z^0| \leqq b\}.$$

つぎの条件がみたされていると仮定する．

(CD)　偏微分 $\frac{\partial f_i}{\partial x_j}(x, z)$, $\frac{\partial f_i}{\partial z}(x, z)$ がすべての $(x, z) \in \Omega$ において存在し，連続である．

(S)　対称性条件がみたされる．

$$\frac{\partial f_i}{\partial x_j}+\frac{\partial f_i}{\partial z}f_j(x, z) = \frac{\partial f_j}{\partial x_i}+\frac{\partial f_j}{\partial z}f_i(x, z), \quad i, j = 1, \cdots, n, \quad (x, z) \in \Omega$$

[偏微分はすべて (x, z) で評価する]．

このとき，(A1)に対して，初期条件 (x^0, z^0) をもつ連続な解 $\omega(x)=\omega(x\,;x^0, z^0)$ が必ず存在して，一意的に定まる．解の定義域 Π^* は，

$$\Pi^* = \left\{x = (x_1, \cdots, x_n) : |x_i - x_i{}^0| \leqq \min\left(a, \frac{b}{nM}\right), \quad i = 1, 2, \cdots, n\right\},$$

ただし，$M=\sup\{|f_i(x, z)| : i=1, 2, \cdots, n, \ (x, z) \in \Omega\}$.

ニクリボルツの定理より多少適用範囲の広いのがつぎの辻[Tsuji(1948)]によるものである．

辻の定理　$f_i(x, z)$ がすべての定義域 $\Omega=\Pi\times\Theta$ は，

$$\Pi = \{x = (x_1, \cdots, x_n) : |x_i - x_i{}^0| < a, \quad i = 1, 2, \cdots, n\},$$

$$\Theta = \{z : |z - z^0| < b\}, \quad (a, b \text{ は正数}).$$

対称性条件(S)の他につぎの条件がみたされていると仮定する．

(UB)　$f^i(x, z)$ は Ω で一様に有界である[上に定義した M が有限]．

(D)　$f^i(x, z)$ は Ω の各点で微分をもつ．

(UD)　$\frac{\partial f^i}{\partial z}(x, z)$ は Ω で一様に有界である．すなわち，

$$\left|\frac{\partial f_i}{\partial z}(x, z)\right| \leqq K \qquad (\text{すべての } (x, z) \in \Omega \text{ について})$$

となるような $K<+\infty$ が存在する．

このとき，(A1)に対して，初期条件 (x^0, z^0) をもつ連続解 $\omega(x\,;x^0, z^0)$ が存在して，一意的に定まる．ただし，定義域 Π^* は，

$$\Pi^* = \{x = (x_1, x_2, \cdots, x_n) : |x_i - x_i{}^0| < \min\left(a, \frac{b}{nM}\right), \quad i = 1, 2, \cdots, n\}.$$

ニクリボルツの定理は Π が境界を含んでいるが，辻の定理は含んでいない開集合である．どちらも，解 $\omega(x)$ 定義域 Π^* が最初の Π と異なり，また，その領域 Θ が有界であるということも，第2章での場合には直接に適用しにくい．この点にかんして，つぎのトマスの定理[Thomas(1936)]が有用である．

トマスの定理　$f_i(x, z)$ $(i=1, 2, \cdots, n)$ は $\Omega=\Pi\times\Theta$ で定義されているとする．

$$\Pi=\{x=(x_1, \cdots, x_n): a'<x_i<a'',\ i=1, 2, \cdots, n\},\ a'<a'',$$

$$\Theta=\{z: -\infty<z<+\infty\}.$$

このとき，条件(CD), (UD), (S)がみたされていると仮定すると，Ω のなかの任意の点 (x^0, z^0) を初期条件としてもつような(A1)の連続解 $\omega(x)=\omega(x; x^0, z^0)$ が存在して，一意的に定まる．解 $\omega(x)$ の定義域 Π^* は Π と一致する．

第2章ではつぎの存在定理を使った．

存在定理 I　トマスの定理で，(CD)の代わりに(D)を仮定しても，まったく同じ結論が導きだせる．

存在定理 II　$f_i(x, z)$ の定義域 $\Omega=\Pi\times\Theta$ が，

$$\Pi=\{x=(x_1, \cdots, x_n): a'\leqq x_i\leqq a'',\ i=1, 2, \cdots, n\},\ a'<a'',$$

$$\Theta=\{z: 0\leqq z<+\infty\}.$$

ここで，条件(D), (UD), (S)の他に

(O)　$$f_i(x, 0)=0,\ i=1, 2, \cdots, n,\ x\in\Pi$$

を仮定すれば，任意の初期条件 $(x^0, z^0)\in\Omega$ をもつ(A1)の連続な解 $\omega(x)=\omega(x; x^0, z^0)$ が存在して，一意的に定まる．解 $\omega(x)$ の定義域 Π^* は Π と一致する．

解 $\omega(x; x^0, z^0)$ は x にかんして連続であるだけでなく，初期条件 (x^0, z^0) にかんしても連続である．

存在定理 III　$f_i(x, z)$ の定義域 $\Omega=\Pi\times\Theta$ が，

$$\Pi=\{x=(x_1, \cdots, x_n): x_i>0,\ i=1, 2, \cdots, n\},$$

$$\Theta=\{z: 0\leqq z<+\infty\}$$

であるとする．

条件(D), (S), (O)の他につぎの条件がみたされていると仮定する．

(UD′)　任意の a', a'' $(0<a'<a'')$ に対して，

$$a'\leqq x_j\leqq a'' \qquad (j=1, 2, \cdots, n),$$

$$0\leqq z<+\infty \Longrightarrow \left|\frac{\partial f_i}{\partial z}(x, z)\right|\leqq K_{a'a''},\ i=1, 2, \cdots, n;\ (x, z)\in\Omega$$

となるような $K_{a'a''}$ が存在する．

このとき，任意の初期条件 $(x^0, z^0)\in\Omega$ に対して，(A1)の連続な解 $\omega(x)=\omega(x; x^0, z^0)$ が

存在して，一意的に定まる．解 $\omega(x)$ の定義域 Π^* は Π と一致する．

この解 $\omega(x\,;x^0, z^0)$ は x にかんしても，初期条件 (x^0, z^0) にかんしても連続である．

参考文献

Graves, L. M. (1956). *The Theory of Functions of Real Variables*, New York, McGraw-Hill.

Hartman, P. (1964). *Ordinary Differential Equations*, New York, John Wiley.

Nikliborc, W. (1929). "Sur les équations linéaires aux differentielles totales," *Studia Mathematica*, Vol. 1, pp. 41-49.

Thomas, T. Y. (1936). "Systems of Total Differential Equations Defined over Simply Connected Domains," *Annals of Mathematics*, Vol. 35, pp. 730-734.

Tsuji, M. (1948). "On a System of Total Differential Equations," *Japanese Journal of Mathematics*, Vol. 19, pp. 383-393.

第3章　効用関数の分離可能性

前章では，消費者行動の理論について，きわめて一般的，抽象的な観点から，その輪郭を説明した．このような消費者行動の理論をより具体的な形で考察ないし，適用しようとするとき，ここで取り扱われている多数の財・サービスをなんらかの方法でまとめてはじめて，ごく少数のカテゴリーに分類して，統計的，ないしは実証的な研究をおこなうことができる．このような集計ないしは分類はどのような条件のもとで可能となるのであろうか．この設問は，消費理論だけでなく，経済分析の中核に関わるものである．この問題にかんして，全般的な視点から考察するために，まず原点である消費者選択の理論にもどって考察をはじめることにしたい．そのとき，多種類の財を集めて，分類するということはどのような条件のもとで可能となるのであろうか．

分離性の定義

需要分析で，分離可能性の問題にかんして広範な分析を展開したのは，園[Sono(1961)]，レオンチエフ[Leontief(1947)]，シトロツ[Strotz(1957), (1959)]，フリッシュ[Frisch(1959)]，ハウトハッカー[Houthakker(1960)]，ピアス[Pearce(1961)]などであるが，基本的には，三つの異なる分離可能性の概念が定式化された．これらの概念は，消費者の選好関係にかんする構造を分析するために有効に使われ，実証分析をおこなうさいに基礎的な分析用具となってきた．ここでは，このようないくつかの分離性概念がお互いにどのような関連をもち，どのような理論的ないしは実証的含意をもつか，ということに焦点を当てながら解説することにしたい．主として，ゴールドマン=宇沢[Goldman and Uzawa(1964)]を参考にしながら議論を進めよう．

財が n 種類あるとして，$i=1, \cdots, n$ と呼ぶことにする．財の集合を $N=\{1, \cdots, n\}$ で表わす．財を分類するということは，形式的に表現すれば，この集合 N をいくつかの部分集合の集まりに分割するということになる．すなわち，

$$N = N_1 \cup \cdots \cup N_S,$$
$$N_s \cap N_t = \phi \ (\text{空集合}) \qquad (s \neq t)$$

をみたすような分割 $\{N_1, \cdots, N_S\}$ という形によって表現することができる．

消費ベクトルは n 次元のベクトル $x=(x_1, \cdots, x_n)$ によって表現されるが，この分割に対応して，消費ベクトル x もまた，

$$x = (x^{(1)}, \cdots, x^{(S)})$$

のような形に表わすことができる．ここで，$x^{(s)}$ は N_s に属するような財 $i\in N_s$ を構成要素としてもつベクトルである．

この章で考察の対象とする選好関係は効用関数 $u(x)$ によって表現されるものとする．しかも，効用関数 $u(x)$ として，限界効用 $u_i(x)=\dfrac{\partial u}{\partial x_i}$ は常に正で，2回連続微分可能である関数のみに限定する．さらに，無差別曲面はすべて連続曲面であると仮定する．すなわち，二つのベクトル x^0, x^1 について $u(x^0)=u(x^1)$ のとき，連続曲線 $x(t)$ $(0\leqq t\leqq 1): x(0)=x^0, x(1)=x^1, u[x(t)]=u(x^0)$ $(0\leqq t\leqq 1)$，しかも $x(t)$ は t にかんして微分可能であるようなものが存在する．この条件は，無差別曲面が微分可能で，原点からみて凸のときには必ずみたされる．

さて，$\{N_1, \cdots, N_S\}$ を集合 $N=\{1, \cdots, n\}$ の分割であるとする．効用関数 $u(x)$ が $\{N_1, \cdots, N_S\}$ にかんして強い意味で分離可能(strongly separable)であるというのは，異なる部分集合 N_s と N_t に属する二つの財 i, j の間の限界代替率 $u_i(x)/u_j(x)$ が，$\{N_s, N_t\}$ 以外の財の量には無関係となるときであると定義する．すなわち，

$$\text{(S)}\qquad \frac{\partial}{\partial x_k}\left(\frac{u_i(x)}{u_j(x)}\right)=0,\quad i\in N_s,\ j\in N_t,\ k\notin N_s\cup N_t,\ s\neq t.$$

このような意味における分離可能性は，ゴーマン(1959)，シトロツ(1959)によって導入された概念とほぼ同じである．ゴーマン=シトロツの条件は，上の(S)が $s=t$ のときにも成立するということを仮定する．$S>2$ のときには，ここで定義した条件(S)がじつはゴーマン=シトロツ条件と同じことになる．この点についてはあとで示そう．

この分離可能性の条件(S)は，同じ選好関係について効用関数の取り方には依存しない．限界代替率 $u_i(x)/u_j(x)$ は不変だからである．じじつ，$v(x)$ が同じ選好関係を表わす効用関数であるとすれば，

$$v(x)=F[u(x)],\quad F'(u)>0$$

となるような関数 $F(u)$ が存在する．このとき，

$$\frac{v_i(x)}{v_j(x)}=\frac{F'(u)u_i(x)}{F'(u)u_j(x)}=\frac{u_i(x)}{u_j(x)}.$$

つぎに，効用関数 $u(x)$ が分割 $\{N_1, \cdots, N_S\}$ にかんして弱い意味で分離可能(weakly separable)という概念を導入しよう．これはつぎの条件がみたされているときをいう．

$$\text{(W)}\qquad \frac{\partial}{\partial x_k}\left(\frac{u_i(x)}{u_j(x)}\right)=0,\quad i, j\in N_s,\ k\notin N_s.$$

すなわち，同じ部分集合 N_s に属する二つの財 i, j の間の限界代替率 $u_i(x)/u_j(x)$ は，N_s 以外の部分集合 N_k $(k\neq s)$ に属する財の量 x_k には無関係である．

弱い意味での分離可能性もまた効用関数の取り方に無関係な，序数的概念である．この概念は多少異なった形でシトロツ(1957)によって導入されたものである．

分離可能性については，もう一つの概念がピアス(1961)によって導入された．効用関数

$u(x)$ がつぎの条件をみたすとき，便宜上，分割 $\{N_1, \cdots, N_S\}$ にかんしてピアスの意味で分離可能(Pearce-separable)ということにしよう．

$$(\mathrm{P}) \qquad \frac{\partial}{\partial x_k}\left(\frac{u_i(x)}{u_j(x)}\right) = 0, \quad i, j \in N_s, \quad k \neq i, j.$$

すなわち，同じ部分集合 N_s に属する二つの財 i, j の間の限界代替率 $u_i(x)/u_j(x)$ が，i, j 以外の財 k に無関係であるという条件である．

以上導入した三つの分離可能性の間の関係を調べるために，つぎの数学的な Lemma を必要とする．

Lemma 1　$f(x), g(x)$ が $x=(x_1, \cdots, x_n)$ について，2回連続微分可能な関数であるとし，各無差別曲面が連結的(connected)，すなわち，関数の値が等しいような二つの点 x', x'' は必ず，同じ無差別曲面上の連続曲線によって連結されると仮定する．このとき，もし，

$$(1) \qquad f_i(x) = \lambda(x) g_i(x) \qquad (i = 1, \cdots, n\,;\, x > 0)$$

という条件をみたすような関数 $\lambda(x)$ が存在したとすれば，$f(x)$ は $g(x)$ の変形となる．すなわち，一変数 t の関数 $F(t)$ が存在して，

$$(2) \qquad f(x) = F[g(x)] \qquad (x > 0)$$

となる．

とくに，このことから，(1)をみたすような $\lambda(x)$ は必ずある関数 $H(t)$ によって $\lambda(x)=H[g(x)]$ のように表現されることになる．

［証明］　この Lemma を証明するために，任意の x^0, x^1 について，$g(x^0)=g(x^1) \Rightarrow f(x^0)=f(x^1)$ となることを示せばよい．このために，$g(x)$ にかんする無差別曲面上で x^0 と x^1 を結ぶ連続曲線を $x(t)$ $(0 \leqq t \leqq 1)$ とする．

$$x(0) = x^0, \quad x(1) = x^1, \quad g[x(t)] = g(x^0) \qquad (0 \leqq t \leqq 1).$$

ここでさらに，$x(t)$ は連続的に微分可能であるようにとる．

このとき，

$$0 = \frac{dg[x(t)]}{dt} = \sum_i g_i[x(t)]\frac{dx_i(t)}{dt}.$$

したがって，(1)によって，

$$\frac{df[x(t)]}{dt} = \sum_i f_i[x(t)]\frac{dx_i(t)}{dt} = \lambda(x)\sum_i g_i[x(t)]\frac{dx_i(t)}{dt} = 0.$$

故に，$f[x(t)]$ $(0 \leqq t \leqq 1)$ は定数，とくに，$f(x^0)=f(x^1)$．　Q.E.D.

定理1　$\{N_1, \cdots, N_S\}$ $(S>2)$ は，$N=\{1, \cdots, n\}$ の分割であるとする．このとき，効用関数 $u(x)$ が $\{N_1, \cdots, N_S\}$ にかんして強い意味で分離可能であるために必要十分な条件は，$u(x)=$

$u(x^{(1)}, \cdots, x^{(S)})$ が,

$$(\mathrm{S}') \qquad u(x) = F[u^1(x^{(1)}) + \cdots + u^S(x^{(S)})]$$

の形に書き表わされることである．ただし $F(t)$ は t の単調増加関数で，$u^s(x^{(s)})$ は N_s に対応するベクトル $x^{(s)}$ の効用関数である．

［証明］ 効用関数 $u(x)$ が(S′)のような形に表現されるとすれば,

$$\frac{u_i(x)}{u_j(x)} = \frac{u_i{}^s(x^{(s)})}{u_j{}^s(x^{(t)})}, \quad i \in N_s, \ j \in N_t$$

となり x_k $(k \notin N_s \cup N_t)$ に無関係となり，(S)がみたされる．

逆に，$u(x)$ が $\{N_1, \cdots, N_S\}$ にかんして強い意味で分離可能であるとしよう．条件(S)の偏微分を実際に計算してみると，s, t, r が異なるとき,

$$\frac{u_{ik}(x)}{u_i(x)u_k(x)} = \frac{u_{jk}(x)}{u_j(x)u_k(x)}, \quad i \in N_s, \ j \in N_t, \ k \in N_r.$$

$u(x)$ は連続2回偏微分可能であるから $u_{ik}(x) = u_{ki}(x)$．したがって,

$$\frac{u_{ik}(x)}{u_i(x)u_k(x)} = \frac{u_{ki}(x)}{u_k(x)u_i(x)} = \frac{u_{ji}(x)}{u_j(x)u_i(x)}.$$

この両辺の値は i, j, k の取り方には無関係となる．その値を $\alpha(x)$ とすれば,

$$(3) \qquad u_{ij}(x) = \alpha(x)u_i(x)u_j(x), \quad i \in N_s, \ j \in N_t, \ s \neq t.$$

この両辺を x_k $(k \in N_r, \ r \neq s, t)$ について微分し，(3)を使って整理すれば,

$$\frac{\alpha_k(x)}{u_k(x)} = \frac{u_{ijk}(x)}{u_i(x)u_j(x)u_k(x)} - 2\alpha^2(x), \quad i \in N_s, \ j \in N_t, \ k \in N_r; s, t, r \neq.$$

したがって，$\alpha_k(x)/u_k(x)$ はすべての k について同じ値をとるから,

$$\frac{\alpha_k(x)}{u_k(x)} = \lambda(x) \qquad (k = 1, \cdots, n)$$

となるような関数 $\lambda(x)$ が存在する．Lemma 1 を使えば,

$$\alpha(x) = \beta[u(x)] \qquad (x > 0)$$

となるような関数 $\beta(u)$ が存在する．このとき $F(u)$ を,

$$F(u) = \int_{u^0}^{u} \exp\left[-\int_{v^0}^{v} \beta(\omega)\,d\omega\right] dv$$

によって定義すれば,

$$F'(u) = \exp\left[-\int_{v^0}^{v} \beta(\omega)\,d\omega\right],$$

$$F''(u) + F'(u)\beta(u) = 0 \qquad (\text{すべての } u \text{ について}).$$

$v(x)$ を，$v(x) = F[u(x)]$ として定義すれば,

$$v_{ij}(x) = F''(u(x))u_i(x)u_j(x) + F'(u(x))u_{ij}(x).$$

(3)によって,

$$v_{ij}(x) = 0,\quad i \in N_s,\ j \in N_t\ ;\ s \neq t.$$

故に $v(x)$ は，$v(x)=u^1(x^{(1)})+\cdots+u^S(x^{(S)})$ のように表現できる．　Q.E.D.

つぎに，弱い意味における分離可能性を特徴づけることにしよう．

定理2　効用関数 $u(x)$ が分割 $\{N_1, \cdots, N_S\}$ にかんして弱い意味で分離可能であるために必要十分な条件は，

$$\text{(W}'\text{)}\qquad u(x) = \Phi[u^1(x^{(1)}), \cdots, u^S(x^{(S)})]$$

の形で表現されることである．ただし，$\Phi(u^1, \cdots, u^S)$ は $(u^1, \cdots, u^S)$ の微分可能な関数で，$u^s(x^{(s)})$ は $x^{(s)}$ だけの関数である．

［証明］　効用関数 $u(x)$ が(W′)の形で書けるとしよう．このとき任意の $i, j \in N_s$ に対して，

$$\frac{u_i(x)}{u_j(x)} = \frac{\Phi_{u^s}\cdot u_i{}^s(x^{(s)})}{\Phi_{u^s}\cdot u_j{}^s(x^{(s)})} = \frac{u_i{}^s(x^{(s)})}{u_j{}^s(x^{(s)})}$$

となって，x_k $(k \notin N_s)$ には無関係となる．すなわち，$u(x)$ は弱い意味で分離可能となる．

逆に，$u(x)$ が $\{N_1, \cdots, N_S\}$ にかんして弱い意味で分離可能であるとしよう．このとき任意の $i, j \in N_s$ に対して，$u_i(x)/u_j(x)$ は $x^{(s)}$ のみに依存することがわかる．したがって，

$$\text{(4)}\qquad u_i(x) = \alpha(x)\,b^i(x^{(s)}),\quad i \in N_s \qquad (x > 0)$$

となるような $\alpha(x)$, $b^i(x^{(s)})$ が存在する．

(4)式を x_j $(j \in N_s)$ について微分すれば，

$$u_{ij}(x) = \alpha_j(x)\,b^i(x^{(s)}) + \alpha(x)\,b^i_j(x^{(s)}).$$

したがって，

$$b^i(x^{(s)})[b^j_k(x^{(s)}) - b^k_j(x^{(s)})] + b^j(x^{(s)})[b^k_i(x^{(s)}) - b^i_k(x^{(s)})]$$
$$+ b^k(x^{(s)})[b^i_j(x^{(s)}) - b^j_i(x^{(s)})] = 0,\quad i, j, k \in N_s \qquad (x^{(s)} > 0).$$

したがって，$b^i(x^{(s)})$ $(i \in N_s)$ にかんして積分条件がみたされていることになり，完全微分にかんする基本定理によって，

$$b^i(x^{(s)}) = \lambda^s(x^{(s)})\,u_i{}^s(x^{(s)}),\quad i \in N_s$$

となるような関数$u^s(x^{(s)})$, $\lambda^s(x^{(s)})$ が存在する．この式を(4)式に代入すれば，

$$u_i(x) = \mu^s(x)\,u_i{}^s(x^{(s)}),\quad i \in N_s.$$

ただし，$\mu^s(x)=\alpha^s(x)\lambda^s(x^{(s)})$．したがって，Lemma 1の証明と同じような議論を使えば，

$$u^1(x^{(1)}) = u^1(y^{(1)}), \cdots, u^S(x^{(S)}) = u^S(y^{(S)}) \Longrightarrow u(x^{(1)}, \cdots, x^{(S)}) = u(y^{(1)}, \cdots, y^{(S)}).$$

したがって，$u(x^{(1)}, \cdots, x^{(S)})$ は $u^1=u^1(x^{(1)}), \cdots, u^S=u^S(x^{(S)})$ の関数となる．すなわち(W′)の条件をみたすような関数 $\Phi(u^1, \cdots, u^S)$ が存在する．　Q.E.D.

ピアスの意味で分離可能な効用関数は，定理1と定理2を使えば簡単に特徴づけることができる．$u(x)$ が $\{N_1, \cdots, N_S\}$ にかんしてピアスの意味で分離可能であるために必要十分な条件は，$u(x)$ が $\{N_1, \cdots, N_S\}$ にかんして弱い意味で分離可能であり，かつ各部分集合 N_s のなかで，$u(x)$ が N_s の各点からなる分割にかんして強い意味で分離可能である．したがって，つぎの定理が成立する．

定理3 効用関数 $u(x)$ が分割 $\{N_1, \cdots, N_S\}$ にかんしてピアスの意味で分離可能であるために必要十分な条件は，

$$(\mathrm{P}') \qquad u(x) = \Phi[u^1(x^{(1)}), \cdots, u^S(x^{(S)})].$$

ただし $\Phi(u^1, \cdots, u^S)$ は $(u^1, \cdots, u^S)$ の微分可能な関数で，各 s について N_s の要素の数が3以上のときには $u^s(x^{(s)}) = \sum_{i \in N_s} b_i x_i^{(s)}$ のような1次関数である．

スルツキー代替項と分離可能性

効用関数が strictly quasi-concave のときには，三つの分離可能性の概念をスルツキー代替項を使って表現することができる．

効用関数 $u(x)$ から導きだされた需要関数を $x_i = x_i(p, Y)$ $(i=1, \cdots, n)$ とする．すなわち，任意の $p=(p_1, \cdots, p_n)>0$, $Y>0$ に対して，$x(p, Y) = (x_1(p, Y), \cdots, x_n(p, Y))$ は，予算制約式

$$p \cdot x \leqq Y, \quad x > 0$$

のなかで，$u(x)$ を一意的に最大化するようなベクトルである．スルツキー代替項は，

$$S_{ij}(x) = \frac{\partial x_i}{\partial p_j} + x_j \frac{\partial x_i}{\partial Y} \qquad (i, j = 1, \cdots, n)$$

によって定義された．ただし，$x = x(p, Y)$ で，(p, Y) は x によって一意的に定まるとする[第2章]．

以下の議論で，いちいち断わらないが，効用関数 $u(x)$ は2回連続微分可能で，限界効用は常に正で，しかも strictly quasi-concave であるとする．

定理4 効用関数 $u(x)$ が，分割 $\{N_1, \cdots, N_S\}$ にかんして強い意味で分離可能であるための必要十分条件は，スルツキー代替項 $S_{ij}(x)$ がつぎのような形をしていることである．

$$(\mathrm{S}'') \qquad S_{ij}(x) = \kappa(x) \frac{\partial x_i}{\partial Y} \frac{\partial x_j}{\partial Y}, \quad i \in N_s,\ j \in N_t,\ s \neq t \qquad (x > 0).$$

ここで $\kappa(x)$ はある関数とする．

定理5　効用関数 $u(x)$ が分割 $\{N_1, \cdots, N_S\}$ にかんして弱い意味で分離可能であるための必要十分条件はスルツキー代替項がつぎのような形をしていることである．

$$(\mathrm{W}'') \qquad S_{ij}(x) = \varkappa^{st}(x)\frac{\partial x_i}{\partial Y}\frac{\partial x_j}{\partial Y}, \quad i \in N_s,\ j \in N_t,\ s \neq t \qquad (x > 0).$$

ここで $\varkappa^{st}(x)$ は $s \neq t$ のとき定義された x の関数とする．

定理6　効用関数 $u(x)$ がピアスの意味で分離可能であるための必要十分条件は，スルツキー代替項 $S_{ij}(x)$ がつぎのような形をしていることである．

$$(\mathrm{P}'') \qquad S_{ij}(x) = \varkappa^{st}(x)\frac{\partial x_i}{\partial Y}\frac{\partial x_j}{\partial Y}, \quad i \in N_s,\ j \in N_t \qquad (x > 0).$$

ここで $\varkappa^{st}(x)$ はすべての s, t について（$s = t$ も含めて）定義された x の関数である．

ピアスの意味における分離可能性の定義から，定理6が，定理4と定理5からただちに導きだされることは明らかである．定理4と定理5を証明するために，つぎの Lemma が必要となってくる．

Lemma 2　正方行列 A がつぎのような形をしているとする．

$$A = \begin{bmatrix} A_1 & & & & & \\ & \ddots & & & & \rho_i\sigma_j \\ & & A_S & & & \cdot \\ & & & B & & \cdot \\ \rho_j\sigma_i & & \cdots & & C_1 & \cdot \\ & & & & & C_2 \\ \sigma_1 & \sigma_2 & \cdots & \cdots & \cdots & \sigma_n \end{bmatrix}.$$

ここで，A_i は対角線の正方行列，B は行の方が列より多い長方行列，C_1, C_2 は列の方が行より多い長方行列で，他の要素はすべて $\rho_i\sigma_j$ の形をしている．このとき行列式 $\det A$ はゼロとなる．

［証明］　$\det A$ の計算をおこなうと，

$$\det A = \Pi\rho_i\sigma_j \begin{vmatrix} A_1^* \ddots & & & 0 & & & \\ 0 & A_s^* & & \vdots & \vdots & \vdots & \vdots \\ 0 \cdots & 0 & & & 0 & \cdots & 0 \\ \vdots & \vdots & & B^* & \vdots & & \vdots \\ 0 \cdots & 0 & & & 0 & \cdots & 0 \\ \vdots & \vdots & & & C_1^* & & \\ \vdots & \vdots & & & & & C_2^* \\ 1 \cdots & 1 & \cdot & \cdot & \cdot & 1 & 1 \end{vmatrix}.$$

この最後の行列式の B^* を通る行についてラプラス展開をとると［Aitken (1948)］，これらの行からつくられる小行列式はすべて，(0, …, 0) という列を含んでいる．したがって det $A=0$.

Q.E.D.

［定理 4 の証明］ いま，縁のあるヘッセ行列式を $D(x)$ とする．

(5)
$$D(x)=\begin{vmatrix} u_{11}(x)\cdots u_{1n}(x) & p_1 \\ \vdots \qquad\quad \vdots & \vdots \\ u_{n1}(x)\cdots u_{nn}(x) & p_n \\ p_1 \quad\cdots\quad p_n & 0 \end{vmatrix}.$$

このとき，

(6)
$$S_{ij}(x)=\lambda(x)\frac{D_{ij}(x)}{D(x)} \qquad (i, j=1, \cdots, n),$$

(7)
$$\frac{\partial x_i}{\partial Y}=\frac{D_{io}(x)}{D(x)} \qquad (i=1, \cdots, n).$$

ただし，$D_{ij}(x)$ は $D(x)$ の (i, j) 要素の余因子，$D_{io}(x)$ は $D(x)$ の $(i, n+1)$ 要素の余因子，$\lambda(x)$ は所得の限界効用である．

さて，$u(x)$ は $\{N_1, \cdots, N_S\}$ にかんして強い意味で分離可能であるとしよう．定理 1 の証明のなかで，

$$u_{ij}(x)=\alpha(x)u_i(x)u_j(x)=\alpha(x)\lambda^2(x)p_ip_j, \quad i\in N_s,\ j\in N_t,\ s\neq t.$$

したがって，(5)を計算すると，

$$D(x)=\begin{vmatrix} D^{(1)}(x) & & \lambda^2(x)\alpha(x)p_ip_j & p^{(1)} \\ & \ddots & & \vdots \\ \lambda^2(x)\alpha(x)p_ip_j & & D^{(S)}(x) & p^{(S)} \\ p^{(1)} & \cdots & p^{(S)} & 0 \end{vmatrix}.$$

ここで，$D^{(s)}(x)$ は部分集合 N_s に対応するヘッセ行列式で，$p=(p^{(1)}, \cdots, p^{(S)})$ は価格ベクトルの分割である．

行列式にかんするヤコビの定理を使えば［Aitken (1948)］，

$$\begin{vmatrix} D_{ij}(x) & D_{i,n+1}(x) \\ D_{kj}(x) & D_{k,n+1}(x) \end{vmatrix}=D(x)\begin{vmatrix} D^{(1)}(x) & & & & & & & \\ & \ddots & & & & & \alpha(x)\lambda^2(x)p_ip_j & \\ & & \widetilde{D}^{(s)}(x) & & & & & \\ & & & \ddots & & & & \\ & & & & \widetilde{D}^{(t)}(x) & & & \\ & & & & & \ddots & & \\ \alpha(x)\lambda^2(x)p_ip_j & & & & & & \widetilde{D}^{(r)}(x) & \\ p^{(1)} & \cdots & p^{(s)} & \cdots & p^{(t)} & \cdots & p^{(r)} & \end{vmatrix}.$$

ここで，$\widetilde{D}^{(s)}(x), \widetilde{D}^{(r)}(x)$ はそれぞれ $D^{(s)}(x), D^{(r)}(x)$ から，i 番目と k 番目の行を取り除い

た行列で，$\tilde{D}^{(t)}(x)$ は $D^{(t)}(x)$ から j 番目の列を取り除いた行列である．上の式の右辺の大きな行列式は Lemma 2 の条件をみたす．したがって，その行列式はゼロとなる．

$$\begin{vmatrix} D_{ij}(x) & D_{i,n+1}(x) \\ D_{kj}(x) & D_{k,n+1}(x) \end{vmatrix} = 0.$$

すなわち，

$$\frac{D_{ij}(x)}{D_{i,n+1}(x)} = \frac{D_{kj}(x)}{D_{k,n+1}(x)}.$$

同じようにして，

$$\frac{D_{hj}(x)}{D_{h,n+1}(x)} = \frac{D_{kj}(x)}{D_{k,n+1}(x)},\quad h \notin N_t \cup N_r.$$

したがって，

$$\frac{D_{ij}(x)}{D_{i,n+1}(x)\ D_{j,n+1}(x)} = \frac{D_{hj}(x)}{D_{h,n+1}(x)\ D_{j,n+1}(x)}, \tag{8}$$

$$i \in N_s,\ j \in N_t,\ h \in N_r,\quad s, t, r \mp.$$

したがって，(8)の値は i, j, h に依存しないから，たとえば $g(x)$ と置けば，

$$D_{ij}(x) = g(x) D_{i,n+1}(x) D_{j,n+1}(x),\quad i \in N_s,\ j \in N_t,\ s \mp t.$$

この式と(6), (7)を一緒にすれば，

$$\varkappa(x) = \lambda(x) g(x) D(x)$$

と置いたときに(S″)が成立することがわかる．

逆に，効用関数 $u(x)$ が分割 $\{N_1, \cdots, N_S\}$ にかんして(S″)がみたされているとしよう．縁のついたヘッセ行列式を使えば，(S″)は，

$$\begin{vmatrix} D_{ij}(x) & D_{i,n+1}(x) \\ D_{kj}(x) & D_{k,n+1}(x) \end{vmatrix} = 0,\quad i \in N_s,\ j \in N_t,\ k \in N_r,\quad s, t, r \mp$$

の形に書くことができる．ヤコビの定理を使って，

$$\begin{vmatrix} u_{ij} & p_i \\ u_{kj} & p_k \end{vmatrix} = [D(x)]^{n-3} A^*.$$

ここで，A^* は $|D_{ij}(x)|$ の adjoint 行列式のなかで，$\begin{vmatrix} D_{ij}(x) & D_{i,n+1}(x) \\ D_{kj}(x) & D_{k,n+1}(x) \end{vmatrix}$ の補小因子である．したがって，上の議論と同じようにして，Lemma 2 の条件をみたすことがわかるから，A^* は行列式がゼロである．故に，

$$\begin{vmatrix} u_{ij}(x) & p_i \\ u_{kj}(x) & p_k \end{vmatrix} = 0,$$

あるいは，

$$\frac{u_{ij}(x)}{u_i(x)} = \frac{u_{kj}(x)}{u_k(x)}.$$

したがって，

$$\frac{\partial}{\partial x_k}\left(\frac{u_i(x)}{u_j(x)}\right)=0,\quad i\in N_s,\quad j\in N_t,\quad k\notin N_s\cup N_t \qquad (x>0).$$

すなわち，$u(x)$ は $\{N_1,\cdots,N_S\}$ にかんして強い意味で分離可能である．　Q.E.D.

定理5を証明する前に，まずつぎの Lemma を証明しておこう．

Lemma 3　つぎのような形をした行列 A を考える．

$$(9)\qquad A=\begin{bmatrix} A_1 & & & & & \\ \alpha^{12}\rho_j\sigma_i & A_2 & & & & \\ \vdots & & \ddots & & & \\ \alpha^{1S}\rho_j\sigma_i & \alpha^{2S}\rho_j\sigma_i & & A_S & & \\ \alpha^{1B}\rho_j\sigma_i & \alpha^{2B}\rho_j\sigma_i & & & B & \\ \alpha^{1C}\rho_j\sigma_i & \alpha^{2C}\rho_j\sigma_i & & & & C \end{bmatrix}.$$

ここで，A_i は正方行列，B は行の方が列より多いような長方行列，C は列の方が行より二つ多いような長方行列で，他の (i,j) 要素はすべて $\alpha^{st}\sigma_i\sigma_j$ $(i\in N_s,\ j\in N_t)$ の形をしている．

このとき，A の行列式はゼロとなる．

［証明］ (9)の形をした A の行列式は簡単な計算によって，

$$\det A=\Pi\rho_i\sigma_j\begin{vmatrix} A_1^* & \alpha^{1B} & \alpha^{1C} \\ & B^* & \alpha^{BC} \\ & & C^* \\ 1\cdots1 & & 1\cdots1 \end{vmatrix}.$$

さらに，最後の行を α^{sC} 倍して，C^* より上に位置している行から引けば，

$$\det A=\Pi\rho_i\sigma_j\begin{vmatrix} A_1^{**} & & 0 \\ & & 0 \\ & B_1^* & 0 \\ & & C^* \\ 1\cdots1 & 1\cdots1 & 1\cdots1 \end{vmatrix}.$$

ここで C^* は，その列が行より二つ多い長方行列である．この行列式を，C^* を通る列にかんしてラプラス展開をすると，$(0,\cdots,0)$ となるような行が必ず一つは存在する．したがって，$\det A=0$.　Q.E.D.

［定理5の証明］ $u(x)$ が $\{N_1,\cdots,N_S\}$ について弱い意味で分離可能であるとする．定理2によって，

$$u(x)=\Phi[u^1(x^{(1)}),\cdots,u^S(x^{(S)})].$$

このとき，$u_i=\Phi_s u_i^s$ $(i\in N_s)$.

$$u_{ik}=\Phi_{st}u_i^s u_k^t,\quad i\in N_s,\ k\in N_t,\ s\neq t.$$

したがって，

$$u_{ik}(x) = \beta^{st}(x)u_i(x)u_k(x) \quad i \in N_s,\ k \in N_t,\ s \neq t.$$

ヤコビの定理を使って，

$$\begin{vmatrix} D_{ik}(x) & D_{i,n+1}(x) \\ D_{jk}(x) & D_{j,n+1}(x) \end{vmatrix} = D(x) \begin{vmatrix} D^1(x) & & & & \beta^{1t}\lambda^2 p_a p_b & \\ \beta^{12}\lambda^2 p_a p_b & D^2(x) & & & \beta^{2t}\lambda^2 p_a p_b & \\ & & \tilde{D}^t(x) & & & \\ & & & & \tilde{D}^s(x) & \\ p^{(1)} & p^{(2)} & & & & p^{(s)} \end{vmatrix}.$$

ここで，$\tilde{D}^s(x)$ は $D^s(x)$ から i 番目と j 番目の行を取り除いた行列，$\tilde{D}^t(x)$ は $D^t(x)$ から k 番目の列を取り除いた行列である．上の右辺の大きな行列は Lemma 3 の条件をみたすから，その行列式はゼロとなる．したがって，

$$\begin{vmatrix} D_{ik}(x) & D_{i,n+1}(x) \\ D_{jk}(x) & D_{j,n+1}(x) \end{vmatrix} = 0, \quad i, j \in N_s,\ k \in N_t,\ s \neq t.$$

定理4の証明とまったく同じ論法で，この条件から(W″)が導きだされることが示される．

逆も，定理4の証明とまったく同じようにして証明される．　Q.E.D.

参 考 文 献

Aitken, A. C.(1948). *Determinants and Matrices*, London, Oliver and Boyd.

Frisch, R.(1959). "A Complete Scheme for Computing All Direct and Cross Demand Elasticities in a Model with Many Sectors," *Econometrica*, Vol. 27, pp. 177-196.

Goldman, S. M., and H. Uzawa.(1964). "A Note on Separability in Demand Analysis," *Econometrica*, Vol. 32, pp. 387-398. Reprinted in H. Uzawa, *Optimality, Equilibrium, and Growth, Selected Papers of Hirofumi Uzawa*, University of Tokyo Press, 1988.

Gorman, W. M.(1959). "Separable Utility and Aggregation," *Econometrica*, Vol. 27, pp. 469-481.

Houthakker, H. S.(1960). "Additive Preferences," *Econometrica*, Vol. 28, pp. 244-257.

Leontief, W. W.(1947). "A Note on the Interrelation of Subsets of Independent Variables of a Continuous Function with Continuous First Derivatives," *Bulletin of the American Mathematical Society*, Vol. 53, pp. 343-350.

——(1947). "Introduction to the Theory of the Internal Structure of Functional Relationships," *Econometrica*, Vol. 15, pp. 361-373.

Pearce, I. F.(1961). "An Exact Method of Consumer Demand Analysis," *Econometrica*, Vol. 29, pp. 499-516.

Samuelson, P. A.(1947). *The Foundations of Economic Analysis*, Cambridge, Harvard University Press.

Sono, M.(1961). "The Effect of Price Changes on the Demand and Supply of Separable Goods," *International Economic Review*, Vol. 2, pp. 239-271.

Strotz, R. H.(1957). "The Empirical Implications of a Utility Tree," *Econometrica*, Vol. 25, pp. 269-280.

——(1959). "The Utility Tree—A Correction and Further Appraisal," *Econometrica*, Vol. 27, pp. 482-488.

第4章　需要の価格弾力性

消費理論では，需要の価格弾力性が定数であるという前提のもとで議論が展開されることが多い．とくに，需要関数の具体的な形を推計しようとするとき，いくつかのパラメーターが定数であるという前提条件が，重要な役割を果たす．前章までに展開してきた消費者行動の理論の枠組みのなかで考察するとき，価格弾力性が定数であるような需要関数はどのような効用関数ないしは選好関係から導きだされるのであろうかということが重要な関心事となるであろう．本章では，需要の価格弾力性が定数となるような効用関数ないしは選好関係を完全に類型化するということを試みたい．この作業は，たんに消費者行動の純粋理論の観点からだけでなく，実証分析への応用という面からも興味あるものであるように思われる．以下展開するアプローチはクープマンス=宇沢[Koopmans and Uzawa(1988)]にもとづく．

この問題にかんしては，Jorgenson-Lau(1974)，Hanoch(1971)，Basmann-Battalio-Kagel(1973)，Epstein(1982)などの業績があることを指摘しておこう．

需要の価格弾力性

消費財の種類が n 個あるとし，消費ベクトル $x=(x_1, \cdots, x_n)$ および価格ベクトル $p=(p_1, \cdots, p_n)$ はすべて正であるとする．需要関数 $x_i=x_i(p, Y)$ $(i=1, \cdots, n)$ あるいは $x=x(p, Y)$ にかんしてつぎの条件がみたされているとする．

(A)　$x_i=x_i(p, Y)$ $(i=1, \cdots, n)$ は $p=(p_1, \cdots, p_n)>0$, $Y>0$ に対して定義される．

(B)　$f_i(p, Y)>0$ $(i=1, \cdots, n)$　$(p>0, Y>0)$.

(C)　$f_i(p, Y)$ は $p=(p_1, \cdots, p_n)>0$ について連続微分可能である．

(D)　予算制約式が成立する：$p\cdot x(p, Y)=\sum_{i=1}^{n} p_i x_i(p, Y)=Y$　$(p>0, Y>0)$.

支出関数 $e_i(p, Y)$ $(i=1, \cdots, n)$ を定義する．

$$e_i(p, Y) = p_i x_i(p, Y) \qquad (i = 1, \cdots, n).$$

このとき，

$$\sum_{i=1}^{n} e_i(p, Y) = Y \qquad (p > 0). \tag{1}$$

i 財に対する需要 x_i の j 財の価格 p_j に対する弾力性 $\eta_{ij}=\eta_{ij}(p, Y)$ は，

$$\eta_{ij} = \frac{p_j}{x_i}\frac{\partial x_i}{\partial p_j}.$$

$i=j$ のとき，η_{ij} は own-price elasticity で，$i\neq j$ のとき，η_{ij} は cross-price elasticity である．

同じようにして，支出 e_i の価格 p_j に対する弾力性 $\zeta_{ij}=\zeta_{ij}(p, Y)$ も定義される．

(2) $$\zeta_{ij}=\frac{p_j}{e_i}\frac{\partial e_i}{\partial p_j}.$$

容易にわかるように，

(3) $$\zeta_{ij}=\delta_{ij}+\eta_{ij} \qquad (i, j=1, \cdots, n).$$

ただし，δ_{ij} はクロネッカーの δ である：$\delta_{ij}=\begin{cases} 1 \ (i=j), \\ 0 \ (i \neq j). \end{cases}$

つぎの関係がしばしば用いられる．

(4) $$p_j\frac{\partial x_i}{\partial p_j}=x_i\eta_{ij}, \quad p_j\frac{\partial e_i}{\partial p_j}=e_i\zeta_{ij}.$$

需要の価格弾力性が定数であるとき

いま，S が，価格ベクトルの集合 $P=\{p=(p_1, \cdots, p_n) : p>0\}$ のなかで，ある一つの空でない開集合であるとする．需要の価格弾力性 $\eta_{ij}(p, Y)$ がすべて S の上で定数 η_{ij} であるとしよう．このとき，支出の価格弾力性 ζ_{ij} も定数となる．予算制約条件(1)を使って，

$$\sum_i\frac{\partial e_i}{\partial p_j}=0.$$

したがって，(4)式によって，

$$\sum_i e_i\zeta_{ij}=0.$$

この式を p_j にかんして偏微分して，(4)式を使えば，

$$\sum_i e_i\zeta_{ij}{}^2=0 \qquad (j=1, \cdots, n, \ p\in S).$$

$e_i>0 \ (i=1, \cdots, n)$ だから，$\zeta_{ij}=0, \ \eta_{ij}=-\delta_{ij} \ (i, j=1, \cdots, n, \ p\in S)$.

以上の議論をまとめておく．

定理1　需要関数 $x_i=x_i(p, Y) \ (i=1, \cdots, n)$ が条件(A)-(D)をみたしているとする．もし，需要の価格弾力性 η_{ij} が価格ベクトル $p>0$ のある開集合 S の上で定数であるとすると，S の上で，

(5) $$\eta_{ij}=-\delta_{ij} \qquad (i, j=1, \cdots, n).$$

このとき，需要関数 $x(p, Y)$ はどのような形をとるであろうか．(5)式から，

$$\eta_{ij}=\frac{\partial \log x_i}{\partial \log p_j}=\begin{cases} -1 \ (i=j), \\ 0 \ (i \neq j). \end{cases}$$

したがって，

$$\log x_i(p)=-\log p_i+k_i \qquad (i=1, \cdots, n)$$

となるような定数 k_i が存在する．すなわち，$\theta_i = e^{k_i}$ と置けば，

$$(6)\qquad x_i(p) = \frac{\theta_i}{p_i} \quad \text{あるいは} \quad e_i(p) = \theta_i \qquad (i = 1, \cdots, n,\ p \in P).$$

このとき，

$$(7)\qquad \sum_i \theta_i = Y,\ \ \theta_i > 0 \qquad (i = 1, \cdots, n)$$

で，θ_i は Y のみに依存し，$p=(p_1, \cdots, p_n)$ には無関係である．

ただちにわかるように，効用関数が $U(x) = \sum_i \theta_i \log p_i$ の形をしているときに［ただし $\theta_i = \theta_i(Y)$ は $p=(p_1, \cdots, p_n)$ には無関係で，$\sum_i \theta_i = 1$］，需要関数 $x_i = x_i(p, Y)$ は，

$$x_i(p, Y) = \frac{\theta_i}{p_i} \quad \text{あるいは} \quad e_i(p, Y) = \theta_i \qquad (i = 1, \cdots, n)$$

となる．したがって，

$$\eta_{ij} = -\delta_{ij} \quad \text{あるいは} \quad \zeta_{ij} = 1.$$

定理 2　定理 1 の前提条件で，$S = \{p : p > 0\}$ とする．条件(7)をみたすようなパラメータ $\theta_i (i=1, \cdots, n)$ に対して，(6)のような形をした需要関数 $x_i(p)$ が存在する．この需要関数は，

$$U(x) = \sum_i \theta_i \log x_i$$

の形をした効用関数から導きだされる．

CES 効用関数

つぎのような効用関数 $U(x)$ を考えてみよう．

$$(8)\qquad U(x) = (\alpha_1 x_1^{-\beta} + \cdots + \alpha_n x_n^{-\beta})^{-\frac{1}{\beta}},\ \ \alpha_1, \cdots, \alpha_n > 0,\ \ \beta \neq 0,\ \ \beta > -1.$$

この $U(x)$ を予算制約式 $\sum_i p_i x_i = Y$ のもとで最大にするという問題を解くために，ラグランジュ乗数を λ とすれば，最適解は，

$$\frac{\partial U}{\partial x_i} = \lambda p_i, \quad \sum_i p_i x_i = Y$$

から求められる．したがって，

$$\lambda p_i = -\frac{1}{\beta}\left(\sum_j \alpha_j x_j^{-\beta}\right)^{-\frac{1+\beta}{\beta}} (-\beta)\, \alpha_i x_i^{-(1+\beta)},$$

$$\lambda e_i = \lambda p_i x_i = \left(\sum_j \alpha_j x_j^{-\beta}\right)^{-\frac{1+\beta}{\beta}} \alpha_i x_i^{-\beta}.$$

$i=1, \cdots, n$ について合計し，予算制約条件を考慮に入れれば，

$$\lambda Y = \left(\sum_j \alpha_j x_j^{-\beta}\right)^{-\frac{1}{\beta}} = u.$$

したがって，

$$\lambda e_i = \lambda p_i x_i = (\lambda Y)^{1+\beta} \alpha_i x_i^{-\beta}.$$

故に，

$$x_i = \lambda^{\frac{\beta}{1+\beta}} \alpha_i^{\frac{1}{1+\beta}} p_i^{-\frac{1}{1+\beta}} Y \qquad (i = 1, \cdots, n).$$

予算制約式から，

$$\lambda^{\frac{\beta}{1+\beta}} = \left(\sum_i \alpha_i^{\frac{1}{1+\beta}} p_i^{\frac{\beta}{1+\beta}}\right)^{-1}.$$

したがって，

$$x_i(p, Y) = \frac{\alpha_i^{\frac{1}{1+\beta}} p_i^{-\frac{1}{1+\beta}}}{\sum_k \alpha_k^{\frac{1}{1+\beta}} p_k^{\frac{\beta}{1+\beta}}} Y,$$

$$e_i(p, Y) = \frac{\alpha_i^{\frac{1}{1+\beta}} p_i^{\frac{\beta}{1+\beta}}}{\sum_k \alpha_k^{\frac{1}{1+\beta}} p_k^{\frac{\beta}{1+\beta}}} Y \qquad (i = 1, \cdots, n).$$

需要の価格弾力性 $\zeta_{ij}(p, Y)$ を計算すると，

$$\zeta_{ij}(p, Y) = \frac{\beta}{1+\beta}\left[\delta_{ij} - \frac{e_j(p, Y)}{Y}\right] \qquad (i, j = 1, \cdots n).$$

したがって，

$$\zeta_{ij} - \zeta_{kj} = \frac{\beta}{1+\beta}(\delta_{ij} - \delta_{kj}) \qquad (i, k, j = 1, \cdots, n, \quad i \neq k).$$

あるいは，

$$\eta_{ij} - \eta_{kj} = -\frac{1}{1+\beta}(\delta_{ij} - \delta_{kj}) \qquad (i, k, j = 1, \cdots, n, \quad i \neq k).$$

すなわち，需要の価格弾力性 η_{ij} 自体は定数ではないが，その差 $\eta_{ij} - \eta_{kj}$ はすべて定数となる．別の言葉で表現すれば，

$$\eta_{ij}(p) = \eta_{ii}(p) + \frac{1}{1+\beta} \qquad (i, j = 1, \cdots, n, \quad i \neq j).$$

定理3　効用関数 $U(x)$ が(8)のようなCES関数の形で与えられているとき，この効用関数から導きだされる需要関数は，その価格弾力性 η_{ij} の差 $\eta_{ij} - \eta_{kj}$ がすべて定数となる．

需要の価格弾力性の差が定数となるような需要関数

逆につぎの定理が成立する．

定理4　需要関数 $x_i = x_i(p, Y)$ $(i=1, \cdots, n)$ は(A)-(D)をみたすとする．需要の価格弾力性の差 $\eta_{ij} - \eta_{kj}$ $(i, k, j=1, \cdots, n)$ がある開集合 $S = \{p\}$ の上で定数であるとすると，需要関数

$x_i(p, Y)$ はつぎのような形をしている．

$$x_i(p, Y) = \frac{1}{p_i}\frac{v_i(p)}{\sum_k v_k(p)}Y, \quad i = 1, \cdots, n, \quad p \in S,$$

$$v_i(p) = a_i \prod_j p_j^{\alpha_{ij}}, \quad i = 1, \cdots, n, \quad a_i > 0, \quad \alpha_{ij} > 0.$$

［証明］　需要の価格弾力性の差が定数，$\zeta_{ij} - \zeta_{1j} = \alpha_{ij}$，であるということから，$\zeta_{1j} = \beta_j(p)$ と置けば，

$$\zeta_{ij} = \alpha_{ij} + \beta_j(p), \quad i, j = 1, \cdots, n. \tag{9}$$

一方，$\sum_i e_i(p) = Y$ を p_j について微分し，(4)式を使えば，

$$\sum_i \zeta_{ij} e_i(p) = 0.$$

(9)を代入すれば，

$$\sum_i \alpha_{ij} e_i(p) + Y\beta_j(p) = 0, \quad j = 1, \cdots, n. \tag{10}$$

この式にさらに，$p_k \dfrac{\partial}{\partial p_k}$ を適用すれば，

$$\sum_i \alpha_{ij} e_i(p)\zeta_{ik} + Y \cdot p_k \frac{\partial \beta_j}{\partial p_k} = 0.$$

再び(9)と(10)を用いれば，

$$\sum_i \alpha_{ij}\alpha_{ik} e_i(p) + \sum_i \alpha_{ij} e_i(p)\beta_k(p) + Y \cdot p_k \frac{\partial \beta_j(p)}{\partial p_k} = 0.$$

もう一度(10)式を使って，

$$\sum_i \alpha_{ij}\alpha_{ik} e_i(p) - Y \cdot \beta_j(p)\beta_k(p) + Y \cdot p_k \frac{\partial \beta_j(p)}{\partial p_k} = 0,$$

ここで，$P_j = \log p_j$，$B_j(P) = \beta_j(p)$，$P = (P_1, \cdots, P_n)$ と置けば，

$$\frac{\partial B_j(P)}{\partial P_k} = B_j(P)B_k(P) - \frac{1}{Y}\sum_i \alpha_{ij}\alpha_{ik} e_i(P), \quad j, k = 1, \cdots, n. \tag{11}$$

(11)式の右辺は，(j, k) にかんして対称的であるから，

$$\frac{\partial B_j}{\partial P_k} = \frac{\partial B_k}{\partial P_j}, \quad j, k = 1, \cdots, n, \quad P > 0. \tag{12}$$

$B_1(P), \cdots, B_n(P)$ は $P = (P_1, \cdots, P_n)$ にかんして連続微分可能であるから，(12)式の条件がみたされているときには，

$$\beta_j(p) = B_j(P) = \frac{\partial B}{\partial P_j}, \quad j = 1, \cdots, n, \quad P \in S$$

となるような 2 回連続微分可能な関数 $B = B(P)$ が存在する．

支出関数についても上と同じような記号を使う．

$$E_i(P) = \log e_i(P),\ \ i = 1, \cdots, n,\ \ E = (E_1, \cdots, E_n).$$

このとき，

$$\zeta_{ij} = \frac{\partial E_i}{\partial P_j} = \alpha_{ij} + \frac{\partial B}{\partial P_j},\ \ i, j = 1, \cdots, n,\ \ p \in S.$$

この式を P_j にかんして積分すれば，

$$\log e_i(P) = \log a_i + \sum_j \alpha_{ij} \log p_j + B(P),\ \ i = 1, \cdots, n,\ \ p \in S.$$

すなわち，

$$e_i(p) = a_i \prod_j p_j^{\alpha_{ij}} e^{B(P)},\ \ i = 1, \cdots, n,\ \ p \in S. \tag{13}$$

この(13)式を $i=1, \cdots, n$ について足して，予算制約式を考慮に入れると，

$$e^{B(P)} = \frac{1}{\sum_i a_i \prod_j p_j^{\alpha_{ij}}} Y.$$

ここで $v_i(p) = a_i \prod_j p_j^{\alpha_{ij}}$ と置けば，

$$e_i(p) = \frac{v_i(p)}{\sum_k v_k(p)} Y,\ \ i = 1, \cdots, n.$$

Q.E.D.

ここで，Y は一定として議論を進めてきたが，需要関数が Y にも依存するということを明示的に表わすと，上の結論はつぎのように書くことができる．

$$e_i(p, Y) = \frac{v_i(p, Y)}{\sum_k v_k(p, Y)} Y, \tag{14}$$

$$v_i(p, Y) = a_i(p, Y) \prod_j p_j^{\alpha_{ij}},\ \ i = 1, \cdots, n. \tag{15}$$

これまで，需要関数 $x_i(p, Y)$ $(i=1, \cdots, n)$ は，選好関係あるいは効用関数から導きだされたものであるかどうかということを問題にしなかった．唯一の条件は予算制約式がみたされているということであった．定理 4 で，価格弾力性の差が定数となるような需要関数は(14)，(15)の形をとることが証明されたが，これらの需要関数が選好関係から導きだされたものであるときにはどのような形になるであろうか．この設問に対する解答はつぎの定理によって与えられる．

定理 5　需要関数 $x_i = x_i(p, Y)$ $(i=1, \cdots, n)$ が (A)-(D) をみたすとする．もし需要の価格弾力性の差 $\eta_{ij} - \eta_{ik}$ がすべての $p > 0$，$Y > 0$ について定数であり，しかも需要関数が選好関係(あるいは効用関数)から最適化によって導きだされたものであるとすれば，

$$x_i(p, Y) = \frac{1}{p_i} \frac{v_i(p, Y)}{\sum_k v_k(p, Y)} Y, \tag{16}$$

(17) $$v_i(p, Y) = c_i\left(\frac{p_i}{Y}\right)^{\beta_i} \qquad (i = 1, \cdots, n).$$

ここで，c_i と β_i は正の定数である．

このとき支出関数 $e_i(p, Y)$は，

(18) $$e_i(p, Y) = \frac{v_i(p, Y)}{\sum_k v_k(p, Y)} Y \qquad (i = 1, \cdots, n)$$

となり，価格弾力性は，

$$\zeta_{ij} = \beta_i \delta_{ij} - \varphi_j(p, Y),$$
$$\eta_{ij} = -(1-\beta_i)\delta_{ij} - \varphi_j(p, Y) \qquad (i, j = 1, \cdots, n, \ \ p > 0, \ \ Y > 0).$$

ここで，$\varphi_i(p, Y)$ は (p, Y) の関数である．

［証明］　需要関数 $x_i = x_i(p, Y)$ $(i=1, \cdots, n)$ がある効用関数の最適化によって得られたものであるとすれば，スルツキー代替項 $S_{ij} = \frac{\partial x_i}{\partial p_j} + x_j \frac{\partial x_i}{\partial Y}$ が対称的となる．

(19) $$S_{ij} = S_{ji} \qquad (i, j = 1, \cdots, n).$$

スルツキー代替項 S_{ij} にかんする条件(19)を支出関数 $e_i = e_i(p, Y)$について表現すればつぎのようになる．

$$\frac{\partial e_i}{\partial p_j} = p_i \frac{\partial x_i}{\partial p_j} + \delta_{ij} x_i, \quad \frac{\partial e_i}{\partial Y} = p_i \frac{\partial x_i}{\partial Y}.$$

したがって，

$$\frac{\partial e_i}{\partial p_j} + x_j \frac{\partial e_i}{\partial Y} = p_i S_{ij} + \delta_{ij} x_i,$$

あるいは，

$$p_j \frac{\partial e_i}{\partial p_j} + p_j x_j \frac{\partial e_i}{\partial Y} = p_i p_j S_{ij} + \delta_{ij} p_i x_i.$$

いま，$P_j = \log p_j$ と置いて，

(20) $$\hat{S}_{ij} = \frac{\partial e_i}{\partial P_j} + e_j \frac{\partial e_i}{\partial Y}$$

と定義すれば，対称性条件(19)は，

(21) $$\hat{S}_{ij} = \hat{S}_{ji} \qquad (i, j = 1, \cdots, n)$$

という形に表現することができる．

定理4から，

(22) $$e_i = e_i(p, Y) = \frac{v_i(p, Y)}{v(p, Y)} Y,$$

(23) $$v_i(p, Y) = a_i(Y) \prod_j p_j^{\alpha_{ij}}, \ \ a_i(Y) > 0, \ \ \alpha_{ij} > 0,$$

(24) $$v(p, Y) = \sum_k v_k(p, Y).$$

したがって,

$$\frac{1}{v_i}\frac{\partial v_i}{\partial P_j} = \alpha_{ij}, \quad \frac{1}{v_i}\frac{\partial v_i}{\partial Y} = \frac{a_i'(Y)}{a_i(Y)},$$

$$\frac{1}{e_i}\frac{\partial e_i}{\partial P_j} = \alpha_{ij} - \frac{1}{v}\frac{\partial v}{\partial P_j}, \quad \frac{1}{e_i}\frac{\partial e_i}{\partial Y} = \frac{a_i'(Y)}{a_i(Y)} - \frac{1}{v}\frac{\partial v}{\partial Y} + \frac{1}{Y}.$$

(20)式に代入して,

$$\hat{S}_{ij} = e_i\alpha_{ij} - \frac{e_i}{v}\frac{\partial v}{\partial P_j} + \frac{a_i'(Y)}{a_i(Y)}e_ie_j - \frac{e_ie_j}{v}\frac{\partial v}{\partial Y} + \frac{e_ie_j}{Y}.$$

対称性条件(21)に代入すれば,

$$(25) \qquad \left(e_i\alpha_{ij} - \frac{e_i}{v}\frac{\partial v}{\partial P_j}\right) + \frac{a_i'(Y)}{a_i(Y)}e_ie_j = \left(e_j\alpha_{ji} - \frac{e_j}{v}\frac{\partial v}{\partial P_i}\right) + \frac{a_j'(Y)}{a_j(Y)}e_ie_j$$

$$(i, j = 1, \cdots, n).$$

一方,(23),(24)から,

$$\frac{\partial v}{\partial P_j} = \sum_k \alpha_{kj}v_k.$$

この式を(25)に代入すれば,

$$\left(e_i\alpha_{ij}\sum_k v_k - e_i\sum_k \alpha_{kj}v_k\right) + \frac{a_i'(Y)}{a_i(Y)}e_ie_jv = \left(e_j\alpha_{ji}\sum_k v_k - e_j\sum_k \alpha_{ki}v_k\right) + \frac{a_j'(Y)}{a_j(Y)}e_ie_jv.$$

さらに(22)式を考慮に入れれば,

$$\sum_k(\alpha_{ij} - \alpha_{kj})v_iv_k + \frac{a_i'(Y)Y}{a_i(Y)}v_iv_j = \sum_k(\alpha_{ji} - \alpha_{ki})v_jv_k + \frac{a_j'(Y)Y}{a_j(Y)}v_iv_j.$$

したがって,

$$(26) \qquad (\alpha_{ij} - \alpha_{jj}) + \frac{a_i'(Y)Y}{a_i(Y)} = (\alpha_{ji} - \alpha_{ii}) + \frac{a_j'(Y)Y}{a_j(Y)},$$

$$(27) \qquad \alpha_{ij} - \alpha_{kj} = 0, \quad i \neq j, \quad k \neq j.$$

(26)式で,$j=1$ と置けば,

$$(28) \qquad \frac{a_i'(Y)Y}{a_i(Y)} = \frac{a_1'(Y)Y}{a_1(Y)} + \gamma_i, \quad i = 1, \cdots, n,$$

ただし,

$$\gamma_i = (\alpha_{1i} - \alpha_{ii}) - (\alpha_{i1} - \alpha_{11}).$$

(28)式を積分して,

$$a_i(Y) = c_iY^{\gamma_i}a_1(Y), \quad i = 1, \cdots, n.$$

ここで $c_i > 0$ は積分定数である.

支出関数 $e_i(p, Y)$ は(22)のような形に表わされるから,一般性を失うことなく,

$$a_1(Y) \equiv 1 \qquad (Y > 0)$$

と置くことができる.したがって,

$$a_i(Y) = c_i Y^{\gamma_i} \qquad (i = 1, \cdots, n, \quad Y > 0).$$

このとき，(26)式は，

$$(29) \qquad (\alpha_{ij} - \alpha_{jj}) + \gamma_i = (\alpha_{ji} - \alpha_{ii}) + \gamma_j \qquad (i, j = 1, \cdots, n).$$

(27)と(29)とを一緒にすれば，

$$\alpha_{ij} = \begin{cases} \alpha_j, & i \neq j, \\ \alpha_j + \beta_j, & i = j, \end{cases}$$

$$\gamma_i = \gamma - \beta_i, \quad i, j = 1, \cdots, n$$

となるような α_j, β_j, γ が存在することがわかる．したがって，

$$v_i(p, Y) = c_i Y^{\gamma - \beta_i} p^{\beta_i} w(p),$$

$$w(p) = p_1^{\alpha_1} \cdots p_n^{\alpha_n}.$$

このとき，

$$e_i(p, Y) = \frac{c_i\left(\frac{p_i}{Y}\right)^{\beta_i}}{\sum_k c_k\left(\frac{p_k}{Y}\right)^{\beta_k}} Y, \quad x_i(p, Y) = \frac{Y}{p_i} \frac{c_i\left(\frac{p_i}{Y}\right)^{\beta_i}}{\sum_k c_k\left(\frac{p_k}{Y}\right)^{\beta_k}}, \quad i = 1, \cdots, n.$$

したがって，

$$\zeta_{ij} = \beta_i \delta_{ij} - \varphi_j(p, Y),$$

$$\eta_{ij} = -(1 - \beta_i)\delta_{ij} - \varphi_j(p, Y),$$

$$\varphi_j(p, Y) = -\frac{p_j}{v} \frac{\partial v}{\partial p_j}, \quad v = \sum_k c_k \left(\frac{p_k}{Y}\right)^{\beta_k}.$$

Q.E.D.

定理5で，$\beta_1 = \cdots = \beta_n = \beta$ のとき，需要関数(16)は，CES関数(8)の形をもつ需要関数 $u(x)$ から導きだされたものであることがわかる．β_i が異なるとき，需要関数(16), (17)はどのような形の効用関数から導きだされるのであろうか．

二財の場合

上の問題をまず $n=2$ の場合について考えてみよう．このとき，

$$(30) \qquad x_i = \frac{c_i\left(\frac{p_i}{Y}\right)^{\beta_i - 1}}{c_1\left(\frac{p_1}{Y}\right)^{\beta_1} + c_2\left(\frac{p_2}{Y}\right)^{\beta_2}} \qquad (i = 1, 2).$$

第1財をニュメレールとしてとる．すなわち，

$$p = \frac{p_2}{p_1}, \quad y = \frac{Y}{p_1}$$

と置けば，(30)はつぎのようになる．

(31) $$x_1=\frac{c_1y^{-\beta_1}}{c_1y^{-\beta_1}+c_2p^{\beta_2}y^{-\beta_2}}y,\quad x_2=\frac{c_2p^{\beta_2-1}y^{-\beta_2}}{c_1y^{-\beta_1}+c_2p^{\beta_2}y^{-\beta_2}}y.$$

ある消費ベクトル $x^0=(x_1^0, x_2^0)>0$ を通る無差別曲線は，つぎの微分方程式の解として求められる．

(32) $$\frac{dy}{dp}=x_2(p, y)\qquad (\text{初期条件は } x_2{}^0=x_2(p^0, y^0)).$$

このことは，第2章でくわしく論じた通りである．

(31)を(32)に代入すれば，

(33) $$\frac{dy}{dp}=\frac{c_2p^{\beta_2-1}y^{\beta_1-\beta_2}}{c_1+c_2p^{\beta_2}y^{\beta_1-\beta_2}}y.$$

ここで，新しい変数 z を

(34) $$z=p^{\beta_2}y^{\beta_1-\beta_2}$$

によって定義すれば，微分方程式(33)はつぎのようになる．

$$\frac{p}{y}\frac{dy}{dp}=\frac{c_2z}{c_1+c_2z}.$$

また，

$$\frac{p}{z}\frac{dz}{dp}=\beta_2+(\beta_1-\beta_2)\frac{p}{y}\frac{dy}{dp}.$$

したがって，

$$\frac{p}{z}\frac{dz}{dp}=\beta_2+(\beta_1-\beta_2)\frac{c_2z}{c_1+c_2z}.$$

簡単な計算によって，

$$\left(\frac{1}{\beta_2z}+\frac{\frac{\beta_2-\beta_1}{\beta_2}c_2}{\beta_2c_1+\beta_1c_2z}\right)dz=\frac{dp}{p}.$$

この両辺を積分すると，

$$\frac{1}{\beta_2}\log z+\frac{\beta_2-\beta_1}{\beta_1\beta_2}\log(\beta_2c_1+\beta_1c_2z)=\log p+\log c,$$

ここで $c>0$ は積分定数である．したがって，

$$z^{\frac{1}{\beta_2}}(\beta_2c_1+\beta_1c_2z)^{\frac{\beta_2-\beta_1}{\beta_1\beta_2}}=cp.$$

この式に(34)を代入して整理すれば，

(35) $$\beta_2c_1y^{-\beta_1}+\beta_1c_2p^{\beta_2}y^{-\beta_2}=\text{const.}$$

すなわち，

(36) $$\frac{c_1}{\beta_1}\left(\frac{p_1}{Y}\right)^{\beta_1}+\frac{c_2}{\beta_2}\left(\frac{p_2}{Y}\right)^{\beta_2}=\text{const.}$$

任意の価格ベクトル $(p_1, p_2)>0$ に対して，(36)式をみたすような所得 Y が，(x_1^0, x_2^0) を初

期条件とする補償所得関数 $Y=Y(p_1, p_2)$ となる．

つぎに，効用関数 $u=u(x_1, x_2)$ が具体的にどのような形になっているかということをみてみよう．これは，所与の (x_1, x_2) に対して(30)をみたすような (p_1, p_2) を求めて，(36)式に代入することによって求められる．

(30)式は，

$$(37)\qquad \begin{cases} p_1x_1+p_2x_2 = Y, \\ \dfrac{x_1}{x_2} = \dfrac{c_1{p_1}^{\beta_1-1}Y^{-\beta_1}}{c_2{p_2}^{\beta_2-1}Y^{-\beta_2}} \end{cases}$$

と同値となる．いま，

$$\frac{1}{c_1}\left(\frac{p_1}{Y}\right)^{1-\beta_1}x_1 = \frac{1}{c_2}\left(\frac{p_2}{Y}\right)^{1-\beta_2}x_2 = w$$

と置けば，

$$(38)\qquad \frac{p_j}{Y} = \left(\frac{c_j}{x_j}\right)^{\frac{1}{1-\beta_j}} w^{\frac{1}{1-\beta_j}},\quad j=1,2.$$

この式を(36)式に代入すれば，

$$(39)\qquad \sum_{j=1}^{2}\frac{1}{\beta_j}c_j^{\frac{1}{1-\beta_j}}x_j^{-\frac{\beta_j}{1-\beta_j}}w^{\frac{\beta_j}{1-\beta_j}} = \text{const.}$$

また予算制約式から，

$$(40)\qquad \sum_{j=1}^{2}c_j^{\frac{1}{1-B_j}}x_j^{-\frac{\beta_j}{1-\beta_j}}w^{\frac{1}{1-\beta_j}} = 1.$$

ここで，

$$\rho_j = \frac{\beta_j}{1-\beta_j},\quad \alpha_j = \frac{1}{\beta_j}c_j^{\frac{1}{1-\beta_j}}$$

と置く．

$$\beta_j = \frac{\rho_j}{1+\rho_j},\quad 1-\beta_j = \frac{1}{1+\rho_j}.$$

したがって，(39)，(40)は，

$$(41)\qquad \sum_j \alpha_j x_j^{-\rho_j}w^{\rho_j} = \text{const.},$$

$$(42)\qquad \sum_j \frac{\rho_j}{1+\rho_j}\alpha_j x_j^{-\rho_j}w^{1+\rho_j} = 1.$$

したがって，効用関数として，

$$(43)\qquad u(x_1, x_2) = \left(\sum \alpha_j x_j^{-\rho_j}w^{\rho_j}\right)^{-\frac{1+\rho}{\rho}},$$

ただし，w は(42)をみたすような正の定数，$\rho>0$ は正の定数とする．

$\rho_1=\rho_2=\rho$ のときには，

$$w = A\left(\sum_j \alpha_j x_j^{-\rho}\right)^{-\frac{1}{1+\rho}} \qquad (A>0: 定数).$$

したがって,

$$u(x_1, x_2) = A'\left(\sum_j \alpha_j x_j^{-\rho}\right)^{-\frac{1}{\rho}} \qquad (\mathrm{A}'>0: 定数)$$

となり，さきに考察したものになる.

財が n 種類あるとき

財が n 種類あるような一般の場合を考えよう.

このとき，つぎのような効用関数 $u(x_1, \cdots, x_n)$ を定義しよう.

$$u(x_1, \cdots, x_n) = \left(\sum_{j=1}^{n} \alpha_j x_j^{-\rho_j} w^{\rho_j}\right)^{-\frac{1+\rho}{\rho}}. \tag{44}$$

ここで ρ_j, α_j は定数で，$0<\rho_j<1$, $\alpha_j>0$, w はつぎの条件をみたすように決められる.

$$\sum_{j=1}^{n} \frac{\rho_j}{1+\rho_j} \alpha_j x_j^{-\rho_j} w^{1+\rho_j} = 1. \tag{45}$$

$n=2$ の場合についておこなってきた考察からこのような効用関数の形はただちに想定することができる. (44)によって定義された効用関数 $u(x_1, \cdots, x_n)$ の最大化によって得られる需要関数 $x_i(p, Y)$ は(16)のような形をしていることをつぎに示すことにしよう.

このために，補償所得関数を求めるための偏微分方程式体系を考える.

$$\frac{\partial Y}{\partial p_i} = \frac{c_i\left(\frac{p_i}{Y}\right)^{\beta_i-1}}{\sum_k c_k\left(\frac{p_k}{Y}\right)^{\beta_k}}, \quad i = 1, \cdots, n. \tag{46}$$

二財の場合の議論から容易に類推されるように，(46)の解は，

$$\sum_k \frac{c_k}{\beta_k}\left(\frac{p_k}{Y}\right)^{\beta_k} = \mathrm{const.} \tag{47}$$

となる. じじつ，(47)を p_i について偏微分すれば，

$$c_i\left(\frac{p_i}{Y}\right)^{\beta_i}\frac{1}{p_i} - \sum_k c_k\left(\frac{p_k}{Y}\right)^{\beta_k}\frac{1}{Y}\frac{\partial Y}{\partial p_i} = 0.$$

したがって,

$$\frac{\partial Y}{\partial p_i} = \frac{c_i\left(\frac{p_i}{Y}\right)^{\beta_i-1}}{\sum_k c_k\left(\frac{p_k}{Y}\right)^{\beta_k}}, \quad i = 1, \cdots, n.$$

第2章に示したように偏微分方程式体系(46)の解は一意的に定まるから，(47)式を Y にかんして解いたものが，(46)の解になっていることがわかる.

ここで，(46)式を $p_1, \cdots, p_n$ にかんして解くとつぎのようになる. まず,

$$w = \frac{1}{\sum_k c_k \left(\frac{p_k}{Y}\right)^{\beta_k}}$$

と置けば，(46)は，

$$x_i = c_i \left(\frac{p_i}{Y}\right)^{\beta_i - 1} w.$$

したがって，

$$\frac{p_i}{Y} = \left(\frac{c_i w}{x_i}\right)^{\frac{1}{1-\beta_i}}, \quad i = 1, \cdots, n. \tag{48}$$

予算制約式

$$\sum_j \frac{p_j x_j}{Y} = 1$$

に代入すれば，

$$\sum_j c_j^{\frac{1}{1-\beta_j}} x_j^{-\frac{\beta_j}{1-\beta_j}} w^{\frac{1}{1-\beta_j}} = 1. \tag{49}$$

(48)を(47)に代入して，

$$\sum_j \frac{1}{\beta_j} c_j^{\frac{1}{1-\beta_j}} x_j^{-\frac{\beta_j}{1-\beta_j}} w^{\frac{\beta_j}{1-\beta_j}} = \text{const.} \tag{50}$$

ここで，

$$\rho_i = \frac{\beta_i}{1-\beta_i}, \quad \alpha_i = \frac{1}{\rho_i} c_i^{\frac{1}{1-\beta_i}},$$

すなわち，

$$\beta_i = \frac{\rho_i}{1+\rho_i}, \quad \frac{1}{1-\beta_i} = 1 + \rho_i$$

と置けば，(49)，(50)から(44)，(45)を導きだすことができる．

以上の議論をまとめて，

定理 6　需要関数が(A)-(D)をみたしているとする．需要の価格弾力性の差 $\eta_{ij} - \eta_{kj}$ がすべて定数であり，しかも需要関数がある効用関数(あるいは選好関係)から導きだされたものであるとき，その効用関数は，つぎの形をしたものの単調増大関数として表わされる．

$$u(x_1, \cdots, x_n) = \left(\sum_j \alpha_j x_j^{-\rho_j} w^{\rho_j}\right)^{-\frac{\rho}{1+\rho}}. \tag{51}$$

ここで，α_j, ρ_j は定数で，

$$\alpha_j > 0, \ 0 < \rho_j < 1 \qquad (j = 1, \cdots, n).$$

$w = w(x_1, \cdots, x_n)$ はつぎの方程式から一意的に定められる数である．

$$\sum_j \frac{\rho_j}{1+\rho_j} \alpha_j x_j^{-\rho_j} w^{\rho_j + 1} = 1. \tag{52}$$

効用関数の性質

第2章の議論から，(51)で定義される効用関数が，単調増大関数で，strictly quasi-concaveであることがわかるが，ここでは直接に証明しておこう．

まず，(52)を x_j について偏微分すれば，

$$\frac{\partial w}{\partial x_i}=\frac{\rho_i\frac{\rho_i}{1+\rho_i}\alpha_i\left(\frac{x_i}{w}\right)^{-(1+\rho_i)}}{\sum_k\rho_k\alpha_k\left(\frac{x_k}{w}\right)^{-\rho_k}}. \tag{53}$$

また，(51)を x_i について偏微分すれば，

$$\frac{\partial u}{\partial x_i}=\frac{\rho}{1+\rho}V^{-\frac{\rho}{1+\rho}-1}\left\{\rho_i\alpha_i\left(\frac{x_i}{w}\right)^{-\rho_i}\frac{1}{x_i}-\sum_k\rho_k\alpha_k\left(\frac{x_k}{w}\right)^{-\rho_k}\frac{1}{w}\frac{\partial w}{\partial x_i}\right\}. \tag{54}$$

ここで，

$$V=\sum_k V_k,\quad V_k=\alpha_k\left(\frac{x_k}{w}\right)^{-\rho_k}\qquad(k=1,\cdots,n) \tag{55}$$

と置く．

(53)を(54)に代入し，整理すれば，

$$\frac{\partial u}{\partial x_i}=\frac{\rho}{1+\rho}V^{-\frac{\rho}{1+\rho}-1}\cdot\frac{\rho_i}{1+\rho_i}\alpha_i\left(\frac{x_i}{w}\right)^{-(1+\rho_i)}\cdot\frac{1}{w}>0\qquad(i=1,\cdots,n). \tag{56}$$

すなわち，$u(x_1,\cdots,x_n)$ は $(x_1,\cdots,x_n)$ の単調増大関数となる．

$u(x_1,\cdots,x_n)$ が $(x_1,\cdots,x_n)$ にかんしてstrictly quasi-concaveとなることをみるために，(55)で定義した $V=V(x_1,\cdots,x_n)$ が，strictly convexであることを示そう．

(53), (55)から，

$$\frac{\partial w}{\partial x_i}=\frac{w}{x_i}\frac{\rho_i\frac{\rho_i}{1+\rho_i}V_i}{\sum_k\rho_k V_k},$$

$$\frac{\partial V}{\partial x_i}=-\frac{\rho_i}{1+\rho_i}\frac{V_i}{x_i}. \tag{57}$$

(57)を x_j で微分すれば，

$$V_{ij}=\frac{\partial^2 V}{\partial x_i\partial x_j}=\frac{1}{x_ix_j}\left(\rho_i\delta_{ij}V_i-\frac{\beta_i\beta_j\rho_i\rho_jV_iV_j}{\sum_k\rho_kV_k}\right). \tag{58}$$

ただし，

$$0<\beta_i=\frac{1}{1+\rho_i}<1.$$

いま，$Z_i=\rho_iV_i$ と置けば，(59)は，

$$x_i x_j V_{ij} = Z_i \delta_{ij} - \frac{\beta_i Z_i \beta_j Z_j}{\sum_k Z_k}.$$

任意のベクトル $a=(a_1, \cdots, a_n)$ に対して，2 次形式をとる．

$$\sum_i \sum_j x_i x_j V_{ij} a_i a_j = \sum_i Z_i a_i^2 - \frac{\left(\sum_i \beta_i Z_i a_i\right)^2}{\sum_i Z_i}.$$

また，

$$\sum_i Z_i a_i^2 - 2\left(\sum_i \beta_i Z_i a_i\right) t + \left(\sum_i Z_i\right) t^2 = \sum_i Z_i (a_i^2 - 2\beta_i a_i t + t^2).$$

ここで，$0<\beta_i<1$ から，$a_i^2-2\beta_i a_i t + t^2 \geqq 0$.

したがって，

$$\left(\sum_i Z_i a_i^2\right)\left(\sum_i Z_i\right) \geqq \left(\sum_i \beta_i Z_i a_i\right)^2$$

となって，

(59)　$$\sum_{i,j} V_{ij} x_i a_i x_j a_j \geqq 0 \qquad (\text{すべての } a_i \text{ について}).$$

しかも，(59)式は，$(a_1, \cdots, a_n) \neq 0$ のとき，不等号で成立する．したがって，(V_{ij}) は positive definite，すなわち，$V=V(x_1, \cdots, x_n)$ は strictly convex となることがわかった．

つぎに，効用関数 $u(x_1, \cdots, x_n)$ が(51)の形で与えられているとき，需要関数を直接計算してみよう．

λ を予算制約式 $\sum_i p_i x_i = Y$ に対応するラグランジュ乗数とすれば，最適解 $x=(x_1, \cdots, x_n)$は，

(60)　$$\frac{\partial u}{\partial x_i} = \lambda p_i \qquad (i=1, \cdots, n),$$

(61)　$$\sum_i p_i x_i = Y$$

の解として求められる．(56)を(60)に代入して，x_i について解くと，

(62)　$$x_i = c_i p_i^{-(1-\beta_i)} w^{\beta_i} \mu^{1-\beta_i} \qquad (i=1, \cdots, n).$$

ここで，$c_i = \left(\frac{\rho_i}{1+\rho_i} a_i\right)^{\frac{1}{1+\rho_i}}$，$\beta_i = \frac{\rho_i}{1+\rho_i}$，$\rho_i = \frac{\beta_i}{1-\beta_i}$ とし，μ は適当な正数とする．

(62)を(61)に代入すれば，

(63)　$$\sum_i c_i p_i^{\beta_i} w^{\beta_i} \mu^{-\beta_i} = \frac{Y}{\mu}.$$

(62)を(52)に代入すれば，

(64)　$$\sum_i c_i p_i^{\beta_i} w^{\beta_i} \mu^{-\beta_i} = \frac{1}{w}.$$

したがって，$\mu = wY$ となり，(63)または(64)から，

$$\sum_i c_i p_i^{\beta_i} Y^{-\beta_i} = \frac{1}{w}.$$

この式を(62)に代入すれば,

$$x_i = c_i p_i^{\beta_i - 1} Y^{-\beta_i} w = \frac{c_i p_i^{\beta_i - 1} Y^{-\beta_i}}{\sum_j c_j p_j^{\beta_j} Y^{-\beta_j}} Y \qquad (i = 1, \cdots, n).$$

すなわち，需要関数が(16)の形をしていることが示された.

参考文献

Arrow, K. J., H. B. Chenery, B. S. Minhas, and R. M. Solow (1961). "Capital-Labor Substitution and Economic Efficiency," *Review of Economics and Statistics*, Vol. 43, pp. 225-250.

Basmann, R. L., R. C. Battalio, and J. H. Kagel (1973). "Comment on R. P. Byron's 'The Restricted Aitken Estimation of Sets of Demand Relations'," *Econometrica*, Vol. 41, pp. 365-370.

Epstein, L. G. (1982). "Integrability of Incomplete Systems of Demand Functions," *Review of Economic Studies*, Vol. 49, pp. 411-425.

Hanoch, G. (1971). "CRESH Production Functions," *Econometrica*, Vol. 39, pp. 695-712.

Hurwicz, L., and H. Uzawa (1971). "On the Integrability of Demand Functions," in *Preference, Utility, and Demand*, edited by J. S. Chipman, L. Hurwicz, M. K. Richter, and H. Sonnenschein, New York, Harcourt, Brace, Jovanovich, pp. 114-148.

Jorgenson, D. W., and L. J. Lau (1974). "Statistical Tests of the Theory of Consumer Behavior," *Quantitative Wirtschaftsforschung*, edited by H. Albach, E. Malmstädter, and R. Mann, Tübingen, pp. 383-394.

Koopmans, T. C., and H. Uzawa (1988). "Constancy and Constant Differences of Price Elasticities of Demand," in *Preference, Uncertainty, and Optimality : Essays in Honor of Leonid Hurwicz*, edited by Chipman, McFadden, and Richter, Westview Press.

Kuhn, H. W., and A. W. Tucker (1950). "Nonlinear Programming," in J. Neyman (ed.), *Proceedings of the Second Berkeley Symposium on Mathematical Statistics and Probability*, Berkeley, pp. 481-492. Reprinted in P. K. Newman, *Readings in Mathematical Economics*, Vol. 1, Ch. 1, Johns Hopkins Press.

第II部　貯蓄の理論

第5章　時間選好と貯蓄関数

第I部で展開した消費者行動の理論はすべて静学的な分析の枠組みのなかで定式化されていた．すなわち，有形無形の資産の保有形態，所得，嗜好などの諸条件を所与として，各消費主体がそれぞれの所得を単位期間のなかでどのような形で費消するであろうかという問題に限定されていた．ある程度長期間にわたって，どのような形で所得を得ることができるか，その所得をこの期間を通じてどのように使って，どのような消費の時間径路を求めるであろうかという問題についてはふれてこなかった．この問題は別の言葉を用いれば，貯蓄の理論であって，とくにアーヴィング・フィッシャー(Irving Fisher)の時間選好理論という形で，動学分析のなかで基本的な役割を果たしてきたものである。第II部では，このフィッシャーの時間選好理論に対して，多少異なった視点から定式化を試み，異時点間にわたる資源配分のプロセスに光を当てるとともに，後章で展開する二部門経済成長理論や社会的共通資本の理論に対する分析的用具の準備をするということにしたい．

このような消費者行動にかんする動学的理論を構築するためにはまず，消費主体の性格について明確に規定しておかなければならない．この動学的な状況における消費主体は単純な意味での個人とは異なって，家族，世帯のように一つの制度的な経済主体であって，所得の費消にかんして非市場的な規範にしたがって，整合な形でおこなわれ，しかも一家計のなかに，異なる世代の人々が含まれていることによって，このような消費主体は無限の経済的地平をもっていると考えてよい．親が子どもたちの養育にさいして，子どもたち自身の経済的効用に対してなんらかの形で推定して，それを最大化しようとする．子どもたちが成長したときは，その子どもたちの効用を常に考慮に入れながら，消費計画をたてるからである．この間の事情を厳密に定式化し，経済的生存期間が無限大となるような消費主体を想定したのがモジリアーニ=ブルンバーグ[Modigliani and Brumberg(1954)]である．ここでも，主としてモジリアーニ=ブルンバーグ的な消費主体について考察する．

時間選好(Time Preference)

経済活動の究極的な目的は消費であるとして議論を進めるとすれば，貯蓄は，将来の消費をふやすためにおこなわれることになる．したがって，経済社会の構成員の主体的価値判断は，現在から将来にわたって可能な消費径路にかんしてなされると考えることができる．しかし，このような異時点にわたる消費についての価値基準を考えるときには，その判断をおこなう主体はどのようなものであるか，必ずしも明確に定義することができない．その経済的主体が個人である場合と世帯，家族というような制度的なものである場合とでは，価値基準の内容はいろいろな点で異なったものであろう．また，直接，巨視的な貯蓄，消費行動と連結させるためには，代表的消費者というような概念を導入しなければならない．さらに，このような主体的価値基準は，他のさまざまな経済活動の影響をうけて，時間とともに変化するものであって，現在の時点で将来の消費にかんする価値判断をおこなうことが可能であるかどうかという困難も当然生じてくる．しかし，このような問題に立ち入ることをしばらく避けて，以下，社会的な平均を表わす代表的家計を想定し，その主体的価値基準は一定不変であるという前提に立つこととする．

叙述の便宜上，消費財は一種類であるとし，現在から将来にかけて同一のものであるとする．また，消費は連続的におこなわれるとすれば，消費径路は $c=(c_t)$ のように，各時点 t での消費水準 c_t を明示することによって表わされる．消費径路は，たとえば，図 5-1 の曲線によって示すこともできる．

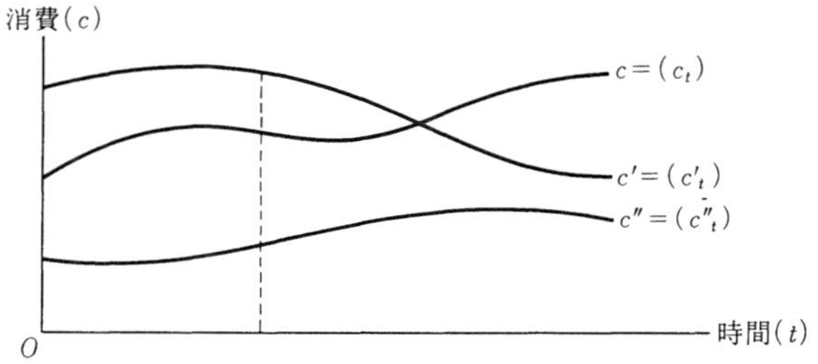

図 5-1　消 費 径 路

さて，ここで考察の対象としている(代表的)家計のもっている主体的価値基準は，消費径路にかんする選好関係に要約されていると考えてもよいであろう．すなわち，二つの消費径路 $c=(c_t)$ と $c'=(c'_t)$ とが与えられたときにそのどちらを選好するかという判断を常に，しかも整合的におこなうことができるということである．このような選好関係を P で表わすとすれば，c が c' より選好されるときに cPc'，また c' が c より選好されるときには $c'Pc$ と記すことにする．また，c, c' のどちらも選好されていない可能性($\overline{cPc'}$，$\overline{c'Pc}$)も当然考慮する必要があり，そのとき，c と c' とは無差別(indifferent)であるといい，cIc' と記すことにする．

このような消費径路にかんする選好関係を異時点にわたる(あるいは時間)選好関係(inter-temporal(or time)preference)と呼ぶ．

この選好関係 P が整合的であるためには，三つの消費径路 c, c', c'' について，c は c' より選好され，c' は c'' より選好されるときには必ず c は c'' より選好されるという条件がみたされていることが必要である．この条件は，一般に推移性(transitivity)と呼ばれ，記号化すれば，つぎのように表わされる．

(1)　$$cPc',\ c'Pc'' \Longrightarrow cPc''.$$

また，c が c' より選好されているときには，c' が c より選好されてはならない．すなわち，つぎの条件がみたされている．

(2)　$$cPc' \Longrightarrow \overline{c'Pc}.$$

また，図5-1での消費径路 $c=(c_t)$ と $c''=(c''_t)$ にみられるように，各時点 t で c_t の方が c''_t より大きいときには，c の方が c'' より選好されることも当然であろう．すなわち，

(3)　$$c > c'' \Longrightarrow cPc''.$$

時間選好 P については，さらに，つぎのようないわゆるconvexityの条件が要求される．この条件を定式化するために，まず，二つの消費径路 $c=(c_t)$ と $c'=(c'_t)$ とが与えられたとき，その加重平均 $c^\theta=(c_t^\theta)$ を，

(4)　$$c_t^\theta=(1-\theta)c_t+\theta c'_t,\quad 0<\theta<1$$

によって定義する．c^θ は c と c' のconvex結合とも呼ばれる．さて，時間選好 P がconvexであるというのは，二つの異なる消費径路 c, c' が無差別であるとすると(cIc')，その加重平均 c^θ はかならず c, c' のどちらよりも選好されるという条件がみたされるときである．すなわち，

(5)　$$cIc',\ c \neq c' \Longrightarrow c^\theta Pc,\ c^\theta Pc'.$$

このconvexityの条件は，消費者行動の純粋理論で，無差別曲線が原点に対して凸であるという条件を一般化したものである．

さらに，時間選好 P にかんして，連続性，微分可能性といった数学的な条件がみたされていることを前提とする．しかし，ここでは，このような数学的条件についてはいちいちふれないが，適当な前提を設けることによって，以下の所論はすべて数学的厳密性を保つことができるものである．

以上，家計の主体的価値判断が(1)-(5)という条件をみたすような時間選好 P に要約されるということを説明した．しかしRamsey(1928)，Koopmans(1965)，Cass(1965)などによって展開された最適経済成長の理論では，価値基準はもっと具体的ないわゆる効用積分によって表わされるという前提のもとで分析が進められている．各時点 t での消費 c_t の効用が可測であるとし，$u(c_t)$ によって表わされるとする．また，将来の効用を現時点の効用と比較するために使われる割引率 β が一定であるとすれば，効用積分は，

(6)　$$U(c)=\int_0^\infty u(c_t)e^{-\beta t}dt$$

で与えられる．

この効用積分の大小によって，時間選好関係 P を定義することができる．

(7)　$$cPc' \Longleftrightarrow U(c)>U(c').$$

限界効用が正で（$u'>0$），かつ逓減的（$u''<0$）であるとすれば，(7)式によって定義される P は上にあげた条件(1)-(5)をすべてみたしている．

このような意味で，時間選好という概念は，Ramsey-Koopmans-Cassの効用積分の一般化であるとみなすことができる．しかし，効用積分については，直接，消費者の主観的価値基準と関連させることはできない．また，効用関数 $u(c)$ またはその割引率 β などについて適切な説明を与えることは可能であっても，このような効用積分にもとづいて得られる消費者の行動様式を一般化することは困難であろう．

限界時間選好率の概念

時間選好関係 P の構造を明示するために，限界代替率(marginal rate of substitution)あるいは，限界時間選好率(marginal rate of time preference)という概念を導入しよう．これは，現在の消費が限界的な1単位だけ減少したときに将来の消費がどれだけ増加しなければ，前と同じ選好状態を保ちえないかという関係を表わすものである．もし，現在および将来の消費がそれぞれ一時点のみでおこなわれるとすれば，消費径路は（c_0, c_1）のように現在の消費 c_0 と将来の消費 c_1 によって特徴づけられる．たとえば図5-2における点 $A=(c_0, c_1)$ によって消費径路が与えられ，選好関係は A を通る無差別曲線によって表わされる．選好関係がconvexであるというのは，無差別曲線が原点に対してconvexであることに帰着される．限界代替率は A 点における無差別曲線の接線の勾配によって与えられ，限界時間選好率はそれから1を引いたものとして定義される．

$$限界時間選好率 = 限界代替率 - 1.$$

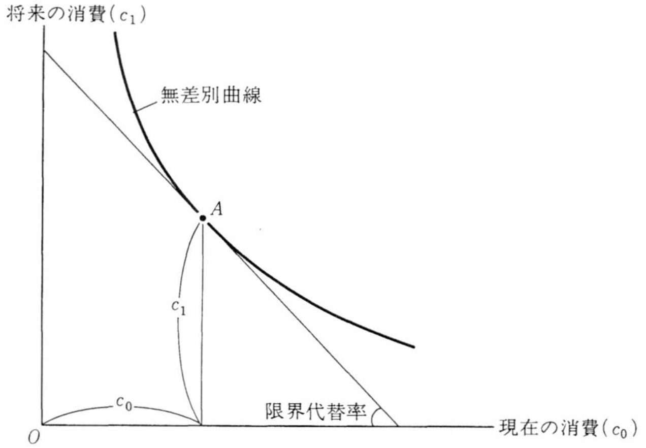

図5-2 消費が2時点でなされるときの限界代替率

限界代替率と時間選好率

時間選好 P についてもっとも基本的な概念である限界代替率は，現時点での消費が限界的な1単位だけ減少したとき，将来の消費がどれだけ増加しなければ，前と同じ選好状態を保ちえないか，という関係を表わすものである．この限界代替率という概念については第1章で説明したが，消費が連続的におこなわれる場合には，その定義は厳密な形で与えることは容易ではない．そこで，多少冗長のきらいはあるが，まず2時点 t, τ にかんする限界代替率 $M(t, \tau)$ の定義から始めよう．そのために，t, τ 時点からはじまる微小期間 $[t, t+\varDelta t], [\tau, \tau+\varDelta t]$ を考える．期間の長さはともに $\varDelta t$ であるとする．いま，第1期間 $[t, t+\varDelta t]$ で消費が $\varDelta c$ だけ減少したとき，第2期間 $[\tau, \tau+\varDelta t]$ で消費が $\varDelta c'$ だけ増加すれば前と同じ選好状態を保つことができるとする．すなわち，はじめの消費径路が $c=(c_s)$ であるとき，

(8)
$$c'_s = \begin{cases} c_s, & s\text{ が第1期にも第2期にも属してないとき，} \\ c_s - \varDelta c, & t \leqq s \leqq t+\varDelta t, \\ c_s + \varDelta c', & \tau \leqq s \leqq \tau+\varDelta t \end{cases}$$

によって新しく定義された径路を $c'=(c'_s)$ とすると，c と c' とが無差別 (cIc') となるように $\varDelta c'$ が選ばれているわけである．このとき，$\varDelta c'/\varDelta c$ は第1期間と第2期間との代替率を表わす．この代替率 $\varDelta c'/\varDelta c$ の極限 $\lim_{\varDelta c\to 0}\varDelta c'/\varDelta c$ によって限界代替率が求められ，さらに $\varDelta t\to 0$ のときの極限をとって，2時点間の限界代替率 $M(t, \tau)$ が定義される[図5-3]．

(9)
$$M(t, \tau) = \lim_{\varDelta t\to 0}\lim_{\varDelta c\to 0}\frac{\varDelta c'}{\varDelta c}.$$

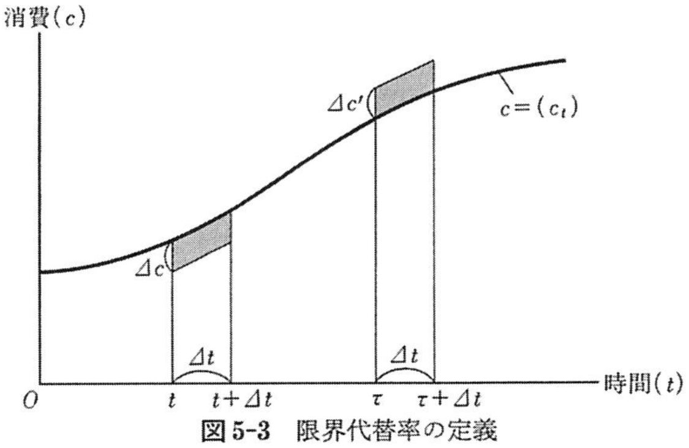

図5-3　限界代替率の定義

このようにして定義された限界代替率 $M(t, \tau)$ は，通常の消費理論における概念と直接的に対応するものである．以下，$M(t, \tau)$ が常に一意的に定まるような消費径路およびそれにかんする時間選好のみを考察の対象とするが，さらに消費径路 $c=(c_t)$ にわずかな変化のあったと

きには，$M(t,\tau)$ もわずかに変化する(連続性!)という仮定を設けることとする．

限界代替率 $M(t,\tau)$ にかんして，つぎのような性質がみたされることは明白であろう．

(10) $$M(t,t)=1,$$

(11) $$M(t,\tau)M(\tau,v)=M(t,v).$$

さて，Irving Fisher の時間選好率(rate of time preference)は，限界代替率 $M(t,\tau)$ の変化率として定義される．すなわち，時点 t における時間選好率を $\delta(t)$ とすれば，

(12) $$\delta(t)=\frac{1}{M(t,\tau)}\frac{\partial M(t,\tau)}{\partial\tau}\bigg|_{\tau=t}.$$

時間選好率の(12)式による定義は，瞬間的利子率のそれとの対比により明白であろう．右辺の偏微分はじつは，(11)の性質により，t に無関係な量となる．たとえば，

$$m(t,\tau)=\log M(t,\tau)$$

とすれば，(11)はつぎのように変形される．

$$m(t,\tau)+m(\tau,v)=m(t,v).$$

したがって，

$$m(t,\tau+\varDelta t)-m(t,\tau)=m(\tau+\varDelta\tau,\tau)$$

となって，(12)式の右辺の偏微分は t には無関係となる．

$$\delta(t)=\frac{\partial m(t,\tau)}{\partial\tau}\bigg|_{\tau=t}.$$

この式は，限界代替率 $M(t,\tau)$ あるいは $m(t,\tau)$ から時間選好率 $\delta(t)$ を導きだす関係を与えるものであるが，逆に限界代替率は，時間選好率 $\delta(t)$ からつぎのようにして求められることが簡単な計算によってわかる．

(13) $$m(t,\tau)=\int_t^\tau\delta(v)\,dv,$$

(14) $$M(t,\tau)=e^{\int_t^\tau\delta(v)dv}.$$

Ramsey 型の時間選好関係

Ramsey-Koopmans-Cass の最適成長論は効用積分(6)にもとづいて展開されていることについては上にもふれた．このような Ramsey 型の時間選好関係については，Fisher の時間選好率 $\delta(t)$ は簡単に計算することができ，つぎのような式によって与えられる．

(15) $$\delta(t)=\beta-\frac{u''(c_t)c_t}{u'(c_t)}\frac{\dot{c}_t}{c_t},$$

ただし，β は(6)における効用の割引率，$\dot{c}_t/c_t$ は消費の変化率である．(15)式の右辺における $\dot{c}_t/c_t$ の係数は，限界効用 $u'(c_t)$ の弾性率(elasticity)にほかならない．一般に $\eta_t=\eta(c_t)$ で表わす．

$$\eta_t(c_t) = -\frac{u''(c_t)c_t}{u'(c_t)}.$$

上の(15)式は，通常 Ramsey-Keynes の公式と呼ばれるものであるが，前項に導入した時間選好率の定義の意味を明確にするために，以下その証明を略述しよう．

Δc を第1期 $[t, t+\Delta t]$ における消費の減分，$\Delta c'$ をそれを compensate する第2期 $[\tau, \tau+\Delta t]$ における消費の増分とすれば，Ramsey 積分(6)の値は，図5-3に表示された二つの消費径路について等しくなければならない．$[t, t+\Delta t]$ および $[\tau, \tau+\Delta t]$ 以外における消費になんら変化はないのであるから，$\Delta c'$ が Δc を compensate するためにはつぎのような関係がみたされなければならない．

$$\int_t^{t+\Delta t}[u(c_v)-u(c_v-\Delta c)]e^{-\beta v}dv = \int_\tau^{\tau+\Delta t}[u(c_v+\Delta c')-u(c_v)]e^{-\beta v}dv.$$

この式の両辺を Δc で割り，右辺を適当に変形すれば，

$$\int_t^{t+\Delta t}\frac{u(c_v)-u(c_v-\Delta c)}{\Delta c}e^{-\beta v}dv = \left(\frac{\Delta c'}{\Delta c}\right)\int_\tau^{t+\Delta t}\frac{u(c_v+\Delta c')-u(c_v)}{\Delta c'}e^{-\beta v}dv.$$

$\Delta c \to 0$ のときの両辺の極限をとれば，

$$\int_t^{t+\Delta t}u'(c_v)e^{-\beta v}dv = \left(\lim_{\Delta c\to 0}\frac{\Delta c'}{\Delta c}\right)\int_\tau^{\tau+\Delta t}u'(c_v)e^{-\beta v}dv.$$

さらにこの式の両辺を Δt で割り，$\Delta t \to 0$ のときの極限を求めれば，

$$u'(c_t)e^{-\beta t} = \left(\lim_{\Delta t\to 0}\lim_{\Delta c\to 0}\frac{\Delta c'}{\Delta c}\right)u'(c_\tau)e^{-\beta\tau}.$$

すなわち，限界代替率 $M(t, \tau)$ の定義(9)式により，

$$M(t, \tau) = \frac{u'(c_t)}{u'(c_\tau)}e^{\beta(\tau-t)},$$

あるいは，

$$m(t, \tau) = \beta(\tau-t)+\log u'(c_t)-\log u'(c_\tau).$$

したがって，時間選好率 $\delta(t)$ は，この式を τ について微分し，$\tau=t$ と置くことにより，Ramsey-Keynes の公式(15)が成立することが証明される．

(15)式より検証されるように，Ramsey 型の時間選好関係については，時点 t における時間選好率 $\delta(t)$ は，その時点における消費水準 c_t ならびにその変化率 $\dot{c}_t/c_t$ によって一意的に定められる．一般の時間選好関係に対しては，このような性質はみたされず，時点 t における時間選好率は，時点 t での消費水準 c_t またはその変化率 $\dot{c}_t/c_t$ のみならず，他の時点における消費水準，さらには消費径路全体の形に依存する．しかしながら，以下考察するように，いわゆる分離的な(separable)時間選好関係については，Ramsey 型のもつこの性質は保証されている．

分離的な時間選好関係

時間選好関係が分離的であるというのは，2時点間の限界代替率 $M(t, \tau)$ が，t から τ までの消費のパターンにのみ依存し，t 以前または τ 以後の消費水準には無関係であるときをいう．(6)式によって与えられる Ramsey 型の時間選好関係は分離的であることは明白である．分離的な時間選好関係は必ずしも Ramsey 型に限られるものではないことは容易に推定できるところであろう．

一般的な時間選好関係が分離的であり，限界代替率 $M(t, \tau)$ が消費径路の変化に対して連続的であるとすれば，Fisher の時間選好率 $\delta(t)$ がその時点における消費水準 c_t とその変化率 $\dot{c}_t/c_t$ のみに依存することは，Franklin Mills(1969)によって厳密に数学的な証明が与えられた．ここでは，ミルズの証明を略述して，あわせて分離性の意味を明確にすることを試みてみよう．

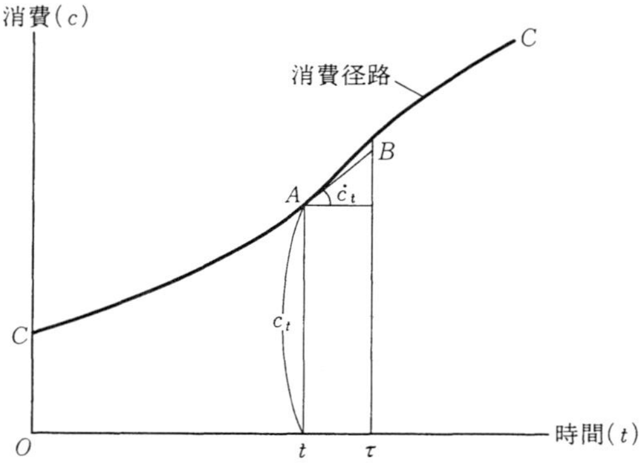

図 5-4 分離的な時間選好関係についての限界代替率

図 5-4 における CC 曲線によって表示されるような消費径路 $c=(c_v)$ について，その限界代替率 $M(t, \tau)$ をまず考えよう．消費径路 $c=(c_v)$ を，期間 $[t, \tau]$ のみについて，図 5-4 の AB のように代えたものを $c'=(c'_v)$ とする．AB は時点 t においての消費水準を c_t として，$\dot{c}_t$ の増加率で時点 τ まで続いてゆくものである．すなわち，

$$\begin{cases} c'_v = c_t + \dot{c}_t(v-t), & t \leqq v \leqq \tau, \\ c'_v = c_v, & v < t \quad \text{あるいは} \quad v > \tau. \end{cases}$$

新しい消費径路 $c'=(c'_v)$ にかんする限界代替率を $M'(t, \tau)$ とすれば，τ が t に近づくにつれて，$M'(t, \tau)$ が $M(t, \tau)$ に収斂するだけでなく，その偏微分 $\partial M'(t, \tau)/\partial\tau$ もまた $\partial M(t, \tau)/\partial\tau$ に収斂することが容易に証明される．一方，分離性の仮定によって，$M'(t, \tau)$ は消費径路 $c'=(c'_v)$ の $[t, \tau]$ についての形だけによって定まってくる．したがって，$M'(t, \tau)$ は c_t, $\dot{c}_t/c_t$ の

みに依存し，その偏微分 $\partial M'(t,\tau)/\partial\tau$ の極限として定義される時間選好率 δ'_t もまた $c_t, \dot{c}_t/c_t$ のみによって定まる．上に見たように，消費径路 $c'=(c'_v)$ の t における時間選好率 δ'_t は，最初の径路 $c=(c_v)$ の δ_t に等しくなるはずであるから，δ_t もまた $c_t, \dot{c}_t/c_t$ のみの関数であることが検証される．

Mills の命題は分離的な時間選好にかんするもっとも基本的なものであって，以下の所論はこの命題に依存している点が大きい．

さて，時間選好 P が分離的であるとともに不変的であるとする．すなわち，任意の時点 t からの消費径路にかんする時間選好は，初期時点0での時間選好とまったく一致するとする．このとき，Mills の命題によって，t 時点での時間選好率 δ_t については，

$$\delta_t = \delta\left(c_t, \frac{\dot{c}_t}{c_t}\right) \tag{16}$$

という関数関係が成立する．この関数 $\delta\left(c, \frac{\dot{c}}{c}\right)$ を便宜上 Fisher-Mills 関数あるいは曲線と呼ぶことにすれば，Fisher-Mills 関数によって時間選好 P の構造は完全に特徴づけられる．

時間選好 P がさらに homothetic であるとする．すなわち，ある二つの消費径路 c, c' に対して cPc' であるときには，常に $\lambda cP\lambda c'$ (ただし $\lambda>0$) が成立する．このときには，限界代替率 $M(t,\tau)$ は消費径路 $c=(c_t)$ のスケールには依存しないで，相対的な大きさのみで決定される．したがって，時間選好率 δ_t は消費水準 c_t には無関係となり，その変化率 $\dot{c}_t/c_t$ のみの関数となる．

$$\delta_i = \delta(\dot{c}_t/c_t) \tag{17}$$

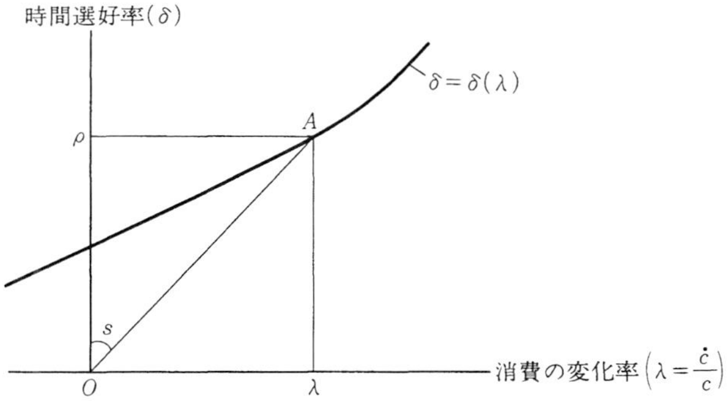

図5-5　homothetic な場合の Fisher-Mills 曲線

このような homothetic な時間選好 P にかんする Fisher-Mills 関数は，例えば図5-5に示されているような曲線によって表わされる．この曲線 $\delta(\dot{c}/c)$ は右上がりの曲線であるが，さらに，その勾配は1よりも低いことを一般に仮定しても差し支えないであろう．すなわち，消費の変化率 $\dot{c}/c$ が1% ふえても，それに対応する時間選好率 δ の上昇は1% 以下である．

$$0 < \delta'(\dot{c}/c) < 1.$$

貯蓄関数

代表的家計が，前項までに説明したような時間選好 P に要約されるような主体的価値基準をもっているときに，その所得をどのようにして消費と貯蓄に配分したらよいかという問題を考えてみよう．すなわち．個々の経済主体が合理的な行動をするという前提を設けたときに，消費関数および貯蓄関数はどのような形をもち，どのような性質をもっているかという問題を考察しようとするのである．

この問題は，家計がきわめて一般的な構造をもった時間選好 P を基準としている場合に解くことが可能であるが，差し当たって，まず，P が分離的で homothetic であるようなケースを考察してみる．Mills の命題によって，時間選好 P は(17)によって与えられる Fisher-Mills 曲線によって特徴づけられる．

さて問題を単純化するために，家計の保有することのできる資産は1種類であり，たとえば一定の利率をもつ銀行預金であるとする．現時点 $(t=0)$ での資産保有額は A_0 円であり，労働賃金は W_0 円であるとする．銀行預金利子率を i とすれば，収入は，

$$W_0+iA_0$$

によって与えられる．この収入の一部は消費支出(C_0 円)に当てられ，残りは預金残高の増加——貯蓄——($\dot{A}_0$ 円)に向けられる．

$$C_0+\dot{A}_0 = W_0+iA_0.$$

いま，0時点における消費財の価格を P_0 とすれば，実質消費 c_0 は $c_0=C_0/P_0$ によって与えられる．

ここで家計の解かなければならない問題は，現時点での所得 $Y_0 = W_0+iA_0$ を消費支出 C_0 と貯蓄 $\dot{A}_0$ とにどのように配分すればよいかということである．しかし，現時点での貯蓄 $\dot{A}_0$ は将来の所得に影響を与え，結局，将来可能な消費径路にも影響を及ぼす．したがって，主体的な価値基準，あるいは時間選好に照らしてもっとも望ましい消費径路を得るようにするためには，現在の消費，貯蓄の決定をおこなうに当たっては，将来可能な消費径路をも考慮に入れなければならない．そこで，W_t を将来の時点 t で期待される賃金とし，C_t および $\dot{A}_t$ を計画消費支出と貯蓄とし，A_t を計画預金残高とする．t 時点で期待される所得 Y_t は，

$$Y_t = W_t+iA_t$$

となり，予算制約式は，

$$C_t+\dot{A}_t = Y_t \tag{18}$$

である．

いま，将来の時点 t の消費財の期待価格を P_t とすれば，実質消費は $c_t=C_t/P_t$ である．実質

賃金，実質預金残高をそれぞれ w_t, a_t とすると，

$$w_t = \frac{W_t}{P_t}, \quad a_t = \frac{A_t}{P_t}$$

である．予算制約式(18)の両辺を P_t で割れば，

$$c_t + \frac{\dot{A}_t}{P_t} = w_t + ia_t \tag{19}$$

となる．

さて，期待価格 P_t の上昇率を $\pi_t = \dot{P}_t/P_t$ で記せば，実質預金残高 a_t の増加 $\dot{a}_t$ はつぎのように計算される．

$$\dot{a}_t = \frac{\dot{A}_t}{P_t} - \pi_t a_t.$$

したがって，予算制約式(19)の両辺から実質預金残高 a_t の減耗分 $\pi_t a_t$ を引けば，つぎの式が得られる．

$$c_t + \dot{a}_t = w_t + (i - \pi_t) a_t. \tag{20}$$

預金利子率 i は nominal rate of interest であるから，それから物価の期待上昇率 π_t を引いた率 $i - \pi_t$ は，t 時点での(期待)実質利子率 (real rate of interest) である．実質利子率を ρ で表わせば，

$$\rho_t = i - \pi_t$$

であり，実質所得(real income) y_t は，

$$y_t = w_t + \rho_t a_t \tag{21}$$

で与えられる．また，予算制約式(20)は，

$$c_t + \dot{a}_t = y_t \tag{22}$$

となり，$c_t, \dot{a}_t$ はそれぞれ計画された実質消費，実質貯蓄である．

(21), (22)式はまたつぎのようにも書き表わすことができる．

$$\dot{a}_t - \rho_t a_t = w_t - c_t.$$

この式の両辺に $\exp\left[-\int_0^t \rho_\tau d\tau\right]$ をかけ，積分すれば，

$$a_t e^{-\int_0^t \rho_\tau d\tau}\Big|_0^\infty = \int_0^\infty (w_t - c_t) e^{-\int_0^t \rho_\tau d\tau} dt.$$

いま，預金残高は長期的に負になることは許されないとすれば，この式から，

$$-a_0 \leqq \int_0^\infty (w_t - c_t) e^{-\int_0^t \rho_\tau d\tau} dt,$$

すなわち，

$$\int_0^\infty c_t e^{-\int_0^t \rho_\tau d\tau} dt \leqq a_0 + \int_0^\infty w_t e^{-\int_0^t \rho_\tau d\tau} dt. \tag{23}$$

この式の右辺は，現時点における実質預金残高 a_0 と将来の期待実質賃金 w_t を割引率 ρ_t で

割り引いた現在価値との和である．一方，左辺は計画消費 (c_t) の現在価値を示している．

限界変換率(Marginal Rate of Transformation)

このような実現可能な消費計画 (c_τ) のうち，経済主体のもっている時間選好関係を基準として，最適な計画を求めるというのが差し当たっての問題である．一般的な最適問題の場合と同様に，最適な消費径路においては，限界代替率と限界変換率とは必ず等しくなっていなければならない．そこでまず，ここに与えられているような動学的な条件のもとでは限界変換率(marginal rate of transformation)という概念については，限界代替率と同様に，明確な規定をする必要があるであろう．

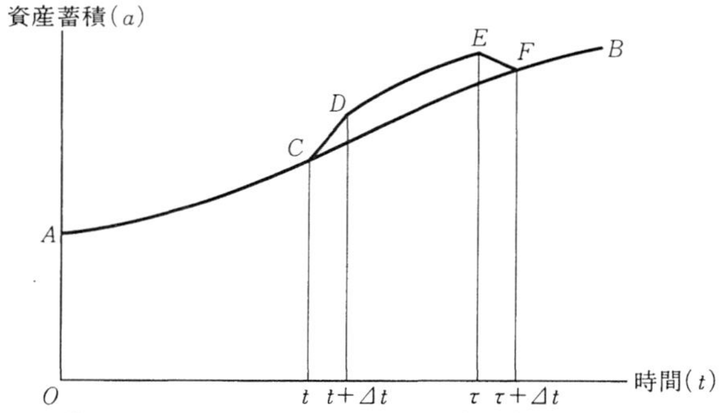

図 5-6 第1期における消費の減少による第2期の資産蓄積の増加

ある消費径路 $c=(c_\tau)$ が実現可能(feasible)，すなわち，資産蓄積の方程式(22)を初期条件 v_0 についてみたしているとし，それに対応する資産蓄積径路 (a_τ) をたとえば図5-6における曲線 AB によって表わせるとしよう．異なる2時点 t, τ についての限界変換率 $N(t, \tau)$ を定義するために，時点 t, τ に始まる長さ Δt の期間 $[t, t+\Delta t]$ および $[\tau, \tau+\Delta t]$ を考え，それぞれ第1期，第2期と呼ぶことにする．第1期において，消費水準が Δc だけ減少したとすれば，資産蓄積径路は $[t, t+\Delta t]$ において，CD のように前より高くなる．さて，第1期と第2期との中間 $[t+\Delta t, \tau]$ では，消費水準は前と変わらないものとし，第2期において，$\tau+\Delta t$ における資産量を前と同じように保つように消費水準を上げるとする．第2期におけるこのような消費の増分を $\Delta c'$ とする．すなわち，第1期に消費水準が Δc だけ減少し，第2期に $\Delta c'$ だけ増加したとき，資産蓄積径路は，t および $\tau+\Delta t$ においては前と同じ状態であるとする．このとき，第1期の消費の減少 Δc によって，資産蓄積が高まり，第2期の消費を $\Delta c'$ だけ増加させることが可能であり，$\Delta c'/\Delta c$ は(22)式によって規定される動学的蓄積過程にかんする変換率を与えるものである．この変換率 $\Delta c'/\Delta c$ の $\Delta c\to 0$ における極限が第1期 $[t, t+\Delta t]$ と第2期 $[\tau, \tau+\Delta t]$ との間における限界変換率であり，さらに，その $\Delta t\to 0$ のときにおける極限を，2

時点 t, τ の間での限界変換率 $N(t, \tau)$ と定義することができる．

(24) $$N(t, \tau) = \lim_{\Delta t \to 0} \lim_{\Delta c \to 0} \frac{\Delta c'}{\Delta c}.$$

このようにして定義された限界変換率 $N(t, \tau)$ は，上に導入した限界代替率 $M(t, \tau)$ に正確に対応する概念である．時点 t における瞬時的な限界変換率(たんに限界変換率と呼ぶ) $r(t)$ あるいは r_t は，2時点間の限界変換率 $N(t, \tau)$ の変化率として定義されることも，代替率の場合と同様である．

(25) $$r(t) = \frac{1}{N(t, \tau)} \frac{\partial N(t, \tau)}{\partial \tau}\bigg|_{\tau = t}.$$

さて，(22)式で表わされる動学過程については，限界変換率は簡単に計算することができて，各時点 t において，限界変換率 r_t はそのときの期待利子率 ρ_t に等しい．

(26) $$r_t = \rho_t.$$

この式を証明するために，まず(22)式を積分して，

(27) $$a_{\tau+\Delta t} = e^{\int_t^{\tau+\Delta t} \rho_s ds} \left[\int_t^{\tau+\Delta t} (w_s - c_s) e^{-\int_t^s \rho_\alpha d\alpha} ds + a_t \right].$$

第１期に消費が Δc だけ減少し，第２期に $\Delta c'$ だけ増加したとき $\tau + \Delta t$ における資産は前と同じ $a_{\tau+\Delta t}$ であるから，新しい資産蓄積径路についても(27)式と同じような関係が成立する．両者は $[t, t+\Delta t]$ と $[\tau, \tau+\Delta t]$ とのみで相違があるから，その２期間のみに注目して，つぎのような式を得ることができる．

$$\int_t^{t+\Delta t} (w_s - c_s) e^{-\int_t^s \rho_\alpha d\alpha} ds + \int_\tau^{\tau+\Delta t} (w_s - c_s) e^{-\int_t^s \rho_\alpha d\alpha} ds$$
$$= \int_t^{t+\Delta t} (w_s - c_s + \Delta c) e^{-\int_t^s \rho_\alpha d\alpha} ds + \int_\tau^{\tau+\Delta t} (w_s - c_s - \Delta c') e^{-\int_t^s \rho_\alpha d\alpha} ds.$$

したがって，

$$\Delta c \int_t^{t+\Delta t} e^{-\int_t^s \rho_\alpha d\alpha} ds = \Delta c' \int_\tau^{\tau+\Delta t} e^{-\int_t^s \rho_\alpha d\alpha} ds.$$

限界変換率 $N(t, \tau)$ については，

$$N(t, \tau) = \lim_{\Delta t \to 0} \lim_{\Delta c \to 0} \frac{\Delta c'}{\Delta c}$$
$$= \lim_{\Delta t \to 0} \frac{\dfrac{1}{\Delta t} \displaystyle\int_t^{t+\Delta t} e^{-\int_t^s \rho_\alpha d\alpha} ds}{\dfrac{1}{\Delta t} \displaystyle\int_\tau^{\tau+\Delta t} e^{-\int_t^s \rho_\alpha d\alpha} ds}$$
$$= e^{\int_t^\tau \rho_\alpha d\alpha}.$$

すなわち，

$$\log N(t, \tau) = \int_t^\tau \rho_\alpha d\alpha.$$

時点 t における限界変換率 r_t は，

$$r_t = \frac{\partial \log N(t, \tau)}{\partial \tau}\bigg|_{\tau=t} = \rho_t. \tag{28}$$

貯蓄性向

さて，初期時点で与えられた資産 v_0 から出発して将来における期待実質賃金率 w_τ と利子率 ρ_τ のもとでの最適消費径路 (c_t) は，蓄積過程(22)式をみたし，かつ各時点において限界変換率と時間選好率とが等しくなることが必要である．すなわち，(28)の関係が，すべての時点 t について成立しなければならない．最適消費径路 (c_t) はさらに，各時点での実質所得 y_t が負になってはならないという条件を考慮することによって一般には一意的に決定される．このようにして求まる最適消費径路の構造について詳論するために，将来の期待実質賃金率 w_τ および利子率 ρ_τ はともに一定であり，時間 τ には依存しないという仮定を設ける．すなわち，

$$w_\tau = w, \quad \rho_\tau = \rho.$$

このとき，動学的過程(22)式は，所得のみについての式に帰着させることができる．

$$\dot{y}_t = \rho(y_t - c_t), \tag{29}$$

ただし，

$$y_t = w + \rho a_t$$

であって，初期時点 0 における実質所得は $y_0 = w + \rho a_0$ によって与えられ，各時点 t において所得 y_t が負になることはありえないとする．最適消費径路 (c_t) は，各時点 t において，時間選好率 δ_t が限界変換率 r_t，すなわち期待利子率 ρ に等しくなければならない．他方，時間選好率 δ_t は前項までの所論によれば，時点 t における消費水準 c_t とその変化率 $\dot{c}_t/c_t$ との関数である．したがって，最適消費径路 (c_t) については，つぎの条件が各時点 t においてみたされなければならない．

$$\delta\left(c_t, \frac{\dot{c}_t}{c_t}\right) = \rho. \tag{30}$$

ただし，$\delta(c, \dot{c}/c)$ は前項で導入した Fisher-Mills の時間選好関数である．(30)式をみたすような消費径路 (c_t) の構造を調べるために，Fisher-Mills 関数 $\delta(c, \dot{c}/c)$ について二つの場合を考察する必要がある．まずはじめに，時間選好が homothetic であり，したがって Fisher-Mills 関数は $\dot{c}/c$ のみの関数となる第 1 の場合と，つぎに一般的な場合として，$\delta(c, \dot{c}/c)$ が c の増加関数である第 2 の場合とに区別して考えよう．

ケース I　Fisher-Mills 関数が $\dot{c}/c$ のみの関数である場合．

$$\delta = \delta\left(\frac{\dot{c}}{c}\right). \tag{31}$$

この場合，最適条件(30)は，

$$\delta\left(\frac{\dot{c}_t}{c_t}\right) = \rho$$

となり，消費水準の変化率 $\dot{c}_t/c_t$ は時間には無関係な水準に一意的に定まる．すなわち，$\lambda = \dot{c}/c$ をそれに対応する時間選好率が期待利子率 ρ に等しいような消費水準の変化率とする．

(32) $$\delta(\lambda) = \rho.$$

図5-5に示されているように，λ は Fisher 曲線上で縦軸が利子率 ρ になる点 A を求めることによって定まる．したがって，最適消費径路 (c_t) についてはその消費水準の増加率 $\dot{c}_t/c_t$ は必ず(32)式によって定まる率 λ に等しくなければならない．しかしながら，増加率が λ であるような消費径路は無数にあるわけで，そのなかから最適径路を求めるために，新しく平均消費性向(average propensity to consume) x_t を独立変数として考えてみる．すなわち，

(33) $$x_t = \frac{c_t}{y_t}$$

と定義し，対数的に時間 t について微分すれば，

(34) $$\frac{\dot{x}_t}{x_t} = \frac{\dot{c}_t}{c_t} - \frac{\dot{y}_t}{y_t}.$$

最適径路については，

$$\frac{\dot{c}_t}{c_t} = \lambda.$$

また，動学条件(29)を書き直して，

(35) $$\frac{\dot{y}_t}{y_t} = \rho(1 - x_t).$$

したがって，(34)式は，

(36) $$\frac{\dot{x}_t}{x_t} = \lambda - \rho(1 - x_t).$$

最適径路に対応する実質所得 y_t と平均消費性向 x_t とは，(35)，(36)の2式によって与えられる動学過程をみたさなければならない．(35)，(36)式の解 (y_t, x_t) の構造はつぎのような phase diagram によって簡単に分析される．y と x とをそれぞれ横軸，縦軸にとった図5-7の diagram で，$\dot{y}_t = 0$ および $\dot{x}_t = 0$ に対応する曲線を考える．まず，$\dot{y}_t = 0$ となるためには(35)式から明らかなように $x_t = 1$ であることが必要かつ十分である．したがって $\dot{y}_t = 0$ に対応する曲線はじつは，AA' のような y 軸に平行な直線となる．他方，$\dot{x}_t = 0$ であるためには，(36)式より，

(37) $$x_t = 1 - \frac{\lambda}{\rho}$$

であることが必要であり，$\dot{x}_t = 0$ に対応する曲線は BB' 直線によって与えられる．

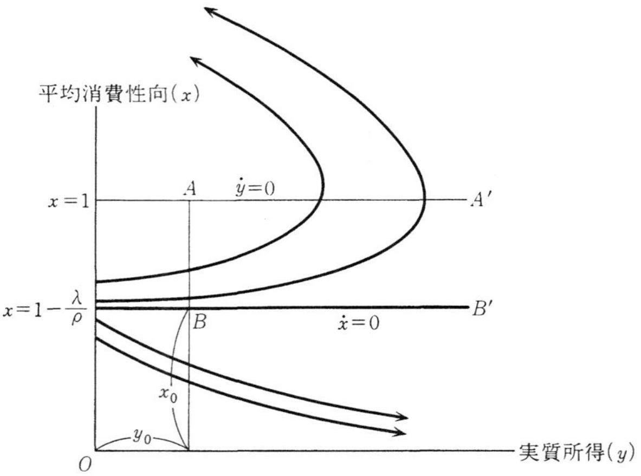

図 5-7　最適平均消費性向の決定

直線 AA' の上方では $\dot{y}<0$ であり，またその下方では $\dot{y}>0$ である．$\dot{x}$ については，直線 BB' の上方で $\dot{x}>0$，下方で $\dot{x}<0$ となる．したがって(35)，(36)式の解は一般には図 5-7 における曲線群によって表わせる．とくに，直線 AA' の上では，解は AA' に一致する．すなわち，初期において，平均消費性向 x が 1 に等しいとすれば，(35)，(36)式をみたすような解 (y_t, x_t) については，$x_t=1$ かつ y_t は増加しつづける．

初期の時点 0 において実質所得 y_0 が与えられているとき，もしその時点での平均消費性向 x_0 が $1-\lambda/\rho$ より大きく，すなわち，BB' 直線の上方から出発したとすれば，(35)，(36)式をみたす解については，資産 a_t は必ず負の値をとらざるをえなくなって，それに対応する消費径路は実現可能ではなくなる．また，x_0 が $1-\lambda/\rho$ よりも小さいとすれば，(y_t, x_t) は BB' 直線の下方から出発することになり，しかも消費水準の増加率は λ である．したがって，そのような蓄積径路に対応する消費径路は，直線 BB' に対応する径路に比べて，各時点においての消費水準がより低くなっていることがわかる．すなわち，このような蓄積径路は BB' によって dominate される．

以上を要約すれば，最適蓄積条件(35)，(36)をみたすような径路は，実現可能でないか，または BB' によって dominate される．したがって，最適径路は BB' に対応するもの，すなわち，平均消費性向 x_t が常に $1-\lambda/\rho$ に等しいような径路に限られることが証明されたわけである．

$$x_t = 1-\frac{\lambda}{\rho}.$$

最適資産蓄積径路は，結局，つぎのようにして求められる．まず，消費水準の最適増加率 λ を，

$$\delta(\lambda) = \rho$$

によって，対応する時間選好率が期待利子率 ρ に等しくなる．

つぎに，最適消費性向 x および最適貯蓄性向 s は，それぞれ，

$$x = 1-\frac{\lambda}{\rho},$$

$$s = 1-x = \frac{\lambda}{\rho}$$

の式によって求められる．対応する最適消費径路は，初期消費水準 c_0

(38)　$$c_0 = xy_0 = (1-s)\,y_0$$

から増加率 λ によって一意的に定まってくる．

このようにして，計画消費径路およびそれを可能にする蓄積径路が決定された．しかしながら，各世帯が将来の消費および蓄積径路を求めたのは，あくまでも現在の消費および貯蓄についての決定のためであって，ここで問題となるのは，上のようにして求まる現在の消費水準(38)あるいはそれに対応する貯蓄水準である．

図5-5に明示されているように，期待利子率 ρ に対応する最適(平均)貯蓄性向 s は，OA と縦軸との角度の勾配によって定まる．したがって，最適貯蓄性向 s は利子率 ρ のみの関数となり，実質所得 y には依存しない：$s=s(\rho)$.

さらに図5-5から推論されるように，利子率 ρ の増加とともに，最適貯蓄性向 $s(\rho)$ は必ずしも増大しない．最適貯蓄性向がゼロになるような利子率を $\hat{\rho}$ とするとき，期待利子率 ρ が $\hat{\rho}$ に近いときには，$s(\rho)$ は ρ の増加関数であるが，利子率 ρ がふえるにつれて，ある水準を超えたとき，$s(\rho)$ は結局減少しはじめることもある．

ここに求められた消費および貯蓄関数はつぎのような形になる．

$$c(\rho, y) = [1-s(\rho)]y,$$

$$s(\rho, y) = s(\rho)\,y.$$

とくに，消費，貯蓄の所得弾性率はいずれも1である．

したがって，ある消費径路 $c=(c_t)$ が最適(optimum)であるためには，各時点 t で，

(39)　$$\delta(\dot{c}_t/c_t) = \rho_t$$

が成立しなければならない．

図5-8から明らかなように，(39)式をみたすような消費の増加率 $\dot{c}_t/c_t$ は一意的に決定される．それを λ_t とおけば，

$$\frac{\dot{c}_t}{c_t} = \lambda_t,\quad \delta(\lambda_t) = \delta_t.$$

現時点での計画消費を c_0 とすれば，

$$c_t = c_0{}^{\int_0^t \lambda_\tau d\tau}$$

となるから，

$$c_0\int_0^\infty e^{-\int_0^t(\rho_\tau-\lambda_\tau)d\tau}dt \leqq a_0+\int_0^\infty w_t e^{-\int_0^t\rho_\tau d\tau}dt. \tag{40}$$

したがって，最適な消費径路を実現させるためには(40)式が等式で成立するような消費 c_0 を選ぶ必要がある．

$$c_0=\frac{a_0+\int_0^\infty w_t e^{-\int_0^t\rho_\tau d\tau}dt}{\int_0^\infty e^{-\int_0^t(\rho_\tau-\lambda_\tau)d\tau}dt}. \tag{41}$$

この公式で，期待実質利子率 $\rho_t=i-\pi_t$ は価格の期待上昇率 π_t によって定められる．もし，価格の期待上昇率 π_t が時間 t に無関係な水準 π であるとすれば，期待実質利子率 ρ もまた t には無関係となる．

$$\rho=i-\pi.$$

最適消費径路 (c_t) の増加率 $\lambda=\dot{c}_t/c_t$ と t には依存しないで，

$$\frac{\dot{c}}{c}=\lambda,\ \ \delta(\lambda)=\rho$$

によって与えられる．

現時点の消費水準 c_0 を決定する公式(41)は簡単につぎのように書き表わされる．

$$c_0=(\rho-\lambda)\left[a_0+\int_0^\infty w_t e^{-\int_0^t\rho_\tau d\tau}dt\right].$$

期待利子率が ρ であるから，

$$\left[a_0+\int_0^\infty w_t e^{-\int_0^t\rho_\tau d\tau}dt\right]$$

から permanent に得られる所得 $\hat{y}_0$ は，

$$\hat{y}_0=\rho\left[a_0+\int_0^\infty w_t e^{-\int_0^t\rho_\tau d\tau}dt\right] \tag{42}$$

によって与えられる．(42)式で定義される所得 y_0 は通例恒常所得(permanent income)と呼ばれる概念に対応する．

この恒常所得 $\hat{y}_0$ によって，現時点の消費水準 c_0 は，

$$c_0=\left(1-\frac{\lambda}{\rho}\right)\hat{y}_0$$

となり，また貯蓄水準 $\dot{a}_0$ は，

$$\dot{a}_0=y_0-\left(1-\frac{\lambda}{\rho}\right)\hat{y}_0.$$

図 5-5 から明らかなように，λ/ρ は OA と δ-軸との勾配に等しくなる．いま，

$$s=s(\rho)=\frac{\lambda}{\rho}$$

と置けば，消費関数および貯蓄関数はつぎのように表わされる．

$$c_0 = (1-s)\,\hat{y}_0,$$

$$\dot{a}_0 = s\hat{y}_0 - (\hat{y}_0 - y_0).$$

いまかりに，実質賃金の期待上昇率 α が一定であるとする．すなわち，

$$\frac{\dot{w}_t}{w_t} = \alpha.$$

このときに，恒常所得 $\hat{y}_0$ を(42)式にしたがって計算すれば，

$$\hat{y}_0 = \rho a_0 + \frac{\rho}{\rho-\alpha} w_0.$$

したがって，恒常所得 $\hat{y}_0$ と現在の実質所得 y_0 との乖離は，

$$\hat{y}_0 - y_0 = \frac{\alpha}{\rho-\alpha} w_0$$

となり，実質賃金の期待上昇率 α が高ければ高いほど大きくなる．

とくに，期待実質賃金が一定である場合 ($\alpha=0$) については，恒常所得 $\hat{y}_0$ は実質所得 y_0 と一致する．そして消費関数，貯蓄関数はそれぞれつぎのような形となる．

$$c_0 = (1-s)\,y_0,$$

$$\dot{a}_0 = sy_0.$$

したがって，$s=s(\rho)$ は平均貯蓄性向である．図5-5から明白なように，平均貯蓄性向 $s=s(\rho)$ は期待実質利子率 ρ の上昇とともに上昇する．

以上，時間選好が分離的であり，かつ homothetic であるという前提のもとで，消費および貯蓄関数を導きだした．

ケース II　Fisher-Mills 関数が消費水準 c にも依存する場合．

Fisher-Mills 関数 $\delta(c, \dot{c}/c)$ のグラフを図5-8のように CC' で表わすとすれば，CC' の位置は消費水準 c に依存する．したがって，時間選好率 $\delta(c, \dot{c}/c)$ が利子率 ρ に等しくなるような消費の増加率 $\lambda=\dot{c}/c$ は消費水準 c の関数 $\lambda(c)$ として定まってくる．すなわち，

$$\delta(c, \lambda) = \rho$$

をみたすような λ を c の関数 $\lambda(c)$ であると考える．もし，$\delta(c, \lambda)$ が c の増加関数であるとすれば，c の上昇にともなって CC' 曲線は上方にシフトして，最適増加率 λ は減少する．すなわち，$\lambda(c)$ は c の減少関数である．とくに最適増加率 $\lambda(c)$ が0であるような消費水準 c^* は一意的に定まる．

(43)
$$\lambda(c^*) = 0.$$

さて，最適消費径路 c_t とそれに対応する所得径路 y_t はつぎの二つの動学的条件をみたさなければならない．

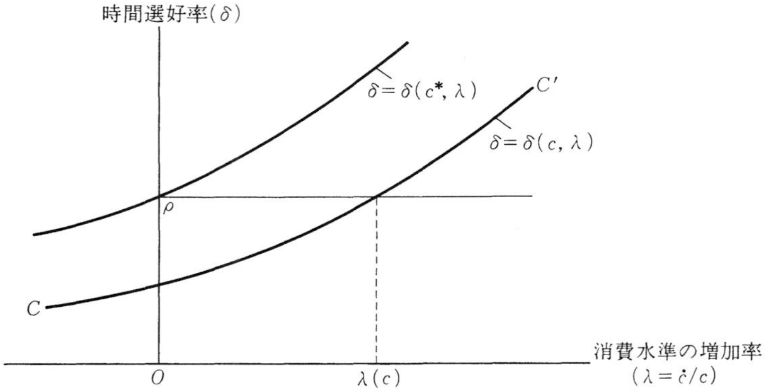

図 5-8　Fisher-Mills 曲線が消費水準(c)に依存する場合

$$(44)\qquad \begin{cases} \dot{y}_t = \rho(y_t - c_t), \\ \dfrac{\dot{c}_t}{c_t} = \lambda_t. \end{cases}$$

この動学体系(44)の解の構造は図 5-9 のような (y, c) にかんする phase diagram によって説明される.

まず, 所得 y が定常的であるための条件は消費 c が y に等しいこと, すなわち, 原点を通る 45 度線上に (c, y) があることを意味する. 45 度線の上方では当然 $\dot{y}<0$ であり, 所得 y は減少する方向に動き, その下方で y は増加する傾向にある. 他方, 消費水準 c が定常的であるためには, 上に説明したように c が(43)式によって求められる水準 c^* に等しい場合に限る. すなわち, $\dot{c}=0$ に対応する (c, y) は $c=c^*$ という直線上になければならない. その上方におい

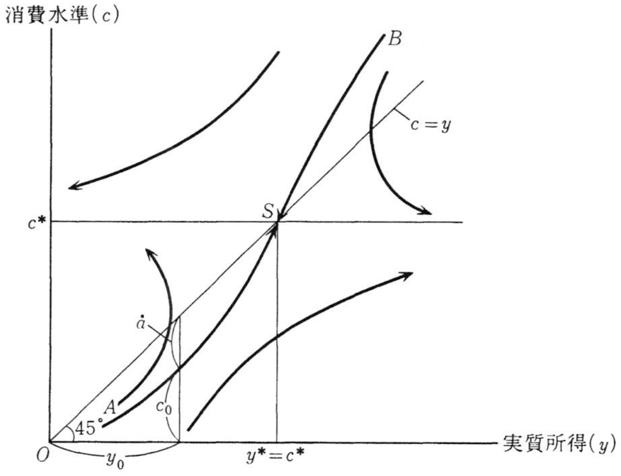

図 5-9　最適消費径路の決定

ては $\dot{c}>0$ であり，下方においては $\dot{c}<0$ であることは，Fisher-Mills関数 $\delta(c,\lambda)$ が c にかんして単調増大であるという仮定から明白である．したがって，(44)式をみたす解 (c,y) は図5-9のdiagramにおいて，矢印のついた曲線群によって例示されるような構造をもつ．二つの直線 $\dot{c}=0$ と $\dot{y}=0$ との交点 (y^*,c^*) は，動学体系(44)の定常点となり，図5-9から明らかなように鞍点(saddle point)である．とくに，$c=c^*$ なる直線上では，解は必ず定常点から遠ざかるように動き，また $c=c^*$ の下方および上方にそれぞれ一つずつ定常状態に収斂する安定的な解 AS および BS が存在する．この曲線 ASB の形は，利子率 ρ のみによって一意的に定まるから，それを $c=\psi(y,\rho)$ のような関数関係によって表わすこともできる．ケースIに論じたhomotheticの場合と同様に，消費水準の調整が適当におこなわれて，安定的な曲線 AS または BS 上に (c_t,y_t) がとどまるようなときにはじめて最適消費径路が実現することは容易に検証される．したがって，この曲線によって規定される関数関係 $c=\psi(y,\rho)$ によって消費関数が与えられる．このようにして得られた消費関数について，それが，所得 y の増加関数であり，利子率 ρ の減少関数であることは，たとえば第6章に展開される方法によって示すことができる．

参考文献

Cass, D. (1965). "Optimum Savings in an Aggregative Model of Capital Accumulation," *Review of Economic Studies*, Vol. 32, pp. 233-240.

Debreu, G. (1960). *The Theory of Value*, New York, John Wiley.

Fisher, I. (1930). *The Theory of Interest*, New York, MacMillan.

Friedman, M. (1957). *A Theory of the Consumption Function*, Princeton, Princeton University Press.

Goldman, S. M., and H. Uzawa (1964). "A Note on Separability in Demand Analysis," *Econometrica*, Vol. 32, pp. 387-398.

Gorman, W. M. (1959). "Separable Utility and Aggregation," *Econometrica*, Vol. 27, pp. 469-481.

Hirschleifer, J. (1958). "On the Theory of Optimal Investment Decision," *Journal of Political Economy*, Vol. 46, pp. 329-352.

Houthakker, H. S. (1961). "The Present State of Consumption Theory : A Survey Article," *Econometrica*, Vol. 29, pp. 704-740.

Koopmans, T. C. (1960). "Stationary Ordinary Utility and Impatience," *Econometrica*, Vol. 28, pp. 287-309.

—— (1965). "On a Concept of Optimum Economic Growth," *Pontificiae Academemiae Scientiarum Scripta Varia*, pp. 225-287.

Leontief, W. W. (1947). "Introduction to the Theory of Internal Structure of Functional Relationships," *Econometrica*, Vol. 15, pp. 361-373.

Mills, F. D.(1969). "Time Preference, the Consumption Function, and Optimum Economic Growth," *Seminar in Mathematical Economics*, No. 11, University of Chicago.

Modigliani, F., and R. Brumberg(1954). "Utility Analysis and the Consumption Function: An Interpretation of Cross Section Data," *Post-Keynesian Economics*, edited by K. Kurihara, New Brunswick.

Ramsey, F. P.(1928). "A Mathematical Theory of Saving," *Economic Journal*, Vol. 38, pp. 543-559.

Richter, M.(1960). "Revealed Preference Theory," *Econometrica*, Vol. 34, pp. 635-645.

Solow, R. M.(1956). "A Contribution to the Theory of Economic Growth," *Quarterly Journal of Economics*, Vol. 70, pp. 65-94.

Strotz, R. H.(1957). "The Empirical Implications of a Utility Tree," *Econometrica*, Vol. 25, pp. 269-280.

Swan, T. W.(1956). "Economic Growth and Capital Accumulation," *Economic Record*, Vol. 32, pp. 334-361.

Uzawa, H.(1960). "Rational Choice and Preference in the Theory of Consumption," *Mathematical Methods in the Social Sciences, 1959*, edited by Arrow, Karlin, and Suppes, Stanford University Press.

——(1968). "Time Preference, the Consumption Function, and Optimum Asset Holdings", in *Papers in Honour of Sir John Hicks : Value, Capital, and Growth*, edited by J. N. Wolfe, Edinburgh University Press.

——(1969). "Time Preference and the Penrose Effect in a Two-Class Model of Economic Growth," *Journal of Political Economy*, Vol. 77, pp. 628-652. Reprinted in *Preference, Production, and Capital : Selected Papers of Hirofumi Uzawa*, New York, Cambridge University Press, 1988.

第6章　ベーム-バヴェルクの時間選好理論

前章ではフィッシャーの時間選好理論の一つの数学的定式化を試み，それにもとづいて，消費の動学理論を展開し，消費関数および貯蓄関数を導きだしてきた．とくに，消費主体の時間選好関係が分離的となる場合についてくわしい考察をおこなってきた．すなわち，異時点間の消費にかんする限界代替率と，それから派生的に定義されたフィッシャー的な時間選好率にかんして，きわめて限定的な制約条件を設けて，具体的な消費関数ないしは貯蓄関数の形態を導出するという作業をおこなってきたわけであるが，この章ではもっと一般的な場合について，消費者行動の動学理論を展開するためにはどのような概念を用いたらよいかということを考えることにしたい．

この問題が起きてきたのはもともと，貨幣および他の金融資産に対する需要を，消費主体の時間選好関係にもとづいた合理的行動として説明しようと試みたさい，通例の Ramsey-Koopmans-Cass 型の効用積分を使うとき必ずしも満足できる結果を生みださなかったからである．このような定式化は Sidrauski (1965) や Douglas (1966) などによって最初に試みられたのであるが，Ramsey-Koopmans-Cass 型の効用積分にもとづくとき，貨幣と一定の利子率をもつ債券との保有にかんして，消費者の動学的行動がきわめて不自然なものとなってしまうことがわかった．とくに，Ramsey-Koopmans-Cass 型の効用積分で，各時点での効用関数が一次同次であるときには，主観的割引率が利子率と異なるときには，最適な消費計画は，消費を無限の将来に引き延ばすか，あるいは現在時点で可能なかぎりの消費をおこなってしまうかのいずれかになってしまう．各個人が二つの異なる種類の金融資産を同時に保有しようとするのは，主観的割引率と市場利子率とが等しい場合に限られてしまうのである．Douglas (1966) はこの問題を解決するために，瞬時的効用水準が債券の保有量にも依存するという状況を考察した．他方，Sidrauski (1965) は，実物資本をも考慮に入れて，その収穫率が実物資本の保有量に依存して変化するという場合を考えた．この章では，もっと一般的な時間選好関係を導入して，この問題に対する概念的なアプローチを展開することにしたい．その基本的な考え方は，ベーム-バヴェルク (Böhm-Bawerk) が，その主著 *The Positive Theory of Capital* (1889) のなかで導入した概念構成を定式化したものになっていて，ベーム-バヴェルク的な時間選好理論とも呼ばれるべきものである．その定式化は主として Uzawa (1968) で展開されたアプローチに準拠する．

時間選好

時間選好(time preference)の概念はもともとベーム-バヴェルク(1889)によって導入されたのであるが，前章で説明したアプローチは主としてフィッシャー(Irving Fisher)，クープマンス(T. C. Koopmans)，キャス(David Cass)によるものであった．そこで使われている時間選好の概念を改めて見直してみよう．

ここで基本的な役割を果たす概念は時間選好率(rate of time preference)であるが，この概念の意味を明確にするために，将来の消費がある特定の時点 t に集約されている場合を考えよう．ある消費主体の時間選好は，図 6-1 に典型的に示されているように，現在の消費水準 u_0 と将来の消費水準 u_t とにかんする無差別曲線によって表わされる．各無差別曲線は原点からみて凸であり，横軸と必ず交わると仮定する．

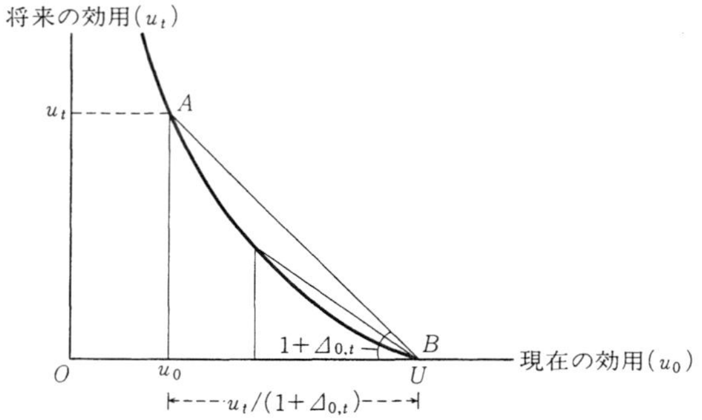

図 6-1　単純な場合の時間選好率

図 6-1 で，点 A は現在の消費 u_0，将来の消費 u_t に対応しているものとする．A 点を通る無差別曲線が横軸と交わる点 A における現在の消費水準を U とする．ここで，現在の効用水準の u_0 から U への増加は，将来の効用水準の u_t から 0 への減少によって相殺されるから，$u_t/(U-u_0)-1$ は将来の効用を現在の効用に対応させるための割引率となる．これを時間選好率(rate of time preference) $\Delta_{0,t}$ と定義しよう．

$$\Delta_{0,t} = \frac{u_t}{U-u_0}-1.$$

すなわち，

$$U = u_0+\frac{u_t}{1+\Delta_{0,t}}$$

となる．このようにして定義された時間選好率 $\Delta_{0,t}$ は (u_0, u_t) に依存して定まるものであって，この無差別曲線の上に沿って u_0 の水準が高くなれば $\Delta_{0,t}$ は低くなる．

時間選好率の概念は，将来の消費が一時点ではなく，多数の時点，たとえば $t=1, \cdots, n$, でなされる一般の場合にも拡張することができる．いま，効用水準の時系列を $(u_0, u_1, \cdots, u_n)$ とするときこの点を通る無差別曲面が現在効用の軸と交わる点の原点からの距離を U とすれば，

$$U = u_0 + \frac{u_1}{1+\varDelta_{0,1}} + \cdots + \frac{u_n}{1+\varDelta_{0,n}}$$

となるような割引率 $\varDelta_{0,1}, \cdots, \varDelta_{0,n}$ が存在する．このとき，各 t に対して，$\varDelta_{0,t}$ は $(u_0, \cdots, u_n)$ 全体に依存する．

$$\varDelta_{0,t} = \varDelta_{0,t}(u_0, \cdots, u_t).$$

この時間選好率 $\varDelta_{0,t}$ にかんして，つぎのような整合性および独立性にかんする性質がみたされている場合について考察を進めることにしよう．

まず第1に，ある将来時点 t に対する時間選好率 $\varDelta_{0,t}$ は，t より先の時点 τ $(t<\tau\leqq n)$ における効用水準 u_τ には無関係であると仮定する．したがって，

$$\varDelta_{0,t} = \varDelta_{0,t}(u_0, u_1, \cdots, u_t), \quad t = 1, \cdots, n$$

と表現することができる．この独立性の条件をもっと一般化して，すべての $s<t$ に対して，

$$\varDelta_{s,t} = \varDelta_{s,t}(u_s, \cdots, u_t)$$

と仮定できる．

第2の条件としてつぎのような性質を考える．すなわち，時間選好の概念が，時間にかんして整合的であるとする．すなわち，すべての $0<s<t$ に対して，

$$1+\varDelta_{0,t} = (1+\varDelta_{0,s})(1+\varDelta_{s,t})$$

が成立するものする．

この条件から，すべての $0<t<n$ について，

$$\frac{1+\varDelta_{0,t}(u_0, \cdots, u_t)}{1+\varDelta_{0,t-1}(u_0, \cdots, u_{t-1})} = 1+\varDelta_{t-1,t}(u_{t-1}, u_t).$$

すなわち，時間選好率の対数的増加率は，$(t-1, t)$ の時間選好率に等しくなるということを表わしている．

さらに第3の条件として，時間選好の概念は，時間にかんして不変的であると仮定する．すなわち，つぎの条件がすべての $t>0$ に対して成立するような時間選好率関数 $\delta(u_{t-1}, u_t)$ が存在すると仮定する．

$$\frac{1+\varDelta_{0,t}(u_0, \cdots, u_t)}{1+\varDelta_{0,t-1}(u_0, \cdots, u_{t-1})} = 1+\delta(u_{t-1}, u_t). \tag{1}$$

これまで，消費が discrete な時間でおこなわれるということを仮定してきたが，消費が continuous な時間でなされ，また time horizon は無限大であるという場合を考えると，上に述べた条件はつぎのように表わされる．各時点 t での効用水準が u_t で表わされるとき，その全効用は，

(2) $$U = \int_0^\infty u_t e^{-\Delta_t} dt$$

という積分の形で表わされる．ここで，時間選好率 Δ_t は効用の時系列 $(u_t : 0<t<\infty)$ に依存し，(1)の条件はつぎのような形をとる．

(3) $$\dot{\Delta}_t = \delta(u_t) \qquad (\Delta_0 = 0).$$

ここで，各時点における効用関数 $u=u(c)$ はつぎの条件をみたしていると仮定する．

$$u(c) > 0,\ u'(c) > 0,\ u''(c) < 0 \qquad (c > 0).$$

また，$\delta=\delta(u)$ を時間選好関数と呼び，つぎの条件がみたされていると仮定する．

$$\delta(u) > 0,\ \delta'(u) > 0,\ \delta''(u) > 0.$$

さらに，

(4) $$\delta(u) - \delta'(u)u > 0$$

という条件も仮定する．この条件(4)は，二つの定常状態を比較したときに，瞬時的な効用水準の高い方が常に選好されるということを表わすものである．

最適貯蓄と消費径路

前項で導入した時間選好関係を使って，各経済主体が，その動学的な計画をどのようにしてたてるかという問題を考察することにしよう．

いまある経済主体が t 時点で保有する債券の額を b_t とし，その賃金を w_t とすれば，t 時点での所得 y_t は，

$$y_t = r_t b_t + w_t$$

となる．ここで，すべての量は実質額ではかられていて，r_t は実質利子率とする．

以下，基本的な考え方を明確にするために，実質賃金率 w_t および実質利子率 r_t は時間を通じて一定であると仮定して議論を進める．すなわち，

$$w_t = w,\ r_t = r$$

とする．このとき，

(5) $$y_t = rb_t + w.$$

この所得 y_t が消費 c_t と貯蓄 $\dot{b}_t$ に分けられる．

(6) $$y_t = c_t + \dot{b}_t.$$

したがって，最適消費・貯蓄径路の問題は，ある所与の初期条件 b_0 から出発して，(5)，(6)をみたすような消費・貯蓄径路のなかで，時間選好基準(2)のもとで最適な径路を求めるという問題となる．

この問題を解くために，独立変数として時間 t ではなく，時間選好 Δ をとって考えてみることにしよう．

このとき，(2)式は，

(7) $$U=\int_0^\infty u_t e^{-\Delta t}dt=\int_0^\infty \frac{u}{\delta(u)}e^{-\Delta}d\Delta$$

と書くことができ，また微分方程式(3)は，

(8) $$\mathring{b}\left(\equiv\frac{db}{d\Delta}\right)=\frac{y-c}{\delta(u)},\quad b(0)=b_0$$

となる．ここで，$\mathring{b}=db/d\Delta$ とし，$u=u(\Delta)$ とする．

実質利子率 r および実質賃金率 w は時間 t には無関係であると仮定したから，微分方程式(8)は y にかんする方程式に還元される．

(9) $$\mathring{y}\left(\equiv\frac{dy}{d\Delta}\right)=\frac{r}{\delta(u)}(y-c),$$

ここで初期条件は $y(0)=rb_0+w$ となる．

最適消費・貯蓄径路を求めるという問題は，(7)式を(9)式の制約条件のもとで最大化するという問題に帰着されることになり，このように問題を変形すれば，第5章で展開したRamsey-Koopmans-Cassの方法を適用することができることになる．

各時間選好 Δ に対して，ラグランジュの帰属価格 $\lambda=\lambda(\Delta)$ を導入することにより，ラグランジュの帰属所得 H をつぎのように定義する．

$$H=u(c)+\lambda(y-c).$$

このとき，帰属所得 H の現在価値は，

(10) $$\frac{H}{\delta(u)}e^{-\Delta}$$

によって与えられることになる．この帰属価値(10)を最大化するような消費水準は，(10)を c で偏微分して0と置くことによって求められる．すなわち，

(11) $$u'(c)-\lambda-\frac{\delta'(u)u'(c)}{\delta(u)}H=0.$$

この条件(11)の意味を明らかにするために，つぎのように変形しよう．

(12) $$u'(c)=\lambda+\frac{\delta'(u)u'(c)}{\delta(u)}H.$$

この式の左辺は，消費 c に対応する限界効用を表わし，右辺は，蓄積の帰属価格 λ に，時間選好率の限界的低下にともなう帰属所得の現在価値の限界的増分を加えたものとなって，(12)式は限界原理を動学的に拡張したものとなっていることがわかるであろう．

帰属価格 $\lambda=\lambda(\Delta)$ の動学的径路を特徴づける微分方程式は，オイラー=ラグランジュの条件として求められる．すなわち，

(13) $$\frac{\mathring{\lambda}}{\lambda}=\frac{\delta(u)-r}{\delta(u)}.$$

この(13)式で，左辺はキャピタル・ゲインを表わし，右辺は，利子負担から競争的市場におけるレントを差し引いたものとなっている．

最適な蓄積径路は，短期の最適条件(11)をみたし，二つの微分方程式(9)，(13)をみたすような動学径路のうち，有界なものによって与えられる[数学付論]．

微分方程式(9)，(13)の構造を調べるために，(y, λ) にかんする体系から (y, c) にかんする体系に変換しておこう．

いま，

$$\phi(y, c, \lambda) = u'(c) - \lambda - \frac{\delta'(u(c))\,u'(c)}{\delta(u(c))}H$$

と置けば，(11)式の条件をみたすような動学径路の上では，

$$\phi_y \mathring{y} + \phi_c \mathring{c} + \phi_\lambda \mathring{\lambda} = 0 \tag{14}$$

となる．したがって，(9)，(13)を(14)式に代入すれば，

$$\mathring{c} = \frac{r - \delta - \delta' u' \cdot (y - c)}{\delta\left(\dfrac{u'\delta'' \cdot (u + u' \cdot (y - c))}{\delta - u\delta'} - \dfrac{u''}{u'}\right)} \tag{15}$$

となる．ただし，$\delta = \delta'(u)$, $u' = u'(c)$, etc.

所得 y が変化しないときは $(\mathring{y} = 0)$, $y = c$ となって，図6-2のように (c, y) 平面で原点 O を通る45°線によって表わされる．$\mathring{y} = 0$ 線の上方では，所得 y は減少する傾向をもち，$\mathring{y} = 0$ 線の下方では，y は増加する傾向をもつ．

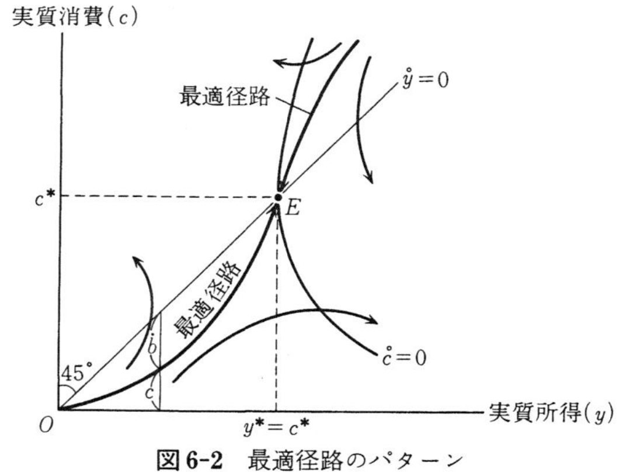

図 6-2 最適径路のパターン

他方，$\mathring{c} = 0$ 曲線はつぎの条件によって特徴づけられる．

$$r - \delta(u) - \delta'(u)\,u'(c)\,(y - c) = 0.$$

すなわち，

(16) $$y = c + \frac{1}{\delta' u'}(r - \delta).$$

$\mathring{c}=0$ 曲線の形をみるために，(16)式を c について偏微分すれば，

(17) $$\left(\frac{dy}{dc}\right)_{\mathring{c}=0} = -\frac{r-\delta}{\delta' u'}\left(\frac{\delta'' u'}{\delta'} + \frac{u''}{u'}\right).$$

(17)式の左辺が0となるのは $r=\delta(u(c))$ のときで，またそのときに限る．したがって，$\mathring{c}=0$ 曲線は一般に，図6-2に示されたような形をもっていることがわかる．(c, y) が $\mathring{c}=0$ 曲線の上方に位置するとき，$\mathring{c}>0$ となり，下方に位置するときには，$\mathring{c}<0$ となる．

微分方程式体系(9), (15)の解径路は一般に図6-2で矢印をつけた曲線群によって表わされる．そのなかで，$\mathring{y}=0$ 曲線と $\mathring{c}=0$ 曲線の交点 $E=(c^*, y^*)$ に収斂するような解径路がちょうど二つ存在する．図6-2では，矢印をつけた太い曲線で表わされている．定常点 $E=(c^*, y^*)$ に収斂するような解径路のグラフを表わす関数を，

(18) $$c = c(y, r)$$

と表現することにしよう．ここで実質利子率 r の変化によって，この曲線がシフトするから，r を明示的に変数として表わしている．

最適な動学径路は，

(19) $$\dot{y}_t = r[y_t - c(y_t, r)]$$

の解として求められることになる．

(18)式によって与えられる関数 $c(y, r)$ は，各時点で所得水準が y で，実質利子率が r のときに最適な消費水準を規定するものであって，短期の消費関数(short-run consumption function)の概念に対応するものである．これに対して，定常状態 $E=(c^*, y^*)$ における消費水準 c^* は利子率 r のみによって決められる．

$$c^* = c(y^*, r).$$

この関数は，長期の消費関数(long-run consumption function)の概念に対応する．

長期消費関数

長期消費水準というのは，もしかりに実質利子率が全期間を通じてある一定の水準 r に保たれていて，変化しなかったとしたときに，消費がどのような水準に落ち着くであろうかということを表わす．したがって，長期消費水準は上の説明からも明らかなように，時間選好率と実質利子率とが相等しくなるような水準に定められる．すなわち，

$$\delta(u(c^*)) = r.$$

長期消費水準 c^* の決定は図6-3に説明してあるような形でおこなわれる．図6-3の第I象限は図6-2と同じである．第II象限は，横軸は効用水準 u をとって，効用関数を曲線 $u(c)$ で

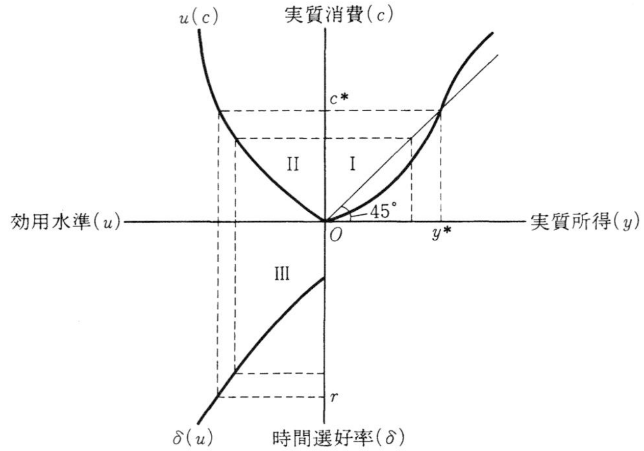

図 6-3　最適消費関数の導出

表わし，第 III 象限は，縦軸に沿って時間選好率 δ をとって，時間選好関数は $\delta(u)$ 曲線で表わされている．実質利子率 r が所与のとき，長期消費水準 $c^*=y^*$ は図 6-3 に示すように一意的に定められることとなる．実質利子率 r が低下すれば，長期消費水準 $c^*=y^*$ もまた低下するということは図から明らかであろう．解析的に表現すれば，つぎのようになる．

$$\frac{dc^*}{c^*} = \frac{1}{\varepsilon^*}\frac{dr}{r}.$$

ここで，

$$\varepsilon^* = \left[\frac{\delta'(u)u'(c)c}{\delta(u)}\right]_{c=c^*} = \left[\frac{\delta'(u)u}{\delta(u)}\cdot\frac{u'(c)c}{u(c)}\right]_{c=c^*},\quad 0<\varepsilon^*<1.$$

長期債券保有額 b^* は，

$$c^* = y^* = rb^*+w$$

をみたすような水準に決まってくる．したがって，

$$\frac{db^*}{b^*} = \frac{(1/\varepsilon^*)c^*-rb^*}{rb^*}\frac{dr}{r} - \frac{w}{rb^*}\frac{dw}{w}$$

となるから，

$$\frac{\partial b^*}{\partial r}>0,\quad \frac{\partial b^*}{\partial w}<0$$

となることがわかる．

短期消費関数

さきに説明したように，短期消費関数 $c=c(y,\ r)$ は，最適蓄積径路を求めることによって導きだされるものであった．その間の事情を図 6-4 にもとづいてみることにしよう．この図は

図6-2の一部を再現したものである．図6-4からただちにわかるように，消費関数 $c(y, r)$ は所得 y の増加関数で，利子率 r の減少関数となっている．

ここで，

$$\frac{\partial c}{\partial y} > 0$$

となることは明白であるが，

$$\frac{\partial c}{\partial r} < 0 \tag{20}$$

となることを示すために，つぎのような論法を用いる．

利子率 r の上昇は長期消費水準 $c^* = y^*$ の増加をもたらすから，(20)を示すためには，利子率 r の上昇は $y < y^*$ のときには必ず最適経路の勾配を大きくし，$y > y^*$ のときには小さくすることを示せばよい．すなわち，

$$\frac{\partial}{\partial r}\left(\frac{dc}{dy}\right)_{\text{optimum}} \gtrless 0 \qquad (y \lessgtr y^*)$$

ということを証明すればよい．

このために，$\left(\frac{dc}{dy}\right)_{\text{optimum}}$ を実際に計算してみると，

$$\left(\frac{dc}{dy}\right)_{\text{optimum}} = \frac{1}{y-c} \frac{1 - \dfrac{\delta + \delta' u'(y-c)}{r}}{\dfrac{u'\delta''(u + u'(y-c))}{\delta - u\delta'} - \dfrac{u''}{u'}}$$

となる．ただちにわかるように，この式の右辺は，$y < y^*$ のときには r の上昇によって増加し，$y > y^*$ のときには減少する．

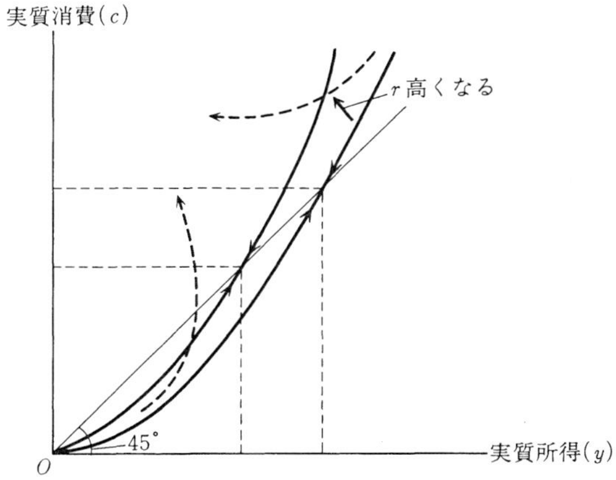

図6-4　利子率と最適消費

短期消費関数の性質は図6-4からみることができる．最適消費 $c(y, r)$ は実質所得 y より

小さいのは，y が長期実質所得水準 y^* より小さいとき，またそのときに限られる．また実質所得 y が y^* より小さいのは，所得 y をすべて消費に使ったときの時間選好率 $\delta(u(y))$ が市場(実質)利子率 r より小さいとき，またそのときに限られる．したがって，長期実質所得水準のもとでは限界消費性向は1より大きい．すなわち，

$$\left(\frac{\partial c}{\partial y}\right)_{y=y^*} > 1.$$

貨幣およびその他の資産に対する需要

前項までに展開してきた分析は，資産の種類が多く存在する場合にも容易に拡大することができる．このことを簡単にみてみよう．ここで貨幣保有にともなってある種の効用が得られるものとし，他の金融資産は典型的には債券であらわされ，年々利子が所得に加えられるものと仮定する．

初期の時点 $t=0$ において，消費者は，名目的にある一定額の資産 A_0 を保有し，将来貨幣賃金を w_t だけ受け取ると予想しているものとする．将来予想される所得の時系列は，予想される利子率に依存するだけでなく，資産保有が貨幣と債券とにどのような形で分かれているかということによっても左右される．消費者は，このような予想される所得の時系列から得られる実現可能な消費の時系列のうちで，かれの時間選好基準にもとづいてもっとも望ましいと思われるものを選ぼうとするわけである．

消費者が将来の各時点 t において保有しようとする貨幣と債券の額をそれぞれ M_t, B_t としよう．その時点 t における全資産保有額 A_t は，

(21) $$A_t = M_t + \pi_t B_t$$

となる．ここで π_t は債券の市場価格である．

他方，時点 t におけるこの消費者の所得 Y_t は利子所得 $i_t B_t$ と賃金 W_t とから成り立っている．

(22) $$Y_t = i_t B_t + W_t.$$

ここで，i_t はクーポン利子率(coupon rate of interest)である．

この名目所得 Y_t は消費 C_t と貯蓄 S_t に分けられるが，貯蓄は，貨幣残高の増加 $\dot{M}_t$ と債券保有額の増加 $\dot{B}_t$ とから成り立っている．すなわち，

(23) $$Y_t = C_t + \dot{M}_t + \pi_t \dot{B}_t.$$

効用水準が貨幣残高にも依存するという考え方は，Patinkin(1956)，Archibald and Lipsey(1958-59)，Douglas(1966)，Sidrauski(1965)などによって導入されたが，それはマーシャル以来のケンブリッジ学派の貨幣理論の前提条件を明示的に定式化したものであるということもできよう．分析を容易にするためにすべて実質量で表わすことにする．いま価格水準を P_t とす

れば，実質消費 c_t および実質貨幣残高 m_t はつぎのように定義される．

$$c_t = \frac{C_t}{P_t}, \quad m_t = \frac{M_t}{P_t}.$$

各時点 t における効用水準 u_t は，

$$u_t = u(c_t, m_t) \tag{24}$$

のように表わされる．最適蓄積径路の問題は，(21)-(24)の制約条件のもとで，

$$U = \int_0^\infty u_t e^{-\Delta t} dt \tag{25}$$

を最大化するような消費 c_t と貨幣残高 m_t の径路を求めるという問題として表現されることになる．このとき，初期時点 $t=0$ における資産保有額 A_0 は所与であるとし，将来の物価水準 P_t および債券の価格 π_t，利子率 i_t にかんする予想もまた所与のものであると仮定されている．

問題を単純化するために，期待(名目)利子率 ρ_t および物価水準の期待上昇率 ψ_t をつぎのようにして定義する．

$$\rho_t = \frac{i_t}{\pi_t} + \frac{\dot{\pi}_t}{\pi_t}, \quad \psi_t = \frac{\dot{P}_t}{P_t}.$$

さらにつぎのような実質量を導入する．

$$a_t = \frac{A_t}{P_t} \quad \text{資産保有の実質額,}$$

$$b_t = \frac{\pi_t B_t}{P_t} \quad \text{実質債券残高,}$$

$$m_t = \frac{M_t}{P_t} \quad \text{実質貨幣残高,}$$

$$c_t = \frac{C_t}{P_t} \quad \text{実質消費額,}$$

$$w_t = \frac{W_t}{P_t} \quad \text{期待実質賃金,}$$

$$y_t = \frac{Y_t}{P_t} \quad \text{実質所得.}$$

このとき，制約条件(21)-(24)はつぎのように書き直される．

$$a_t = m_t + b_t,$$

$$c_t + \dot{m}_t + \dot{b}_t = r_t b_t + w_t - \psi_t m_t,$$

ただし，$r_t = \rho_t - \psi_t$ は期待実質利子率である．

したがって，

$$\dot{a}_t = (r_t a_t + w_t) - (\rho_t m_t + c_t). \tag{26}$$

この式の右辺の第1項 $r_t a_t + w_t$ が本来の意味における実質所得を表わし，第2項 $\rho_t m_t + c_t$

は，貨幣保有の機会費用(alternative costs) $\rho_t m_t$ を実質消費 c_t に加えたものとなっていて，本来の意味における消費ということができよう．

以上の議論を多少簡単化して整理すれば，つぎのように要約されよう．

初期時点 $t=0$ である一定の実質資産額 $a_0=A_0/P_0$ をもつ消費者を考える．将来の名目利子率，実質利子率に対する期待は一定で，それぞれ r, ρ とし，実質賃金 w および移転実質所得 τ を受け取ると期待すると仮定する．

各時点 t における効用水準 u_t は実質消費 c_t と実質貨幣残高 m_t によって決まるものとし，

(27) $$u_t = u(c_t, m_t),$$

(28) $$U = \int_0^\infty u_t e^{-\Delta_t} dt$$

によって与えられる全効用 U がつぎの制約条件のもとで最大となるような消費，貨幣保有，資産保有の時間的径路 (c_t, m_t, a_t) を求める．

(29) $$\dot{\Delta}_t = \delta(u_t),\ \ \Delta_0 = 0,$$

(30) $$\dot{a}_t = y_t - x_t,\ \ a_0 \text{ は所与},$$

(31) $$a_t = m_t + b_t.$$

ただし，実質所得 y_t および概念上の実質消費 x_t はつぎのように定義される．

(32) $$y_t = ra_t + w_t,$$

(33) $$x_t = c_t + \rho m_t.$$

最適径路の上では，実質消費 c と実質貨幣残高 m の組み合わせ (c, m) は，

(34) $$x = c + \rho m$$

という制約条件のもとで，

$$u(c, m)$$

を最大にするようなものでなければならない．無差別曲線が原点からみて strictly convex となっているような場合には，この組み合わせ (c, m) は概念上の所得 x と名目利子率 ρ によって一意的に決まってくるから，

$$c = c(x, \rho),\ \ m = m(x, \rho)$$

のような表現を用いて表わすことができる．最適な組み合わせ (c, m) は，予算制約式(34)と限界代替率にかんする条件

$$\frac{u_m}{u_c} = \rho$$

によって特徴づけられる．この間の事情は図 6-5 に示す通りである．

最適な組み合わせ (c, m) に対応する効用水準もまた (x, ρ) によって決まってくるから，

$$u(c(x, \rho),\ m(x, \rho)) = U(x, \rho)$$

のように表わすことができる．

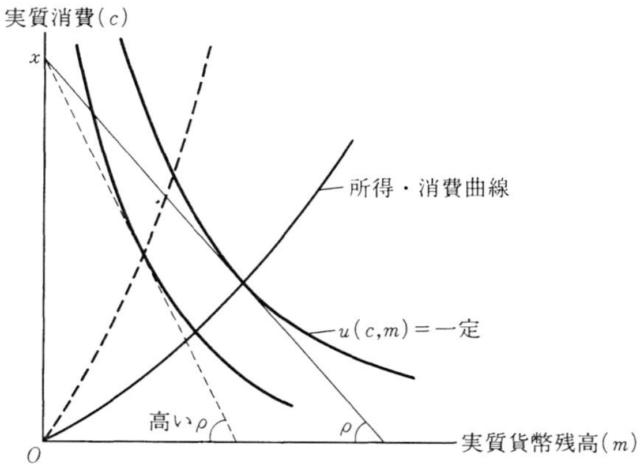

図 6-5　所得・消費曲線

以下では，消費 c も実質貨幣残高 m もともに上級財(superior goods)であると仮定する．すなわち，

$$\frac{\partial c}{\partial x} > 0, \quad \frac{\partial m}{\partial x} > 0.$$

また，名目利子率 ρ の上昇によって，所得・消費曲線は一様に上方に押し上げられると仮定する．すなわち，

$$\frac{\partial c}{\partial \rho} > 0, \quad \frac{\partial m}{\partial \rho} < 0.$$

名目利子率 ρ を一定に保つとき，効用関数 $u(x) = U(x, \rho)$ についてつぎの条件がみたされることは容易にわかるであろう．

$$u(x) > 0, \ \ u'(x) > 0, \ \ u''(x) > 0 \qquad (x > 0).$$

この新しい効用関数 $u(x) = U(x, \rho)$ を使えば，最適径路の問題は，制約条件(29)，(30)のもとで，(28)を最大化するという問題に単純化される．この問題は，前項にくわしく説明した方法をそのまま適用して解くことができる．まず，つぎの微分方程式体系を導きだす．

$$(35) \qquad \begin{cases} \dot{y} = r(y-x), \\ \dot{x} = \dfrac{r-\delta-\delta' u'(y-x)}{\dfrac{u'\delta''[u+u'(y-x)]}{\delta-\delta' u} - \dfrac{u''}{u'}}. \end{cases}$$

ここで $u' = u'(x)$, etc. この微分方程式体系(35)の安定的な解径路によって，最適問題の解が求められる．最適な概念上の消費水準 x は，

$$(36) \qquad x = x(y, r, \rho)$$

のように表わすことができる．これは，図 6-2 の矢印のついた太い曲線に対応するものであっ

て，実質消費 c の代わりに概念上の消費 x で考えたものである．最適な資産蓄積径路は，スケジュール(36)にしたがって概念上の消費 x を調節し，さらに x を実質消費 c と実質貨幣残高 m とに最適な形に分けることによって得られる．すなわち，

$$c(y, r, \rho) = c(x(y, r, \rho), \rho),$$
$$m(y, r, \rho) = m(x(y, r, \rho), \rho).$$

実質利子率 r だけが変わって，名目利子率 ρ は変わらないとき，短期消費水準と実質貨幣残高に対する需要の変化は簡単に分析することができる．このときには，効用関数 $u(x) = U(x, \rho)$ の形に変化が起きないからである．前項に展開した方法をそのまま適用することによって，

$$\frac{\partial c}{\partial r} < 0, \quad \frac{\partial m}{\partial r} < 0$$

となることが示される．

他方，容易にわかるように実質所得 y の増加は，短期の実質消費 c と実質貨幣残高 m をともに増加させる．

$$\frac{\partial c}{\partial y} > 0, \quad \frac{\partial m}{\partial y} > 0.$$

概念上の消費の長期的水準 x^* は，時間選好率が実質利子率 r に等しい水準に決まってくる．すなわち，

$$\delta(u(x^*)) = r$$

によって，

$$x^* = x^*(r, \rho).$$

実質消費と実質貨幣残高との長期的水準も，

$$c^* = c(x^*(r, \rho), \rho) = c^*(r, \rho), \quad m^* = m(x^*(r, \rho), \rho) = m^*(r, \rho).$$

長期水準 (c^*, m^*) はもっと正確には，つぎの方程式体系を解くことによって求められる．

$$\begin{cases} u_m - \rho u_c = 0, \\ \delta(u(c, m)) = r. \end{cases}$$

この方程式体系を微分すれば，

$$\begin{pmatrix} u_{mc} - \rho u_{cc} & -(\rho u_{cm} - u_{mm}) \\ 1 & \rho \end{pmatrix} \begin{pmatrix} dc^* \\ dm^* \end{pmatrix} = \frac{1}{\Delta^*} \begin{pmatrix} \rho u_c d\rho \\ (1/\delta' u_c)\, dr \end{pmatrix},$$

したがって，

$$\frac{\partial c^*}{\partial \rho} = \frac{\rho u_c}{\Delta^*} > 0, \quad \frac{\partial c^*}{\partial r} = \frac{\rho u_{cm} - u_{mm}}{\Delta^*} \frac{1}{\delta' u_c} > 0,$$

$$\frac{\partial m^*}{\partial \rho} = -\frac{u_c}{\Delta^*} < 0, \quad \frac{\partial m^*}{\partial r} = \frac{u_{cm} - \rho u_{cc}}{\Delta^*} \frac{1}{\delta' u_c} > 0,$$

ただし，

$$\Delta^* = -\rho^2 u_{cc} + \rho u_{cm} - u_{mm} > 0.$$

このようにして，実質利子率 r が上昇したとき，長期的実質消費も実質貨幣残高もどちらも増加するが，名目利子率 ρ の上昇によって実質消費は増えるが，実質貨幣残高は逆に減ることがわかる．

参 考 文 献

Allais, M.(1966). "A Restatement of the Quantity Theory of Money : The Hereditary, Relativistic and Logistic Formulation of the Demand for Money," *American Economic Review*, Vol. 56, pp. 1123-1157.

Archibald, G. C., and R. G. Lipsey(1958-59). "Monetary and Value Theory : A Critique of Lange and Patinkin," *Review of Economic Studies*, Vol. 26, pp. 1-22.

Böhm-Bawerk, von., E.(1889). *Positive Theorie des Kapitales*, Innsbruck. Translated by G. D. Hunke, as *Positive Theory of Capital*, Illinois, 1959.

Clower, R. W.(1963). "Classical Monetary Theory Revisited," *Economica*, Vol. 30, pp. 165-170.

Douglas, A. J.(1966). "Studies in Monetary Dynamics," Doctoral Dissertation, Stanford University.

Fisher, I.(1907). *The Rate of Interest*, New York, Macmillan.

——(1930). *The Theory of Interest*, New York, Macmillan.

Koopmans, T. C.(1963). "On the Concept of Optimal Growth," *Seminaire d'Etude sur le Rôle de l'Analyse Economētrique dans la Formulation de Plans de Dēvelopment*.

Patinkin, D.(1956). *Money, Interest, and Prices*, Evanston, Illinois, Row, Peterson.

Sidrauski, M.(1965). "Inflation, Optimum Consumption, and Real Cash Balances," Paper presented at the New York Meetings of the Econometric Society.

Uzawa, H.(1968). "Time Preference, the Consumption Function, and Optimum Asset Holdings," *Value, Capital, and Growth : Papers in Honour of Sir John Hicks*, edited by J. N. Wolfe, University of Edinburgh Press, pp. 485-504. Reprinted in *Preference, Production, and Capital : Selected Papers of Hirofumi Uzawa*, New York, Cambridge University Press, 1988.

第6章付論　ベーム-バヴェルク的時間選好理論に対する一つのアプローチ

いま，かりに，時間選好関係 P が Ramsey-Koopmans-Cass 型の効用積分

$$U(c) = \int_0^\infty u(c_\tau) e^{-\beta\tau} d\tau$$

によって与えられるというもっとも単純な場合をとりあげてみる．つまり，二つの消費径路 $c=(c_\tau)_0^\infty$ と $c'=(c'_\tau)_0^\infty$ とについて，時間選好関係 P をつぎのように定義する．

$$cPc' \Longleftrightarrow U(c) > U(c').$$

このとき，瞬時的効用関数 $u(c)$ について，つぎのような条件がみたされていれば，時間選好関係 P にかんする条件(1)-(5)を満足するものであることは前項にもふれたとおりである．

$$u'(c) > 0, \quad u''(c) < 0.$$

Fisher 的な時間選好率は，現在と将来の時点での消費の限界代替率 $M(t, \tau)$ から導きだされたものである．くわしい定義は第5章に説明したところであるが，Ramsey-Koopmans-Cass 型の効用積分については，ある時点での Fisher 的な時間選好率 δ_t はつぎの Ramsey-Keynes の公式によって与えられる．

$$\delta_t = \beta + \eta(c_t)\frac{\dot{c}_t}{c_t}.$$

ただし，$\eta(c)$ は限界効用 $u'(c)$ の弾力性である．

$$\eta(c) = -\frac{u''(c)c}{u'(c)}.$$

このような Fisher 的な時間選好率に対して，これから説明しようとする時間選好率は，現在の消費と将来の消費の現在価値との間の代替関係にもとづく概念である．一般的な時間選好関係について，この新しい時間選好率の概念を導入する前に，まず，Ramsey-Koopmans-Cass 型の時間選好関係を例にとって説明してみよう．

図6A-1のようにある消費径路 $c=(c_\tau)_0^\infty$ を考えるとき，その効用積分 $U(c)$ は，その消費径路の主体的評価の現在価値を表わすものである．この消費径路のうち，ある時点 t から始まる部分径路 $(c_\tau)_t^\infty$ をとって，その効用積分を U_t と記すことにする．すなわち，

(1)
$$U_t = \int_t^\infty u(c_\tau) e^{-\beta(\tau-t)} d\tau.$$

t 時点に始まる微小期間 $[t, t+\Delta t]$ を考えて，消費径路 $(c_\tau)_t^\infty$ を二つの部分，$(c_\tau)_t^{t+\Delta t}$ と $(c_\tau)_{t+\Delta t}^\infty$ とに分解してみると，効用積分(1)はつぎのように二つの効用積分の和となる．

$$\int_t^\infty u(c_\tau) e^{-\beta(\tau-t)} d\tau = \int_t^{t+\Delta t} u(c_\tau) e^{-\beta(\tau-t)} d\tau + e^{-\beta\Delta t}\int_{t+\Delta t}^\infty u(c_\tau) e^{-\beta(\tau-t-\Delta t)} d\tau.$$

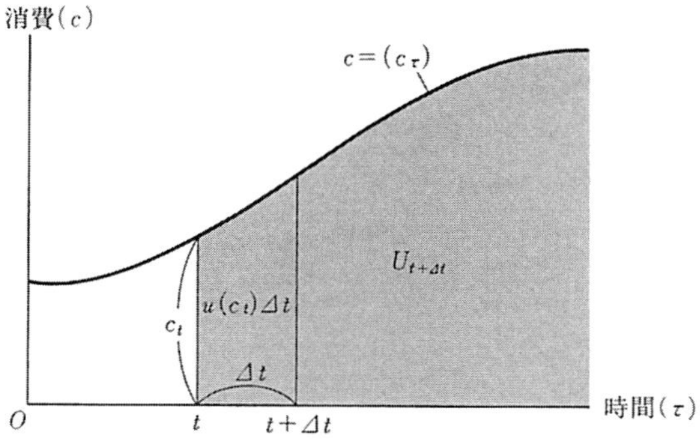

図6A-1　効用積分の分解

期間の長さ Δt が非常に小さいときには，式を書きかえて，

(2)
$$U_t = u(c_t)\Delta t + e^{-\beta \Delta t}U_{t+\Delta t} + o(\Delta t)$$

と表わすことができる．ここで，$o(\Delta t)$ は Δt よりも高次の微分量を表わす一般的な記号である．すなわち，

$$\lim_{\Delta t \to 0}\frac{o(\Delta t)}{\Delta t} = 0.$$

以下，便宜上，Δt より高次の微分量を無視すれば，(2)式はつぎのように略述することができる．

(3)
$$U_t = u(c_t)\Delta t + e^{-\beta \Delta t}U_{t+\Delta t}.$$

さて，$u(c_t)\Delta t$ は微小期間 $[t, t+\Delta t]$ での消費の主体的価値を表わすもので，現在時点 t での消費の価値と考えることができる．また，$U_{t+\Delta t}$ は $t+\Delta t$ 時点以降の消費径路の主体的価値を表わし，将来における消費の価値である．したがって，(3)式は，現在から将来にかけての消費の主体的価値 U_t が現在時点での消費の価値 $u(c_t)\Delta t$ と将来の消費の価値を割り引いたもの $e^{-\beta \Delta t}U_{t+\Delta t}$ との和に等しいことを意味するものである．

(3)式の右辺を，一般的に $\Phi(c_t, U_{t+\Delta t}, \Delta t)$ と記すことにする．つまり，

$$\Phi(c_t, U_{t+\Delta t}, \Delta t) = u(c_t)\Delta t + e^{-\beta \Delta t}U_{t+\Delta t}$$

とすると，この関数は，消費径路 $(c_\tau)_t^\infty$ を $[t, t+\Delta t]$ と $[t+\Delta t, \infty]$ との二つの部分に分解したときの消費の主体的価値の評価を与えるものである．

このとき，将来時点での効用を割り引くために使われた定数 β は，消費を微分期間だけ先に延ばしたときに，その主体的評価がどれだけ減少したかを表わすものとなる．すなわち，消費を Δt だけ先に延ばしたときに生ずる主体的価値の限界的減少は，

$$-\Phi_2 = -\frac{\partial \Phi}{\partial U_{t+\Delta t}}$$

によって与えられる．ただし，Φ_2 は $\Phi(c_t, U_{t+\Delta t}, \Delta t)$ を第2番目の変数 $U_{t+\Delta t}$ によって偏微分

したものである．したがって，主体的価値の限界的減少の単位期間当たりの減少率は，

$$\frac{\partial(1-\Phi_2)}{\partial(\Delta t)} = -\Phi_{23} = \beta e^{-\beta\Delta t}$$

となる．この減少率を現在時点 t，あるいは $\Delta t=0$ で評価したものが，割引率 β である．

$$\beta = -\Phi_{23}(c, U, 0).$$

このようにして，$-\Phi_{23}(c, U, 0)$ は，消費を先に延ばしたときの，主体的価値の減少率であり，以下便宜上，Böhm-Bawerk 的な時間選好率と呼ぶことにしよう．Ramsey-Koopmans-Cass 型の効用積分にもとづく選好関係については，上に示したように，Böhm-Bawerk 的な時間選好率 β は定数である．しかし，一般には，Böhm-Bawerk 的な時間選好率は，定数ではなく，現在の消費水準 c_t と将来の消費の価値 U_t とに依存するものである．

以上，Ramsey-Koopmans-Cass 型の時間選好関係について導入した Böhm-Bawerk 的な時間選好率 β の概念を，さらに一般的な時間選好関係に適用することにしよう．

まず，任意の二つの消費径路 $c=(c_\tau)_0^\infty$ と $c'=(c'_\tau)_0^\infty$ とを比較するような時間選好関係 P によって，ある家計の主体的価値基準が表わされているとする．しかも，この時間選好基準 P は時間的経過には無関係であるとしよう．すなわち，t 時点からはじまる二つの消費径路 $(c_\tau)_t^\infty$ と $(c'_\tau)_t^\infty$ とについても同じ時間選好関係 P によって，主体的価値基準が表わされていると仮定する．この仮定がみたされているときに，時間選好関係 P は定常的(stationary)と呼ぶことにしよう．

また，ここで問題としている時間選好関係 P を数量的に表現することが可能であるという前提をもうける．言いかえれば，任意の消費径路 $c=(c_\tau)_0^\infty$ に対して，選好関係 P を反映するような数値 $U(c)$ を考えることができる．すなわち，

$$cPc' \iff U(c) > U(c').$$

Ramsey-Koopmans-Cass の効用積分 $U(c)$ はこのような効用指標(utility index)の一種である．

ある関数 $U(c)$ が時間選好関係 P の効用指標であるとき，その単調増加関数 $g(U(c))$，$g'(\cdot)>0$，もまた同じ選好関係 P の効用指標である．これは自明のことであろう．

さて，ある消費径路 $c=(c_\tau)_0^\infty$ について考えてみることとする．t 時点以後の部分径路 $(c_\tau)_t^\infty$ についても時間選好関係を考えることが可能であるから，その効用指標を U_t で表わすことにしよう．

$$U_t = U((c_\tau)_t^\infty).$$

Ramsey-Koopmans-Cass 積分と同じように，$[t, +\infty]$ にわたる消費径路を $[t, t+\Delta t]$ という現在時点での消費と $[t+\Delta t, +\infty]$ という将来にわたる消費とに分けてみる．t 時点にはじまる消費径路 $(c_\tau)_t^\infty$ についての効用指標 U_t は結局，現在の消費水準 c_t，将来の消費の効用

指標 $U_{t+\Delta t}$，さらに微小期間の長さ Δt とに関連して決定される．関数記号を用いて表わせば，

$$U_t = \Phi(c_t, U_{t+\Delta t}, \Delta t) \tag{4}$$

となる．この式の意味は，正確には，(2)式と同じように，左辺と右辺との乖離が Δt よりも高次の微分量 $o(\Delta t)$ であるというように理解する必要がある．

ここに導入した関数 $\Phi(c_t, U_{t+\Delta t}, \Delta t)$ については，つぎのような性質がみたされている．まず，$\Delta t=0$ のときには，現在時点 t での消費径路の評価と将来のそれとの間には乖離は生じない．つまり，

$$U = \Phi(c, U, 0), \tag{5}$$

ただし，記号を簡単にするために，suffix t を省略している．

したがって，(5)式を c または U について偏微分すれば

$$\Phi_1(c, U, 0) = 0,$$
$$\Phi_2(c, U, 0) = 1,$$

ただし，Φ_1, Φ_2(およびΦ_3)は，$\Phi(c_t, U_{t+\Delta t}, \Delta t)$ をそれぞれ $c_t, U_{t+\Delta t}$(およびΔt)について偏微分したものである．

Böhm-Bawerk 的な時間選好率 β は，上にも述べたように，消費を将来に延ばしたときに，限界的に効用がどれだけ減少するかということを表わす概念であって，正確にはつぎのようにして定義される．

$$\beta = \lim_{\Delta t \to 0} \frac{1-\Phi_2(c, U, \Delta t)}{\Delta t}. \tag{6}$$

この定義式はつぎのようにも変形することができる．

$$\beta = -\Phi_{23}(c, U, 0). \tag{7}$$

ある時点 t での時間選好率 β_t は，その時点で消費水準 c_t と将来の消費の評価 U_t とに依存する．すなわち，

$$\beta_t = \beta(c_t, U_t)$$

のような関数関係 $\beta(c, U)$ が存在し，しかも，この関数 $\beta(c, U)$ は時間 t には無関係であることは選好関係の定常性から明白であろう．

また，このようにして導入された Böhm-Bawerk 的な時間選好率は，時間選好関係によって一意的に決定されるものであって，効用指標 U の選び方には無関係である．このことは，つぎのようにして証明することができる．V を U の単調増加関数，たとえば，

$$V = g(U),\ \ g'(U) > 0$$

とすれば，

$$V_t = g(U_t) = g[\Phi(c_t, U_{t+\Delta t}, \Delta t)],$$

かつ，

$$V_{t+\Delta t} = g(U_{t+\Delta t}).$$

したがって,

$$-\frac{\partial^2 V_t}{\partial(\Delta t)\partial V_{t+\Delta t}}\bigg|_{\Delta t=0} = -\frac{\partial^2 U_t}{\partial(\Delta t)\partial U_{t+\Delta t}}\bigg|_{\Delta t=0}$$

となるからである.

念のために, Ramsey-Koopmans-Cass の効用積分について, 関数 $\Phi(c, U, \Delta t)$ およびその偏微分を求めればつぎのようになる.

$$\Phi(c, U, \Delta t) = u(c)\Delta t + e^{-\beta\Delta t}U,$$

$$\Phi_1 = u'(c)\Delta t, \quad \Phi_2 = e^{-\beta\Delta t},$$

$$\Phi_3 = u(c) - \beta e^{-\beta\Delta t}U,$$

$$-\Phi_{23} = \beta e^{-\beta\Delta t}.$$

さて, U_t と $(c_t, U_{t+\Delta t}, \Delta t)$ との関係を規定する(4)式から,

(8) $$U_t - U_{t+\Delta t} = \Phi(c_t, U_{t+\Delta t}, \Delta t) - \Phi(c_t, U_{t+\Delta t}, 0)$$

を(5)式に注目することによって求めることができる.

(8)式を Δt で割って, $\Delta t \to 0$ のときの極限をとれば,

(9) $$\dot{U}_t = -\Phi_3(c_t, U_t, 0)$$

という微分方程式を得る. ただし, $\dot{U}_t = dU_t/dt$ は U_t の時間 t についての微分である. (9)式は, 効用指標 U_t の変化率 $\dot{U}_t$ がその時点 t での消費水準 c_t と効用水準 U_t とに依存することを示すものである. しかも, この関数関係 Φ_3 は時間選好関係の性質を特徴づける Φ 関数の Δt についての偏微分である. 以下, $-\Phi_3$ を φ という関数記号を用いて表わすとする. すなわち,

(10) $$\varphi(c, U) = -\Phi_3(c, U, 0).$$

Homotheticな時間選好と貯蓄・消費関数

代表的な家計の主体的価値基準が一般的な時間選好関係によって表現されるときに, その貯蓄・消費行動をどのようにして説明することができるであろうか. この問題は, 上に導入したBöhm-Bawerk的な時間選好率 β の概念を使って解くことができる. この項では, まず, 時間選好関係がhomotheticである場合について, 貯蓄・消費関数を導きだすことを試みてみよう. homotheticな時間選好関係は, 前項にも説明したように, 選好順序が, 消費の絶対水準には無関係であって, むしろ, その相対的な水準によって決定されるものである. しかし, 選好関係は, 必ずしも分離的ではなく, 前項に展開したような方法を適用することは不可能である.

このとき, 基本方程式(9)はつぎのように表わすことができる.

(11) $$\dot{U}_t = \varphi(c_t, U_t).$$

Böhm-Bawerk の時間選好率 β_t は，その定義式(6)または(7)を変形して，

$$\beta(c_t, U_t) = \varphi_2(c_t, U_t)$$

とも記すことができる．

再び，Ramsey-Koopmans-Cass の効用積分について，$\varphi(c, U)$ および $\varphi_2(c, U)$ を求めればつぎのようになる．

$$\varphi(c, U) = \delta U - u(c),$$
$$\varphi_2(c, U) = \delta.$$

時間選好が homothetic であるときには，Φ 関数が $(c_t, U_{t+\Delta t})$ について一次同次となるように効用指標 U_t を選ぶことができる．したがって，φ 関数もまた (c, U) にかんして一次同次となり，

$$\varphi(x) = \varphi(x, 1)$$

によって φ 関数を定義すれば，

$$\varphi(c, U) = U\varphi\left(\frac{c}{U}\right)$$

となる．基本方程式(11)はつぎのようにも書くことができる．

(12)
$$\frac{\dot{U}_t}{U_t} = \varphi\left(\frac{c_t}{U_t}\right).$$

また，Böhm-Bawerk の時間選好率 β_t は，

(13)
$$\beta_t = \varphi\left(\frac{c_t}{U_t}\right) - \frac{c_t}{U_t}\varphi'\left(\frac{c_t}{U_t}\right)$$

となることも容易に計算することが可能である．

さて，代表的家計の貯蓄および消費行動の分析にかえって，前項と同じような状況を設定してみよう．つまり，家計の保有することのできる資産は 1 種類，たとえば一定の利率をもった銀行預金であり，期待実質利子率および実質賃金率をそれぞれ ρ, w とし，現在時点 0 で実質預金残高を a_0 とする．将来の計画実質預金残高 a_t，実質消費額 c_t，および実質所得 y_t の間には，つぎのような関係が存在する．

$$\dot{a}_t = y_t - c_t,$$
$$y_t = \rho a_t + w.$$

したがって，預金残高が負になることは許されないとすれば，

$$\int_0^\infty c_t e^{-\rho t} dt \leqq a_0 + \rho w_0.$$

実質所得 y_t については，

$$\dot{y}_t = \rho(y_t - c_t),$$

または，

$$\frac{\dot{y}_t}{y_t} = \rho\left(1 - \frac{c_t}{y_t}\right).$$

もし，期待利子率 ρ，実質賃金率 w ともに時間 t には無関係であるとすれば，時間選好の定常性にもとづいて，最適平均消費性向 c_t/y_t もまた時間に依存しない．たとえば，s を平均貯蓄性向とすれば，

$$\frac{c_t}{y_t} = 1 - s.$$

したがって，

$$\frac{\dot{c}_t}{c_t} = \frac{\dot{y}_t}{y_t} = \rho s. \tag{14}$$

すなわち，最適な消費も所得もともに一定の増加率 ρs をもって成長しなければならない．

一般に，増加率が一定であるような消費径路については，その効用指標を(12)式によって計算することができる．もし，

$$\frac{\dot{c}_t}{c_t} = \lambda$$

が時間 t には関係しないとすれば，一次同次な効用指標 U_t については，

$$\frac{c_t}{U_t} = x$$

もまた時間 t に関係しない．ただし，U_t は消費径路 $(c_t)_t^\infty$ に対する効用指標である．

したがって，

$$\frac{\dot{U}_t}{U_t} = \frac{\dot{c}_t}{c_t} = \lambda$$

であるから，基本方程式(12)によって，

$$\lambda = \varphi(x)$$

でなければならない．

消費径路 $(c_\tau)_0^\infty$ の効用指標 U_0 は，

$$U_0 = \frac{c_0}{x}$$

によって決定される．

φ 関数の形は，図 6A-2 に示されているように，$x = c/U$ の減少関数であり，かつ，そのグラフは凸であることを仮定することができる．したがって，増加率 λ で成長する消費径路に対応する消費・効用比率 $x = c/U$ は，一意的に定まり，また，λ の上昇にともない，$x = c/U$ は減少する．

さて，平均貯蓄性向が s であるときには，消費水準の増加率 λ は ρs によって与えられることは(14)式の示すところである．

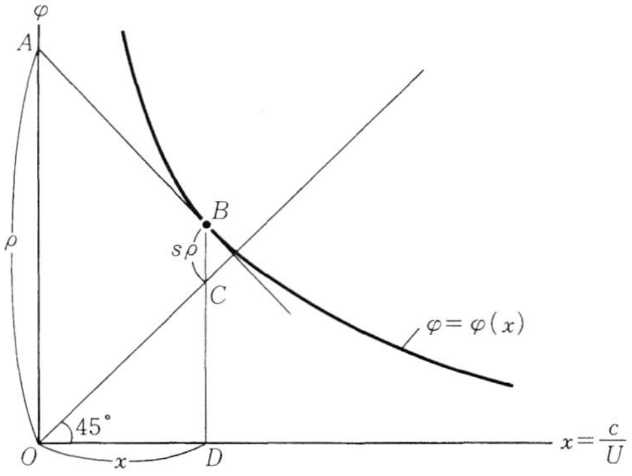

図 6A-2　最適貯蓄性向

$$\lambda = \rho s.$$

また，初期時点0での消費水準 c_0 は，

$$c_0 = (1-s)\,y_0$$

によって与えられるから，このような消費径路 $(c_\tau)_0^\infty$ に対する効用指標 U_0 は，

$$U_0 = \frac{c_0}{x} = \frac{(1-s)\,y_0}{x},$$

ただし，$x=c/U$ は増加率 $\lambda=\rho s$ に対応する消費・効用比率である．

この式を変形すれば，

$$U_0 = \frac{\rho-\varphi(x)}{x}\frac{y_0}{\rho}.$$

この式によって決定される効用指標 U_0 を最大にするような $x=c/U$ は図 6A-2 によって簡単に求められる．すなわち，縦軸上に OA が利子率 ρ に等しいような A 点をとり，A 点から $\varphi(x)$ 曲線に接線を引き，その接点を B とする．B 点に対応する消費・効用比率 x が上の式を最大にするようなものであることは，図から明白であろう．原点 O を通る勾配45度の直線上，B 点と同じ x の値をもつ点を C とすれば，BC/AO が最適な平均貯蓄性向となる．

このとき，

$$OA = \varphi(x) - x\varphi'(x)$$

となるから，OA は上に定義された Böhm-Bawerk の時間選好率 β にほかならない．言いかえれば，時間選好率 β が期待実質利子率 ρ に等しくなるときに最適な消費径路が求められることになるのである．

$$\beta(x) = \rho.$$

結局，最適平均貯蓄性向 s は期待実質利子率 ρ によって一意的に決定されることとなる．

$$s = s(\rho).$$

そして，消費関数および貯蓄関数がそれぞれつぎのような形によって与えられることも，分離的で homothetic な時間選好の場合とまったく同様である．

$$c_0 = (1-s)y_0,$$

$$\dot{a}_0 = sy_0.$$

一般的な時間選好

Böhm-Bawerk の時間選好率の概念を使って，さらに一般的な時間選好基準をもつ家計の貯蓄・消費行動を解明することができる．この方法は Franklin Mills(1970)によって最初に展開されたものであるが，以下，簡単にその概要を説明しておこう．

前項と同じように，単一資産保有のケースについて，最適消費・貯蓄径路を求める問題を考察する．すなわち，

$$\dot{a}_t = \rho a_t + w - c_t,$$

a_0： 所与の資産保有額

という制約条件のもとで効用指標

$$U_0 = U((c_\tau)_0^\infty)$$

を最大にするような消費径路 $(c_\tau)_0^\infty$ を求めようとするのである．

最適消費径路 $(c_\tau)_0^\infty$ に対する効用指標 U_0 は，初期実質資産額 a_0，期待利子率 ρ，および期待賃金率 w によって決定される．いま，ρ と w とを固定すれば，U_0 は a_0 の関数 $f(a_0)$ と考えることができる．すなわち，

$$U_0 = f(a_0).$$

時間選好は定常的であるという仮定が置かれていたから，最適消費径路 $(c_\tau)_0^\infty$ の一部 $(c_\tau)_t^\infty$ は t 時点での実質資産額 a_t を初期条件とする最適消費径路と一致する．したがって，

$$U_t = f(a_t).$$

さて，Φ 関数の定義(4)と f 関数の性質とによって，つぎのような関係が各時点 t および微小期間 $[t, t+\Delta t]$ とについて成立することは明白であろう．

$$f(a_t) = \max_{c'_t, a'_{t+\Delta t}} \Phi(c'_t, f(a'_{t+\Delta t}), \Delta t), \tag{15}$$

ただし，

$$a'_{t+\Delta t} = a_t + (\rho a_t + w - c'_t)\Delta t.$$

したがって，つぎの条件が成立することとなる．

$$\Phi_1 - \Phi_2 f'(a_{t+\Delta t})\Delta t = 0.$$

この式の左辺を Δt で割って，$\Delta t \to 0$ のときの極限をとれば，

$$\lim_{\Delta t \to 0} \frac{\Phi_1}{\Delta t} = \lim_{\Delta t \to 0} \Phi_2 f'(a_{t+\Delta t}),$$

あるいは,

$$\Phi_{13}(c_t, U_t, 0) = f'(a_t),$$

ただし, $U_t = f(a_t)$.

また, (15)式を Δt について微分して,

$$\Phi_2 f'(a_{t+\Delta t})(\rho a_t + w - c_t) + \Phi_3 = 0.$$

$\Delta t = 0$ と置けば,

$$f'(a_t)(\rho a_t + w - c_t) = -\Phi_3(c_t, U_t, 0).$$

さて, つぎのような λ, φ, r 関数を導入する.

$$\lambda = f'(a),$$
$$\varphi(c, U) = -\Phi_3(c, U, 0),$$
$$r(c, U) = \Phi_{13}(c, U, 0).$$

上の条件は,

$$r(c, U) = \lambda,$$
$$\varphi(c, U) = \lambda(\rho a + w - c), \tag{16}$$

ただし, $U = f(a)$, と書き直すことができる. この(16)式の両辺を a について微分すると,

$$\varphi_1 \frac{dc}{da} + \varphi_2 \frac{dU}{da} = \frac{d\lambda}{da}(\rho a + w - c) + \lambda\left(\rho - \frac{dc}{da}\right).$$

ここで,

$$\varphi_1 = \Phi_{13}(c, U, 0) = -r(c, U)$$

となり,

$$\varphi_2 = -\Phi_{23}(c, U, 0) = \beta(c, U)$$

は, Böhm-Bawerk の時間選好率である.

したがって,

$$(\beta - \rho)\lambda = \frac{d\lambda}{da}(\rho a + w - c),$$

あるいは,

$$(\beta - \rho)\lambda = \frac{d\lambda}{da}\frac{da}{dt}.$$

すなわち,

$$\frac{\dot{\lambda}}{\lambda} = \beta - \rho.$$

以上を要約すればつぎの命題が得られる. もし, (a_t, c_t) が初期条件 a_0 に対して最適な資産

蓄積径路，消費径路であるとすれば，つぎのような条件をみたす径路 λ_t が存在しなければならない．

$$\dot{a}_t = \rho a_t + w - c_t,$$

$$\dot{\lambda}_t = (\beta_t - \rho)\lambda_t,$$

$$r(c_t, U_t) = \lambda_t,$$

$$\varphi(c_t, U_t) = \lambda_t(\rho a_t + w - c_t),$$

$$U_t = f(a_t), \quad \lambda_t = f'(a_t).$$

言いかえれば，最適消費径路は，これらの式をみたすような $(a_t, c_t, \lambda_t, U_t)$ と $f(a)$ とを求める問題に帰着される．

この方程式体系の解を求めることによって代表的家計の消費・貯蓄行動を定常的選好基準のもとで解明することができる．

参考文献

Mills, Franklin D. (1970). "Time Preference and the Consumption and Saving Functions," Unpublished Notes.

Uzawa, H. (1969). "Time Preference and the Penrose Effect in a Two-Class Model of Economic Growth," *Journal of Political Economy*, Vol. 77, pp. 628-652.

第7章　ポートフォリオの理論

金融資産の種類

前章では家計の消費および貯蓄行動を分析した．そのとき，家計の保有することのできる金融資産が1種類，しかも銀行預金であるという前提を設けて議論を展開してきた．しかし，現実に，家計が保有しうる金融資産はさまざまな形態をもっていて，銀行預金は，そのうちで非常に特殊な性格をもっているものである．すなわち，名目的な利子率は事前に確定的であり，また名目的な資産価値には変化がない．たとえば，今期のはじめに1万円預金すれば，期末には同じ1万円の名目的価値をもつと同時に，単位期間に何%かという利子率によって利息支払いがおこなわれるということが，事前にわかっている．しかし，他の金融資産については，必ずしもこのような条件はみたされない．

金融資産を大別すれば，貨幣，貯蓄性預金，債券および株式である．

貨幣(money)は取引決済の一般的手段として使われる金融資産である．具体的には，中央銀行紙幣，硬貨などの現金性貨幣と当座預金(demand deposits)からなる預金性貨幣である．どちらも，取引債務決済のために一般的に通用するものである．もちろん，預金性貨幣は現金性貨幣にくらべて通用に限定があるにせよ，ほとんどの取引決済にほぼ同じように通用する．金融資産としての貨幣の特殊性は，貨幣の名目的価値は保たれるが，利息などの収益は生みださないという点である．

これに反して，上に述べたように貯蓄性預金(time deposits)は，預金利子率にもとづく利息収入とともに名目的な価値保全という性質をもっている．

貨幣をこのように現金と当座預金とに限定するのは，統計的あるいは理論的な考察のさい，現在ほとんど例外なく採用されている定義である．しかし，たとえば，『一般理論』のなかでは，ケインズは多少異なった定義を使用しているのは注目に値するであろう．上の意味での貨幣の他に，きわめて短期(主として3カ月以内)の証券も含まれているからである．ここで使われている貨幣の他に貯蓄性預金もまた貨幣のなかに含まれていると考えてよい．したがって，このような広義の貨幣については，投機的な動機にもとづく貨幣需要もまた当然考慮しなければならなくなる．しかし，貨幣をここでの定義のように狭義に解釈するときには，取引動機にもとづく貨幣需要だけ存在して，投機的な動機にもとづく貨幣保有はありえなくなったのである．このような貨幣保有より貯蓄性預金の方がより大きな収益を必ず生みだすからである．

つぎに債券(bonds)を考えてみよう．債券は年々ある一定の利息が永久に支払われるという，いわゆる確定利付永久債券(perpetuities)だけであるとしよう．しかも，わずかな手数料によって，いつでも売ったり買ったりすることができる，すなわち高い市場性(marketability)が付与されているとする．このような永久債券の単位は，たとえば，支払利息が年々1円であるようなものである．いま，ある時点での債券1枚の市場価格が P_t^B であるとし，それをわずかな期間 $\varDelta t$ だけ保有したとする．もし，利息支払いは連続的におこなわれるとすれば，$\varDelta t$ の期間だけ保有したときには $1 \cdot \varDelta t$ 円だけの支払いがなされる．いま，$t+\varDelta t$ 時点での市場価格を $P_{t+\varDelta t}{}^B$ とすれば，このような債券1枚を $[t, t+\varDelta t]$ という期間だけ保有したときに生ずる収益は利息収入 $1 \cdot \varDelta t$ とキャピタル・ゲイン $(P_{t+\varDelta t}{}^B - P_t^B)$ との和である．

$$1 \cdot \varDelta t + (P_{t+\varDelta t}{}^B - P_t^B).$$

したがって，債券保有によって単位期間に得られる収益は，その市場価値1円当たり，

$$\frac{1}{P_t^B} + \frac{P_{t+\varDelta t}{}^B - P_t^B}{P_t^B}$$

となる．もし，保有期間の長さ $\varDelta t$ が微小であれば，債券保有に対する収益率 ι_t^B は，

$$\iota_t^B = \frac{1}{P_t^B} + \frac{\dot{P}_t^B}{P_t^B}$$

となる．

しかし，債券を購入する時点 t では，そのときの市場価格 P_t^B を知ることができても，$t+\varDelta t$ 時点での市場価格 $P_{t+\varDelta t}{}^B$ を知ることができない．上で使った $P_{t+\varDelta t}{}^B$ は $t+\varDelta t$ 時点の市場価格に対する期待 $(P_{t+\varDelta t}{}^B)^e$ でなければならない．すなわち，つぎのように記さなければならない．

$$\iota_t^B = \frac{1}{P_t^B} + \left(\frac{\dot{P}_t^B}{P_t^B}\right)^e.$$

ここで $(\dot{P}_t^B/P_t^B)^e$ は t 時点で形成された債券の市場価格の上昇率に対する短期的な期待である．

債券の特徴はこのように利息収入は事前に確定しているが，期末における市場価格による評価が不確定的なものであるということである．

これに反して，株式(share)あるいは equity capital といわれる金融資産については，得られる収益は配当とキャピタル・ゲインとであり，どちらも事前には確定的に知ることができない．すなわち，いま，簡単のために，配当支払いは連続的におこなわれるとし，取引手数料は無視することができると仮定する．t 時点での株式の市場価格を P_t^S とし，$t+\varDelta t$ 時点での市場価格に対する期待を $(P_{t+\varDelta t}{}^S)^e$ とする．また，$[t, t+\varDelta t]$ の期間内に支払われる配当に対する期待は年率にして d_t^e であるとすると，株式1株を $[t, t+\varDelta t]$ 期間だけ保有することによって得られる収益は，

$$d_t^e + (P_{t+\Delta t}^{Se} - P_t^S).$$

したがって，株式保有によって得られる単位期間当たりの収穫率 ι_t^S は，

$$\iota_t^S = \frac{d_t^e}{P_t^S} + \left(\frac{\dot{P}_t^S}{P_t^S}\right)^e.$$

ここで，$(\dot{P}_t^S/P_t^S)^e$ は t 時点において形成される株価上昇率に対する(短期的な)期待である．

以上，要約すればつぎのようになる．ここで考察する金融資産は，貨幣，貯蓄性預金，債券，株式の四つである．

貨幣は，取引決済のための一般的な支払手段であって，現金と当座預金との2種類から構成されている．したがって，貨幣保有に対する需要取引動機によるものだけとなる．

貯蓄性預金は，その収益率 ι_t^Z が事前に確定し，また名目的なキャピタル・ゲインもロスも生じないような資産である．

債券はここでは永久債券だけを考えている．利息収入は事前に確定するが，キャピタル・ゲインについては期待が形成されるにすぎない．その収穫率 ι_t^B は利子率 $1/P_t^B$ と期待されるキャピタル・ゲイン率 $(\dot{P}_t^B/P_t^B)^e$ との和となる．

$$\iota_t^B = \frac{1}{P_t^B} + \left(\frac{\dot{P}_t^B}{P_t^B}\right)^e.$$

また，株式または equity capital については，配当収入もキャピタル・ゲインもどちらも不確定的であって，短期的な期待にもとづいて，収穫率 ι_t^S が計算される．すなわち，ι_t^S は期待配当率 d_t^e/P_t^S と期待キャピタル・ゲイン率 $(\dot{P}_t^S/P_t^S)^e$ との和である．

$$\iota_t^S = \frac{d_t^e}{P_t^S} + \left(\frac{\dot{P}_t^S}{P_t^S}\right)^e.$$

いま，金融資産を貨幣とそれ以外の資産——貯蓄性預金，債券，株式——とにわけてみて，後者をたんに金融資産と呼ぶことにしよう．とくに，債券と株式とを一緒にして，一般に，証券(securities)ともいう．このような金融資産の特徴は，まず，政府または企業，ときとしては個人の発行した負債(liabilities)である．と同時に，わずかの取引手数料とわずかの時間的なラグをもって，市場で売買することができるもの，すなわち，市場性の高いものである．したがって，このような金融資産の保有は，利息，配当，キャピタル・ゲインなどからなる収益を求めておこなわれる．その収穫率は，それぞれ金融資産の種類によって異なった公式で計算されることは上に述べた通りである．

金融資産保有の構成——ポートフォリオ

さて，このようなさまざまな金融資産の保有がどのような形でおこなわれるであろうか．この問題については前にもふれたのであるが，ここでは，さらに一般的な立場にたって考察することにしよう．

差し当たって，金融資産としては，貨幣以外の資産を考えることとし，消費財または金融資産の購入にも貨幣の必要がないという前提を設けることにする．また，金融資産の売買は取引手数料なしでおこなわれ，しかも，そのときに時間的なラグは存在しないと仮定される．したがって，資産保有者は，その資産構成を各時点でたえず調整して，もっとも望ましいと思われるポートフォリオをいつももつことができることになる．

上に述べたように，ここでは3種類の金融資産——貯蓄性預金(Z)，債券(B)，株式(S)——を考える．現在時点0で，代表的な家計(あるいは個人)の保有している資産を市場価値で評価したときにA_0円であるとする．ポートフォリオは，貯蓄性預金Z_0，債券B_0，株式S_0であるとすれば，

$$Z_0+P_0^BB_0+P_0^SS_0=A_0,$$

ただし，P_0^B, P_0^Sはそれぞれ債券および株式の市場価格である．

現時点0での預金利子率，配当をそれぞれι_0^Z, d_0とすれば，上のポートフォリオから得られる収入は，

$$\iota_0^ZZ_0+B_0+d_0S_0$$

である．したがって，貨幣賃金をW_0とすれば，

$$W_0+\iota_0^ZZ_0+B_0+d_0S_0$$

が，いま考察している家計の収入となる．この収入は一部消費支出C_0に当てられ，残りは預金の増加Z_0，あるいは債券，株式の購入$P_0^B\dot{B}_0, P_0^S\dot{S}_0$に当てられる．すなわち，

$$C_0+\dot{Z}_0+P_0^B\dot{B}_0+P_0^S\dot{S}_0=W_0+\iota_0^ZZ_0+B_0+d_0S_0 \tag{1}$$

という予算制約式が成立する．

さて，資産保有のポートフォリオが(1)式の制約のもとでどのように選択され，また，収入が消費と資産購入——貯蓄——とにどのように配分されるか，という二つの問題を，家計は解かなければならない．あくまでも現在時点での収入をどのように消費と貯蓄に分けるか，ということであるが，たんに現在の消費だけでなく，将来の消費径路をも考慮して，この問題を考察しなければならない．そこで，現在から将来にわたる計画資産蓄積径路(Z_t, B_t, S_t)と計画消費径路(C_t)を導入する．将来の期待預金利子率，配当率をι_t^Z, d_tとし，また，債券，株式の期待市場価格をP_t^B, P_t^Sとする．将来の時点tでの期待資産額A_tは，

$$A_t=Z_t+P_t^BB_t+P_t^SS_t \tag{2}$$

によって与えられる．

また，期待賃金率をW_tとすれば，t時点で期待される収入は，

$$W_t+\iota_t^ZZ_t+B_t+d_tS_t$$

であるから，つぎの予算制約式が成立しなければならない．

(3)　$$C_t+(\dot{Z}_t+P_t^B\dot{B}_t+P_t^S\dot{S}_t) = W_t+(\iota_t^Z Z_t+B_t+d_tS_t).$$

t 時点での期待物価水準を P_t とすれば，実質消費量 c_t は，

$$c_t = \frac{C_t}{P_t}$$

である．家計の主体的価値基準はこの実質消費径路 (c_t) に関連して定義されるものであったから，上の制約条件(2)，(3)を実質タームに直す必要がある．まず，つぎのような実質量を導入する．

$$\begin{cases} a_t = \dfrac{A_t}{P_t} & \text{実質資産保有額,} \\ z_t = \dfrac{Z_t}{P_t} & \text{実質預金残高,} \\ b_t = \dfrac{P_t^B B_t}{P_t} & \text{実質債券保有額,} \\ v_t = \dfrac{P_t^S S_t}{P_t} & \text{実質株式保有額.} \end{cases}$$

このとき，(2)および(3)式はつぎのように書き表わすことができる．

(4)　$$a_t = z_t+b_t+v_t,$$

(5)　$$c_t+\left(\frac{\dot{Z}_t}{P_t}+\frac{P_t^B\dot{B}_t}{P_t}+\frac{P_t^S\dot{S}_t}{P_t}\right) = w_t+\iota_t^Z z_t+\frac{1}{P_t^B}b_t+\frac{d_t}{P_t^S}v_t,$$

ただし，$w_t=W_t/P_t$ は期待実質賃金率である．

また，

$$\dot{z}_t = \frac{\dot{Z}_t}{P_t}-\frac{\dot{P}_t}{P_t}z_t,$$

$$\dot{b}_t = \frac{P_t^B\dot{B}_t}{P_t}+\left(\frac{\dot{P}_t^B}{P_t^B}-\frac{\dot{P}_t}{P_t}\right)b_t,$$

$$\dot{v}_t = \frac{P_t^S\dot{S}_t}{P_t}+\left(\frac{\dot{P}_t^S}{P_t^S}-\frac{\dot{P}_t}{P_t}\right)v_t$$

である．したがって，

$$\pi_t = \frac{\dot{P}_t}{P_t},\quad \pi_t^B = \frac{\dot{P}_t^B}{P_t^B},\quad \pi_t^S = \frac{\dot{P}_t^S}{P_t^S}$$

と置けば，予算制約式(5)をつぎのように変形することができる．

(6)　$$c_t+(\dot{z}_t+\dot{b}_t+\dot{v}_t) = w_t+(\iota_t^Z-\pi_t)z_t+(\iota_t^B-\pi_t)b_t+(\iota_t^S-\pi_t)v_t,$$

ただし，

$$\iota_t^B = \frac{1}{P_t^B}+\frac{\dot{P}_t^B}{P_t^B},\quad \iota_t^S = \frac{1}{P_t^S}+\frac{\dot{P}_t^S}{P_t^S}$$

はそれぞれ債券および株式保有に対する収穫率である．

さて，$\iota_t^Z-\pi_t$，$\iota_t^B-\pi_t$，および $\iota_t^S-\pi_t$ は預金，債券，株式に対する実質収穫率である．それ

それぞれ $\rho_t^Z, \rho_t^B, \rho_t^S$ と記す．

$$\rho_t^Z = \iota_t^Z - \pi_t, \quad \rho_t^B = \iota_t^B - \pi_t, \quad \rho_t^S = \iota_t^S - \pi_t.$$

予算制約式(6)は結局つぎの形になる．

(7)
$$c_t + \dot{a}_t = w_t + \rho_t^Z z_t + \rho_t^B b_t + \rho_t^S v_t.$$

この式の右辺は，実質所得(real income)の概念に相当するものである．すなわち，各資産の実質価値の減耗を考慮に入れて所得を計算したものである．実質所得を y_t で表わす．必要な制約式をまとめるとつぎのようになる．

(8)
$$a_t = z_t + b_t + v_t,$$

(9)
$$y_t = w_t \rho_t^Z z_t + \rho_t^B b_t + \rho_t^S v_t,$$

(10)
$$\dot{a}_t = y_t + c_t.$$

現時点0で与えられている実質資産残高 a_0 に対して，(8)-(10)の制約条件をみたすような資産蓄積径路 (a_t) が最適(optimum)であるというのは，時間選好順序 P にかんしてもっとも望ましい選好状態をもつ消費径路 (c_t) を生みだすときであると定義する．

最適資産蓄積径路を求める問題は，金融資産の種類が一つであるときに，前二章にわたって詳細な分析をおこなってきた．しかし，ここでは，資産は3種類であって，その分析を直接に適用することはできない．

いま，時間をあらわすsuffix t を省略すると，問題はつぎのようになる．与えられた実質資産残高 a を預金 z，債券 b，株式 v に配分して，

(11)
$$a = z + b + v,$$

最適なポートフォリオ (z, b, v) を求めようというのである．それぞれの金融資産から生ずる収益は，

$$x_1 = \rho^Z z, \quad x_2 = \rho^B b, \quad x_3 = \rho^S v$$

であるが，資産の性格に応じて，その収益はそれぞれ異なった性質をもつものである．したがって，預金，債券，株式からの収益の実質額 x_1, x_2, x_3 のさまざまな組み合わせに対して，資産保有者がある主体的な価値基準をもっていると考え，それが無差別曲線によって表現されていると仮定する．この無差別曲線の効用指標を $U(x_1, x_2, x_3)$ とする．すなわち，二つの収益のcombination (x_1, x_2, x_3) と (x_1', x_2', x_3') とが無差別(indifferent)であるのは $U(x_1, x_2, x_3) = U(x_1', x_2', x_3')$ のとき，またそのときに限るとする．効用指標 $U(x_1, x_2, x_3)$ の値が大きいほど，より選好される収益のパターンとなることは言うまでもないことである．

最適なポートフォリオを選択するという問題は，つぎのような最適な収益のcombination (x_1, x_2, x_3) を求める問題に帰着される．すなわち，資産制約条件

(12)
$$\frac{x_1}{\rho^Z} + \frac{x_2}{\rho^B} + \frac{x_3}{\rho^S} = a$$

のもとで効用関数 $U(x_1, x_2, x_3)$ を最大化するような収益の combination (x_1, x_2, x_3) を求めようとするのである．

ここで，無差別曲線が図 7-1 に示されているように，原点からみて convex であるときには，$U(x_1, x_2, x_3)$ を(12)式のもとで最大にするような (x_1, x_2, x_3) はつねに存在して，一意的に定まる(ただし，図 7-1 では，x_3 軸を省略して，x_1, x_2 だけについて図示してある)．

最適な収益の combination (x_1, x_2, x_3) は，実質資産残高 a，収穫率 ρ^Z, ρ^B, ρ^S の関数となる．

$$x_i = x_i(\rho^Z, \rho^B, \rho^S, a),\quad i = 1, 2, 3.$$

したがって，最適なポートフォリオ (z, b, v) も $\rho^Z, \rho^B, \rho^S, a$ の関数として書き表わされる．

$$z = z(\rho^Z, \rho^B, \rho^S, a),$$
$$b = b(\rho^Z, \rho^B, \rho^S, a),$$
$$v = v(\rho^Z, \rho^B, \rho^S, a).$$

このような資産需要関数はお互いに独立ではなく，資産制約式(11)はいつもみたされていなければならない．

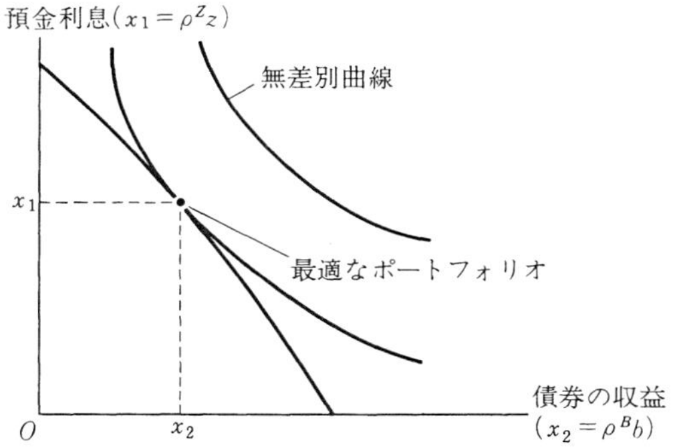

図 7-1　最適なポートフォリオ

このようにして，実質資産残高 a から得られる最適収益額 x は $(\rho^Z, \rho^B, \rho^S, a)$ の関数である．

$$x = x(\rho^Z, \rho^B, \rho^S, a),$$

ただし，

$$x = \rho^Z z + \rho^B b + \rho^S v.$$

無差別曲線が homothetic である，すなわち，限界代替率が (x_1, x_2, x_3) の相対比だけに依存して，その絶対額には無関係であるとすれば，平均収益 $\rho = x/a$ は実質資産残高には無関係となる．

$$x = \rho(\rho^Z, \rho^B, \rho^S)a.$$

以上，簡単のため，無差別曲線が homothetic である場合を考察すれば，実質所得 y_t は，

$$y_t = w_t + \rho_t a_t,$$

のように表わすことができて，平均収穫率 $\rho_t = \rho(\rho_t^Z, \rho_t^B, \rho_t^S)$ は a_t には関係のない率となる.

したがって，最適資産蓄積の問題は(8)-(10)の制約条件のもとで，もっとも望ましい消費径路 (c_t) を求めるという問題に帰着させることができた．この問題に対しては，これまで説明した方法をそのまま適用することができる.

とくに，期待収穫率 $\rho_t^Z, \rho_t^B, \rho_t^S$ が将来の時点 t には無関係である，

$$\rho_t^Z = \rho^Z, \quad \rho_t^B = \rho^B, \quad \rho_t^S = \rho^S$$

とし，それに対する平均収穫率を ρ_0^e とする.

$$\rho_0^e = \rho(\rho^Z, \rho^B, \rho^S).$$

このとき，最適消費水準 c は，このような期待平均収穫率 ρ_0^e と恒常実質所得

$$\hat{y}_0 = \rho^e\left[a_0 + \int_0^\infty w_t e^{-\rho_0^e t} dt\right]$$

との関数となることを前とまったく同じようにして示すことができる．貯蓄関数も同様にして求められる.

$$c_0 = c(\rho_0^e, \hat{y}_0),$$

$$\dot{a}_0 = y_0 - c(\dot{\rho}_0^e, \hat{y}_0),$$

ただし，$y_0 = w_0 + \rho_0 a_0$ は現時点 0 での実質所得である.

現時点での最適なポートフォリオの選択については，多少の修正を必要とする．上に仮定したように，資産保有の構成は，各時点で，コストなしで自由に変更することが可能である．したがって，現時点での最適なポートフォリオは，将来の収穫率に対する期待にもとづいて決定されるものではなく，現時点での収穫率 $\rho_0^Z, \rho_0^B, \rho_0^S$ に関係して求められるものである．平均収穫率 ρ_0 は現在の $\rho_0^Z, \rho_0^B, \rho_0^S$ に対応するもの，$\rho_0 = \rho(\rho_0^Z, \rho_0^B, \rho_0^S)$，であることに留意する必要があるであろう.

以上の議論を要約すれば，つぎのような命題が得られる.

金融資産の種類が貯蓄性預金，債券，株式であるとし，取引手数料その他の取引コストは無視できるとする．主体的時間選好順序は定常的で，またさまざまな金融資産からの収益にかんする無差別曲線は homothetic であると仮定する．現時点 0 での実質資産残高を a_0 とし，実質賃金率を w_0 とする．また，預金，債券，株式から(実質)収穫率を $\rho_0^Z, \rho_0^B, \rho_0^S$ とすると，実質所得 y_0 はつぎのようになる.

$$y_0 = w_0 + \rho_0 a_0,$$

ただし，ρ_0 は $\rho_0^Z, \rho_0^B, \rho_0^S$ に対応する平均収穫率である.

$$\rho_0 = \rho(\rho_0{}^Z, \rho_0{}^B, \rho_0{}^S).$$

さらに，将来の(実質)収穫率に対する期待を $\rho_0{}^{Ze}$, $\rho_0{}^{Be}$, $\rho_0{}^{Se}$ とすると，平均収穫率に対する期待 $\rho_0{}^e$は，

$$\rho_0{}^e = \rho(\rho_0{}^{Ze}, \rho_0{}^{Be}, \rho_0{}^{Se})$$

によって与えられる．また，将来の各時点 t での実質賃金率に対する期待を $w_t{}^e$ とすれば，恒常実質所得 $\hat{y}_0$ は，

$$\hat{y}_0 = \rho_0{}^e\left[a_0 + \int_0^\infty w_t{}^e e^{-\rho_0{}^e t}dt\right]$$

となる．

現時点0での最適実質消費 c_0 および実質貯蓄 $\dot{a}_0$ はつぎのような式で表わされる．

$$c_0 = c(\rho_0{}^e, \hat{y}_0),$$
$$\dot{a}_0 = y_0 - c(\rho_0{}^e, \hat{y}_0).$$

もし，実質賃金の上昇率にかんする期待が一定の率 α_0 であるとき，すなわち，

$$w_t{}^e = w_0 e^{\alpha_0 t}$$

であるときには，恒常実質所得 $\hat{y}_0$ は，

$$\hat{y}_0 = \rho_0{}^e a_0 + \frac{\rho_0{}^e}{\rho_0{}^e - \alpha_0} w_0$$

となる．とくに $\alpha_0 = 0$, $\rho_0{}^e = \rho_0$ のとき，すなわち，実質賃金と収穫率とにかんする期待がともに定常的であるときには，恒常実質所得 $\hat{y}_0$ は現在の実質所得に等しくなる．

さらに，消費径路にかんする時間選好順序が homothetic であるときには，消費の恒常所得に対する弾力性は1となる．すなわち，

$$c_0 = [1 - s(\rho_0{}^e)]\hat{y}_0,$$
$$\dot{a}_0 = (y_0 - \hat{y}_0) + s(\rho_0{}^e)\hat{y}_0.$$

一般に，この修正された平均貯蓄性向 $s(\rho_0{}^e)$ は期待実質収穫率 $\rho_0{}^e$ の増加関数である．

他方，最適なポートフォリオ (z_0, b_0, v_0) は，現在時点での収穫率 $(\rho_0{}^Z, \rho_0{}^B, \rho_0{}^S)$ に依存して定められ，期待収穫率 $(\rho_0{}^{Ze}, \rho_0{}^{Be}, \rho_0{}^{Se})$ に無関係となる．すなわち，

$$z_0 = z(\rho_0{}^Z, \rho_0{}^B, \rho_0{}^S, a),$$
$$b_0 = b(\rho_0{}^Z, \rho_0{}^B, \rho_0{}^S, a),$$
$$v_0 = v(\rho_0{}^Z, \rho_0{}^B, \rho_0{}^S, a).$$

このように，消費水準は将来の実質収穫率(あるいは利子率)に対する期待と恒常実質所得との関数として決定されるという命題が一般に成立する．しかし，資産ポートフォリオの選択は現在の実質資産残高と収穫率とに依存する．消費関数および資産保有に対する需要関数にかんしてのこの命題は，経済循環の動学過程を分析するにあたって，重要な役割を果たすことにな

るであろう．

以上，貯蓄関数と資産選択の問題を，Fisher, Böhm-Bawerk の時間選好理論の枠組みのなかで検討してきた．しかし，金融資産としては，貨幣を除いたものを選択の対象としてきた．これは，貨幣需要が，上に簡単にふれたように，主として取引動機にもとづくもので，他の金融資産とはまったく異なった面をもっていて，分析もまた異なる方法を必要とするからであった．

第8章　企業成長と株価決定の理論

「株価については，ただひとつだけ確かなことがある．それは，変動するということだ」．これは，サミュエルソンが，彼の『経済学——入門的分析』のなかで述べている言葉である[Samuelson(1948)]．またクートナーなどによる研究[Cootner(1964)]に，株価の変動は，まったくランダムであると考えることによって，もっともよく説明することができるというのがある．このように，株式市場における株価の決定の機構を，なんらかの形で，理論的に解明することは不可能なのであろうか．この問題はじつは，最近の経済理論で，もっとも中心的な課題の一つである．企業金融の面で株式市場のもつ重要性はもちろんのこと，そのメカニズムについて，正確な理解なしには，資産市場，金融市場一般についての理論的展開は望めないからである．

アメリカの資本主義制度の中枢が，Wall Street(株式市場)からMadison Avenue(広告業)に移ったとは，最近よく言われることである．しかしながら，アメリカ経済における株式市場のもつ重要性は，必ずしも減少してはいない．むしろ，増加していることは，株式会社組織をもつ法人企業の占める割合が年々上昇していることからも明白であろう．また，総金融資産のなかで，株式のウエートが25%を超え，ポートフォリオの主要部分を占めていることからも類推される．SEC(証券取引市場委員会)による市場制度の運営の公正化もまた株式市場の役割を保つために与るところが大きいであろう．わが国では，株式市場については，株式が総金融資産の25%に近づいているが，市場の運営に多くの問題点が残されており，上のサミュエルソンの言葉は，むしろ，日本の場合により適切であるかもしれない．しかし，いずれにせよ，現代資本主義社会を分析するときに，株式市場を抜きにしては考察することはできない．とくに，経済成長との関連において，この問題の理論的解明が，多くの経済学者の注目を惹いているわけである．

そこで，企業成長の問題と関連づけながら，株式市場における株価決定のメカニズムについて，どのように定式化していけばよいかということを中心に解説してみよう．以下の所論は，あくまでも，試行錯誤の段階をでるものではない．1970年代から現在にかけて長足の進歩をみた株価決定の理論については，『展開篇』にくわしく述べるが，主なものには，Flood and Garber(1980)，Harrison and Kreps(1978)，Kindleberger(1978)，McCallum(1983)，Samuelson(1973)，Shiller(1981)，Tirole(1982)などがあることに言及しておこう．

均衡株価と収穫率

まず，ある一定額の資産をもっている個人を考えてみる．資産保有としては，株式か，または，銀行預金のいずれかの可能性があるとする．差し当たっては，そのどちらでも，収益にともなう不確定さは同程度であるという仮定を設けよう．また，株式にかんする売買手数料はないとし，配当は連続的に支払われ，新株発行は時価でおこなわれるとする．これらの前提は，のちに取り除かれ，さらに，一般的な状況のもとで，議論を進める予定であるが，株価決定のメカニズムの骨子を知るために，もっとも単純な場合からはじめよう．

ある時点で，1株の価格が p_t であるような株式を，一定期間 Δt だけ保有したとすれば，そのときの収益は，配当収入とキャピタル・ゲイン(capital gains)とからなっている．1株当たりの年間配当率を d_t とすれば，配当収入は $d_t\Delta t$ であり，また，期末の株価を $p_{t+\Delta t}$ とすれば，キャピタル・ゲインは $\Delta p_t=p_{t+\Delta t}-p_t$ である．

(1) (1株当たりの収益) = (配当収入)+(キャピタル・ゲイン)

$$= d_t\Delta t+\Delta p_t.$$

一方，銀行預金の利子率を ρ_t とすれば，1株分の資産 p_t を銀行預金にした場合の収益は $p_t(\rho_t\Delta t)$ である．

(2) (利子収入) = $p_t(\rho_t\Delta t)$.

株式保有と銀行預金とからの収益が同程度の不確実さをもっていると仮定したから，1株当たりの収益と利子収入とは等しくなければならない．もし，株式からの収益が利子収入を超えるとすれば，考察の対象としている個人は，その資産をすべて，株式保有という形でもとうとするであろうし，反対の場合には，銀行預金とするであろうからである．

$$p_t(\rho_t\Delta t) = d_t\Delta t+\Delta p_t. \tag{3}$$

この(3)式の両辺を保有期間の長さ Δt で割って，$\Delta t\to 0$ のときの極限をとれば，

$$\rho_t p_t = d_t+\dot{p}_t. \tag{4}$$

ただし，$\dot{p}_t$ は株価の変化，$\dot{p}_t=dp_t/d_t$, である．

あるいは，

$$\rho_t = \frac{d_t}{p_t}+\frac{\dot{p}_t}{p_t}. \tag{5}$$

すなわち，預金利子率 ρ_t は，1円当たりの配当率 d_t/p_t と株価の上昇率 $\dot{p}_t/p_t$ との和に等しい．

この関係は，ex post(事後的)に成立するものである．つまり，期末，$t+\Delta t$ 時点，での株価 $p_{t+\Delta t}$ を知ることができたとすれば，株式保有の収穫率と預金利子との間に均衡条件(5)式が成立しなければならないという意味である．資産保有の形——ポートフォリオ(portfolio)——を決定する時点においては，$t+\Delta t$ 時点での株価 $p_{t+\Delta t}$ を知ることは不可能であって，たかだか，

その時点での株価 p_t，配当率 d_t/p_t，預金利子率 ρ_t を知ることができるにすぎない．むしろ，期末 $p_{t+\Delta t}$ における株価がどのくらいになるであろうか，という期待にもとづいて，ポートフォリオを決定しなければならない．つまり，ex ante(事前的)には，均衡条件(5)式は，株価の期待上昇率 $(\dot{p}_t/p_t)^e$ について成立するものである．

(6)
$$\rho_t = \frac{d_t}{p_t} + \left(\frac{\dot{p}_t}{p_t}\right)^e.$$

(預金利子率) = (配当率) + (株価の期待上昇率)．

期待上昇率 $(\dot{p}_t/p_t)^e$ は，t 時点において，資産保有者が．株価の上昇率がどの程度であるか，現在および過去の市場条件，企業の能力などをもとにして推定するものである．

いまかりに，預金利子率 ρ_t は，株式市場とは独立に決定されるものとし，また，配当率 d_t も企業によって決定されるものとし，少なくとも短期的には外生的であるとする．個人のもっている株価の上昇率にたいする期待は，$[t, t+\Delta t]$ の期間内では，そのときの株価には無関係に定められると仮定する．すなわち，$[t, t+\Delta t]$ の期間内では，将来の株価にたいする期待は過去の実績だけで形成されていて，その期間中の市場株価には，かかわらないとする．この仮定は，market mechanism についての Walras の tâtonnement 的な考察をおこなうときに常に前提とされていることである．しかし，株式市場のように，資産市場を問題とするときには必ずしも妥当ではなく，むしろ，このような市場における調整機能については，誤解を招きやすい前提であることに留意する必要がある．この点についてはのちにふれることとし，差し当たって，以上のような tâtonnement 的な前提の上にたって，考察を進めてみる．

(6)式によって表わされる株式市場の均衡は，つぎのように説明することができる．叙述を簡単にするために，時間を表わす t を省略することとする．図 8-1 は，株価 p を縦軸にとり，横軸に収穫率(rate of return)をはかるとする．配当率 d と株価の期待上昇率 $(\dot{p}/p)^e$ とが所与

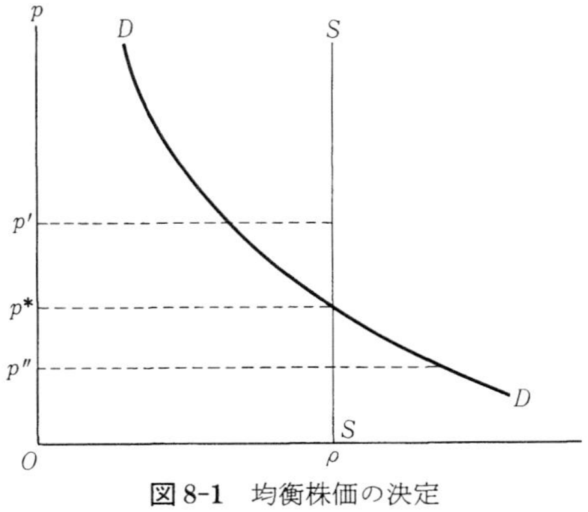

図 8-1　均衡株価の決定

であるとき，株式の収穫率 $d/p+(\dot{p}/p)^e$ は株式 p にのみ依存して定められ，図 8-1 の DD 曲線のように，右下がりの曲線によって表わされる(この場合には双曲線となる)．また，株式保有と alternative な資産保有——銀行預金——の収穫率はその利子率 ρ によって与えられる．したがって，その収穫率曲線は，p 軸からの距離が利子率 ρ に等しいような垂直な直線 SS で表わされる．均衡株価 p^* は，DD 曲線と SS 曲線との交点によって与えられる．均衡株価 p^* が一意的に決定されることは，図から明白である．

もし，株価が p' のように，均衡株価 p^* より高い水準に設定されたとすると，そのときの株式収穫率は利子率 ρ よりも低くなり，人々は株式を売却して，資産を銀行預金の形で保有するようになり，市場株価が低下する方向に動くであろう．そして，その下降は均衡株価 p^* に近づくにつれて，ゆるやかになる．他方，市場価格が p'' のように均衡価格 p^* よりも低い水準に与えられたとすると，株式に対する需要は多くなり，市場株価は上昇する傾向をもつ．このような意味で，均衡価格 p^* は安定的(stable)であるといえる．すなわち，市場価格が均衡価格 p^* より乖離したとき常に，均衡価格 p^* の方向に市場価格の調整がおこなわれる．前にも述べたように，この市場価格の調整過程で，期待上昇率 $(\dot{p}/p)^e$ にまったく変化がないという前提のもとで，均衡価格 p^* の安定性が成立するのである．もし株価の期待上昇率 $(\dot{p}_t/p_t)^e$ が，なんらかの形で，その時点における株価 p_t の水準に関連するときには，市場均衡は必ずしも，安定的とはならない．

(6)式を p について解くと，つぎの式が求められる．

(7)
$$p=\frac{d}{\rho-\left(\frac{\dot{p}}{p}\right)^e}.$$

すなわち，均衡株価 p は，配当率 d を effective な割引率 $\rho-(\dot{p}/p)^e$ に割り引いた現在価値に等しい．

株式市場の均衡条件(6)はさらに，発行株式総額について，書き直すことができる．

t 時点での払込済発行株式数を S_t 株とすれば，その時価総額 V_t は，

(8)
$$V_t=p_tS_t$$

によって与えられる．また配当総額 D_t は，

(9)
$$D_t=d_tS_t$$

であるから，(6)式はつぎのように変形することができる．

(10)
$$\rho_t V_t=D_t+\left(\frac{\dot{p}_t}{p_t}\right)^e V_t.$$

一方，

$$\left(\frac{\dot{p}_t}{p_t}\right)^e V_t=\dot{p}_t^e S_t=\dot{V}_t^e-p_t\dot{S}_t$$

であるから，(10)式はつぎのように表わすこともできる．

(11) $$\rho_t V_t = (D_t - p_t \dot{S}_t) + \dot{V}_t^e.$$

右辺の第１項，$D-p\dot{S}$，は配当総額 D から新株払込金総額 $p\dot{S}$ を差し引いたもの，すなわち，企業から株主全体に対する純支払額を表わすものである．第２項の $\dot{V}^e$ は株価総額の値上がり分を表わすから，右辺は結局，株主全体に帰属する収益となる．

もし，株価総数 V の上昇率に対する期待 $(\dot{V}/V)^e$ が所与のものであるとすれば，(11)式はつぎのように記すこともできる．

(12) $$V_t = \frac{(D_t - p_t \dot{S}_t)}{\rho_t - \left(\dfrac{\dot{V}_t}{V_t}\right)^e}.$$

すなわち，発行済株式の株価総額 V は，株主全体の享受する純支払額 $D-p\dot{S}$ を，effective な割引率 $\rho-(\dot{V}/V)^e$ によって計算した現在価値に等しくなる．

株主全体が受けとる純支払額 $D-p\dot{S}$ はじつは，企業会計上，net cash flow と呼ばれるものと等しくなる．このことを証明するために，つぎのような会計上の恒等式をいくつか考察してみよう．

まず，総売上高 Q から材料費，労務費，経費，販売費および一般管理費など W を差し引いた額が営業損益 R である．

(13) $$R = Q - W.$$

営業損益 R から支払利息 C と租税公課 T など営業外費用を差し引いて経常損益 Π が求められる．

(14) $$\Pi = R - C - T.$$

経常損益 Π の一部は配当金 D として株主に支払われ，残余は，社内留保 M として蓄積される．

(15) $$\Pi = D + M.$$

また，純投資 Φ，すなわち，流動資産および固定資産の増加額は，新株払込金 $p\dot{S}$，流動負債および固定負債の増分 $\dot{\Lambda}$ に内部留保 M を加えたものに等しい．

(16) $$\Phi = p\dot{S} + \dot{\Lambda} + M.$$

ただし，Λ は他人資本，すなわち，流動負債と固定負債との和であり，$\dot{\Lambda}$ はその変化額を表わす．

したがって，(15)式から(16)式を引けば，

(17) $$\Pi - \Phi + \dot{\Lambda} = D - p\dot{S}$$

が求められる．(17)式の左辺は，経常損益から投資を引いたもの，すなわち，純利潤に負債の増加額を加えたもの── net cash flow ──を表わす．

企業の株価総額 V を評価する公式(12)はつぎのようにも書くことができる．

$$V=\frac{\Pi-\Phi+\dot{\Lambda}}{\rho-\left(\frac{\dot{V}}{V}\right)^e}. \tag{18}$$

つまり，net cash flow $\Pi-\Phi+\dot{\Lambda}$ を effective な割引率 $\rho-(\dot{V}/V)^e$ によって評価した企業の現在価値は均衡株価に等しくなることを表わしている．市場均衡では，ある企業の発行する株価総額 V は，その将来の純利益を，適当な割引率で評価したもの——現在価値——にほかならない．

市場均衡条件(18)において，企業の現在価値を求めるためには，effective rate として，ρ から，企業の成長率ともいえる $(\dot{V}/V)^e$ を差し引いたのは，つぎのような事情による．net cash flow $\Pi-\Phi+\dot{\Lambda}$ は，企業の現在価値の成長率 $(\dot{V}/V)^e$ と比例して，増加すると考えれば，その現在価値は，

$$(\Pi-\Phi+\dot{\Lambda})\int_0^{\infty}e^{zt}e^{-\rho t}dt. \tag{19}$$

ただし，$z=(\dot{V}/V)^e$ によって与えられる．したがって，(19)式の積分を計算することによって，(18)式の右辺を導きだすことができる．

均衡株価の公式(18)を書き直して，

$$\rho=\left(\frac{\dot{V}}{V}\right)^e+\frac{\Pi-\Phi+\dot{\Lambda}}{V} \tag{20}$$

となる．すなわち，株式保有の収穫率は，株価総額 V の期待増加率 $(\dot{V}/V)^e$ と，net cash flow・株価比率 $(\Pi-\Phi+\dot{\Lambda})/V$ との和に等しい．

この点において，(18)または(20)式は，通常使用されている株価収益率による基準とは異なるものであり，企業成長率，また，その期待が明示的に導入されている．この点については，のちにふれる機会があるであろう．

株式保有にかんする均衡収穫率

以上，均衡株価の公式(18)を導きだすに当たって，市場構造，または資産保有者の行動について，いくつかの基本的な前提を設けた．そのうち，資産保有者にとって，株式保有によって生ずる収益も，銀行預金からの利子収入も，同程度の不確実さをもっているという仮定は，とくに検討を必要とするであろう．この問題は，一般的には，von Neumann-Morgenstern などによる期待効用仮説にもとづくか，あるいは，Markowitz などの E-V 投資基準を適用して考察されている．ここでは，多少，異なった観点から，最適資産保有の問題を分析し，株式保有についての主観的均衡状態における収穫率を考えてみる．

前項の株価分析において使用された収穫率，あるいは預金利子率はいずれも，実質的な率(real rate)——名目的な率(nominal rate)から一般的な物価の上昇率を引いたもの——である．

したがって，預金利子率についても，物価上昇率にともなう不確実性が生ずる．そこで，株式収穫率と預金利子率とをたんなる risk premium による調整によって関連づけようとすることは，理論的に正当化しがたい．

前章で論じたように，株式保有からの収益(配当プラス capital gains)と銀行預金からの収益(利子)とは，同じ貨幣単位，または実物単位ではかることができても，その不確実性の相違のゆえに異なるものである．資産保有者にとっては，たんに，この二つのタイプの収益の和だけではなく，その構成もまた問題となる．いま，株式保有による収益 X_1 を横軸に，預金利子 X_2 を縦軸にはかるとする(図 8-2)．資産保有者の選好は，AB 曲線，あるいは $A'B'$ 曲線のような無差別曲線によって表わされるであろう．この無差別曲線は，資産保有者のもっている，各資産からの収益の不確実性を，主観的に評価したものである．

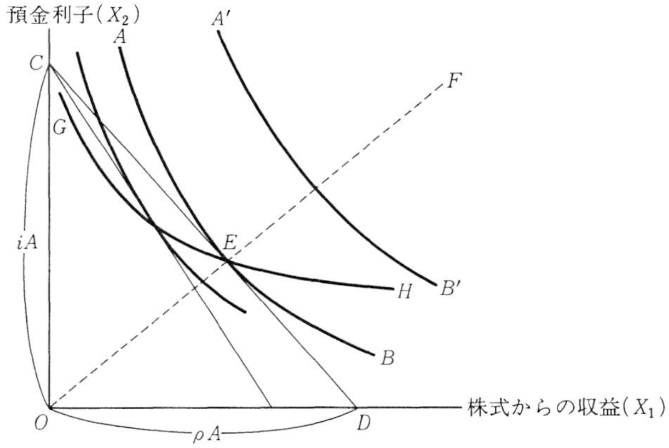

図 8-2　特価収益率の決定

資産保有者の保有資産総額を A とし，そのうち，株式保有を V，預金残高を Λ とすれば，つぎの式が成りたつ．

(21)　$$A = V + \Lambda.$$

また，株式保有の収穫率を ρ，預金利子率を i とすれば，

(22)　$$X_1 = \rho V,\quad X_2 = i\Lambda$$

であるから，(21)式は，

(23)　$$\frac{X_1}{\rho} + \frac{X_2}{i} = A$$

となる

したがって，資産総額 A を，さまざまな形で株式保有と預金とに配分したときその収益 (X_1, X_2) は，図 8-2 の CD 直線— budget line —上にある．

最適な収益 (X_1, X_2) は，この budget line と無差別曲線とが接する点 E によって与えられ

る．すなわち，預金利子と株式からの収益との限界代替率が，それぞれの収益の相対価格 i/ρ に等しくなるような (X_1, X_2) が最適な収益であり，それに対応する株式保有 V と預金残高 Λ とによって与えられるポートフォリオ(portfolio)が最適な資産配分である．

逆に，各々の収益点 (X_1, X_2) について，その点での限界代替率――無差別曲線の勾配――によって，主観的均衡状態における預金利子率 i と株式収穫率 ρ との比が求められる．

いま，株式収穫率 ρ，預金利子率 i に変化なく，資産保有量 A のみが増減するとき，最適なポートフォリオ (V, Λ)，あるいは，それに対応する収益点 (X_1, X_2) の軌跡は，図 8-2 における OF 曲線のように，一般に右上がりの曲線で与えられる．すなわち，株式保有と預金とから生ずる収益は，ともに，下級財ではないと考えても差し支えない．

しかし，株式収穫率 ρ のみが変化して，預金利子率 i および資産保有量 A には変化のない場合，最適な収益点 (X_1, X_2) は，通例，価格・消費曲線と呼ばれるものに対応する曲線 GH 上を動く――収穫率・ポートフォリオ曲線と呼ぶことにしよう――．

収穫率・ポートフォリオ曲線 GH は必ずしも右下がりの曲線では表わされない．収穫率 ρ の上昇によって，預金から株式への代替効果と，実質的な資産保有額 A の増加――所得効果――との二つの効果が働くからである．

いまかりに，銀行預金市場が完全競争的であるとする，すなわち，借入れ利子率も預金利子率もともに市場利子率に等しいとすれば，預金市場の均衡条件は，銀行預金の代数和が 0 になることである．収益にかんする社会的な無差別曲線体系が図 8-3 のようになっているとすれば，銀行預金市場における均衡条件が成立したときの，株式収穫率と預金利子率の比 ρ/i は，OX_1 軸上における無差別曲線の勾配――限界代替率――によって与えられる．

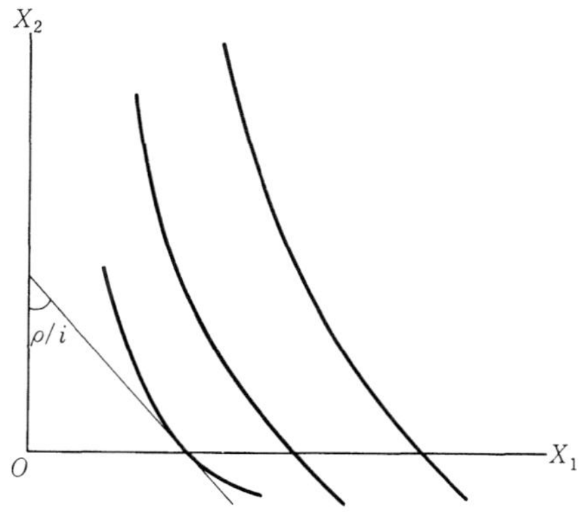

図 8-3 収穫率・ポートフォリオ曲線

もし，収益にかんする無差別曲線体系が homothetic，すなわち，限界代替率が収益比 X_1/X_2 のみによって決定され，その絶対額 X_1, X_2 には無関係であるとすれば，OX_1 軸上での無差別曲線の勾配は一定である．したがって，銀行預金市場が完全競争的な場合には，均衡状態における株式収穫率・預金利子率比 ρ/i は，株式保有額には無関係となり，一定の常数，たとえば，$1+\mu$ となる．すなわち，

$$\frac{\rho}{i} = (1+\mu). \tag{24}$$

この μ，あるいは μi，は通例 risk premium と呼ばれるものである．

以上，株式保有から生ずる収益と，銀行預金からの利子収入をまったく異なった財であるかのように取り扱って分析を進めてきた．そして，株式から収益 X_1 と預金利子 X_2 とにかんして，資産保有者の主観的価値基準をあらわす選好関係，あるいは，無差別曲線を想定して，最適な資産保有の形，ポートフォリオ，を求めてみた．このような前提が果たして，正当化しうるものであるか，否か，さらにくわしい検討を要するであろう．そのために，さきにもふれた von Neumann-Morgenstern，さらには Markowitz あるいは Tobin による資産選択の理論と，ここで展開されたアプローチとの関連をつぎに考察してみよう．

ポートフォリオの理論

前項で解説したポートフォリオ選択の理論は収益アプローチとでもいえるものであった．さまざまな種類の資産からの収益をそれぞれ異なった財であるかのように考えて，無差別曲線分析によって最適なポートフォリオを求めようとするものである．このようなアプローチと，von Neumann-Morgenstern の期待効用仮説や Markowitz-Tobin の E-V アプローチとはどのような関係にあるのであろうか．

von Neumann-Morgenstern の理論は，資産選択の問題に限らず，不確定的な状況における経済的主体の合理的な行動一般を分析するために，重要な考え方の枠組みを提供するものである．1944年に出版された von Neumann と Morgenstern の『ゲームの理論と経済的行動』(*Theory of Games and Economic Behavior*)において展開されたものであるが，のちに，Savage(1947)，Arrow(1951)などの手によって行動主義的な観点から再検討されてきた．前項と同じように，株式保有 V と銀行預金 Λ に限ることとし，その組み合わせ──ポートフォリオ──を，(V, Λ) というような記号で表わす．資産保有者によるポートフォリオ (V, Λ) の選択が，ある整合的な選好基準にもとづいておこなわれるときには，その資産保有者は合理的であると考える．von Neumann-Morgenstern の理論は，合理的な資産保有者が，ある行動基準をみたしていれば，その選択は，ポートフォリオ (V, Λ) からの収益 X の適当な関数 $u(\boldsymbol{X})$ の数学的期待値 $E[u(\boldsymbol{X})]$ を最大にするようなものとなることを示したのである．この関数 $u(\boldsymbol{X})$ は，資産保有者の行動様式から導きだされた関数であって，それを使ってポートフォリオ選択を説明することのできるものである．古典的な効用理論では，収益の効用は，なんらかの実体的充足感をあらわす尺度として考えられた．しかし，von Neumann-Morgenstern の理

論では，合理的行動様式との関連において定義された概念であることに留意する必要がある．

株式保有および銀行預金からの収穫率を $\boldsymbol{\rho}, \boldsymbol{\iota}$ とし，それぞれある確率分布をもつということがわかっているとする．株式保有と銀行預金からの収益 $\boldsymbol{X}_1, \boldsymbol{X}_2$ もそれぞれ確率変数である．

(25) $$\boldsymbol{X}_1 = \boldsymbol{\rho} V, \quad \boldsymbol{X}_2 = \boldsymbol{\iota} \Lambda.$$

したがって収益の期待効用

(26) $$E[u(\boldsymbol{X})] = E[u(\boldsymbol{\rho} V + \boldsymbol{\iota} \Lambda)]$$

は (V, Λ) の関数である．

期待効用仮説にもとづけば最適なポートフォリオ (V, Λ) は，資産制約条件

(27) $$V + \Lambda = A$$

のもとで，期待効用(26)を最大にするものである．

収益率 $\boldsymbol{\rho}, \boldsymbol{\iota}$ の数学的期待値をそれぞれ ρ, ι とすれば，期待収益 X_1, X_2 は，

(28) $$X_1 = \rho V, \quad X_2 = \iota \Lambda$$

となる．したがって，全収益の期待効用は，

(29) $$E[u(\boldsymbol{X})] = E\left[u\left(\frac{\boldsymbol{\rho}}{\rho} X_1 + \frac{\boldsymbol{\iota}}{\iota} X_2\right)\right]$$

のように (X_1, X_2) の関数であると考えられる．期待効用仮説はつぎのように変形することも可能である．すなわち資産制約条件

(30) $$\frac{X_1}{\rho} + \frac{X_2}{\iota} = A$$

のもとで期待効用(29)を最大にするような期待収益 (X_1, X_2) を求め，それに対応する最適なポートフォリオ (V, Λ) を導きだすのである．この定式化は，前項で説明した収益アプローチにほかならない．

Markowitz, Tobin などによる E-V 理論は，期待効用仮説と密接な関係をもつものであるが，必ずしも同一のものではない．ポートフォリオから得られる収益 $\boldsymbol{X}$ が確率変数であると考える点では，期待効用仮説の場合と同様である．しかし，資産選択の基準として，収益の平均値 X とその分散 σ^2 を採用しようとするものである．つまり，平均値 X と分散 σ^2 とのある関数 $g(X, \sigma^2)$ を想定し，資産選択はそれを最大にするように求められるとするのである．もちろん，この基準関数 $g(X, \sigma^2)$ は平均収益 X の増加関数であり，危険を尺度化した分散 σ^2 の減少関数であることはいうまでもないことである．

株式保有および銀行預金からの期待収穫率を ρ, ι とし，その分散をそれぞれ σ_1^2, σ_2^2 とする．

$$\rho = E(\boldsymbol{\rho}), \quad \sigma_1^2 = V(\boldsymbol{\rho}),$$
$$\iota = E(\boldsymbol{\iota}), \quad \sigma_2^2 = V(\boldsymbol{\iota}).$$

ポートフォリオ (V, Λ) からの収益 $\boldsymbol{X}$ について，その期待値 X と分散 σ^2 とを計算すれば

つぎのようになる．

(31)
$$\begin{cases} X = \rho V + \iota \Lambda, \\ \sigma^2 = \sigma_1^2 V^2 + 2\sigma_{12} V\Lambda + \sigma_2^2 \Lambda^2, \end{cases}$$

ただし，σ_{12} は $\boldsymbol{\rho}$ と $\boldsymbol{\iota}$ との共分散である．

したがって，E-V アプローチにおける基準関数 $g(X, \sigma^2)$ は，(31)式を代入すれば，V と Λ との関数となり，基準関数 $g(X, \sigma^2)$ は (X_1, X_2) の関数 $g(X_1, X_2)$ とみなすことができる．E-V アプローチは，結局，

(32)
$$\frac{X_1}{\rho} + \frac{X_2}{\iota} = A$$

という制約条件のもとで，ある基準関数 $g(X_1, X_2)$ を最大にするような期待収益 (X_1, X_2) を求めることに帰着される．

このようにして，期待効用仮説にしても，E-V アプローチにしても，収益アプローチの特殊な場合であるとも考えることができよう．期待収益 (X_1, X_2) にかんする無差別曲線は，

(33)
$$E\left[u\left(\frac{\boldsymbol{\rho}}{\rho}X_1 + \frac{\boldsymbol{\iota}}{\iota}X_2\right)\right] = \text{const.} \quad \text{あるいは} \quad g(X_1, X_2) = \text{const.}$$

であるような (X_1, X_2) の軌跡と考えることができるからである．

しかし，期待収穫率 ρ, ι に変化があるときに，一般には，期待収益 (X_1, X_2) にかんする無差別曲線はシフトする．E-V アプローチについて考察すれば，この無差別曲線がシフトしないための条件は，収益率にかんする危険度 ρ/σ_1，ι/σ^2，および相関係数 $\frac{\sigma_{12}}{\sigma_1\sigma_2}$ が不変であることである．

ポートフォリオ選択の問題は，伝統的には，期待効用仮説にせよ，E-V アプローチにせよ，収益または収穫率についての不確定性を，確率論的に取り扱い，基本的には，von Neumann-Morgenstern の理論を援用するものである．ここでは，収益アプローチをとることによって，確率論的方法をさけることにした．

収益の可能性 (X_1, X_2) とポートフォリオの選択は，個々の資産者の行動を通ずるなり，または，市場のメカニズムを通ずるなりして，原則的には，観測することが可能である．しかし，その背後にある収穫率の確率分布については，特殊なケースを除いては，一般に推定することはできない．さらに，収穫率がはたして確率分布にしたがっているかどうか，検証することは困難であって，主体的な行動を通じては reveal(顕示化)されないものである．

また，ポートフォリオ選択の問題を一般的な貯蓄の理論から考察しようとするときに，ここで展開した収益アプローチが重要な役割を演ずるであろう．しかし，この点についての解説は『展開篇』にゆずりたい．

参考文献

Arrow, K. J. (1951). "Alternative Approaches to the Theory of Choice in Risk-Taking Situations," *Econometrica*, Vol. 19, pp. 404-437.

Cootner, P. H. (1964). *The Random Character of Stock Market Prices*, Cambridge, M. I. T. Press.

Flood, R. P., and P. M. Garber (1980). "Market Fundamentals versus Price-Level Bubbles: The First Tests," *Journal of Political Economy*, Vol. 88, pp. 745-770.

Harrison, J. M., and D. M. Kreps (1978). "Speculative Investor Behavior in a Stock Market with Heterogeneous Expectations," *Quarterly Journal of Economics*, Vol. 92, pp. 323-336.

Kindleberger, C. P. (1978). *Manias, Panics, and Crashes*, New York, Basic Books.

McCallum, B. T. (1983). "On Non-Uniqueness in Rational Expectations Models," *Journal of Monetary Economics*, Vol. 11, pp. 139-168.

Samuelson, P. A. (1948). *Economics : An Introductory Text*, New York, MacGraw-Hill.

—— (1973). "Proof that Properly Discounted Present Values of Assets Vibrate Randomly," *Bell Journal of Economics*, Vol. 4, pp. 369-374.

Savage L. J. (1947). *The Foundations of Statistics*, New York, John Wiley.

Shiller, R. J. (1981). "Do Stock Prices Move Too Much to be Justified by Subsequent Changes in Dividends?", *American Economic Review*, Vol. 71, pp. 421-436.

Tirole, J. (1982). "On the Possibility of Speculation under Rational Expectations," *Econometrica*, Vol. 50, pp. 1163-1181.

第III部　生産の理論

第9章　新古典派的生産関数

第III部の議論を展開する前に，生産関数にかんする一般的な性質について簡単にまとめておきたい．これは，第III部だけでなく，第IV部でも重要な役割を果たすことになるので，ここで整理しておくことにしたが，ほとんどすべての教科書にもふれられているので，とくに内容的に新しいものではない．

まず個別的な生産主体から始めることにする．いまある1種類の産出物を生産しているような企業をとり，生産過程において制約条件となるような生産要素を大別して，物的な生産要素と人的な生産要素に分ける．前者を資本(より正確には実質資本)と呼び，後者を労働と呼ぶことにしよう．産出物の種類が多様であるときにも，相対価格が不変であれば，以下の分析はそのまま適用されることは容易にみることができよう．資本と労働について，それぞれ適当な方法で1種類の，同質なものに還元することができると仮定する．この仮定によって，生産要素は2種類となるが，この前提条件は以下の議論で重要である．

収穫一定の法則

この二つの生産要素，資本と労働が生産過程において制約的となるような希少資源をすべてつくしていたとすれば，一般に収穫一定の法則(law of constant returns to scale)が成り立つと考えてよい．このことは生産関数を使うとつぎのように表現される．いま，資本および労働をそれぞれK, Lだけ投下したときに，産出量Qが得られるとし，その間には，

$$Q = F(K, L)$$

のような関数関係が存在するとする．

収穫一定の法則は，資本および労働の投入量をある一定倍ふやしたときに，産出量も同じ倍数ふえるということによって定義される．生産関数$F(K, L)$にかんして言えば，

(1)　$$F(\lambda K, \lambda L) = \lambda F(K, L) \qquad (\text{すべての } \lambda > 0 \text{ について})$$

が成立するときである．

このとき，生産関数$F(K, L)$は二つの要素に分解されることになる．資本・労働比率(capital-labor coefficient)を，

(2)　$$k = \frac{K}{L}$$

によって定義すれば，

(3)　$$F(K, L) = f(k)L,$$

ただし，$f(k)=F(k,1)$．(1)式で，$\lambda=1/L$ と置けば，(3)式が得られることは容易であろう．

逆に，生産関数 $F(K,L)$ が(3)式のように表現されるときには，収穫一定の法則が成立することも容易にわかる．

労働の投入量 L を限界的に1単位だけふやしたときに，産出量 Q が限界的にどれだけふえるかということによって，労働の限界生産(marginal product of labor)が定義される．すなわち，労働の限界生産は，

$$F_L = F_L(K, L) = \frac{\partial F}{\partial L}$$

によって定義されることになる．以下，本書を通じて，使われる関数について，すべて定義されている範囲内ではいたるところ連続的に2階偏微分可能であるということを仮定する．例外的な場合を除いては，いちいちこの仮定にはふれないことにする．

資本の限界生産(marginal product of capital)についても同じようにして定義される．

$$F_K = F_K(K, L) = \frac{\partial F}{\partial K}.$$

このようにして定義された限界生産は，収穫一定の法則が成立するときには，きわめて単純な形をとることになる．(3)式を L について偏微分し，(2)式を使えば，

$$F_L = \frac{\partial F}{\partial L} = f(k) - kf'(k) \tag{4}$$

となる．すなわち，労働の限界生産は，資本・労働比率 $k=K/L$ のみに依存して，K あるいは L には無関係となる．同じように，資本の限界生産も，

$$F_K = \frac{\partial F}{\partial K} = f'(k) \tag{5}$$

となって，資本・労働比率 k のみの関係となる．

限界代替率逓減の法則

生産過程が，限界代替率逓減の法則(law of diminishing marginal rate of substitution)をみたすというのは，生産関数について表現すれば，その2階の偏微分から構成されたマトリックス── Hessian ──が negative semi-definite であるときとして定式化される．すなわち，

$$\begin{pmatrix} F_{KK} & F_{KL} \\ F_{LK} & F_{LL} \end{pmatrix}$$

について，

$$F_{KK} < 0, \quad F_{LL} < 0, \quad F_{KK}F_{LL} - {F_{KL}}^2 \geqq 0 \tag{6}$$

という条件がみたされるときである．この条件については，くわしいことは数学付論に述べてあるので参照することにして，ここでは，収穫一定の法則が成立するときに，限界代替率逓減

の法則がどのように表現されるかということをみてみよう．このときには，生産関数について2階の偏微分はつぎのような形で表わされることは，(4), (5)からただちに計算できる．

(7)
$$\begin{cases} F_{KK} = f''(k)\dfrac{1}{L}, \quad F_{KL} = -f''(k)k\dfrac{1}{L}, \\ F_{LK} = -f''(k)k\dfrac{1}{L}, \quad F_{LL} = f''(k)k^2\dfrac{1}{L}. \end{cases}$$

したがって，(6)式の条件は，

(8)
$$f''(k) < 0$$

と同じことになる．このような形でみたときに，限界代替率逓減の法則は，普通の意味における資本の限界生産逓減の法則と一致することがわかるであろう．しかし，この同値性は，収穫一定の法則のもとではじめて，妥当するものであることに留意する必要がある．

グラフによる説明

以上の議論は図を使ってみたときに，その経済学的意味がもっと明瞭となるであろう．まず，アイソクォント(iso-quant)から始めよう．図9-1で，縦軸および横軸には，それぞれ資本および労働の投入量をはかる．図の AB 曲線は，産出量がある一定水準 Q になるような資本と労働の投入量，K および L，の組み合わせを表わす．形式的に書けば，AB 曲線は，

$$\{(K, L) : F(K, L) = Q\}$$

によって定義される．これが，産出量 Q に対応するアイソクォントである．一般に，アイソクォントは AB 曲線のように右下がりになっていると仮定されているが，それは，資本および労働の限界生産が正であるということを意味する．

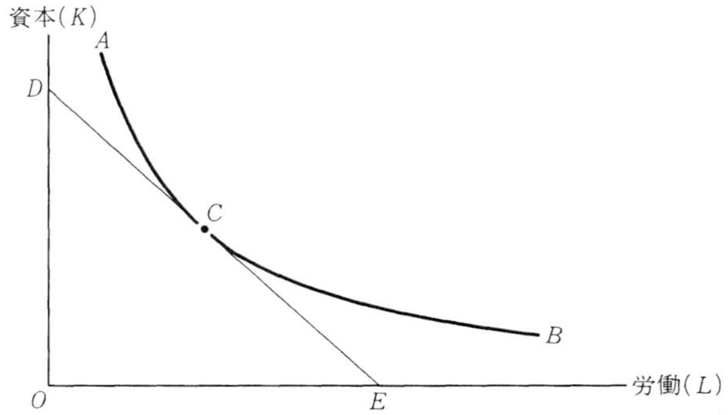

図9-1　アイソクォント曲線

(9)
$$F_K > 0, \quad F_L > 0.$$

収穫一定の法則のもとでは，この(9)はつぎのような条件と同値になる．

$$(10)\qquad f'(k) > 0,\quad f(k) - kf'(k) > 0.$$

生産条件が C 点で表わされているとき，資本と労働の限界代替率(marginal rate of substitution between capital and labor)は，C 点におけるアイソクォントの接線 DE の勾配 (tan $\angle OED$) となる．限界代替率逓減の法則が産出量 Q について成立するというのは厳密に言うと，Q に対するアイソクォントに沿って，労働の投入量が増加するとき(したがって，資本の投入量は減少する)，限界代替率が低くなるということを意味する．つまり，アイソクォント曲線が，AB 曲線のように，原点からみて convex となっているということである．すべての産出量水準に対して，限界代替率逓減の法則が成立しているときが上に述べた場合となるわけである．

限界代替率 MRS を解析的に表わせばつぎのようになる．まず，

$$F(K, L) = Q(\text{一定})$$

の式を微分して，

$$F_K \cdot dK + F_L \cdot dL = 0.$$

したがって，

$$(11)\qquad MRS = \frac{F_L}{F_K}.$$

この MRS が，アイソクォント AB に沿って，労働投入量 L が増加したときに減少するという条件は，つぎのように表現される．すなわち，

$$dK = -\frac{F_L}{F_K}dL$$

のときに，$dL>0$ ならば $d(MRS)<0$．したがって，

$$\frac{F_{LK}F_K - F_LF_{KK}}{F_K{}^2}\left(-\frac{F_L}{F_K}\right) + \frac{F_{LL}F_K - F_LF_{KL}}{F_K{}^2} < 0,$$

あるいは整理して，

$$(12)\qquad \frac{F_{KK}}{F_K{}^2} - 2\frac{F_{KL}}{F_KF_L} + \frac{F_{LL}}{F_L{}^2} < 0.$$

収穫一定の法則のもとでは，(7)式を(12)式に代入すれば，(8)式が得られることが簡単な計算からわかる．しかし，一般の場合にはもう少し複雑である．

収穫一定の法則を図で表現すればどうなるであろうか．それは，アイソクォントが，産出量の増大にともなって相似拡大的になっているということである．別の言葉でいえば，任意に二つのアイソクォント AB, $A'B'$ をとったとき，その勾配は，原点を通る直線上では等しくなっているということである．図 9-2 についていえば，B と B'，あるいは C と C' とでそれぞれ接線が平行となっているということを意味する．したがって，限界代替率は，資本・労働比率 $k=K/L$ によって一意的に決まり，K あるいは L に無関係となることがただちに読みとれる

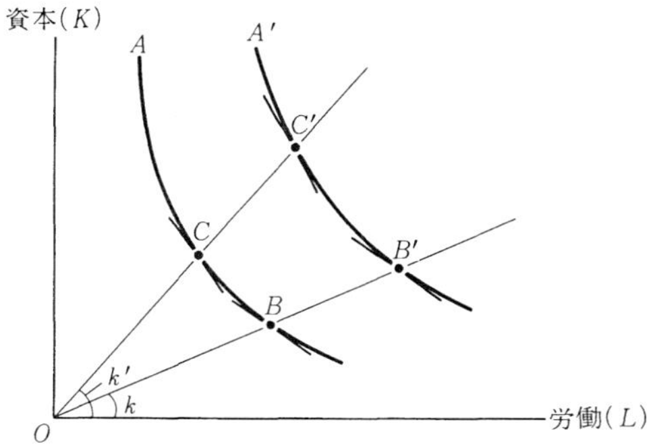

図 9-2　収穫一定の法則

であろう．

このとき，限界代替率 $MRS=M(k)$ はつぎのように表わされる．

$$M(k)=\frac{f(k)-kf'(k)}{f'(k)},$$

あるいは，

(13)
$$M(k)=\frac{f(k)}{f'(k)}-k.$$

この(13)式の表現は，限界代替率 $M(k)$ にかんする基本的な公式である．

限界代替率 $M(k)$ が労働にかんして逓減的であるということは，資本にかんして逓増的であるということを意味する．(13)式を k について微分して，整理すれば，

(14)
$$\frac{dM(k)}{dk}=-\frac{f(k)f''(k)}{[f'(k)]^2}.$$

したがって，(8)式は，

(15)
$$\frac{dM(k)}{dk}>0$$

と同値になることがわかる．

この間の事情を別の角度からみてみよう．図 9-3 は，縦軸に労働投入量単位当たりの産出量 $q=Q/L$ をとり，横軸に資本・労働比率 $k=K/L$ をはかったものである．曲線 OBA は，1人当たりの産出量 q と資本・労働比率 k との間の関数関係

$$q=f(k)$$

を表わしたものである．限界代替率逓減の法則は $f''(k)<0$ という条件がみたされるということを意味するから，この曲線は OBA のように，凹(concave)な形をしている．いま，$OC=k$ となるような C が B に対応しているとき，B における OBA に対する接線が，横軸の負方向と交わった点を D とする．接線 BD の勾配は $f'(k)$ に等しいから，(13)式から明らかなように，OD の長さは限界代替率 $M(k)$ に等しくなる．図からすぐわかるように，資本・労働比

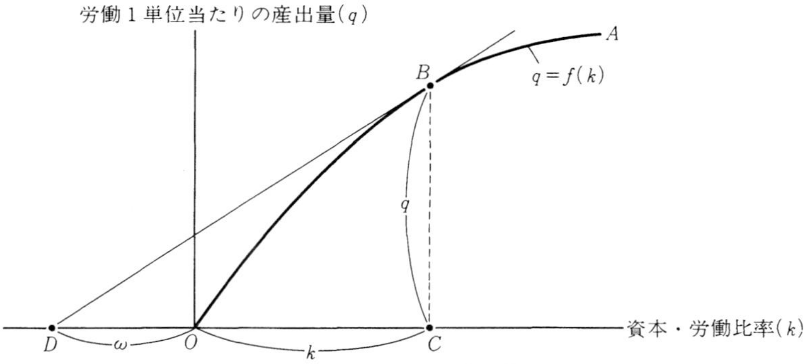

図 9-3 生 産 曲 線

率 k が大きくなって，C が右方に移動するとき，D は左方に動き，限界代替率が大きくなる．

最適資本・労働比率(Optimum Capital-Labor Ratio)

さて，この企業が完全競争の条件のもとで生産活動をおこなっているとしよう．このとき，産出物の価格，資本のレンタル価格，労働に対する賃金はすべて所与の水準にあるとして，企業は利潤を最大にするような生産規模，生産要素の投入量を決定するであろう．それはまた，所与の産出量を生産するために最小の費用をもつ生産要素の結合を選ぶことを意味する．収穫一定の法則のもとでは，産出量1単位当たりの要素費用を最小にするような資本と労働の組み合わせが選ばれることになる．

いま産出物を単位として価格をはかることにし，資本のレンタル価格および労働の賃金をそれぞれ r, w とする．単位費用を最小にするような資本と労働の投入量の組み合わせ (K, L) は，図 9-4 の C 点で示したように，資本と労働の限界代替率が，要素価格比率 $\omega=\dfrac{w}{r}$ に等しくなっているときである．図からただちにわかるように，単位アイソクォント(産出量が単位量

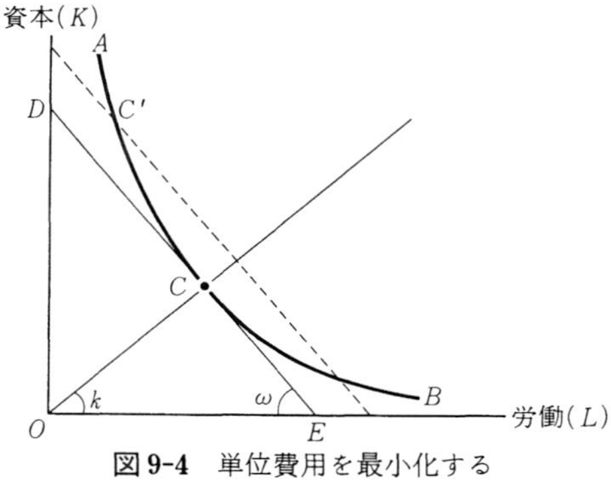

図 9-4 単位費用を最小化する

であるような)上で，C 点以外のたとえば C' 点については，要素費用 $rK+wL$ が必ず大きくなっているからである．このとき，重要な役割を果たすのは，賃金・レンタル価格の比率 $\omega=w/r$ である．賃金・レンタル価格比 ω が与えられるとき，単位アイソクォント上の費用最小点 C は一意的に定まる．このような要素投入の組み合わせを最適である(optimum)と呼ぶことにしよう．しかも，収穫一定の法則が支配しているわけであるから，どのような産出量水準についても，最適な資本と労働の投入量は，産出量に比例してふやす(あるいはへらす)ことにすればよいことになる．つまり，最適な資本・労働投入量は，原点 O と単位アイソクォント上の最適点 C を結ぶ線分上にあるということである．したがって，任意の産出量水準に対応する最適な資本と労働の投入量について，その比率 k は，産出量の水準如何にかかわらず所与の賃金・レンタル価格比 ω のもとでは一意的に定まる．この比率 k を，賃金・レンタル価格比 ω に対応する最適資本・労働比率(optimum capital-labor ratio)と呼び，その間の関係

$$k=k(\omega)$$

のように表示することにしよう．図9-4は，賃金・レンタル価格比 ω に対して，最適資本・労働比率 $k(\omega)$ がどのように対応するかということを示している．要素価格比 ω が高くなれば，最適資本・労働比率 $k(\omega)$ もまた高くなることは図9-4から明らかであろう．この間の関係をスケジュールとして表わしたのが図9-5である．

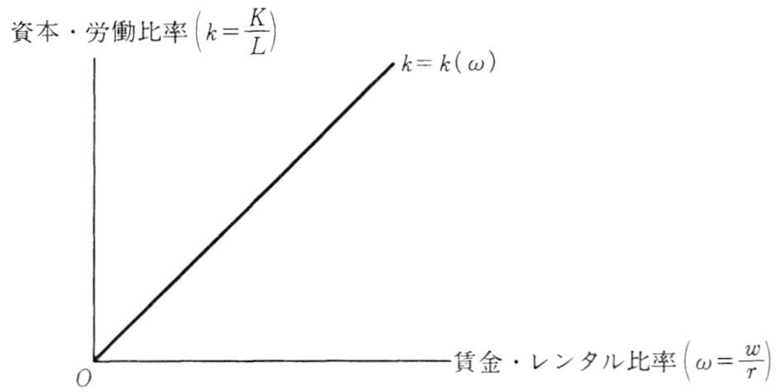

図9-5　最適資本・労働比率のスケジュール

ω が高くなるということは，労働が資本に比べてより高くなることを意味するから，費用を最小化するためには，労働の代わりに資本をより多く使うようにしなければならない．したがって，単位アイソクォント曲線の上で資本と労働の比率が高くなるような方向に動くことになる．このように最適資本・労働比率のスケジュールは，生産過程における資本と労働の代替関係を表現したものになっている．

最適資本・労働比率 $k=k(\omega)$ を解析的に導きだしておこう．最適資本・労働比率 $k=k(\omega)$ は，限界代替率 $M(k)$ と要素価格比 ω とが等しくなるような水準に決まってくるから，基本公式(13)から，

$$(16)\qquad \omega = \frac{f(k)}{f'(k)} - k$$

の解 $k(\omega)$ として解かれることになるわけである．図9-3に即していえば，原点 O から横軸の負の方向に，$DO=\omega$ となるような点 D をとって，D から生産曲線に接線を引き，その接点を C とすれば，C に対応する資本・労働比率 k が最適比率 $k(\omega)$ となる．

(16)式の両辺を ω について微分して，整理すれば，

$$(17)\qquad \frac{dk(\omega)}{d\omega} = -\frac{[f'(k)]^2}{f(k)f''(k)} > 0 \qquad (k = k(\omega)).$$

この(17)式の意味を明らかにするために，代替の弾力性という概念を導入することにしよう．

代替の弾力性(Elasticity of Substitution)

最適資本・労働比率 $k(\omega)$ は賃金・レンタル比率 ω の増加関数であるが，代替の弾力性 σ は，ω が1% 高くなったときに，$k(\omega)$ が何% 上昇したかということによって定義される．

$$(18)\qquad \sigma = \frac{\omega}{k(\omega)}\frac{dk(\omega)}{d\omega} = \frac{d\log k(\omega)}{d\log \omega}.$$

代替の弾力性 σ は，ω または $k=k(\omega)$ に依存するので，$\sigma(\omega)$ あるいは $\sigma(k)$ と記すこともある．

さらに，各生産要素の相対的シェア(relative share)，s_K および s_L，をつぎのように定義する．

$$(19)\qquad \begin{cases} s_K = \dfrac{KF_K}{F} = \dfrac{kf'(k)}{f(k)}, \\[2ex] s_L = \dfrac{LF_L}{F} = \dfrac{f(k)-kf'(k)}{f(k)}. \end{cases}$$

したがって，

$$(20)\qquad s_K + s_L = 1.$$

これはオイラーの関係式に他ならない．

(17)式はこのとき，つぎのように表わすことができる．

$$(21)\qquad -\frac{kf''(k)}{f'(k)} = \frac{s_L}{\sigma} = \frac{1-s_K}{\sigma}.$$

この式はしばしば引用される．

［例1］　コブ=ダグラス関数(Cobb-Douglas Function)

これまで議論してきたことについて，もっとも簡単な例を挙げて解説しよう．それは，Cobb-Douglas関数といわれるものである．この関数はもともとPaul Douglasが，アメリカにおける実質賃金の計測を試みたさいに，統計学者Charles W. Cobbの協力を得て，使ったも

のである．じつはもっと古く Knut Wicksell が用いていたので，Wicksell 関数と呼ぶこともあるが，ここでは慣例にしたがう．

Cobb-Douglas 生産関数は，

$$F(K, L) = AK^{\alpha}L^{1-\alpha} \tag{22}$$

で表わされる．ただし，A も α も定数で $A>0$, $0<\alpha<1$ とする．

(22)で表わされる生産関数は，K と L について一次同次であるから，収穫一定の法則がみたされることは明白である．労働者1人当たりの生産関数は，

$$f(k) = Ak^{\alpha}$$

となる．このとき，

$$f'(k) = \alpha Ak^{\alpha-1} > 0,\quad f''(k) = -\alpha(1-\alpha)Ak^{\alpha-2} < 0$$

となって，限界代替率逓減の法則もまたみたされていることがわかる．

最適資本・労働比率 $k=k(\omega)$ はつぎの方程式を解くことによって求められる．

$$\omega = \frac{1}{\alpha}k - k = \frac{1-\alpha}{\alpha}k.$$

すなわち，

$$k(\omega) = \frac{\alpha}{1-\alpha}\omega. \tag{23}$$

このとき，代替の弾力性 σ は1に等しくなる．

$$\sigma = 1.$$

因みに，Cobb-Douglas 生産関数について，相対的シェアは，

$$s_K = \alpha,\quad s_L = 1-\alpha$$

となって，いずれも定数となる．逆に，Cobb-Douglas 関数は，資本と労働の相対的シェアがどちらも定数となるということによって特徴づけられる．

［例2］ **CES 生産関数**(Constant-Elasticity-of-Substitution Production Function)

Cobb-Douglas 型の生産関数について，代替の弾力性が1という定数になることを示した．それでは，代替の弾力性が定数で，1以外のものがあるであろうか．この問題を解決したのが，Arrow-Chenery-Minhas-Solow の CES 生産関数と呼ばれるものである［第11章］．

代替の弾力性 σ が定数であるときには，(18)式を積分して，

$$\log k - \sigma \log \omega = \text{const.}$$

となる．したがって，

$$\omega = Bk^{\frac{1}{\sigma}} \tag{24}$$

となるような定数 B が存在する．ω の定義式(16)を(24)式に代入すれば，

$$(25)\qquad \frac{f'(k)}{f(k)}=\frac{1}{k+Bk^{\frac{1}{\sigma}}}=\frac{1}{k}-\frac{Bk^{\frac{1}{\sigma}-2}}{1+Bk^{\frac{1}{\sigma}-1}}$$

となる．ここで $\sigma \neq 1$ であるとすれば，(25)式を積分して，

$$(26)\qquad \beta=\frac{1}{\sigma}-1$$

と置けば，

$$\log f(k)=\frac{1}{\beta}\log A+\log k-\frac{1}{\beta}\log(1+Bk^{\beta})=-\frac{1}{\beta}[\log Ak^{-\beta}+\log(1+Bk^{\beta})],$$

ただし，$\log A$ は積分定数である．したがって，

$$(27)\qquad f(k)=(Ak^{-\beta}+B)^{-\frac{1}{\beta}}$$

という関数が求められる．これがCES関数である．もとの生産関数の形に戻すと，

$$(28)\qquad F(K,L)=(AK^{-\beta}+BL^{-\beta})^{-\frac{1}{\beta}},$$

ただし，A, B は正の定数，β は 0 以外の定数である．

このような生産関数について，代替の弾力性を計算することは容易である．

$$(29)\qquad \sigma=\frac{1}{1+\beta}$$

となり，定数であることがわかる．

(27)あるいは(28)式で，$\beta \neq 0$ であるとしたが，じつは，β が 0 に近づくときの極限をとると，容易に計算できるように，

$$(30)\qquad f(k)=Ak^{\alpha}\quad \text{あるいは}\quad F(K,L)=AK^{\alpha}L^{1-\alpha}\qquad (0<\alpha<1)$$

となることがわかる．すなわち，Cobb-Douglas生産関数もCES関数の特別な場合（$\sigma=1$）になっているのである．

もう一つの極限的なケースとして，$\beta=-1$ のときを考えてみよう．このとき，生産関数(28)は，

$$(31)\qquad F(K,L)=AK+BL$$

のように線型となり，(26)式から，

$$(32)\qquad \sigma=+\infty.$$

すなわち，代替の弾力性が無限大ということである．

数学的注意

最適資本・労働比率 $k=k(\omega)$ は(16)式によって定義された．便宜上ここに再記しておこう．

$$(16)\qquad \omega=\frac{f(k)}{f'(k)}-k.$$

この(16)式の意味するところはつぎの通りである．すなわち，要素価格比 ω が与えられたとき，(16)式をみたすような解 k が存在するということである．しかし，(16)式の解 k は一般に

存在するとは限らない．$f'(k)>0$, $f''(k)<0$ という条件のもとでは，もし解が存在すれば一意的に定まるが，解の存在は，ω がつぎの範囲内にあるときに限られる．

$$(33) \qquad \lim_{k\to\infty}\left[\frac{f(k)}{f'(k)}-k\right] < \omega < \lim_{k\to 0}\left[\frac{f(k)}{f'(k)}-k\right].$$

もしかりに，

$$(34) \qquad \lim_{k\to 0} f'(k) = \infty, \quad \lim_{k\to\infty} f'(k) = 0$$

という条件がみたされていれば，すべての $\omega>0$ に対して，(16)式の解 $k=k(\omega)$ は必ず存在して，一意的に定まる．(34)の条件は普通，稲田の条件と呼ばれている．以下の議論では，この点についてはいちいち注意を払わないことにする．すなわち，ω が(33)式の範囲内にあるか，あるいは稲田の条件を仮定するということが暗黙のうちに想定されていると考えて話を進める．

Lemma　生産関数 $Y=F(K,L)$ について，つぎのような諸条件がみたされているとする．

(i)　$F(K,L)$ はすべての $K>0$, $L>0$ に対して定義され，$F(K,L)>0$.

(ii)　$\lim_{L\to 0} F(K,L)=0$, $\lim_{K\to 0} F(K,L)=0$.

(iii)　$F(K,L)$ は一次同次．

(iv)　$F(K,L)$ は K, L にかんして連続微分可能．

(v)　$F_K>0$, $F_L>0$　(すべての $K, L>0$ に対して)．

(vi)　$f(k)=F(k,1)$ と定義したとき，$f(k)$ は2回微分可能で，$f''(k)<0$　(すべての $k>0$ に対して)．

$$(35) \qquad \omega = \frac{f(k)}{f'(k)}-k.$$

すべての $\omega>0$ に対して，必ず(35)式をみたすような $k>0$ が存在して，しかも一意的に定まる．したがって(35)式の解 k を ω の関数として $k=k(\omega)$ と記すことができる．しかも，$\lim_{\omega\to 0} k(\omega)=0$, $\lim_{\omega\to\infty} k(\omega)=+\infty$.

［証明］(35)の左辺を $\phi(k)$ と置く．

$$\phi(k) = \frac{f(k)}{f'(k)}-k.$$

仮定(iv)から $\phi(k)$ はすべての $k>0$ に対して定義され，

$$(36) \qquad \phi'(k) = -\frac{f''(k)f(k)}{[f'(k)]^2} > 0 \qquad (すべての\ k>0).$$

このとき，

$$(37) \qquad \lim_{k\to 0}\phi(k) = 0, \ \lim_{k\to\infty}\phi(k) = +\infty$$

が成立する．

まず，k が有界のとき，

$$f'(k) \geqq A > 0$$

となるような正数 A が存在するから，

$$\frac{f(k)}{f'(k)} \leqq \frac{f(k)}{A}.$$

仮定(ii)によって，

$$0 \leqq \lim_{k\to 0}\frac{f(k)}{f'(k)} \leqq \lim_{k\to 0}\frac{f(k)}{A} = 0.$$

したがって，(37)の第1の関係は証明された．

つぎに，

$$\lim_{k\to\infty}\phi(k) < B$$

となるような B が存在したとしよう．$\phi(k)$ の定義式から，

$$\frac{f(k)}{f'(k)} - k < B \qquad [\phi(k) \text{ は単調増大関数だから}].$$

したがって，

$$\frac{f'(k)}{f(k)} \geqq \frac{1}{k+B} \qquad (\text{すべての } k>0 \text{ について}).$$

この式を積分すれば，

$$\log f(k) \geqq \log C + \log(k+B)$$

となるような正数 C が存在する．

すなわち，

$$f(k) \geqq C(k+B).$$

したがって，

$$\frac{f(k)}{k} \geqq C\left(1+\frac{B}{k}\right).$$

$$\lim_{k\to\infty}\frac{f(k)}{k} \geqq C > 0.$$

ところが，

$$\frac{f(k)}{k} = \frac{F(k,1)}{k} = F\left(1,\frac{1}{k}\right).$$

したがって，

$$\lim_{\frac{1}{k}\to 0}F\left(1,\frac{1}{k}\right) = \lim_{k\to\infty}\frac{f(k)}{k} \geqq C > 0\text{；仮定(ii)に矛盾する．}$$

すなわち，(37)で，もう一つの関係式 $\lim_{k\to\infty}\phi(k) = \infty$ が証明された．したがって，(35)式は，すべての $\omega>0$ に対して必ず解 $k>0$ が存在し，しかも(36)からわかるように一意的に定まる．　　Q.E.D.

第10章　生産理論と双対原理

生産過程の構造は一般に生産関数によって表現される．財も生産要素もともに2種類しかないような場合については，二部門経済分析の枠組みのなかでくわしく説明してきた．ここで，生産要素の数が二つより多いような一般的な場合について，生産関数の理論を展開する．このとき，基本的な役割を果たすのは，双対原理(duality principle)である．本章では，双対原理に焦点を当てながら，生産と費用の理論の基礎的な構造を明確にしたい．

費用関数の概念

ここでは，生産要素が n 種類 $\{1, \cdots, n\}$ あって，生産物は1種類であるような生産モデルを考える．第15章でアクティビティ分析を用いて説明するように，生産過程の構造は，生産要素の投入量と生産物の産出量との間の関係を通じて要約される．産出量の水準 $y \geqq 0$ が任意に与えられたときに，生産物を y だけ生産することが可能となるような生産要素の投入量 $x=(x_1, \cdots, x_n)$ の全体を $A(y)$ で表わす．この集合 $A(y)$ の境界が第9章でひんぱんに用いた産出量 y に対応するアイソクォント(iso-quant)である．

生産関数 $y=f(x)$ が与えられているとき，生産要素集合 $A(y)$ は，

$$A(y) = \{x : x \geqq 0,\ f(x) \geqq y\}$$

によって定義される．

この集合 $A(y)$ にかんしてつぎのような性質がみたされていると仮定する．これらの性質はいずれも，第9章で生産要素が2種類の場合アイソクォントを用いて議論したときに，暗黙裏に前提されていたことである．

(A)　産出量の水準 $y \geqq 0$ に対して，$A(y)$ は，n 次元空間のなかで，非負のベクトル $x=(x_1, \cdots, x_n) \geqq 0$ からなる空でない閉集合である．

(B)　各 $y \geqq 0$ に対して，$A(y)$ は凸集合である．

(C)　単調性がみたされている，すなわち，

$$x \in A(y),\ x' \geqq x \Longrightarrow x' \in A(y) \qquad (y \geqq 0).$$

生産者は，所与の産出量を，最小限の費用で生産できるような生産要素の投入量を選択する．生産要素の市場価格が価格ベクトル $p=(p_1, \cdots, p_n)$ によって表わされているとする．p_i は生産要素 i の市場価格で，$p_i > 0$ $(i=1, \cdots, n)$，すなわち $p>0$ の場合だけを考える．

費用最小化問題

産出量の水準 y を所与として，全費用(total costs) $p\cdot x$ を $x\in A(y)$ のなかで最小にするような生産要素の投入ベクトル $x=(x_1, \cdots, x_n)$ を選ぶ.

上の条件(A)から，このような投入ベクトル $x=(x_1, \cdots, x_n)$ は必ず存在することが示される.このとき，最小化された費用は生産要素の市場価格体系 p と産出量の水準 y とによって一意的に定まる.

(1) $$c(p, y)=\min\{p\cdot x : x\in A(y)\} \qquad (p>0,\ y\geqq 0).$$

定理1 生産要素集合 $A(y)$ が，(A), (B), (C)をみたすとき，(1)によって定義される費用関数 $c(p, y)$ はつぎの条件をみたす.

(A′) $c(p, y)$ はすべての $p>0$, $y\geqq 0$ に対して定義され，$c(p, y)\geqq 0$, かつ，価格ベクトル p にかんして一次同次である.

(B′) $c(p, y)$ は価格ベクトル $p>0$ にかんして concave な関数である.

(C′) $c(p, y)$ は p, y にかんして単調である：$p^1\leqq p^2\Rightarrow c(p^1)\leqq c(p^2)$.

［証明］ (A′), (C′)は自明であろう.(B′)を証明するために，$p^0, p^1>0$ が与えられたとき，$p^\theta=(1-\theta)p^0+\theta p^1$ $(0<\theta<1)$ とする.

$$c(p^0, y)\leqq p^0\cdot x,\quad c(p^1, y)\leqq p^1\cdot x \qquad (x\in A(y)).$$

したがって，

$$(1-\theta)c(p^0, y)+\theta c(p^1, y)\leqq((1-\theta)p^0+\theta p^1)\cdot x \qquad (x\in A(y)).$$

故に，

$$(1-\theta)c(p^0, y)+\theta c(p^1, y)\leqq c(p^\theta, y).$$ Q.E.D.

定理1によれば，生産条件が(A), (B), (C)をみたすとき，費用関数 $c(p, y)$ $(p>0, y\geqq 0)$ は(A′), (B′), (C′)の諸条件をみたす.逆に(A′), (B′), (C′)をみたすような費用関数 $c(p, y)$ がわかっているときに，生産関係 $A(y)$ を見いだすことができるであろうか.この設問に答えるために，費用関数 $c(p, y)$ がわかっているときに，生産要素の投入ベクトルにかんする一つの集合 $A^*(y)$ を定義しておこう.

(2) $$A^*(y)=\{x : p\cdot x\geqq c(p, y)\ \text{がすべての}\ p>0\ \text{に対して成立する}\}.$$

定理2 生産要素集合 $A(y)$ が，(A), (B), (C)をみたしているとする.このとき，任意の産出量水準 $y\geqq 0$ に対して，生産要素集合 $A(y)$ は(2)で定義された $A^*(y)$ と完全に一致する.

［証明］ $(n+1)$ 次元の空間のなかでつぎの集合 S を定義する.

$$S=\left\{\begin{pmatrix}x\\ \beta\end{pmatrix}:\beta=0,\ \ x\geqq 0\quad \text{あるいは}\quad \beta>0,\ \ \frac{x}{\beta}\in A(y)\right\}.$$

この集合 S は，条件(A), (B)から閉集合であって convex cone であることがわかる．

このとき，

$$S^{+}=\left\{\begin{pmatrix}p\\ \alpha\end{pmatrix}:\begin{pmatrix}p\\ \alpha\end{pmatrix}\cdot\begin{pmatrix}x\\ \beta\end{pmatrix}\geqq 0\quad (\text{すべての}\begin{pmatrix}x\\ \beta\end{pmatrix}\in S\text{ について})\right\}$$

と定義すれば，

$$S^{+}=\left\{\begin{pmatrix}p\\ \alpha\end{pmatrix}:p\geqq 0,\ \ \alpha+p\cdot x\geqq 0\quad (\text{すべての } x\in A \text{ について})\right\}.$$

ここで，$c(p,y)$ の定義を $p\geqq 0$ に連続的に拡大して，

$$c(p,y)=\inf_{x\in A(y)}p\cdot x$$

とすれば，

$$S^{+}=\left\{\begin{pmatrix}p\\ \alpha\end{pmatrix}:p\geqq 0,\ \ \alpha\geqq -c(p,y)\right\}$$

となる．

いま S の閉包(closed closure)を $[S]$ で表わせば，

(3) $$[S]=S^{++}.$$

このとき，

$$S^{++}=(S^{+})^{+}=\left\{\begin{pmatrix}x\\ \beta\end{pmatrix}:\begin{pmatrix}x\\ \beta\end{pmatrix}\cdot\begin{pmatrix}p\\ \alpha\end{pmatrix}\geqq 0\ (\text{すべての}\begin{pmatrix}p\\ \alpha\end{pmatrix}\in S^{+}\text{ について})\right\}$$

$$=\left\{\begin{pmatrix}x\\ \beta\end{pmatrix}:\beta=0, x\geqq 0\text{ あるいは }\beta>0, p\cdot\frac{x}{\beta}\geqq c(p,y)\ (\text{すべての } p\geqq 0 \text{ について})\right\}.$$

他方，

$$p\cdot x\geqq c(p,y)\ \ (p>0)\Longleftrightarrow p\cdot x\geqq c(p,y)\ \ (p\geqq 0)$$

だから，

$$S^{++}=\left\{\begin{pmatrix}x\\ \beta\end{pmatrix}:\beta=0,\ \ x\geqq 0\quad \text{あるいは}\quad \beta>0,\ \ \frac{x}{\beta}\in A^{*}(y)\right\}.$$

したがって，

$$A^{*}(y)=A(y).$$ Q.E.D.

費用関数から生産要素集合を導きだす

これまで，生産要素集合 $A(y)$ あるいは生産関数 $f(x)$ が与えられたときに，費用関数 $c(p,y)$ を導きだし，その性質を論じてきた．つぎに，費用関数 $c(p,y)$ から逆に生産要素集合 $A(y)$ を導きだすことができるであろうかという問題を考察しよう．

いま，$c(p, y)$ は価格ベクトル $p=(p_1, \cdots, p_n)>0$ と産出量水準 $y \geqq 0$ に対して定義された関数で，条件 (A′)-(C′) をみたしているとする．

このとき，集合 $A^*(y)$ を(2)によって定義する．

$$A^*(y) = \{x : p \cdot x \geqq c(p, y) \quad (\text{すべての } p > 0 \text{ について})\}.$$

定義2の証明でふれたように，$c(p, y)$ $(p>0)$ を連続的に拡大して，$p \geqq 0$ にまで定義すると，

$$A^*(y) = \{x : p \cdot x \geqq c(p, y) \quad (\text{すべての } p \geqq 0 \text{ について})\}$$

というように書くこともできる．

このように $A^*(y)$ を定義するとき，まず留意しなければならないことは，$A^*(y)$ が空集合でないことである．もしかりに $A^*(y)$ が空集合となるような場合があったとすれば，$c(p, y)$ が p にかんして一次同次であることから，任意の $x>0$ に対して，

$$\lim_{\nu \to \infty} \frac{p^\nu \cdot x}{c(p^\nu, y)} = 0 \tag{4}$$

となるような列 $\{p^\nu ; \nu=1, 2, \cdots\}$, $p^\nu>0$ $(\nu=1, 2, \cdots)$ が存在する．このとき，$p^\nu < \bar{p}$ となるような価格ベクトル $\bar{p}>0$ をとってくると，$c(p, y)$ が $p>0$ にかんして concave であるという仮定(B)から，$c(p^\nu, y) \leqq c(\bar{p}, y) - d \cdot (\bar{p} - p^\nu)$.

ここで，$d=(d_1, \cdots, d_n)=\left(\dfrac{\partial c}{\partial p_1}, \cdots, \dfrac{\partial c}{\partial p_n}\right)$, $d_i=\dfrac{\partial c}{\partial p_i}$ はいずれも $p=\bar{p}$ で評価した値である．$\dfrac{\partial c}{\partial p_i}$ の存在は，同じく仮定(B)からわかるし，また，(C′)から $d_i=\dfrac{\partial c}{\partial p_i} \geqq 0$ $(i=1, \cdots, n)$．また一次同次性(B′)から，

$$c(\bar{p}, y) = d \cdot \bar{p}.$$

したがって，

$$c(p^\nu, y) \leqq d \cdot p^\nu \qquad (\nu = 1, 2, \cdots).$$

故に，

$$\frac{p^\nu \cdot x}{c(p^\nu, y)} \geqq \frac{p^\nu \cdot x}{p^\nu \cdot d} \qquad (\nu = 1, 2, \cdots).$$

ここで，$\mu = \min_i \dfrac{x_i}{d_i}$ とすれば，$x_i>0$, $d_i<+\infty$ から $\mu>0$．かつ，

$$\frac{p^\nu \cdot x}{c(p^\nu, y)} \geqq \mu > 0 \qquad (\nu = 1, 2, \cdots).$$

したがって(4)と矛盾する．

$A^*(y)$ が閉集合であることは定義(2)から明らか．

また，$A^*(y)$ が convex であることも，つぎのようにして証明できる．$x^0, x^1 \in A^*(y)$ とし，$x^\theta=(1-\theta)x^0+\theta x^1$, $0<\theta<1$，とすれば，

$$p \cdot x^0 \geqq c(p, y), \quad p \cdot x^1 \geqq c(p, y) \qquad (p > 0).$$

したがって，$p \cdot x^\theta \geqq c(p, y)$ $(p>0)$．すなわち，$x^\theta \in A^*(y)$．

このようにしてつぎの定理が成立することがわかる．

定理3　費用関数 $c(p, y)$ が(A′), (B′), (C′)をみたすとき，(2)によって定義された集合 $A^*(y)$ は(A), (B), (C)の条件をみたす．

さらにつぎの定理が成立する．

定理4　費用関数 $c(p, y)$ が条件(A′), (B′)をみたすとする．(2)によって定義された集合 $A^*(y)$ からつぎの関数を導きだす．

(5)　$$c^*(p, y) = \min\{p \cdot x : x \in A^*(y)\} \qquad (p > 0).$$

このとき，$c^*(p, y) \equiv c(p, y)$ となる．

［証明］（$n+1$）次元の空間のなかで，集合 R をつぎのように定義する．

$$R = \left\{\begin{pmatrix} p \\ \alpha \end{pmatrix} : p \geqq 0, \ \ \alpha \geqq -c(p, y)\right\}.$$

(A′), (B′)によって，この集合 R は開集合で，convex cone となることがわかる．したがって，convex cone にかんする双対定理を使って，

$$R^{++} = [R].$$

ここで，

$$R^+ = \left\{\begin{pmatrix} x \\ \beta \end{pmatrix} : \begin{pmatrix} p \\ \alpha \end{pmatrix} \cdot \begin{pmatrix} x \\ \beta \end{pmatrix} \geqq 0 \text{ がすべての } \begin{pmatrix} p \\ \alpha \end{pmatrix} \in R \text{ について成立する}\right\},$$

$$R^{++} = \left\{\begin{pmatrix} p \\ \alpha \end{pmatrix} : \begin{pmatrix} p \\ \alpha \end{pmatrix} \cdot \begin{pmatrix} x \\ \beta \end{pmatrix} \geqq 0 \text{ がすべての } \begin{pmatrix} x \\ \beta \end{pmatrix} \in R^+ \text{ について成立する}\right\},$$

また $[R]$ は R の閉包(closed closure)である．

したがって，

$$R^+ = \left\{\begin{pmatrix} x \\ \beta \end{pmatrix} : \beta = 0, \ \ x \geqq 0 \ \ \text{あるいは} \ \ \beta > 0, \ \ \frac{x}{\beta} \in A^*(y)\right\},$$

$$R^{++} = \left\{\begin{pmatrix} p \\ \alpha \end{pmatrix} : p \geqq 0, \ \ \alpha \geqq -p \cdot x \ \text{ がすべて } x \in A^*(y) \text{ について成立する}\right\}.$$

したがって，任意の $p>0$ に対して，$c^*(p, y) = c(p, y)$．　Q.E.D.

生産要素集合 $A(y)$ が産出量 y の変化にともなってどのように変わるかということにかんしては，一般につぎのような性質がみたされていると仮定して議論が展開される．

(D)　単調性　$y^1 < y^2 \Rightarrow A(y^1) \supsetneqq A(y^2)$.

(E)　上半連続性　$x^\nu \in A(y^\nu)$, $\nu = 1, 2, \cdots$ であって，$\lim_{\nu\to\infty} x^\nu = x^0$, $\lim_{\nu\to\infty} y^\nu = y^0$ が存在すれば，$x^0 \in A(y^0)$ となる．

このとき，費用関数 $c(p, y)$ についてもつぎの条件が対応する．

(D′)　単調性　　$y^1 < y^2 \Longrightarrow c(p, y^1) < c(p, y^2)$　$(p>0)$.

(E′)　上半連続性　　$\lim_{\nu\to\infty} y^\nu = y^0 \Longrightarrow \lim_{\nu\to\infty} c(p, y^\nu) \leqq c(p, y^0)$　$(p>0)$.

このとき生産関数 $y=f(x)=f(x_1, \cdots, x_n)$ を定義することができる．すなわち，生産要素投入ベクトル $x=(x_1, \cdots, x_n) \geqq 0$ に対して，

(6)
$$y = f(x) = f(x_1, \cdots, x_n) = \sup\{y' : x \in A(y')\}.$$

いま，$A(0)=\{x : x \geqq 0\}$ と仮定すれば，$\{y' : x \in A(y')\}$ は空集合ではなく，また必ず有界となるから，(6)の定義は意味をもつ．

このようにして定義された生産関数 $y=f(x)$ について，つぎのような性質がみたされる．

(A″)　$y=f(x)$ はすべて $x \geqq 0$ に対して定義され，上半連続である．

(B″)　$y=f(x)$ は quasi-concave である．

(C″)　$y=f(x)$ は x にかんして単調増大である．

(E″)　$y=f(x)$ は $x \geqq 0$ にかんして上半連続である．

参 考 文 献

Arrow, K. J., H. B. Chenery, B. S. Minhas, and R. M. Solow (1961). "Capital-Labor Substitution and Economic Efficiency," *Reviw of Economics and Statistics*, Vol. 43, pp. 225-250.

Samuelson, P. A. (1947). *Foundations of Economic Analysis*, Cambridge, Harvard University Press.

Shephard, R. W. (1953). *Cost and Production Functions*, Princeton, Princeton University Press.

Uzawa, H. (1964). "Duality Principles in the Theory of Cost and Production," *International Economic Review*, Vol. 5, pp. 216-220. Reprinted in *Preference, Production, and Capital : Selected Papers of Hirofumi Uzawa*, New York, Cambridge University Press, 1988.

第11章　代替の弾力性

生産の理論で，さまざまな生産要素の間の代替関係はある意味では，もっとも基本的な役割を果たす．それはたんに理論的な観点だけからではなく，生産関数の推定というようなすぐれて計量経済学的な視点からみても中心的な概念となっている．このような点から，代替の弾力性が定数であるような場合に，生産関数が具体的にどのような形をしているかという問題を考察するのはきわめて興味深いことのように思われる．

生産要素が2種類しかないときに，代替の弾力性については，第9章でくわしく説明したが，ここで定義だけ繰り返しておこう．ここでは記号を多少変えて，生産要素 $\{1, 2\}$ の投入量を (x_1, x_2) で表わし，$f(x_1, x_2)$ を生産関数とする．生産過程は収穫一定の法則にしたがい，限界生産は常に正で，生産要素間の限界代替率は逓減的であると仮定する．生産関数 $f(x_1, x_2)$ についていえば，$f(x_1, x_2)$ は常に正で，一次同次かつ単調増大で，strictly quasi-concave である．以下では $f(x_1, x_2)$ はまた，連続2回微分可能であると仮定する．第9章に述べたように，代替の弾力性 σ は，

$$(1) \qquad \sigma = \frac{f_{x_1}f_{x_2}}{ff_{x_1x_2}} = \frac{f_1(x_1, x_2)f_2(x_1, x_2)}{f(x_1, x_2)f_{12}(x_1, x_2)}$$

によって定義される．ここで例の通り，

$$f_1 = f_{x_1} = \frac{\partial f}{\partial x_1}, \quad f_2 = f_{x_2} = \frac{\partial f}{\partial x_2}, \quad f_{12} = f_{x_1x_2} = \frac{\partial^2 f}{\partial x_1 \partial x_2}, \quad \text{etc.}$$

とする．

代替の弾力性 $\sigma = \sigma(x_1, x_2)$ は一般に，生産要素の投入量 x_1, x_2 に依存して変わるものであるが，ここで問題としたいのは，$\sigma(x_1, x_2)$ は x_1, x_2 の如何にかかわらず一定の値 σ をとるときに生産関数 $f(x_1, x_2)$ がどのような形をしているときであろうかということである．この設問に対して，最初に解答を与えたのは有名なアロー＝チェネリー＝ミンハス＝ソロー論文[Arrow, Chenery, Minhas, and Solow(1961)]である．この論文から，代替の弾力性が一定であるような生産関数(production function with constant elasticity of substitution)がCES生産関数と呼ばれるようになった．

代替の弾力性 σ が一定であるような生産関数 $f(x_1, x_2)$ のもっとも簡単な例としては，

$$(2) \qquad f(x_1, x_2) = Ax_1{}^{\alpha}x_2{}^{1-\alpha} \qquad (A > 0,\ 0 < \alpha < 1),$$

$$(3) \qquad f(x_1, x_2) = (A_1x_1{}^{-\beta} + A_2x_2{}^{-\beta})^{-\frac{1}{\beta}} \qquad (A_1, A_2 > 0,\ \beta \neq 0,\ \beta > -1)$$

が挙げられる．(2)はいわゆるコブ=ダグラス関数であるが，代替の弾力性 $\sigma=1$ となることは明白であろう．(3)の形についても代替の弾力性 $\sigma=\frac{1}{1+\beta}$ となって，一定であることがただちにわかる．

代替の弾力性を計算するためには，定義(1)を別の表現に変えておこなうと便利である．$F(x_1, x_2)=\log f(x_1, x_2)$ と置けば，$F_i=\frac{f_i}{f}$ $(i=1, 2)$，$F_{12}=\frac{f_{12}}{f}-\frac{f_1f_2}{f^2}=\frac{f_{12}}{f}-F_1F_2$.

したがって，$\sigma=\frac{f_1f_2}{ff_{12}}=\frac{F_1F_2}{F_{12}+F_1F_2}$ あるいは $\frac{1}{\sigma}=\frac{F_{12}}{F_1F_2}+1$.

(2)の例の場合には，$F=\log A+\alpha\log x_1+(1-\alpha)\log x_2$.

$$F_1=\frac{\alpha}{x_1},\quad F_2=\frac{1-\alpha}{x_2},\quad F_{12}=0 \Longrightarrow \sigma=1.$$

(3)の例の場合には，$F=-\frac{1}{\beta}\log(A_1x_1^{-\beta}+\mathrm{A}_2x_2^{-\beta})$.

$$F_i=\frac{A_ix_i^{-\beta-1}}{A_1x_1^{-\beta}+A_2x_2^{-\beta}}\quad(i=1, 2),\qquad F_{12}=\frac{\beta A_1A_2x_1^{-\beta-1}x_2^{-\beta-1}}{(A_1x_1^{-\beta}+A_2x_2^{-\beta})^2}.$$

したがって，$\sigma=\frac{1}{1+\beta}$.

［問題］ (2)の例は，(3)で，$\beta\to 0$ のときの極限となる．

(3)の形はもともと新古典派経済成長理論の文脈で，ソローによって導入された[Solow (1956)]．アロー=チェネリー=ミンハス=ソロー論文では，代替の弾力性 σ が定数のとき，生産関数は必ず(2)あるいは(3)の形をしていなければならないことが示されたのである．

代替の弾力性概念の一般化

生産要素の数が二つより多いときに代替の弾力性 σ が一定であるような生産関数がどのような形をしているかという問題を考察する前に，代替の弾力性の概念を一般の場合に明確にしておかなければならない．生産要素の数が二つより多いときに，代替の弾力性についてはいくつかの異なった定義が使われてきた．そのなかで，アレンによって導入された partial elasticity of substitution という概念がもっとも取り扱いやすいように思われる[Allen (1938), pp. 503-509]．ここではもっぱらアレンの概念を使って議論を進めることにしよう．

生産要素の数が n であって，要素投入量を $x=(x_1, \cdots, x_n)$ で表わし，生産関数を $f(x)=f(x_1, \cdots, x_n)$ とする．生産関数 $f(x)$ は，すべての $x>0$ について定義され，単調増大で，一次同次，かつ strictly quasi-concave であるとする．さらに連続 2 回微分可能であると仮定する．

二つの生産要素 i, j $(i\neq j)$ の間の代替の弾力性 $\sigma_{ij}=\sigma_{ij}(x)$ はアレンによればつぎのように定義される．

(4)
$$\sigma_{ij} = \frac{x_1 f_1 + \cdots + x_n f_n}{x_i x_j} \frac{F_{ij}}{F}.$$

ここで，

$$f_i = \frac{\partial f}{\partial x_i},\quad f_{ij} = \frac{\partial^2 f}{\partial x_i \partial x_j} \qquad (i, j = 1, \cdots, n),$$

$$F = \det\begin{pmatrix} 0 & f_1 & \cdots & f_n \\ f_1 & f_{11} & \cdots & f_{1n} \\ \vdots & \vdots & & \vdots \\ f_n & f_{n1} & \cdots & f_{nn} \end{pmatrix}$$

で，F_{ij} は行列式 F で，f_{ij} 要素の余因子である．

(5)
$$\sigma_{ij} = \sigma_{ji} \qquad (i, j = 1, \cdots, n).$$

アレンの代替の弾力性概念の意味を明確にするために，定義(4)を費用関数を用いて書き直してみよう．

生産要素の価格を $p=(p_1, \cdots, p_n)$ で表わす．$p_1, \cdots, p_n>0$ とする．産出量 $f(x_1, \cdots, x_n)$ が単位量であるような生産要素の投入量 $x=(x_1, \cdots, x_n)$ のうちで，費用

$$p\cdot x = \sum_{i=1}^{n} p_i x_i$$

が最小になるような投入ベクトル x は一意的に定まる[$f(x_1, \cdots, x_n)$ が strictly quasi-concave であると仮定したから]．このベクトルを，

$$x = x(p) = (x_1(p), \cdots, x_n(p)),\ f(x(p)) = 1$$

と置く．このときの費用

$$\lambda = \lambda(p) = \sum_{i=1}^{n} p_i x_i(p)$$

が単位費用関数である．

最適投入量 $x_i(p)$ はすべての $p>0$ に対して定義され，0 次同次で，strictly quasi-convex，さらに連続 2 回微分可能となる．さらに，$x_i(p)>0$ $(p>0)$ でかつ，連続 3 回微分可能であると仮定して，以下の議論を進める．

単位費用最小の問題は，ラグランジュ形式

$$L = \sum_i p_i x_i + \lambda(1 - f(x_1, \cdots, x_n))$$

の極点を求めることによって解くことができる．ここで λ はラグランジュ乗数とする．したがって，

$$\begin{cases} f(x_1, \cdots, x_n) = 1, \\ \lambda f_i = p_i. \end{cases}$$

この式を微分して，

$$\begin{pmatrix} 0 & f_1 & \cdots & f_n \\ f_1 & f_{11} & \cdots & f_{1n} \\ \vdots & \vdots & & \vdots \\ f_n & f_{n1} & \cdots & f_{nn} \end{pmatrix} \begin{pmatrix} d\lambda \\ dx_1 \\ \vdots \\ dx_n \end{pmatrix} = \begin{pmatrix} 0 \\ \frac{1}{\lambda}dp_1 \\ \vdots \\ \frac{1}{\lambda}dp_n \end{pmatrix},$$

$$\frac{\partial x_i}{\partial p_j} = \frac{F_{ij}}{\lambda F}, \quad \sum_i f_i x_i = 1, \quad \lambda = \sum_i p_i x_i.$$

したがって，$\sigma_{ij} = \dfrac{\lambda \dfrac{\partial x_i}{\partial p_j}}{x_i x_j}$ $(i \neq j)$.

さて，$\lambda = \lambda(p_1, \cdots, p_n)$ を単位費用関数とすれば，つぎの双対関係が成立する．

$$x_i = x_i(p) = \frac{\partial \lambda}{\partial p_i} \qquad (i = 1, \cdots, n),$$

$$\frac{\partial x_i}{\partial p_j} = \frac{\partial^2 \lambda}{\partial p_i \partial p_j} \qquad (i, j = 1, \cdots, n).$$

これらの双対関係については，第10章で展開した議論がそのまま適用される．さらに生産理論の枠組みのなかでの定式化については第15章でも議論する．

したがって，代替の弾力性 σ_{ij} はつぎのように書ける．

(6)
$$\sigma_{ij} = \frac{\lambda \dfrac{\partial^2 \lambda}{\partial p_i \partial p_j}}{\dfrac{\partial \lambda}{\partial p_i}\dfrac{\partial \lambda}{\partial p_j}} \qquad (i \neq j).$$

ここで，$\Lambda = \Lambda(p) = \log \lambda(p)$ と置く．このとき，

$$\frac{\partial \Lambda}{\partial p_i} = \frac{1}{\lambda}\frac{\partial \lambda}{\partial p_i}, \quad \frac{\partial^2 \Lambda}{\partial p_i \partial p_j} = \frac{1}{\lambda}\frac{\partial^2 \lambda}{\partial p_i \partial p_j} - \frac{1}{\lambda^2}\frac{\partial \lambda}{\partial p_i}\frac{\partial \lambda}{\partial p_j},$$

あるいは，

$$\frac{1}{\lambda}\frac{\partial \lambda}{\partial p_i} = \frac{\partial \Lambda}{\partial p_i}, \quad \frac{1}{\lambda}\frac{\partial^2 \lambda}{\partial p_i \partial p_j} = \frac{\partial^2 \Lambda}{\partial p_i \partial p_j} + \frac{\partial \Lambda}{\partial p_i}\frac{\partial \Lambda}{\partial p_j}.$$

したがって，

(7)
$$\sigma_{ij} = \frac{\dfrac{\partial^2 \Lambda}{\partial p_i \partial p_j}}{\dfrac{\partial \Lambda}{\partial p_i}\dfrac{\partial \Lambda}{\partial p_j}} + 1 \qquad (i \neq j),$$

あるいは，

(8)
$$\frac{\partial^2 \Lambda}{\partial p_i \partial p_j} = (\sigma_{ij} - 1)\frac{\partial \Lambda}{\partial p_i}\frac{\partial \Lambda}{\partial p_j} \qquad (i \neq j).$$

この公式はのちに重要な役割を果たすことになろう．

アロー=チェネリー=ミンハス=ソローのCES関数の一般化

生産要素の数が n のとき，代替の弾力性が一定であるような生産関数の候補として，アロー=チェネリー=ミンハス=ソローのCES関数をそのまま n 次元の場合に一般化したものが考えられる．

$$(9)\qquad f(x) = f(x_1, \cdots, x_n) = (\alpha_1 x_1^{-\beta} + \cdots + \alpha_n x_n^{-\beta})^{-\frac{1}{\beta}}$$
$$(\alpha_1, \cdots, \alpha_n > 0,\ \beta > -1).$$

この関数は，すべての $x>0$ にかんして定義され，単調増大，一次同次で，strictly quasi-concave となることはただちにわかる．このとき，単位費用関数は，

$$(10)\qquad \lambda(p) = \lambda(p_1, \cdots, p_n) = A(\alpha_1^{\sigma} p_1^{1-\sigma} + \cdots + \alpha_n^{\sigma} p_n^{1-\sigma})^{\frac{1}{1-\sigma}}$$

となることが簡単な計算からわかる．ただし，$A>0$ は適当な定数で，

$$\sigma = \frac{1}{1+\beta}.$$

このとき，公式(7)を使って計算すれば，

$$\sigma_{ij} = \sigma \qquad (i \neq j).$$

すなわち，(9)のような形をもつ生産関数 $f(x_1, \cdots, x_n)$ にかんして，その代替の弾力性 σ_{ij} はすべて等しく，定数 σ である．

逆に，ある生産関数 $f(x_1, \cdots, x_n)$ について，その代替の弾力性 σ_{ij} がすべて等しく，定数 σ であるとき，生産関数は(9)のような形をしているということがわかる．

［証明］　第10章で説明した双対原理によれば，単位費用関数 $\lambda(p)=\lambda(p_1, \cdots, p_n)$ が，(10)のような形をしているということを示せばよい．$\sigma=1$ のときには，(8)式から $\Lambda(p_1, \cdots, p_n)$ は additive でなければならない．したがって，

$$\lambda(p_1, \cdots, p_n) = A' p_1^{\alpha_1'} \cdots p_n^{\alpha_n'}$$

となるような $A'>0, \alpha_1'>0, \cdots, \alpha_n'>0$ が存在する．

$\sigma \neq 1$ のときには，新しい変数

$$z = \lambda^{1-\sigma}, \quad u_i = p_i^{1-\sigma}$$

を導入すれば，

$$\frac{\partial^2 z}{\partial u_i \partial u_j} = 0 \qquad (i \neq j).$$

しかも $z=z(u_1, \cdots, u_n)$ は $(u_1, \cdots, u_n)$ にかんして一次同次であるから z は $(u_1, \cdots, u_n)$ の一次関数となって，$\lambda(p_1, \cdots, p_n)$ が(10)式のような形をしていなければならないことがわかる．

Q.E.D.

CES関数の一般化

代替の弾力性 σ_{ij} が定数で，しかも異なる値をもつような生産関数が存在するであろうか．この設問に答えるために，つぎのような考察をおこなってみよう．

生産要素の集合 $\{1, \cdots, n\}$ の分割 $\{N_1, \cdots, N_S\}$ を考える．ここで $\{N_1, \cdots, N_S\}$ が分割であるというのは，各 N_s は空集合ではなく，$\{1, \cdots, n\}=N_1\cup\cdots\cup N_S$, $N_s\cap N_t=\phi$ (空集合) $(s\neq t)$ という条件がみたされるときを指す．

このとき，ベクトル x, p もまたこの分割 $\{N_1, \cdots, N_S\}$ に対応して部分ベクトルに分けることができる．

$$x=(x^{(1)}, \cdots, x^{(S)}),$$

ここで，$x^{(s)}$ は x_i $(i\in N_s)$ から構成されるベクトル．$p=(p^{(1)}, \cdots, p^{(S)})$ についても同様である．

つぎのような生産関数 $f(x)$ を定義する．

$$f(x) = \prod_{s=1}^{S} f^{(s)}(x^{(s)})^{\rho_s}. \tag{11}$$

ここで，

$$f^{(s)}(x^{(s)}) = \left(\sum_{i\in N_s} \alpha_i x_i^{-\beta_s}\right)^{-\frac{1}{\beta_s}} \tag{12}$$

であって，$\alpha_i, \beta_s, \rho_s$ は，

$$\alpha_i > 0,\ \ \beta_s \neq 0,\ \ \beta_s > -1,\ \ \rho_s > 0,\ \ \sum_{s=1}^{S}\rho_s = 1$$

をみたすような定数である．

(11)式によって定義された生産関数が，すべての $x=(x_1, \cdots, x_n)>0$ について定義され，正の値をとり，単調増加，一次同次，かつ strictly quasi-concave であることは明白であろう．

このとき，単位費用関数 $\lambda(p)$ もまた簡単な計算によって導きだすことができる．すなわち，

$$\lambda(p) = a\prod_{s=1}^{S}[\lambda^{(s)}(p^{(s)})]^{\rho_s}. \tag{13}$$

ここで，$a>0$ は正の定数で，

$$\lambda^{(s)}(p^{(s)}) = \left(\sum_{i\in N_s} \alpha_i^{\sigma_s} p_i^{1-\sigma_s}\right)^{\frac{1}{1-\sigma_s}} \tag{14}$$

は $f^{(s)}(x^{(s)})$ に対応する単位費用関数であって，

$$\sigma_s = \frac{1}{1+\beta_s} \qquad (s=1, \cdots, S).$$

したがって，

$$\Lambda(p) = \log\lambda(p) = \log a + \sum_{s=1}^{S}\rho_s\Lambda^{(s)}(p^{(s)}),$$

$$\Lambda^{(s)}(p^{(s)}) = \log \lambda^{(s)}(p^{(s)}) = \frac{1}{1-\sigma_s}\log\left(\sum_{i\in N_s}\alpha_i^{\sigma_s}p_i^{1-\sigma_s}\right).$$

代替の弾力性 σ_{ij} を公式(7)によって計算すれば，

(15)
$$\sigma_{ij} = \begin{cases} 1, & i\in N_s,\ j\in N_t,\ s\neq t, \\ \sigma_s, & i, j\in N_s. \end{cases}$$

以上の議論をまとめて，つぎの定理の形にしておこう．

定理1　$\{N_1, \cdots, N_S\}$ を $\{1, \cdots, n\}$ の任意の分割とする．$\alpha_i, \beta_s, \rho_s$ は定数で，つぎの条件をみたす．

$$\alpha_i > 0\ \ (i=1, \cdots, n), \qquad \beta_s \neq 0,\ \ \beta_s > -1,\ \ \rho_s > 0,\ \ \sum_{s=1}^{S}\rho_s = 1\ \ (s=1, \cdots, S).$$

生産関数 $f(x)$ をつぎのように与える．

(16)
$$f(x) = \prod_{s=1}^{S} f^{(s)}(x^{(s)})^{\rho_s},$$

(17)
$$f^{(s)}(x^{(s)}) = \left(\sum_{i\in N_s}\alpha_i x_i^{-\beta_s}\right)^{-\frac{1}{\beta_s}} \qquad (s=1, \cdots, S).$$

このとき，代替の弾力性 σ_{ij} はすべて定数であって，

(18)
$$\sigma_{ij} = \begin{cases} 1, & i\in N_s,\ j\in N_t,\ s\neq t, \\ \sigma_s, & i, j\in N_s, \end{cases}$$

ただし，$\sigma_s = \dfrac{1}{1+\beta_s} \neq 1\ \ (s=1, \cdots, S)$．

じつは，ここで構成した生産関数の類型が，代替の弾力性がすべて定数であるような生産関数をすべてつくしている．すなわち，つぎの定理が成立する．

定理2　生産関数 $f(x)=f(x_1, \cdots, x_n)$ がすべての $x=(x_1, \cdots, x_n)>0$ について定義され，正の値をとり，単調増加，一次同次で，strictly quasi-concave であるとする．さらに，3次の偏微分が存在し，連続であると仮定する．もし，代替の弾力性 σ_{ij} $(i\neq j)$ がすべて定数であるとすれば，$\{1, \cdots, n\}$ の分割 $\{N_1, \cdots, N_S\}$ が存在し，代替の弾力性 σ_{ij} の間には(18)の関係が成立し，生産関数は(16)の形をしている．ただし，

$$\beta_s = \frac{1}{\sigma_s}-1 \qquad (s=1, \cdots, S).$$

［証明］　まず，(18)が成立するような $\{1, \cdots, n\}$ の分割 $\{N_1, \cdots, N_S\}$ が存在するということを示そう．そのために，(8)式を p_k について偏微分して，再び(8)式を使うと，

(19)　$$\frac{\partial^3 \Lambda}{\partial p_k \partial p_i \partial p_j} = (\sigma_{ij}-1)\left\{\frac{\partial^2 \Lambda}{\partial p_k \partial p_i}\frac{\partial \Lambda}{\partial p_j} + \frac{\partial^2 \Lambda}{\partial p_k \partial p_j}\frac{\partial \Lambda}{\partial p_i}\right\}$$

$$= (\sigma_{ij}-1)\{(\sigma_{ik}-1)-(\sigma_{jk}-1)\}\frac{\partial \Lambda}{\partial p_i}\frac{\partial \Lambda}{\partial p_j}\frac{\partial \Lambda}{\partial p_k} \qquad (i, j, k \neq).$$

i と k を交換すると,

(20)　$$\frac{\partial^3 \Lambda}{\partial p_i \partial p_k \partial p_j} = (\sigma_{kj}-1)\{(\sigma_{ki}-1)-(\sigma_{ji}-1)\}\frac{\partial \Lambda}{\partial p_k}\frac{\partial \Lambda}{\partial p_j}\frac{\partial \Lambda}{\partial p_k}.$$

$\sigma_{ik}=\sigma_{ki}\ (i \neq k)$, $x_i=\frac{\partial \lambda}{\partial p_i}>0$, さらに, $\frac{\partial^2 \Lambda}{\partial p_i \partial p_j \partial p_k}$ は偏微分の順序に無関係だから[ヤングの定理!], (19)と(20)から,

(21)　$$(\sigma_{ik}-1)(\sigma_{ij}-\sigma_{kj}) = 0 \qquad (i, j, k \neq).$$

いま, $\{1, \cdots, n\}$ で二項関係～をつぎのように定義する.

(22)　$$i \sim k \iff i = k \quad \text{あるいは} \quad i \neq k,\ \sigma_{ik} \neq 1.$$

このとき, この二項関係～についてつぎの性質がみたされている.

(i)　$i \sim i$,

(ii)　$i \sim j \Longrightarrow j \sim i$,

(iii)　$i \sim j, j \sim k \Longrightarrow i \sim k$.

(i), (ii)は定義(22)から明らか. (iii)はつぎの性質から簡単に導きだされる.

(23)　i, j, k が異なるとき, $i \sim j,\ j \sim k \Longrightarrow \sigma_{ij} = \sigma_{jk} = \sigma_{ik} \neq 1.$

[証明]　i, j, k は異なるから, $\sigma_{ij} \neq 1$, $\sigma_{jk} \neq 1$. (21)式から,

$$(\sigma_{ij}-1)(\sigma_{ik}-\sigma_{jk}) = 0,$$
$$(\sigma_{jk}-1)(\sigma_{ij}-\sigma_{ik}) = 0.$$

したがって, $\sigma_{ik}=\sigma_{jk}$, $\sigma_{ij}=\sigma_{ik}$.　　Q.E.D.

この二項関係～は $\{1, \cdots, n\}$ について定義され, (i)-(iii)の条件をみたすから, つぎのような性質をもつ $\{1, \cdots, n\}$ の分割 $\{N_1, \cdots, N_S\}$ を導きだすことができる.

(24)　$i \sim j \iff i, j \in N_s$ となるような s が存在する.

したがって,

(25)　$$\sigma_{ij} = 1 \qquad (i \in N_s,\ j \in N_t,\ s \neq t).$$

また, (23)から, $\sigma_s>0$, $\sigma_s \neq 1$ $(s=1, \cdots, S)$ が存在して,

(26)　$$\sigma_{ij} = \sigma_s \qquad (i, j \in N_s)$$

となる. (25), (26)から(18)の条件がみたされることがわかる.

(8), (18)から,

(27)　$$\frac{\partial^2 \Lambda}{\partial p_i \partial p_j} = \begin{cases} 0 & (i \in N_s,\ j \in N_t,\ s \neq t), \\ (\sigma_{ij}-1)\dfrac{\partial \Lambda}{\partial p_i}\dfrac{\partial \Lambda}{\partial p_j} & (i, j \in N_s,\ i \neq j). \end{cases}$$

したがって，S 個の関数 $\Psi^{(1)}(p^{(1)}), \cdots, \Psi^{(S)}(p^{(S)})$ が存在して，

$$\Lambda(p) = \sum_{s=1}^{S} \Psi^{(s)}(p^{(s)}),$$

$$\frac{\partial^2 \Psi^{(s)}}{\partial p_i \partial p_j} = (\sigma_s - 1)\frac{\partial \Psi^{(s)}}{\partial p_i}\frac{\partial \Psi^{(s)}}{\partial p_j} \qquad (i, j \in N_s,\ i \neq j).$$

このとき，
$$\varphi^{(s)}(p^{(s)}) = e^{\Psi^{(s)}(p^{(s)})}$$
とすれば，

$$\lambda(p) = \prod_{s=1}^{S} \varphi^{(s)}(p^{(s)}), \tag{28}$$

$$\varphi^{(s)}\frac{\partial^2 \varphi^{(s)}}{\partial p_i \partial p_j} = \sigma_s \frac{\partial \varphi^{(s)}}{\partial p_i}\frac{\partial \varphi^{(s)}}{\partial p_j} \qquad (i, j \in N_s,\ i \neq j). \tag{29}$$

ここで，
$$\varphi^{(s)} \longrightarrow (\varphi^{(s)})^{1-\sigma_s}, \quad p_i \longrightarrow p_i^{1-\sigma_s} \qquad (i \in N_s)$$
という変換をとって，単位費用関数 $\lambda(p)$ が同次であるということを考慮に入れると，

$$\varphi^{(s)}(p^{(s)}) = \left(\sum_{i \in N_s} \alpha_i p_i^{1-\sigma_s}\right)^{\frac{1}{1-\sigma_s}}, \quad \alpha_i > 0 \ (i \in N_s), \quad s = 1, \cdots, S.$$

したがって，単位費用関数 $\lambda(p)$ は(16)のような形となり，双対原理を適用することによって，生産関数が(16)の形となることが示された．　Q.E.D.

参 考 文 献

Allen, R. G. D. (1938). *Mathematical Analysis for Economists*, London, Macmillan.

Arrow, K. J., H. B. Chenery, B. S. Minhas, and R. M. Solow (1961). "Capital-Labor Substitution and Economic Efficiency," *Review of Economics and Statistics*, Vol. 43, pp. 225-250.

Hicks, J. R. (1932). *The Theory of Wages*, London, Macmillan.

Lerner, A. P. (1933-34). "Notes on the Elasticities of Substitution," *Review of Economic Studies*, Vol. 1, pp. 39-44 and pp. 68-71.

Robinson, J. (1933). *The Economics of Imperfect Competition*, London, Macmillan.

Samuelson, P. A. (1947). *Foundations of Economic Analysis*, Cambridge, Harvard University Press.

Shepherd, R. W. (1953). *Cost and Production Functions*, Princeton, Princeton University Press.

Solow, R. M. (1956). "A Contribution to the Theory of Economic Growth," *Quarterly Journal of Economics*, Vol. 70, pp. 65-94.

Uzawa, H. (1964). "Duality Principles in the Theory of Cost and Production," *International Economic Review*, Vol. 5, pp. 216-220. Reprinted in *Preference, Production, and Capital : Selected Papers of Hirofumi Uzawa*, New York, Cambridge University Press, 1988.

第12章　技術革新の中立性

技術革新の中立性

技術革新は生産関数ないしは生産アイソクォントのシフトという形をとって現われる．このとき，技術革新の中立性という概念が基本的な役割を果たす．この中立性の概念はこれまでいくつかの異なった基準にもとづいて定義されてきた．それはもっぱら，どのような目的のために中立性概念が使われているかによって異なる．静学的な状況に適用するために使われるのが普通ヒックス中立性(Hicks neutrality)で，動学的問題に適用するのがハロッド中立性(Harrod neutrality)である．

技術革新の分類基準にかんして最初の重要な業績はヒックスによっておこなわれた[Hicks (1932)]．ヒックスの分類は，技術革新によって，生産要素に対する報酬がどのように変化するかという問題に焦点を当てて，分配率が不変に保たれるような技術革新を中立的と定義したのであった．これがヒックス中立性の概念であるが，その後，ハロッドが1937年に，経済成長という動学的な視点から，ヒックスの概念を再検討し，新しい中立性基準を導入した．いわゆるハロッド中立性というのは，経済革新が起きても，利子率が一定ならば，資本係数(＝資本・産出量比率)が一定の水準に保たれるというものであった[Harrod(1937)]．ハロッド中立性の意味はさらに，ジョーン・ロビンソンによって明らかにされた[Joan Robinson(1937-38)]．ハロッド中立的な技術革新は，労働の効率性が資本・労働比率の如何にかかわらず一様に上昇するような場合に合致するということをジョーン・ロビンソンがたくみな幾何学的方法によって示した．

第27章でみるように，1950年代に新古典派的経済成長理論が展開されるにともなって，技術革新の問題が一つの中心的な課題となってきたが，ソロー[Solow(1956)]，スワン[Swan (1956)]のモデルに典型的にみられるように，もっぱらヒックス中立的な技術革新の場合が取り上げられた．ヒックス中立性の概念はもともと静学的なものであって，経済成長というすぐれて動学的な状況には必ずしも適切な概念とは言いがたい．この章ではハロッド中立性に焦点を当てながら，技術革新と経済成長の問題について基本的な事項を説明することにしたい．

生産要素は，資本と労働の2種類であるとし，どちらも同質的な単位によってはかられ，それぞれ K, L という形で表わすことができるものとする．各時点 t における集計的生産関数 $Y=F(K, L, t)$ とし，資本 K と労働 L を使って得られる最大の実質国民所得 Y を表わす．収穫一定の法則と限界代替率逓減の法則にしたがうと仮定する．$F(K, L, t)$ について一次同次，strictly quasi-concave，かつ，F_K, F_L は常に正であるとする．

ヒックス中立性

技術革新がヒックスの意味で中立的であるというのは，資本・労働比率が一定のとき生産関数のシフト $F(K,N,t)$ によって表わされる資本の限界生産と労働の限界生産の比率が変わらないときである．資本の限界生産の方が労働の限界生産に比して高くなるような技術革新を資本偏向的(capital biased)といい，逆の場合には労働偏向的(labor biased)という．

ヒックス中立性についてくわしく分析するために，労働1人当たりの集計的生産関数

(1)
$$y = f(k, t), \quad y = \frac{Y}{L}, \quad k = \frac{K}{L}$$

[ここで $f(k,t) = F(k,1,t)$]

について，ヒックス中立性の意味を考えてみよう．

このとき，労働および資本の限界生産 w, r はそれぞれつぎのように表わすことができる．

(2)
$$w = f(k,t) - kf_k(k,t), \quad r = f_k(k,t).$$

集計的生産関数にかんする新古典派的な条件は，

(3)
$$f(k,t) > 0, \quad f_k(k,t) > 0, \quad f_{kk}(k,t) < 0 \qquad (k>0,\ t \geqq 0)$$

となる．ここで，$f_k = \frac{\partial f}{\partial k}$，$f_{kk} = \frac{\partial^2 f}{\partial k^2}$．

コブ=ダグラス関数 $F(K,L,t) = A(t)K^{\alpha(t)}L^{1-\alpha(t)}$，$A(t)>0$，$0<\alpha(t)<1$，については，

(4)
$$f(k,t) = A(t)k^{\alpha(t)}.$$

$f(k,t)$ によって表わされる技術革新がヒックスの意味で中立的であるというのは，k が不変のときに，

$$\frac{f(k,t) - kf_k(k,t)}{f_k(k,t)}$$

もまた不変となるときである．すなわち，限界代替率が t に無関係となるということを意味する．したがって，

$$\frac{f_k(k,t)}{f(k,t)} = h(k) \qquad (k>0,\ t \geqq 0)$$

となるような関数 $h(k)$ が存在する．この両辺を積分して，

(5)
$$f(k,t) = A(t)g(k) \qquad (k>0,\ t \geqq 0)$$

となるような $A(t), g(k)$ が存在することがわかる．

(5)を $F(K,L,t)$ に戻すと，

(6)
$$F(K,L,t) = A(t)G(K,L) \qquad (K, L>0,\ t \geqq 0)$$

[$G(K,L) = Lg(k)$，$k = K/L$ とする]．

逆に，技術革新 $F(K,L,t)$ が(6)のような形で表わされるときには，限界代替率について

$F_L/F_K = G_L/G_K$ となって，時間 t には無関係となり，ヒックスの意味で中立的となることがわかる．以上の議論を要約すれば，

定理1 $F(\mathrm{K}, L, t)$ によって表わされる技術革新がヒックスの意味で中立的であるために必要にして十分な条件は，

$$F(K, L, t) = A(t)G(K, L) \qquad (K, L > 0,\ t \geqq 0)$$

となるような $A(t) > 0$, $G(K, L)$ が存在することである．このとき，$F(K, L, t)$ は分解可能(decomposable)であるという．

技術革新がコブ=ダグラス関数(4)の形をとっているとき，ヒックス中立性は，$\alpha(t)$ が一定，$\alpha(t) \equiv \alpha$，という条件によって特徴づけられる．

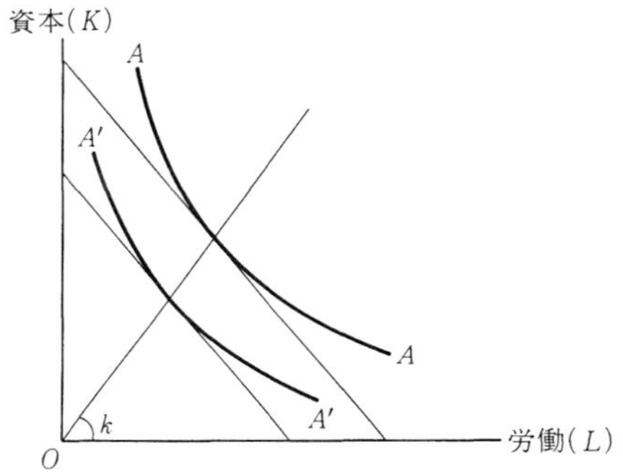

図12-1 ヒックス中立的な技術革新

図12-1は，ヒックス中立性を生産アイソクォントによって表現したものである．縦軸および横軸は，それぞれ資本および労働の投入量をはかる．AA 曲線および $A'A'$ 曲線をそれぞれ技術革新の前と後における(ある一定産出量水準に対応する)アイソクォントとする．ヒックス中立性は，資本・労働比率が一定のとき，限界代替率(アイソクォントの接線の勾配)が不変であることを意味する．すなわち，原点を通る直線上では，AA 曲線と $A'A'$ 曲線の勾配が常に等しくなることを意味するから，生産関数が分解可能でなければならない．

ハロッド中立性

$F(K, L, t)$ によって表わされる技術革新がヒックスの意味で中立的であるというのは，利子率が一定のときに，資本係数が時間 t を通じて一定であるときとして定義される．所与の利子率水準 r に対して，最適な資本・労働比率 $k=k(r, t)$ は，資本の限界生産が利子率 r に等しいような水準として定義される．1人当たりの集計的生産関数 $f(k, t)$ を用いて表現すれば，$k(r, t)$ は，

$$f_k[k(r, t), t] = r$$

をみたすような資本・労働比率である．このとき，1人当たりの最適産出量 $y(r, t)$ および資本係数 $x(r, t)$ はつぎのようにして決められる．

(7) $$y(r, t) = f[k(r, t), t], \quad x(r, t) = \frac{k(r, t)}{y(r, t)}.$$

ハロッドの意味で中立的な技術革新は，このような文脈でいえば，最適な資本係数 $x(r, t)$ が時間 t には無関係となるときである．逆に，限界代替率逓減の法則が成り立つときには，資本係数 x が一定のとき，それに対応する資本の限界生産 f_k が時間 t に無関係となるということによってハロッド中立性を特徴づけることができる．

図12-2はハロッド中立性を1人当たりの生産曲線について示したものである．OA 曲線および OA' 曲線はそれぞれ技術革新の前と後における1人当たりの生産曲線を資本・労働比率 k との関係で示す．このとき，原点を通る直線上 B, B' で，それぞれ OA 曲線，OA' 曲線に対する接線の勾配が常に等しくなっているときに，技術革新はハロッドの意味で中立的となる．

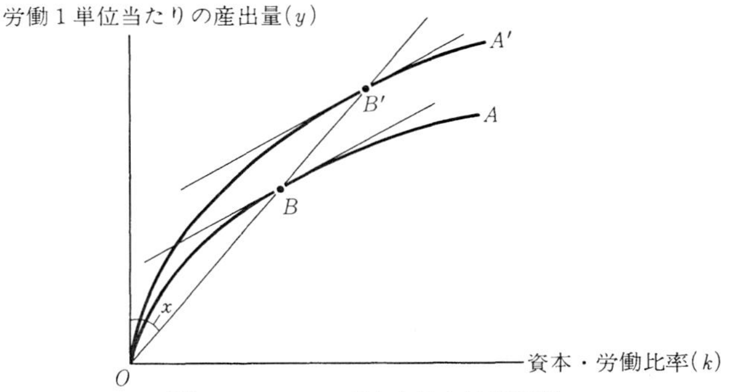

図12-2　ハロッド中立的な技術革新

ハロッド中立的な技術革新の構造を明らかにするのがつぎの定理である．最初にジョーン・ロビンソンによって解明されたもので，普通ジョーン・ロビンソンの中立性命題と呼ばれる．

定理2　$F(K, L, t)$ によって表わされる技術革新がハロッドの意味で中立的となるために必要にして十分な条件は，

(8) $$F(K, L, t) = G[K, A(t)L] \qquad (K, L > 0,\ t \geqq 0)$$

となるような関数 $G(K, L)$ および $A(t) > 0$ が存在することである．

［証明］　(3)の条件がみたされているときには，生産関数 $y = f(k, t)$ を1人当たりの産出量 y と資本係数 x との間の関数関係に変換することができる．

(9) $$y = \varphi(x, t), \quad k = xy.$$

この(9)式を x, y, k について微分すれば,

$$\begin{cases} dy = \varphi_x dx, \\ dk = xdy + ydx. \end{cases}$$

この方程式体系を解けば,

$$\frac{\partial y}{\partial k} = \frac{\varphi_x}{\varphi + x\varphi_x} \tag{10}$$

という関係が求まる．したがって，$y=f(k, t)$ がハロッドの意味で中立的であるために必要十分な条件は,

$$\frac{\varphi_x}{\varphi + x\varphi_x} = c(x) \tag{11}$$

となるような x だけの関数 $c(x)$ が存在することである．

(11)式から,

$$\frac{\varphi_x}{\varphi} = \frac{1}{\dfrac{1}{c(x)} - x}.$$

したがって，$\dfrac{\varphi_x}{\varphi}$ は時間 t には無関係となり，関数 $\varphi(x, t)$ が分解可能となる．すなわち,

$$\varphi(x, t) = A(t)\Psi(x). \tag{12}$$

(9)と(12)とから,

$$x = \Psi^{-1}\left(\frac{y}{A(t)}\right).$$

ここで $\Psi^{-1}(\cdot)$ は $\Psi(\cdot)$ の逆関数である．$k=xy$ だから,

$$\frac{k}{A(t)} = \frac{y}{A(t)}\Psi^{-1}\left(\frac{y}{A(t)}\right).$$

したがって,

$$\frac{y}{A(t)} = g\left(\frac{k}{A(t)}\right) \quad \text{あるいは} \quad \frac{Y}{A(t)L} = g\left(\frac{K}{A(t)L}\right)$$

となるような関数 $g(\cdot)$ が存在する．すなわち,

$$Y = G[K, A(t)L].$$

ここで，$G(K, L)=g(k, 1)L$, $k=K/L$.

逆に，技術革新 $F(K, L, t)$ が(8)のような形をしているとしよう．このとき,

$$y = f(k, t) = A(t)g\left(\frac{k}{A(t)}\right), \tag{13}$$

ただし，$g(k) = G(k, 1)$．$k=xy$ を(13)に代入すれば,

$$\frac{y}{A(t)} = g\left(x \cdot \frac{y}{A(t)}\right).$$

この関係式を $\dfrac{y}{A(t)}$ について解けば，

$$\frac{y}{A(t)} = \Psi(x)$$

となるような関数 $\Psi(x)$ が存在する．

したがって，

$$\frac{\varphi_x}{\varphi+x\varphi_x} = \frac{\Psi'(x)}{\Psi(x)+x\Psi'(x)}.$$

この右辺は t には無関係であるから，(10)から $\partial y/\partial k$ が t とは独立であることがわかる．すなわち，$F(K, L, t)$ が(8)の形をしているときにはハロッドの意味で中立的となる．　Q.E.D.

コブ=ダグラス関数 $F(K, L) = A(t)K^{\alpha(t)}L^{1-\alpha(t)}$ の場合，ハロッドの意味で中立的であるために必要十分な条件は $\alpha(t) \equiv \alpha$ が一定となることである．したがって，技術革新がコブ=ダグラス関数によって表現されるときには，ヒックス中立性とハロッド中立性の概念はまったく同じことを意味している．逆に，ヒックス中立性とハロッド中立性の概念が一致するような場合は，技術革新がコブ=ダグラス関数によって表わされるときに限られる．

定理3　技術革新が $F(K, L, t)$ によって表わされ，常に $F_t(K, L, t) > 0$ であるとする．この技術革新が，ヒックスの意味でも，またハロッドの意味でも中立的であるとすれば，

(14)　$$F(K, L, t) = A(t)K^{\alpha}L^{1-\alpha}$$

逆に(14)のような形をした技術革新はヒックス中立的でもあり，ハロッド中立的でもある．

［証明］　逆はすでに示した．1人当たりの生産関数 $y=f(k, t)$ がヒックス中立的でかつハロッド中立的であるとき，

(15)　$$y = f(k, t) = A(t)k^{\alpha},\ \ 0 < \alpha < 1$$

の形をしていることを示そう．

まず，$f(k, t)$ がハロッド中立的であることから，

(16)　$$f(k, t) = B(t)g\left(\frac{k}{B(t)}\right)$$

となるような $B(t)$, $g(\cdot)$ が存在し，$B(t)>0$, $B'(t)>0$, $g'(\cdot)>0$.

他方，$f(k, t)$ がヒックス中立的であるときには，

(17)　$$\frac{\partial^2 \log f(k, t)}{\partial k \partial t} = 0 \qquad (k > 0,\ t \geqq 0).$$

いま，$\Psi(z)$ を，

$$\Psi(z) = \log g(e^z)$$

によって定義すると，$\Psi'(z) > 0$．また，(16)から，

$$\log f(k,t) = \log B(t) + \Psi\left(\log \frac{k}{B(t)}\right).$$

したがって，

$$\frac{\partial^2 \log f(k,t)}{\partial k \partial t} = -\frac{B'(t)}{kB(t)}\Psi''\left(\log \frac{k}{B(t)}\right). \tag{18}$$

$B'(t)>0$ だから，(17)と(18)から，

$$\Psi''\left(\log \frac{k}{B(t)}\right) = 0 \qquad (k>0,\ t \geqq 0).$$

したがって，$\Psi(z)=\alpha z+\beta$，すなわち，$g(k)=e^{\beta}\cdot k^{\alpha}$.　　Q.E.D.

ハロッド中立性と新古典派的経済成長の安定性

ハロッド中立性の概念はもともと，経済成長の動学的プロセスを分析するために導入されたものである．第9章では，新古典派的生産理論についてくわしく述べたが，ここではその枠組みのなかで，ハロッドの意味で中立的な技術革新のもつ意味を明らかにし，その動学的意味を考察しよう．

新古典派的生産理論の概念と記号をそのまま用いることにする．$K(t), L(t)$ は各時点 t における資本と労働の供給量で，$Y(t)$ を実質国民所得とする．このとき，集計的生産関数 $F(K,L,t)$ によって，

$$Y(t) = F[K(t), L(t), t]$$

と書くことができる．技術革新がハロッドの意味で中立的であるとすれば，

$$F(K,L,t) = F(K, A(t)L) \qquad (K, L>0,\ t \geqq 0)$$

と表わすことができる．ここで，$A(t)$ は t における労働の効率性である．生産関数については，新古典派的な条件がすべてみたされていると仮定する．資本に対する収穫率 $r(t)$ および賃金率 $w(t)$ はそれぞれ，

$$r(t) = F_K[K(t), A(t)L(t)], \quad w(t) = F_L[K(t), A(t)L(t)]$$

によって与えられるとする．

このとき，国民所得 $Y(t)$ は利潤 $P(t)$ と賃金 $W(t)$ とに分けられる．

$$Y(t) = P(t) + W(t),$$

$$P(t) = r(t)K(t), \quad W(t) = w(t)L(t).$$

マルクス的な分配条件のもとで議論を展開することとし，労働は貯蓄をせず，資本は消費をしないものと仮定する．このとき，資本蓄積のプロセスはつぎの方程式によって規定される．

$$\begin{cases} Y(t) = F[K(t),\ A(t)L(t)], \\ \dfrac{\dot{K}(t)}{K(t)} = F_K[K(t),\ A(t)L(t)] - \delta \qquad [\delta \text{ は資本の減耗率}]. \end{cases} \tag{19}$$

いま，労働供給の増加率は外生的に与えられ，一定の水準 ν に保たれるとする．また，労働の効率性 $A(t)$ もまた外生的に決められ，ある一定の率 α で増加すると仮定する．

(20) $$\frac{\dot{L}(t)}{L(t)} = \nu, \quad \frac{\dot{A}(t)}{A(t)} = \alpha.$$

すべての変量を労働供給 1 単位当たりの量に還元する．

$$y(t) = \frac{Y(t)}{L(t)}, \quad k(t) = \frac{K(t)}{L(t)}.$$

このとき，(19), (20) の関係式はつぎの微分方程式にまとめられる．

(21) $$\frac{\dot{k}(t)}{k(t)} = f'\left(\frac{k(t)}{A(t)}\right) - \delta - \nu, \quad \frac{y(t)}{A(t)} = f\left(\frac{k(t)}{A(t)}\right).$$

したがって，資本・労働比率 $k(t) = \frac{K(t)}{L(t)}$ を労働効率にかんする比率 $z(t) = \frac{K(t)}{A(t)L(t)} = \frac{k(t)}{A(t)}$ に還元すれば，(20), (21) は，

(22) $$\frac{\dot{z}(t)}{z(t)} = f'(z(t)) - n.$$

ここで，

$$\frac{y(t)}{A(t)} = f(z(t)), \quad n = \nu + \delta + \alpha.$$

この微分方程式 (22) で，

(23) $$f''(z) < 0 \qquad (z > 0)$$

という条件が仮定されているから，(22) の解は安定的で，必ず均斉的経済成長状態 z^* に収斂する．

$$f'(z^*) = n.$$

この均斉的経済成長状態では，

$$\frac{\dot{K}}{K} = \frac{\dot{A}}{A} + \frac{\dot{L}}{L} = \alpha + \nu.$$

すなわち，任意の初期条件 k_0 から出発した動学方程式 (21) の解 $k(t)$ にかんして，

$$\lim_{t\to\infty} \frac{k(t)}{A(t)} = z^*, \quad \lim_{t\to\infty} \frac{y(t)}{A(t)} = y^*,$$

ただし，$y^* = f(z^*)$．

したがって，資本係数 $x(t) = \frac{K(t)}{Y(t)} = \frac{k(t)}{y(t)}$ にかんしても，

$$\lim_{t\to\infty} x(t) = x^*, \quad x^* = \frac{z^*}{y^*}.$$

以上の考察をまとめれば，

定理 4　動学方程式 (19) について，もし初期条件 (K^*, Y^*) が，

$$f'\left(\frac{K^*}{A(0)L(0)}\right) = n(=\nu+\delta+\alpha)$$

という条件をみたしていれば，(19)の解 $(K^*(t),\ Y^*(t))$ にかんして，資本係数 $x^*=\frac{K^*(t)}{Y^*(t)}$ は一定に保たれ，1人当たりの実質国民所得 $\frac{Y^*(t)}{L(t)}$，資本・労働比率 $\frac{K^*(t)}{L(t)}$ はともに労働効率性の増加率 $\alpha=\frac{\dot{A}(t)}{A(t)}$ に等しい率で上昇しつづける．

任意の初期条件 K_0 から出発した動学方程式(19)の解 $(K(t),\ Y(t))$ に沿って，資本係数 $x(t)=\frac{K(t)}{Y(t)}$ は均斉的資本係数 x^* に近づく．

［問題］ 大局的安定性は平均貯蓄性向 s $(0<s<1)$ が定数となるような場合にも成立する．

参考文献

Harrod, R. F. (1937). "Review of Joan Robinson's *Essays in the Theory of Employment*," *Economic Journal*, Vol. 47, pp. 326-330.

—— (1948). *Towards a Dynamic Economics*, London, Macmillan.

Hicks, J. R. (1932). *The Theory of Wages*, London, Macmillan.

Kaldor, N. (1932). "A Case against Technical Progress?," *Economica*, Vol. 12, pp. 180-196.

Robinson, J. (1937). *Essays in the Theory of Employment*, London, Macmillan.

—— (1937-38). "The Classification of Inventions," *Review of Economic Studies*, Vol. 5, pp. 139-142.

—— (1956). *The Accumulation of Capital*, Homewood, Richard D. Irwin.

Solow, R. M. (1956). "A Contribution to the Theory of Economic Growth," *Quarterly Journal of Economics*, Vol. 70, pp. 65-94.

Swan, T. W. (1956). "Economic Growth and Capital Accumulation," *Economic Record*, Vol. 32, pp. 334-361.

Uzawa, H. (1961). "Neutral Inventions and the Stability of Growth Equilibrium," *Review of Economic Studies*, Vol. 28, pp. 117-124. Reprinted in *Preference, Production, and Capital : Selected Papers of Hirofumi Uzawa*, New York, Cambridge University Press, 1988.

Uzawa, H., and T. Watanabe (1960). "A Note on the Classification of Technical Inventions," Technical Report No. 85, Applied Mathematics and Statistics Laboratories, Stanford University.

第13章　技術進歩にかんするソローのモデル

技術進歩にかんするヴィンテージ・モデル

前章で展開した技術進歩ないしは技術革新の理論は，新しい技術が導入されると，それは，そのときに存在するすべての生産要素に同じように影響を与えて，限界生産のスケジュールを高めるという前提のもとで定式化が進められた．これに対して，新しい技術は，それが導入されたときに生産された資本財のなかに体化(embody)されているのが一般的状況である．つまり，各時点で存在する資本財のストックの生産性は，その資本財が生産された時点で新しく導入された生産技術によって異なったものとなる．このような点を浮き彫りにして，技術進歩が経済成長のプロセスに及ぼす影響を分析したのが，ソローのヴィンテージ・モデル(vintage model)である[Solow(1960)]．ソローのヴィンテージ・モデルはさらに，フェルプス[Phelps(1962)]，デニスン[Dennison(1964)]などによって精緻化されていった．ここでは，ソローのヴィンテージ・モデルで，すべての技術進歩がハロッドの意味で中立的な場合を取り上げて，経済成長のプロセスの安定性を中心にして考察を進める．ここでは主として，Uzawa(1964)にもとづく．

ソローのヴィンテージ・モデルでは，経済を構成するのは，同質的な労働力と，さまざまなヴィンテージをもつ資本財であって，産出物はこれまで通り，同質的な財からなっているとする．各時点 t における労働力の供給量を $L(t)$ とする．資本は異なるヴィンテージをもっているから，それを明示するために，$K(t, v)$ を t 時点において存在するヴィンテージ v をもつ資本財の量とする．このとき $v \leqq t$ となることはいうまでもない．労働力の供給は年々ある一定の年 ν で増加すると仮定する．

$$\frac{\dot{L}(t)}{L(t)} = \nu.$$

資本財の減耗は，ヴィンテージ v の如何にかかわらず，一定の法則にしたがうとする．すなわち，

$$K(t, v) = K(v)\mu(t-v), \quad t-v \geqq 0.$$

ここで，$K(v)=K(v, v)$ は v 時点で新しくつくられた資本財の量とし，$\mu(t-v)$ は v 時点でつくられた資本財が $t-v$ 年だけ経ってどれだけの機能を残しているかということを表わす関数とする．減耗率関数 $\mu(t)$ はつぎの条件をみたしていると仮定する．

$$\mu(t) \geqq 0, \ \mu(0) = 1, \ \mu(\hat{t}) = 0 \quad \text{となるような有限の } \hat{t} \text{ が存在する}.$$

t 時点で，ヴィンテージ v の資本財を使って生産される産出量を $Y(t, v)$ で表わすことにすれば，$Y(t, v)$ は $K(t, v)$ と，t 時点で，ヴィンテージ v の資本財に割り当てられた労働の量

$L(t, v)$ とによって決まる．このとき，技術進歩はすべてハロッド中立的であるとすれば，この間の関係はつぎのような形で表わすことができる．

$$Y(t, v) = F[K(t, v), A(t, v)L(t, v)].$$

ここで，$A(t, v)$ は，t 時点で，ヴィンテージ v の資本財に割り当てられた労働の効率性である．このような定数 $A(t, v)$ が必ず存在することが技術進歩のハロッド中立性から導きだされることは，第12章の主要な結論であった．また，t 時点で存在するヴィンテージ v をもつ資本財はすべて使用されているということを仮定しているが，この仮定はのちに示すように，完全競争の条件と，労働と資本との代替がスムースであるということから導きだされる．

いま，技術進歩の一部分は，そのときどきに生産される資本財のなかに体化されるが，残りの部分は，生産に用いられる時点において存在する資本財全体に一様に行き渡っているとする．技術進歩のうち，経済全体に一様に拡散している部分の進歩率を α とし，特定のヴィンテージの資本財のなかに体化されている部分の進歩率を β とする．どちらも，労働の効率性 $A(t, v)$ についてはかられたものとすれば，

(1)
$$\frac{1}{A(t, v)}\frac{\partial A(t, v)}{\partial t} = \alpha, \quad \frac{1}{A(t, v)}\frac{\partial A(t, v)}{\partial v} = \beta$$

と置くことができよう．

さらに，生産過程は収穫一定の法則にしたがうとすれば，生産関数 F は一次同次となる．ここで，

(2)
$$y(t, v) = \frac{Y(t, v)}{K(t, v)}, \quad u(t, v) = \frac{A(t, v)L(t, v)}{K(t, v)}$$

と置けば，

(3)
$$y(t, v) = f[u(t, v)] \qquad (v \leqq t).$$

ただし，$f(u) = F(1, u)$．

生産関数 $f(u)$ について，新古典派的な諸条件がみたされていると仮定する．

(i)　$f(u)$ は連続2回微分可能である．

(ii)
$$f(u) > 0,\ f'(u) > 0,\ f''(0) < 0 \qquad (u > 0),$$

(iii)
$$f(0) = 0,\ f(\infty) = \infty,$$

(iv)
$$f'(0) = \infty,\ f'(0) = 0.$$

各時点 t で，完全競争的条件が支配し，労働と資本とは完全に代替的であるとすれば，各ヴィンテージ v をもつ資本財 $K(t, v)$ は完全に雇用され，すべてのヴィンテージ v について労働の限界生産がその時点 t における賃金 $W(t)$ に等しくなるように労働の配分 $L(t, v)$ が決まる．すなわち，

(4)
$$\frac{\partial Y(t, v)}{\partial L(t, v)} = W(t) \qquad (0 \leqq t - v \leqq \hat{t}).$$

ここで，$\hat{t}$ は資本財の経済的寿命年数を表わす．さらに労働も，完全に雇用され，

$$\int_{t-\hat{t}}^{t} L(t,v)\,dv = L(t). \tag{5}$$

(2)式で定義された $y(t,v)$, $u(t,v)$ を用いれば，(1), (3)の前提と，(4)の完全競争的条件を組み合わせることによって，

$$A(t,v)f'[u(t,v)] = W(t).$$

あるいは，$w(t)$ を効率単位ではかった労働の賃金率とすれば，

$$w(t) = \frac{W(t)}{A(t,t)},$$

$$f'[u(t,v)] = w(t)e^{\beta(t-v)} \qquad (t-\hat{t} \leqq v \leqq t). \tag{6}$$

したがって，t 時点における賃金率 $w(t)$ が決まれば，各ヴィンテージ v の資本財について，最適な労働・資本比率 $u(t,v)$ は(6)式によって一意的に定まる．$w(t)$ が一定のとき，ヴィンテージ v が近くなる(v が大きくなる)につれて，$u(t,v)$ は低くなる．また $w(t)$ が高くなれば，すべてのヴィンテージ v にかんして，$u(t,v)$ は低くなる．

いま，t 時点において，効率単位ではかった労働について，資本・労働比率を $x(t)$ で表わす．すなわち，

$$x(t) = \frac{K(t)}{A(t,t)L(t)}$$

とすれば，労働の完全雇用の条件(5)は，

$$\int_{t-\hat{t}}^{t} u(t,v)x(v)\mu(t-v)e^{-(\alpha+\nu)(t-v)}dv = 1 \tag{7}$$

と書き表わされる．

効率賃金率 $w(t)$ が高くなると，$u(t,v)$ は低くなるから，(7)の左辺は $w(t)$ の単調減少関数となる．生産関数 $f(u)$ にかんする仮定(iv)から，$w(t)$ が0から$+\infty$に動くとき，$u(t,v)$ は$+\infty$から0にかけての値をとる．したがって，均衡条件(7)をみたすような効率賃金率 $w(t)$ は必ず存在して，一意的に定まる．

経済の平均貯蓄性向 s は一定であるとし，$0<s<1$ の条件をみたしているとする．新古典派的な前提条件のもとでは，t 時点で新しく生産される資本財の量 $K(t)$ は，

$$K(t) = s\int_{t-\hat{t}}^{t} Y(t,v)\,dv$$

によって与えられる．したがって，

$$x(t) = s\int_{t-\hat{t}}^{t} f[u(t,v)]x(v)\mu(t-v)e^{-(\alpha+\beta+\nu)(t-v)}dv \tag{8}$$

となる．ここで，$u(t,v)$ は(6), (7)という完全競争的な条件のもとでの労働市場の均衡条件から導きだされる．

この(8)式によって，ソローのヴィンテージ・モデルにおける資本蓄積径路 $x(t)$ が特徴づけられることになる．このような資本蓄積径路のなかで，効率性単位ではかった労働・資本比率 $x(t)$ が常に一定 x^* であるような径路が存在する．このような径路 $x(t)=x^*$ を均斉的成長径路(path of balanced growth)という．均斉的な労働・資本比率 x^* に対応する効率賃金率を w^* とし，$u^*(t, v)$ をそれに対応する t 時点におけるヴィンテージ v の資本にかんする労働・資本比率とする．このとき，(6)式は，

$$w^* e^{\beta(t-v)} = f'[u^*(t, v)] \qquad (0 \leqq t-v \leqq \hat{t}) \tag{9}$$

となるから，$u^*(t, v)=u^*(t-v)$ のように表現されることがわかる．したがって，完全雇用条件(7)はつぎのように書き表わすことができる．

$$x^* = s\int_{t-\hat{t}}^{t} f[u^*(t-v)]x^*\mu(t-v)\,e^{-(\alpha+\beta+\nu)(t-v)}dv. \tag{10}$$

したがって，

$$s\int_0^{\hat{t}} f[u^*(\tau)]\mu(\tau)\,e^{-(\alpha+\beta+\nu)\tau}d\tau = 1. \tag{11}$$

ここで，(9)から，

$$w^* e^{\beta\tau} = f'[u^*(\tau)] \qquad 0 \leqq \tau \leqq \hat{t}. \tag{12}$$

(11)式の左辺は，w^* の単調減少関数であって，w^* が 0 から $+\infty$ に動くとき，$+\infty$ から 0 への値をとるから，(11)式をみたすような効率賃金率 w^* は必ず存在して，一意的に定まる $(w^*>0)$．このような w^* について，x^* は(7)式からつぎのようにして求められる．

$$x^* = \frac{1}{\int_0^{\hat{t}} u^*(\tau)\mu(\tau)\,e^{-(\alpha+\nu)\tau}d\tau} > 0. \tag{13}$$

経済成長径路 $(K^*(t), L(t))$ について，

$$x^*(t) = \frac{K^*(t)}{A(t, t)L(t)} = x^*, \quad w^*(t) = \frac{W^*(t)}{A(t, t)} = w^*$$

がみたされていれば，均衡条件(4), (5)が必ずみたされ，しかも均斉的成長径路の上を動くことがわかる．このような均斉的成長径路 $(K^*(t), L(t))$ について，各時点 t におけるヴィンテージ v をもつ資本財の存在量 $K^*(t, v)$ は，

$$K^*(t, v) = \mu(t-v)A(v, v)L(v)x^* \qquad (0 \leqq t-v \leqq \hat{t})$$

によって与えられる．したがって，

$$\frac{K^*(t, v)}{A(t, t)L(t)} = \mu(t-v)\,e^{-(\alpha+\beta+\nu)(t-v)}x^* \qquad (0 \leqq t-v \leqq \hat{t}).$$

ここで定義した均斉的経済成長径路は果たして安定的となるであろうか．この設問に対する解答はつぎの定理によって与えられる．

安定性定理　経済成長径路 $(K(t), L(t))$ について，

$$x(t)=\frac{K(t)}{A(t,t)L(t)},\quad w(t)=\frac{W(t)}{A(t,t)}$$

と置く．ただし，$W(t)$ は t 時点での賃金率とする．この $(x(t), w(t))$ にかんして，均衡条件(6)，(7)，(8)がみたされていると仮定する．すなわち，

$$(6)\qquad f'[u(t,v)]=w(t)e^{\beta(t-v)}\qquad (t-\hat{t}\leqq v\leqq t),$$

$$(7)\qquad \int_{t-\hat{t}}^{t} u(t,v)x(v)\mu(t-v)e^{-(\alpha+\nu)(t-v)}dv=1,$$

$$(8)\qquad x(t)=s\int_{t-\hat{t}}^{t} f[u(t,v)]x(v)\mu(t-v)e^{-(\alpha+\beta+\nu)(t-v)}dv.$$

このとき，$(x(t), w(t))$ は必ず均斉的成長径路 (x^*, w^*) に収斂する．ここで，x^*, w^* はそれぞれ均斉的成長径路 $(K^*(t), L(t))$ における効率単位ではかった労働・資本比率ならびに賃金率である．

［証明］　生産関数 $f(u)$ にかんする条件(ii)から，

$$(14)\qquad f[u(t,v)]\leqq f[u^*(t-v)]+[u(t,v)-u^*(t-v)]f'[u^*(t-v)].$$

ここで $u(t,v)\neq u^*(t-v)$ のときには不等号 $<$ で成立する．ただし，$u^*(t-v)$ は(9)式をみたすような $u^*(t,v)=u^*(t-v)$ である．(14)式の両辺に $sx(v)\mu(t-v)e^{-(\alpha+\beta+\nu)(t-v)}$ を掛けて，$-\infty\leqq v\leqq t$ の区間で積分すれば，

$$\begin{aligned}&s\int_{-\infty}^{t} f[u(t,v)]x(v)\mu(t-v)e^{-(\alpha+\beta+\nu)(t-v)}dv\\ &\leqq s\int_{-\infty}^{t} f[u^*(t-v)]x(v)\mu(t-v)e^{-(\alpha+\beta+\nu)(t-v)}dv\\ &\quad+s\int_{-\infty}^{t}[u(t,v)-u^*(t-v)]f'[u^*(t-v)]x(v)\mu(t-v)e^{-(\alpha+\beta+\nu)(t-v)}dv.\end{aligned}$$

この式に，(7)，(8)，(9)式を代入すれば，

$$(15)\qquad \begin{aligned}x(t)&\leqq s\int_{-\infty}^{t} f[u^*(t-v)]x(v)\mu(t-v)e^{-(\alpha+\beta+\nu)(t-v)}dv\\ &\quad+sw^*\left[1-\int_{-\infty}^{t}u^*(t-v)x(v)\mu(t-v)e^{-(\alpha+\nu)(t-v)}dv\right].\end{aligned}$$

(15)式と(10)式とから，

$$(16)\qquad \begin{aligned}[x(t)-x^*]&\leqq s\int_{-\infty}^{t}[f(u^*(t-v))\\ &\quad-u^*(t-v)w^*e^{\beta(t-v)}](x(v)-x^*)\mu(t-v)e^{-(\alpha+\beta+\nu)(t-v)}dv.\end{aligned}$$

ここで，

$$\Psi^*(t-v)=s[f(u^*(t-v))-u^*(t-v)f'(u^*(t-v))]\mu(t-v)e^{-(\alpha+\beta+\nu)(t-v)}$$

と置けば，(16)式は，

(17) $$[x(t)-x^*] \leqq \int_{-\infty}^{t} \Psi^*(t-v)[x(v)-x^*]dv.$$

ここで,

(18) $$\Psi^*(t-v) \geqq 0 \quad (t-\hat{t} \leqq v \leqq t), \quad \Psi^*(t-v) = 0 \quad (v \leqq t-\hat{t}),$$

(19) $$\int_{-\infty}^{t} \Psi^*(t-v)\,dv = 1-\frac{sw^*}{x^*} < 1.$$

つぎに,

(20) $$f[u(t,v)] \geqq f[u^*(t-v)]+[u(t,v)-u^*(t-v)]f'[u(t,v)]$$

という不等式から出発しよう．ここで，$u(t,v) \neq u^*(t-v)$ のときに不等号 $>$ で成立する．この不等式も $f(u)$ にかんする条件(ii)から導きだされるということが容易にわかる．この式の両辺に $sx^*\mu(t-v)e^{-(\alpha+\beta+\nu)(t-v)}$ を掛けて，$-\infty<v\leqq t$ の範囲で積分すれば,

$$s\int_{-\infty}^{t} f[u(t,v)]x^*\mu(t-v)\,e^{-(\alpha+\beta+\nu)(t-v)}dv$$

$$\geqq s\int f[u^*(t-v)]x^*\mu(t-v)\,e^{-(\alpha+\beta+\nu)(t-v)}dv$$

$$+s\int_{-\infty}^{t}[u(t,v)-u^*(t-v)]f'[u(t,v)]x^*\mu(t-v)\,e^{-(\alpha+\beta+\nu)(t-v)}dv.$$

均衡条件(6), (7), (8)と(11), (12), (13)とから，上の不等式はつぎのように書き直せる．

(21) $$[x^*-x(t)] \leqq \int_{-\infty}^{t} \Psi(t,v)[x^*-x(v)]dv.$$

ここで,

$$\Psi(t,v) = s[f(u(t,v))-u(t,v)f'(u(t,v))]\mu(t-v)\,e^{-(\alpha+\beta+\nu)(t-v)}.$$

したがって,

(22) $$\Psi(t,v) \geqq 0 \quad (t-\hat{t} \leqq v \leqq t), \qquad \Psi(t,v) = 0 \quad (v \leqq t-\hat{t}).$$

ここで $w(t)\geqq w^*$ であるとすれば,

$$u(t,v) \leqq u^*(t-v) \qquad (v \leqq t).$$

したがって,

$$f(u(t,v))-u(t,v)f'(u(t,v)) \leqq f(u^*(t-v))-u^*(t-v)f'(u^*(t-v)) \qquad (v \leqq t).$$

故に,

(23) $$\int_{-\infty}^{t} \Psi(t,v)\,dv \leqq 1-\frac{sw^*}{x^*} < 1.$$

つぎに $w(t)<w^*$ とすれば,

$$u(t,v) > u^*(t-v), \quad f(u(t,v)) > f(u^*(t-v)) \qquad (v \leqq t).$$

したがって，(8)式から,

$$x(t) > s\int_{-\infty}^{t} f(u^*(t-v))\,x(v)\,\mu(t-v)\,e^{-(\alpha+\beta+\nu)(t-v)}dv.$$

この式に(11)を代入すれば,

(24) $$[x^*-x(t)] < \int_{-\infty}^{t} \varphi^*(t-v)[x^*-x(v)]dv.$$

ここで,

(25) $$\varphi^*(t-v) = sf(u^*(t-v))\mu(t-v)e^{-(\alpha+\beta+\nu)(t-v)},$$

(26) $$\varphi^*(t-v) \geqq 0 \quad (t-\hat{t} \leqq v \leqq t), \qquad \varphi^*(t-v) = 0 \quad (v \leqq t-\hat{t}),$$

(27) $$\int_{-\infty}^{t} \varphi^*(t-v)dv = 1.$$

以上の議論を整理すれば，つぎのような結論が得られる．すなわち,

(17) $$[x(t)-x^*] \leqq \int_{-\infty}^{t} \Psi^*(t-v)[x(v)-x^*]dv,$$

[$\Psi^*(t-v)$ は(18), (19)の条件をみたす],

(21) $$[x^*-x(t)] \leqq \int_{-\infty}^{t} \Psi(t,v)[x^*-x(v)]dv \qquad (w(t) \geqq w^*),$$

[$\Psi(t,v)$ は(22), (23)の条件をみたす],

(24) $$[x^*-x(t)] < \int_{-\infty}^{t} \varphi^*(t-v)[x^*-x(v)]dv \qquad (w(t) < w^*),$$

[$\varphi^*(t-v)$ は(26), (27)の条件をみたす].

この(17), (21), (24)から, $\lim_{t\to\infty} x(t) = x^*$ となることがただちにわかる．したがって，効率賃金率 $w(t)$ にかんしても, $\lim_{t\to\infty} w(t) = w^*$ となる．　Q.E.D.

参 考 文 献

Dennison, E. F. (1964). *Economic Growth*, New York, Macmillan.

Phelps, E. (1962). "Models of Technical Progress and the Golden Rule of Research," *Review of Economic Studies*, Vol. 33, pp. 133-146.

Solow, R. M. (1956). "A Contribution to the Theory of Economic Growth," *Quarterly Journal of Economics*, Vol. 70, pp. 65-94.

—— (1960). "Investment and Technical Progress," in *Mathematical Methods in the Social Sciences, 1959*, edited by K. J. Arrow, S. Karlin, and P. C. Suppes, Stanford University Press, pp. 89-104.

Uzawa, H. (1964). "A Note on Professor Solow's Model of Technical Progress," *Economic Studies Quarterly*, Vol. 14, pp. 63-68. Reprinted in *Optimality, Equilibrium, and Growth : Selected Papers of Hirofumi Uzawa*, Tokyo, University of Tokyo Press, 1988.

第14章　最適な技術進歩

これまで取り扱ってきた技術革新(technical innovation)あるいは技術進歩(technological progress)は，いずれも外生的に与えられるという前提のもとで定式化されている．すなわち，労働その他の生産要素を投入することなく，新しい技術的な知識を獲得したり，あるいは新しい技術を体化した生産設備を建設することができ，労働や資本の限界生産のスケジュールを高めることができるということが前提とされていた．これは，なんらかの事情で，経済全体での生産性を高めるような，自然的条件が存在するか，あるいはアローによって示されたように，learning-by-doing 効果が存在し，生産活動に従事することによって新しい知識ないしは生産方法を自ら獲得してゆくという場合を想定しているといってもよい[Arrow(1960)]．しかし，現実には，新しい技術を獲得するためには膨大な希少資源と労力とが投下されていることは言うまでもないことであろう．このとき，技術革新のためにさまざまな生産要素をどれだけ投下したときに，社会的な観点から最適となるであろうか，という問題が重要となってくる．この問題を考察するために，これまで展開してきた新古典派的生産理論の枠組みのなかで，最適資本蓄積理論の手法を用いて一つの定式化を試みることにしよう．

内生的な技術進歩

これから展開する議論は，ソロー=スワンの集計的経済成長モデルの枠組みのなかで考察を進める．ソロー=スワン・モデルは，二つの生産要素——労働と資本——によって生産活動がおこなわれ，同質的な生産物が生産される．生産物は，ただちに消費されるか，あるいは資本財として蓄積される．各時点 t で存在する技術的知識の蓄積は，$Y(t)=F(K(t), L_P(t), t)$ によって規定される．年々の産出量 $Y(t)$ は，そのときに存在する資本のストック量 $K(t)$ と物質的な生産活動に雇用される労働力 $L_P(t)$ とによって決められる．技術的知識の蓄積は，集計的生産関数のシフトの形をとって現われる．分析を単純化するために，技術進歩はすべて労働のなかに体化され，しかも労働の効率性の上昇は，資本がどれだけ使われているかということには無関係であると仮定する．すなわち，技術進歩はハロッドの意味で中立的であって，集計的生産関数

$$Y(t) = F[K(t), A(t)L_P(t)] \tag{1}$$

の形に表現できるとする．ここで，$A(t)$ は t 時点における労働の効率性を表わす尺度であって，その時点における技術的知識の蓄積によって決まってくるものである．

ここで，労働の効率性 $A(t)$ を高めるために必要なアクティビティは統合して，一つの部門

として，教育部門と呼ぶことにしよう．教育部門は労働だけを雇用するものとし，その影響は経済全体に一様に拡散すると仮定する．この点にかんしては多くの研究がなされた．とくにセオドア・シュルツによっておこなわれた，労働の質が経済成長に及ぼすインプリケーションにかんする研究は，ここで重要な意味をもつように思われる．じじつ，これから展開するモデルは，シュルツ理論の数学的定式化と考えてもよいであろう[Schultz(1961), (1962)]．したがって，労働効率性の上昇率 $\dot{A}(t)/A(t)$ は全労働力 $L(t)$ のなかで，教育部門で雇用されている労働力 $L_E(t)$ の割合によって決まってくると仮定することができる．

(2)
$$\frac{\dot{A}(t)}{A(t)} = \phi\left(\frac{L_E(t)}{L(t)}\right).$$

最適な技術進歩

ここで，教育部門での労働雇用量の比率 $L_E(t)/L(t)$ が大きければ大きいほど，労働効率性の上昇率 $\dot{A}(t)/A(t)$ は高くなるが，その限界的効果は逓減的であると考えられよう．すなわち，

(3)
$$\phi'(s) \geqq 0, \quad \phi''(s) \leqq 0 \qquad (0 \leqq s \leqq 1).$$

各時点 t で，労働力はある一定の率 ν で増え，非弾力的に供給されると仮定する．すなわち，

(4)
$$\frac{\dot{L}(t)}{L(t)} = \nu,$$

(5)
$$L_P(t) + L_E(t) \leqq L(t), \quad L_P(t), L_E(t) \geqq 0.$$

各時点 t での全産出量 $Y(t)$ は消費 $C(t)$ と投資 $I(t)$ に分けられ，投資 $I(t)$ はそのまま資本蓄積となって現われる．すなわち，

(6)
$$I(t) + C(t) \leqq Y(t), \quad I(t), \quad C(t) \geqq 0,$$

(7)
$$\dot{K}(t) = I(t) - \mu K(t),$$

ここで μ は資本の減耗率で一定であるとする．

初期時点 $t=0$ における資本のストック $K(0)$，労働力 $L(0)$，労働効率性 $A(0)$ は所与であり，労働供給の増加率 ν，資本減耗率 μ はともに外生的に与えられているとする．時間的経過にともなって経済がどのように動いてゆくかということは，各時点 t で労働力 $L(t)$ がどのようにして，生産部門と教育部門に分けられるかということ $(L_P(t), L_E(t))$ と，産出物 $Y(t)$ の，消費と投資への配分 $(C(t), I(t))$ とが決まれば，動学方程式(2), (7)によって一意的に決められる．ここで経済的パフォーマンスの社会的評価として，1人当たりの消費水準の割引現在価値を尺度としてはかることにし，このような社会的厚生関数が最大となるような資源配分の動学的径路を求めよう．社会的割引率を $\delta>0$ とすれば，最適径路は，(1)-(7)の制約条件の

もとで,

$$\int_0^\infty \frac{C(t)}{L(t)}e^{-\delta t}dt \tag{8}$$

を最大にするような $(C(t), I(t), L_P(t), L_E(t), K(t))$ の径路である.

以下,生産過程について,収穫一定の法則がみたされ,資本と労働の限界代替率は逓減的であると仮定する.つぎの記号を用いる.

$$y = \frac{Y}{L},\quad k = \frac{K}{L},\quad f(k) = F(k, 1).$$

このとき,$y=f(k)$ は連続2回微分可能であるとし,

$$f(k) > 0,\ f'(k) > 0,\ f''(k) < 0 \qquad (k > 0), \tag{9}$$

$$f(0) = 0,\ f(\infty) = \infty, \tag{10}$$

$$f'(0) = \infty,\ f'(\infty) = 0. \tag{11}$$

さらに,

$$\phi(1) < \delta < \phi(0)+\phi'(0) \tag{12}$$

という仮定をもうけることにしよう.このとき,すべての実現可能な径路について,社会的効用関数(8)は有限となる.もし $\delta \leqq \phi(1)$ とすれば,すべての労働力を教育部門に配分する期間を長くすればするほど,(8)の値を大きくすることができ,無限大に近づけることができる.これに反して,$\delta \geqq \phi(0)+\phi'(0)$ のときには,すべての労働力を生産部門に配分することによって最適な径路を得ることができることが,以下の議論と同じような方法によって証明できる.

いま各時点 t で,

$$y(t) = \frac{Y(t)}{L(t)},\quad k(t) = \frac{K(t)}{L(t)},\quad u(t) = \frac{L_P(t)}{L(t)},\quad s(t) = \frac{I(t)}{Y(t)}$$

とすれば,最適問題はつぎのような形に簡単化されよう.

社会的効用

$$\int_0^\infty (1-s(t))y(t)e^{-\delta t}dt \tag{13}$$

をつぎの制約条件のもとで最大にする.

$$\dot{k}(t) = s(t)y(t)-nk(t), \tag{14}$$

$$\dot{A}(t) = A(t)\phi[1-u(t)], \tag{15}$$

$$y(t) = A(t)u(t)f\left(\frac{k(t)}{A(t)u(t)}\right), \tag{16}$$

$$0 \leqq s(t),\ u(t) \leqq 1. \tag{17}$$

ここで,δ,$n=\nu+\mu$,$k(0)=K(0)/L(t)$,$A(0)$ はすべて所与の定数であり,$u(t)$,$s(t)$ は piece-wise に連続であるとする.

この最大問題は,ポントリャーギンの最大原理を使って解くことができる[数学付論].まず,

ハミルトン形式を定義する．

(18)　$H(q, v, k, A, u, s, t)$
$$= \left[(1-s)Auf\left(\frac{k}{Au}\right)+q\left(sAuf\left(\frac{k}{Au}\right)-nk\right)+vA\phi(1-u)\right]e^{-\delta t}.$$

このとき，ポントリャーギンの最大原理からつぎの Lemma が成立することがわかる．

Lemma 1　$(k(t), A(t), u(s), s(t))$ が最適な径路であるとすれば，つぎの条件をみたすような連続関数 $q(t), v(t)$ が存在する．

$$\dot{k}(t) = s(t)A(t)u(t)f\left(\frac{k(t)}{A(t)u(t)}\right)-nk(t),$$

［初期条件は $k(0) = K(0)/L(0)$］，

$$\frac{\dot{A}(t)}{A(t)} = \phi(1-u(t)),$$

［初期条件は A_0］，

$$\frac{\dot{v}(t)}{v(t)} = \delta-\phi(1-u(t))-\frac{p(t)u(t)}{v(t)}\left[f\left(\frac{k(t)}{A(t)u(t)}\right)-\frac{k(t)}{A(t)u(t)}f'\left(\frac{k(t)}{A(t)u(t)}\right)\right].$$

$u(t)$ は $p(t)uf\left(\frac{k(t)}{A(t)u}\right)+v(t)\phi(1-u)$ $(0\leqq t\leqq1)$ を最大にする．

$s(t)$ は $(1-s)+sq(t)$ $(0\leqq s\leqq1)$ を最大にする．

$$\lim_{t\to\infty} q(t)e^{-\delta t} = \lim_{t\to\infty} v(t)e^{-\delta t} = 0.$$

ここで，

$$p(t) = \max[1, q(t)].$$

Lemma 1 の諸条件を簡単化するために，資本・労働比率を労働効率性を単位としてはかったものを $x(t)$ と置く．

$$x(t) = \frac{k(t)}{A(t)} = \frac{K(t)}{A(t)L(t)}.$$

一般に，

$$puf\left(\frac{x}{u}\right)+v\phi(1-u) \qquad (0 \leqq u \leqq 1)$$

の最大値はつぎの不等式によって一意的に特徴づけられる．

(19)
$$f\left(\frac{x}{u}\right)-\frac{x}{u}f'\left(\frac{x}{u}\right) \leqq \frac{v}{p}\phi'(1-u).$$

ここで，$0<u<1$ のときには等号 $=$ が成立する．この間の事情は図 14-1 に示す通りである．

最適な u の値は(19)によって一意的に決まるから，

$$u = \Psi\left(x, \frac{v}{p}\right)$$

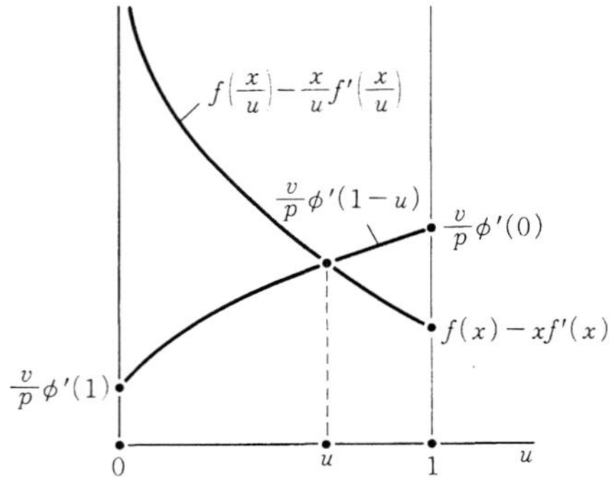

図 14-1　労働の最適配分

のように表わすことができる．このとき，図 14-1 からただちにわかるように，

$$\frac{\partial \Psi}{\partial x} \geqq 0, \quad \frac{\partial \Psi}{\partial \left(\frac{v}{p}\right)} \leqq 0.$$

ここで，$u=\Psi(x, v/p)<1$ のとき不等号 $>$ あるいは $<$ が成立する．

このとき Lemma 1 はつぎのように単純化される．

Lemma 2　$(x(t), u(t), s(t))$ が最適径路であるとき，つぎの条件をみたすような連続関数 $q(t), v(t)$ が存在する．

(20)
$$\frac{\dot{x}(t)}{x(t)} = s(t)\frac{f\left(\frac{x(t)}{u(t)}\right)}{\frac{x(t)}{u(t)}} - n - \phi[1-u(t)],$$

［初期条件は $x_0=K_0/A_0L_0$］，

(21)
$$\dot{q}(t) = nq(t) - f\left(\frac{x(t)}{u(t)}\right)p(t),$$

(22)
$$\frac{\dot{v}(t)}{v(t)} = \delta + \phi(1-u(t)) - \frac{p(t)u(t)}{v(t)}\left[f\left(\frac{x(t)}{u(t)}\right) - \frac{x(t)}{u(t)}f'\left(\frac{x(t)}{u(t)}\right)\right],$$

$$s(t) = \begin{cases} 0, & q(t) < 1, \\ 1, & q(t) > 1. \end{cases}$$

$$u(t) = \Psi\left(x(t), \frac{v(t)}{p(t)}\right), \quad p(t) = \max[1, p(t)],$$

$$\lim_{t\to\infty} q(t)e^{-\delta t} = 0, \quad \lim_{t\to\infty} v(t)e^{-\delta t} = 0.$$

Lemma 2 の条件を分析するために，経済の均斉的状態を考察する．すなわち，微分方程式体系(20)-(22)の解が定数である場合を考える．このような状態は $q(t)=1$ のときにしか起こらない．(x^*, v^*, u^*, s^*) はつぎの方程式の解として求められたものとしよう．

$$\phi(1-u^*)+u^*\phi'(1-u^*) = \delta,\ \ 0 < u^* < 1, \tag{23}$$

$$f'\left(\frac{x^*}{u^*}\right) = \delta+n, \tag{24}$$

$$f\left(\frac{x^*}{u^*}\right)-\frac{x^*}{u^*}f'\left(\frac{x^*}{u^*}\right) = v^*\phi(1-u^*), \tag{25}$$

$$s^*\frac{f\left(\frac{x^*}{u^*}\right)}{\frac{x^*}{u^*}} = n+\phi(1-u^*),\ \ 0 < s^* < 1. \tag{26}$$

(23)式をみたすような u^* は一意的に定まる．この u^* の値を(24)式に代入して，x^* の値を求め，さらに(25)に代入して，v^* の値を求める．(26)式から，

$$s^* = \frac{n+\phi(1-u^*)}{\nu+\phi(1-u^*)+\left(1+\frac{v^*}{x^*}\right)u^*\phi'(1-u^*)}.$$

このとき，$0<s^*<1$.

$x(t)\equiv x^*$, $v(t)\equiv v^*$, $u(t)\equiv u^*$, $s(t)\equiv s^*$, $q(t)\equiv 1$ は Lemma 2 の条件を初期条件 x^* ですべてみたす．このような状態 (x^*, u^*, s^*) を均斉的状態という．

経済の状態は，$q(t)<1$ かあるいは $q(t)>1$ にしたがって二つの局面に分けられる．

局面 I　$q(t)<1$．このとき $p(t)\equiv 1$, $s(t)\equiv 0$．したがって Lemma 2 の条件はつぎのようになる．

$$\frac{\dot{x}}{x} = -n-\phi(1-u), \tag{27}$$

$$\frac{\dot{q}}{q} = \delta+n-\frac{f'\left(\frac{x}{u}\right)}{q}, \tag{28}$$

$$\frac{\dot{v}}{v} \leqq \delta-\phi(1-u)-u\phi'(1-u). \tag{29}$$

ここで，$u=\Psi(x, v)$ で $u<1$ のときには等号 $=$ で成立する．

(x, v) の径路は，微分方程式体系(27), (29)だけによって定まり，q の値には無関係となる．(27), (29)の解の構造を調べるために，つぎの関数を考える．

$$\beta(x, v) = \delta-[\phi(1-u)+u\phi'(1-u)].$$

$\beta(x, v)$ を x および v について偏微分すれば，

$$\frac{\partial\beta}{\partial x} = u\phi''(1-u)\frac{\partial u}{\partial x} < 0,\quad \frac{\partial\beta}{\partial v} = u\phi''(1-u)\frac{\partial u}{\partial v} > 0.$$

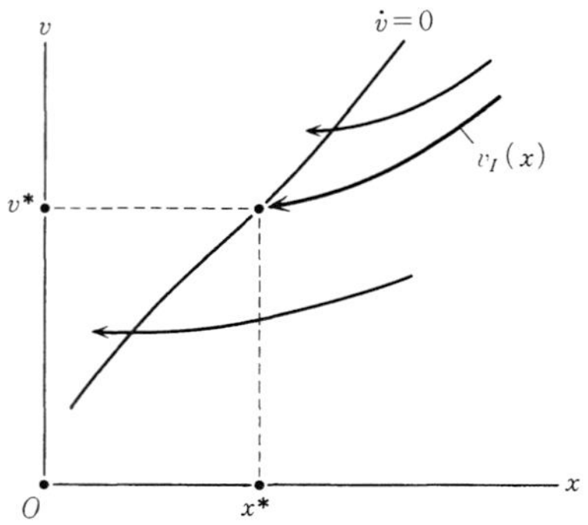

図 14-2　最適な技術進歩の決定

さらに，x が十分に小さいときには $\beta(x, v)>0$，x が十分に大きければ $\beta(x, v)<0$．また，v が十分に小さければ $\beta(x, v)<0$，大きければ $\beta(x, v)>0$ となる．局面Iでは x は常に減少するから，(27), (29)をみたす径路は，図 14-2 で矢印のついた曲線群によって表わされることがわかる．

均斉的状態 (x^*, v^*) は $\beta(x, v)=0$ の曲線上にある．(27), (29)の解の径路のなかで，(x^*, v^*) に収斂するようなものが二つ存在する．このような径路は確定するから，$(x, v_I(x))$ を通る解は必ず (x^*, v^*) に収斂するように関数 $v=v_I(x)$ を決めることができる．

同じようにして，$(x, v_I(x), q_I(x))$ を通る(27), (28), (29)の解径路が必ず $(x^*, v^*, 1)$ に到達するように，$q=q_I(x)$ という関数を定義することができる．

初期条件 x_0 について，$x_0>x^*$ のときに，

$$v_I(0) = v_I[x(0)], \quad q_I(0) = q_I[x(0)]$$

と定義する．

微分方程式体系(27), (28), (29)について，初期条件 $(x(0), v_I(0), q_I(0))$ をもつ解を $(x_I(t), v_I(t), q_I(t))$ とし，時間 t_I を，

$$x_I(t_I) = x^*,\ \ v_I(t_I) = v^*,\ \ q_I(t_I) = 1$$

によって決める．

最適径路 $(x(t), v(t), q(t), u(t), s(t))$ はつぎのようにして求められる．

$$(\text{I})\qquad \begin{cases} 0 \leqq t \leqq t_I:\ \ x(t) = x_I(t),\ \ v(t) = v_I(t),\ \ q(t) = q_I(t), \\ \qquad\qquad u(t) = \Psi(x_I(t),\ v_I(t)),\ \ s(t) = 0. \\ t > t_I:\ \ x(t) = x^*,\ \ v(t) = v^*,\ \ q(t) = 1,\ \ u(t) = u^*,\ \ s(t) = s^*. \end{cases}$$

局面II　$q(t)>1$．このときには，$p(t)\equiv q(t)$，$s(t)\equiv 1$．Lemma 2 の条件は，

$$(30)\qquad \frac{\dot{x}}{x}=\frac{f\left(\frac{x}{u}\right)}{\frac{x}{u}}-n-\phi(1-u),$$

［初期条件は $x(0)$］,

$$(31)\qquad \frac{\dot{q}}{q}=\delta+n-f'\left(\frac{x}{u}\right),$$

$$(32)\qquad \frac{\dot{w}}{w}\leqq f'\left(\frac{x}{u}\right)-\phi(1-u)-u\phi'(1-u)-n.$$

ここで，$w=\frac{v}{p}$, $u=\Psi(x,w)$ で，$u<1$ のときには等号 ＝ で成立する．

このとき，関数 $a(x,w)$ をつぎのように定義する．

$$(33)\qquad a(x,w)=\frac{f\left(\frac{x}{u}\right)}{\frac{x}{u}}-n-\phi(1-u)\qquad\left[u=\Psi(x,w),\ \ w=\frac{v}{p}\right],$$

$$(34)\qquad \frac{\partial a}{\partial w}=\left\{\frac{f\left(\frac{x}{u}\right)-\frac{x}{u}f'\left(\frac{x}{u}\right)}{x}+\phi'(1-u)\right\}\frac{\partial u}{\partial w}<0.$$

また，

$$(35)\qquad \gamma(x,w)=f'\left(\frac{x}{u}\right)-\phi(1-u)-u\phi'(1-u)-n$$

と置けば，

$$(36)\qquad \frac{\partial\gamma}{\partial x}=f''\left(\frac{x}{u}\right)\frac{\partial\left(\frac{x}{u}\right)}{\partial x}+u\phi''(1-u)\frac{\partial u}{\partial x}<0.$$

(33), (35)から，

$$(37)\qquad a(x,w)-\gamma(x,w)=\frac{f\left(\frac{x}{u}\right)-\frac{x}{u}f'\left(\frac{x}{u}\right)}{\frac{x}{u}}+u\phi'(1-u)>0.$$

これらの関係式(34), (36), (37)から容易にわかるように，微分方程式(30), (32)の解径路は，図 14-3 で矢印のついた曲線群で表わされるような構造をもつ．

均斉的状態 (x^*, v^*) は $\gamma(x,v)=0$ 曲線上にあり，任意の $x<x^*$ に対して，$(x, w_{II}(x))$ を通る解径路が必ず (x^*, v^*) に到達するように，$w=w_{II}(x)$ を決めることができる．この径路は，図 14-3 で，矢印のついた太線の曲線によって表わされている．

$x<x^*$ のときには，さらに，初期条件 $(x, w_{II}(x), q_{II}(x))$ をもつ微分方程式体系(35), (36), (37)の解径路 $(x(t), w(t), q(t))$ が実際に (x^*, v^*, q^*) に到達するように $q=q_{II}(x)$ を決めることができる．

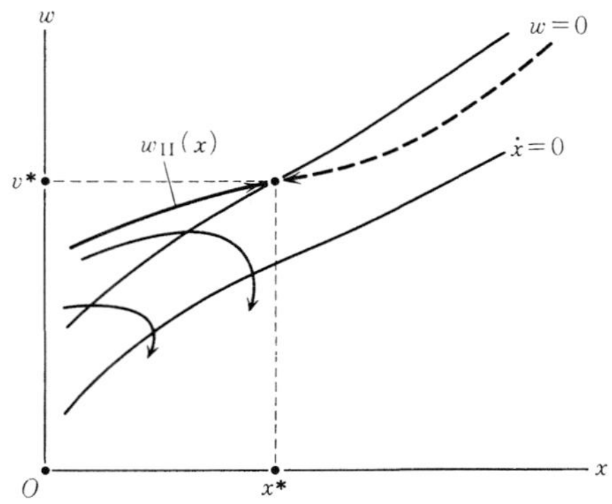

図 14-3　最適な技術進歩の構造

初期条件 x_0 が x^* より小さいとき ($x_0<x^*$),

$$w_{II}(0) = w_{II}(x_0), \quad q_{II}(0) = q_{II}(x_0)$$

となり, 時間 t_{II} は, $x_{II}(t_{II})=x^*$, $w_{II}(t_{II})=v^*$, $q_{II}(t_{II})=1$ となるように決める. このとき,

$$q_{II}(t) > 1 \qquad (0 \leqq t < t_{II}).$$

最適径路 $(x(t), v(t), q(t), u(t), s(t))$ はつぎのようにして求められる.

$$\text{(II)} \qquad \begin{cases} 0 \leqq t \leqq t_{II}: \ x(t) = x_{II}(t),\ v(t) = w_{II}(t)q_{II}(t),\ q(t) = q_{II}(t), \\ \qquad u(t) = \Psi[x_{II}(t), u_{II}(t)],\ s(t) = 1. \\ t > t_{II}: \ x(t) = x^*,\ v(t) = v^*,\ q(t) = 1,\ u(t) = u^*,\ s(t) = s^*. \end{cases}$$

以上の分析を要約しておこう. 社会的割引率 δ は条件(12)をみたしているとする. 労働効率性を単位としてはかった資本・労働比率 ($x=K/AL$) にかんして, 均斉比率 x^* は(23), (24)によって一意的に決まってくる. もし, 初期の状態で, 労働効率性を単位としてはかった資本・労働比率 $x_0=K_0/A_0L_0$ が均斉比率 x^* に等しいときには, 最適成長径路は, 労働効率性の上昇率 $\dot{A}/A$ が資本・労働比率の上昇率 $\dot{k}/k$ に等しくなるように, 労働と産出物の配分を決めることによって求められる. 生産的部門に対する労働の配分 u^* は(23)によって与えられ, 最適投資比率 s^* は(26)によって与えられる.

もし, 初期時点 $t=0$ で, 効率単位ではかった資本・労働比率 x_0 が均斉比率 x^* より大きいときには, 産出物はすべて $x(t)$ が均斉比率 x^* に等しくなるまで消費される. 均斉比率 x^* に到達したあと, 経済は均斉的状態に移る. 推移的な期間では, 生産部門と教育部門とに対する労働の配分は, (I)によって決められる.

もし, 初期時点における効率性ではかった資本・労働比率 x_0 が均斉比率 x^* より小さいとき

$(x_0 < x^*)$，均斉比率 x^* に到達するまで産出物はすべて投資される．均斉比率 x^* に到達したあと，経済は均斉的状態に移る．推移的な期間では，(II)によって決められる．

最適成長径路はこのようにして一意的に決定される．とくに，教育の経済的効果にかんしてシュルツによって展開された，基本的な命題が導きだされる[Schultz(1962), pp. 2-3]．いま二つの経済を考える．一つの経済の方が，資本・労働比率が高く，同時に労働効率性も高く，労働効率性ではかった資本・労働比率は，二つの経済について等しく，また他の点でもまったく同じであるとしよう．このとき，最適な資源配分と投資のパターンは二つの経済についてまったく同じ構造をもつ．

参 考 文 献

Arrow, K. J.(1960). "Economic Implications of Learning-by-Doing," *Review of Economic Studies*, Vol. 29, pp. 155-173.

Harrod, R. F.(1948). *Towards a Dynamic Economics*, London, Macmillan.

Pontryagin, L. S., V. G. Boltyanskii, R. V. Gamkrelidze, and E. F. Mishchenko(1962). *The Mathematical Theory of Optimal Processes*, New York and London, Interscience Publishers.

Schultz, T. W.(1961). "Investment in Human Capital," *American Economic Review*, Vol. 51, pp. 1-17.

——(1962). "Reflections on Investment in Man," *Journal of Political Ecomomy*, Vol. 70, pp. 1-8.

Srinivasan, T. N.(1964). "Optimum Savings in a Two-Sector Model of Growth," *Econometrica*, Vol. 32, pp. 358-374.

Solow, R. M.(1956). "A Contribution to the Theory of Economic Growth," *Quarterly Journal of Ecomomics*, Vol. 70, pp. 65-94.

——(1957). "Technical Change and the Aggregate Production Function," *Review of Economics and Statistics*, Vol. 39, pp. 312-320.

Swan, T. W.(1956). "Economic Growth and Capital Accumulation," *Economic Record*, Vol. 32, pp. 334-361.

Uzawa, H.(1961). "Neutral Inventions and the Stability of Growth Equilibrium," *Review of Ecomomic Studies*, Vol. 28, pp. 117-124.

——(1964). "Optimal Growth in a Two-Sector Model of Capital Accumulation," *Review of Economic Studies*, Vol. 31, pp. 1-24.

——(1965). "Optimum Technical Change in an Aggregative Model of Economic Growth," *International Economic Review*, Vol. 6, pp. 18-31. Reprinted in *Preference, Production, and Capital : Selected Papers of Hirofumi Uzawa*, New York, Cambridge University Press, 1988.

第15章　アクティビティ分析

消費および生産という経済活動を描写，記述するさいに，もっとも一般的な理論的枠組みを提供しているのが普通アクティビティ分析(activity analysis)と呼ばれる分析方法である．この章では，アクティビティ分析の考え方を説明し，いくつかの基本的な命題を導きだすことにしよう．

以下の分析では，国民経済の主要な構成主体として，消費者と生産者という二つの経済単位を中心にして考察を進めるが，代表的な消費者を α という記号を用いて表わし，代表的な生産者を β という記号を用いて表わすことにする．消費者も生産者もどちらも有限個しかないとし，分析の過程を通じて不変であると仮定する．

まず生産者についてアクティビティ分析の考え方を説明することにする．各生産者が生産する財・サービスは有限個だけ存在し，代表的に i という記号を用いて表わし，生産活動に必要な生産要素もまた有限個だけ存在し，l という記号で代表させるものとする．

生産者 β が生産活動をおこなうさいに，採用することのできるアクティビティを代表的な記号 j で表わし，アクティビティ j の活動水準を $x_{j\beta}$ とする．各アクティビティ j の活動水準 $x_{j\beta}$ を明示的に表現するベクトルを $x_\beta=(\cdots, x_{j\beta}, \cdots)$，あるいは $x_\beta=(x_{j\beta})$ のように表わす．アクティビティ・ベクトル x_β の各成分については当然 $x_{j\beta}\geqq 0$ の条件をみたされていなければならない．あるベクトル $x=(x_j)$ について各成分 x_j が非負のときにベクトル x 自身が非負であると定義する．一般につぎのような記号を用いる．

$$x \geqq 0 \iff x_j \geqq 0 \qquad (\text{すべての } j \text{ について}),$$

$$x \geq 0 \iff x \geqq 0,\ \ x \neq 0,$$

$$x > 0 \iff x_j > 0 \qquad (\text{すべての } j \text{ について}).$$

生産者 β がアクティビティ・ベクトル $x=(x_j)$ を採用したときに，生産される産出物の量をベクトル $Q=(Q_i)$ で表わす．この産出量のベクトル Q は一般にアクティビティ・ベクトル x によって一意的に決まるものとする．関数記号を用いて，

$$Q = Q(x),\ \ Q_i = Q_i(x)$$

のように表わす．また，アクティビティ・ベクトル x を採用したときに必要となる生産要素の量もまたベクトル $K=(K_l)$ によって表わされ，アクティビティ・ベクトル x の関数として一意的に決まるものとする．

$$K = K(x),\ \ K_l = K_l(x).$$

産出量をあらわす生産関数 $Q=Q(x)$ について，つぎのような条件がみたされるものとする．まず第1に，すべてのアクティビティについて，活動水準が同じ率で増減したときに，産出量もまた同じ率で増減すると仮定する．すなわち，生産技術が規模の経済一定(constant returns to scale)の法則をみたしているという条件である．この条件は生産関数 $Q(x)$ が x にかんして一次同次(linear homogeneous)であるということになる．

(ｉ)　$Q(\lambda x)=\lambda Q(x)$　(すべての $\lambda>0$, $x\geqq 0$ について).

第2に，生産の技術について限界代替率逓減(diminishing marginal rates of substitution)の法則がみたされていると仮定する．すなわち，等産出量曲面(iso-quant)

$$\{x : Q(x) = \text{一定}\}$$

が原点からみて concave であるという条件がみたされているということである．生産関数 $Q(x)$ についていえば，$Q(x)$ が x にかんして concave な関数であるということになる．

(ii)　$Q[(1-t)x^0+tx^1] \geqq (1-t)Q(x^0)+tQ(x^1)$

(すべての $0<t<1$, x^0, x^1 について).

さらに，等産出量曲面が厳密な意味で concave であるとすれば，条件(ii)はつぎのようになる．

(iii)　x^0 と x^1 とが比例的でないとき，

$Q[(1-t)x^0+tx^1] > (1-t)Q(x^0)+tQ(x^1)$　(すべての $0<t<1$ について).

第3に，各アクティビティは生産的であるとする．すなわち，

(iv)　$x^0 \geq x^1 \Longrightarrow Q(x^0) \geq Q(x^1)$.

以下の分析を通じて，生産関数 $Q(x)$ は(ｉ), (iii), (iv)の条件をすべてみたすという前提をもうけるが，このようなとき，生産技術が新古典派的(neo-classical)，あるいは生産関数 $Q(x)$ が新古典派的であるということにしよう．

生産関数 $Q(x)$ が x にかんして連続に2回微分可能であるとすれば，条件(iii)はつぎの条件とほぼ一致する．

(ｖ)　各財 i について，Hessian

$$H=\begin{pmatrix} \dfrac{\partial^2 Q_i}{\partial {x_1}^2} & \cdots & \dfrac{\partial^2 Q_i}{\partial x_1 \partial x_J} \\ & \cdots\cdots\cdots & \\ \dfrac{\partial^2 Q_i}{\partial x_J \partial x_1} & \cdots & \dfrac{\partial^2 Q_i}{\partial {x_J}^2} \end{pmatrix}$$

が negative semi-definite である．

$v'Hv \leqq 0$　(任意のベクトル v に対して).

また，条件(iv)はつぎの条件によって置き換えてもよい．

(vi) $$\frac{\partial Q_i}{\partial x} \geqq 0 \qquad (\text{各財 } i \text{ について}).$$

ここで $\dfrac{\partial Q_i}{\partial x}=\left(\dfrac{\partial Q_i}{\partial x_j}\right)$ は偏微分を成分とするベクトルを表わす．

生産者 β がアクティビティ・ベクトル x を採用したときに，生産要素がどれだけ必要となるかということを記述する生産要素関数を $K(x)=(K_l(x))$ で表わす．この生産要素関数にかんしてつぎの諸条件がみたされていると仮定する．

まず第1に，生産技術が規模の経済一定の法則をみたす．したがって，生産要素関数 $K(x)=(K_l(x))$ は x にかんして一次同次である．すなわち，

(i′) $$K(\lambda x) = \lambda K(x) \qquad (\text{すべての } \lambda>0,\ x\geqq 0 \text{ について}).$$

つぎに，限界代替率逓減の法則がみたされているとする．すなわち，生産要素関数 $K(x)=(K_l(x))$ は x にかんして convex である．

(ii′) $$K[(1-t)x^0+tx^1] \leqq (1-t)K(x^0)+tK(x^1)$$

(すべての $0<t<1$, x^0, x^1 について).

条件(ii′)はときとして，よりきびしいつぎの条件として表現されることもある．

(iii′) $$K[(1-t)x^0+tx^1] < (1-t)K(x^0)+tK(x^1)$$

(すべての $0<t<1$, x^0 と x^1 とが比例的でないとき).

さらに，アクティビティは必ずすべての生産要素を必要とするという仮定をもうける．すなわち，

(iv′) $$x^0 \geq x^1 \Longrightarrow K(x^0) \geq K(x^1).$$

生産関数の場合と同じように，条件(iii′)および(iv′)はそれぞれつぎの条件の形で表現されることもある．

(v′) 各生産要素 l について，Hessian

$$H=\begin{pmatrix} \dfrac{\partial^2 K_l}{\partial {x_1}^2} & \cdots & \dfrac{\partial^2 K_l}{\partial x_1 \partial x_L} \\ & \cdots\cdots\cdots & \\ \dfrac{\partial^2 K_l}{\partial x_L \partial x_1} & \cdots & \dfrac{\partial^2 K_l}{\partial {x_L}^2} \end{pmatrix}$$

は positive semi-definite である．

$$v'Hv \geqq 0 \qquad (\text{任意のベクトル } v \text{ に対して}).$$

(vi′) $$\frac{\partial K_l}{\partial x} \geqq 0 \qquad (\text{各生産要素 } l \text{ について}).$$

これらの条件(i′)-(vi′)がみたされているとき，生産要素関数は新古典派的であるという．

一般に，生産関数 $Q(x)$ および生産要素関数 $K(x)$ によって，上の諸条件(i)-(vi)，(i′)-(vi′)がみたされているとき，生産技術が新古典派的であるという．

いま新古典派的な生産技術 $(Q(x), K(x))$ をもつ生産者 β を考える．この生産者が自由に使用することのできる生産要素の量がベクトル $K=(K_l)$ で表わされているとする：$K\geqq 0$．このとき，生産者 β が採用することのできるアクティビティ・ベクトル x はつぎの条件をみたすものでなければならない．

$$K(x)\leqq K,\ \ x\geqq 0.$$

このようなアクティビティ・ベクトル x を実行可能(feasible)であるという．

生産物の市場が完全競争的であるとし，生産物の価格体系が価格ベクトル $p=(p_i)$ で表わされているとする：$p>0$．このとき，生産者は，実行可能なアクティビティ・ベクトル x のうちから，生産物 $Q(x)$ を市場価格 p で評価した額

$$pQ(x)=\sum_i p_iQ_i(x)$$

を最大にするようなものを選択するであろう．数学的にいうと，生産者 β はつぎの最大問題を解くことになる．

問題(A)　生産要素の賦与量 $K=(K_l)$ および価格体系 $p=(p_i)$ とが与えられているとき，売上額

(1)
$$pQ(x)=\sum_i p_iQ_i(x)$$

を制約条件

(2)
$$K(x)\leqq K,\ \ x\geqq 0$$

のもとで最大にするようなアクティビティ・ベクトル $x=(x_j)$ を求めよ．

このようなアクティビティ・ベクトルを最適(optimum)という．

最大問題(A)の最適解は必ず存在し，しかも一意的に決まる．まず一意性から証明する．もしかりに，二つの最適解 x^0, x^1 が存在したとしよう．すなわち，$x^0\neq x^1$ であって，

$$\begin{cases} K(x^0)\leqq K,\ \ x^0\geqq 0, \\ K(x)\leqq K,\ \ x\geqq 0 \Longrightarrow pQ(x^0)\geqq pQ(x), \end{cases}$$

および，

$$\begin{cases} K(x^1)\leqq K,\ \ x^1\geqq 0, \\ K(x)\leqq K,\ \ x\geqq 0 \Longrightarrow pQ(x^1)\geqq pQ(x) \end{cases}$$

が成立する．とくに $pQ(x^0)=pQ(x^1)$．

いま任意の θ $(0<\theta<1)$ をとってきて，

$$x^\theta=(1-\theta)x^0+\theta x^1$$

を定義する．もし x^0 と x^1 とが比例的でなければ，新古典派の条件(iii)，(iii′)によって，

$$Q(x^\theta) \geq (1-\theta)Q(x^0)+\theta Q(x^1),$$
$$K(x^\theta) \leq (1-\theta)K(x^0)+\theta K(x^1).$$

価格ベクトル p は正であるから ($p>0$),

$$pQ(x^\theta) > (1-\theta)pQ(x^0)+\theta pQ(x^1) = pQ(x^0) = pQ(x^1).$$

しかも,

$$K(x^\theta) \leqq K, \quad x^\theta \geqq 0.$$

したがって, x^0 あるいは x^1 が最適解であるという前提と矛盾することになる.

つぎに, x^0 と x^1 とが比例的であるとしよう. すなわち,

$$x^1 = \theta x^0, \quad \theta > 1,$$

となるような θ が存在する. このとき,

$$pQ(x^1) = \theta pQ(x^0).$$

したがって, x^0 と x^1 との最適性から,

$$pQ(x^0) = pQ(x^1) = 0.$$

したがって,

$$Q(x^0) = Q(x^1) = 0.$$

$x^0 \geq 0$ だから, $Q(x^0) \geq 0$ となって矛盾することになる.

つぎに最適解の存在を証明しよう. $K(0)=0 \leqq K$ だから, 実行可能なアクティビティ・ベクトルが存在することは明白である. また, $pQ(x)$ は有界である. もしかりに, 実行可能なアクティビティ・ベクトルの列 $\{x^\nu; \nu=1, 2, \cdots\}$ が存在して,

$$\lim_{\nu\to\infty} pQ(x^\nu) = +\infty$$

となったとしよう. このとき,

$$\lim_{\nu\to\infty} \|x^\nu\| < +\infty$$

とする. $\{x^\nu\}$ の集積点の一つを $\bar{x}$ とすれば,

$$\bar{x} \geqq 0, \quad \lim_{\nu\to\infty} pQ(x^\nu) = pQ(\bar{x})$$

となって, 上の仮定に矛盾する. したがって,

$$\lim_{\nu\to\infty} \|x^\nu\| = +\infty.$$

いま, $\lambda^\nu = \|x^\nu\|$ とし, $\left\{\frac{1}{\lambda^\nu}x^\nu\right\}$ の集積点の一つを $\bar{x}$ とすれば,

$$\|\bar{x}\| = 1, \quad \bar{x} \geq 0.$$

また,

$$K\left(\frac{1}{\lambda^\nu}x^\nu\right) = \frac{1}{\lambda^\nu}K(x^\nu) \leqq \frac{1}{\lambda^\nu}K.$$

したがって，

$$K(\bar{x}) = \lim_{\nu\to\infty} K\left(\frac{1}{\lambda^\nu}x^\nu\right) \leqq \lim_{\nu\to\infty} \frac{1}{\lambda^\nu}K = 0.$$

すなわち，

$$\bar{x} \geq 0, \ \ K(\bar{x}) = 0$$

となるようなアクティビティ・ベクトル $\bar{x}$ が存在することになって，必要性の条件に矛盾する．

このように，ある生産主体 β が使用することのできる生産要素の量 $K=(K_l)$ が与えられているとき，市場価格 $p=(p_i)$ で評価された産出物の価値

$$pQ(x)$$

を，制約条件

$$K(x) \leqq K, \ \ x \geqq 0$$

のもとで最大にするようなアクティビティ・ベクトル $x=(x_j)$ は一意的に決まる．それは，$p=(p_i)$ が所与のときには，利用可能な生産要素の賦与量 $K=(K_l)$ の関数と考えることができ，たとえば，

$$x = x(K)$$

のような関数記号を用いて表わすことができる．このとき，最大化された産出物の市場価値もまた K の関数 $y(K)$ となる．

$$y(K) = p\cdot Q[x(K)].$$

すなわち，

$$y(K) = \max\{pQ(x)\,;\, x \geqq 0, \ K(x) \leqq K\}.$$

このとき，最大産出額 $y=y(K)$ は生産要素の賦与量 $K=(K_l)$ の関数として concave となる．

［証明］ 二つの生産要素の賦与量 K^0 および K^1 が任意に与えられたときに，最適なアクティビティ・ベクトルおよび最大産出額をそれぞれ x^0, x^1 および y^0, y^1 とする．すなわち，

$$x^0 = x(K^0), \ \ x^1 = x(K^1),$$

$$y^0 = y(K^0) = pQ(x^0), \ \ y^1 = y(K^1) = pQ(x^1).$$

関数 $y(K)$ が concave であるということは，任意の $\theta(0<\theta<1)$ に対して，

$$y^\theta = y(K^\theta)$$

とするとき，

$$y^\theta > (1-\theta)y^0 + \theta y^1$$

となることを示せばよい．

$$x^{\theta} = (1-\theta)x^0 + \theta x^1$$

と置けば，$x^{\theta} \geqq 0$. $K(x)$ の convexity から，

$$K(x^{\theta}) \leqq (1-\theta)K(x^0) + \theta K(x^1) \leqq K.$$

したがって，x^{θ} もまた feasible となる．しかも，$pQ(x)$ が concave であるから，

$$pQ(x^{\theta}) \geqq (1-\theta)pQ(x^0) + \theta pQ(x^1) = (1-\theta)y(x^0) + \theta y(x^1).$$

したがって，

$$y(K^{\theta}) \geqq pQ(x^{\theta}) \geqq (1-\theta)y(x^0) + \theta y(x^1)$$

となり，$y(K)$ は concave であることが証明された．　Q.E.D.

問題(A)のように，制約条件(2)が不等号で与えられ（$K(x) \leqq K$），また，未知数 x について non-negative でなければならない（$x \geqq 0$）という条件が課せられているときに，最適解を求めるということは必ずしも容易でない．とくに，通例 Lagrange の未定係数法といわれている方法もそのままのかたちでは適用することができない．そこで，このような問題について，その解法を一般的な場合について説明しておくことにしよう．普通数学的計画法 mathematical programming あるいは concave programming と呼ばれている分析方法である．

すなわち，$f(x)$ および $g(x) = (g_1(x), \cdots, g_n(x))$ という $x = (x_1, \cdots, x_m)$ にかんする関数が与えられているとする．

数学的計画あるいは非線型プログラミングの問題はつぎのようなものである．

最大問題　$f(x), g(x)$ が所与であるとき，制約条件

$$g(x) \geqq 0, \quad x \geqq 0$$

をみたすベクトル x のうちで，$f(x)$ の値を最大にするものを求めよ．

ここで考察したのは，

$$f(x) = pQ(x), \quad g(x) = K - K(x)$$

という特別な場合である．

この問題については，次章でくわしく説明することにしよう．

第16章　Concaveプログラミング

Concaveプログラミングとクーン=タッカーの定理

非線形プログラミングのなかで，経済分析でとくに重要な役割を果たすのは，concaveプログラミングの問題である．concaveプログラミングの問題は一般的につぎのような形をもつ．

いま，$f(x), g(x)=(g_1(x), \cdots, g_m(x))$ が，n 次元のベクトル変数 $x=(x_1, \cdots, x_n)$ の関数であるとき，つぎの最大問題を考える．

$$x_1 \geqq 0, \ \cdots, \ x_n \geqq 0, \quad g_1(x) \geqq 0, \ \cdots, \ g_n(x) \geqq 0,$$

すなわち，

$$(1) \qquad g(x) \geqq 0, \ \ x \geqq 0$$

という制約条件のもとで，$f(x)$ を最大にするような x を求めよ．このとき，$f(x)$, $g(x)$ は x の凹関数であるとする．

このとき，制約条件(1)をみたすようなベクトル変数 x の集合 R を実現可能集合(feasibility set)という．

$$R=\{x: x \geqq 0, \ f(x) \geqq 0\}.$$

$f(x)$ が凹関数であるから，このような集合 R は凸集合となる．すなわち，$x^0, x^1 \in R$ とすれば，$x^0 \geqq 0$, $x^1 \geqq 0$, $f(x^0) \geqq 0$, $f(x^1) \geqq 0$．このとき，$x^\theta=(1-\theta)x^0+\theta x^1$ $(0 \leqq \theta \leqq 1)$ について，

$$x^\theta \geqq 0, \ \ f(x^\theta) \geqq (1-\theta)f(x^0)+\theta f(x^1) \geqq 0 \qquad [f(x) \text{ の concavity}].$$

このような意味で，上に挙げたような問題をconvex programmingと呼ぶこともあるが，ここではconcave programmingという言葉を使うことにする．

ラグランジュの方法

ここで取り上げたような条件付き最大化問題を解くためには，通例ラグランジュ(Lagrange)の方法が用いられる．周知のことであろうが，簡単に説明しておこう．ラグランジュの方法が適用される条件付き最大化の問題は一般につぎの形に定式化されるものである．

制約条件：$g_k(x)=0$ $(k=1, \cdots, m)$ のもとで，$f(x)$ を最大にせよ．

この問題を解くために，ラグランジュ形式 $\varphi(x, p)$ を考える．

$$(2) \qquad \varphi(x, p)=f(x)+p \cdot g(x)=f(x)+\sum_{k=1}^{m} p_k g_k(x),$$

ただし，$p=(p_1, \cdots, p_m)$ は m 次元のベクトルで，その k 成分は制約条件 $g_k(x)=0$ に対応するもので，ラグランジュ乗数と呼ばれるものである．このラグランジュ形式 $\varphi(x, p)$ を x_i $(i=1,$

$\cdots, n)$, p_k $(k=1, \cdots, m)$ について偏微分してゼロと置く．[ここで，$f(x), g_1(x), \cdots, g_m(x)$ はすべて微分可能であると仮定されている．]

$$\begin{cases} \varphi_{x_i}(x, p) = f_{x_i}(x) + \sum_{k=1}^{m} p_k g_{kx_i}(x) = 0, \\ \varphi_{p_k}(x, p) = g_k(x) = 0. \end{cases}$$

ここで問題としている条件付き最大化の問題は，この方程式体系をみたす (x, p) のなかから選びだされる．

このラグランジュの未定係数法は，$f(x), g_1(x), \cdots, g_m(x)$ にかんしていくつかの条件がみたされていなければ妥当しないが，実際に解を求める手段として有用な役割を果たしている．この方法を，(1)のような不等号の制約条件をもつ条件付き最大化問題に対して適用することができないであろうか．この設問に対して，すぐれた解答を出したのが，クーン=タッカーの論文[Kuhn and Tucker (1951)]である．クーン=タッカーの方法はたんに，不等号条件付き最大化問題を解くために有用な数学的方法を提供しているだけでなく，経済分析的な意味からも重要な示唆を与えるものである．

最大化問題と鞍点問題

クーン=タッカーの方法は，ラグランジュ形式について，鞍点問題(saddle-point problem)という視点から分析しようとするものである．このためにconcaveプログラミングをもっと一般的な観点からみてみよう．

最大問題　目的関数 $f(x)$ を制約条件

(3) $$x \geqq 0,\ \ g(x) \geqq 0$$

のもとで最大にするようなベクトル $\bar{x}$ を求めよ．

このような $\bar{x}$ を最適(optimum)という．このとき，ラグランジュ形式 $\varphi(x, p)$ は，

(4) $$\varphi(x, p) = f(x) + p \cdot g(x),\ \ x \geqq 0,\ \ p \geqq 0$$

と定義する．ここで，$g(x) = (g_1(x), \cdots, g_m(x))$，$x = (x_1, \cdots, x_n)$，$p = (p_1, \cdots, p_m)$．$(\bar{x}, \bar{p})$ がつぎの条件をみたすとき，ラグランジュ形式 $\varphi(x, p)$ の鞍点であるという．

(5) $$\bar{x} \geqq 0,\ \ \bar{p} \geqq 0,$$

(6) $\varphi(x, \bar{p}) \leqq \varphi(\bar{x}, \bar{p}) \leqq \varphi(\bar{x}, p)$ がすべての $x \geqq 0$, $p \geqq 0$ に対して成立する．

この(5), (6)の条件をまとめて記せば，

$$\varphi(\bar{x}, \bar{p}) = \min_{p \geqq 0} \max_{x \geqq 0} \varphi(x, p) = \max_{x \geqq 0} \min_{p \geqq 0} \varphi(x, p).$$

鞍点問題　ラグランジュ形式 $\varphi(x, y)=f(x)+p\cdot g(x)$ $(x\geqq 0,\ p\geqq 0)$ の鞍点 $(\bar{x}, \bar{p})$ を求めよ.

定理1　もし, $(\bar{x}, \bar{p})$ が $\varphi(x, p)=f(x)+p\cdot g(x)$ $(x\geqq 0,\ p\geqq 0)$ の鞍点ならば, $\bar{x}$ は最大問題の最適解となる.

［証明］(6)の条件を具体的に書くと,

(7)　$f(x)+\bar{p}\cdot g(x) \leqq f(\bar{x})+\bar{p}\cdot g(\bar{x}) \leqq f(\bar{x})+p\cdot g(\bar{x}) \qquad (x \geqq 0,\ p \geqq 0).$

この(7)式の第2の不等式がすべての $p\geqq 0$ に対して成立するということ, すなわち,

$$\sum_k (p_k-\bar{p}_k)g_k(\bar{x}) \geqq 0$$

という不等式がすべての $p_k\geqq 0$ $(k=1, \cdots, m)$ について成立しなければならないから,

$$\bar{x} \geqq 0,\ g_k(\bar{x}) \geqq 0 \quad (k=1, \cdots, m) \quad すなわち \quad g(\bar{x}) \geqq 0$$

となって, $\bar{x}$ は制約条件(3)をみたす. しかも, $\bar{p}\cdot g(\bar{x})=0$.

逆に, 制約条件(3)をみたすような任意のベクトル x をとってくる：$x\geqq 0,\ g(x)\geqq 0$. このとき $\bar{p}\geqq 0$ だから,

$$f(x) \leqq f(x)+\bar{p}\cdot g(x) \leqq f(\bar{x})+\bar{p}\cdot g(\bar{x}) = f(\bar{x}) \qquad [(7)の第1の不等式].$$

すなわち, $\bar{x}$ は最大問題の最適解である.　Q.E.D

この定理1では, $f(x), g(x)$ についてなんの仮定ももうけていないことに注目されたい.

クーン=タッカーの定理

最大問題は, 鞍点問題が解ければ, おのずからその最適解が求まることがわかった. 最大問題の解をすべてこのようにして求めることができるであろうか. すなわち, $\bar{x}$ が任意の最適解であるときに, $(\bar{x}, \bar{p})$ がラグランジュ形式 $\varphi(x, p)$ の鞍点となるようなベクトル $\bar{p}$ を見つけることができるであろうか. このことは, $f(x)$ が凸関数のときには不可能であるということはただちにわかる. ここで考察の対象としている concave プログラミングの問題についても一般には妥当しない. たとえば, $f(x)=x,\ g(x)=-x^2$ という簡単な例をとってみると, 最適解は $\bar{x}=0$ であるが, $\varphi(x, p)=x-px^2$ を $x\geqq 0$ について最大にしてみると, $x=\dfrac{1}{2p}>0$ となって, $\bar{x}=0$ が鞍点 $(\bar{x}, \bar{p})$ の x 成分とはなりえない.

この命題が成立するためには, $f(x)$ なり $g(x)$ に対してどのような条件がみたされなければならないであろうか. クーン=タッカーの論文では, Constraint Qualification といわれる前提条件がみたされているときに, この命題が成立するということを証明したのであった. この Constraint Qualification より多少強い条件であるが, その意味がきわめて明瞭な条件がスレーター[Slater(1950)]によって与えられた.

定理2　$f(x)$, $g(x)=(g_1(x), \cdots, g_m(x))$ $(x\geqq 0)$ は凹関数であるとする．制約条件(3)が，スレーターの条件をみたしているとする．

(8)　$$x^0 \geqq 0,\ g(x^0) > 0 \quad となるような\ x^0\ が存在する．$$

このとき，ベクトル $\bar{x}\geqq 0$ が最大問題の最適解であるために必要にして十分な条件は，$(\bar{x}, \bar{p})$ がラグランジュ形式 $\varphi(x, p)$ の鞍点となるようなベクトル $\bar{p}\geqq 0$ が存在することである．

［証明］　十分条件となっていることは定理1から明らか．必要条件であることをみるために，$\bar{x}$ が最適解であるとする．$(m+1)$ 次元の空間のなかにつぎの二つの集合を定義する．

$$A=\left\{\begin{pmatrix} z_0 \\ z \end{pmatrix} : \begin{pmatrix} z_0 \\ z \end{pmatrix} \leqq \begin{pmatrix} f(x) \\ g(x) \end{pmatrix} \text{となるような}\ x \geqq 0\ \text{が存在する}\right\},$$

$$B=\left\{\begin{pmatrix} z_0 \\ z \end{pmatrix} : \begin{pmatrix} z_0 \\ z \end{pmatrix} > \begin{pmatrix} f(\bar{x}) \\ 0 \end{pmatrix}\right\}.$$

$f(x), g(x)$ が concave な関数であるということから，A, B がともに凸集合となることはただちにわかる．また，$\bar{x}$ は最適解であるから，A と B とは共通点をもたない．したがって，凸集合にかんする分離定理[数学付論]によって，

(9)　$$v_0 z_0 + v\cdot z \leqq v_0 u_0 + v\cdot u \qquad \left(\text{すべての}\begin{pmatrix} z_0 \\ z \end{pmatrix} \in A,\ \begin{pmatrix} u_0 \\ u \end{pmatrix} \in B\ \text{に対して}\right)$$

が成立するような $(m+1)$ 次元のベクトル $(v_0, v) \neq (0, 0)$ が存在する．B の定義から $v_0\geqq 0$, $v\geqq 0$ でなければならない．$(f(\bar{x}), 0)$ は B の境界上にあるから，A の定義によって，

$$v_0 f(x) + v\cdot g(x) \leqq v_0 f(\bar{x}) \qquad (x \geqq 0).$$

このとき，$v_0>0$ となる．もし $v_0=0$ であったとすれば，$v\geqq 0$．しかも，$v\cdot g(x)\leqq 0$ $(x\geqq 0)$．これは，$g(x^0)>0$ をみたす $x^0\geqq 0$ が存在するという仮定に反する．いま，$\bar{p}=v/v_0$ と置くと，

(10)　$$\bar{p} \geqq 0,\ f(x)+\bar{p}\cdot g(x) \leqq f(\bar{x}) \qquad (x \geqq 0).$$

(10)式で，$x=\bar{x}$ と置くと，$\bar{p}\cdot g(\bar{x})\leqq 0$．他方，$g(\bar{x})\geqq 0$ だから，

(11)　$$\bar{p}\cdot g(\bar{x}) = 0.$$

この(10), (11)は，$(\bar{x}, \bar{p})$ が $\varphi(x, y)$ $(x\geqq 0, y\geqq 0)$ の鞍点であるということを示している．

Q.E.D.

定理2で仮定したスレーターの条件(8)はたとえば，リニヤー・プログラミングの場合の多くは妥当しない．$g(x)\geqq 0$ の一部が，$h(x)\geqq 0$, $-h(x)\geqq 0$ という形の制約条件を含んでいることが多いからである．このような場合にもクーン=タッカーの定理が適用されるように修正する必要がある．

$\{1, \cdots, m\}$ を二つの部分集合，I と II，に分ける．

$$I = \{k : x \geqq 0,\ g(x) \geqq 0 \text{ ならば必ず } g_k(x) = 0\},$$

$$II = \{h : \hat{x} \geqq 0,\ g(\hat{x}) \geqq 0 \text{ で } g_h(\hat{x}) > 0 \text{ となるような } \hat{x} \text{ が存在するような場合}\},$$

$$\{1, \cdots, m\} = I \cup II.$$

このとき，つぎの定理が成立する．

定理 3　$f(x)$，$g(x) = (g_1(x), \cdots, g_m(x))$ $(x \geqq 0)$ が凸関数であるとする．もし，

(12)　$k \in I$ のとき，$g_k(x)$ は x にかんして線型である．

(13)　すべての i $(i=1, \cdots, n)$ に対して，$x_i^i > 0$ となるような実現可能なベクトル x^i が存在する．

このとき，$\bar{x}$ が最大問題の最適解であるために必要にして十分な条件は，$(\bar{x}, \bar{p})$ がラグランジュ形式 $\varphi(x, p)$ $(x \geqq 0, p \geqq 0)$ の鞍点となるような $\bar{p} \geqq 0$ が存在することである．

［証明］ (12)の条件から，

(14)　$$\frac{\partial g_k}{\partial x} \quad (k \in I) \quad \text{は線型独立である}$$

と仮定して議論を進めてよい．

いま，$\bar{x}$ が最大問題の最適解であるとしよう．二つの A, B をつぎのように定義する．

$$A = \left\{ \begin{pmatrix} x_0 \\ z \\ u \end{pmatrix} : z_0 \leqq f(x),\ z_I = g_I(x),\ z_{II} \leqq g_{II}(x),\ u \leqq x \text{ となるような } x \text{ が存在する} \right\},$$

$$B = \left\{ \begin{pmatrix} z_0 \\ z \\ 0 \end{pmatrix} : z_0 > f(\bar{x}),\ z_I = 0,\ z_{II} > 0 \right\},$$

$$\left[\text{一般に，} z = \begin{pmatrix} z_I \\ z_{II} \end{pmatrix} \text{ とする}\right].$$

A, B がともに凸集合であるということは，$f(x), g(x)$ が凹関数であることからわかる．また，$\bar{x}$ が最適解であるということから，A と B とは共通点をもたない．したがって，凸集合にかんする分離定理によって，

(15)　$$v_0 \geqq 0,\quad v \geqq 0,\quad w \geqq 0,$$

(16)　$$\text{すべての } x \text{ に対して，} v_0 f(x) + v \cdot g(x) + w \cdot x \leqq v_0 f(\bar{x})$$

となるような (v_0, v, w) が存在する．

定理2の場合と同じように，ここでもし $v_0 > 0$ であることが示されれば，証明は終りである．反対に $v_0 = 0$ であるとしよう．このとき，

(17)　$$\text{すべての } x \text{ に対して，} v \cdot g(x) + w \cdot x \leqq 0.$$

定理の仮定から，$g_k(x^k)>0$ となるような x^k が存在する．したがって，このような x^k について(17)から $v_k\cdot g_k(x)\leqq 0$．故に，$v_k\leqq 0$．仮定によって $v_k\geqq 0$ だから，

$$v_k = 0 \qquad (k\in II).$$

さらに，(17)から，$w\cdot x^k\leqq 0$．故に $w=0$．

したがって，(17)式は，

(18)　　$v_I \geq 0$ かつ，すべての x に対して $v_I\cdot g_I(x) \leqq 0.$

$g_I(x)$ は線型であると仮定しているから，(18)式から，

$$v_I \frac{\partial g_I}{\partial x} = 0,\ \ v_I \geq 0.$$

これは，(14)の仮定と矛盾する．したがって，$v_0>0$ でなければならない．　　Q.E.D.

アロー=ハーヴィッチの逐次解法

concave プログラミングの問題を解くということは，結局，ラグランジュ形式 $\varphi(x,p)$ の鞍点 $(\bar{x},\bar{p})$ を求めるという問題に帰着されることになった．鞍点問題にかんして，アロー=ハーヴィッチ[Arrow and Hurwicz(1956)]によって，経済分析的にきわめて興味深い計算方法が提示された．それは，サミュエルソン[Samuelson(1960)]によって導入された古典的な gradient method を適当に修正したものである．経済分析に現われる最大問題は，主として，変数が非負(non-negative)であるようなものであって，ラグランジュ形式 $\varphi(x,p)$ もまた $x\geqq 0, p\geqq 0$ に限定されたものを考察してきた．しかも，往々にしてコーナー・ソリューション(corner solution)の場合が多く，開集合の内点における最適解を前提として展開されてきた古典的な gradient method はそのままの形では適用することができない．アロー=ハーヴィッチの方法はとくに，この点を配慮しながらつくられたものであって，その逐次的方法が果たして鞍点に収斂するかどうかということは基本的な重要性をもつ問題となってくる．しかも，以下にくわしく説明するように，アロー=ハーヴィッチの方法によれば，逐次的計算を規定する微分方程式体系が，連続微分可能な関数によって規定されたものではない．したがって，たとえば，ポントリャーギンの教科書[数学付論にくわしく説明してある]をそのまま適用することができない．

アロー=ハーヴィッチの Gradient Method　$\varphi(x,p)$ は，$x=(x_1,\cdots,x_n)\geqq 0$，$p=(p_1,\cdots,p_m)\geqq 0$ に対して定義された実関数とする．$(\bar{x},\bar{y})$ がつぎの条件をみたすときに，$\varphi(x,y)$ $(x\geqq 0, y\geqq 0)$ の鞍点であるという．

(19)　　$\bar{x} \geqq 0,\ \ \bar{p} \geqq 0,$

(20)　　$\varphi(x,\bar{p}) \leqq \varphi(\bar{x},\bar{p}) \leqq \varphi(\bar{x},p) \qquad (x \geqq 0,\ p \geqq 0).$

$\varphi(x,p)$ は x について concave であり，p について convex であると仮定する．$\varphi(x,p)$ の

原型として concave プログラミングに対するラグランジュ形式

$$\varphi(x, p) = f(x) + p \cdot g(x)$$

$[f(x),\ g(x)$ はともに concave な関数$]$

を想定しているから，これらの条件は仮定しても差し支えない．

さらに，$\varphi(x, p)$ は x, p にかんして，連続的に微分可能であるとする．このとき，$(\bar{x}, \bar{p})$ が鞍点となるための条件は，

$$\varphi_{x_i}(\bar{x}, \bar{p}) \leqq 0 \qquad (i = 1, \cdots, n),$$

ただし，$\bar{x}_i > 0$ のときは等号，

$$\varphi_{p_k}(\bar{x}, \bar{p}) \geqq 0 \qquad (k = 1, \cdots, m),$$

ただし，$\bar{p}_k > 0$ のときは等号で成立する．

アロー=ハーヴィッチの gradient method はつぎの微分方程式体系によって規定される．

$$(21) \qquad \begin{cases} \dot{x}_i = \delta_{x_i}\varphi_{x_i}(x, p), & i = 1, \cdots, n, \\ \dot{p}_k = -\delta_{p_k}\varphi_{p_k}(x, p), & k = 1, \cdots, m, \end{cases}$$

ただし，

$$\delta_{x_i} = \begin{cases} 0, & x_i = 0,\ \varphi_{x_i} < 0 \text{ のとき}, \\ 1, & x_i > 0,\ \text{あるいは } x_i = 0,\ \varphi_{x_i} = 0 \text{ のとき}, \end{cases}$$

$$\delta_{p_k} = \begin{cases} 0, & p_k = 0,\ \varphi_{p_k} > 0 \text{ のとき}, \\ 1, & p_k > 0,\ \text{あるいは } p_k = 0,\ \varphi_{p_k} = 0 \text{ のとき}. \end{cases}$$

アロー=ハーヴィッチの方程式体系(21)の定常解 (x^*, p^*) は $\varphi(x, p)$ の鞍点になることがわかる．ここで問題としたいのは，任意の初期条件 $(x^0, p^0) \geqq 0$ から出発したときに，アロー=ハーヴィッチの方程式体系(21)の解 $(x(t), p(t))$ が鞍点 (x^*, p^*) に漸進的に $(t \to +\infty$ のとき$)$ 近づくかどうかという問題である．すなわち，微分方程式体系(21)が大局的に安定的であるか，どうかという問題である．

この問題を考察するために，多少一般化して，$\varphi(x, p)$ が x にかんしては strictly concave で，p にかんしては convex であるような場合を取り扱うことにしよう．つぎのような記号を用いる．

$$z = \begin{pmatrix} x \\ p \end{pmatrix} \text{ あるいは } \begin{pmatrix} z_1 \\ \vdots \\ z_l \end{pmatrix} = \begin{pmatrix} x_1 \\ \vdots \\ x_n \\ y_1 \\ \vdots \\ y_m \end{pmatrix} \qquad (l = n+m),$$

$$\varphi_i(z) = \varphi_{x_i}(x, p) \qquad (1 \leqq i \leqq n),$$

$$\varphi_j(z) = -\varphi_{p_{j-n}}(x, p) \qquad (n+1 \leqq j \leqq l).$$

ベクトル $z=\begin{pmatrix} z_1 \\ \vdots \\ z_l \end{pmatrix} \geqq 0$ に対して，$\{1, \cdots, l\}$ をつぎのように S^0, T^0, R^0 に分割する．

$$S^0 = S(z^0) = \{i : z_i{}^0 > 0 \quad \text{あるいは} \quad z_i{}^0 = 0,\ \varphi_i(z^0) > 0\},$$
$$T^0 = T(z^0) = \{i : z_i{}^0 = 0,\ \varphi_i(z^0) = 0\},$$
$$R^0 = R(z^0) = \{i : z_i{}^0 = 0,\ \varphi_i(z^0) < 0\}.$$

$\{1, \cdots, l\}$ の分割 $\{S^0, T^0, R^0\}$ に対して，つぎのような微分方程式体系を (S^0, T^0, R^0) 体系と呼ぶことにする．

$$\dot{z}_i = \begin{cases} \varphi_i(z) & (i \in S^0), \\ \max[0, \varphi_i(z)] & (i \in T^0), \\ 0 & (i \in R^0). \end{cases} \tag{22}$$

$\varphi_1(z), \cdots, \varphi_l(z)$ が連続で，偏微分もまた連続であるとすれば，(22)式の右辺の関数はリプシッツの条件をみたす．したがって，任意の初期条件に対して微分方程式体系(22)の解は必ず存在して，一意的に定まる．また，その解は初期条件にかんして連続となる．

このとき，(22)の解 $z(t)$ が正則的(regular)であるというのは，つぎの条件がみたされるときであると定義する．

正則性：$t_1 > t_2 > \cdots > 0$, $\lim_{\nu} t_\nu = 0$ となるような列 $\{t_\nu\}$ に対して，$z_i(t_\nu) = 0$ $(\nu = 1, 2, \cdots)$ のとき，$z_i(t) = 0$ $(0 < t < \bar{t})$ となるような正数 $\bar{t} > 0$ が存在する．

アロー=ハーヴィッチ・プロセスの大局的安定性

定理4　$\varphi(x, p)$ は，$x \geqq 0$ にかんして strictly concave で，連続2回微分可能であり，$p \geqq 0$ にかんして，convex，かつ連続2回微分可能であるとする．各点 $z^0 = (x^0, p^0) \geqq 0$ における $\{1, \cdots, l\}$ の分割 $S^0 = S(z^0)$, $T^0 = T(z^0)$, $R^0 = R(z^0)$ に対応する (S^0, T^0, R^0) 体系(22)の解は必ず正則的であるとき，アロー=ハーヴィッチ・プロセス(21)について，任意の初期条件 $z^0 = (x^0, p^0) \geqq 0$ をもつ解 $z(t\,; z^0) = (x(t), p(t)\,; x^0, p^0)$ が必ず一意的に存在して，正則となる．

さらに，もし $\varphi(x, p)$ $(x \geqq 0, p \geqq 0)$ の鞍点 $\bar{z} = (\bar{x}, \bar{p})$ が存在すると仮定すると，その x 成分 $\bar{x}$ は一意的に定まり，(21)の正則解 $z(t\,; z^0) = (x(t), p(t)\,; x^0, p^0)$ は必ず存在して，一意的に定まり，その x 成分 $x(t)$ は $t \to +\infty$ のとき鞍点 $\bar{x}$ に収斂する．

［証明］(a)　解の存在：$z^0 = (x^0, p^0)$ に対して，(S^0, T^0, R^0) 体系(22)はリプシッツの条件をみたす．したがって，初期条件を z^0 とする(22)の解 $z(t\,; z^0)$ は必ず存在して一意的に定まる．このとき，つぎのような集合 W^0 を考える．

$$W^0 = \left\{ t : \text{すべての}\ 0 < \tau < t\ \text{について，} \begin{array}{ll} z_i(\tau) > 0 & (i \in S^0), \\ z_i(\tau) \equiv 0\ \text{あるいは}\ \varphi_i(z(\tau)) > 0 & (i \in T^0), \\ \varphi_i(z(\tau)) < 0 & (i \in R^0). \end{array} \right\}.$$

そして，$t^1=\sup\{t : t \in W^0\}$ とすると，解の正則性から $t^1>0$．したがって，$z(t : z^0)$ は $[0, t^1]$ の範囲では，初期条件 z^0 をもつ(21)の解となる．逆に，初期条件 z^0 をもつ(21)の正則解は $[0, t^1]$ の範囲内では (S^0, T^0, R^0) 体系(22)の解となる．(22)の解は一意的に定まり，初期条件 z^0 にかんして連続的となるから，(21)の解もまた $[0, t^1]$ の範囲内で一意的に定まり，z^0 にかんして連続的となる．つぎに，$z^1=z(t^1)$ について，$S^1=S(z^1)$, $T^1=T(z^1)$, $R^1=R(z^1)$ とし，(S^1, T^1, R^1) 体系をつくり，初期条件 z^1 をもつ解を $z(t\,;z^1)$ とする．$z(t\,;z^1)$ について上と同じように t^2 を定義する．$z(t\,;z^0)$ を $[0, t^1+t^2]$ の区間に延長する．

$$z(t\,;z^0)=\begin{cases} z(t\,;z^0) & (0 \leqq t < t^1), \\ z(t-t^1\,;z^0) & (t^1 \leqq t \leqq t^1+t^2). \end{cases}$$

$z(t\,;z^0)$ は，$[0, t^1+t^2]$ の範囲内で(21)の解となる．このプロセスを繰り返して，$t^1, t^2, \cdots, t^\nu>0$ という列に対して，(21)の解 $z(t\,;z^0)$ を $[0, t^1+\cdots+t^\nu]$ の区間内で求めることができる．このとき，$t^*=\lim_{\nu\to\infty}(t^1+t^2+\cdots+t^\nu)=+\infty$ となっていれば，(21)の解が $[0, +\infty]$ の範囲内で一意的に存在し，しかも初期条件 z^0 にかんして連続的となることがわかる．$t^*<+\infty$ の場合が起こりえないということはつぎのようにしてみることができる．もしかりに $t^*<+\infty$ であったとすれば，$\{z^\nu=z(t^\nu\,;z^0) : \nu=1, 2, \cdots\}$ は有界となるから，

$$|\varphi_i(z)|<C \qquad (z=z(t),\ 0<t<t^*)$$

となるような正数 C が存在する．［このことは，$\dot{z}_i=|\varphi_i(z)|$ $(i=1, \cdots, n)$ が(21)の majorant 方程式になっていることからただちに証明される．］したがって，

$$|z_i(t)-z_i(t')|=\int_{t'}^{t}\dot{z}_i(\tau)\,d\tau \leqq \int_{t'}^{t}|\varphi_i(z(\tau))|\,d\tau \leqq C\,|t-t'|.$$

したがって，$\lim_{t\to t^*}z(t)=z^*$ が存在する．

ここで，$S^*=S(z^*)$, $T^*=T(z^*)$, $R^*=R(z^*)$ とする．$\lim_{t\to t^*}z(t)=z^*$ であるから，$z_i^*=0$, $\varphi_i(z^*)>0$ の可能性は排除される．したがって，つぎの条件をみたすような整数 ν が存在する．すべての $\tau : t^1+\cdots+t^\nu<\tau<t^*$ に対して，

$$z_i(\tau)>0 \qquad (i\in S^*),$$

$$z_i(\tau)\equiv 0 \quad \text{あるいは常に} \quad z_i(\tau)>0, \varphi_i(z(\tau))<0 \qquad (i\in T^*),$$

$$\varphi_i(z(\tau))<0 \qquad (i\in R^*).$$

この z^ν において，$S^\nu=S(z^\nu)$, $T^\nu=T(z^\nu)$, $R^\nu=R(z^\nu)$ として，(S^ν, T^ν, R^ν) 体系をつくれば，

$$t^{\nu+1}>t^*-(t^1+\cdots+t^\nu).$$

すなわち，$t^*<t^1+\cdots+t^\nu+t^{\nu+1}$ となって，$t^*=\lim_{\nu\to\infty}(t^1+\cdots+t^\nu)$ という仮定と矛盾する．

(b)　鞍点 $(\bar{x}, \bar{p})$ の x 成分 $\bar{x}$ の一意性：$(\bar{x}, \bar{p})$ の他にもう一つ鞍点 $(\bar{\bar{x}}, \bar{\bar{p}})\geqq 0$ が存在し，$\bar{\bar{x}}\neq\bar{x}$ であったとしよう．そのとき，$\varphi(x, p)$ は x にかんして strictly concave だから，鞍点

の性質を用いて，

$$\varphi(\bar{\bar{x}}, \bar{p}) < \varphi(\bar{x}, \bar{p}) \leqq \varphi(\bar{x}, \bar{\bar{p}}).$$

また，

$$\varphi(\bar{x}, \bar{\bar{p}}) < \varphi(\bar{\bar{x}}, \bar{\bar{p}}) \leqq \varphi(\bar{\bar{x}}, \bar{p}).$$

したがって，$\varphi(\bar{\bar{x}}, \bar{p}) < \varphi(\bar{\bar{x}}, \bar{p})$ となり矛盾する．すなわち，鞍点の x 成分 $\bar{x}$ は一意的に定まる．

(c)　鞍点の安定性：　任意の $z^0=(x^0, p^0)$ を初期条件とする(21)の解を $z(t\,; z^0)=(x(t), p(t))$ とする．鞍点を $\bar{z}=(\bar{x}, \bar{y})$ とするとき，

$$D(t) = \frac{1}{2}\|z(t)-\bar{z}\|^2$$

と定義する．このとき，

(23)　　$\dot{D}(t) \leqq 0$　かつ　$x(t) \neq \bar{x}$　のとき　$\dot{D}(t) < 0$

ということを示そう．$D(t)$ を t で微分すれば，

(24)　　$$\begin{aligned}\dot{D}(t) &= \dot{z}(t)\cdot(z(t)-\bar{z}) = \varphi_x\cdot\delta_x\cdot(x-\bar{x}) - \varphi_p\cdot\delta_p\cdot(y-\bar{y}) \\ &= \varphi_x(x_I-\bar{x}_I) - \varphi_p\cdot(p_I-\bar{p}_I).\end{aligned}$$

ただし，

$$\varphi_x = \begin{pmatrix}\varphi_{x_1} \\ \vdots \\ \varphi_{x_n}\end{pmatrix}, \quad \varphi_p = \begin{pmatrix}\varphi_{p_1} \\ \vdots \\ \varphi_{p_m}\end{pmatrix},$$

$$\delta_x = \begin{pmatrix}\delta_{x_1} & & 0 \\ & \ddots & \\ 0 & & \delta_{x_n}\end{pmatrix}, \quad \delta_p = \begin{pmatrix}\delta_{p_1} & & 0 \\ & \ddots & \\ 0 & & \delta_{p_m}\end{pmatrix},$$

$$x_I = \delta_x\cdot x = [\delta_{x_i} x_i], \quad p_I = \delta_p\cdot p = [\delta_{p_k} p_k],$$

$$x_{II} = x - x_I, \quad p_{II} = p - p_I,$$

$$\bar{x}_I = \delta_x\cdot\bar{x} = [\delta_{x_i}\bar{x}_i], \quad \bar{p}_I = \delta_p\cdot\bar{p} = [\delta_{p_k}\bar{p}_k],$$

$$\bar{x}_{II} = \bar{x} - \bar{x}_I, \quad \bar{p}_{II} = \bar{p} - \bar{p}_I.$$

$\varphi(x, p)$ にかんする仮定によって，

$$\varphi(\bar{x}, p) - \varphi(x, p) < \varphi_x\cdot(\bar{x}-x) \qquad (x \neq \bar{x}),$$

$$\varphi(x, \bar{p}) - \varphi(x, p) \geqq \varphi_p\cdot(\bar{p}-p).$$

また，$\bar{z}=(\bar{x}, \bar{p})$ は $\varphi(x, p)$ の鞍点だから，

$$\varphi(x, \bar{p}) \leqq \varphi(\bar{x}, \bar{p}) \leqq \varphi(\bar{x}, p).$$

したがって，

$$0 \leqq \varphi(\bar{x}, p) - \varphi(x, \bar{p}) < \varphi_x\cdot(\bar{x}-x) - \varphi_p\cdot(\bar{p}-p).$$

(24)式に $x=x_I+x_{II}$, $p=p_I+p_{II}$ を代入すれば，$x \neq \bar{x}$ のとき，

$$\begin{aligned}\dot{D}(t) &= \varphi_x\cdot(x-\bar{x}) - \varphi_p\cdot(p-\bar{p}) - \varphi_x\cdot(x_{II}-\bar{x}_{II}) + \varphi_p\cdot(p_{II}-\bar{p}_{II}) \\ &< \varphi_x\bar{x}_{II} - \varphi_p\cdot\bar{p}_{II} \leqq 0.\end{aligned}$$

$x=\bar{x}$ のときには，$\dot{D}(t)\leqq 0$ となる．

(d)　$x(t\,;z^0)$ が $\bar{x}$ に収斂する：上に証明した(23)から，$\lim_{t\to\infty} D(t)=D^*$ が存在することがわかる．任意の数列 $\{t^\nu\}$, $\lim_{\nu\to\infty} t^\nu=\infty$ に対して，$\{x(t^\nu\,;z^0):\nu=1,2,\cdots\}$ は有界集合となる．したがって，少なくとも一つの集積点 x^* をもつ．すなわち，部分数列 $\{t^{\nu_k}:k=1,2,\cdots\}$ のなかで，$\lim_{k\to\infty} z(t^{\nu_k}\,;z^0)=z^*$ となるようなものがある．ここで適当な $p^*\geqq 0$ をとって $z^*=(x^*, p^*)$．(a)で証明したように，初期条件 $z^\nu=z(t^\nu\,;z^0)$ をもつような(21)の解 $z(t\,;z^\nu)$ が存在する．解の一意性から，

$$z(t\,;z^\nu)=z(t+t^\nu\,;z^0).$$

さらに，z と D は t にかんして連続だから，$D^*(t)=\frac{1}{2}\|z(t\,;z^0)-z^*\|^2$ と置くと，

$$D^*(t)=D(t\,;z^*)=\lim_{k\to\infty} D(t\,;z^{\nu_k})=\lim_{k\to\infty} D(t+t^{\nu_k}\,;z^0)=D^*.$$

したがって $z=z^*$ のとき，$\dot{D}(t)=0$ となる．このとき，(c)から，$x^*=\bar{x}$ でなければならない．$\{x(t^\nu)\}$ の集積点は必ず $\bar{x}$ と一致するから，$x(t^\nu)$ は収斂して，$\lim_{\nu\to\infty} x(t^\nu)=x^*$．このことは，$\lim_{\nu\to\infty} t^\nu=\infty$ であるような任意の数列 $\{t^\nu\,;\nu=1,2,\cdots\}$ について成立するから，$\lim_{t\to\infty} x(t)=x^*$.　Q.E.D.

Concave プログラミングにかんする逐次解法

前項では，アロー=ハーヴィッチの gradient method を導入し，concave プログラミングの問題について，適当な仮定のもとでラグランジュ形式の鞍点に収斂するということを証明した．アロー=ハーヴィッチの gradient method は微分方程式体系によって定義されていたのであるが，同じことは定差方程式体系の形でも定式化することができる．このとき，実際の計算に有用な逐次的解法が求められ，しかも，第 VII 部で議論するような社会主義経済における経済計画の問題に対して一つの示唆を与える．この項では，主としてアロー=ハーヴィッチ=宇沢(1958)に準拠しながら，concave プログラミングにかんする逐次的計算方法として，アロー=ハーヴィッチの gradient method を検討することにしよう．

前項と同じようにつぎのような concave プログラミングの問題を考える．$f(x)$, $g(x)=(g_1(x),\cdots,g_m(x))$ は $x=(x_1,\cdots,x_n)\geqq 0$ に対して定義されているとする．

問題 A　制約条件

(25)　$$x\geqq 0,\ \ g(x)\geqq 0$$

のもとで，$f(x)$ を最大にするようなベクトル $\bar{x}$ を求めよ．

(a)　$f(x), g_1(x),\cdots,g_m(x)$ $(x\geqq 0)$ は concave な関数で，偏微分は常に存在し，連続である．

(b) (スレーターの条件) $x^0 \geqq 0$, $g(x^0)>0$ となるようなベクトル x^0 が存在する.

条件(a), (b)がみたされているときには，先に説明したクーン=タッカーの定理を適用することができ，ラグランジュ形式 $\varphi(x, p)=f(x)+p\cdot g(x)$ $(x\geqq 0, p\geqq 0)$ の鞍点 $(\bar{x}, \bar{p})$ を求める問題に帰着される．すなわち，$\bar{x}$ が問題Aの最適解となるために必要にして十分な条件は，

$$\varphi(\bar{x}, \bar{p}) = \max_{x\geqq 0} \varphi(x, \bar{p}) = \min_{p\geqq 0} \varphi(\bar{x}, p) \tag{26}$$

となるようなベクトル $\bar{p}\geqq 0$ が存在することである．

ラグランジュ形式の x 成分および p 成分から構成される集合をそれぞれ $\bar{X}, \bar{P}$ とする．

$$\bar{X} = \{\bar{x} : (\bar{x}, \bar{p}) \text{ が } \varphi(x, p) \text{ の鞍点となるような } \bar{p} \geqq 0 \text{ が存在する}\},$$
$$\bar{P} = \{\bar{p} : (\bar{x}, \bar{p}) \text{ が } \varphi(x, p) \text{ の鞍点となるような } \bar{x} \geqq 0 \text{ が存在する}\}.$$

このとき，$\bar{P}$ はコンパクト(有界な閉集合)となる．

［証明］ $\bar{x}\in\bar{X}$, $\bar{p}\in\bar{P}$ を任意にとってくる．このとき，

$$\bar{p}\cdot g(\bar{x}) = 0, \quad f(x)+\bar{p}\cdot g(x) \leqq f(\bar{x}) \qquad (x \geqq 0). \tag{27}$$

したがってスレーターの条件をみたす x^0 について，

$$0 \leqq \bar{p}_k \leqq \frac{f(\bar{x})-f(x)}{g_k(x^0)} \qquad (k=1, \cdots, m).$$

すなわち，$\bar{P}$ が有界である．$\bar{p}\in\bar{P}$ となるための条件は(27)をみたすような $\bar{x}$ が存在するということによって特徴づけられるから，$\bar{P}$ は閉集合となる． Q.E.D.

さらに，

(c) $f(x)$ が $x \geqq 0$ にかんして strictly concave である

と仮定すれば，先に示したように，鞍点 $(\bar{x}, \bar{p})$ の x 成分 $\bar{x}$ は一意的に決まってくる．すなわち，$\bar{X}$ は一点 $\bar{x}$ だけからなる集合となる．

アロー=ハーヴィッチのGradient Methodの定差方程式による表現

つぎの定差方程式体系を考えてみよう．

$$\text{(I)} \qquad \begin{cases} x(t+1) = \max\{0, x(t)+\rho\varphi_x(x(t), p(t))\}, \\ p(t+1) = \max\{0, p(t)-\rho\varphi_p(x(t), p(t))\}. \end{cases}$$

ここで，$\rho>0$ は定数で，初期条件は (x_0, p_0) であるとする．また，

$$\varphi_x(x, p) = f_x(x)+p\cdot g_x(x), \quad \varphi_p(x, p) = g(x).$$

この定差方程式体系(I)について，つぎの条件がみたされているとき，(＊)安定的と呼ぶことにしよう．

(＊) 任意の初期条件 $(x_0, p_0)\geqq 0$ と任意の正数 $\varepsilon>0$ に対して，つぎの条件をみたすような正数 $\rho_0>0$ が存在する．初期条件が (x_0, p_0) で，$0<\rho\leqq\rho_0$ であるような(I)の解 $(x(t), p(t))$

について，ある整数 t_0 が存在して，

$$V[x(t+1), p(t+1)] \leqq V[x(t), p(t)] \qquad (0 \leqq t < t_0),$$
$$V[x(t), p(t)] \leqq \varepsilon \qquad (t \geqq t_0).$$

ただし，

$$V(x, p) = \min_{\bar{x} \in \bar{X}, \bar{p} \in \bar{P}} \{\|x-\bar{x}\|^2+\|p-\bar{p}\|^2\}.$$

定理 5 問題Aについて，条件(a), (b), (c)がみたされているとする．このとき，定差方程式体系(I)は(＊)安定的である．

［証明］ まず，$\varphi(x, p)$ が x について concave であることから，

(28) $$(\bar{x}-x)\cdot\varphi_x-(\bar{p}-p)\cdot\varphi_p > 0 \qquad (x \neq \bar{x} \text{ あるいは } p \notin \bar{P}).$$

［(c)から鞍点 $(\bar{x}, \bar{p})$ の x 成分は一意的に決まってくる！］

(I)から，

$$\|x(t+1)\|^2 \leqq \|x(t)\|^2+2\rho x(t)\cdot\varphi_x(x(t), p(t))+\rho^2\|\varphi_x(x(t), p(t))\|^2,$$
$$-2\bar{x}\cdot x(t+1) \leqq -2\bar{x}\cdot x(t)-2\rho\bar{x}\cdot\varphi_x(x(t), p(t)).$$

したがって，

$$\|x(t+1)-\bar{x}\|^2 \leqq \|x(t)-\bar{x}\|^2-2\rho(\bar{x}-x(t))\cdot\varphi_x(x(t), p(t))+\rho^2\|\varphi_x(x(t), p(t))\|^2.$$

同じようにして，

$$\|p(t+1)-\bar{p}\|^2 \leqq \|p(t)-\bar{p}\|^2+2\rho(\bar{p}-p(t))\cdot\varphi_p(x(t), p(t))+\rho^2\|\varphi_p(x(t), p(t))\|^2.$$

この二つの不等式を足して，

(29) $$\begin{aligned}&\|x(t+1)-\bar{x}\|^2+\|p(t+1)-\bar{p}\|^2\\ &\leqq \|x(t)-\bar{x}\|^2+\|p(t)-\bar{p}\|^2-\rho\{2[(\bar{x}-x(t))\cdot\varphi_x(x(t), p(t))\\ &\quad -(\bar{p}-p(t))\cdot\varphi_p(x(t), p(t))]-\rho[\|\varphi_x(x(t), p(t))\|^2\\ &\quad +\|\varphi_p(x(t), p(t))\|^2]\}.\end{aligned}$$

いま $\varepsilon>0$ が任意に与えられた正数であるとする．(＊)安定性の条件をみたすような ρ_0 として，つぎの二つの数のうち小さい方をとる．

$$\min\left\{\sqrt{\frac{\varepsilon/2}{(\|\varphi_x\|^2+\|\varphi_p\|^2)}} : V(x, p) \leqq \frac{\varepsilon}{2}\right\},$$
$$\min\left\{\frac{(\bar{x}-x)\cdot\varphi_x-(\bar{p}-p)\cdot\varphi_p}{\|\varphi_x\|^2+\|\varphi_p\|^2} : \frac{\varepsilon}{2} \leqq V(x, p) \leqq K, \bar{p} \in \bar{P}\right\},$$

ここで，$K=\max\{\varepsilon, V(x_0, p_0)\} \geqq \varepsilon$.

(28)式と $\bar{P}$, $\left\{(x, p) : V(x, p) \leqq \frac{\varepsilon}{2}\right\}$, $\left\{(x, p) : \frac{\varepsilon}{2} \leqq V(x, p) \leqq K\right\}$ がコンパクト集合であるということから，ρ_0 は正数となる：$\rho_0>0$.

さて，$(x(t), p(t))$ を，$\rho \leqq \rho_0$ に対応する(I)の任意の解としよう．このとき，(29)と ρ_0 の定

義から，

(30)
$$\|x(t+1)-\bar{x}\|^2+\|p(t+1)-\bar{p}\|^2 < \|x(t)-\bar{x}\|^2+\|p(t)-\bar{p}\|^2 \quad \left(\frac{\varepsilon}{2} \leqq V(x(t),\ p(t)) \leqq K\right),$$

(31)
$$\|x(t+1)-\bar{x}\|^2+\|p(t+1)-\bar{p}\|^2 \leqq \varepsilon \quad \left(V(x(t),\ p(t)) \leqq \frac{\varepsilon}{2}\right).$$

$V(x_0, p_0) \leqq K$ だから，$V(x(t), p(t)) \leqq K$ $(t=0, 1, 2, \cdots)$．すなわち，$(x(t), p(t))$ は有界である．(x^*, p^*) を $(x(t), p(t))$ の集積点のなかで，$V(x^*, p^*)$ が最小となるようなものとする．すなわち，$\{x(t), p(t)\}$ の任意の集積点 (x^{**}, p^{**}) に対して，

(32)
$$V(x^*, p^*) \leqq V(x^{**}, p^{**})$$

がみたされているとする．このとき，

(33)
$$V(x^*, p^*) \leqq \frac{\varepsilon}{2}$$

となる．このことを証明するために，

$$(x^*, p^*) = \lim_{\nu\to\infty}(x(t_\nu), p(t_\nu))$$

で，同時に，$(x(t_\nu+1),\ p(t_\nu+1))$ も収斂するような数列 $\{t_\nu\}$ をとってくる．

$$\lim_{\nu\to\infty}(x(t_\nu+1),\ p(t_\nu+1)) = (x^{**}, p^{**})$$

とすると，

$$x^{**} = \max\{0, x^*+\rho\varphi_x(x^*, p^*)\}, \quad p^{**} = \max\{0, p^*-\rho\varphi_p(x^*, p^*)\}.$$

いまかりに，$V(x^*, p^*) > \frac{\varepsilon}{2}$ であったとすれば，

$$V(x^{**}, p^{**}) < V(x^*, p^*)$$

となって[(29)と同じような議論を用いる！]，(I)の仮定(32)と矛盾する．(30), (31), (33)から，(＊)安定性が証明される．　Q.E.D.

修正されたアロー=ハーヴィッチの Gradient Method

この項では，ベクトル x にかんして非負であるという制約条件が存在しない場合を考察する．

問題 B　制約条件

(34)
$$g(x) \geqq 0$$

をみたすようなベクトル x のなかで，$f(x)$ を最大にする $\bar{x}$ を求めよ．

もし $x \geqq 0$ という条件が課せられている場合には，$g(x)$ のなかに含めて考えればよいから，問題 B の方が問題 A より一般的な形である．

この問題 B について，(a), (b), (c)に加えて，

(d) 任意の $p \geqq 0$ に対して，$\varphi(x, p)$ は x にかんして最大値をもつ

という条件もみたされているとしよう．

このときには，あるベクトル $\bar{x}$ が問題Bの最適解となるために必要にして十分な条件は，$(\bar{x}, \bar{p})$ がラグランジュ形式 $\varphi(x, p)$ について，x には制約条件がなく，$p \geqq 0$ だけの制約条件のもとにおける鞍点 $(\bar{x}, \bar{p})$ となるような $\bar{p} \geqq 0$ が存在することである．すなわち，

$$\varphi(x, \bar{p}) \leqq \varphi(\bar{x}, \bar{p}) \leqq \varphi(\bar{x}, p) \qquad (\text{すべての } x \text{ と } p \geqq 0 \text{ について}).$$

さて，$\varphi(x, p)$ が x にかんして strictly concave という条件(c)から，任意のベクトル $p \geqq 0$ に対して，

$$\varphi(x(p), p) = \max_x \varphi(x, p)$$

となるようなベクトル $x(p)$ が存在し，一意的に定まる．

この $x(p)$ はまた，

$$f_x(x(p)) + p \cdot g_x(x(p)) = 0 \tag{35}$$

の解として一意的に決まってくる．

第17章でくわしく説明するように，$p = (p_1, \cdots, p_n)$ の k 成分 p_k は，k 番目の生産要素の帰属価格(imputed price)と考えることができ，$x(p)$ は，帰属価格を使って評価した純利潤 $f(x) + p \cdot g(x)$ を最大にするような最適生産計画に対するものとみなすことができる．したがって，$g_k(x(p))$ は，k 番目の生産要素にかんして供給と需要の差であるとみなされるから，$g_k(x(p)) < 0$ のときには，生産要素 k について次期の価格を高く設定し，逆に $g_k(x(p)) > 0$ のときには，低く設定するのが自然であろう．さらに，帰属価格 p_k は負となってはいけないということを考慮に入れる必要があろう．

このようにして，アロー＝ハーヴィッチの gradient method をつぎのように修正する．

$$\text{(II)} \qquad \begin{cases} p(t+1) = \max\{0, p(t) - \rho g(x(t))\}, \\ x(t) = x(p(t)), \quad t = 0, 1, 2, \cdots, \end{cases}$$

ただし，$\rho > 0$ は変化率を規定する定数で，初期条件は $p_0 \geqq 0$ とする．

この定差方程式体系(II)についてもつぎの条件をみたすときに，(＊)安定的であると定義しよう．

(＊) 任意の初期条件 $p_0 \geqq 0$ と任意の正数 $\varepsilon > 0$ が与えられたときに，つぎの条件をみたすような正数 $\rho_0 > 0$ が存在する．

$$V(p(t+1)) < V(p(t)) \qquad (0 \leqq t < t_0),$$
$$V(p(t)) \leqq \varepsilon \qquad (t \geqq t_0)$$

をみたすような整数 t_0 が存在する．ただし，

$$V(p) = \min_{\bar{p} \in \bar{P}} \|p - \bar{p}\|^2.$$

定理 6　問題 B にかんして(a), (b), (c), (d)の条件がみたされているとすると，定差方程式(II)は $p(t)$ にかんして(＊)安定的である．

したがって，変化率 ρ を十分に小さくとれば，(II)の解 $x(t)$ を $\bar{x}$ のどんな小さな近傍にも収斂させることができる．

［証明］ $x(p)$ は $\varphi(x, p) = f(x) + p\cdot g(x)$ を x について一意的に最大化するものであるから，

(36)　$$f(x)+p\cdot g(x) < f(x(p))+p\cdot g(x(p)) \qquad (x \neq x(p)).$$

いま，$p \notin \bar{P}$, $\bar{p} \in \bar{P}$ を任意にとってくる．もし $x(p) \neq \bar{x} = x(\bar{p})$ であるとすれば，

$$f(\bar{x})+p\cdot g(\bar{x}) < f(x(p))+p\cdot g(x(p)),$$
$$f(x(p))+\bar{p}\cdot g(x(p)) < f(\bar{x})+\bar{p}\cdot g(\bar{x}).$$

この二つの式を足し合せれば，$g(\bar{x}) \geqq 0$, $\bar{p}\cdot g(\bar{x})=0$ であるから，

(37)　$$(p-\bar{p})\cdot g(x(p)) > 0 \qquad (p \notin \bar{P},\ \ \bar{p} \in \bar{P}).$$

もし，$x(p)=\bar{x}$ ならば，$p\cdot g(x(p))>0$, $\bar{p}\cdot g(x(p))=0$．したがって，このときにも(37)は成立する．

さて，(II)から，

$$\|p(t+1)\|^2 \leqq \|p(t)\|^2 - 2\rho p(t)\cdot g(x(t)) + \rho^2\|g(x(t))\|^2,$$
$$-2\bar{p}\cdot p(t+1) \leqq -2\bar{p}\cdot p(t) + 2\rho\bar{p}\cdot g(x(t)).$$

したがって，

(38)　$$\|p(t+1)-\bar{p}\|^2 \leqq \|p(t)-\bar{p}\|^2 - \rho\{2(p(t)-\bar{p})\cdot g(x(t)) - \rho\|g(x(t))\|^2\}.$$

$\varepsilon>0$ が与えられた正数のとき，ρ_0 をつぎのように定義する．

(39)　$$\rho_0 = \min\left\{\min_{V(p)\leqq\frac{\varepsilon}{2}} \frac{\sqrt{\varepsilon/2}}{\|g(x(p))\|},\ \min_{\frac{\varepsilon}{2}\leqq V(p)\leqq K,\,\bar{p}\in\bar{P}} \frac{(p-\bar{p})\cdot g(x(p))}{\|g(x(p))\|^2}\right\},$$

ここで $K=\max\{\varepsilon, V(p_0)\}$．(37)式から，このような ρ_0 は正数であることがわかる．

さて，$\rho<\rho_0$ のときの(II)の解を $p(t)$ とすれば，(38)と ρ_0 の定義とから，

$$\begin{cases} \|p(t+1)-\bar{p}\|^2 < \|p(t)-\bar{p}\|^2 & \left(\dfrac{\varepsilon}{2} \leqq V(p(t)) \leqq K,\ \ \bar{p}\in\bar{P}\right), \\ \|p(t+1)-\bar{p}\| \leqq \varepsilon & \left(V(p(t)) \leqq \dfrac{\varepsilon}{2},\ \ \bar{p}\in\bar{P}\right). \end{cases}$$

この関係から，定理 1 の証明と同じように，$p(t)$ が $\bar{V}$ の ε 近傍に単調収斂することが示される．　　Q.E.D.

この定理 2 の証明をよく調べてみると，定差方程式(II)は，より広範な範囲の問題にかんして，(＊)安定的となることがわかる．つぎの定理の証明は容易である．

定理7　ラグランジュ形式 $\varphi(x, p)=f(x)+p\cdot g(x)$ がつぎの条件をみたしているとする.

（i）　ベクトル x の閉集合 A が存在して, 任意の $p\geqq 0$ に対して $\varphi(x, p)$ は $x\in A$ で定義され, 最大値をもつ. かつ, そのようなベクトル $x_A(p)$ は一意的に定まる.

$$\varphi(x_A(p), p) = \max_{x\in A} \varphi(x, p) \qquad (p \geqq 0).$$

（ii）　$\varphi(x, p)$ $(x\in A, p\geqq 0)$ の鞍点 $(\bar{x}_A, \bar{p}_A)$ が存在する.

このとき,

$$\text{(II}'\text{)} \qquad \begin{cases} p_A(t+1) = \max\{0, p_A(t)-\rho g(x_A(t))\}, \\ x_A(t) = x_A(p_A(t)), \quad t = 0, 1, 2, \cdots \end{cases}$$

は(＊)安定的である.

この定理3では $f(x)$, $g(x)$ が concave な関数であることを必ずしも前提としていない.

制約条件が線型であるような Concave プログラミング

制約条件が線型であるような場合, すなわち,

$$g(x) = b-Bx$$

［b, B はそれぞれ定数の m 次元ベクトル, (m, n) 行列とする］

について, アロー=ハーヴィッチの gradient method がどのような形となるかということを具体的にみてみよう. このときにもつぎの条件を仮定しよう.

(b)　$b-Bx^0>0$ となるようなベクトル x^0 が存在する.

(c)　$f(x)$ は x にかんして strictly concave で, 連続2回偏微分可能である.

(d)　任意の $p\geqq 0$ に対して, $\max_x \varphi(x, p)$ は有限である.

ラグランジュ形式 $\varphi(x, p)$ は,

$$\varphi(x, p) = f(x)+p\cdot(b-Bx) \qquad (p\geqq 0)$$

となる. 任意の $p\geqq 0$ に対して, $\varphi(x, p)$ を最大にするような $x(p)$ は必ず存在して, 一意的に定まる. $x(p)$ は,

$$\text{(40)} \qquad f_x(x(p))-B'p = 0$$

の解として特徴づけられる.

定差方程式(II)はこの場合つぎのような表現となる.

$$\text{(III)} \qquad \begin{cases} p(t+1) = \max\{0, p(t)-\rho(b-Bx(t))\}, \\ x(t) = x(p(t)), \quad t = 0, 1, 2, \cdots. \end{cases}$$

定理8　$f(x)$, $g(x)=b-Bx$ にかんして, (b), (c), (d)がみたされているとする. このとき, ある正数 $\rho_0>0$ が存在して, $\rho\leqq\rho_0$ のときには, (III)の解 $p(t)$ は必ず, $\bar{P}$ のなかの一点 $\bar{p}$

に収斂する．したがって，$x(t)$ もまた $\bar{x}$ に収斂する．

［証明］ 問題 B の最適解 $\bar{x}$ は必ず存在して，一意的に定まる．$\{1, \cdots, m\}$ をつぎのように二つの部分集合 I, II に分割する．

$$\mathrm{I} = \{k : g_k(\bar{x}) = 0\}, \quad \mathrm{II} = \{k : g_k(\bar{x}) > 0\}.$$

このとき，$\bar{p} = (\bar{p}_{\mathrm{I}}, \bar{p}_{\mathrm{II}}) \in \bar{P}$ ならば必ず，$\bar{p}_{\mathrm{II}} = 0$.

$x(p)$ は p の連続関数となるから［(40) と (c)！］，

(41) $$V(p) \leqq \varepsilon \Longrightarrow g_{\mathrm{II}}(x(p)) > 0$$

となるような正数 $\varepsilon > 0$ が存在する．この ε に対して，(39)式で定義された ρ_0 を $\rho_0(p_0, \varepsilon)$ と記そう．

$f(x)$ は x にかんして strictly concave だから，行列 (f_{xx}) は negative definite となる．$B(-f_{xx})^{-1}B'$ の特性根の最大値を $\lambda(x)$ で表わすと，$\lambda(x) > 0$.

新しい ρ_0 を，

$$\rho_0 = \min\left\{\rho_0(p_0, \varepsilon), \min_{V(p) \leqq \varepsilon} \frac{1}{\lambda(x(p))}\right\}$$

によって定義すると，$\{p : p \geqq 0,\ V(p) \leqq \varepsilon\}$ はコンパクトな集合だから，ρ_0 は正数となる：$\rho_0 > 0$.

$\rho \leqq \rho_0$ に対する (III) の任意の解を $p(t)$ とする．定理 3 によって，はじめから，

(42) $$V(t) \leqq \varepsilon, \quad t = 0, 1, 2, \cdots$$

であると仮定してもよい．

まず，

(43) $$p_{\mathrm{II}}(t) = 0 \qquad (t \geqq \bar{t})$$

となるような整数 $\bar{t}$ が存在することを示そう．

(41), (42) および $\{p : p \geqq 0, V(p) \leqq \varepsilon\}$ がコンパクトな集合であるということから，$k \in \mathrm{II}$ に対して，$\min_{t=0,1,2,\cdots} g_k(x(t)) > 0$. したがって，

$$p_{\mathrm{II}}(\bar{t}-1) - \rho g_{\mathrm{II}}(x(\bar{t}-1)) \leqq 0$$

となるような $\bar{t}$ が存在する．このとき，$p_{\mathrm{II}}(\bar{t}) = 0$. したがって，(43)式が成立することがわかる．

(III)から，

(44) $$\begin{cases} \|p_{\mathrm{I}}(t+1)\|^2 \leqq \|p_{\mathrm{I}}(t)\|^2 - 2\rho p_{\mathrm{I}}(t)\cdot(b_{\mathrm{I}} - B_{\mathrm{I}}x_{\mathrm{I}}(t)) + \rho^2\|b_{\mathrm{I}} - B_{\mathrm{I}}x_{\mathrm{I}}(t)\|^2, \\ -2\bar{p}_{\mathrm{I}}\cdot p_{\mathrm{I}}(t+1) \leqq -2\bar{p}_{\mathrm{I}}\cdot p_{\mathrm{I}}(t) + 2\rho\bar{p}_{\mathrm{I}}\cdot(b_{\mathrm{I}} - B_{\mathrm{I}}x_{\mathrm{I}}(t)). \end{cases}$$

ここで，

$$p(t) = \begin{pmatrix} p_{\mathrm{I}}(t) \\ p_{\mathrm{II}}(t) \end{pmatrix}, \quad b = \begin{pmatrix} b_{\mathrm{I}} \\ b_{\mathrm{II}} \end{pmatrix}, \quad B = \begin{pmatrix} B_{\mathrm{I}} \\ B_{\mathrm{II}} \end{pmatrix}.$$

したがって,

$$\|p_{\rm I}(t+1)-\bar{p}_{\rm I}\|^2 \leqq \|p_{\rm I}(t)-\bar{p}_{\rm I}\|^2-\rho\{2(p_{\rm I}(t)-\bar{p}_{\rm I})\cdot(b_{\rm I}-B_{\rm I}x(t))-\rho\|b_{\rm I}-B_{\rm I}x(t)\|^2\}.$$

Iの定義から, $b_{\rm I}-B_{\rm I}\bar{x}=0$. このことから,

$$(45)\qquad b_{\rm I}-B_{\rm I}x(t)=B_{\rm I}(\bar{x}-x(t)).$$

(40), (43)から, $t\geqq\bar{t}$ のとき,

$$(46)\qquad f_x(x(t))-B_{\rm I}'p_{\rm I}(t)=0,\quad f_x(\bar{x})-B_{\rm I}'\bar{p}=0.$$

一方,

$$(47)\qquad f_x(x(t))=f_x(\bar{x})+f_{xx}^{\theta}\cdot(x(t)-\bar{x}),$$

ここで, $x^{\theta}=\bar{x}+\theta(x(t)-\bar{x})$, $0<\theta<1$, $f_{xx}^{\theta}=f_{xx}(x^{\theta})$.

(46), (47)から,

$$B_{\rm I}'(p_{\rm I}^{(t)}-\bar{p}_{\rm I})=(-f_{xx}^{\theta})\cdot(\bar{x}-x(t)).$$

$(-f_{xx}^{\theta})$ は non-singular だから,

$$(48)\qquad \bar{x}-x(t)=(-f_{xx}^{\theta})^{-1}B_{\rm I}'(p_{\rm I}(t)-\bar{p}_{\rm I})\qquad(t\geqq\bar{t}).$$

この式を(45)式に代入すれば,

$$(49)\qquad b_{\rm I}-B_{\rm I}x(t)=B_{\rm I}(-f_{xx}^{\theta})^{-1}B_{\rm I}'(p_{\rm I}(t)-\bar{p}_{\rm I})\qquad(t\geqq\bar{t}).$$

したがって, ρ_0 の定義と(48), (49)とから,

$$\begin{aligned}&2(p_{\rm I}(t)-\bar{p}_{\rm I})\cdot(b_{\rm I}-B_{\rm I}x(t))-\rho\|b_{\rm I}-B_{\rm I}x(t)\|^2\\&=(\bar{x}-x(t))\cdot(-f_{xx}^{\theta})\cdot(\bar{x}-x(t))+(p_{\rm I}(t)-\bar{p}_{\rm I})\cdot B_{\rm I}(-f_{xx}^{\theta})^{-1}B_{\rm I}'\cdot(p_{\rm I}(t)-\bar{p}_{\rm I})\\&\quad-\rho(p_{\rm I}(t)-\bar{p}_{\rm I})\cdot[B_{\rm I}(-f_{xx}^{\theta})^{-1}B_{\rm I}']^2\cdot(p_{\rm I}^{(t)}-\bar{p}_{\rm I})\\&\geqq(\bar{x}-x(t))\cdot(-f_{xx}^{\theta})\cdot(\bar{x}-x(t))\geqq0\qquad(>0: x(t)\neq\bar{x}\text{ のとき}).\end{aligned}$$

この関係式を(44)式に代入すれば,

$$(50)\qquad \|p_{\rm I}(t+1)-\bar{p}_{\rm I}\|\leqq\|p_{\rm I}(t)-\bar{p}_{\rm I}\|\qquad(\bar{p}=(\bar{p}_{\rm I},\bar{p}_{\rm II})\in\bar{P}).$$

ここで, $x(t)\neq\bar{x}$ のときには厳密な意味での不等号が成立する.

いま $\bar{p}$ を $\bar{P}$ の任意の点とする. $\{p(t): t=1,2,\cdots\}$ の集積点のなかで, $\bar{p}$ との距離がもっとも小さいようなものを p^* とする. すなわち, $\lim_{\nu\to\infty}p(t_\nu)=p^*$ となるような部分列 $\{t_\nu: \nu=1,2,\cdots\}$ が存在して, $\{p(t)\}$ の集積点 x^{**} に対して,

$$\|p^*-\bar{p}\|\leqq\|p^{**}-\bar{p}\|.$$

このとき, 一般性を失うことなく, $\{p(t_\nu+1)\}$ もまた収斂すると仮定して議論を進めてもよい. たとえば $\lim_{\nu\to\infty}p(t_\nu+1)=p^{**}$ とすると, (III)から,

$$p^{**}=\max\{0,p^*-\rho g(x(p^*))\}.$$

上の(50)式を求めたのとまったく同じようにして,

$$\|p^{**}-\bar{p}\|\leqq\|p^*-\bar{p}\|.$$

したがって, $\|p^{**}-\bar{p}\|=\|p^*-\bar{p}\|$. (50)式から, $x(p^*)=\bar{x}$, $p^*\in\bar{P}$.

上の(50)式は，任意の $\bar{p}\in\bar{P}$ に対して成立するから，$\bar{p}=p^*$ と置いてもよい．すなわち，$\|p^{**}-p^*\|=\|p^*-p^*\|=0$．故に $p^{**}=p^*$ となって，$\{p(t)\}$ 自体 p^* に収斂することがわかる．

Q.E.D.

2次プログラミング

上の修正した gradient method は2次プログラミング(quadratic programming)の問題に適用することができる．

問　題　$Bx\leqq b$ という制約条件のもとで，

$$a'x-\frac{1}{2}x'Ax$$

を最大にせよ．ここで，a, A, b, B はそれぞれ適当な大きさのベクトルないし行列である．とくに A は positive definite であるとする．

このとき，ラグランジュ形式 $\varphi(x,p)$ は，

$$\varphi(x,p)=a'x-\frac{1}{2}x'Ax+p'(b-Bx)\qquad(p\geqq 0)$$

によって与えられる．

与えられた $p\geqq 0$ に対して，$\varphi(x,p)$ を最大にするような $x=x(p)$ は一意的に定まり，つぎの方程式から求められる．

$$a-Ax(p)=B'p.$$

すなわち，

$$x(p)=A^{-1}(a-B'p).$$

修正されたアロー=ハーヴィッチの gradient method はつぎのようになる．

$$\text{(IV)}\qquad\begin{cases}x(t)=A^{-1}a-A^{-1}B'p(t),\\ p(t+1)=\max\{0,(I-\rho BA^{-1}B')p(t)-\rho(b-BA^{-1}a)\}\end{cases}$$

$$(t=0,1,2,\cdots).$$

定理9　2次プログラミングの問題に対する修正された gradient method(IV)の解 $x(t)$ は，$\rho>0$ が十分に小さいとき必ず最適解 $\bar{x}$ に収斂する．

リニヤー・プログラミング

これまでの議論では，$f(x)$ は strictly concave という仮定がもうけられていた．この項では，リニヤー・プログラミングの問題に対しても，上の方法が適用されるということを示そう．

問題C　制約条件 $Bx\leqq b$ のもとで $a'x$ を最大にするような $\bar{x}$ を求めよ．

この問題について，つぎの条件がみたされているものとする．

(b)　$Bx^0<b$ をみたすようなベクトル x^0 が存在する.

(e)　実現可能領域 $\{x:Bx\leqq b\}$ は有界である.

以下の議論で，つぎの Lemma を必要とする.

Lemma　もう一つの問題 C′：$Bx\leqq b$ の制約条件のもとで $c'x$ を最大にするような $\bar{x}$ を求めよ，を考える．このとき，$\|c-a\|\leqq\delta$ ならば，問題 C′ の最適解 $\bar{x}$ は必ず問題 C の最適解となっているような正数 $\delta>0$ が存在する.

［証明］実現可能領域は有界な凸多角体となるから，行列 $K=(k^1,\cdots,k^N)=\begin{pmatrix} k_{11} & \cdots & k_{1N} \\ & \cdots\cdots & \\ k_{n1} & \cdots & k_{nN} \end{pmatrix}$ を適当に選ぶと，

$$Bx \leqq b \iff x = Kw, \quad w = \begin{pmatrix} w_1 \\ \vdots \\ w_N \end{pmatrix} \geqq 0, \quad \sum_{\nu=1}^{N} w_\nu = 1.$$

をみたす.

一般性を失うことなく，

$$a\cdot k^1 = \cdots = a\cdot k^r > a\cdot k^{r+1} \geqq \cdots \geqq a\cdot k^N.$$

ここで,

$$\delta = \min\left\{\frac{a\cdot(k^\nu - k^\mu)}{2\,|k^\nu - k^\mu|} : 1 \leqq \nu \leqq r < \mu \leqq N\right\}$$

と置くと，$\delta>0$.

いま $\|a-c\|\leqq\delta$ とすると,

$$|a\cdot(k^\nu-k^\mu)-c\cdot(k^\nu-k^\mu)| \leqq \|a-c\|\cdot\|k^\nu-k^\mu\| < a\cdot(k^\nu-k^\mu)$$
$$(1 \leqq \nu \leqq r < \mu \leqq N).$$

したがって，$c\cdot(k^\nu-k^\mu)>0$ $(1\leqq\nu\leqq r<\mu\leqq N)$.

すなわち，もしベクトル $\bar{x}$ が問題 C′ にかんして最適ならば,

$$\bar{x} = \sum_{\nu=1}^{r} w_\nu k^\nu, \quad w_\nu \geqq 0, \quad \sum_{\nu=1}^{r} w_\nu = 1.$$

したがって，$\bar{x}$ は問題 C にかんして最適となる.　Q.E.D.

問題 C に付随して，つぎの strictly concave な 2 次プログラミングの問題を考える.

問題 C_ε　制約条件 $Bx\leqq b$ のもとで，$a'x-\frac{\varepsilon}{2}x'x$ を最大にするような $\bar{x}$ を求めよ．ここで $\varepsilon>0$ は所与の正数である.

この問題 C_ε の解は必ず存在して，一意的に決まってくるから，x_ε と記す.

定理 10　$\varepsilon\leqq\varepsilon_0$ のとき，問題 C_ε の最適解 x_ε が必ず問題 C の解となるような正数 ε_0 が存在する.

［証明］クーン=タッカーの定理によれば，ベクトル $\bar{x}$ が問題 C_ε の最適解であるために必

要にして十分な条件は，$(\bar{x}, \bar{p})$ が，ラグランジュ形式 $\varphi_\varepsilon(x, p) = (a'x - \frac{\varepsilon}{2}x'x) + p\cdot(b - Bx)$ $(p \geqq 0)$ の鞍点となることである．$\varphi_\varepsilon(x, p)$ の鞍点 $(x_\varepsilon, \bar{p})$ は，つぎの方程式体系の解である．

$$(51) \quad \begin{cases} a - \varepsilon x_\varepsilon - B'\bar{p} = 0, \\ b - Bx_\varepsilon \geqq 0, \\ \bar{p} \geqq 0, \quad \bar{p}\cdot(b - Bx_\varepsilon) = 0. \end{cases}$$

この(51)は，$(\bar{x}_\varepsilon, \bar{p})$ が，

$$\varphi(x, p) = (a - \varepsilon x_\varepsilon)'x + p'(b - Bx) \qquad (p \geqq 0)$$

の鞍点となっているということをも意味している．したがって，x_ε は，制約条件 $Bx \leqq b$ のもとで $(a - \varepsilon x_\varepsilon)'x$ を最大にするというリニヤー・プログラミング問題の最適解となっている．

そこで，Lemmaの δ を使って，$\varepsilon_0 = \frac{\delta}{K}$ とする．このとき，$K = \max_{Bx \leqq b} \|x\|$．上の有界性の仮定から K は有限となり，ε_0 は正数である．Lemmaによって，$0 < \varepsilon \leqq \varepsilon_0$ のとき，x_ε は問題Cの最適解となる．　　Q.E.D.

定理6によって，リニヤー・プログラミングの問題Cを解くということは，strictly concaveな2次プログラミングの問題 C_ε $(0 < \varepsilon \leqq \varepsilon_0)$ を解くことに帰着される．問題 C_ε に対する修正されたgradient methodはつぎのようになる．

$$(\mathrm{V}) \quad \begin{cases} p(t+1) = \max\left\{0, (I - \frac{\rho}{\varepsilon}BB')p(t) - \left(\rho b - \frac{\rho}{\varepsilon}Ba\right)\right\}, \\ x(t) = \frac{1}{\varepsilon}a - \frac{1}{\varepsilon}B'p(t) \qquad (t = 0, 1, 2, \cdots, \ u(0) = u_0 \geqq 0). \end{cases}$$

同じような方法は，2次プログラミングの問題で，A がpositive semi-definiteのときにも適用することができる．この場合には，逐次解法(IV)はつぎのように修正される．

$$(\mathrm{IV}') \quad \begin{cases} x(t) = (A + \varepsilon I)^{-1}(a - B'p(t)), \\ p(t+1) = \max\{0, [I - B(A + \varepsilon I)^{-1}B']p(t) - \rho[b - B(A + \varepsilon I)^{-1}a]\} \end{cases}$$
$$(t = 0, 1, 2, \cdots).$$

(V)および(IV′)はともに，ρ と ε が十分小さいときに，その解 $x(t)$ は必ず最適解 $\bar{x}$ に収斂する．

参考文献

Arrow, K. J., and L. Hurwicz (1956). "Reduction of Constrained Maxima to Saddle-Point Problems," in *Proceedings of the Third Berkeley Symposium on Mathematical Statistics and Probability*, edited by J. Neyman, Berkeley and Los Angeles, University of California Press, Vol. V, pp. 1-20.

Arrow, K. J., L. Hurwicz, and H. Uzawa (1958). *Studies in Linear and Non-linear Programming*, Stanford University Press.

Kuhn, H. W., and A. W. Tucker (1951). "Nonlinear Programming," in *Proceedings of the Second Berkeley Symposium on Mathematical Statistics and Probability*, edited by J. Neyman, Berkeley and Los Angeles, University of California Press, pp. 481-492.

Samuelson, P. A. (1960). "Market Mechanisms and Maximizations," RAND Corporation.

Slater, M. (1950). "Lagrange Multipliers Revisited : A Contribution to Non-Linear Programming," Cowles Commission Discussion Paper, Math. 403.

Uzawa, H. (1958). "The Kuhn-Tucker Theorem in Concave Programming," in *Studies in Linear and Non-Linear Programming*, edited by K. J. Arrow, L. Hurwicz, and H. Uzawa, Stanford University Press, pp. 32-37.

—— (1958). "Gradient Method for Concave Programming, II," *ibid.*, pp. 127-132.

—— (1958). "Iterative Methods for Concave Programming," *ibid.*, pp. 154-165. Reprinted in *Preference, Production, and Capital : Selected Papers of Hirofumi Uzawa*, New York, Cambridge University Press, 1988, and *Optimality, Equilibrium, and Growth : Selected Papers of Hirofumi Uzawa*, Tokyo, University of Tokyo Press, 1988.

第17章　メンガー=ヴィーザーの帰属理論

カール・メンガーの理論は，帰属概念(imputation)を基礎として組み立てられた．もともと，生産の問題は分配の問題と切り離すことのできないものである．さまざまな生産要素をどのように配分すれば，効率的な配分が実現するかというのが生産の問題であるが，それは，生産要素に対してどのような基準にしたがって，生産物を分配するかという問題と密接な関連をもつ．後者の問題は，メンガーの帰属理論(imputation theory)ないしは機会費用理論(opportunity cost theory)にもとづいて解決される．機会費用理論というのは，各生産要素に帰属される価値は，その生産要素を使って得られる可能なかぎり大きな産出量に等しいというものである．機会費用という言葉自体は，グリーン[Green(1894)]によって使われた．グリーンは，オーストリア学派の限界費用理論に対する，古典派の苦痛・費用理論(pain-cost theory)の立場からおこなわれた批判に対して，メンガー理論を擁護するために，この「機会費用」概念を有効に使ったのであった．グリーンの考え方については，たとえばシュンペーターの『経済分析の歴史』[Schumpeter(1954), p. 917]に説明されている．

メンガーの帰属理論をもっとも適切に表現したのは，メンガー自身によるつぎの文章であろう．生産要素のサービスの価値は，産出物の生産にどれだけ貢献したかによってはかられ，ある財の価値は，その財を所有する人が，もしその財を所有していなかったとすれば，その主観的満足をどれだけ犠牲にしなければならないかということに対して，各人がどれだけの重要性を付与するであろうかということによってはかられる[Menger(1871), 英訳(1950), p. 162]．

メンガーの帰属理論に対して，ヴィーザーの提起した問題点は，生産物の価値の総額が，生産要素の貢献分の総和より少ないのではないかというものであった．メンガーのいうように各生産要素が，それぞれ，産出物の生産に対する限界的貢献分に応じて報酬を受け取るとすれば，その報酬額の総和は，産出物の価値を超えてしまうのではないかというのがヴィーザーの批判である[Wieser(1889), 英訳(1893), p. 83]．ヴィーザー自身の理論は，「生産的貢献」という概念にもとづいていた．それは，生産物の全体のなかで，個別的な生産要素によってなされた仕事がどれだけの部分を占めるかということを表わすものであった[Wieser(1893), p. 88]．

メンガーの「損失原理」(loss principle)とヴィーザーの「生産的貢献」(productive contribution)の概念はじつは，同じ生産要素の帰属方法となるということは，フランク・ナイトによって指摘された[Frank Knight(1925)]．ナイトの命題はのちに，スティグラーによってヴィーザーの数値例を使って示されたが[Stigler(1941)]，完全な形で証明したのはサミュエルソンであった[Samuelson(1958)]．サミュエルソンは，リニヤー・プログラミングにかんする双対定理を使って，フランク・ナイトの命題を証明したが，それはまた，現代価格理論の出発点ともなったのである．

メンガーの「損失原理」とヴィーザーの「生産的貢献」が同値であるという，ナイト=サミュエルソンの命題はさらに，収穫一定の法則がみたされ，限界代替率が逓減的であるという一般的な場合にも成立する．concave プログラミングの理論を効果的に用いることによって，このことを証明することができる．このとき，ヴィーザーの「生産的貢献」の原則にもとづく帰属価格が，じつは，ラグランジュの未定係数，あるいはアクティビティ分析の用語法を用いれば，「影の価格」(shadow price)に対応するものであることがわかる．そして，クーン=タッカーの鞍点定理を適用することによって，メンガーの「機会費用」をラグランジュ形式との関連で定義し，それがヴィーザーの「生産的貢献」に等しくなるということを厳密に示そうというものである．しかし，サミュエルソンも指摘しているように，一般的な concave プログラミングの文脈のなかでは，機会費用の概念を定義するとき，二つの可能性が存在し，メンガー=ヴィーザーの帰属理論の定式化にさいして，とくに注意する必要がある．

メンガー=ヴィーザー理論の定式化

消費財の種類が n 個あって，r 個の生産要素を用いて生産されているような状況を考える．消費財は $i=1, \cdots, n$ とし，生産要素は $k=1, \cdots, m$ とする．生産技術の選択はアクティビティ・ベクトル $x=(x_1, \cdots, x_r)$ によって表わされる．ここで，x_j はアクティビティ j のアクティビティ・レベルとし，$x_j \geqq 0$ $(j=1, \cdots, r)$ とする．生産が，アクティビティ・ベクトル $x=(x_1, \cdots, x_r)$ の水準でおこなわれているとき，消費財 i は $f_i(x)$ だけ生産され $(i=1, \cdots, n)$，生産要素 k は $g_k(x)$ だけ使用される $(k=1, \cdots, m)$．X はこのようなアクティビティ・ベクトル x の全体とする．

$$X = \{x = (x_1, \cdots, x_r) : x \geqq 0\}.$$

ある特定の生産主体について，生産要素の利用可能な量を $v_1, \cdots, v_m$ とする．ベクトル記号を用いれば，$v=(v_1, \cdots, v_m)$．消費財 i の市場価格を p_i とする．ベクトル記号を用いれば，$p=(p_1, \cdots, p_n)$．生産物の価値は，この市場価格体系 $p=(p_1, \cdots, p_n)$ によって表わされているとすれば，生産主体の直面する問題はつぎのような数学的プログラミングの問題として定式化される．

問題(A)　市場価格体系 $p=(p_1, \cdots, p_n) \geqq 0$ によって評価される生産物の価値

$$f(x) = \sum_{i=1}^{n} p_i f_i(x)$$

をつぎのような制約条件のもとで最大にするようなアクティビティ・ベクトル $x=(x_1, \cdots, x_n)$ を求める．

$$x_j \geqq 0 \qquad (j = 1, \cdots, r),$$
$$g_k(x) \leqq v_k \qquad (k = 1, \cdots, m),$$

あるいは，$x \geqq 0$, $g(x) \leqq v$,

ここで，

$$x = \begin{pmatrix} x_1 \\ \vdots \\ x_r \end{pmatrix}, \quad g(x) = \begin{pmatrix} g_1(x) \\ \vdots \\ g_m(x) \end{pmatrix}, \quad v = \begin{pmatrix} v_1 \\ \vdots \\ v_m \end{pmatrix}.$$

このような解が存在するとき，最大化された市場価値 $f(x)$ は一意的に定まる．この最大値は，生産要素の賦与量 $v = (v_1, \cdots, v_n)$ によって一意的に決まってくるから，$h(v)$ と記すことができる．

$$h(v) = \max\{f(x) : x \geqq 0,\ g(x) \leqq v\}.$$

数学的プログラミング(A)の解 x を最適解ということは前章でふれた通りである．

ここで，限界代替率逓減の法則(law of non-increasing marginal rates of substitution)が成立しているとする．すなわち，

(a) $f_1(x), \cdots, f_n(x)$ はアクティビティ・ベクトル $x = (x_1, \cdots, x_r) \geqq 0$ について concave である．[したがって，ほとんどいたるところで微分可能となる．]

(b) $g_1(x), \cdots, g_m(x)$ はアクティビティ・ベクトル $x = (x_1 \cdots, x_r)$ について，convex である．[したがって，ほとんどいたるところで微分可能となる．]

さらに，つぎのスレーターの条件も仮定する．

(c) $g(\bar{x}) < v$ となるようなアクティビティ・ベクトル $\bar{x} \geqq 0$ が存在する．

市場価格体系について $p = (p_1, \cdots, p_n) \geqq 0$ であるから，問題(A)は concave プログラミングとなる．したがって，最大値を表わす関数 $h(v)$ は $v = (v_1, \cdots, v_m) \geqq 0$ にかんして concave となる．

[証明] 第15章の議論から明らかであるが，念のため述べておこう．いま，v^0, v^1 を生産要素賦与量を表わす二つのベクトルとし，x^0, x^1 をそれぞれに対する最適なアクティビティ・ベクトルとする．すなわち，

(i) $$h(v^s) = f(x^s), \quad x^s \geqq 0, \quad g(x^s) \leqq v^s,$$

(ii) $$x \geqq 0,\ g(x) \leqq v^s \Longrightarrow f(x) \leqq f(x^s) \qquad (s = 0, 1).$$

$v^\theta = (1-\theta)v^0 + \theta v^1$, $x^\theta = (1-\theta)x^0 + \theta x^1$ $(0 < \theta < 1)$ と置けば，

$$x^\theta \geqq 0, \quad g(x^\theta) \leqq (1-\theta)g(x^0) + \theta x^1 \leqq v^\theta.$$

したがって，$f(x^\theta) \leqq h(v^\theta)$. 他方，$(1-\theta)f(x^0) + \theta f(x^1) \leqq f(x^\theta)$ だから，$(1-\theta)h(v^0) + \theta h(v^1) \leqq h(x^\theta)$，すなわち $h(v)$ は concave となる．

$h(v)$ は v について concave な関数であるから，ほとんどいたるところで微分可能である．

$h(v)$ が微分できないときにもつぎの二つの偏微分を定義することができる．

$$\left(\frac{\partial h}{\partial v_k}\right)_+ = \lim_{\substack{\Delta v_k \to 0 \\ \Delta v_k > 0}} \frac{h(v+\Delta v_k)-h(v)}{\Delta v_k},$$

$$\left(\frac{\partial h}{\partial v_k}\right)_- = \lim_{\substack{\Delta v_k \to 0 \\ \Delta v_k < 0}} \frac{h(v+\Delta v_k)-h(v)}{\Delta v_k},$$

ここで，Δv_k は k 番目の要素以外はゼロとなるようなベクトルを表わす．

$h(v)$ は concave だから，

$$\left(\frac{\partial h}{\partial v_k}\right)_+ \leqq \left(\frac{\partial h}{\partial v_k}\right)_-.$$

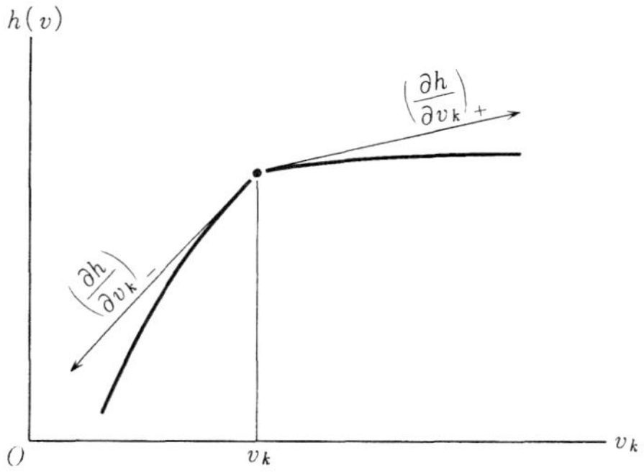

図 17-1　機会費用の定義

機会費用の概念は正確には，$\left(\frac{\partial h}{\partial v_k}\right)_-$ を指すべきであろうが，$\left(\frac{\partial h}{\partial v_k}\right)_+$ もまた機会費用と考えてもよいであろう．メンガーの「損失原理」は，各生産要素 k が，その帰属価格として，$\left(\frac{\partial h}{\partial v_k}\right)_-$ に等しい価格を受け取るという形に定式化される．

さて，問題(A)は concave プログラミングの問題となり，しかもスレーターの条件(c)がみたされているから，第16章のクーン=タッカーの定理を適用することができる．すなわち，アクティビティ・ベクトル x^0 が問題(A)の最適解となるために必要かつ十分な条件は，ある価格ベクトル $\lambda^0=(\lambda_1^0, \cdots, \lambda_m^0)$ が存在して，(x^0, λ^0) がラグランジュ形式

(1)　$$L(x, \lambda) = f(x)+\lambda\cdot[v-g(x)] \qquad (x \geqq 0,\ \lambda \geqq 0)$$

の鞍点となるようなときである．すなわち，

$$x^0 \geqq 0,\ \lambda^0 \geqq 0,$$

(2)　$$L(x, \lambda^0) \leqq L(x^0, \lambda^0) \leqq L(x^0, \lambda) \qquad (x \geqq 0,\ \lambda \geqq 0)$$

が成立するときである．

(2)の条件はまたつぎのように書き直すことができる．

$$(3) \qquad x_j^0 \geqq 0, \quad \left(\frac{\partial f}{\partial x_j}\right)_{x^0} \leqq \sum_{k=1}^{m} \lambda_k^0 \left(\frac{\partial g_k}{\partial x_j}\right)_{x^0} \qquad (j = 1, \cdots, r).$$

ここで $x_j^0>0$ のときは等号 $=$ が成立する.

$$(4) \qquad \lambda_k^0 \geqq 0, \quad g_k(x^0) \leqq v_k \qquad (k = 1, \cdots, m).$$

ここで $\lambda_k^0>0$ のときには等号 $=$ が成立する.

このような条件をみたす $\lambda^0=(\lambda_1^0, \cdots, \lambda_m^0)$ は，影の価格(shadow price)ベクトルあるいは帰属価格(imputed price)ベクトルという.

さて，問題(A)は，生産過程についてきわめて一般的な状況を想定して定式化されている．とくに，各アクティビティ・レベル x_j に対応して，いくつかの消費財が同時に生産されるという，いわゆる結合生産物(joint products)の場合をも包含している．このような結合生産物の可能性を排除すると，問題はずっと単純化される．いま，アクティビティ i は，消費財 i だけを生産し，他の消費財はまったく生産しないとする．アクティビティ i の単位として，消費財 i を1単位量だけ生産するようなものをとれば，問題(A)はつぎのような形になるであろう.

問題(B) 生産物の価値

$$f(x) = \sum_{i=1}^{n} p_i x_i$$

をつぎのような制約条件のもとで最大にするようなアクティビティ・ベクトル $x=(x_1, \cdots, x_n)$ を求める.

$$x = (x_1, \cdots, x_n) \geqq 0, \quad g(x) \leqq v.$$

このとき，鞍点条件のうち，(3)はつぎのように書き直せる.

$$(5) \qquad p_i \leqq \sum_{k=1}^{m} \lambda_k^0 \left(\frac{\partial g_k}{\partial x_i}\right)_{x^0} \qquad (i = 1, \cdots, n).$$

ここで，$x_i^0>0$ のとき等号 $=$ が成立する.

この場合，帰属価格のベクトル $\lambda^0=(\lambda_1^0, \cdots, \lambda_m^0)$ はヴィーザーのいう「生産的貢献」に対応することがわかるであろう[Wieser(1893), pp. 86-92]．もちろん，ヴィーザーは，議論の展開にさいして，non-negativity の条件を明示的に取り扱わなかったから，(5)式はすべて等式で成り立っていると考えた.

帰属価格の概念はリニヤー・プログラミングのときもっと明確となる．すなわち，$f_i(x)$, $g_k(x)$ がすべて1次関数であるとする.

$$f(x) = Ax = \begin{pmatrix} a_{11} & \cdots & a_{1n} \\ & \cdots & \\ a_{l1} & \cdots & a_{ln} \end{pmatrix} \begin{pmatrix} x_1 \\ \vdots \\ x_n \end{pmatrix},$$

$$g(x) = Bx = \begin{pmatrix} b_{11} & \cdots & b_{1n} \\ & \cdots & \\ b_{m1} & \cdots & b_{mn} \end{pmatrix} \begin{pmatrix} x_1 \\ \vdots \\ x_n \end{pmatrix}.$$

問題(C)　生産物の価値 $p'Ax$ をつぎのような制約条件のもとで最大にするようなアクティビティ・ベクトル x を求める．

$$x \geqq 0, \quad Bx \leqq v.$$

このとき，ラグランジュ形式 $L(x, \lambda)$ は，

$$L(x, \lambda) = p'Ax + \lambda'(v - Bx), \quad x \geqq 0, \quad \lambda \geqq 0$$

となり，(x^0, λ^0) が鞍点となるために必要かつ十分な条件はつぎのような形となる．

$$x^0 \geqq 0, \quad \lambda^0 \geqq 0,$$

(6)　$$\sum_i p_i a_{ij} \geqq \sum_k \lambda_k^0 b_{kj} \qquad (j = 1, \cdots, n),$$

［ここで，$x_j^0 > 0$ のとき，等号 $=$ が成立する］，

(7)　$$\sum_j b_{kj} x_j^0 \leqq v_k \qquad (k = 1, \cdots, m),$$

［ここで，$\lambda_k^0 > 0$ のとき，等号 $=$ が成立する］．

このことから，リニヤー・プログラミングにかんする双対定理が成立することがわかり，問題(C)を解くことは，その双対問題(C′)を解くことと同値となる．

問題(C′)　生産要素の評価額

$$v \cdot \lambda = \sum_k v_k \lambda_k$$

がつぎの制約条件のもとで最小となるような帰属価格のベクトル $\lambda = (\lambda_1, \cdots, \lambda_m)$ を求める．

$$\lambda \geqq 0, \quad B'\lambda \geqq A'p.$$

(6)式の両辺に x_j^0 を掛けて j について足し合わせると，

$$\sum_{i,j} p_i a_{ij} x_j^0 = \sum_{k,j} \lambda_k^0 b_{kj} x_j^0.$$

また，(7)式の両辺に λ_k^0 を掛けて，k について足し合わすと，

$$\sum_{k,j} \lambda_k^0 b_{kj} x_j^0 = \sum_k v_k \lambda_k^0.$$

したがって，

$$p \cdot Ax^0 = v \cdot \lambda^0.$$

すなわち，各生産要素が帰属価格にもとづいて報酬を受けるとき，生産物の全価値がちょうど生産要素の受け取る額の和に等しくなる．これが，いわゆる adding-up problem であって，サミュエルソンのいうナイトの命題である．

ナイト=サミュエルソン命題の一般化

リニヤー・プログラミングの場合に示したナイト=サミュエルソンの命題は，もっと一般の concave プログラミングの場合に拡張することができる．すなわち，つぎの定理が成立する．

定　理　問題(A)にかんして，その最適解が存在し，条件(a)，(b)，(c)がみたされているとする．このとき，各生産要素 k の帰属価格 λ_k^0 は常に定義され，その大きさは二つの機会費用の間にある．

$$\left(\frac{\partial h}{\partial v_k}\right)_+ \leqq \lambda_k^0 \leqq \left(\frac{\partial h}{\partial v_k}\right)_+ \qquad (k=1, \cdots, m).$$

この定理からただちに，つぎの二つの周知の命題が導きだされる．

（i）　もし，各生産要素 k の機会費用が一意的に定義され，$\left(\frac{\partial h}{\partial v_k}\right)_- = \left(\frac{\partial h}{\partial v_k}\right)_+$ となっているとすれば，生産要素 k の帰属価格 λ_k^0 もまた一意的に定義され，機会費用に等しくなる．

$$\lambda_k^0 = \frac{\partial h}{\partial v_k}.$$

（ii）　各生産要素 k の帰属価格 λ_k^0 は，生産要素 k の賦与量 v_k の非増加関数となる．すなわち，

$$v_k < v_k' \Longrightarrow \lambda_k(v_k) \geqq \lambda_k(v_k').$$

［ここで，k 以外の生産要素の賦与量は固定されているとする．］

［定理の特別な場合］　定理の証明に進む前に，つぎの特別の場合を取り上げておこう．

問題(D)　産出物の価値

$$f(x) = \sum_{i=1}^n p_i f_i(x)$$

をつぎの制約条件のもとで最大にするようなアクティビティ・ベクトル $x^0=(x_1^0, \cdots, x_r^0)$ を求める．

$$g_k(x) = v_k \qquad (k=1, \cdots, m).$$

ここでは，x の符号について制約条件が課せられていないとする．この問題(D)に対する帰属価格 $\lambda^0=(\lambda_1^0, \cdots, \lambda_m^0)$ は，

$$(8) \qquad \left(\frac{\partial f}{\partial x_j}\right)_{x^0} = \sum_k \lambda_k^0 \left(\frac{\partial g_k}{\partial x_j}\right)_{x^0} \qquad (j=1, \cdots r),$$

$$(9) \qquad g_k(x^0) = v_k \qquad (k=1, \cdots, m)$$

という等式の条件によって特徴づけられる．

ここで，つぎのような条件がみたされているとしよう．

（i）　$f(x)$, $g_k(x)$ $(k=1, \cdots, m)$ はすべて連続2回微分可能である．

（ii）　最適なアクティビティ・ベクトル $x^0=x(v)$ は一意的に決まる．

（iii）　$\dfrac{x(v+\varDelta v_k)-x(v)}{\varDelta v_k}$ は $\varDelta v_k \neq 0$ のとき有界である．ただし，$\varDelta v_k$ は k 成分以外の要素がすべて0であるようなベクトルとする．

このとき，定理の証明はつぎのような計算によっておこなうことができる．

生産要素の賦与量 v が $\varDelta v$ だけ変化したときに，

$$(10) \qquad h(v+\varDelta v)-h(v) = f(x^0+\varDelta x)-f(x^0)$$
$$= \sum_j \left(\frac{\partial f}{\partial x_j}\right)_{x^0} \varDelta x_j + \frac{1}{2}\sum_{j,l}\left(\frac{\partial^2 f}{\partial x_j \partial x_l}\right)^{\theta} \varDelta x_j \varDelta x_l,$$

$$(11) \qquad \sum_j \left(\frac{\partial g_k}{\partial x_j}\right)_{x^0} \varDelta x_j + \frac{1}{2}\sum_{j,l}\left(\frac{\partial^2 g_k}{\partial x_j \partial x_l}\right)^{\theta'} \varDelta x_j \varDelta x_l = \varDelta v_k,$$

ここで，

$$x^0 = x(v), \quad \varDelta x = x(v+\varDelta v)-x(v),$$

とし，$\left(\dfrac{\partial^2 f}{\partial x_j \partial x_l}\right)^{\theta}$, $\left(\dfrac{\partial^2 g_k}{\partial x_j \partial x_l}\right)^{\theta'}$ はそれぞれ $x^{\theta}=x^0+\theta \varDelta x$, $0<\theta<1$, および $x^{\theta'}=x^0+\theta' \varDelta x$, $0<\theta'<1$, での評価とする．

(8), (11)を(10)に代入すれば，

$$h(v+\varDelta v)-h(v) = \sum_k \lambda_k^0 \varDelta v_k + \frac{1}{2}\sum_{j,l}\left[\left(\frac{\partial^2 f}{\partial x_j \partial x_l}\right)^{\theta} - \sum_k \lambda_k^0 \left(\frac{\partial^2 g_k}{\partial x_j \partial x_l}\right)^{\theta'}\right] \varDelta x_j \varDelta x_l.$$

したがって，

$$\frac{h(v+\varDelta v_k)-h(v)}{\varDelta v_k} = \lambda_k^0 + \frac{1}{2}\left[\left(\frac{\partial^2 f}{\partial x_j \partial x_l}\right)^{\theta} - \sum_k \lambda_k^0 \left(\frac{\partial^2 g_k}{\partial x_j \partial x_l}\right)^{\theta'}\right] \varDelta x_j \cdot \frac{\varDelta x_l}{\varDelta v_k}.$$

ここで，$\varDelta v_k \to 0$ とすれば，

$$\lim_{\varDelta v_k \to 0}\left[\frac{h(v+\varDelta v_k)-h(v)}{\varDelta v_k} - \lambda_k^0\right] = 0.$$

すなわち，$\dfrac{\partial h}{\partial v_k}$ が存在して，$\dfrac{\partial h}{\partial v_k}=\lambda_k^0$ $(k=1, \cdots, m)$ となる．

定理の証明に入る前につぎのことを考察しておく．まず，容易にわかるように，アクティビティ・ベクトル $x^0=(x_1^0, \cdots, x_r^0)$ が問題(A)の最適解であるための必要かつ十分な条件は，ある適当な $y^0=(y_1^0, \cdots, y_m^0)$, $z^0=(z_1^0, \cdots, z_r^0)$ が存在して，(x^0, y^0, z^0) がつぎの最大問題の解となることである．

問題(A′)　$f(x)$ をつぎのような制約条件のもとで最大にするような (x^0, y^0, z^0) を求める．

$$v_k - g_k(x) - y_k^2 = 0 \qquad (k=1, \cdots, m),$$
$$x_j - z_j^2 = 0 \qquad (j=1, \cdots, r).$$

［ここで，(x, y, z) の符号にはなんら制約が課せられてない．］

このとき，$(x^0\,;\lambda^0)$ が $L(x,\lambda)$ $(x\geqq 0, \lambda\geqq 0)$ の鞍点となるために必要かつ十分な条件は，適当な $y^0, z^0, \mu=(\mu_1^0, \cdots, \mu_r^0)$ が存在して，$(x^0, y^0, z^0\,;\lambda^0, \mu^0)$ が，

$$\tilde{L}(x, y, z\,;\lambda, \mu) = f(x) + \sum_k \lambda_k [v_k - g_k(x) - y_k^2] + \sum_j \mu_j (x_j - z_j^2) \tag{12}$$

の鞍点となることである．[ここで，x, y, z, λ, μ に対して符号の制約条件はない．]

$(x^0, y^0, z^0; \lambda^0, \mu^0)$ が $\tilde{L}$ の鞍点であるとしよう．すなわち，

$$f(x) + \sum_k \lambda_k^0 [v_k - g_k(x) - y_k^2] + \sum_j \mu_j^0 (x_j - z_j^2) \leqq f(x^0) \tag{13}$$

（すべての x, y, z について），

$$v_k - g_k(x^0) - (y_k^0)^2 = 0 \qquad (k = 1, \cdots, m), \tag{14}$$

$$x_j^0 - (z_j^0)^2 = 0 \qquad (j = 1, \cdots, r). \tag{15}$$

不等式(13)がみたされるためには，$\lambda^0\geqq 0$，$\mu^0\geqq 0$ でなければならない．(13)で，$y=0$，$z=0$ と置けば，

$$f(x) + \sum_k \lambda_k^0 [v_k - g_k(x)] \leqq f(x^0) \qquad (x \geqq 0).$$

また，(14), (15)から，

$$x^0 \geqq 0, \quad g(x^0) \leqq v.$$

すなわち，(x^0, λ^0) は $L(x,\lambda)$ $(x\geqq 0, \lambda\geqq 0)$ の鞍点となる．

逆に，(x^0, λ^0) が $L(x,\lambda)$ の鞍点であるとしよう．このとき，y^0, z^0, μ^0 をつぎのように定義する．

$$y_k^0 = [v_k - g_k(x)]^{1/2} \qquad (k = 1, \cdots, m), \tag{16}$$

$$z_j^0 = (x_j^0)^{1/2}, \quad \mu_j^0 = -\left(\frac{\partial f}{\partial x_j}\right)^0 + \sum_k \lambda_k^0 \left(\frac{\partial g_k}{\partial x_j}\right)^0 \qquad (j = 1, \cdots, r). \tag{17}$$

このとき，(3), (4)から，y_k^0, z_j^0 は正の実数となり，μ_j^0 も正数となる．しかも，

$$\lambda_k^0 y_k^0 = 0 \qquad (k = 1, \cdots, m), \tag{18}$$

$$\mu_j^0 z_j^0 = 0, \quad \mu_j^0 x_j^0 = 0 \qquad (j = 1, \cdots, r). \tag{19}$$

このようにして定義された $(x^0, y^0, z^0; \lambda^0, \mu^0)$ が $\tilde{L}$ の鞍点となることを示そう．(14), (15)は定義から明らかであるから，(13)だけを証明すればよい．$\lambda^0\geqq 0$，$\mu^0\geqq 0$ だから，

$$\tilde{L}(x, y, z; \lambda^0, \mu^0) = f(x) + \sum_k \lambda_k^0 [v_k - g_k(x) - (y_k)^2] + \sum_j \mu_j^0 [x_j - (z_j)^2]$$

は (x, y, z) について concave な関数となる．したがって，

$$\tilde{L}(x, y, z\,;\lambda^0, \mu^0) \leqq \tilde{L}(x^0, y^0, z^0\,;\lambda^0, \mu^0) + \sum_j \left(\frac{\partial \tilde{L}}{\partial x_j}\right)^0 (x_j - x_j^0) + \sum_k \left(\frac{\partial \tilde{L}}{\partial y_k}\right)^0 (y_k - y_k^0) + \sum_j \left(\frac{\partial \tilde{L}}{\partial z_j}\right)^0 (z_j - z_j^0). \tag{20}$$

(16)-(19)から，

$$\tilde{L}(x^0, y^0, z^0; \lambda^0, \mu^0) = f(x^0),$$

$$\left(\frac{\partial \tilde{L}}{\partial x_j}\right)^0 = \left(\frac{\partial f}{\partial x_j}\right)^0 - \sum_k \lambda_k^0 \left(\frac{\partial g_k}{\partial x_j}\right)^0 + \mu_j^0 = 0 \quad (j = 1, \cdots, r),$$

$$\left(\frac{\partial \tilde{L}}{\partial y_k}\right)^0 = -2\lambda_k^0 y_k^0 = 0 \qquad (k = 1, \cdots, m),$$

$$\left(\frac{\partial \tilde{L}}{\partial z_j}\right)^0 = -2\mu_j^0 z_j^0 = 0 \qquad (j = 1, \cdots, r).$$

したがって(20)式は,

$$\tilde{L}(x, y, z; \lambda^0, \mu^0) \leqq \tilde{L}(x^0, y^0, z^0; \lambda^0, \mu^0) \qquad (\text{すべての } x, y, z \text{ について})$$

となり, $(x^0, y^0, z^0; \lambda^0, \mu^0)$ が $\tilde{L}(x, y, z; \lambda, \mu)$ の鞍点となることが示された. ここで, $\tilde{L}(x, y, z; \lambda, \mu)$ の任意の鞍点 $(x^0, y^0, z^0; \lambda^0, \mu^0)$ について(17), (18), (19)の条件がみたされるということを注意しておこう.

［定理の証明］ アクティビティ・ベクトル x^0 が生産要素の賦与量 v のときの最適解であるとし, $x^0+\varDelta x$ は $v+\varDelta v$ に対する最適解とする. ここで $\varDelta v=(\varDelta v_1, \cdots, \varDelta v_m)$ は $v+\varDelta v \geqq 0$ となるような任意のベクトルとする. いま, $\lambda^0=(\lambda_1^0, \cdots, \lambda_m^0)$ を v に対応する帰属価格のベクトルとすれば, 上の考察から, 適当な y^0, z^0, μ^0 が存在して, $(x^0, y^0, z^0; \lambda^0, \mu^0)$ が $\tilde{L}(x, y, z; \lambda, \mu)$ の鞍点となるようになる. [ここで, x, y, z, λ, μ にかんして符号の制約条件はない.] このとき, $f(x)$ が x にかんして concave であるから,

$$h(v+\varDelta v) - h(v) = f(x^0+\varDelta x) - f(x^0) \leqq \sum_j \left(\frac{\partial f}{\partial x_j}\right)^0 \varDelta x_j.$$

したがって, (17)によって,

$$h(v+\varDelta v) - h(v) \leqq \sum_j \left[\sum_k \lambda_k^0 \left(\frac{\partial g_k}{\partial x_j}\right)^0 - \mu_j^0\right] \varDelta x_j. \tag{21}$$

ここで $\mu_j^0 \geqq 0$ でなければならない. また $x_j^0+\varDelta x_j \geqq 0$ $(j=1, \cdots, r)$ だから, (19)を使えば,

$$\mu_j^0 \varDelta x_j = \mu_j^0(x_j^0+\varDelta x_j) - \mu_j^0 x_j^0 \geqq 0 \qquad (j = 1, \cdots, r).$$

したがって, (21)式はつぎのように書き直せる.

$$h(v+\varDelta v) - h(v) \leqq \sum_j \sum_k \lambda_k^0 \left(\frac{\partial g_k}{\partial x_j}\right)^0 \varDelta x_j. \tag{22}$$

また, $g_k(x)$ は x について convex であるから, (14)式を使えば,

$$\begin{aligned}\varDelta v_k &= \{g_k(x^0+\varDelta x) + (y_k^0+\varDelta y_k)^2\} - \{g_k(x^0) + (y_k^0)^2\} \\ &= g_k(x^0+\varDelta x) - g_k(x^0) + 2y_k^0 \cdot \varDelta y_k + (\varDelta y_k)^2 \\ &\geqq \sum_j \left(\frac{\partial g_k}{\partial x_j}\right)^0 \varDelta x_j + 2y_k^0 \varDelta y_k.\end{aligned}$$

[$\varDelta y_k$ は $\varDelta v$ の変化に対応する y_k^0 の変化分である.]

この式に $\lambda_k^0 \geqq 0$ を掛けて, $k=1, \cdots, m$ について足し合わせると,

$$\sum_k \lambda_k^0 \Delta v_k \geqq \sum_k \sum_j \lambda_k^0 \left(\frac{\partial g_k}{\partial x_j}\right)^0 \Delta x_j + 2\sum_k \lambda_k^0 y_k^0 \Delta y_k.$$

ここで(18)によって，

$$\sum_k \lambda_k^0 \Delta v_k \geqq \sum_k \sum_j \lambda_k^0 \left(\frac{\partial g_k}{\partial x_j}\right)^0 \Delta x_j. \tag{23}$$

(22)と(23)とを組み合わせて，

$$h(v+\Delta v) - h(v) \leqq \sum_k \lambda_k^0 \Delta v_k$$

という不等式が任意の Δv について成立することが示される．ここで，$\Delta v=(0, \cdots, \Delta v_k, \cdots, 0)$ [k 成分以外はすべて 0 とする] と置くと，

$$h(v_1, \cdots, v_k+\Delta v_k, \cdots, v_m) - h(v_1, \cdots, v_k, \cdots, v_m) \leqq \lambda_k^0 \Delta v_k$$

という不等式がすべての Δv_k について成り立つ．この不等式から定理の結論はただちに導きだされる．　Q.E.D.

[一つの計算例]　定理の理解をたすけるために一つの数値例を挙げておこう．

制約条件　$x_1 \geqq 0,\ \ x_2 \geqq 0,$

$x_1+x_2 \leqq 1,$

$3x_1+x_2 \leqq v$

のもとで生産物の価値 $f(x_1, x_2)=2x_1+x_2$ を最大にするという問題を考える．

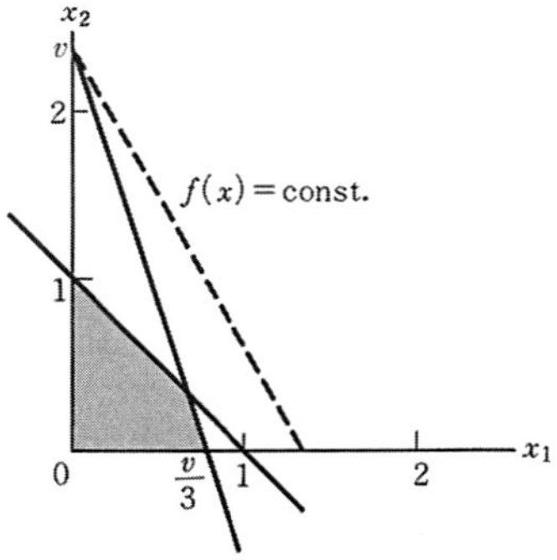

図 17-2

このとき，

$$h(v) = \begin{cases} v, & v<1, \\ \dfrac{v+1}{2}, & 1 \leqq v \leqq 3, \\ 2, & v>3 \end{cases}$$

となる．

$$v = 1 \quad のとき \quad \left(\frac{\partial h}{\partial v}\right)_+ = \frac{1}{2}, \quad \left(\frac{\partial h}{\partial v}\right)_- = 1,$$

$$v = 3 \quad のとき \quad \left(\frac{\partial h}{\partial v}\right)_+ = 0, \quad \left(\frac{\partial h}{\partial v}\right)_- = \frac{1}{2}.$$

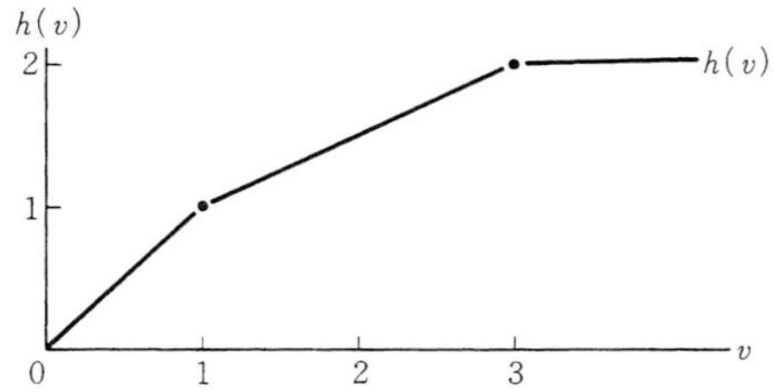

図 17-3

帰属価格 $(\lambda_1^0, \lambda_2^0)$ はつぎの双対問題の解である．

制約条件　$\lambda_1 \geqq 0,\ \lambda_2 \geqq 0$

$$\lambda_1 + 3\lambda_2 \geqq 2,$$

$$\lambda_1 + \lambda_2 \geqq 1$$

のもとで，$\lambda_1 + v\lambda_2$ を最小にする．

第2の生産要素の帰属価格 λ_2^0 は，

$$v < 1: \quad \lambda_2^0 = 1,$$

$$v = 1: \quad \frac{1}{2} \leqq \lambda_2^0 \leqq 1,$$

$$1 < v < 3: \quad \lambda_2^0 = \frac{1}{2},$$

$$v = 3: \quad 0 \leqq \lambda_2^0 \leqq \frac{1}{2},$$

$$v > 3: \quad \lambda_2^0 = 0.$$

このとき，

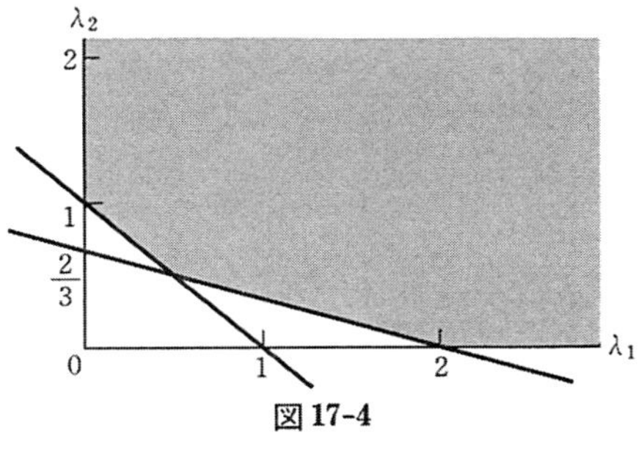

図 17-4

$$\left(\frac{\partial h}{\partial v_k}\right)_+ \leqq \lambda_k^0 \leqq \left(\frac{\partial h}{\partial v_k}\right)_- \qquad (k=1, 2)$$

となるような $\lambda^0=(\lambda_1^0, \lambda_2^0)$ はすべて帰属価格となる．

参考文献

Böhm-Bawerk, E. von (1889). *Positive Theorie des Kapitales*, Innsbruck. Translated by W. Smart, *The Positive Theory of Capital*, London and New York, 1891.

Green, D. I. (1894). "Pain-Cost and Opportunity-Cost," *Quarterly Journal of Economics*, Vol. 8, pp. 218-229.

Knight, F. H. (1925). "A Note on Professor Clark's Illustration of Marginal Productivity," *Journal of Political Economy*, Vol. 33, pp. 550-553.

Koopmans, T. C. (1951). "Analysis of Production as an Efficient Combination of Activities," in *Activity Analysis of Production and Allocation*, edited by T. C. Koopmans, New York, John Wiley, pp. 33-97.

Kuhn, H. W., and A. W. Tucker (1951). "Nonlinear Programming," *Proceedings of the Second Berkeley Symposium on Mathematical Statistics and Probability*, edited by J. Neyman, pp. 481-492.

Menger, C. (1871). *Grundsätze der Volkswirtschaftslehre*, Vienna. Translated by J. Dingwell and B. F. Hoselitz, *Principles of Economics*, Illinois, 1950.

Samuelson, P. A. (1958). "Frank Knight's Theorem in Linear Programming," *Zeitschrift für Nationalökonomie*, Vol. 18, pp. 310-317.

Schumpeter, J. A. (1954). *History of Economic Analysis*, New York, Oxford University Press.

Stigler, G. J. (1941). *Production and Distribution Theories*, New York, Macmillan.

Uzawa, H. (1958). "A Note on the Menger-Wieser Theory of Imputation," *Zeitschrift für Nationalökonomie*, Vol. 18, pp. 318-333. Reprinted in *Optimality, Equilibrium, and Growth: Selected Papers of Hirofumi Uzawa*, Tokyo, University of Tokyo Press, 1988.

Wieser, F. von (1889). *Der natürliche Wert*. Translated by C. A. Malloch, *Natural Value*, London and New York, 1893.

第IV部　市　場　均　衡

第18章　アロー=デブリュー・モデル

これまで，消費，生産，交換の理論について，その論理的な基礎を解説してきた．これらの諸分析を統合して，市場経済制度の均衡条件にかんする一般的な論理を展開したのはレオン・ワルラス(Lēon Walras)であった．ワルラスは，1874年から1877年にかけて刊行された『純粋経済学要綱』(*Elēments d'ēconomie politique pure*)で，市場均衡の一般的条件を定式化して，いわゆる一般均衡理論をつくり上げたのであるが，第1章でくわしく述べたように，20世紀に入ってから，スルツキー，ヒックスたちの手によって，その精緻化が試みられ，さらに1930年代にはWald(1933-36)，von Neumann(1935-36)などによって一般均衡理論に対して数学的な観点から興味深い定式化がなされた．1954年にはアロー(K. J. Arrow)とデブリュー(G. Debreu)によって一般均衡理論に対して完全な形での数学的定式化がおこなわれ，市場均衡解の存在がどのような条件のもとで保証されるかという問題について洞察にみちた取り扱いがなされた．このアロー=デブリュー論文[Arrow and Debreu(1954)]は第二次世界大戦後における経済理論の展開の歴史で一つのエポックを形成するものであって，その後の経済理論，とくに数理経済学の発展の方向に大きな影響を与えることになった．この章ではアロー=デブリュー・モデルに即して一般均衡理論の骨組みを垣間みることにしよう．この章での取り扱いは，アロー=デブリュー論文の他に，デブリューの書物，*A Theory of Value : An Axiomatic Analysis of Economic Equilibrium*(1959)およびUzawa(1962)を主として参照した．

ワルラスの一般均衡モデルが整合的であるか，否かという問題は，モデルのすべての前提条件をみたすような解が存在するかどうかという形で提起された．ワルラスの*Elēments*では，未知数の数と方程式の数とが等しくなるということによって，この問題が取り扱われていた．この問題にかんして最初に経済学的な分析をおこなったのはCassel(1924)であるが，数学的な観点からより厳密に議論したのはWald(1933-34, 1934-35)が最初であった．その後，Arrow and Debreu(1954)によってもっとも一般的な観点からの定式化が試みられたということは上にも述べたが，そのあとを受けて，Gale(1955)，McKenzie(1954, 55)，Nikaidô(1956)などによってさらにくわしい検討がなされた．

ワルト・モデルでは，需要関数の連続性と生産関数の線型性とが仮定されていたが，アロー=デブリュー・モデルでは，競争均衡の存在は，個別的な経済主体にかんする制約的な条件のもとで証明されている．

競争均衡にかんするアロー=デブリュー・モデル

経済を構成する経済主体は消費者と生産者とに分けられる．消費者を $\alpha=1,\cdots,A$ とし，生産者を $\beta=1,\cdots,B$ とする．財の数を n とし，$i=1,\cdots,n$ によって表わす．財ベクトルは，

$$x_\alpha=(x_{\alpha1},\cdots,x_{\alpha n}),\quad y_\beta=(y_{\beta1},\cdots,y_{\beta n})$$

のように表わされるものとする．

まず消費者についてみよう．各消費者 α について消費可能な財ベクトルの集合を X_α とし，その選好関係はある効用関数 $u_\alpha(x_\alpha)$ $(x_\alpha\in X_\alpha)$ によって表わされるとする．つぎの諸条件がみたされていると仮定しよう．

I　各消費者 α について，消費可能な財ベクトルの集合 X_α は，空集合ではない，コンパクトで，凸な閉集合であり，下方から有界である．

ある集合 X が下方から有界(bounded from below)であるというのは，すべての $x=(x_1,\cdots,x_n)\in X$ に対して，$x_i>K$ $(i=1,\cdots,n)$ となるような定数 K が存在するときである．

II　各消費者 α に対して，効用関数 $u^\alpha(x^\alpha)$ は連続で，厳密な意味で quasi-concave な関数であり，non-saturated である．

ある関数 $u(x)$ $(x\in X)$ が non-saturated であるというのは，K がどのように大きな数であっても，$u(x)>K$ となるような $x\in X$ が存在することを意味する．

生産者についてはつぎのような仮定をもうける．各生産者 β について，生産可能領域あるいは集合を Y_β とし†，集計的可能集合を Y とする．Y はつぎのようにして定義される．

$$Y=Y_1+\cdots+Y_B=\left\{y=\sum_\beta y_\beta : y_\beta\in Y_\beta\quad(\beta=1,\cdots,B)\right\}.$$

III　各生産者 β に対して，その生産可能集合 Y_β は 0 を含む．

IV　集計的生産可能集合 Y は凸な閉集合で，かつ不可逆的(irreversible)である．

ある集合 Y が不可逆的(irreversible)であるというのは，つぎの二つの条件がみたされるときをいう．

(a)　$$y\in Y,\ y\geqq 0\Longrightarrow y=0,$$

(b)　$$y\in Y,\ -y\in Y\Longrightarrow y=0.$$

分配面については，各生産者 β の利潤 π_β のうち，$s_{\alpha\beta}(\pi_\beta)$ の割合で消費者 α に分配されるとする．つぎの仮定を置く．

---

† 個別的な Y_β は必ずしも凸集合でなくともよい．この点については，Farrell (1959)，Hurwicz and Uzawa (1960) を参照されたい．

V　すべての消費者 α，生産者 β にかんし．利潤分配関数 $s_{\alpha\beta}(\pi_\beta)$ は π_β について，連続で，

$$s_{\alpha\beta}(\pi_\beta) \geqq 0,$$

$$\sum_\alpha s_{\alpha\beta}(\pi_\beta) = 1.$$

最後に，各消費者 α が初期時点で保有している財ベクトルは $\zeta_\alpha=(\zeta_{\alpha1}, \cdots, \zeta_{\alpha n})$ によって与えられるものとする．

経済の状態(state)は，消費者が消費する財ベクトル $x_1, \cdots, x_A$，生産者が生産する財ベクトル $y_1, \cdots, y_B$，価格ベクトル $p=(p_1, \cdots, p_n)$ によって特定化される．

ある状態 $(x_1^*, \cdots, x_A^*, y_1^*, \cdots, y_B^*, p^*)$ が初期条件 $(\zeta_1, \cdots, \zeta_A)$ について競争均衡であるというのは，つぎの条件がみたされるときであると定義する．

（i）
$$p^* \geq 0.$$

（ii）　各消費者 α について，

$$x_\alpha^* \in X_\alpha, \quad p^* \cdot x_\alpha^* \leqq M_\alpha,$$

$$u_\alpha(x_\alpha^*) = \max\{u_\alpha(x_\alpha^*) : x_\alpha \in X_\alpha, \ p^* \cdot x_\alpha \leqq M_\alpha\},$$

ここで，

$$M_\alpha = p^* \cdot \zeta_\alpha + \sum_\beta s_{\alpha\beta}(p^* \cdot y_\beta^*) p^* \cdot y_\beta^*.$$

（iii）　各生産者 β について，

$$y_\beta^* \in Y_\beta,$$

$$p^* \cdot y_\beta^* = \max\{p^* \cdot y_\beta : y_\beta \in Y_\beta\}.$$

（iv）
$$x^* - y^* - \zeta \leqq 0, \quad p^*(x^* - y^* - \zeta) = 0,$$

ここで，

$$x^* = \sum_\alpha x_\alpha^*, \quad y^* = \sum_\beta y_\beta^*, \quad \zeta = \sum_\alpha \zeta_\alpha.$$

アロー=デブリューの第1存在定理　上の条件 I-V をみたすような経済について，初期条件 $\zeta_1, \cdots, \zeta_A$ が，

VI　各消費者 α について，$\zeta_\alpha > x_\alpha^0$ となるような $x_\alpha^0 \in X_\alpha$ が存在する

という条件をみたすとき，競争均衡が必ず存在する．

［証明］　始めに，若干の準備をしよう．任意の集合 A に対して，A を含む最小の閉凸集合を $[A]$ で表わすことにすれば，Y が閉凸集合であるという仮定から，

$$Y = [Y_1] + \cdots + [Y_B]$$

となり，当然 $[Y_\beta]$ はすべて閉凸集合である．

ここでまず，$(X_\alpha, [Y_\beta])$ という構造をもつ経済について，競争均衡が存在することが証明されれば，それは (X_α, Y_β) についての競争均衡となるということを示そう．$(p^*, x_\alpha^*, y_\beta^*)$ が

$(X_\alpha, [Y_\beta])$ についての競争均衡であるとする．すなわち，

（i）
$$p^* \geq 0,$$

（ii）
$$x_\alpha^* \in X_\alpha,\ \ p^* \cdot x_\alpha^* \leqq M_\alpha,$$
$$u_\alpha(x_\alpha^*) = \max\{u_\alpha(x_\alpha)\,;\,x_\alpha \in X_\alpha,\ p^* \cdot x_\alpha \leqq M_\alpha\}.$$

（iii）
$$y_\beta^* \in [Y_\beta],$$
$$p^* \cdot y_\beta^* = \max\{p^* \cdot y_\beta\,;\,y_\beta \in [Y_\beta]\},$$

（iv）
$$x^* - y^* - \zeta \leqq 0, \quad p^* \cdot (x^* - y^* - \zeta) = 0.$$

ここで，$\sum_\beta [Y_\beta] = \sum_\beta Y_\beta$ であるから，

$$\sum_\beta y_\beta^* = \sum_\beta \bar{y}_\beta^*$$

となるような $\bar{y}_\beta^* \in Y_\beta$ が存在する．このとき $(x_\alpha^*, \bar{y}_\beta^*)$ は (X_α, Y_β) についての競争均衡となる．

$$\sum_\beta p^* y_\beta^* = \sum_\beta p^* \bar{y}_\beta^*$$

であるから，

$$p^* \bar{y}_\beta^* = p^* y_\beta^* = \max\{p^* y_\beta : y_\beta \in Y_\beta\}.$$

このことから $(x_\alpha^*, \bar{y}_\beta^*)$ が (X_α, Y_β) についての競争均衡となることがただちにわかる．

したがって，最初から Y_β はすべて閉じた凸集合であると仮定して議論を進めてもよい．さらに，X_α も Y_β もともにコンパクト(compact)であると仮定してもよい．

まず，価格ベクトルをつぎのように正規化しておく．すなわち，

$$P = \left\{p = (p_1, \cdots, p_n) : p \geq 0,\ \sum_i p_i = 1\right\}.$$

一般に，空集合でないようなコンパクトな集合 B に対して，関数 ρ_B を P の上でつぎのように定義する．

$$\rho_B(p) = \max_{y \in B} p \cdot y.$$

集合 B はコンパクトであるから，$\rho_B(p)$ はすべての $p \in P$ について定義され，しかも p の連続関数となる．

つぎに，空集合でないコンパクトな凸集合 A の上で定義された連続関数 $u(\cdot)$ が与えられているとする．

ある価格ベクトル $p \in P$ に対して，M は，

$$M \geqq \mu(p) = \min_{x \in A} p \cdot x$$

となるような数であるとする．このとき，$\bar{x}$ がつぎのような条件をみたすとする．

（i）
$$\bar{x} \in A,\ \ p \cdot \bar{x} \leqq M,$$

（ii）
$$x \in A,\ \ p \cdot x \leqq M \Longrightarrow u(x) \leqq u(\bar{x}).$$

関数 $u(\cdot)$ が厳密な意味で quasi-concave であるときには，$\bar{x}$ は (p, M) が与えられたときに一意的に定まる．このような $\bar{x}$ を，

$$\bar{x} = \varphi_{A,u}(p, M)$$

と表わし，$\varphi_{A,u}$ を (A, u) に対応する需要関数と呼ぶことにしよう．

容易にみられるように，$M > \mu(p)$ のとき，$\varphi_{A,u}(p, M)$ は (p, M) で連続な関数となる．

いま，B を空集合でないコンパクトな集合とし，c を任意の正のベクトルとする[$c>0$]．x を B の点で，$x<y$ となるような $y \in B$ が存在しないような点とする[x は B の efficient な点！]．

$$\xi(x) = \inf\{\xi : \xi \geqq 0,\ \Pi_{x-\xi c} \cap B \neq \phi\},$$

ここで，

$$\Pi_{x-\xi c} = \{z : z \geqq x - \xi c\},$$

また ϕ は空集合を表わす．

集合 B はコンパクトで，$c>0$ であるから，

$$0 \leqq \xi(x) < +\infty.$$

このようにして定義された関数 ξ を $\xi_{B,c}$ と記す．

このとき，$\xi = \xi_{B,c}(x)$ となるために必要にして十分な条件は，

（i）　$\Pi_{x-\xi c} \cap B \neq \phi$,

（ii）　$\Pi_{x-\xi c} \cap B$ は $\Pi_{x-\xi c}$ の境界上にあることである．

$\xi = \xi_{B,c}(x)$ としよう．B はコンパクトな集合であるから，（i）の条件がみたされることは明らかである．もし（ii）の条件がみたされていないとしよう．すなわち，$\Pi_{x-\xi(x)c} \cap B$ のなかに $\Pi_{x-\xi(x)c}$ の内点となるような点 y が存在していたとしよう．このとき，

$$y > x - \xi(x)c.$$

したがって，$0<\xi'<\xi(x)$ で $y>x-\xi'c$ となるような ξ' が存在することによって，$\xi = \xi_{B,c}(x)$ の定義に反することになる．

逆に，ξ が（i），（ii）の条件をみたすとしよう．そのとき $\xi \geqq \xi_{B,c}(x)$ となることは明白である．もしかりに，$\xi > \xi_{B,c}(x)$ とすると，矛盾することを示そう．このとき，

$$y \in B,\ \ y \geqq x - \xi_{B,c}(x)c$$

ならば，

$$y > x - \xi c$$

となって，y が $\Pi_{x-\xi c}$ の内点となり，（ii）の条件と矛盾する．

つぎに，$\xi_{B,c}(x)$ が x の連続関数となることを示そう．このことを示すために，$\{x^\nu ; \nu=1, 2, \cdots\}$, $\lim_{\nu\to\infty} x^\nu = \bar{x}$ となるような系列を考える．このとき，

$$y^\nu \geqq x^\nu - \xi(x^\nu)c \qquad (\nu = 1, 2, \cdots)$$

となるような $y^\nu \in B$ が存在する．

$\{\xi(x^\nu)\}$ の任意の集積点を $\bar{\xi}$ とし，$\{\xi(x^{\nu_k})\}$ を $\bar{\xi}$ に収斂するような部分列とする．

$$\lim_{k\to\infty}\xi(x^{\nu_k}) = \bar{\xi}.$$

B はコンパクトな集合だから，$\{y^{\nu_k}\}$ の部分列 $\{y^{\nu_{l_k}}\}$ で必ずある一点 $\bar{y}$ に収斂するようなものが存在する．

$$\lim_{k\to\infty} y^{\nu_{l_k}} = \bar{y} \in B.$$

このとき，

$$\bar{y} \geqq \bar{x} - \bar{\xi}c,$$

すなわち，

$$\Pi_{\bar{x}-\bar{\xi}c} \cap B \neq \phi.$$

他方，$\Pi_{\bar{x}-\bar{\xi}c} \cap B$ は $\Pi_{\bar{x}-\bar{\xi}c}$ の境界点となることがわかる．もしそうでなければ，

$$y > \bar{x} - \bar{\xi}c$$

となるような $y \in B$ が存在する．したがって，

$$y > x^{\nu_k} - \xi(x^{\nu_k})c$$

となるような k が存在する．これは $\xi(x^{\nu_k})$ の定義に反することになるからである．

したがって，$\bar{\xi}$ は $\bar{x}$ にかんして(ｉ)，(ii)の条件をみたすことになり，

$$\bar{\xi} = \xi(\bar{x})$$

となることがわかる．この関係は $\{x^\nu\}$ の任意の集積点 $\bar{x}$ について示されるから，

$$\lim_{\nu\to\infty}\xi(x^\nu) = \xi(\bar{x})$$

が示されたことになる．すなわち，$\xi(x)$ が x の連続関数となることが証明されたわけである．

さて，価格ベクトルの集合 $\Delta(x)$ をつぎのように定義する．

(1)　　$\Delta(x) = \{p : p \in P,$ すべての $y \in B$ に対して $p \cdot y \leqq p \cdot [x - \xi(x)c]\}$.

このように定義された $\Delta(x)$ は，すべての x に対して，空集合でない，閉じた凸集合となる．

この命題を証明しよう．B はコンパクトな凸集合であり，$\Pi_{x-\xi(x)c} \cap B$ は $\Pi_{x-\xi(x)c}$ の境界上にあるから，分離定理によって，

$$\bar{p} \cdot y \leqq \bar{p} \cdot z \qquad (y \in B,\ z \in \Pi_{x-\xi(x)c})$$

をみたすような $\bar{p} \neq 0$ が存在する．

$\Pi_{x-\xi(x)c}$ の定義からただちにわかるように，

$$\bar{p} \geq 0$$

である．ここで，

$$p = \frac{1}{\sum_i \bar{p}_i}\bar{p}$$

とすれば，$p\in\varDelta(x)$ となる．

$\varDelta(x)$ が凸集合で，コンパクトとなることは定義(1)から明白である．

以上の準備をもとにして，第1存在定理の証明に移ろう．

まず任意の価格ベクトル $p\in P$ に対してつぎの諸関数を定義する．

$$\rho_\beta(p)=\rho_{Y_\beta}(p)=\max\{p\cdot y_\beta : y_\beta\in Y_\beta\},$$

$$\rho(p)=\rho_Y(p)=\max\{p\cdot y : y\in Y\},\quad (Y=\sum_\beta Y_\beta)$$

$$M_\alpha(p)=p\cdot\zeta_\alpha+\sum_\beta s_{\alpha\beta}(\rho_\beta(p))\rho_\beta(p),$$

$$x_\alpha(p)=\varphi_{X_\alpha,u_\alpha}(p, M_\alpha(p)),$$

$$x(p)=\sum_\alpha x_\alpha(p),$$

$$\tilde{\xi}(p)=\xi[x(p)-\zeta],$$

$$\tilde{\varDelta}(p)=\varDelta[x(p)-\zeta]=\{q : q\in P,\ \rho(q)\leqq q\cdot[x(p)-\zeta-\tilde{\xi}(p)c]\}.$$

このとき，

$$\rho(p)=\sum_\alpha\rho_\alpha(p),$$
$$p\cdot x_\alpha(p)\leqq M_\alpha(p),$$
$$p\cdot x(p)\leqq p\cdot\zeta+\rho(p).$$

まず，$\tilde{\varDelta}(p)$ がすべての $p\in P$ で，上半連続(upper semi-continuous)となることを示そう．すなわち，

$$\lim_{\nu\to\infty}p^\nu=p^0,\quad p^\nu\in P,\quad \nu=1,2,\cdots$$

のときに，すべての

$$\lim_{\nu\to\infty}q^\nu=q^0,\quad q^\nu\in\varDelta(p^\nu),\quad \nu=1,2,\cdots$$

について，

$$q^0\in\tilde{\varDelta}(p^0).$$

$\tilde{\varDelta}$ の定義によって，

$$\rho(q^\nu)\leqq q^\nu\cdot[x(p^\nu)-\zeta-\tilde{\xi}(p^\nu)c],\quad \nu=1,2,\cdots.$$

$\rho(\cdot), x(\cdot), \tilde{\xi}(\cdot)$ はすべて連続関数だから，

$$\rho(q^0)\leqq q^0\cdot[x(p^0)-\zeta-\tilde{\xi}(p^0)c].$$

すなわち，$q^0\in\tilde{\varDelta}(p^0)$ となる．

P の各点 $p\in P$ に対して $\tilde{\varDelta}(p)$ は，空でない，コンパクトな凸集合で P の部分集合であるから，角谷の不動点定理[数学付論]を適用することができて，不動点 $p^*\in P$：

$$p^*\in\tilde{\varDelta}(p^*)$$

が存在する．

このとき，x_α^*, y_β^* をつぎのようなベクトルとする．

$$x_\alpha^* = x_\alpha(p^*),$$
$$x^* = \sum_\alpha x_\alpha^*,$$
$$y^* \in \Pi_{x^*-\zeta-\bar{\xi}(p^*)c} \cap Y,$$
$$y^* = \sum_\beta y_\beta^*, \quad y_\beta^* \in Y_\beta.$$

容易にわかるように，

(2)　$$y^* \in Y, \quad y^* \geqq x^* - \zeta - \bar{\xi}(p^*)c.$$

したがって，

$$p^* \cdot y^* = \rho(p^*) = p^* \cdot [x^* - \zeta - \bar{\xi}(p^*)c].$$

このことと(2)から，

$$p^* \cdot y^* \leqq p^* \cdot y^* - \bar{\xi}(p^*)c.$$

$c > 0$, $\bar{\xi}(p^*) \geqq 0$, $p^* \in P$ であるから，

$$\bar{\xi}(p^*) = 0.$$

したがって，$(x_\alpha^*, y_\beta^*, p^*)$ が (X_α, Y_β) についての競争均衡となっていることがわかる．

Q.E.D.

アロー＝デブリューの第2存在定理を述べるために二つの条件を必要とする．

第1の条件は，

VII　$$x^0 < y^0 + \zeta$$

となるような $x^0 = \sum_\alpha x_\alpha^0$, $x_\alpha^0 \in X_\alpha$, および $y^0 \in Y$ が存在する．

第2の条件を導入するために，財が望ましい(desirable)財であるということを定義する．ある財 h が望ましい財であるというのは，任意のベクトル $x_\alpha \in X_\alpha$, $\alpha = 1, \cdots, A$ に対して，

$$x_\alpha + \lambda e^h \in X_\alpha, \quad u_\alpha(x_\alpha + \lambda e^h) > u_\alpha(x_\alpha) \qquad (\alpha = 1, \cdots, A)$$

となるような $\lambda > 0$ が存在するときをいう．ここで e^h は h 番目の成分が1で，他の成分はすべて0となるようなベクトルである．望ましい財の場合を $\mathscr{D}$ で表わす．

VIII　$\mathscr{D}$ は空集合ではない．

また財が生産的(productive)であるということもつぎのように定義する．ある財 h が，生産的であるというのは，任意の $y \in Y$ に対して，

$$\bar{y}_{h'} \geqq y_{h'} \qquad (\text{すべての } h' \neq h \text{ について}),$$
$$\bar{y}_{h''} > y_{h''} \qquad (\text{少なくとも一つの } h'' \in \mathscr{D} \text{ について})$$

をみたすよう $\bar{y} \in Y$ が存在するときである．生産的な財の集合を $\mathcal{P}$ で表わす．

初期条件にかんしてつぎの条件を仮定する．

VI′　初期条件 $(\zeta_1, \cdots, \zeta_A)$ に対して，

$$x'_\alpha \leqq \zeta_\alpha,$$

$$x'_{\alpha h} < \zeta_{\alpha h} \qquad (\text{少なくとも一つの } h \in \mathcal{P} \cup \mathcal{D} \text{ について})$$

をみたすような $(x'_1, \cdots, x'_A)$ が存在する．

アロー=デブリューの第2存在定理　条件 I-V，VI′，VII，VIII をみたすようなモデルについて，その競争均衡は必ず存在する．

［証明］　初期条件 $(\zeta_1^\nu, \cdots, \zeta_A^\nu)$ の列をとり，

$$\zeta_\alpha^\nu > \zeta_\alpha, \quad \nu = 1, 2, \cdots,$$

$$\lim_{\nu \to \infty} \zeta_\alpha^\nu = \zeta_\alpha \qquad (\alpha = 1, \cdots, A)$$

とする．

各 ν について，初期条件 $(\zeta_1^\nu, \cdots, \zeta_A^\nu)$ は条件 VI をみたしているから，第1存在定理を適用することができる．したがって，初期条件 $(\zeta_1^\nu, \cdots, \zeta_A^\nu)$ についての競争均衡 $(x_\alpha^\nu, y_\beta^\nu, p^\nu)$ が存在する．すなわち，

$$x_\alpha^\nu \in X_\alpha, \quad y_\beta^\nu \in Y_\beta, \quad p^\nu \in P,$$

$$x_\alpha^\nu = \varphi_\alpha(p^\nu, M_\alpha(p^\nu)),$$

$$p^\nu \cdot y_\beta^\nu = \rho_\beta(p^\nu),$$

$$x^\nu - \zeta^\nu \leqq y^\nu,$$

$$p^\nu \cdot (x^\nu - \zeta^\nu) = p^\nu \cdot y^\nu,$$

ここで，

$$x^\nu = \sum_\alpha x_\alpha^\nu, \quad y^\nu = \sum_\beta y_\beta^\nu, \quad \zeta^\nu = \sum_\nu \zeta_\alpha^\nu.$$

$(x_\alpha^\nu, y_\beta^\nu, p^\nu)$ はすべてあるコンパクトな集合のなかに含まれているから，

$$\lim_{k \to \infty} x_\alpha^{\nu_k} = \bar{x}_\alpha \in X_\alpha, \quad \lim_{k \to \infty} y_\beta^{\nu_k} = \bar{y}_\beta \in Y_\beta, \quad \lim_{k \to \infty} p^{\nu_k} = \bar{p} \in P$$

となるような部分列 $\{(x_\alpha^{\nu_k}, y_\beta^{\nu_k}, p^{\nu_k})\}$ が存在する．$\varphi_\alpha(p, M)$，$\rho(p)$ はすべて連続関数であるから，

$$\bar{p} \cdot \bar{y}_\beta = \rho_\beta(\bar{p}),$$

$$\bar{p} \cdot \bar{x}_\alpha \leqq \bar{p} \cdot \zeta_\alpha + \sum_\beta s_{\alpha\beta}(\rho_\beta(\bar{p})) \cdot \rho_\beta(\bar{p}) = M_\alpha(\bar{p}),$$

$$\bar{x} - \zeta \leqq \bar{y},$$

$$\bar{p} \cdot (\bar{x} - \zeta) = \bar{p} \cdot \bar{y},$$

ここで，

$$\bar{x} = \sum_{\alpha} \bar{x}_{\alpha}, \quad \bar{y} = \sum_{\beta} \bar{y}_{\beta}.$$

もし，すべての $h \in \mathcal{P}$ について $\bar{p}^h > 0$ であれば，

$$M_{\alpha}(\bar{p}) > \mu_{X_{\alpha}}(\bar{p}) \qquad (\alpha = 1, \cdots, A).$$

したがって，$\varphi_{\alpha}(p, M_{\alpha}(p))$ は $(\bar{p}, M_{\alpha}(\bar{p}))$ で連続となるから，

$$\bar{x}_{\alpha} = \varphi_{\alpha}(\bar{p}, M_{\alpha}(\bar{p})) \qquad (\alpha = 1, \cdots, A).$$

もし，$\bar{p}^h = 0$ となるような $h \in \mathcal{P}$ が存在したとすれば，条件 VII，VIII と矛盾することが容易にわかる．　Q.E.D.

パレート最適性と競争均衡

ワルラスの一般均衡解について，一つ指摘しておかなければならない概念が存在する．それは資源配分のパレート最適性(Pareto optimum)である．

ある消費ベクトルのパターン $(x_1, \cdots, x_A)$ が初期条件 ζ にかんして実現可能(feasible)というのは，

$$x_{\alpha} \in X_{\alpha} \qquad (\alpha = 1, \cdots, A),$$

$$\sum_{\alpha} x_{\alpha} \leqq \sum_{\beta} y_{\beta} + \zeta,$$

$$y_{\beta} \in Y_{\beta} \qquad (\beta = 1, \cdots, B)$$

をみたすような生産ベクトルのパターン $(y_1, \cdots, y_A)$ が存在するときをいう．

初期条件 $\zeta = \sum_{\alpha} \zeta_{\alpha}$ が与えられているとき，実現可能な消費ベクトルのパターンのなかで，パレート最適(Pareto optimum)なものが効率性という観点から注目に値する．ある消費ベクトルのパターン $(\bar{x}_{\alpha}) = (\bar{x}_1, \cdots, \bar{x}_A)$ がパレート最適であるというのは，

(i)　$(\bar{x}_{\alpha})$ は初期条件 ζ のもとで実現可能であること

(ii)　すべての消費者 α について $u_{\alpha}(x'_{\alpha}) \geqq u_{\alpha}(\bar{x}_{\alpha})$，かつ少なくとも一人の消費者 α について，$u_{\alpha}(x'_{\alpha}) > u_{\alpha}(\bar{x}_{\alpha})$ となるような実現可能な消費ベクトルのパターン (x'_{α}) は存在しないこと

という二つの条件がみたされているときである．

パレート最適にかんする第1定理　もし $(p^*, x^*_{\alpha}, y^*_{\beta})$ が初期条件 (ζ_{α}) についての競争均衡であるとき，(x^*_{α}) は $\zeta = \sum_{\alpha} \zeta_{\alpha}$ のもとでパレート最適となる．

[証明]　もしかりに，(x^*_{α}) がパレート最適でないとすれば，実現可能な (x'_{α}) で，すべての α について，

$$u_{\alpha}(x'_{\alpha}) \geqq u_{\alpha}(x^*_{\alpha})$$

であって，少なくとも1人の α については，

$$u_\alpha(x'_\alpha) > u_\alpha(x^*_\alpha)$$

となるようなものが存在するはずである．

したがって，$(p^*, x^*_\alpha, y^*_\beta)$ が競争均衡であるということから，すべての α について，

$$p^*x'_\alpha \geqq p^*x^*_\alpha$$

であって，少なくとも1人の α については，

$$p^*x'_\alpha > p^*x^*_\alpha.$$

したがって，

(3)
$$p^*\sum_\alpha x'_\alpha > p^*\sum_\alpha x^*_\alpha.$$

(x'_α) は実現可能な消費ベクトルのパターンであったから，定義により，

(4)
$$\sum_\alpha x'_\alpha \leqq \sum_\beta y'_\beta + \zeta, \quad y_\beta \in Y_\beta$$

となるような (y'_β) が存在する．

他方 $(p^*, x^*_\alpha, y^*_\beta)$ は競争均衡であるから，

$$\sum_\alpha x^*_\alpha \leqq \sum_\beta y^*_\beta + \zeta,$$

かつ，

(5)
$$p^*\sum_\alpha x^*_\alpha = p^*\cdot\sum_\beta y^*_\beta + p^*\cdot\zeta.$$

したがって，(3)-(5)から，

(6)
$$p^*\sum_\beta y'_\beta > p^*\sum_\beta y^*_\beta.$$

しかし，各 β について y^*_β は Y_β のなかで p^*y_β を最大にするものであったから，

$$p^*y^*_\beta \geqq p^*y'_\beta.$$

したがって，

$$p^*\sum_\beta y^*_\beta \geqq p^*\sum_\beta y'_\beta$$

となって(6)と矛盾することになる．すなわち，(x^*_α) はパレート最適でなければならない．

Q.E.D.

この定理の証明には，上にあげた条件I-VIIIのいずれをも必要としない．競争均衡の存在を仮定しているからである．しかし，つぎの第2定理には，条件I-VIIIのうちいくつかを前提しなければならない．

パレート最適にかんする第2定理　条件I-Vがみたされ，初期条件 ζ は与えられているものとする．ある消費ベクトルのパターン (x^*_α) がパレート最適であるとすれば，初期条件 ζ を適当に再分配することによって $(p^*, x^*_\alpha, y^*_\beta)$ が ζ にかんして競争均衡となるような価格ベク

トルベ $p^*(\geqq 0)$ および生産ベクトルのパターン (y_β^*) が存在する.

［証明］ (x_α^*) は実現可能であるから,

$$\sum_\alpha x_\alpha^* \leqq \sum_\beta y_\beta^* + \zeta, \quad y_\beta^* \in Y_\beta$$

となるような (y_β^*) が存在することは定義からただちにわかる.

つぎの二つの集合を考える.

$$\Delta = \left\{x : x \leqq \sum_\alpha x_\alpha, (x_\alpha) \text{ は実現可能な消費ベクトルのパターン}\right\},$$

$$\Gamma = \left\{x : x \geqq \sum_\alpha x_\alpha, \text{ すべての } \alpha \text{ について } u_\alpha(x_\alpha) \geqq u_\alpha(x_\alpha^*)\right\}.$$

Δ と Γ とはともに閉じた凸集合であることは条件 I-III から明白である. しかも (x_α^*) がパレート最適であるということから, Δ と Γ とは内点を共有しない. したがって, 分離定理[数学付論]を適用することができ,

$$p^*x \leqq p^*x' \qquad (x \in \Delta,\ x' \in \Gamma)$$

となるような $p^* \neq 0$ が存在することがわかる. Δ の定義から $p^* \geqq 0$ でなければならない. また, $(x_\alpha^*) \in \Delta \cap \Gamma$ であるから,

(7) $$p^*x \leqq p^*\sum_\alpha x_\alpha^* \leqq p^*x' \qquad (x \in \Delta,\ x' \in \Gamma)$$

となる. (7)の前半をもっとくわしく書けば,

$$p^*\sum_\alpha x_\alpha \leqq p^*\sum_\alpha x_\alpha^*$$

が, $\sum_\alpha x_\alpha \leqq \sum_\beta y_\beta + \zeta$, $y_\beta \in Y_\beta$ をみたすようなすべての (x_α) について成立する.

したがって,

$$\sum_\alpha x_\alpha^* \leqq \sum_\beta y_\beta^* + \zeta, \quad p^*\sum_\alpha x_\alpha^* = p^*\sum_\beta y_\beta^* + p^* \cdot \zeta,$$

かつ, すべての $y_\beta \in Y_\beta$ に対して,

(8) $$p^*\sum_\beta y_\beta \leqq p^*\sum_\beta y_\beta^*.$$

(8)式で $y_{\beta'} = y_{\beta'}^*$ $(\beta' \neq \beta)$ と置けば,

(9) $$p^*y_\beta \leqq p^*y_\beta^* \qquad (y_\beta \in Y_\beta)$$

となる.

また, (7)式の後半は,

$$\sum_\alpha p^*x_\alpha^* \leqq \sum_\alpha p^*x_\alpha' \qquad (\text{すべての } u_\alpha(x_\alpha') \geqq u_\alpha(x_\alpha^*) \text{ に対して})$$

となるから,

(10) $$u_\alpha(x_\alpha') \geqq u_\alpha(x_\alpha^*) \Longrightarrow p^*x_\alpha' \geqq p^*x_\alpha^*$$

という関係が得られる. 条件 V がみたされているときには, (10)から,

(11) $$p^*x_\alpha' \leqq p^*x_\alpha^* \Longrightarrow u_\alpha(x_\alpha') \leqq u_\alpha(x_\alpha^*)$$

が求まる．

このとき，$\zeta=\sum_{\alpha}\zeta_{\alpha}^{*}$ をみたすような (ζ_{α}^{*}) で，

$$p_{\alpha}^{*}x_{\alpha}^{*}=p_{\alpha}^{*}\zeta_{\alpha}^{*}+\sum_{\beta}s_{\alpha\beta}(p^{*}y_{\beta}^{*})p^{*}y_{\beta}^{*}$$

をみたすようなものが存在することは容易にわかる．このようにして，$(p^{*}, x_{\alpha}^{*}, y_{\beta}^{*})$ が再配分された初期条件 (ζ_{α}^{*}) についての競争均衡となることが示された．　Q.E.D.

参考文献

Arrow, K. J., and G. Debreu (1954). "Existence of an Equilibrium for a Competitive Economy," *Econometrica*, Vol. 22, pp. 265-290.

Cassel, G. (1924). *The Theory of Social Economy*, New York, Harcourt, Brace.

Debreu, G. (1959). *A Theory of Value : An Axiomatic Analysis of Economic Equilibrium*, New York, John Wiley.

Farrell, M. J. (1959), "The Convexity Assumption in the Theory of Competitive Markets," *Journal of Political Economy*, Vol. 98, pp. 377-391.

Gale, D. (1955), "The Law of Supply and Demand," *Mathematica Scandinavica*, Vol. 3, pp. 155-169.

Hurwicz, L., and H. Uzawa (1960). "On the Asymptotic Convexity of Production Functions," (unpublished).

Kakutani, S. (1941). "A Generalization of Brouwer's Fixed Point Theorem," *Duke Mathematical Journal*, Vol. 8, pp. 457-459.

McKenzie, L. W. (1954). "On Equlilbrium in Graham's Model of World Trade and Other Competitive Systems," *Econometrica*, Vol. 22, pp. 147-161.

—— (1955). "Competitive Equilibrium with Dependent Consumer Preferences," *Proceedings of the Second Symposium on Linear Programming*, Washington, D. C., pp. 277-294.

Neumann, von J. (1935-36). "Über ein Ökonomisches Gleichungssystem und eine Verallgemeinerung des Fixpunktsatzes," *Ergebnisse eines mathematischen Kolloquiums*, No. 8.

Nikaidô, H. (1956). "On the Classical Multilateral Exchange Problem," *Metroeconomica*, Vol. 8, pp. 135-145.

Uzawa, H. (1962). "Walras's Existence Theorem and Brower's Fixed-Point Theorem," *Economic Studies Quarterly*, Vol. 13, pp. 52-60. Reprinted in *Preference, Production, and Capital : Selected Papers of Hirofumi Uzawa*, New York, Cambridge University Press, 1988.

Wald, A. (1933-34). "Über die eindeutige positive Lösbarkeit der neuen Produktionsgleichungen," *Ergebnisse eines mathematischen Kolloquiums*, No. 6, pp. 12-20.

—— (1934-35). "Über die Produktionsgleichungen der ökonomischen Wertlehre," *Ergebnisse eines mathematischen Kolloquiums*, No. 7, pp. 1-6.

—— (1936). "Über einige Gleichungssysteme der mathematischen Ökonomie," *Zeitschrift für Nationalökonomie*, Vol. 7, pp. 637-670. Translated as "On Some Systems of Equations of Mathematical Economics," *Econometrica* (1951), Vol. 19, pp. 368-403.

Walras, L.(1874-77). *Eléments d'économie politique pure,* Lausanne, Corbaz. Translated by W. Jaffé, *Elements of Pure Economics*, Homewood, Irwin, 1954.

第18章付論　市場均衡とブラウワーの不動点定理

ワルラスの存在定理とブラウワーの不動点定理

第18章で説明した一般均衡モデルについて，競争的市場均衡解の存在が，ある意味では中心的な問題の一つであった．ここでは，一般均衡解の存在にかんする数学的な側面について解説を加えておこう．

ここでワルラスの定理というのは，ある理論的前提条件のもとで競争的市場均衡状態が，必ず存在するということにかんするものであって，ワルラスの古典的な書物が，1874-77年にかけて刊行されたときからすでに，経済分析で一つの重要な課題として提起されてきたものである[Walras(1954)]．しかし，この存在問題に対して，肯定的な解答が得られたのは，1930年代におけるウォルトの業績を通じてであった[Wald(1933-34), (1934-35)]．ウォルトの仕事に啓発されて，1950年代に，一般均衡解の存在問題にかんするいくつかの興味深い展開がみられた．とくに，アロー＝デブリュー[Arrow and Debreu(1954)]，マッケンジー[McKenzie(1954)]，二階堂[Nikaidô(1956)]，ゲール[Gale(1955)]などによる貢献が目立っている．これらの研究はいずれも，ワルラスの存在定理をブラウワーあるいは角谷の不動点定理を使って証明するということが基本的となっている．ブラウワーの不動点定理は，数学におけるもっとも基本的な重要性をもつものであって，経済分析におけるワルラスの存在定理と同じような位置づけをもつ[Brouwer(1911-12)]．じつは，ワルラスの存在定理とブラウワーの不動点定理とは論理的に同値である．このことは数学と経済学の間に存在する一つの類比的な現象として，興味深いことのように思われる．

ゲール，二階堂などによって定式化されたワルラスの存在定理はつぎのように定式化される．いま財の種類が n 個存在して，$i=1, \cdots, n$ と記すことにする．財ベクトルおよび価格ベクトルをそれぞれ，

$$x = (x_1, \cdots, x_n), \quad p = (p_1, \cdots, p_n)$$

とする．価格ベクトルは $p \geqq 0$ と仮定するが，財ベクトル x には必ずしもこのような条件をつけないとする．

$$P = \{p = (p_1, \cdots, p_n) : p \geqq 0\},$$
$$X = \{x = (x_1, \cdots, x_n) : x \text{ arbitrary}\}.$$

超過需要関数 $x(p) = (x_1(p), \cdots, x_n(p))$ は P から X のなかへの写像(mapping)である．価格ベクトル $\bar{p}$ が均衡価格であるというのは，

$$x_i(\bar{p}) \leqq 0 \qquad (i = 1, \cdots, n).$$

ここで，$\bar{p}_i>0$ のとき，$x_i(\bar{p})=0$.

ワルラスの存在定理　超過需要関数 $x(p)=(x_1(p), \cdots, x_n(p))$ がつぎの条件をみたすとする.

(A)　$x(p)$ は P から X のなかへの連続的写像である.

(B)　$x(p)$ は p にかんして零次同次である. $x(\lambda p)=x(p)$　$(p \in P,\ \lambda>0)$.

(C)　ワルラスの法則が成立する.

$$p \cdot x(p)=\sum_i p_i x_i(p)=0 \qquad (p \in P).$$

このとき，$x(p)$ に対する均衡価格 $\bar{p}$ が存在する.

ブラウワーの存在定理　$(n-1)$ 次元の基本的単体を Π とする.

$$\Pi=\{\pi=(\pi_1, \cdots, \pi_n) : \pi_i \geqq 0\ (i=1, \cdots, n),\ \sum_i \pi_i=1\}.$$

いま，$\varphi(\pi)$ が Π から Π 自身への連続的写像とすれば，不動点 $\bar{\pi} \in \Pi$ が必ず存在する.

$$\bar{\pi}=\varphi(\bar{\pi}).$$

同値定理　ワルラスの存在定理とブラウワーの不動点定理は同値である.

［証明］　まず，ブラウワーの定理が成立するとき，ワルラスの定理が導きだされることを示す. そのために，価格ベクトルをつぎの単体に限定して考える.

$$\Pi=\{p=(p_1, \cdots, p_n)=1 : p_i \geqq 0\ (i=1, \cdots, n),\ \sum_i p_i=1\}.$$

超過需要関数 $x(p)$ が(A), (B), (C)をみたすとする. このとき，つぎのような写像 $T(p)=(T_1(p), \cdots, T_n(p))$ を定義しよう.

$$(1) \qquad T_i(p)=\frac{1}{\lambda(p)} \max\{0, p_i+\beta x_i(p)\} \qquad (i=1, \cdots, n,\ p \in \Pi),$$

ただし，β は正の定数で，

$$\lambda(p)=\sum_{i=1}^n \max\{0, p_i+\beta x_i(p)\},$$

$$\sum_{i=1}^n p_i(p_i+\beta x_i(p))=\sum_{i=1}^n p_i^2>0.$$

したがって，$\lambda(p)>0$ となり，(1)によって，Π から Π のなかへの写像が定義でき，しかも連続であることがわかる. したがって，ブラウワーの定理を使えば，

$$\bar{p}=T(\bar{p}),\quad \bar{p} \in \Pi$$

となるような $\bar{p}$ が存在する. すなわち，

$$\lambda(\bar{p})\bar{p}_i=\max\{0, \bar{p}_i+\beta x_i(\bar{p})\} \qquad (i=1, \cdots, n).$$

この式の両辺に $\bar{p}_i$ を掛けて足し合わせれば，

$$\lambda(\bar{p})\sum_{i=1}^{n}\bar{p}_i=\sum_{i=1}^{n}\bar{p}_i^2+\sum_{i=1}^{n}\bar{p}_ix_i(\bar{p}).$$

ワルラスの法則(C)によって，

$$\lambda(\bar{p})=1.$$

したがって，$\bar{p}_i=\max\{\bar{p}_i+\beta x_i(\bar{p})\}$ $(i=1,\cdots,n)$．すなわち，$\bar{p}=(\bar{p}_1,\cdots,\bar{p}_n)$ は均衡価格ベクトルである．

逆に，ワルラスの存在定理が成立しているとしよう．いま $\varphi(\pi)$ が Π から Π 自身への連続な写像とする．つぎのような関数 $x(p)=(x_1(p),\cdots,x_n(p))$ を定義する．

(2)
$$x_i(p)=\varphi_i\left(\frac{p}{\lambda(p)}\right)-p_i\mu(p)\qquad(i=1,\cdots,n),$$

ここで，

$$\lambda(p)=\sum_{i=1}^{n}p_i,\quad \mu(p)=\frac{\sum_i p_i\varphi_i\left(\frac{p}{\lambda(p)}\right)}{\sum_i p_i^2}.$$

このとき，$\varphi_i\left(\frac{p}{\lambda(p)}\right)$，$p_i\mu(p)$ はともに零次同次である．

また，(2)で定義された関数は(A)，(B)，(C)の条件をみたす．したがって，ワルラスの存在定理を使えば，均衡価格 $\bar{p}$ が存在する．すなわち，

$$x_i(\bar{p})\leqq 0\qquad(i=1,\cdots,n),$$

$$\sum_i\bar{p}_ix_i(\bar{p})=0.$$

したがって，

$$\varphi_i\left(\frac{\bar{p}}{\lambda(\bar{p})}\right)\leqq\bar{p}_i\mu(\bar{p})\qquad(i=1,\cdots,n).$$

ただし，$\bar{p}_i>0$ のときは等号 = で成立する．

この式で，$\bar{\pi}=\frac{\bar{p}}{\lambda(\bar{p})}$，$\beta=\lambda(\bar{p})\mu(\bar{p})$ と置けば，

(3)
$$\varphi_i(\bar{\pi})\leqq\beta\bar{\pi}_i\qquad(i=1,\cdots,n),$$

ただし，$\bar{\pi}_i>0$ のときは等号 = で成立する．

$\bar{\pi}\in\Pi$，$\varphi(\bar{\pi})\in\Pi$ であるから，(3)を $i=1,\cdots,n$ について足し合わせれば，$\beta=1$．したがって，

$$\varphi_i(\bar{\pi})=\bar{\pi}_i\qquad(i=1,\cdots,n),$$

すなわち，$\bar{\pi}$ は $\varphi(\pi)$ の不動点となることがわかる．

Q.E.D.

文　献　ブラウワーの不動点定理は，位相数学(topology)の標準的な教科書には必ずくわしい解説がなされている．原論文は Brouwer (1911-12) であるが，代表的な取り扱いは Alexandroff and Hopf, *Topologie*, I(1935)あるいは Lefschetz, *Introduction to Topology*(1949)である．本文のなかで引用した諸論文はつぎの通りである．

参 考 文 献

Alexandroff, P., and H. Hopf(1935). *Topologie*, I, Berlin, Springer.

Arrow, K. J., and G. Debreu(1954). "Existence of an Equilibrium for a Competitive Economy," *Econometrica*, Vol. 22, pp. 265-290.

Brouwer, L. E. J.(1911-12). "Über Abbildung von Mannigfaltigkeiten," *Mathematische Annalen*, Vol. 71, pp. 97-115.

Gale, D.(1955). "The Law of Supply and Demand," *Mathematica Scandinavica*, Vol. 3, pp. 155-169.

Lefschetz, S.(1949). *Introduction to Topology*, Princeton, Princeton University Press.

McKenzie, L. W.(1954). "On Equilibrium in Graham's Model of World Trade and Other Competitive Systems," *Econometrica*, Vol. 22, pp. 146-161.

Nikaidô, H.(1956). "On the Classical Multilateral Exchange Problem," *Metroeconomica*, Vol. 8, pp. 135-145.

Schumpeter, J. A.(1945). *History of Economic Analysis*, New York, Oxford University Press.

Uzawa, H.(1960). "Walras's Tâtonnement in the Theory of Exchange," *Review of Economic Studies*, Vol. 27, pp. 182-194. Reprinted in *Optimality, Equilibrium, and Growth : Selected Papers of Hirofumi Uzawa*, Tokyo, University of Tokyo Press, 1988.

――(1962). "Walras's Existence Theorem and Brouwer's Fixed-Point Theorem," *Economic Studies Quarterly*, Vol. 13, pp. 52-60. Reprinted in *Preference, Production, and Capital : Selected Papers of Hirofumi Uzawa*, New York, Cambridge University Press, 1988.

Wald, A.(1933-34). "Über die eindeutige positive Lösbarkeit der neuen Produktionsgleichungen," *Ergebnisse eines mathematischen Kolloquiums*, No. 6, pp. 12-20.

――(1934-35). "Über die Produktionsgleichungen der ökonomischen Wertlehre," *Ergebnisse eines mathematischen Kolloquiums*, No. 7, pp. 1-6.

Walras, L.(1954). *Elements of Pure Economics*(Translation by W. Jaffé), Homewood, Irwin.

第19章 動学的安定性

動学的過程の安定性

経済動学の問題の多くは，経済の動学的過程が安定的であるかどうかということに還元される．とくに市場における価格機構にかんして，その動学的安定性は経済分析でもっとも基本的な問題である．それは経済学の歴史とともに古いものであるといってもよいが，市場機構の動学的安定性にかんして，厳密な形で数学的分析を展開したのは，サミュエルソン[Samuelson(1941)]とランゲ[Lange(1944)]に始まるということができよう．サミュエルソン=ランゲの動学的分析は，1950年代の後半から1960年代にかけて，主として，アロー，ハーヴィッチを中心とする経済学者たちによって精力的に展開され，戦後の経済分析の歴史に一つのエポックを形成することとなった．本書の第VI部でくわしく論ずるように，サミュエルソン=ランゲの動学的分析の枠組みにかんして，経済理論の基本的な前提条件という観点からさまざまな問題点を含んでいるが，この動学分析は，現代経済理論の出発点ともいうべき意味をもち，われわれとして避けることができない領域となっている．

1950年代から1960年代にかけてのアロー，ハーヴィッチたちの研究は，完全競争的な市場における価格機構の動学的安定性を，市場経済を構成する経済主体の合理的行動という前提条件から導きだすことができないかという問題に一つの焦点が当てられていた．もともと，サミュエルソンの動学分析は，市場機構の動学的安定性から，需要関数および供給関数になんらかの形での制約条件が課せられることになり，そのことから，消費者および生産者の行動様式にかんする条件を導きだそうとしたのであった．アロー=ハーヴィッチの問題意識は，このサミュエルソンの対応原理を逆転して考えようとしたのであった．アロー=ハーヴィッチの主要な論文は，Arrow and Hurwicz(1958)およびArrow, Block, and Hurwicz(1959)であるが，ここでは，アロー=ハーヴィッチの動学的分析を統一的な観点から眺めて，そこに得られた多様な安定性条件について共通の特徴を求めるという点を中心としながら，市場機構の動学的安定性にかんする研究を紹介することにしよう．

安定性と準安定性

動学的体系は一般につぎのように定式化される．経済の状態を表わす変数を $x_1, \cdots, x_n$ として，時間 t にともなって変化するものとする．すなわち $x_1(t), \cdots, x_n(t)$ $(t \geqq 0)$ あるいはベクトル記号を用いれば，$x(t)=(x_1(t), \cdots, x_n(t))$ で表わす．$x=(x_1, \cdots, x_n)$ の動く範囲を Ω とする．以下の考察では，$\Omega=\{x : x \geqq 0\}$ あるいは $\Omega=\{x : x>0\}$ の場合を取り上げる．

動学体系は，

(1) $$\dot{x}_i = f_i(x) \qquad (i=1,\cdots,n)$$

［初期条件 $x^0=(x_1^0,\cdots,x_n^0)$］の形に表現される．ここで，$f(x)=(f_1(x),\cdots,f_n(x))$ は Ω で定義された連続関数であるとする．

動学的状態を表わす微分方程式体系(1)の解について，つぎの条件がみたされていると仮定する．

(A)　任意の初期条件 $x^0\in\Omega$ に対して，微分方程式体系(1)の解 $x(t)$ $(t\geqq 0)$ は必ず存在して，一意的に定まり，しかも初期条件 x^0 にかんして連続である．このとき，(1)の解を $x(t\,;x^0)$ と表わすことができる．

この仮定(A)がどのような条件のもとでみたされているかということについては，数学付論にくわしく述べてあるが，ここでとくに関心の中心は，$f_i(x)$ が x にかんして連続的に微分可能な場合と，$f_i(x)$ にかんして，リプシッツの条件がみたされている場合である．

動学体系(1)の均衡状態 $\bar{x}\in\Omega$ というのは，

$$f(\bar{x})=0$$

となるようなときである．均衡点 $\bar{x}$ の全体を E で表わす．$f(x)$ は連続であるから，E は閉集合となる．

任意の初期条件 $x^0\in\Omega$ に対して，動学体系(1)の解 $x(t\,;x^0)$ がある一つの均衡点 $\bar{x}$ に収斂するとき，(1)は(大局的に)安定的(stable)であるという．また，任意の $x^0\in\Omega$ に対して，$x(t\,;x^0)$ が均衡集合 E に収斂するとき，準安定的(quasi-stable)であるという．より正確には，(1)が準安定的であるというのは，任意の初期条件 $x^0\in\Omega$ に対して，

(i)　(1)の解 $x(t\,;x^0)$ は有界である．すなわち，

$$-K\leqq x(t\,;x^0)\leqq K \qquad (t\geqq 0)$$

となるような K が存在する．

(ii)　$x(t\,;x^0)$ の極限点はすべて均衡状態である．すなわち，$\lim_{\nu\to\infty} x(t_\nu\,;x^0)$ が存在するような $\{t_\nu\}$ に対して，$\lim_{\nu\to\infty} x(t_\nu, x^0)$ は必ず(1)の均衡状態である．

別の言葉で表現すれば，

$$V(x)=\min_{\bar{x}\in E}\|x-\bar{x}\|^2 \qquad (x\in\Omega)$$

と定義するとき，(ii)は，

(ii′) $$\lim_{t\to\infty} V[x(t\,;x^0)]=0$$

がすべての初期条件 $x^0\in\Omega$ に対して成立するということと同じことになる．

［証明］　(ii′)がみたされているとしよう．$V(x)$ と $x(t\,;x^0)$ とは連続であるから，$x^*=\lim_{\nu\to\infty} x(t_\nu\,;x^0)$ ならば，

$$V(x^*) = \lim_{\nu\to\infty} V[x(t_\nu\,;x^0)] = \lim_{t\to\infty} V[x(t\,;x^0)] = 0.$$

したがって $x^* \in E$.

逆に，(ii)がみたされているとしよう．$V[x(t\,;x^0)]$ の極限値 V^* を任意にとってくる．すなわち $V^* = \lim_{\nu\to\infty} V[x(t_\nu : x^0)]$ となるような列 $\{t_\nu : \nu = 1, 2, \cdots\}$ が存在するとする．(i)によって，$\{x(t : x^0)\}$ は有界だから，$\{t_\nu\}$ の部分列 $\{t_{\nu_k} : k = 1, 2, \cdots\}$ で，$\lim_{k\to\infty} x(t_{\nu_k}\,;x^0)$ が存在するようなものがある．$x^* = \lim_{k\to\infty} x(t_{\nu_k}\,;x^0)$ と置けば，(ii)によって，$x^* \in E$．したがって，

$$V^* = \lim_{\nu\to\infty} V[x(t_\nu\,;x^0)] = \lim_{k\to\infty} V[x(t_{\nu_k}\,;x^0)] = V(x^*) = 0.$$

この関係式がすべての極限値 V^* について成立するから，(ii)′が示された．　Q.E.D.

安定性定理1　動学体系(1)について，条件(A)に加えて，つぎの二つの条件がみたされているとする．

(B)　任意の初期条件 $x^0 \in \Omega$ に対して，(1)の解 $x(t\,;x^0)$ は Ω のなかのあるコンパクトな集合のなかに含まれている．

(C)　Ω の上で定義された連続関数 $\Phi(x)$ が存在して，任意の初期条件 $x^0 \in \Omega$ に対して，

$$\varphi(t) = \Phi[x(t\,;x^0)]$$

は，$x(t\,;x^0)$ が均衡点でなければ，t にかんして厳密な意味で単調減少となる．

このとき，動学体系(1)は準安定的となる．

［証明］　初期条件 $x^0 \in \Omega$ に対する(1)の解を $x(t) = x(t\,;x^0)$ とし，$\varphi(t) = \Phi[x(t)]$ とする．$\{x(t)\}$ はあるコンパクトな集合のなかに含まれていて，$\Phi(x)$ が連続関数であることから，$\{\Phi[x(t)]\}$ は有界となる．しかも仮定(C)によって $\varphi(t) = \Phi[x(t)]$ は t にかんして単調減少だから，$\lim_{t\to\infty}\varphi(t)$ が存在する．$\varphi^* = \lim_{t\to\infty}\varphi(t)$ と置く．

いま，$x(t)$ の任意の極限点を x^* とすると，

$$x^* = \lim_{\nu\to\infty} x(t_\nu)$$

となるような列 $\{t_\nu : \nu = 1, 2, \cdots\}$ が存在する．仮定(B)によって，$x^* \in \Omega$ だから，初期条件 x^* に対する(1)の解 $x^*(t) = x(t\,;x^*)$ が存在する．$\varphi^*(t) = \Phi[x^*(t)]$ と置くと，$\Phi(x)$ と $x(t\,;x^0)$ の連続性から，

$$\varphi^*(t) = \Phi[x(t\,;x^*)] = \lim_{\nu\to\infty} \Phi[x(t\,;x(t_\nu)].$$

また，解の一意性によって，$x[t\,;x(t_\nu)] = x(t + t_\nu\,;x^0)$.

したがって，

$$\varphi^*(t) = \lim_{\nu\to\infty} \Phi[x(t + t_\nu)\,;x^0] = \lim_{\nu\to\infty} \varphi(t + t_\nu) = \varphi^*.$$

仮定(C)から，$x^* = x^*(0)$ は均衡でなければならない．　Q.E.D.

上の条件(C)をみたすような関数 $\Phi(x)$ は普通リヤプーノフ関数と呼ばれるものに対応する．$\Phi(x)$ が $x \in \Omega$ にかんして微分可能のときには，(C)はつぎの条件(C′)から導きだされる．

(C′)　$x \in \Omega$ が均衡点でないときには必ず，

$$\sum_{i=1}^{n} \frac{\partial \Phi}{\partial x_i} f_i(x) < 0 \tag{2}$$

が成立する．

上の安定性定理は，リヤプーノフの第2の方法といわれるものに類似している．くわしいことについては数学付論に述べてある．

準積分可能な場合

安定性定理が適用できるような場合として，準積分可能(quasi-integrable)な動学的過程を考察する．

動学体系(1)が準積分可能であるというのは，微分可能な関数 $\Phi(x)$ および n 個の正値関数 $\lambda_1(x), \cdots, \lambda_n(x)$ $(x \in \Omega)$ が存在して，

$$\frac{\partial \Phi}{\partial x_i} = -\lambda_i(x) f_i(x) \qquad (i = 1, \cdots, n\,;\, x \in \Omega) \tag{3}$$

が成立するときである．

このとき，$\Phi(x)$ は動学体系(1)に対するリヤプーノフ関数となる．じじつ，x で均衡点でなければ，

$$\sum_{i=1}^{n} \frac{\partial \Phi}{\partial x_i} f_i(x) = -\sum_{i=1}^{n} \lambda_i(x) f_i^2(x) < 0$$

となって，(2)の条件がみたされるからである．したがって，つぎの定理が成立する．

安定性定理2　動学体系(1)について，(A), (B)がみたされていて，かつ準積分可能とすれば，準安定的となる．

たとえば，$\Omega = \{x = (x_1, \cdots, x_n) : x > 0\}$ とし，$f_1(x), \cdots, f_n(x)$ がすべて微分可能であって，積分条件

$$\frac{\partial f_i}{\partial x_j} = \frac{\partial f_j}{\partial x_i} \qquad (i, j = 1, \cdots, n\,;\, x \in \Omega) \tag{4}$$

がみたされているとする．このとき，積分条件(4)から，

$$\frac{\partial \Phi}{\partial x_i} = -f_i(x) \qquad (i = 1, \cdots, n\,;\, x \in \Omega)$$

となるような関数 $\Phi(x)$ が存在する．したがって，定理1の仮定がみたされ，動学体系(1)は準安定的となる．

価格調節過程の安定性

完全競争的な市場経済における価格調節過程の安定性についていくつかの結果をまとめておくことにしよう．

財は $n+1$ 種類存在するとし，$i=0,1,\cdots,n$ と記す．価格ベクトルを $p=(p_0,p_1,\cdots,p_n)$ とし，$z(p)=(z_0(p),z_1(p),\cdots,z_n(p))$ を超過需要を表わすベクトルとする．超過需要関数 $z(p)$ はすべての $p>0$ で定義され，連続であると仮定する．さらに，つぎの二つの条件がみたされている場合を考える．

(H)　超過需要関数 $z(p)=(z_0(p),z_1(p),\cdots,z_n(p))$ は $p=(p_0,p_1,\cdots,p_n)$ にかんして零次同次である．$z_i(\lambda p)=z_i(p)$　$(i=0,1,\cdots,n\,;\lambda>0,\ p>0)$．

(E)　均衡価格ベクトル $\bar{p}=(\bar{p}_0,\bar{p}_1,\cdots,\bar{p}_n)>0$ が存在する．$z(\bar{p})=0$．

サミュエルソン=ランゲの価格調節体系はつぎのように定式化される．

$$\dot{p}_i=f_i(p)\qquad(i=0,1,\cdots,n).\tag{5}$$

ここで，各財 i について，$f_i(p)$ は超過需要関数 $z_i(p)$ と同じ符号をもつ．このことをつぎのように表わす．

$$f_i(p)\sim z_i(p)\qquad(i=0,1,\cdots,n,\ \ p>0).$$

強い意味で粗代替の場合　すべての財が強い意味で粗代替(strongly gross substitutes)であるというのは，超過需要関数 $z(p)=(z_0(p),z_1(p),\cdots,z_n(p))$ がすべての $p=(p_0,p_1,\cdots,p_n)>0$ において微分可能で，

$$\frac{\partial z_i}{\partial p_j}>0\qquad(i\neq j,\ \ i,j=0,1,\cdots,n,\ \ p>0)\tag{6}$$

が成立するときである．

アロー=ブロック=ハーヴィッチの Lemma　ここで，さらに(H)，(E)がみたされているとすれば，均衡価格体系 $\bar{p}=(\bar{p}_0,\bar{p}_1,\cdots,\bar{p}_n)$ は一意的に定まり［スカラー値を除いては］，i,k が，

$$\frac{p_i}{\bar{p}_i}=\max_{j=0,1\cdots,n}\frac{p_j}{\bar{p}_j},\qquad\frac{p_k}{\bar{p}_k}=\min_{j=0,1,\cdots,n}\frac{p_j}{\bar{p}_j}\tag{7}$$

によって決められるとすれば，

$$z_i(p)<0,\ \ z_k(p)>0.\tag{8}$$

［証明］　(7)をみたすような $p_i/\bar{p}_i$ の値を λ とし，$p'=\lambda\bar{p}$，$p_j'=\lambda\bar{p}_j$ $(j=0,1,\cdots,n)$ と置けば，$p'\geqq p$，$p_i'=p_i$．

したがって，

$$z_i(p')-z_i(p)=\sum_{j=0}^{n}\left(\frac{\partial z_i}{\partial p_j}\right)_{p^\theta}(p'_j-p_j)=\sum_{\substack{j=0\\ j\neq i}}^{n}\left(\frac{\partial z_i}{\partial p_j}\right)_{p^\theta}\left(\lambda-\frac{p_j}{\bar{p}_j}\right)\bar{p}_j,$$

$$p^\theta=(1-\theta)p+\theta p',\ 0<\theta<1$$

となるような θ が存在する．したがって(6), (7)から，

$$z_i(p')-z_i(p)\geqq 0 \qquad (p\neq\lambda\bar{p}\ のとき\ >\ で成立する).$$

$z_i(p')=z_i(\lambda\bar{p})=0$ だから，$z_i(p)<0$ ($p\neq\lambda\bar{p}$のとき)．$z_k(p)>0$ も同じようにして証明できる．

Q.E.D.

安定性定理 3 すべての財が粗代替的で，(A), (H), (E)の条件がみたされているとする．このとき，動学体系(1)は安定的である．

［証明］ $\Lambda(p), \lambda(p)$ をつぎのように定義する．

$$(9)\qquad \Lambda(p)=\max_{j=0,1,\cdots,n}\frac{p_j}{\bar{p}_j},\quad \lambda(p)=\min_{j=0,1,\cdots,n}\frac{p_j}{\bar{p}_j},$$

ただし，$\bar{p}=(\bar{p}_0, \bar{p}_1, \cdots, \bar{p}_n)>0$ は(E)で保証されている均衡価格ベクトルとする．このとき，$\Phi(p)=\Lambda(p)-\lambda(p)$ がリヤプーノフ関数となることを示そう．

そのために，任意の初期条件 $p^0>0$ に対する動学体系(1)の解を $p(t)=p(t\,;p^0)$ とし，$\Lambda(t)=\Lambda[p(t\,;p^0)]$，$\lambda(t)=\lambda[p(t\,;p^0)]$ と置く．$\Phi(p)=\Lambda(p)-\lambda(p)$ がリヤプーノフ関数となっているということを示すためには，つぎの二つの関係が成立していることを証明すればよい．

$$(10)\qquad \overline{\lim_{h\to 0}}\frac{\Lambda(t+h)-\Lambda(t)}{h}\leqq 0,\quad \underline{\lim_{h\to 0}}\frac{\lambda(t+h)-\lambda(t)}{h}\geqq 0.$$

ここで，$p(t)$ が均衡価格ベクトルでないときには厳密な意味での不等号が成立する．

(9)から，

$$\frac{1}{\bar{p}_i}\frac{dp_i}{dt}=\overline{\lim_{h\to 0}}\frac{\Lambda(t+h)-\Lambda(t)}{h},$$

となるような $i\in I(p(t))=\left\{i:\frac{p_i(t)}{\bar{p}_i}=\max_{j=0,1,\cdots,n}\frac{p_j(t)}{\bar{p}_j}\right\}$ が存在する．したがって，アロー＝ブロック＝ハーヴィッチの Lemma から，

$$\overline{\lim_{h\to 0}}\frac{\Lambda(t+h)-\Lambda(t)}{h}=\frac{1}{\bar{p}_i}f_i(p(t))\leqq 0.$$

ここで $p(t)$が均衡価格ベクトルでないときは < で成立する．(10)の第2の不等式も同じようにして証明できる．

このとき，

$$0<\lambda(0)\leqq\lambda(t)\leqq\Lambda(t)\leqq\Lambda(0).$$

したがって，解 $p(t)$ は，コンパクトな集合 $\{p : \lambda(p^0) \leqq \frac{p_i}{\bar{p}_i} \leqq \Lambda(p^0),\ i=0, 1, \cdots, n\}$ のなかに入っている．安定性定理1を適用することができ，$\{p(t)\}$ の極限点は必ず均衡価格ベクトルとなる．$\{p(t_\nu) : \nu=1, 2, \cdots\}$ が収斂するような列 $\{t_\nu : \nu=1, 2, \cdots\}$ が存在すれば，アロー=ブロック=ハーヴィッチの Lemma によって，

$$\lim_{\nu\to\infty}\frac{p_j(t_\nu)}{\bar{p}_j} = 1 \qquad (j = 0, 1, \cdots, n).$$

したがって，

$$\lim_{\nu\to\infty}\Lambda(t_\nu) = \lim_{\nu\to\infty}\lambda(t_\nu) = 1.$$

$$\lambda(t) \leqq \frac{p_j(t)}{\bar{p}_j} \leqq \Lambda(t) \qquad (j = 0, 1, \cdots, n).$$

このとき，$\lim_{t\to\infty}\frac{p_j(t)}{\bar{p}_j}$ $(j=0, 1, \cdots, n)$ は必ず存在して，1に等しくなる．　Q.E.D.

弱い意味で粗代替的な場合　(6)の代わりに，

$$(11) \qquad \frac{\partial z_i}{\partial p_j} \geqq 0 \qquad (i \neq j, i,\ j = 0, 1, \cdots, n,\ p > 0).$$

このとき，均衡価格ベクトルの一意性[スケールを除いての]はもはや成立しない．アロー=ブロック=ハーヴィッチの Lemma はつぎのように修正しなければならない．(7)をみたすような i, k について，

$$z_i(p) \leqq 0,\ z_k(p) \geqq 0.$$

安定性定理4　すべての財が弱い意味で粗代替的で(A), (H), (E)に加えて，つぎのワルラスの法則が成立するとする．

$$\text{(W)} \qquad p\cdot z(p) = \sum_{j=0}^{n}p_jz_j(p) = 0 \qquad (p > 0).$$

このとき，動学体系(5)が

$$f_j(p) = F_j[z(p)],\ F_j'(\cdot) > 0,\ F_j(0) = 0 \qquad (j = 0, 1, \cdots, n)$$

の形をしているとすれば，(5)は安定的となる．

［証明］ $\Lambda(p), \lambda(p)$ を(9)によって定義された関数とすると，$\Lambda(t)=\Lambda[p(t)]$, $-\lambda(t)=-\lambda[p(t)]$ はともに t の非増加関数となる．したがって，$p(t)=p(t, p^0)$ はコンパクトな集合 $\{p : \lambda(p^0) \leqq \frac{p_j}{\bar{p}_j} \leqq \Lambda(p^0)\ (j=0, 1, \cdots, n)\}$ のなかに含まれている．

いま関数 $\Phi(p)$ を，

$$\Phi(p) = \max_{j=0,1,\cdots,n}\frac{f_j(p)}{\bar{p}_j} \qquad (p > 0)$$

によって定義する．このとき，

$$\Phi(p) \geqq 0 \qquad (p > 0).$$

ここで，p が均衡価格ベクトルでないときには $>$ で成立する．

もしかりに，$\Phi(p)\leqq 0$ であったとすれば，

$$f_j(p)\leqq 0 \quad \text{あるいは} \quad z_j(p)\leqq 0 \qquad (j=0,1,\cdots,n).$$

ワルラスの法則(W)によって，$p>0$ だから $z_j(p)=0$ $(j=0,1,\cdots,n)$，すなわち p は均衡価格ベクトルとなる．

この $\Phi(p)$ が動学体系(5)に対するリヤプーノフ関数となることを示そう．すなわち，つぎの性質が成立する．

$$\varphi(t)=\Phi[p(t)], \quad p(t)=p(t\,;p^0),$$

$$W(t)=\overline{\lim_{h\to 0}}\frac{\varphi(t+h)-\varphi(t)}{h}\leqq 0$$

［ここで $p(t)$ が均衡価格ベクトルでないときは $<$ で成立する］．

任意の t に対して，

$$\frac{f_i(t)}{p_i(t)}=\max_{j=0,1,\cdots,n}\frac{f_j(t)}{p_j(t)}, \quad f_j(t)=f_j[p(t)],$$

$$W(t)=\frac{d}{dt}\left[\frac{f_i(t)}{p_i(t)}\right]$$

となるような i が存在する．このとき，$W(t)$ を実際に計算すれば，

$$W(t)=-\frac{f_i(p)}{p_i^2}\dot{p}_i+\frac{1}{p_i}\sum_{j=0}^{n}\frac{\partial f_i}{\partial p_j}\dot{p}_j=-\frac{f_i^2(p)}{p_i^2}+\frac{1}{p_i}\sum_{j=0}^{n}\frac{\partial f_i}{\partial p_j}f_j(p).$$

ここで，$p=p(t)$ とする．$f_i(p)=F_i[z_i(p)]$ だから，

$$\frac{1}{p_i}\sum_{j=0}^{n}\frac{\partial f_i}{\partial p_j}f_j(p)=\frac{F_i'}{p_i}\sum_{j=0}^{n}\frac{\partial z_i}{\partial p_j}f_j(p)=\frac{F_i'}{p_i}\left[\frac{\partial z_i}{\partial p_i}f_i(p)+\sum_{j\neq i}\frac{\partial z_i}{\partial p_j}f_j(p)\right]$$

$$\leqq\frac{F_i'}{p_i}\left[\frac{\partial z_i}{\partial p_i}f_i(p)+f_i(p)\sum_{j\neq i}\frac{\partial z_i}{\partial p_j}\frac{p_j}{p_i}\right]=F_i'\frac{f_i(p)}{p_i^2}\sum_{j=0}^{n}\frac{\partial z_i}{\partial p_j}p_j=0.$$

したがって，

$$W(t)\leqq-\left[\frac{\dot{p}_i(t)}{p_i(t)}\right]^2=-\varphi(t)^2\leqq 0$$

［$p(t)$ が均衡価格ベクトルでないときは $<$ で成立する］．

安定性定理 1 を動学体系(5)に適用することができ，(5)は準安定的となる．$\{p(t)\}$ の任意の極限点を p^* とすれば，$p^*=\lim_{\nu\to\infty}p(t_\nu)$ となるような列 $\{t_\nu:\nu=1,2,\cdots\}$ が存在する．このとき，$p^*(t)=p(t\,;p^*)$ と置き，

$$\Lambda^*(p)=\max_{j=0,1,\cdots,n}\frac{p_j}{p_j^*}, \quad \lambda^*(p)=\min_{j=0,1,\cdots,n}\frac{p_j}{p_j^*}$$

とする．

$\Lambda^*(t)=\Lambda^*[p(t)]$, $\lambda^*(t)=\lambda^*[p(t)]$ は単調で有界となるから，$\lim_{t\to\infty}\Lambda^*(t), \lim_{t\to\infty}\lambda^*(t)$ はともに収斂する．準安定性を $p(t\,;p^*)$ に適用すれば，

$$\lim_{t\to\infty}\Lambda^*(t) = \lim_{t\to\infty}\lambda^*(t) = 1$$

となることがわかり，$\lim_{t\to\infty}p(t)=p^*$ が示された．　Q.E.D.

Weak Axiom of Revealed Preferenceと安定性　つぎに，超過需要関数 $z(p)=(z_0(p), z_1(p), \cdots, z_n(p))$ に対して Weak Axiom of Revealed Preference の条件がみたされている場合を考えよう．

(12)　$\bar{p}$ が均衡価格ベクトルで，$p \neq \bar{p}$　のとき　$\bar{p}\cdot z(p) = \sum_{j=0}^{n} \bar{p}_j z_j(p) > 0.$

安定性定理5　超過需要関数 $z(p)$ が，(H), (E), (W)に加えて，Weak Axiom of Revealed Preference(12)をみたしているとする．つぎの動学体系を考える．

(13)
$$\dot{p}_i = \begin{cases} 0, & p_i = 0,\ f_i(p) < 0, \\ f_i(p), & p_i = 0,\ f_i(p) \geqq 0 \quad \text{あるいは} \quad p_i > 0. \end{cases}$$

ただし，$f_i(p)=\beta_i z_i(p)$, $\beta_i>0$ $(i=0, 1, \cdots, n)$．

この動学体系(13)は，(A)の条件がみたされているとき，安定的となる．

［証明］ $\bar{p}$ を任意の均衡価格ベクトルとし，$\Phi(p)$ をつぎの式によって定義する．

$$\Phi(p) = \frac{1}{2}\sum_{i=0}^{n}\frac{1}{\beta_i}(p_i-\bar{p}_i)^2 \qquad (p>0).$$

このとき，$\varphi(t)=\Phi[p(t\,;p^0)]$ とすれば，[$\sum_i{}'$ は $p_i=0$, $f_i(p)\geqq 0$ あるいは $p_i>0$ となるような i について合計することを意味する．]

$$\frac{d\varphi(t)}{dt} = \sum_i \frac{\partial\Phi}{\partial p_i}\dot{p}_i = \sum_i{}' \frac{\partial\Phi}{\partial p_i}f_i(p) = \sum_i{}'(p_i-\bar{p}_i)z_i(p)$$
$$= \sum_{i=0}^{n}(p_i-\bar{p}_i)z_i(p) + \sum_{p_i=0, z_i(p)<0}\bar{p}_i z_i(p)$$
$$\leqq \sum_{i=0}^{n}(p_i-\bar{p}_i)z_i(p) = -\sum_{i=0}^{n}\bar{p}_i z_i(p).$$

したがって，Weak Axiom(12)を使えば，

$$\frac{d}{dt}\varphi(t) \leqq 0 \qquad (t \geqq 0),$$

[$p(t)$ が均衡価格ベクトルではないとき ＜ で成立する]．すなわち，$\Phi(p)$ がリヤプーノフ関数となることが示された．一方，ワルラスの法則(W)によって，

$$\sum_{i=0}^{n}\frac{1}{\beta_i}p_i^2(t) = \sum_{i=1}^{n}\frac{1}{\beta_i}p_i^2(0)$$

となるから，安定性定理1の条件(B)がみたされている．したがって，$\{p(t)\}$ の極限点 p^* はすべて均衡点となる．

$$p^* = \lim_{\nu\to\infty} p(t_\nu)$$

として，

$$\Phi^*(p) = \frac{1}{2}\sum_{i=0}^{n}\frac{1}{\beta_i}(p_i - p_i^*)^2 \qquad (p > 0)$$

と定義すれば，$\Phi^*[p(t)]$ はその単調関数となるから，$\lim_{t\to\infty}\Phi^*[p(t)]$ は必ず存在する．

動学体系(13)にかんして，条件(A)を仮定しているから，

$$\lim_{t\to\infty}\Phi^*[p(t)] = \Phi^*(p^*) = 0.$$

したがって，$p(t)$ 自体が p^* に収斂する．　Q.E.D.

二財経済の場合　二財 $\{0, 1\}$ しか存在しない場合には，安定性条件は簡単である．いま，$\{0, 1\}$ のどちらか，たとえば財1にかんして，

(14)　p_1 が十分に大きいときには $z_1(1, p_1) < 0$，p_1 が十分に小さいときには $z_1(1, p_1) > 0$

という条件がみたされているとする．このとき，

(15)
$$\Phi(p_0, p_1) = -\int_0^{p_1/p_0} z_1(1, v)\,dv \qquad (p_0, p_1 > 0)$$

という関数を考えよう．

(15)を p_0, p_1 について微分すれば，(W)と(H)によって，

$$\frac{\partial\Phi}{\partial p_0} = \frac{p_1}{{p_0}^2}z_1\left(1, \frac{p_1}{p_0}\right) = -\frac{1}{p_0}z_0(p_0, p_1),$$

$$\frac{\partial\Phi}{\partial p_1} = -\frac{1}{p_0}z_1\left(1, \frac{p_1}{p_0}\right) = -\frac{1}{p_0}z_1(p_0, p_1).$$

したがって，

$$\frac{\partial\Phi}{\partial p_0}f_0(p) + \frac{\partial\Phi}{\partial p_1}f_1(p) = -\frac{1}{p_0}[f_0(p)z_0(p) + f_1(p)z_1(p)]$$

となるから，(14)がみたされているとき，$\Phi(p_0, p_1)$ が動学体系(5)に対するリヤプーノフ関数となることがわかる．したがって，二財の場合に，(A)と(14)の条件がみたされているとき，動学体系(5)は準安定的となる．

正規化された価格調節機構の安定性　一つの財をニュメレールとしてとったときに，価格機構の安定性がどのようになっているかということをみてみよう．ニュメレールとして財0をとると，$p_0=1$ で，価格ベクトル p は $p=(p_1, \cdots, p_n)$ のように n 次元のベクトルで表わされる．ここでは，$p>0$ だけを考えることにしよう．超過需要関数も，$z(p)=(z_1(p), \cdots, z_n(p))$ も n 財についてだけとることにする．

競争的市場における価格調節機構は,

$$\dot{p}_i = f_i(p) \qquad (i = 1, \cdots, n) \tag{16}$$

という微分方程式体系によって表わされる．ここで,

$$f_i(p) \sim z_i(p) \qquad (i = 1, \cdots, n\,;\, p > 0)$$

とする．

安定性定理 6　動学体系(16)にかんして，(A), (H), (E)がみたされ，かつすべての財が強い意味で粗代替的であるとすれば，(16)は安定的となる．

［証明］　$\Lambda(p), \lambda(p)$ は,

$$\Lambda(p) = \max_{j=1,\cdots,n} \frac{p_j}{\bar{p}_j}, \qquad \lambda(p) = \min_{j=1,\cdots,n} \frac{p_j}{\bar{p}_j}$$

によって定義された関数とする．$\Lambda(t) = \Lambda[p(t\,;\,p^0)]$, $\lambda(t) = \lambda[p(t\,;\,p^0)]$ と置けば，アロー=ブロック=ハーヴィッチの Lemma によって,

$$\overline{\lim_{h\to 0}} \frac{\Lambda(t+h) - \Lambda(t)}{h} \leqq 0, \qquad \underline{\lim_{h\to 0}} \frac{\lambda(t+h) - \lambda(t)}{h} \geqq 0$$

［$p(t)$ が均衡価格ベクトルでないときには厳密な不等号で成立する］．したがって，$\Phi(p) = \Lambda(p) - \lambda(p)$ が動学体系(16)に対するリヤプーノフ関数となり，安定性定理 1 を適用して，(16)は準安定的となることがわかる．価格ベクトルは $p_0 = 1$ としているから，均衡価格ベクトル $\bar{p} = (\bar{p}_1, \cdots, \bar{p}_n)$ は一意的に定まる．したがって，(16)は安定的となる．　Q.E.D.

参 考 文 献

Arrow, K. J., H. D. Block, and L. Hurwicz (1959). "On the Stability of Competitive Equilibrium, II," *Econometrica*, Vol. 27, pp. 82-109.

Arrow, K. J., and L. Hurwicz (1958). "On the Stability of Competitive Equilibrium, I," *Econometrica*, Vol. 26, pp. 522-552.

Arrow, K. J., and L. Hurwicz (1961). "Decentralization and Computation in Resource Allocation," in *Essays in Economics and Econometrics : A Volume in Honor of Harold Hotelling*, edited by R. W. Pfouts, Chapel Hill, University of North Carolina Press, pp. 34-104.

Arrow, K. J., L. Hurwicz, and H. Uzawa (1958). *Studies in Linear and Non-Linear Programming*, Stanford, Stanford University Press.

Lange, O. (1944). *Price Flexibility and Employment*, Bloomington, Principia Press.

Lyapunov, A. (1907). "Problême général de la stabilité du mouvement," *Annales de la Faculté des Sciences de l'Université de Toulouse* (2), Vol. 9, pp. 203-475.

Malkin, I. (1938). "On the Stability of Motion in the Sense of Lyapunov," (in Russian) *Recueil Mathêmatique* [*Math. Sbornik*], N.S. (3), Vol. 45, pp. 47-100. Translated as *American Mathematical Society Translation*, No. 41, 1951.

Samuelson, P. A.(1941). "The Stability of Equilibrium : Comparative Statics and Dynamics," *Econometrica*, Vol. 9, pp. 97-120.

Uzawa, H.(1961). "The Stability of Dynamic Processes," *Econometrica*, Vol. 29, pp. 617-631. Reprinted in *Optimality, Equilibrium, and Growth : Selected Papers of Hirofumi Uzawa*, Tokyo, University of Tokyo Press, 1988.

第20章　ワルラスのタトヌマン過程

ワルラスのタトヌマン・プロセスと交換の理論

ワルラスの一般均衡理論のなかで，タトヌマン(tâtonnement)の概念が重要な役割を果たしている．タトヌマンの概念はもともとワルラスが，パリの株式市場における価格形成のプロセスを抽象化してつくり出されたものであって，純粋交換のプロセス，とくに金融資産市場における価格形成の構造を解明するために有用な概念である．この点にかんして，もっとも詳細な議論はたとえば，パティンキンの書物のノート[Patinkin(1956), pp. 377-385]にみられるが，もっぱら純粋交換の理論を対象としたものであって，生産，蓄積という動学的な状況には必ずしも適切なものではない．このことについては第31章で，動学的不均衡の問題を論ずるさいにもっとくわしくふれることにして，ここではワルラスの *Eléments*[Walras(1926)]に立ち返って，タトヌマンの概念が純粋交換の理論のなかでどのように用いられているかということを説明することにしよう．

ワルラスは *Eléments* のなかで，人々がそれぞれ自ら所有している商品を交換するという純粋交換の理論からはじまって，商品の生産，資本の蓄積，さらに金融資産の交換という形で，段階的により複雑な状況を解明していった．そして，近代経済学の基礎的枠組みともいうべき一般均衡理論を組み立てていったのであるが，ワルラスにとっては，市場は主として，ストックの次元においておこなわれるものであった．市場がストックの次元で構成されているか，あるいはフローの次元でおこなわれるかによって，その性格が根本的に異なったものになるのであるが，この点については第29章でさらにくわしく考察することにしたい．

さて，ワルラスは，一般均衡理論を組み立てるさいに，すべての財・サービスにかんして，需要と供給とが均等するような競争的均衡状態における市場価格体系の存在を出発点とした．そして，このような均衡価格体系の存在については，方程式の数と未知変数の数とが等しいということを示すことによって検証するという方法をとったのである．しかし，よく知られているように，方程式体系の解の存在は，このような手続きによっては厳密な意味で証明することはできない．そこで，ワルラスはタトヌマンという一つの思考実験的な操作を通じて，均衡解が存在するということを「経済学的」に立証しようとしたのであった．

交換経済では，競争的市場価格のメカニズムが働いていると考えられる．それは一般には，各財について，需要が供給を上回るときにはその価格が高くなり，逆に供給が需要を上回るときには，価格が下がるというプロセスの形として表現される．しかも，この価格調節の過程においては，実際の交換はおこなわれず，均衡価格体系が実現して，価格調節の過程が終了したときにはじめて，人々の間で商品の交換が実際におこなわれるというのが，ワルラスのタトヌマン・プロセスの特徴である．しかし，ワルラス自身は，タトヌマン・プロセスの具体的な形態については必ずしも明確な定式化をおこなってはいない．*Eléments* では，二つのタトヌマン・プロセスが想定されている．第1の類型は，同時的調整のプロセスであって，すべての商品の価格が，需給の乖離に対応して同時に調整されるというタトヌマン・プロセスである．この類型はたとえば *Eléments* の pp. 170-172[Walras(1954)]に典型的にみられる．

第2の類型は，調整が逐次的におこなわれるものであって，たとえば Walras(1954)の p. 172 に述べられているような形である．この二つの類型について焦点を当てながら，ワルラスのタトヌマン・プロセスの数学的定式化を試みることにしたい．

完全競争的な交換経済を考察の対象とする．財の種類は $n+1$ あって，$i=0, 1, \cdots, n$ と記し，市場の構成員は R 人とし，$r=1, \cdots, R$ と記す．市場が開かれる日の初めに，各人はなにがしかの財をもって市場に集まり，その日のうちに市場での交換がおこなわれる．各人 r が市場日の初めにもってきた財の量を，y_i^r; $i=0, 1, \cdots, n$ とし，ベクトル記号で $y^r=(y_0^r, y_1^r, \cdots, y_n^r)$ $(r=1, \cdots, R)$ で表わす．

各個人 r の需要条件は，需要関数

$$x^r(p, Y^r) = [x_0^r(p, Y^r), \cdots, x_n^r(p, Y^r)] \qquad (r = 1, \cdots, R)$$

によって表わされるとする．この需要関数 $x^r(p, Y^r)$ はストックの次元のものであって，第I部でくわしく分析した需要関数と本質的にその性格を異にするものであるが，形式的な点からはほぼ同じように取り扱っても差し支えない．価格ベクトル $p=(p_0, p_1, \cdots, p_n)$ は非負で，0 でないと仮定する．

$$p = (p_0, p_1, \cdots, p_n) \geq 0.$$

需要関数 $x^r(p, Y^r)$ はすべての価格ベクトル $p\geq 0$ と所得 $Y^r \geqq 0$ に対して定義されていて，連続で，一次同次であるとする．また予算制約式

$$p \cdot x^r(p, Y^r) = \sum_{i=0}^{n} p_i x_i^r(p, Y^r) = Y^r$$

が常に成立していると仮定する．

いま市場で提示された価格体系が $p=(p_0, p_1, \cdots, p_n)$ であるとすれば，各人 r の所得 $Y^r = Y^r(p)$ は，

$$Y^r(p) = p \cdot y^r = \sum_{i=0}^{n} p_i y_i^r \qquad (r = 1, \cdots, R)$$

となる．したがって，各人 r の需要のスケジュール $x^r(p)$ は価格ベクトル p だけの関数となる．

$$x^r(p) = x^r[p, Y^r(p)] \qquad (r = 1, \cdots, R).$$

したがって，総需要 $x(p)$ は，

$$x(p) = \sum_{r=1}^{R} x^r(p) = \sum_{r=1}^{R} x^r[p, Y^r(p)]$$

によって与えられる．このとき，超過需要関数 $z(p)=(z_0(p), z_1(p), \cdots, z_n(p))$ はつぎのように定義される．

$$z_i(p) = x_i(p) - y_i.$$

ここで，$y_i = \sum_{r=1}^{R} y_i^r \ (i=0,1,\cdots,n)$.

このようにして定義された超過需要関数 $z(p)=(z_0(p), z_1(p), \cdots, z_n(p))$ は，すべての価格ベクトル $p \geqq 0$ について定義され，連続で一次同次となる．

このとき，いわゆるワルラスの法則(Walras's Law)が成立することが容易にわかるであろう．

$$(1) \qquad p \cdot z(p) = \sum_{i=0}^{n} p_i z_i(p) = 0 \qquad (p \geqq 0).$$

市場均衡　市場均衡は，つぎの条件をみたすような均衡価格ベクトル $\bar{p}=(\bar{p}_0, \bar{p}_1, \cdots, \bar{p}_n)$ によって規定される．すなわち，

$$z_i(\bar{p}) \leqq 0 \quad (i=0,1,\cdots,n) \quad \text{あるいは} \quad z(\bar{p}) \leqq 0.$$

ワルラスの法則(1)が成立するから，均衡条件は，

$$(2) \qquad z_i(\bar{p}) \leqq 0 \qquad (i=0,1,\cdots,n),$$
$$= 0 \qquad (\bar{p}_i > 0)$$

とも表現することができる．

タトヌマン・プロセス

市場における価格決定のメカニズムは，オークショナーを想定することによってつぎのように図式化される．

(i)　オークショナーは価格ベクトルを読み上げる．

(ii)　各人は，その価格体系のもとで，需要と供給の量を計算し，"ticket" に書いて，オークショナーに提出する．

(iii)　オークショナーは，各人が提出した "ticket" に書かれた量を集計して，超過需要の総量を各財について計算する．

(iv)　つぎにオークショナーは，超過需要が正のとき，その財の価格を少し高くし，逆に負のときには，価格を少し下げて，新しい価格ベクトルをつくり，読み上げる．

(i), (ii), (iii), (iv)が繰り返されて，均衡価格ベクトル $\bar{p} \geqq 0$ が見いだされたときに，この「ゲーム」は終了する．

オークショナーが，t 番目に読み上げた価格ベクトルを $p(t)=(p_0(t), p_1(t), \cdots, p_n(t))$ とする($t=0, 1, 2, \cdots$)．上に述べた価格修正のプロセスは，

$$(3) \qquad p_i(t+1) = \max\{0, p_i(t)+\beta z_i(t)\} \qquad (i=0, 1, \cdots, n)$$

のように表現される．ただし，$\beta>0$ は調節速度で，$z_i(t)=z_i[p(t)]$ $(i=0, 1, \cdots, n)$．

(3)の形で表わされたタトヌマン・プロセスで，$p(t+1)=p(t)$ となるのは，$p(t)$ が均衡価格ベクトル $\bar{p}$ のときであり，またそのときに限られる．均衡解の存在証明は，このタトヌマン・プロセスを用いて厳密におこなうことができる．

均衡価格ベクトル $\bar{p}$ の存在は，ウォルト[Wald(1934-35)]やアロー=デブリュー[Arrow and Debreu(1954)]によってもっと一般的な場合に，数学的に厳密な形で証明された．第18章でこの問題について広範な視点から説明したが，ここではワルラスのタトヌマン・プロセスの概念を用いて，均衡解の存在を証明する一つの方法を紹介しておこう．この方法はじつは第18章の付論で，ワルラスの存在定理とブラウワーの不動点定理の同値問題を考察するときにも使ったのであるが，簡単にその要点をここでも述べておくことにしよう．

均衡解の存在定理　まず，価格ベクトルを正規化し，$(n+1)$ 個の財の価格の和が常に1になるようにし，そのような正規化された価格ベクトルの集合を P とする．

$$P = \{p=(p_0, p_1, \cdots, p_n) : p_i \geqq 0 \ (i=0, 1, \cdots),\ \sum_{i=0}^{n} p_i = 1\}.$$

このとき P は n 次元の単体となる．P から P 自身への写像 $p \to T(p)$ をつぎのように定義する．

$$T_i(p) = \frac{1}{\lambda(p)} \max\{0, p_i + \beta z_i(p)\} \qquad (i=0, 1, \cdots, n).$$

ここで β は価格調節の速度であり ($\beta>0$)，

$$\lambda(p) = \sum_{i=0}^{n} \{0, p_i + \beta z_i(p)\},\ \ \lambda(p) > 0,$$

$\lambda(p)$ は連続となる．したがって，ブラウワーの不動点定理[Brouwer(1911-12)]を使って，$\bar{p} = T(\bar{p})$ となるような不動点 $\bar{p} \in P$ の存在がわかる．このとき，

$$\lambda(\bar{p})\,\bar{p}_i = \max\{0, \bar{p}_i + \beta z_i(\bar{p})\} \qquad (i=0, 1, \cdots, n).$$

したがって，

$$\lambda(\bar{p})\sum_i \bar{p}_i^2 = \sum_i \bar{p}_i^2 + \beta \sum_i \bar{p}_i z_i(\bar{p}) = \sum_i \bar{p}_i^2$$

故に $\lambda(\bar{p})=1$ となり，$\bar{p}=(\bar{p}_0, \bar{p}_1, \cdots, \bar{p}_n)$ が均衡価格ベクトルとなることがわかる．

Q.E.D.

同時的タトヌマン・プロセスの安定性

ここで，一つの財，たとえば0財をニュメレールとしてとる．すなわち，$p_0=1$．このとき，タトヌマン・プロセス(3)はつぎのように修正される．

$$(4)\qquad p_i(t+1) = \max\{0, p_i(t)+\beta z_i(t)\} \qquad (i = 1, \cdots, n;\ t = 0, 1, 2, \cdots).$$

ただし初期条件 $p^0=(p_1^0, \cdots, p_n^0)$ に対する(4)の解を $p(t\,;p^0)$ によって表わすことにする．$\beta>0$，$z_i=z_i[p(t)]$ は(3)の場合と同じである．

タトヌマン・プロセス(4)が果たして均衡解 $\bar{p}=(\bar{p}_1, \cdots, \bar{p}_n)$ に $t\to\infty$ のときに収斂するであろうか．この安定性の問題をつぎに考察することにしよう．

安定性の問題を考察するために，第19章で展開したリヤプーノフの定理を修正したものを用いることにする．これは，リヤプーノフの第2方法と呼ばれるもので，経済分析に最初に適用されたのは，おそらく，クラウワー=ブッショー[Clower and Bushaw(1954)]であろう．ここではリヤプーノフの定理をつぎのような形で定式化しておく．

安定性定理　タトヌマン・プロセス(4)について，つぎの条件がみたされているとする．

(a)　任意の初期条件 $p^0\geqq 0$ に対して，(4)の解 $p(t\,;p^0)$ $(0\leqq t<\infty)$ は有界である．

(b)　すべての価格ベクトル $p\geqq 0$ に対して定義された連続関数 $\Phi(p)$ が存在して，

$$\varphi(t) = \Phi[p(t\,;p^0)]$$

は $p(t\,;p^0)$ が均衡価格ベクトルでないときには t にかんして厳密な意味で単調減少となる $[\varphi(t+1)<\varphi(t)]$．

このとき，タトヌマン・プロセス(4)は準安定的(quasi-stable)となる．

ここで，(4)の解が準安定的であるというのは，任意の初期条件 $p^0\geqq 0$ に対して，(4)の解 $p(t\,;p^0)$ の極限点がすべて(4)の均衡解となるときであると定義する．均衡価格ベクトル $\bar{p}$ が一意的に定まるような場合には，準安定性の概念は，大局的安定性のそれと一致する．

［証明］　第19章での微分方程式体系の場合とまったく同様であるが，念のため証明の要点だけ述べておく．初期条件 p^0 に対する(4)の解 $p(t)=p(t\,;p^0)$ について，その任意の極限点を p^* とする．すなわち，

$$p^* = \lim_{\nu\to\infty} p(t_\nu\,;t^0)$$

となるような時間の列 $\{t_\nu\}$ が存在したとする．

この p^* を初期条件とする(4)の解を $p^*(t)=p(t\,;p^*)$ とし，

$$\varphi^*(t) = \Phi[p^*(t)]$$

を考える．$\varphi(t)=\Phi[p(t)]$ は単調減少関数で，$\{p(t)\}$ は有界であるから，$\lim_{t\to\infty}\varphi(t)$ は必ず存在する．$\varphi^*=\lim_{t\to\infty}\varphi(t)$ と置く．

(4)の解 $p(t\,;p^0)$ は初期条件 p^0 にかんして一意的に定まり，連続となるから，

$$p^*(t) = p(t\,;p^*) = \lim_{\nu\to\infty} p[t\,;p(t_\nu)] = \lim_{\nu\to\infty} p[t+t_\nu\,;p^0].$$

したがって，

$$\varphi^*(t) = \Phi[p^*(t)] = \lim_{\nu\to\infty}\Phi[p(t+t_\nu)] = \lim_{\nu\to\infty}\varphi(t+t_\nu) = \varphi^* \qquad (t \geqq 0).$$

定理の条件(b)から，$p^*=p^*(0)$ が均衡価格ベクトルとなることが示される．　　　Q.E.D.

Weak Axiom of Revealed Preference と安定性

まず最初に，超過需要関数 $z(p)=(z_0(p), z_1(p), \cdots, z_n(p))$ が均衡点 $\bar{p}$ で Weak Axiom of Revealed Preference をみたしている場合を取り上げよう．すなわち，

$$(5)\qquad z_0(p)+\sum_{i=1}^n \bar{p}_i z_i(p) > 0$$

という条件が $p \neq \bar{p}$ のときに必ず成立している場合である．このとき，均衡価格ベクトル $\bar{p}=(\bar{p}_1, \cdots, \bar{p}_n)$ が一意的に決まってくることは(5)の条件からただちにわかる．いま，調節速度 β が十分に小さく，超過需要関数 $z_i(p)$ が p にかんして連続的に 2 回微分可能で，かつ，

$$\left(\sum_{i=1}^n p_i \frac{\partial^2 z_i}{\partial p_j \partial p_k}\right)_{j,k}$$

が均衡価格ベクトル $\bar{p}$ で non-singular であるとき，タトヌマン・プロセス(4)は大局的に安定的となる．

じじつ，このとき，

$$(6)\qquad \Phi(p) = \frac{1}{2}\sum_{i=1}^n (p_i-\bar{p}_i)^2$$

がリヤプーノフ関数となる．

Weak Axiom of Revealed Preference は，すべての財が強い意味で粗代替的(gross substitutes)である場合や，社会的効用関数が存在する場合にはみたされるということは第 19 章でみた通りである．

［証明］ (6)が(4)にかんして，リヤプーノフ関数となっていることを示そう．上と同じように，$p(t)=p(t\,;p^0)$ とし，

$$\varphi(t) = \Phi[p(t)] \qquad (t=0, 1, 2, \cdots)$$

と定義する．まずつぎの式を証明する．

$$(7)\qquad \varphi(t+1) \leqq \varphi(t)-\beta\{2[z_0(t)+\sum_{i=1}^n \bar{p}_i z_i(t)]-\beta\sum_{i=1}^n z_i^2(t)\},$$

ただし，$z(t)=z[p(t)]$.

(4)式から，

$$p_i^2(t+1) \leqq p_i^2(t)+2\beta p_i(t)z_i(t)+\beta^2 z_i^2(t) \qquad (i=1, \cdots, n).$$

この式を $i=1,\cdots,n$ について足し合わせて，ワルラスの法則(1)を使えば，

$$(8)\qquad \sum_{i=1}^{n} p_i^2(t+1) \leqq \sum_{i=1}^{n} p_i^2(t) - 2\beta z_0(t) + \beta^2 \sum_{i=1}^{n} z_i^2(t).$$

他方，(4)式の両辺に $\bar{p}_i$ を掛けて足し合わせれば，

$$(9)\qquad 2\sum_{i=1}^{n} \bar{p}_i p_i(t+1) \geqq 2\sum_{i=1}^{n} \bar{p}_i p_i(t) + 2\beta \sum_{i=1}^{n} \bar{p}_i z_i(t).$$

(8)式から(9)式を引いて，$\sum_{i=1}^{n} \bar{p}_i^2$ を加えれば，(7)式が得られる．

ここで，均衡点 $\bar{p}$ で超過供給が存在するような財の集合を S とする．$S=\{i : z_i(\bar{p})<0\}$．$i\in S$ならば，$\bar{p}_i=0$ となる．このとき $\beta>0$ を十分に小さくとれば，

$$(10)\qquad p_i(t) = 0 \qquad (t \geqq t_0,\ i\in S)$$

となるような t_0 が存在することを示そう．いま，$\varepsilon>0$ を十分小さくとって，

$$(11)\qquad \Phi(p) \leqq \varepsilon \Longrightarrow z_i(p) \leqq -c < 0 \qquad (i\in S)$$

が成立するような $c>0$ が存在するようにする．超過需要関数 $z(p)$ が連続であるから，このような $\varepsilon>0$ が存在する．

$$0 < \varepsilon \leqq \varphi(0) = \Phi[p(0)]$$

と仮定してもよい．β をつぎの二つの正数のうち，小さい方の数とする．

$$\min_{\Phi(p)\leqq\frac{\varepsilon}{2}} \sqrt{\frac{\varepsilon/2}{\sum_{i=1}^{n} z_i^2(p)}}, \qquad \min_{\frac{\varepsilon}{2}\leqq\Phi(p)\leqq\Phi(p(0))} \frac{2\left[z_0(p)+\sum_{i=1}^{n} p_i z_i(p)\right]}{\sum_{i=1}^{n} z_i^2(p)}.$$

Weak Axiom(5)と $\Phi(p), z(p)$ の連続性とから，$\beta>0$ であることがわかる．このとき，(7)式から，

$$\begin{cases} \varphi(t+1) \leqq \varphi(t) + \dfrac{\varepsilon}{2} \leqq \varepsilon & \left(\varphi(t) \leqq \dfrac{\varepsilon}{2}\right), \\ \varphi(t+1) < \varphi(t) & \left(\dfrac{\varepsilon}{2} \leqq \varphi(t) \leqq \varphi(0)\right). \end{cases}$$

したがって，

$$\varphi(t) \leqq \varepsilon \qquad (t \geqq t_1)$$

となるような t_1 が存在することが導きだされる．このとき(11)から，(10)をみたすような t_0 の存在が確認される．

(10)がみたされているとき，(7)式を導きだしたと同じような論理を使えば，

$$(12)\qquad \varphi(t+1) \leqq \varphi(t) - \beta\{2[z_0(t) + \sum_{i=1}^{n} \bar{p}_i z_i(t)] - \beta \sum_{i\in S} z_i^2(t)\}.$$

このとき，

$$(13)\qquad \inf_{0<\Phi(p)\leqq\frac{\varepsilon}{2}} \frac{z_0(p) + \sum_{i=1}^{n} \bar{p}_i z_i(p)}{\sum_{i\in S} z_i^2(p)}$$

は正となる．このことはつぎのようにしてわかる．(13)の分子と分母を $\bar{p}$ でテイラー展開すれば，

$$z_0(p)+\sum_{i=1}^{n}\bar{p}_i z_i(p) = \sum_{j,k=1}^{n} a_{jk}(p_j-\bar{p}_j)(p_k-\bar{p}_k)+o[\Phi(p)],$$

$$\sum_{i\in S} z_i^2(p) = \sum_{j,k=1}^{n} b_{jk}(p_j-\bar{p}_j)(p_k-\bar{p}_k)+o[\Phi(p)],$$

ここで，

$$a_{jk} = \left(\frac{\partial^2 z_0}{\partial p_j \partial p_k}+\sum_{i=1}^{n}\bar{p}_i\frac{\partial^2 z_i}{\partial p_j \partial p_k}\right)_{\bar{p}}, \qquad b_{jk} = \left(\sum_{i\in S}\frac{\partial z_i}{\partial p_j}\frac{\partial z_i}{\partial p_k}\right)_{\bar{p}},$$

$o[\Phi(p)]$ は $\lim_{\Phi(p)\to 0}\frac{o[\Phi(p)]}{\Phi(p)}=0$ となるような項を表わす．

上に述べた仮定から (a_{jk}) は正値定型式となるから，

$$\lim_{\Phi(p)\to 0}\frac{z_0(p)+\sum_{i=1}^{n}\bar{p}_i z_i(p)}{\sum_{i\in S} z_i^2(p)}>0$$

となって，(13)の値が正であることがわかる．

$\beta>0$ の定義と(12)とから，$p(t)$ が均衡でないときには $\varphi(t+1)<\varphi(t)$ となり，リヤプーノフ関数であることが示される． Q.E.D.

定理 1 さきに挙げた条件に加えて，Weak Axiom of Revealed Preference がみたされているとき，同時的タトヌマン・プロセス(4)は $\beta>0$ が十分に小さいとき，大局的に安定的となる．

逐次的タトヌマン・プロセス

つぎに第2の類型の逐次的(successive)タトヌマン・プロセスを考察する．このタトヌマン・プロセスはつぎのように定式化される．

$p(0)=(p_1(0),\cdots,p_n(0))$ を初期に読み上げられた価格ベクトルであるとする．オークショナーはまず第1番目の財に注目して，その市場が均衡するような価格 $p_1(1)$ を計算する．すなわち，

$$z_1[p_1(1),p_2(0),\cdots,p_n(0)] = 0.$$

つぎに，第2番目の財に注目して，均衡価格 $p_2(1)$ を求める．

$$z_2[p_1(1),p_2(1),p_3(0),\cdots,p_n(0)] = 0.$$

このようにして，$p_3(1),\cdots,p_n(1)$ も順次に計算される．

一般に，$p_i(t+1)$ はつぎの均衡条件から求められる．

$$(14)\qquad z_j[p_1(t+1),\cdots,p_j(t+1),p_{j+1}(t),\cdots,p_n(t)]\begin{cases} =0, & p_j(t+1)>0,\\ \leqq 0, & p_j(t+1)=0,\end{cases}$$

$$j=1,\cdots,n,\quad t=0,1,2,\cdots.$$

このような逐次的タトヌマン・プロセスが一意的に定義されるためには，$z_j(p_1, \cdots, p_j, \cdots, p_n)$ が p_j について強い意味で単調でなければならない．

このプロセスの安定性を考察するために，超過需要関数 $z_j(p_1, \cdots, p_n)$ $(j=0, 1, \cdots, n)$ が粗代替である場合を最初に取り上げよう．すなわち，$z_j(p_1, \cdots, p_n)$ が，j 以外の財の価格 p_k $(k \neq j)$ について強い意味で単調増大関数となっている場合である．このとき，均衡価格ベクトル $\bar{p}=(\bar{p}_1, \cdots, \bar{p}_n)$ は一意的に決まり，正となる：$\bar{p}>0$.

定理 2　すべての財が粗代替的であるとき，逐次的タトヌマン・プロセス(14)は大局的に安定的である．

［証明］　$n=2$ の場合には，図 20-1 から，(14)の大局的安定性を示すことができる．

$n \geqq 2$ である一般の場合を考えよう．つぎの二つの関数を定義する．

$$\text{(15)} \qquad \Lambda(p) = \max\left\{1, \frac{p_1}{\bar{p}_1}, \cdots, \frac{p_n}{\bar{p}_n}\right\}, \qquad \lambda(p) = \min\left\{1, \frac{p_1}{\bar{p}_1}, \cdots, \frac{p_n}{\bar{p}_n}\right\}.$$

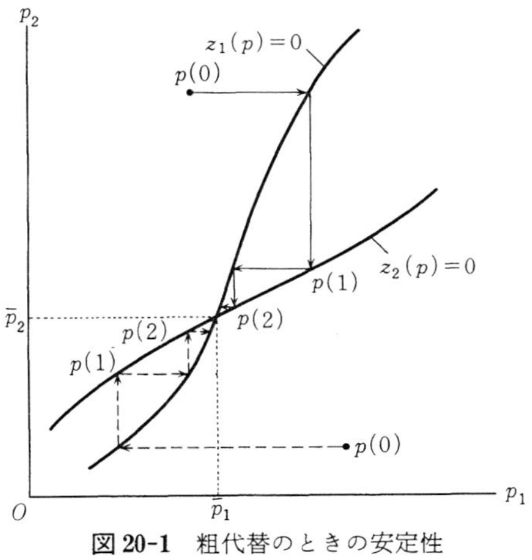

図 20-1　粗代替のときの安定性

このとき，$p(t)=p(t\,;p^0)$ を(14)の解とすれば，

$$\text{(16)} \qquad \Lambda[p(t+1)] \leqq \Lambda[(p(t)] \qquad (\Lambda[p(t)]>1 \text{ のとき } < \text{ で成立する}),$$

$$\text{(17)} \qquad \lambda[p(t+1)] \geqq \lambda[p(t)] \qquad (\lambda[p(t)]<1 \text{ のとき } > \text{ で成立する}).$$

(16)だけを証明する．(17)はまったく同じようにして証明できる．(16)を示すためには，つぎの不等号を証明すればよい．

$$\text{(18)} \qquad \begin{aligned} &\Lambda[p_1(t+1), \cdots, p_j(t+1), p_{j+1}(t), \cdots, p_n(t)] \\ &\leqq \Lambda[p_1(t+1), \cdots, p_{j-1}(t+1), p_j(t), \cdots, p_n(t)], \end{aligned}$$

ただし，$\Lambda[p_1(t+1), \cdots, p_{j-1}(t+1), p_j(t), \cdots, p_n(t)]>1$ のときには < で成立する．

まず，粗代替性，零次同次性，ワルラスの法則(1)とから，つぎの性質がみたされる．

(19) $$\frac{p_j}{\bar{p}_j} \geqq \Lambda[p_1(t+1), \cdots, p_{j-1}(t+1), p_j(t), \cdots, p_n(t)]$$
$$\Longrightarrow z_j[p_1(t+1), \cdots, p_{j-1}(t+1), p_j, p_{j+1}(t), \cdots, p_n(t)] \leqq 0.$$

しかも，不等号のときは同順となる．

粗代替性とワルラスの法則(1)によって，(19)から，

(20) $$\frac{p_j(t+1)}{\bar{p}_j} \leqq \Lambda[p_1(t+1), \cdots, p_{j-1}(t+1), p_j(t), \cdots, p_n(t)].$$

しかも，右辺 >1 ならば，厳密な意味での不等号が成立する．(20)から(18)はただちに導きだされる．

(16), (17)とから，$\{p(t)\}$ は有界集合 $\{p=(p_1, \cdots, p_n) : \lambda(0) \leqq \frac{p_i}{\bar{p}_j} \leqq \Lambda(0),\ j=1, \cdots, n\}$ のなかにあることがわかる．また，$\Lambda(p)=\lambda(p)=1$ となるのは，p が均衡価格ベクトルのときに限られるから，

$$\Phi(p) = \Lambda(p) - \lambda(p)$$

がタトヌマン・プロセス(14)に対するリヤプーノフ関数となることがわかる． Q.E.D.

準積分可能な場合

つぎにふれておきたいのは，超過需要関数 $z(p)=(z_1(p), \cdots, z_n(p))$ が準積分可能(quasi-integrable)ともいうべき条件をみたしている場合である．すなわち，つぎの定理が成立する．

定理 3 超過需要関数 $z_i(p), \cdots, z_n(p)$ が上の条件に加えて，つぎの二つの条件をみたしているとする．

(a) 任意の $(p_1, \cdots, p_{j-1}, p_{j+1}, \cdots, p_n) \geqq 0$ に対して，

$$z_i(p_1, \cdots, p_{j-1}, p_j, p_{j+1}, \cdots, p_n) = 0$$

となるような $p_j \geqq 0$ が一つしかなく，p_j^* が十分に大きければ $z_i(p_1, \cdots, p_{j-1}, p_j^*, p_{j+1}, \cdots, p_n) < 0$ となっている．

(b) すべての $p=(p_1, \cdots, p_n)>0$ に対して定義された，微分可能な関数 $\Phi(p)$ と $\lambda_j(p)>0$ $(j=1, \cdots, n)$ が存在して，

$$\frac{\partial \Phi}{\partial p_j} = -\lambda_j(p) z_j(p) \qquad (j=1, \cdots, n)$$

となる．

このとき，逐次的タトヌマン・プロセスは準安定的となる．

［証明］ 条件(b)をみたすような関数 $\Phi(p)$ かタトヌマン・プロセス(14)に対するリヤプーノフ関数となることを示そう．いま，

$$\Psi_j(p_j) = \Phi[p_1(t+1), \cdots, p_{j-1}(t+1), p_j, p_{j+1}(t), \cdots, p_n(t)]$$

と置いてみると，(14)は，$\Psi_j(p_j)$ $(p_j \geqq 0)$ の最小値が $p_j = p_j(t+1)$ のときに得られることを示している．したがって，

$$\Phi[p_1(t+1), \cdots, p_j(t+1), p_{j+1}(t), \cdots, p_n(t)]$$
$$\leqq \Phi[p_1(t+1), \cdots, p_{j-1}(t+1), p_j(t), \cdots, p_n(t)],$$

ここでもし $p_j(t+1) \neq p_j(t)$ ならば $<$ で成立する．

この式を $j=1, \cdots, n$ にかんして足せば，

$$\Phi[p(t+1)] \leqq \Phi[p(t)],$$

ここで，$p(t+1) \neq p(t)$ ならば $<$ で成立する．すなわち，$\Phi(p)$ は，(14)に対するリヤプーノフ関数ということを示している．安定性定理を適用して，タトヌマン・プロセスが準安定的であることが証明された．　Q.E.D.

定理で，$n=2$ のとき，(a)の条件がみたされていれば，タトヌマン・プロセス(14)は安定的となることは明らかである．

参考文献

Arrow, K. J., H. D. Block, and L. Hurwicz (1959). "On the Stability of the Competitive Equilibrium, II," *Econometrica*, Vol. 27, pp. 82-109.

Arrow, K. J., and G. Debreu (1954). "Existence of an Equilibrium for a competitive economy," *Econometrica*, Vol. 22, pp. 256-290.

Arrow, K. J., and L. Hurwicz (1958). "On the Stability of the Competitive Equilibrium, I," *Econometrica*, Vol. 26, pp. 522-552.

Brouwer, L. E. J. (1911-12). "Über Abbildung von Mannigfaltigkeiten," *Mathematischen Annalen*, Vol. 71, pp. 97-115.

Clower, R. W., and D. W. Bushaw (1954). "Price Determination in a Stock-Flow Economy," *Econometrica*, Vol. 22, pp. 328-343.

Lefschetz, S. (1949). *Introduction to Topology*, Princeton, Princeton University Press.

Lyapunov, A. (1907). "Problème général de la stabilité du mouvement," *Annales de la Faculté des Sciences de l'Université de Toulouse*, (2), Vol. 9, pp. 203-475.

Malkin, I. (1938). "On the Stability of Motion in the Sense of Lyapunov," *Recueil Mathématique* [*Math. Sbornik*], N.S. (3), Vol. 45, pp. 47-100. Translated as *American Mathematical Society Translation*, No. 41, 1951.

Patinkin, D. (1956). *Money, Interest, and Prices*, Evanston, Row, Peterson.

Samuelson, P. A. (1938). "A Note on the Pure Theory of Consumers' Behaviour," *Economica*, Vol. 18, pp. 61-71, and pp. 353-354.

—— (1947). *Foundations of Economic Analysis*, Cambridge, Harvard University Press.

Seidel, P. L. (1874). "Über ein Verfahren die Gleichungen, auf welche die Methoden der kleinsten Quadrate führt sowie lineare Gleichungen überhaupt durch sukzessive Annährung aufzulösen," *Abhandlungen der bayerschen Akademie der Wissenschaften*, Math-pysik, Klasse, Vol. 11, pp. 81-108.

Uzawa, H. (1961). "On the Stability of Dynamic Processes," *Econometrica*, Vol. 29, pp. 617-631.

—— (1962). "Walras' Tâtonnement in the Theory of Exchange," *Review of Economic Studies*, Vol. 27, pp. 182-194. Reprinted in *Optimality, Equilibrium, and Growth : Selected Papers of Hirofumi Uzawa*, Tokyo, University of Tokyo Press, 1988.

Wald, A. (1934-35). "Uber die Produktionsgleichungen der ökonomischen Wertlehre," *Ergebnisse eines mathematischen Kolloquiums*, No. 7, pp. 1-6.

Walras, L. (1926). *Eléments d'économie politique pure*, Lausanne, Corbaz. Translated by W. Jaffé, *Elements of Pure Economics*, Homewood, Irwin, 1954.

第21章　エッジワース過程の安定性

これまで説明してきたワルラスのタトヌマン・プロセスは，一般均衡モデルの競争均衡の解を求めるための一つの思考実験としての意味をつよくもっている．すべての財にかんして，需要と供給とが等しくなるような価格体系がオークショナーによって読み上げられたときにはじめて，実際の交換，生産，あるいは消費がおこなわれるという前提条件のもとで議論が進められてきたのである．このような観点から，タトヌマン・プロセスの概念が適用されうるのは，純粋交換の場合，とくに金融資産市場に限定され，生産あるいは資本蓄積の問題にかんしては，タトヌマン・プロセスは必ずしも適切な分析用具ではない．純粋交換の場合についても，タトヌマン・プロセスにもとづく理論的考察は必ずしも現実的な面から説得的なものではない．純粋交換の理論についてもっとも古典的な考察は，マーシャルによってなされたものであるといってよい．マーシャルの『原理』は第5巻第2章で物々交換(barter)の問題を取り扱っているが[とくに Marshall(1952), pp. 276-280, Appendix F, pp. 652-654]，のちにエッジワースによって「純粋交換の心理学的理論」として展開され，現代経済分析の基礎を形成するものとなった．マーシャル=エッジワース理論は，ワルラスのタトヌマン・プロセスとは異なって，初期の状態から出発して，各段階で実際に交換がおこなわれ，究極的には，各人とも交換によってそれ以上なんらの利益をも得られないような状態に到達してはじめて，均衡状態が実現する．エッジワースは，いわゆる「エッジワースの箱」(Edgeworth's box)という幾何学的な方法を使って，議論を進めていったのであるが，上のような交換の諸段階を経て到達した均衡は，各人が初期時点でどのような状態から出発したかということだけでなく，各段階に実際にどのような交換がおこなわれたかということにも依存する[Edgeworth(1925), pp. 316-319. エッジワースの1891年の論文はマーシャルの『原理』第2版が刊行されたあとで発表された．エッジワースの定式化についてはマーシャルの Mathematical Appendix, Note XII bis, pp. 695-696, Marshall(1952)，にふれられている]．このような意味で，マーシャル=エッジワースの交換プロセスは，ワルラスのタトヌマン・プロセスとまさに対照的な位置づけをもつ．タトヌマン・プロセスは，究極的に均衡状態に到達するまでは実際の交換はおこなわれない．いわば，「かりの市場」であって，均衡価格のもとではじめて交換がおこなわれる．したがって，タトヌマン・プロセスによって究極的に到達するような状態は，初期条件のみに依存して，途中の段階で，「かりの市場」においてなされた取引には依存しない．このような交換のプロセスは，カルドアの言葉を借りるならば，「決定的」(“deterministic”)ということができる[Kaldor(1933-34)]．しかし，このような市場は，エッジワースのいう「再契約」(“recontracting”)が可能であるか，あるいはワルラスの“bons”の概念が導入されなければならない［Edgeworth(1881), pp. 18-19，あるいはWalras(1954), p. 37］.

交換の理論にかんして，もっとも本質的な意味をもつ研究は，ハーヴィッチによって始められたものである．ハーヴィッチは，交換の市場に参加する経済主体の行動様式が制度的な諸条件によって規定されている点に，その考察の焦点を当てながら，市場制度のもとにおける資源配分の経済学的特性について，数理経済学的な枠組みのなかで哲学的な分析を展開した［Hurwicz(1960)］.

ここでは，ハーヴィッチの深遠な学説にかんしてふれることはできない．本書のスコープを超えるからである．読者は，上に引用したハーヴィッチ自身の論文を通じて，その真髄を会得されることを望む．本章では，もっと初歩的な次元で，純粋交換の理論について，エッジワース的な展開の跡を追うことにする.

マーシャル=エッジワース的な市場価格形成のメカニズムについて，特筆しなければならないのは，ハーンと根岸によって展開されたアプローチである．ハーン・プロセスは，各人の超過需要が，経済全体の超過需要が正(または負)であるときに必ず正(または負)となるということを仮定して，エッジワース的なプロセスの安定性が，かなり一般的な状況のもとで成立するということを示した［Hahn(1960)］．これに対して，根岸プロセスはハーン・プロセスより一般的な状況を想定し，エッジワース的な交換過程の本質にふれる分析を展開したのであった［Negishi(1961)］．ここでは，ハーン=根岸プロセスの概念的規定のなかで考察を進めるが，その後大きな発展を遂げてきたコア(core)の理論との関連を念頭に置きながら説明することにしたい．以下の解説は主として，Uzawa(1962)に準拠する.

ここでは，エッジワース・プロセスの各段階で，市場を構成する各経済主体が，交換をおこなうのは，そのことによって，その経済的な厚生，あるいは効用水準が高くなるからであって，またそのときに限られるという事実に分析の基礎を置く.

取引のルール

ここで考察する純粋交換のモデルは，S 人の経済主体 ($s=1, \cdots, S$) が，$n+1$ 個の財 ($i=0, 1, \cdots, n$) を交換するような状況を想定する．これまでと同じように財ベクトル $x=(x_0, x_1, \cdots, x_n)$ については非負であるとし，各人 s にかかわる財ベクトルは $x^s=(x_0^s, x_1^s, \cdots, x_n^s)$ ($s=1, \cdots, S$) のように表現する.

各人 s が ($n+1$) 次元の消費ベクトル $x^s=(x_0^s, x_1^s, \cdots, x_n^s) \geqq 0$ にかんしてもっている主観的な選好基準は効用関数 $u^s(x^s)$ ($x^s \geqq 0$) によって表現されるとする．各人 s の効用関数 $u^s(x^s)$ はつぎの条件をみたしていると仮定する.

(A)　$u^s(x^s)$ は，すべての $x^s=(x_0^s, x_1^s, \cdots, x_n^s)\geqq 0$ について定義され，微分可能である．

(B)　限界効用 $u_i^s(x^s)=\partial u^s(x^s)/\partial x_i^s$ $(i=0,1,\cdots,n; s=1,\cdots,S)$ は必ず正である．

(C)　$u^s(x^s)$ は strictly concave である．

$$u^s[(1-\theta)x^s+\theta y^s] > (1-\theta)u^s(x^s)+\theta u^s(y^s) \qquad (x^s \neq y^s,\ 0<\theta<1).$$

各人 s が初期の時点で保有している財ベクトルを $y^s=(y_0^s, y_1^s, \cdots, y_n^s)$ とする．交換の条件は各二財間の交換比率によって表わされるが，交換のためのコストが無視できるものとすれば，価格ベクトル $p=(p_0, p_1, \cdots, p_n)$ によって交換の条件を表現することができる．初期保有ベクトルが y^s で，価格体系が p のとき，各人 s が選択する最適な財ベクトル x^s を $x^s=f^s(p, y^s)$ と表わす．$x^s=f^s(p, y^s)$ はつぎの条件によって特徴づけられる．

(i)　$$p\cdot x^s = p\cdot y^s,\ x^s \geqq 0,$$

(ii)　$$p\cdot w^s \leqq p\cdot y^s,\ w^s \geqq 0 \Longrightarrow u^s(x^s) \geqq u^s(w^s).$$

この需要関数 $x^s=f^s(p, y^s)$ は，

$$p\cdot y^s > 0,\ y^s \geqq 0$$

のような (p, y^s) にかんして連続となることに留意されたい．

交換の過程を叙述するために，各時点でどのようなルールにもとづいて交換がおこなわれるかということを明らかにしなければならない．このようなルールを取引ルール(transaction rule)と呼ぶことにしよう．

各人 s が期初に保有している財ベクトルが y^s $(s=1,\cdots,S)$ で，$p=(p_0, p_1, \cdots, p_n)$ がこの取引期間の価格ベクトルであるとしよう．期初における保有ベクトルの分布を $Y=(y^1, \cdots, y^S)$ で表わす．取引ルールは，取引が終わったときに，各人がどのような財ベクトルを保有しているかということを，期初における保有ベクトルの分布 $Y=(y^1, \cdots, y^S)$ との関係でみようというものである．期末における各人の保有ベクトルの分布を $Z=(z^1, \cdots, z^S)$ とし，価格ベクトルを p とすれば，取引ルールは，$z^s=g^s(p, Y)$ $(s=1,\cdots,S)$ あるいは $Z=G(p, Y)$ となるような関数 $G=(g^1, \cdots, g^S)$ によって表わされる．

この取引ルール $G=(g^1, \cdots, g^S)$ は交換を表わすものであるから $z^s=g^s(p, Y)$ $(s=1,\cdots, S)$，$Y=(y^1, \cdots, y^S)$ について，

(I)　$$\sum_s z^s = \sum_s y^s$$

がみたされなければならない．また，各人 s にとって，予算制約条件がみたされているから，

(II)　$$p\cdot z^s = p\cdot y^s \qquad (s=1,\cdots,S).$$

さらに，各人 s は交換によって最初より悪い立場にたつことがあってはならないから，

(III)　$$u^s(z^s) \geqq u^s(y^s) \qquad (s=1,\cdots,S).$$

ここで，少なくとも1人の s については不等号 $>$ で成立する．

したがって，つぎの条件が成立する．

(IV) $u^s(z^s)=u^s(y^s)\ (s=1,\cdots,S) \Longrightarrow z^s=y^s\ (s=1,\cdots,S)$.

また，各人が最適な財ベクトル $x^s=f^s(p,y^s)$ を得て，しかも全体として実現可能であったとすれば，取引は最適なものと一致しているはずである．すなわち，

(V) $$\sum_s x^s=\sum_s y^s \Longrightarrow z^s=x^s \qquad (s=1,\cdots,S).$$

ここで，$x^s=f^s(p,y^s)$，$z^s=g^s(p,Y)\ (s=1,\cdots,S)$.

さらに，つぎの数学的な条件を仮定する．

(VI) $z^s=g^s(p,Y)\ (s=1,\cdots,S)$ は $(p,Y)>0$ にかんして連続である．

これらの条件(I)-(VI)が整合的であるということをみるために，つぎのような取引ルールを考える．

効用関数 $u^1,\cdots,u^S$ が(A)-(C)をみたしているとし，$c=(c_1,\cdots,c_S)$ を任意の正ベクトル $(c_1,\cdots,c_S>0)$ とする．社会的効用関数 $U_c(W)=U_c(w^1,\cdots,w^S)$ を，

$$U_c(W)=\sum_{s=1}^{S}c_s u^s(w^s)$$

によって定義しよう．

価格ベクトル $p\geqq 0$ と期初における分配 $Y=(y^1,\cdots,y^S)$ が与えられたとき，つぎのような最大化問題を考える．

制約条件

$$\sum_{s=1}^{S}w^s=\sum_{s=1}^{S}y^s,$$
$$p\cdot w^s\leqq p\cdot y^s,\quad w^s\geqq 0 \qquad (s=1,\cdots,S),$$
$$u^s(w^s)\leqq u^s(y^s) \qquad (s=1,\cdots,S)$$

のもとで，$U_c(W)$，$W=(w^1,\cdots,w^S)\geqq 0$，を最大にするような分配 $Z=W$ を求めよ．

この最大問題の最適解 Z は必ず存在して，一意的に定まるということは容易にわかる．最適解 Z は価格ベクトル $p\geqq 0$ と期初における分配 $Y=(y^1,\cdots,y^S)$ の関数として表わすことができる．

$$Z=G_c(p,Y) \quad \text{あるいは} \quad z^s=g_c^s(p,Y) \qquad (s=1,\cdots,S).$$

このとき，取引ルール $G_c(p,Y)=(g_c^1(p,Y),\cdots,g_c^S(p,Y))$ は上の条件(I)-(VI)をすべてみたすことは簡単に示すことができる．

この取引ルール $G_c(p,Y)$ はさらにつぎの条件をみたす．

(VII) $(z^1,\cdots,z^S)=(y^1,\cdots,y^S)$ となるために必要にして十分な条件は，

$$\sum_{s=1}^{S}w^s=\sum_{s=1}^{S}y^s,$$

$$w^s \geqq 0,\ \ p\cdot w^s = p\cdot y^s,\ \ u^s(w^s) \geqq u^s(y^s) \qquad (s=1,\cdots,S)$$

の条件をみたすような分配 $W=(w^1,\cdots,w^S)$ は $Y=(y^1,\cdots,y^S)$ 以外に存在しない．

ある分配 $Y=(y^1,\cdots,y^S)$ がパレート最適(Pareto-optimum)であるというのは，

$$\sum_{s=1}^{S} w^s = \sum_{s=1}^{S} y^s,$$

$$w^s \geqq 0,\ \ u^s(w^s) \geqq u^s(y^s) \qquad (s=1,\cdots,S)$$

で，少なくとも1人については不等号 $>$ で成立するような分配 $W=(w^1,\cdots,w^S)$ が存在しないときである．

もし，$Y=(y^1,\cdots,y^S)$ がパレート最適であれば，

$$G(p,Y) = Y \quad \text{すなわち} \quad g^s(p,Y) = y^s \qquad (s=1,\cdots,S).$$

Lemma 1　$Y=(y^1,\cdots,y^S)$ がパレート最適であるとし，

$$\alpha_s = u^s(y^s) \qquad (s=1,\cdots,S)$$

とする．このとき，

$$(1) \qquad \sum_{s=1}^{S} w^s = \sum_{s=1}^{S} y^s,\ \ u^s(w^s) = u^s(y^s) \qquad (s=1,\cdots,S)$$

となるような分配 $W=(w^1,\cdots,w^S)\geqq 0$ は $Y=(y^1,\cdots,y^S)$ 以外には存在しない．

［証明］　もしかりに Lemma の条件(1)をみたすような分配 W で Y と異なるものがあったとする．

$V=\frac{1}{2}W+\frac{1}{2}Y$，すなわち，$v^s=\frac{1}{2}w^s+\frac{1}{2}y^s$ と置けば，

$$\sum_{s=1}^{S} v^s = \sum_{s=1}^{S} y^s,$$

$$u^s(v^s) \geqq u^s(y^s) \qquad (s=1,\cdots,S)$$

で，少なくとも1人 s にかんして不等号 $>$ で成立する．したがって，Y がパレート最適であるという仮定に矛盾することになる．　Q.E.D.

価格ベクトル $\bar{p}$ と分配 $\bar{Y}=(\bar{y}^1,\cdots,\bar{y}^s)$ が均衡(equilibrium)であるというのは，$f^s(\bar{p},\bar{y}^s)=\bar{y}^s$ $(s=1,\cdots,S)$ が成立するときである．ここで $x^s=f^s(p,y^s)$ は，$p\cdot x^s=p\cdot y^s$，$x^s\geqq 0$ という予算制約条件のもとで $u^s(x^s)$ を最大にするような財ベクトルである．

エッジワース・プロセス

エッジワースによって導入された交換プロセスは，各人が，交換を通じてできるだけ高い効用をもつような状態を獲得しようとして，お互いに取引を逐次的におこなおうとするものであって，上に述べたような取引ルール $G=(g^1,\cdots,g^S)$ にしたがうと考えることができる．した

がって，エッジワースの交換プロセスはつぎのような定差方程式体系によって表現されることになるであろう．各時点 t における価格ベクトル $p(t)=(p_1(t), \cdots, p_n(t))$，分配 $Y(t)=(y^1(t), \cdots, y^S(t))$ にかんして，

$$\text{(E)} \qquad \begin{cases} p_i(t+1) = h_i[p(t),\ Y(t)] & (i=1, \cdots, n,\ t=0, 1, 2, \cdots), \\ Y(t+1) = G[p(t),\ Y(t)], \\ \quad y^s(t+1) = g^s[p(t),\ Y(t)] & (s=1, \cdots, S). \end{cases}$$

ここで，$h_1(p, Y), \cdots, h_n(p, Y)$ は価格調節にかんする連続的な関数とし，初期条件は，p_0, $Y_0=(y_0^1, \cdots, y_0^S)$ とする．

取引ルール $G=(g^1, \cdots, g^s)$ にかんする条件(I)によって，

$$\text{(2)} \qquad \sum_{s=1}^{S} y^s(t) = \sum_{s=1}^{S} y_0^s \qquad (t \geqq 0).$$

初期条件 (p_0, Y_0) を任意に与えたとき，エッジワース・プロセス(E)の解 $Y(t)=(y^1(t), \cdots, y^S(t))$ は必ず存在して，一意的に定まり，しかも初期条件 (p_0, Y_0) にかんして連続となる．

定理1 取引ルール $G=(g^1, \cdots, g^S)$ は条件(I)-(VII)をみたしていると仮定し，価格調節関数 $H(p, h)=(h_1(p, Y), \cdots, h_n(p, Y))$ はつぎの条件をみたすとする．

(VIII) $\pi=H(p, Y)=[h_1(p, Y), \cdots, h_n(p, Y)]$ は，すべての $p \geq 0$, $Y=(y^1, \cdots, y^s) \geqq 0$ に対して定義され，連続かつ有界である．

(IX) もし，Y がパレート最適でないとすれば，つぎのような分配 $W=(w^1, \cdots, w^S)$ が存在する．

$$\sum_{s=1}^{S} w^s = \sum_{s=1}^{S} y^s,$$

$$w^s \geqq 0,\ \ \pi w^s = \pi y^s,\ \ u^s(w^s) \geqq u^s(y^s) \qquad (s=1, \cdots, S)$$

で，少なくとも1人の s について不等号 $>$ で成立する．

このとき，任意の初期条件 $p_0 \geq 0$, $Y_0=(y_0^1, \cdots, y_0^S) \geqq 0$ に対して，エッジワース・プロセス(E)の解 $Y(t; p_0, Y_0)$ はパレート最適な分配に収斂する．

［証明］ エッジワース・プロセス(E)の解を $[p(t), Y(t)]=[p(t; p_0, Y_0), Y(t; p_0, Y_0)]$ とする．条件(VIII)によって，$\{p(t)\}$ は有界となる．また，$y^s(t) \geqq 0$ $(s=1, \cdots, S)$ だから，(2)によって，$\{y^s(t)\}$ も有界となる．

条件(III)によって $u^s[y^s(t)]$ は時間 t の単調(非減少)関数となり，また $\{y^s(t)\}$ は有界だから，

$$\text{(3)} \qquad \alpha_s = \lim_{t\to\infty} u^s[y^s(t)] \qquad (s=1, \cdots, S)$$

となるような α_s が存在する．

$$\varphi(t) = \sum_{s=1}^{S} u^s[y^s(t)]$$

と置けば，

(4)
$$\varphi(t+1) \geqq \varphi(t) \qquad (t \geqq 0)$$

で，$Y(t+1) \neq Y(t)$ のときには，不等号 $>$ で成立する．

じじつ，(4)式が等号で成立するときには，

$$u^s[y^s(t+1)] = u^s[y^s(t)] \qquad (s = 1, \cdots, S)$$

となって，条件(IV)から，

$$y^s(t+1) = y^s(t) \qquad (s = 1, \cdots, S).$$

このとき，$Y(t)$ はパレート最適な分配に収斂するということを示そう．$Y_* = (y_*^1, \cdots, y_*^S)$ を $Y(t)$ の任意の極限点であるとする．すなわち，

$$y_*^s = \lim_{\nu\to\infty} y^s(t_\nu) \qquad (s = 1, \cdots, S)$$

となるような時間列 $\{t_\nu\}$ が存在するとする．$\{p(t)\}$ は有界であるから，一般性を失うことなく，$\lim_{\nu\to\infty} p(t_\nu)$ も存在して，たとえば，

$$p^* = \lim_{\nu\to\infty} p(t_\nu)$$

と仮定してよい．このとき，(3)によって，

(5)
$$u^s(y_*^s) = \lim_{\nu\to\infty} u^s(y^s(t_\nu)) = \alpha_*^s \qquad (s = 1, \cdots, S).$$

ここで，$[p_*(t), Y_*(t)]$ を，初期条件が (p_*, Y_*) であるような(E)の解とすると，

$$y_*^s(t) = y^s(t\,; p_*, Y_*) = \lim_{\nu\to\infty} y^s[t\,; p(t_\nu), Y(t_\nu)]$$
$$= \lim_{\nu\to\infty} y^s(t+t_\nu) \qquad (s = 1, \cdots, S).$$

したがって，

(6)
$$u^s(y_*^s(t)) = \lim_{\nu\to\infty} u^s(y^s(t+t_\nu)) = \alpha_s \qquad (s = 1, \cdots, S).$$

(5), (6)から，

$$u^s(y_*^s(t)) = u^s(y_*^s) \qquad (s = 1, \cdots, S, \ \ t \geqq 0).$$

したがって，条件(IV)によって，

$$Y_*(t) = Y_* \qquad (t \geqq 0)$$

となり，Y_* はパレート最適となる．もし Y_* がパレート最適でないとすれば，条件(IX)と(VII)とによって，$Y_*(2) = G[p_*(1), Y_*] \neq Y_*$ となるからである．$Y(t)$ の極限点 Y_* が必ずパレート最適となり，しかも $\alpha_1, \cdots, \alpha_S$ は一意的に決まってくる．Lemma 1 によって $Y(t)$ 自体が Y_* に収斂する．　Q.E.D.

連続的な交換プロセス

つぎに，交換比率 $p(t)$ と財の分配 $Y(t)$ が連続な時間 t にともなって調節されるような場合を考えよう．すなわち，つぎのような微分方程式体系によって規定される交換プロセスを考察する．$p(t)=[p_1(t), \cdots, p_n(t)]$，$Y(t)=[Y^1(t), \cdots, Y^S(t)]$ にかんして，

$$\begin{cases} \dot{p}_i(t) = h_i[p(t), Y(t)] & (i=1, \cdots, n), \\ \dot{y}^s(t) = g^s[p(t), Y(t)] & (s=1, \cdots, S, \ \ t \geqq 0), \end{cases}$$

あるいは，

$$(\mathrm{E}') \qquad \begin{cases} \dot{p}(t) = H[p(t), Y(t)], \\ \dot{Y}(t) = G[p(t), Y(t)] & (t \geqq 0) \end{cases}$$

［初期条件を (p_0, Y_0) とする］．

このとき，つぎのような条件がみたされていると仮定する．

(I′) 任意の初期条件 (p_0, Y_0) $(p_0>0, Y_0>0)$ に対して，プロセス(E′)の解 $[p(t\,;p_0, Y_0), Y(t\,;p_0, Y_0)]$ は必ず存在して，一意的に定まり，初期条件 (p_0, Y_0) にかんして連続的となる．しかも $p_i(t\,;p_0, Y_0)>\delta$，$Y_i^s(t\,;p_0, Y_0)>\delta$ $(t\geqq 0\,;i=1, \cdots, n\,;s=1, \cdots, S)$ となるような正数 $\delta=\delta(p_0, Y_0)$ が存在する．

(II′) 交換の過程で消費はおこなわれない．すなわち，$\sum_{s=1}^{S} y^s(t)=\sum_{s=1}^{S} y^s(0)$ $(t\geqq 0)$．

(III′) 投機的な取引はおこなわれない．すなわち，$U^s(t)=u^s[y^s(t)]$ $(s=1, \cdots, S)$ は時間 t の単調非減少関数となる．$\dot{U}^s(t)\geqq 0$ $(s=1, \cdots, S\,;t\geqq 0)$．

(IV′) $\dot{U}^s(t)=0$ $(s=1, \cdots, S)$ となるのは，つぎの条件をみたす分配 $W(t)=[w^1(t), \cdots, w^S(t)]$ に限られる．

$$p(t)w^s(t) = p(t)y^s(t),$$

$$\sum_{s=1}^{S} w^s(t) = \sum_{s=1}^{S} y^s(t),$$

$$u^s[w^s(t)] \geqq u^s[y^s(t)] \qquad (s=1, \cdots, S).$$

(V′) 価格ベクトル $p(t)$ の変化率は，t 時点における超過需要 $\sum_{s=1}^{S} x^s(t)-\sum_{s=1}^{S} y^s(t)$ に連続的に依存する．すなわち，

$$(7) \qquad h_i(p, Y) = h_i\Big[\sum_{s=1}^{S} x_i^s-\sum_{s=1}^{S} y_i^s\Big] \qquad (i=1, \cdots, n).$$

ここで，$Y=(y^1, \cdots, y^s)>0$ とし，$x^s=(x_1^s, \cdots, x_n^s)$ は，$w^s=(w_1^s, \cdots, w_n^s)\geqq 0$，$p\cdot w^s=p\cdot y^s$ の制約条件のもとで $u^s(x^s)$ を最大にするようなベクトルである $(s=1, \cdots, S)$．また $h_i(\cdot)>0$，$h_i'(\cdot)>0$，$h_i(0)=0$ と仮定する．

これらの条件をすべてみたすような交換プロセスは，たとえばつぎの微分方程式体系によっ

て生成される.

$$(E'') \quad \begin{cases} \dot{p}_i = \rho_i(x_i - y_i) & (i = 1, \cdots, n), \\ \dot{y}^s = \sigma(z^s - y^s) & (s = 1, \cdots, S). \end{cases}$$

ここで，調節速度 $\rho_i>0$ $(i=1, \cdots, n)$, $\sigma>0$ は定数であるとし,

$$x^s = f^s(p, y^s), \quad z^s = g^s(p, y^s) \qquad (s = 1, \cdots, S).$$

定理 2　連続的な交換プロセス(E′)について，(I′)-(IV′)の仮定がみたされ，かつ価格ベクトル $\{p(t)\}$ は有界であるとする．このとき，任意の初期条件 $(p_0, Y_0)>0$ に対して，連続的な交換プロセス(E′)の解 $(p(t), Y(t))$ の $Y(t)$ 成分は必ずあるパレート最適な分配 $\bar{Y}$ に収斂し，$p(t)$ 成分については，$\bar{Y}$ に対応する価格ベクトル $\bar{p}$ に収斂するような部分列 $\{t_\nu\}$ が存在する．

[証明]　交換比率ベクトル $p=(p_1, \cdots, p_n)>0$ と各人 s の財ベクトル $y^s=(y_1^s, \cdots, y_n^s)>0$ に対して,

$$\Psi^s(p, y^s) = [\Psi_1^s(p, y^s), \cdots, \Psi_{n-1}^s(p, y^s)],$$

$$\Psi_i^s(p, y^s) = \frac{u_i^s(y^s)/p_i}{u_n^s(y^s)/p_n} - 1 \qquad (i = 1, \cdots, n-1)$$

と定義する．ここで,

$$u_i^s(y^s) = \frac{\partial u^s}{\partial y_i^s} \qquad (i = 1, \cdots, n).$$

$\Psi_i^s(p, y^s)>0$ のとき，s にとって，i 財を n 財とごく少量だけ交換するとき，s の効用が増加する．逆に，$\Psi_i^s(p, y^s)<0$ のときには，s の効用は減少する．s の効用 $u^s(w^s)$ が，$p\cdot w^s \leqq p\cdot y^s$, $w^s \geqq 0$ の条件のもとで $w^s=y^s$ において最大化されるための必要十分条件は，すべての s について，$\Psi_i^s(p, y^s)=0$ となることである．

分配の集合 $B(p, Y)$ をつぎのように定義する．

$$(8) \qquad B(p, Y) = \left\{ W = (w^1, \cdots, w^S) : \sum_{s=1}^S w^s = \sum_{s=1}^S y^s, \ \ w^s \geqq 0, \right.$$
$$\left. p\cdot w^s = p\cdot y^s, \ \ u^s(w^s) \geqq u^s(y^s) \ \ (s = 1, \cdots, S) \right\}.$$

Lemma 2　$p=(p_1, \cdots, p_n)>0$, $Y=(y^1, \cdots, y^S)>0$ とすると，$B(p, Y)=\{Y\}$ となるための必要十分条件は，$\Psi^s(p, y^s)=\xi_s b$ $(s=1, \cdots, S)$ となるような $(\xi_1, \cdots, \xi_S)\geqq 0$ と $b=(b_1, \cdots, b_n)$ が存在することである．

[証明]　$B(p, Y)$ の定義(8)から明らかなように，$B(p, Y)=\{Y\}$ となるのは，各 r について，$y^r=w^r$ が,

$$(9) \qquad \sum_{s=1}^S w^s = \sum_{s=1}^S y^s, \ \ w^s \geqq 0, \ \ p\cdot w^s \leqq p\cdot y^s \qquad (s = 1, \cdots, S),$$

(10) $$u^s(w^s) \geqq u^s(y^s) \qquad (s \neq r)$$

という制約条件のもとで $u^r(w^r)$ を最大にするベクトルである場合であって，またその場合に限る．

ここで一般性を失うことなく，$\Psi^s(p, y^s) \neq 0$ $(s=1, \cdots, S)$ と仮定して議論を進めても差し支えない．そうでない場合には，$\Psi^s(p, y^s) \neq 0$ となるような s だけを考えればよいからである．

(9), (10)という制約条件のうち，(10)だけが非線型の制約条件であるから，アロー=ハーヴィッチ=宇沢の定理[Arrow, Hurwicz, and Uzawa (1958)]を使えば，上の最大問題は，ラグランジュ形式にかんする鞍点問題に還元される[第16章]．したがって，$B(p, Y)=\{Y\}$ となるための必要にして十分な条件は，

(11) $$\lambda'_s u^s_i(y^s) - \mu_s p_i - \nu_i = 0 \qquad (s = 1, \cdots, S\,;\, i = 1, \cdots, n)$$

となるような λ'_s, μ_s, ν_i $(\lambda'_r=1)$ が存在することである．

(11)の条件は，

(12) $$\lambda'_s u^s_i(y^s) - \mu_s p_i = \lambda'_r u^r_i(y^r) - \mu_r p_i \qquad (s = 1, \cdots, S\,;\, i = 1, \cdots, n)$$

と書き直せる．(12)を p_i で割れば，

$$\lambda'_s \frac{u^s_i(y^s)}{p_i} - \mu_s = \lambda'_r \frac{u^r_i(y^r)}{p_i} - \mu_r,$$

すなわち，

$$\lambda'_s \left[\frac{u^s_i(y^s)}{p_i} - \frac{u^s_n(y^s)}{p_n} \right] = \lambda'_r \left[\frac{u^r_i(y^r)}{p_i} - \frac{u^s_n(y^s)}{p_n} \right].$$

ここで，$\lambda^s = \lambda'_s \dfrac{u^s_n(y^s)}{p_n}$ と置けば，$\lambda_s \Psi^s(y^s) = \lambda_r \Psi^r(y^r)$ $(s=1, \cdots, S)$．

したがって，$\Psi^s(y^s) = \zeta_s b$ となるような ζ_s $(s=1, \cdots, S)$ および b が存在することがわかる．

Q.E.D.

Lemma 3 $[p(t), Y(t)]$ を初期条件 $[p(0), Y(0)]$ に対する連続的交換プロセス(E′)の解とする．条件(I′), (IV′)がみたされているとき，$Y(t)=Y(0)$ $(t \geqq 0)$ ならば $Y(0)$ はパレート最適となり，$p(t)$ の部分列 $\{p(t_\nu)\}$ で均衡価格ベクトルに収斂するものがある．

［証明］ $Y(t)=Y(0)$ $(t \geqq 0)$ とすれば，条件(IV′)によって，$B\{p(t), Y(t)\}=\{Y(t)\}$．したがって，Lemma 2 によって，

$$b(t) = \sum_{s=1}^{S} \Psi^s(p(t), y^s),$$

(13) $$\Psi^s(t) = \xi_s(t) b(t), \;\; \xi_s(t) \geqq 0 \qquad (s = 1, \cdots, S)$$

となるような $b(t), \xi_s(t)$ $(s=1, \cdots, S)$ が存在する．ただし，

$$(14)\quad \begin{cases} \Psi_i^s(t) = \Psi_i^s[p(t), y^s(t)] = \dfrac{c_i^s}{p_i(t)} - 1, \\ c_i^s = \dfrac{u_i^s(y^s)}{u_n^s(y^s)/p_n} \qquad (s = 1, \cdots, S\,;\, i = 1, \cdots, n-1). \end{cases}$$

もし，$Y(0)$ がパレート最適でなければ，$b(t) \neq 0$ となることはない．したがって，(13)式の係数 $\xi_s(t)$ は一意的に定まる．すなわち，

$$\xi_s(t) = \frac{\Psi^s(t) \cdot b(t)}{b(t) \cdot b(t)} \qquad (s = 1, \cdots, S)$$

となって，$\xi_s(t), b(t)$ はすべての t にかんして連続微分可能となる．

ここでもし，$c_i^s = c_i^r$ $(s=1, \cdots, S,\ i=1, \cdots, n)$ であるとすれば，$(c_1^s, \cdots, c_{n-1}^s, 1)$ が $Y(0)$ に対応する均衡価格ベクトルとなって，$Y(0)$ はパレート最適となる．したがって，$c_i^r \neq c_i^s$ となるような $s \neq r, i$ が存在する．

(13), (14)から，

$$(15)\quad c_i^r - c_i^s = (\xi_r(t) - \xi_s(t))\,q_i(t), \quad q_i(t) = b_i(t)\,p_i(t)$$

となる．ここでまず，$\xi_r(t) - \xi_s(t) \neq 0$ $(t \geqq 0)$ となることを示そう．

このとき，

$$-\dot{p}_i(t) = \dot{\xi}_s(t)\,q_i(t) + \xi_s(t)\,\dot{q}_i(t).$$

これを $s=1, \cdots, S$ について合計すれば，$\sum_s \xi_s(t) \equiv 1$ だから，

$$(16)\quad -S\dot{p}_i(t) = \dot{q}_i(t).$$

また，(15)を t について微分し，(16)に代入すれば，

$$\dot{p}_i(t) = \frac{c_i^r - c_i^s}{S}\,\omega(t).$$

ここで，$\omega(t) = [\dot{\xi}_r(t) - \dot{\xi}_s(t)]/[\xi_r(t) - \xi_s(t)]^2$.

$i(t) \neq 0$ という仮定から，$\omega(t) \neq 0$ $(t \geqq 0)$．したがって，$\omega(t) > 0$ $(t \geqq 0)$，あるいは $\omega(t) < 0$ $(t \geqq 0)$．したがって，$\dot{p}_i(t) > 0$ $(t \geqq 0)$ あるいは $\dot{p}_i(t) < 0$ $(t \geqq 0)$，となり，$p(t)$ は必ず，ある p^* に収斂する．このとき，

$$\lim_{t \to \infty} \left(\sum_{s=1}^{S} x^s(t) - \sum_{s=1}^{S} y^s \right) = \sum_{s=1}^{S} x^s(p^*, y^*) - \sum_{s=1}^{S} y^s \neq 0$$

となって，(V′)の前半から，$|\dot{p}_i(t)| \geqq \varepsilon > 0$ $(t \geqq T)$ となるような $\varepsilon > 0, T$ が存在することになり，$\{p(t)\}$ の有界性に矛盾する．したがって，$Y(0)$ はパレート最適となる．　Q.E.D.

［定理2の証明］　(p_*, Y_*) を $[p(t), Y(t)]$ の任意の極限点とする．このとき，定理の仮定(I′)から，$p_* > 0, Y_* > 0$. 定理1の証明と同じような議論を用いれば，初期条件 (p_*, Y_*) に対する(E′)の解 $[p_*(t), Y_*(t)]$ について，

$$Y_*(t) = Y_* \qquad (t \geqq 0).$$

したがって，Lemma 3 によって，分配 Y_* はパレート最適となり，

$$u^s(y^s_*) = \alpha^s, \quad \alpha^s = \lim_{t\to\infty} u^s[y^s(t)].$$

各 s に対して，$u^s[y^s(t)]$ は t にかんして単調非減少だから，$\lim_{t\to\infty} u^s[y^s(t)]$ が存在する．Lemma 1 を使えば，Y_* は一意的に定まり，パレート最適となる．$\{p_*(t)\}$ の極限点 p_{**} は Y_* に対応する均衡価格ベクトルとなる．p_{**} は $\{p(t)\}$ の極限点ともなっているから，定理 2 の最後の結論が示されることになる．　Q.E.D.

参 考 文 献

Arrow, K. J.(1951). "An Extension of the Basic Theorems of Classical Welfare Economics," *Proceedings of the Second Berkeley Symposium on Mathematical Statistics and Probability*, University of California Press, pp. 507-552.

Arrow, K. J., H. D. Block, and L. Hurwicz(1959). "On the Stability of the Competitive Equilibrium, II," *Econometrica*, Vol. 27, pp. 82-109.

Arrow, K. J., and L. Hurwicz(1958). "On the Stability of the Competitive Equilibrium, I," *Econometrica*, Vol. 26, pp. 522-552.

Arrow, K. J., H. Hurwicz, and H. Uzawa(1958). *Studies in Linear and Non-Linear Programming*, Stanford, Stanford University Press.

Edgeworth, F. Y.(1881). *Mathematical Psychics*, London, Kegan Paul.

――(1925). *Papers Relating to Political Economy*, Vol. II, London, Macmillan.

Hahn, F. H.(1960). "On the Stability of Competitive Equilibrium," Working Paper No. 6, Committee on Econometrics and Mathematical Economics, University of California, Berkeley.

Hurwicz, L.(1960). "Optimality and Informational Efficiency in Resource Allocation Processes," *Mathematical Methods in the Social Sciences, 1959*, Stanford, Stanford University Press, pp. 27-46.

Kaldor, N.(1933-34). "A Classificatory Note on the Determinateness of Equilibrium," *Review of Economic Studies*, Vol. 1, pp. 122-136.

Marshall, A.(1952). *Principles of Economics* (8th ed.), London, Macmillan.

Negishi, T.(1961). "On the Formation of Prices," *International Economic Review*, Vol. 2, pp. 122-126.

Uzawa, H.(1962). "On the Stability of Edgeworth's Barter Process," *International Economic Review*, Vol. 3, pp. 218-232. Reprinted in *Preference, Production, and Capital : Selected Papers of Hirofumi Uzawa*, New York, Cambridge University Press, 1988.

Walras, L.(1954). *Elements of Pure Economics*(Translation by W. Jaffé), Homewood, Irwin.

第22章　市場機構と数理計画

リニヤー・プログラミング，あるいはconcaveプログラミングはもっと広く数学的プログラミング(mathematical programming)あるいは数理計画の理論として，希少資源の最適配分の問題を解くための手法として一般に用いられてきた．この問題はまた，生産物の価値を生産要素の間にどのように分配すべきかという問題とも密接な関連をもつ．数学的プログラミングの問題は，クープマンス[Koopmans(1951)]，ドーフマン=サミュエルソン=ソロー[Dorfman, Samuelson, and Solow(1958)]，アロー=ハーヴィッチ=宇沢[Arrow, Hurwicz, and Uzawa (1958)]，Uzawa(1968a, b)によって展開され，本書でも第15章，第16章でくわしくふれた．

資源配分の問題と生産物分配の問題とは相互に関連していて，一方が解決されれば，他方も解決される．この双対原理は，第16章で説明したように，クーン=タッカーの鞍点定理という形で，一般にconcaveプログラミングの問題に拡張されることが示された．またその経済学的意味については，第17章でメンガー=ヴィーザー=バヴェルクの帰属理論として位置づけられることを説明した．

一般に数学的プログラミングの問題を解くために，競争的市場機構の理論を適用することができる．本章では，これまで説明してきた数学的プログラミングの理論を市場制度における価格機構との関連で，もう一度見直すということを考えてみたい．

クーン=タッカーの定理によれば，あるconcaveプログラミングの問題に対して，最適解が存在するために必要にして十分な条件は，ラグランジュ形式の鞍点が存在するということである．数学的プログラミングの問題がconcaveでないときには，クーン=タッカーの定理は適用できないが，ラグランジュ形式の鞍点が存在するときには，必ずプログラム問題の最適解が存在するということは明らかである．そこで，ここではラグランジュ形式の鞍点問題を考察することにする．主要なテーマは，この鞍点問題を，完全競争的な市場機構の考え方を適用して解決しようとするものである．このアプローチはもともとパレート[Pareto(1896)]，テイラー[Taylor(1929)]，ラーナー[Lerner(1958)]，ランゲ[Lange(1936-37)]が提唱し，サミュエルソン[Samuelson(1949)]によってはじめて定式化されたものである．ここではサミュエルソンの考え方にしたがって，Uzawa(1960)で展開されたアプローチを説明することにしたい．

数学的プログラミング

ここでは一般的な数学的プログラミングの問題を考える．

制約条件

$$x_i \geqq 0 \quad (i = 1, \cdots, n), \quad g_k(x_1, \cdots, x_n) \leqq v_k \quad (k = 1, \cdots, m)$$

のもとで目的関数 $f(x_1, \cdots, x_n)$ を最大にせよ．

ベクトル記号

$$x = (x_1, \cdots, x_n), \ \ g(x) = (g_1(x), \cdots, g_m(x)), \ \ v = (v_1, \cdots, v_m)$$

を用いれば，制約条件は，

(1) $$x \geqq 0, \ \ g(x) \leqq v$$

となる．

この数学的プログラミングの問題は，メンガー=ヴィーザーの帰属理論(第17章)で説明したように，資源の効率的配分の問題として解釈することができる．生産アクティビティの種類が n 個あって，$i=1, \cdots, n$ で表わし，生産要素の種類は m 個で，$k=1, \cdots, m$ で表わす．生産にかんするアクティビティ・ベクトル $x=(x_1, \cdots, x_n)$ によって生産される財の価値を $f(x)$ とし，そのために使用される生産要素を $g_1(x), \cdots, g_m(x)$ とする．生産要素の存在量を表わすベクトルが $v=(v_1, \cdots, v_m)$ であるとすれば，(1)をみたすようなアクティビティ・ベクトルは実現可能(feasible)である．

ここでつぎの諸条件がみたされていると仮定する．

(A) 実現可能なアクティビティ・ベクトルの集合は有界である．すなわち，

$$x \geqq 0, \ \ g(x) \leqq v \Longrightarrow x < x^*$$

となるようなベクトル x^* が存在する．

(B) $\hat{x} \geqq 0$, $g(\hat{x}) < v$ となるような $\hat{x}$ が存在する．

(C) $f(x)$, $g(x)=(g_1(x), \cdots, g_m(x))$ はすべて x について連続微分可能である．すなわち，$\dfrac{\partial f}{\partial x_j}$, $\dfrac{\partial g_k}{\partial x_j}$ が常に存在して，連続である ($j=1, \cdots, n\,; k=1, \cdots, m$).

ここで，$f(x)$ の concavity あるいは $g(x)$ の convexity についてはなんら仮定をもうけていないことに注意されたい．しかし，上の条件(A), (B), (C)がみたされているときには，数学的プログラミングの問題に対して，少なくとも一つの最適解 x^0 が存在することは容易にわかるであろう．

この最大問題にかんするラグランジュ形式 $L(x, p)$ は普通のようにして定義される．すなわち，

(2) $$L(x, p) = f(x) + p \cdot [v - g(x)],$$
$$(x = (x_1, \cdots, x_n) \geqq 0, \ \ p = (p_1, \cdots, p_m) \geqq 0).$$

このラグランジュ形式 $L(x, p)$ $(x \geqq 0, p \geqq 0)$ の鞍点 (x^0, p^0) は，つぎの条件によって定義される．このことも concave プログラミングの場合とまったく同じである．

(3) $$x^0 \geqq 0, \ \ p^0 \geqq 0,$$

(4) $$L(x, p^0) \leqq L(x^0, p^0) \leqq L(x^0, p) \qquad (x \geqq 0, \ \ p \geqq 0).$$

この条件(4)からとくに，

(5)
$$\left(\frac{\partial f}{\partial x_j}\right)^0 \leqq \sum_k p_k^0 \left(\frac{\partial g_k}{\partial x_j}\right)^0 \qquad (j=1,\cdots,n),$$

［ここで，$x_j>0$ のときには等号 = が成立する］.

(6)
$$g_k(x^0) \leqq v_k \qquad (k=1,\cdots,m)$$

［ここで，$p_k^0>0$ のときには等号 = が成立する］.

concave プログラミングについては，(5), (6)の条件がみたされているときには，(4)の条件もまたみたされ，(x^0, p^0) は鞍点となる．しかし，一般の数学的プログラミングの問題については，このことは必ずしも成立しない．非負条件(3)をみたすような (x^0, p^0) が(5), (6)をみたすとき，ラグランジュ形式 $L(x, p)$ の準鞍点(quasi-saddle point)ということにしよう．

数学的プログラミングの均衡モデル

数学的プログラミングは，希少資源の効率的配分を求める手法であって，完全競争的市場のもとにおける一般均衡の問題と不即不離の関係にあるといってよいであろう．ここでは，ワルラスの一般均衡モデルについて，その均衡状態におけるアクティビティ・レベルと価格体系とが，数学的プログラミングの問題にかんするラグランジュ形式の鞍点となっているようなものを構築することにしよう．

一般均衡モデルはいうまでもなくワルラスによって，かれの *Eléments*［Walras(1926)］のなかで初めて展開されたものであるが，ここではもっぱら，アロー=デブリューによってなされた数学的定式化にしたがって議論を進める［Arrow and Debreu(1954)］．くわしい点については第 18 章を参照されたい．

最終財が 1 種類で，生産要素が多数存在するような一般均衡モデルを考える．最終財を 0 で表わし，生産要素は $k=1,\cdots,m$ で表わす．この最終財は消費者にとって一般的な消費のパターンを代表的に表わすものであるが，消費者は，一定量の生産要素を所有しているとする．代表的消費者の保有する生産要素の量をベクトルで記して，$v=(v_1,\cdots,v_m)$ とする．アクティビティ・レベルは $x=(x_1,\cdots,x_n)$ で表わし，各生産要素 k を $g_k(x)$ だけ使って $(k=1,\cdots,m)$，最終財 0 を $f(x)$ だけ生産すると考える．産出量関数 $h(x)=(h_0(x), h_1(x),\cdots,h_m(x))$ は，つぎのような形をとることになる．

$$h_0(x)=f(x),\quad h_k(x)=-g_k(x) \qquad (k=1,\cdots,m).$$

このとき，最終財 0 だけが効用をもち，しかも，生産要素の供給量は $v=(v_1,\cdots,v_m)$ によって与えられるから，集計的超過需要関数 $y(p,x)=[y_0(p,x), y_1(p,x),\cdots,y_m(p,x)]$ は，

$$y_0(p,x)=f(x)+\sum_{k=1}^m p_k v_k,$$

$$y_k(p, x) = -v_k \qquad (k=1, \cdots, m)$$

のようになる．ここで，$p=(p_1, \cdots, p_m)$ は最終財をニュメレール $(p_0=1)$ とした価格ベクトルで，$x=(x_1, \cdots, x_n)$ はアクティビティ・ベクトルである．

このとき，(p^0, x^0) が上の一般均衡モデルの均衡解となっているための必要かつ十分な条件は，(p^0, x^0) がラグランジュ形式 $L(x, p)$ $(x \geqq 0, p \geqq 0)$ の鞍点となるということである．すなわち，ある価格ベクトル p^0 が一般均衡価格ベクトルであるために必要かつ十分な条件は，それに対応するアクティビティ・ベクトル x^0 が，数学的プログラミング問題の最適解となることである．

ワルラスのタトヌマン・プロセス——同時的調整

第20章で，ワルラスのタトヌマン・プロセスについてくわしく説明したが，ここでは数学的プログラミングの問題を解くための市場的手法としてどのような役割を果たすかということをみてみよう．

条件(A)で使われた $x^*=(x_1^*, \cdots, x_n^*)$ は具体的にわかっているものとする．このとき，$f(x), g(x)$ は x について連続であるから，アクティビティ・ベクトル $x=(x_1, \cdots, x_n)$ を $0 \leqq x \leqq x^*$ に限定したとすれば，帰属利潤 $f(x)-\sum_{k=1}^{m} p_k g_k(x)$ の最大値は有限値となる．この最大値は $p=(p_1, \cdots, p_n)$ を所与とすれば一意的に定まる．いま，関数 $\Phi(p)$ $(p \geqq 0)$ をつぎのように定義する．

$$\Phi(p) = \max_{0 \leqq x \leqq x^*} L(x, p). \tag{7}$$

ここで，$L(x, p)$ はラグランジュ形式

$$L(x, p) = f(x) + \sum_{k=1}^{m} p_k [v_k - g_k(x)] \qquad (x \geqq 0, \ \ p \geqq 0)$$

である．また，

$$X^*(p) = \{x(p) : 0 \leqq x(p) \leqq x^*, \ \ f(x(p)) + \sum_k p_k [v_k - g_k(x(p))] = \Phi(p)\}$$

とすれば，$x(p) \in X^*(p)$ に対して，

$$\frac{\partial f}{\partial x_j} - \sum_{k=1}^{m} p_k \frac{\partial g_k}{\partial x_j} \begin{cases} \leqq 0, & x_j(p) = 0, \\ = 0, & 0 < x_j(p) < x_j^*, \\ \geqq 0, & x_j(p) = x_j^* \qquad (j = 1, \cdots, n), \end{cases} \tag{8}$$

［ここで，偏微分はすべて $x(p)$ での値をとっている］．

さて，$X^*(p)$ に対応する超過需要ベクトルの集合を $Z^*(p)$ とする．すなわち，

$$Z^*(p) = \{z(p) : z(p) = -v + g[x(p)], \ \ x(p) \in X^*(p)\}.$$

ワルラスの同時的タトヌマン・プロセスはつぎの微分方程式体系によって定式化される．

$$(9)\quad \dot{p}_k = \begin{cases} 0, & p_k = 0 \text{ かつ } g_k(x(p)) - v_k < 0, \\ g_k(x(p)) - v_k, & \text{その他の場合} \qquad (k = 1, \cdots, m), \quad x(p) \in X^*(p). \end{cases}$$

定理1　上に挙げた条件(A), (B), (C)に加えて，つぎの条件がみたされているとする．

(D)　任意の初期時点における価格ベクトル $p(0) \geqq 0$ とアクティビティ・ベクトル $x(0) \in X^*[p(0)]$ とに対して，動学体系(9)の解 $p(t)$ は一意的に存在し，しかも初期条件 $[p(0), x(0)]$ に対して，連続的となる．

このとき，同時的調整過程(9)は準安定的となる．

［証明］　動学体系(9)の解 $p(t)$ に対して，

$$\varphi(t) = \Phi[p(t)]$$

と置く．ここで $\Phi(p)$ は(9)によって定義された関数である．この関数 $\varphi(t)$ は，$[p(t), x(t)]$ が均衡状態でないときには，時間 t の単調減少関数となることを示そう．

まず，$x[p(t)]$ が t 時点で微分可能となるような場合を考える．このとき，

$$(10)\qquad \dot{\varphi}(t) = \sum_j \left(\frac{\partial f}{\partial x_j} - \sum_k p_k \frac{\partial g_k}{\partial x_j} \right) \dot{x}_j + \sum_k \dot{p}_k [v_k - g_k(x)],$$

ここで，$p = p(t)$，$x = x(p(t))$．

(8)式と $x[p(t)]$ が t について連続であることから，

$$(11)\qquad \frac{\partial f}{\partial x_j} - \sum_k p_k \frac{\partial g_k}{\partial x_j} \neq 0 \quad \text{ならば} \quad \dot{x}_j[p(t)] = 0.$$

(9), (10), (11)から，

$$(12)\qquad \dot{\varphi}(t) = -\sum_k{}' [v_k - g_k(x(p))]^2,$$

ここで，$\sum_k{}'$ は $p_k(t) > 0$ か，あるいは $p_k(t) = 0$，$v_k - g_k[x(p(t))] > 0$ であるような k にかんする和を意味する．この不等式(12)から定理の結論はただちに導きだされる．

$x[p(t)]$ が t 時点で微分可能でないときには，t に収斂するような列をつくれば，上と同じような形で証明することができる．

つぎに，(9)の解 $p(t)$ は常に有界であるということを示そう．$\varphi(t) = \Phi[p(t)]$ の定義からただちに導きだされるように，

$$f(\hat{x}) + \sum_k p_k(t)[v_k - g_k(\hat{x})] \leqq \varphi(t).$$

ここで，$\hat{x}$ は仮定(B)における $\hat{x}$ である．$\varphi(t)$ は t について，非増大関数であり，$p(t) \geqq 0$，$v - g(\hat{x}) > 0$ だから，

$$0 < p_k(t) < \frac{\varphi(0) - f(\hat{x})}{v_k - g_k(\hat{x})} \qquad (k = 1, \cdots, m).$$

したがって，$\Phi(p)$ は動学体系(9)に対するリャプーノフ関数となって，第19章の安定性定

理1を適用することができ，(9)は準安定的であることがわかる．　Q.E.D.

$f(x)$ が強い意味で concave であり，$g_1(x), \cdots, g_m(x)$ が convex であれば，仮定(D)はみたされる．

ワルラスのタトヌマン・プロセスを少し修正して，つぎの微分方程式体系で定式化しよう．

$$(13)\quad \begin{cases} \dot{p}_k = \begin{cases} 0, & p_k = 0,\ \ g_k[x(p)] - c_k < 0, \\ g_k[x(p)] - c_k, & p_k > 0 \ \ \text{あるいは}\ \ p_k = 0,\ \ g_k[x(p)] - c_k \geqq 0, \end{cases} \\ x(p) \in X_1^*(p). \end{cases}$$

ここで，

$$X_1^*(p) = \left\{ p : \frac{\partial f}{\partial x_j} - \sum p_k \frac{\partial g_k}{\partial x_j} \begin{cases} \leqq 0, & x_j(p) = 0, \\ = 0, & 0 < x_i(p) < x_i^*, \\ \geqq 0, & x_i(p) = x_i^*. \end{cases} \right\}.$$

つぎの定理が成立することは明白であろう．

定理2　条件(A), (B), (C)がみたされているとし，さらに動学過程(13)について，条件(D)がみたされているとする．このとき，動学過程(13)の解 $p(t)$ は準安定的となる．すなわち，$p(t)$ の極限点は必ずラグランジュ形式 $L(x, p)$ の準鞍点の価格成分となる．

ワルラスの逐次的タトヌマン・プロセス

数学的プログラミングの均衡問題を解くために，ワルラスの逐次的タトヌマン・プロセスを適用することができる．

価格ベクトル $p_1(t), \cdots, p_m(t)$ をつぎの逐次的不等式体系によって定義する．

$$(14)\qquad g_k\left[x\left(p\left(t+\frac{k}{m}\right)\right)\right] \leqq v_k \qquad (k = 1, \cdots, m\,;\ t = 0, 1, 2, \cdots),$$

$[p_k(t+1) > 0$ のときは等号 $=$ で成立する$]$.

ただし，
$$p\left(t+\frac{k}{m}\right) = [p_1(t+1), \cdots, p_k(t+1), p_{k+1}(t), \cdots, p_m(t)]$$

とし，$x(p)$ は常に $x(p) \in X^*(p)$ となるような p の関数(必ずしも連続ではない)とする．簡単化のため，

$$x\left(t+\frac{k}{m}\right) = x\left[p\left(t+\frac{k}{m}\right)\right].$$

定理3　条件(A), (B), (C)がみたされているとする．任意の初期条件 $p(0)$ に対して逐次的タトヌマン・プロセス(14)の解 $p(t)$ が必ず存在するとすれば，(14)は準安定的である．

[証明]　動学体系(14)の解 $p(t)$ に対して，

$$\varphi(t)=\Phi[p(t)],\quad t=0,\frac{1}{m},\frac{2}{m},\cdots$$

と置く．ここで $\Phi(p)$ は(7)によって定義された関数である．

まずつぎの関係を示そう．

(15) $$\varphi\left(t+\frac{k+1}{m}\right)\leqq\varphi\left(t+\frac{k}{m}\right)$$

[$p_k(t+1)\neq p_k(t)$ のとき不等号 $<$ で成立する]．

じじつ，(14)から，

$$p_{k+1}\left(t+\frac{k+1}{m}\right)\left[v_{k+1}-g_{k+1}\left(t+\frac{k+1}{m}\right)\right]=0,$$

$$p_{k+1}\left(t+\frac{k}{m}\right)\left[v_{k+1}-g_{k+1}\left(t+\frac{k+1}{m}\right)\right]\geqq 0.$$

したがって，

$$\begin{aligned}\varphi\left(t+\frac{k+1}{m}\right)&=f\left[x\left(t+\frac{k+1}{m}\right)\right]+\sum_{j=1}^{m}p_j\left(t+\frac{k+1}{m}\right)\left[v_j-g_j\left(x\left(t+\frac{k+1}{m}\right)\right)\right]\\&\leqq f\left[x\left(t+\frac{k+1}{m}\right)\right]+\sum_{j=1}^{m}p_j\left(t+\frac{k}{m}\right)\left[v_j-g_j\left(x\left(t+\frac{k+1}{m}\right)\right)\right]\\&\leqq\varphi\left(t+\frac{k}{m}\right).\end{aligned}$$

ここで等号が成立するのは，$p_k\left(t+\frac{k}{m}\right)=p_k\left(t+\frac{k+1}{m}\right)$ のとき，またそのときにかぎる．この不等式(14)を $k=1,\cdots,m$ について足し合わせると，

(16) $$\varphi(t+1)\leqq\varphi(t).$$

ここで，$[p(t),x(t)]$ が均衡でないときには不等号 $<$ が成立する．

解 $p(t)$ が有界であるということは(16)と条件(B)とから導きだされる．したがって，第19章の安定性定理1を使うことができ，逐次的タトヌマン・プロセスが準安定的となることがわかる．　Q.E.D.

参考文献

Arrow, K. J., H. D. Block, and L. Hurwicz (1959). "On the Stability of the Competitive Equilibrium, II," *Econometrica*, Vol. 27, pp. 82-109.

Arrow, K. J., and G. Debreu (1954). "Existence of an Equilibrium for a Competitive Economy," *Econometrica*, Vol. 22, pp. 265-290.

Arrow, K. J., and L. Hurwicz (1958). "On the Stability of the Competitive Equilibrium, I," *Econometrica*, Vol. 26, pp. 522-552.

—— (1964). "Decentralization and Computation in Resource Allocation," *Economic Essays in Honor of Harold Hotelling*, edited by R. W. Pfouts, Chapel Hill, University of North Carolina

Press.

Arrow, K. J., L. Hurwicz, and H. Uzawa (1958). *Studies in Linear and Non-Linear Programming*, Stanford, Stanford University Press.

Dorfman, R. (1951). *Application of Linear Programming to the Theory of the Firm*, Berkeley and Los Angeles, University of California Press.

Dorfman, R., P. A. Samuelson, and R. M. Solow (1958). *Linear Programming and Economic Analysis*, New York, Toronto, and London, McGraw-Hill.

Koopmans, T. C. (ed.) (1951). *Activity Analysis of Production and Allocation*, New York, Wiley.

Koopmans, T. C. (1957). *Three Essays on the Stale of Economic Science*, New York, Toronto, and London, McGraw-Hill.

Kuhn, H. W., and A. W. Tucker (1951). "Nonlinear Programming," *Proceedings of the Second Berkeley Symposium on Mathematical Statistics and Probability*, pp. 481-492.

Lange, O. (1936-37). "On the Economic Theory of Socialism," *Review of Economic Studies*, Vol. 4. Reprinted in B. Lippincott (ed.), *On the Economic Theory of Socialism*, Minneapolis, University of Minnesota Press, 1938, pp. 57-142.

Lerner, A. P. (1958). *The Economics of Control*, New York, Macmillan.

Lyapunov, A. (1907). "Problème général de la stabilité du mouvement," *Annales de la Faculté des Sciences de l'Université de Toulouse* (2), Vol. 9, pp. 203-469.

Pareto, V. (1896). *Cours d'économie politique, I*, Lausanne, Rouge.

Samuelson, P. A. (1949). "Market Mechanisms and Maximization," P-69, The RAND Corporation.

Taylor, F. M. (1929). "The Guidance of Production in a Socialist State," *American Economic Review*, Vol. 19. Reprinted in B. Lippincott (ed.), *On the Economic Theory of Socialism*, Minneapolis, University of Minnesota Press, 1938, pp. 41-54.

Uzawa, H. (1960). "Market Mechanisms and Mathematical Programming," *Econometrica*, Vol. 28, pp. 872-881.

—— (1961). "On the Stability of Dynamic Processes," *Econometrica*, Vol. 29, pp. 617-631.

—— (1962). "Walras's Tâtonnement in the Theory of Exchange," *Review of Economic Studies*, Vol. 27, pp. 182-194.

—— (1968a). "Market Allocation and Optimum Growth," *Australian Economic Papers*, Vol. 7, pp. 17-27.

—— (1968b). "The Penrose Effect and Optimum Growth," *Economic Studies Quarterly*, Vol. 19, pp. 1-14. Reprinted in *Optimality, Equilibrium, and Growth : Selected Papers of Hirofumi Uzawa*, Tokyo, University of Tokyo Press, 1988.

Wald, A. (1933-34). "Über die eindeutige positive Lösbarkeit der neuen Produktionsgleichungen," *Ergebnisse eines mathematischen Kolloquiums*, No. 6, pp. 12-20.

—— (1934-35). "Über die Produktionsgleichungen der ökonomischen Wertlehre," *Ergebnisse eines mathematischen Kolloquiums*, No. 7, pp. 1-6.

Walras, L. (1926). *Éléments d'économie politique pure*, Lausanne, Corbaz. Translated by W. Jaffé, *Elements of Pure Economics*, Homewood, Irwin, 1954.

第23章　ヘクシャー=オリーンの理論

本書では，閉鎖経済を主として取り扱ってきた．国際貿易や資本移動，あるいは国際金融にかんする諸問題については『展開篇』で論ずる予定であるが，この章では，そのプレヴューとして，ヘクシャー=オリーンの理論の簡単な解説を試みたい．そして，関税障壁の存在する場合に，貿易を自由化したときに，一国の経済厚生にどのような影響を及ぼすのかという問題を取り上げ，さらに直接投資が長期的にどのような影響をもたらすのかということを論ずることにしたい．しかしこの章での議論はこれらの諸問題を国際経済学の問題として論ずるというよりは，これまで展開してきた経済解析に対して，それとはかなり異なった分析的手法を紹介し，あわせて，貿易自由化ないし資本自由化の厚生経済学的分析という政策的意味をもつ問題をどのような視点から分析したらよいかということを説明するという補論的意味をもつものである．

資本自由化が国民経済に及ぼす影響については，多くの人たちによって，それぞれ異なった観点から論議され，さまざまな結論なり，問題点なりが指摘されてきた．しかし，資本自由化によって，世界中の希少資源がより効率的に配分され，各国の経済的利益が高まるという点では，ほぼ見解の一致が見られているといっても差し支えない．この原則をただちに適用してよいかどうかについては，見方の相違はあるにせよ，基本的には，その妥当性は疑う余地のないものとされてきた．

貿易自由化のように，財・サービスの取引に対する障害を撤廃することによって，世界各国の経済厚生(economic welfare)が高まるという命題についても必ずしも，価格理論の教える通りではなく，一般的な妥当性をもつものであると考えることはできない．まして，直接投資にせよ，証券投資にせよ，国際間の資本移動という現象は，たんなる財・サービスの移動とは，必ずしも同列に考えることのできない面をもっている．

たとえば，直接投資は，企業という一つの経済的主体の移動であって，たんに生産面での効率だけでなく，それによって生ずる所得がどう分配されるかをも十分考慮に入れて検討しなければならない．また，長期的な観点から，直接投資によって，国民経済的厚生がどのような影響をうけるか，という点についても考察を加えなければならないであろう．

また，これまで，資本自由化の効果を論ずるに当たって，貿易の自由化はすでになされているという前提がおかれてきた．しかし，現実には，各国で，関税，非関税障壁など，さまざまな産業保護の政策がとられている．

このような問題について，これまで，十分な検討が加えられてきたとはいいがたい．以下，資本自由化にかんするこれらの点について，理論的な考察をおこない，．はたして，上に述べたような競争原理が，資本自由化に対しても成立するか，どうかということを検討してみることとする．

まず，ある特定の産業が関税障壁，その他の手段によって保護されているときに，資本自由化がなされたとすれば，資本受け入れ国の経済厚生が必ず悪化するということを示そう．論証は，ヘクシャー=オリーン理論にもとづいてなされる[Heckscher(1919), Ohlin(1952)]．したがって，そこで前提となっている限定的制約の妥当性については，周到な実証的検討を経なければならないことはいうまでもない．

ヘクシャー=オリーンの理論は，もともと，リカードの比較生産費説に対する批判として，1919年に発表されたヘクシャーの論文において展開された考え方にもとづいている．貿易のパターンを，各国におけるさまざまな生産要素の賦与量と，生産過程の要素集約度によって説明しようとするものである．のちに，オリーン，サミュエルソンなどによって，一般均衡論的な立場から敷衍され，現代貿易論におけるもっとも基幹的な考え方を提供するものとなっている．最近，理論的な見地からも，実証的な面からも，ヘクシャー=オリーン理論の前提としている諸仮定の現実性が問われるようになってきたが，現実への一次近似をはかるために，いぜんとして，もっとも有効な方法であることには変わりない．

つぎに，ハイマー[Hymer(1960)]などによって提起された経営資源の国際間の移動という考え方にもとづいて，直接投資の経済的側面を，主として長期的観点から分析することを試みる．とくに，貿易障害のない場合にも，国民経済の経済的厚生が，外国資本の流入によって短期的には低下し，長期的にも，必ずしもポジティブな効果のないことを立証する．

最後に，以上の所論をふまえて，国際経済自由化の問題について，一般的な視点からふれてみることにする．とくに，現在の政策は，企業の自由な国際間の移動という面にのみ重点が置かれ，労働の移動の自由化をまったく無視しておこなわれているが，これは世界の希少資源の最適配分という観点から，大きな弊害をともなうものであることを指摘したい．

本章はあくまでも補論的な性格をもつものであって，本書の他の章，とくに第9章，第30章と重複している部分も少なくないことを最初にお断りしておきたい．

関税の影響

関税，非関税障壁などの手段によって，ある特定の産業が保護されているときに，外国資本が流入したとすれば，その国の経済的利益は，どのような影響を受けるであろうか．上にも述べたように，これは，資本自由化の経済的効果を論ずるときに，まず第1に，考察しなければならない問題である．

貿易障壁，あるいは補助金制度など，さまざまな政策がとられているときには，各産業がどの程度保護されているか，必ずしも明確に規定されない．しかし，国内価格が世界市場での価格に比べて，相対的にどれだけ高くなっているか，を知れば，各産業の保護率について，おおよその目安をつけることができるであろう．

いま，叙述を簡単にするために，2財だけしか生産されていないような国民経済を想定しよう．第1財は，ここで主な対象となっている財で，国内で生産されているとともに，外国からも輸入されているとする．第2財としては，第1財以外の財をすべて合成して，あたかも1種類の財であるかのように取り扱う．したがって，2財からなる国民経済について得られる結論は，適当な修正を施すことによって，さらに一般的な場合にも，適用できることは想像にかたくない．

第1財および第2財の国際価格をそれぞれ p_1^0, p_2^0 とし，生産者価格を p_1', p_2' とする．第1財産業の保護率は，相対的な生産者価格 $p'=p_1'/p_2'$ と国際市場での相対価格 $p^0=p_1^0/p_2^0$ との比によって定義されるものとする．すなわち，第1財産業の保護率を m とすれば，つぎの式が成立している．

$$(1)\qquad 1+m=\frac{p'}{p^0},\quad (\text{保護率})=\frac{(\text{国内価格比})}{(\text{国際価格比})}-1.$$

第1財産業の保護率 m はつぎのようにして求められる．第1財の関税率を τ，生産者に対する補助金率を s とし，第2財の消費税率を t とする．国内市場における第1財の価格 p_1 は，$p_1=(1+\tau)p_1^0$ で与えられ，また，第2財の価格 p_2 は，国際価格 p_2^0 に等しい．他方，第1財および第2財の生産者価格は，それぞれ $p_1'=(1+s)p_1$, $p_2'=p_2$ で与えられる．さらに，消費者価格は，第1財については市場価格 p_1 に等しく，第2財については，市場価格 p_2 に間接税額 tp_2 を加えたものである．

したがって，第1財産業の保護率 m は，つぎのような式によって求められる．

$$(2)\qquad 1+m=(1+\tau)(1+s).$$

また，第1財と第2財の消費者価格比 p'' については，

$$(3)\qquad p''=\frac{(1+\tau)}{1+t}p^0.$$

もしかりに，経済的または社会的な見地から，第1財産業の保護が必要となり，ある一定の保護率 m が要請されているとする．このような産業保護は幼稚産業についてであるか，または，他の市場で独占的ないしは寡占的要因によって，資源の非効率的な配分がもたらされている場合である．いずれにせよ，なんらかの事情によって，第1財産業の保護率が m である必要があるとすれば，基本的には，(2)式を満足するような関税率 τ と，生産者補助率 s を採用すればよい．また，第1財の消費者価格は，(3)式によって求められ，第2財の消費税率 t に依存する．したがって，第1財産業について，ある所定の保護率 m を実現するために，輸入関税率 τ，生産者補助率 s，さらには，第2財に対する間接税率 t について，さまざまなポリシー・

ミックスをとることが可能である．もし，関税政策だけによるとすれば，輸入関税率 τ は所定の保護率 m に等しくなければならず，そのときの消費者価格比は，国際価格比より 100 m% 高いものとなる．

$$\tau = m, \quad p'' = (1+m)p^0. \tag{4}$$

また，輸入関税をなくし($\tau=0$)，生産者補助だけで，所定の保護率 m を達成しようとすれば，

$$s = m, \quad p'' = p^0 \tag{5}$$

となり，消費者価格比は国際価格比に等しくなる．

このように，さまざまな政策手段をとることが可能である．そのうち，所定の保護率 m を達成し，かつ国民経済に与える経済的損失を最小にするような政策はどのようなものであろうか．

この問題を考えるために，価格理論でよく使われる生産可能曲線と社会的無差別曲線という二つの概念について，簡単な説明を加える(第9章参照)．

生産可能曲線と無差別曲線

社会的に生産可能な2財の量は，国民経済内に蓄積されているさまざまな希少資源によって決定される．一般に，第1財の産出量が多くなれば，このような希少資源は，第1財産業により多く使用され，第2財産業への配分は少なくなり，第2財の産出量は減少する．所与の希少資源をさまざまな方法で配分することによって，社会的に生産することが可能であるような第1財と第2財とのさまざまな組み合わせは，図23-1で，斜線を施した領域に相当するであろう．図23-1では，第1財および第2財の産出量が，それぞれ縦軸，横軸ではかられているものとする．このような生産可能領域の領界 PAQ を，普通，生産可能曲線と呼ぶ．第1財の産出

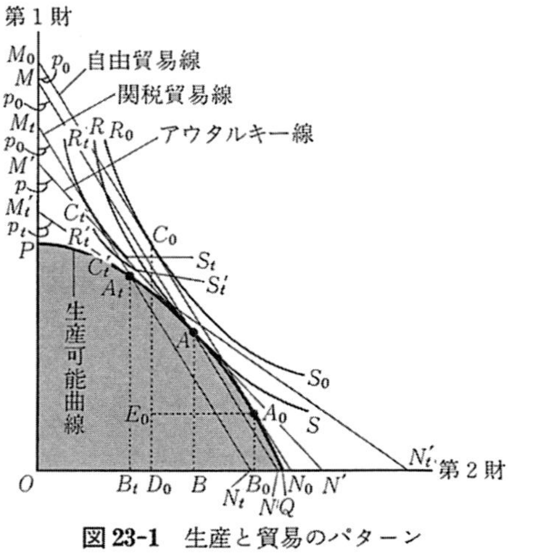

図23-1 生産と貿易のパターン

量がたとえば AB であるときに，希少資源をいろいろな形で配分したときに，第2財が最大限どれだけ生産されるかが OB によって表わされている．

いま，第1財および第2財の産出量が AB, OB であるとする．すなわち，社会的生産量が生産点 A で与えられているとする．もし，第1財の産出量を1単位だけ減らしたとき，希少資源の再配分によって，第2財をどれだけ多く生産することが可能であるか．すなわち，A 点で生産可能曲線に引いた接線の勾配は，限界変換率である．図23-1は限界変換率が逓減することを表わしている．

国内市場が完全競争の条件をみたしているときには，市場機構を通じて実現される社会的生産点は，必ず生産可能曲線上にある．また，市場価格比 p は，その点での限界変換率に等しくなることも周知であろう．

生産，貿易のパターンを知るためには，上に説明した生産条件に加えて，需要の条件を規定しなければならない．そのためには，国民経済を構成する個々の主体の主観的価値判断が，社会的選好，あるいは無差別曲線によって表現されると考える．無差別曲線は，一般には図23-1での RS 曲線のように，原点に対して凸な曲線で表わされる(限界代替率逓減の法則)．

アウタルキーの経済状態では，第1財と第2財の生産量は，限界代替率が等しくなる．すなわち，図23-1における A 点のように，生産可能曲線と無差別曲線とが接する点に定まる．そして，第1財と第2財の国内価格比 (p) は，A 点における共通の接線 $M'N'$ と縦軸との勾配に等しくなる．

いま，国外市場での第1財の相対価格が p_0 であるとし，自由貿易が許されたとしよう．国内生産のパターンは，図23-1の A_0 点で与えられ，貿易によって，$M_0A_0N_0$ 線上のどのような点でも消費することが可能となってくる．限界代替率と国際価格比 p_0 とが一致するような C_0 点が，市場機構を通じて決定される消費のパターンを与える．したがって，第2財を A_0E_0 だけ輸出し，第1財を C_0E_0 だけ輸入することになる．アウタルキーの状態に比べると，国内生産では，第1財は減少し，第2財は増加している．

しかし，第1財の輸入によって，その最終消費量はかえって増大して，経済的厚生は RS から R_0S_0 へと上昇している．実質国民所得は，貿易によって，ON から ON_0 に増加したと考えてもよい．

ここで，産業の保護政策がとられたとする．保護率を100 m% とすれば，第1財の国内価格は，$p=(1+m)p_0$ となる．生産は図23-1の A_t 点で与えられる．しかし，消費のパターンは保護率 m は同じであっても，どのような保護政策がとられるかに依存する．たとえば，第1財に対して輸入関税が100 m% の率でかけられ，その関税収入は，そのままトランスファ・ペイメントとして，国民一般に支払われるとする．他になんら保護政策がとられなかったとすれば，消費者価格は $p''=(1+m)p_0$ となって，消費点は図23-1で直線 M_tN_t 上，限界代替率が国内市場価格に等しいような C_t' 点になる．

他方，保護政策が第1財産業に対する生産者補助 ($s=m$) だけであるとし，その財源は，所得税収入に求められるとするか，あるいは，第1財の輸入関税 ($\tau=m$) と第2財の消費税 ($t=m$) との組み合わせであるとする．どちらの場合にも，消費者価格は国際価格比に等しくなる．したがって消費のパターンは，M_tN_t 線上の点 C_t のように，限界代替率が国際価格比 p_0 に等しいようなところに定まる．

消費のパターン C_t, C_t' はともに，第1財産業の保護率 m であるような保護政策の結果として支えられるものである．しかし，図23-1から明らかなように，消費点 C_t に対応する社会的な厚生水準 R_tS_t は，C_t' に対応する社会的な厚生水準 R_tS_t よりも高くなっている．

一般に，消費のパターン C_t は，生産者補助政策にせよ，関税と消費税とのポリシー・ミックスにせよ，消費者価格比が，国際価格比に等しくなる．このような政策は，保護率が所与の水準 m であるような保護政策のうちで，経済的厚生のもっとも高いものである．

いずれにせよ，保護政策によって得られる国民経済的利益は，自由貿易に比べて低下している．図23-1の場合のように，アウタルキーの状態に比べてさえ，さらに低いこともありうる．

しかし，国内での第1財の産出量は，保護政策を採用することによって，自由貿易の場合より増加している．

このように，保護政策は，経済的厚生の低下という国民経済的見地から好ましくない効果をもつにもかかわらず，それが正当化される場合もありうる．それは，ハミルトン，リストなどのいわゆる幼稚産業である．しかし，このような場合においても，関税，または非関税障壁のような貿易障害だけによって産業を保護すべきではないことは，以上の所論から明白であろう．

資本・労働比率の吟味

さて，ある特定の産業が保護されているときに，資本の自由化がおこなわれ，外国資本の流入がおきるとすれば，国民経済にどのような影響を及ぼすであろうか．この問題を論ずるためには，この国民経済の生産条件について，より立ち入った分析を加えなければならない．

いま，各財は，それぞれ，二つの生産要素によって生産され，限界代替率逓減の法則と収穫一定の法則にしたがっているものとする．この二つの法則は，新古典派の経済理論では，いたるところに仮定されるものである．第9章で多少述べたことであるが，簡単に説明すれば，つぎのようになる．

第1財1単位の生産に，資本および労働がそれぞれ何単位ずつか必要であるときに，もし，資本と労働との投入量を2倍にすれば2単位，3倍にすれば3単位生産される，etc., というときに，収穫不変の法則が成立するという．また，資本を少しだけ減らしても労働を増すことによって，同じだけの産出量が生産されるとき，労働の増分と資本の減分との比を限界代替率という．労働の投下量がふえればふえるほど，限界代替率が減少するときに，限界代替率逓減の法則が成り立つという．

この二つの法則は，第9章で説明したように，図23-2に描かれたアイソクォント(等量曲線)の曲線によって，明快に表現される．労働および資本の投下量を，それぞれ，横軸，縦軸ではかり，産出量を毎期1単位だけ生産することの可能な労働と資本の組み合わせをP_1Q_1のような曲線で表わす．たとえば，A_1点は労働OB_1，資本A_1B_1だけ使用して，産出量が1単位だけ生産できることを示す．このアイソクォントがP_1Q_1曲線のように，原点に対して凸であることが，限界代替率逓減の法則に対応する．また，収穫一定の法則は，2単位生産するためのアイソクォントがP_1Q_1曲線をたんに原点から2倍に拡大したものであるときにみたされていることも明白であろう．

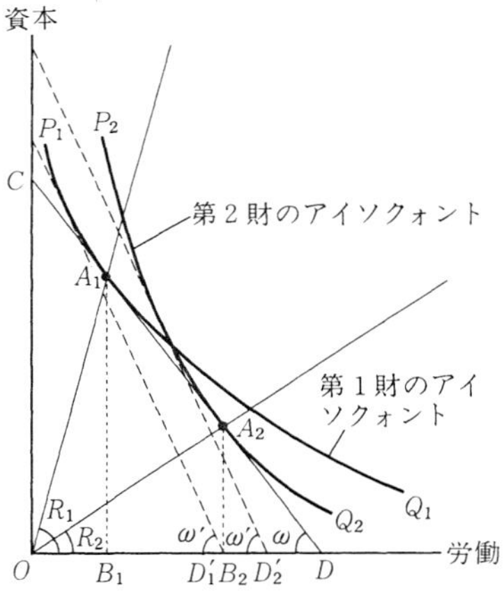

図23-2　アイソクォント曲線

さて，労働および資本のサービスの市場価格，すなわち，賃金，利潤率が与えられたときに，単位費用を最小にするような労働，資本の組み合わせは，アイソクォントを使って求めることができる．すなわち，単位アイソクォント上で，接線の勾配が賃金・利潤比率(ωと記すことにする)に等しくなる点A_1を求めれば，労働OB_1および資本A_1B_1を投入することによって単位費用が最小になる．アイソクォント上の他の点をとれば，単位費用は必ず増大するからである．図23-2で，OCまたはODは，資本または労働を尺度として，単位費用をはかったものである．

最適な資本と労働との投下量の比，すなわち，A_1B_1/OB_1は産出量に無関係に定まってくる．そして，賃金・利潤比率(ω)が上昇すれば，この最適資本・労働比率(k_1)もまた上昇する．すなわち，労働が資本に比べて割高となったとき，労働を資本によって代替させなければ，最小の単位費用で生産をおこなえない．

第2財の生産についても，第1財の場合と同じようにして，分析することができる．図23-2で，第2財の単位アイソクォントは，P_2Q_2 曲線によって表わされている．

分析の便宜上，第2財をはかる尺度を適当に調整することによって，アイソクォントが第1財の場合のように，CD 曲線に接しているようにしてある．

第1財と第2財のアイソクォントが，図23-2で示されるような関係にあるときには，第1財産業での資本・労働比率の方が，第2財産業よりも高い．このような関係が，賃金・利潤比率が変化したときにも常に成立している場合，第1財の方が第2財に比べてより資本集約的である，あるいは，第2財の方がより労働集約的である，という表現が普通使われている．

第2財の単位費用は，賃金に換算してはかれば，OD によって与えられている．したがって，第1財と第2財との単位費用の比は1になっている．もし，賃金・利潤比率が ω から ω' に上昇したとすれば，図23-2に示されているように，第1財の単位費用 OD_1' は，第2財の単位費用 OD_2' より低くなる．いいかえれば，労働のコストが資本に比べて高くなると，より労働集約的な第2財の単位費用が，第1財より相対的に高くなることを意味している．第1財，第2財の市場がともに完全競争的であるときには，市場価格は単位費用に一致する．したがって，第1財と第2財の価格比は，賃金・利潤比率の上昇にともなって減少する．

つぎに，第1財と第2財との産出量がどのような水準に定まるかという問題を考察してみよう．そのために，図23-3に描かれているエッジワース図式を導入する．O_1M および O_1N がそれぞれ，国内に存在する資本，労働量であるとし，第1財の生産に使われる資本，労働を O_1 点を原点としてはかり，第2財については O_2 点を原点とする．資本，労働の2産業への配分は，このエッジワース図式のなかの点をとることによって表わすことができる．

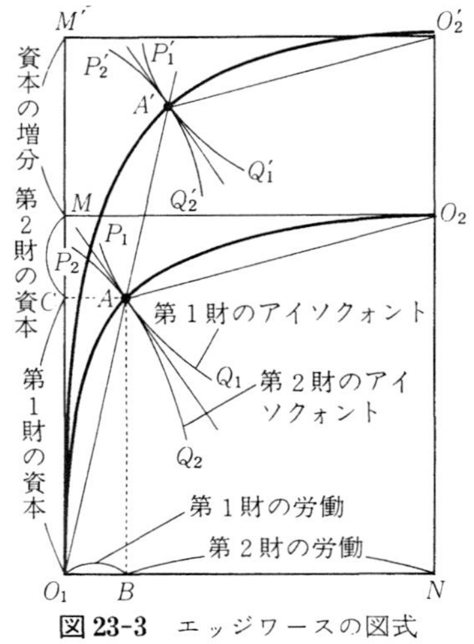

図23-3　エッジワースの図式

各産業で単位費用が最小になるように，労働と資本の雇用量が定められるとすれば，そのような資源配分は，図 23-3 の A 点のように，二つのアイソクォントが接していなければならない．第 1 財と第 2 財の産出量は，それぞれのアイソクォントの水準によって求められる．このような点の軌跡，O_1AO_2 曲線は，通例，契約曲線と呼ばれるものである．契約曲線上を O_1 点から O_2 点に移動するにしたがって，第 1 財の産出量は増加し，第 2 財は減少する．同時に，第 1 財と第 2 財の価格比は上昇する．

この契約曲線上の点に対応する，第 1 財，第 2 財の産出量の軌跡を描いたものが，図 23-1 における生産可能曲線 PAQ である．

リプチンスキーの定理

一般に，資本あるいは労働の存在量が増加したときに，生産，貿易のパターンがどのように変化するか，という問題を考えるさいに，基本的な方向を与えてくれるものにリプチンスキーの定理と呼ばれる命題がある［Rybczynski(1955)］．

いま図 23-3 のエッジワースの図式 MO_1NO_2 を考えよう．かりに，資本の保有量が MM' だけ増加して新しいエッジワース図式は $M'O_1NO_2'$ になったとする．契約曲線 O_1AO_2 は，上方にシフトするが，図 23-3 にみられるように，簡単に分析することができる．O_1A を延長して，O_2 から O_2A に平行に引いた直線との交点 A' を求めると，A' 点は新しいエッジワース図式 $M'O_1NO_2'$ の契約曲線上にあることが示される．A' 点を通る第 1 財，第 2 財のアイソクォントは，それぞれ，A 点を通るアイソクォントに平行であり，したがって，A' 点においても，二つのアイソクォントに互いに接するからである．

A' 点における賃金・利潤比率は，A 点における場合と同じであるから，第 1 財と第 2 財の価格比にも変化がない．また，A' 点においては，第 1 財の生産量は増加し，第 2 財は減少している．すなわち，資本保有量が増加したとき，生産物の価格比に変化がなければ，資本集約的な財(第 1 財)の生産は増加し，逆に，労働集約的な財(第 2 財)の生産は減少する．これがリプチンスキーの定理である．

生産の可能曲線についていえば，資本の増加によって，PA_0Q 曲線から $P'A_0'Q'$ 曲線へシフトする(図 23-4 参照)．第 1 財の相対価格が p_0 であるときには，生産点は A_0 から A_0' にシフトするが，A_0' 点での生産は，第 1 財が増加し，第 2 財が減少している．

実質国民所得は ON_0 から ON_0' に増大して，その増加額 N_0N_0' は，ちょうど，資本増分(図 23-3 の MM')に対する利潤支払い額に等しくなる．

資本移動による影響

自由貿易のもとで，資本の移動がおこなわれて，ある国の資本保有量が増加したとき，実質国民所得にどのような変化があるであろうか.

外国資本の流入によって，資本の保有量が図 23-3 の MM' だけ増加したとしよう．生産可能曲線は図 23-4 の PA_0Q から $P'A_0'Q'$ にシフトし，国内生産点は A_0 点から A_0' に移る．その生産物を国外価格 p_0 で評価すれば，ON_0' になる．しかし，国民所得は，外国資本への利潤支払い N_0N_0' を差し引いて ON_0 となる．したがって，消費のパターンは，資本流入以前の状態 C と一致する．いいかえると，自由貿易のもとで資本自由化がおこなわれた場合には，消費のパターンには変化がないが，リプチンスキーの定理によって，国内生産の面では第 1 財の生産がふえて，第 2 財の生産は減少する.

また実質国民所得は資本自由化によって，なんの影響も受けない．この命題は，ラーナー=サミュエルソンの要素価格均等化の法則からの当然の帰結とも考えられる[Lerner(1952), Samuelson(1948, 1949, 1953-54)]．すなわち，各国の技術的条件が同一で，生産についてのスペシャリゼーション(特化)がおきていないときには，自由貿易の結果，各国の賃金率，利潤率は等しくなる．したがって，自由貿易は，資本，労働などの要素移動と同じ経済的効果をもつというのが均等化の法則の意味するところである.

さて，第 1 財産業の保護率が所与の水準 m であり，かつ，その社会的費用が最小であるような保護政策がとられていたとする．このような場合に，資本自由化によって，外国資本の流入がおきるのは，第 1 財の方が第 2 財より資本集約的であるときに限られることは，以上の所論からも明白である．第 1 財の国内価格は，$p_t=(1+m)p_0$ となり，国内生産は図 23-4 の A_t 点でおこなわれる．外国資本の流入がおきて，資本量がふえ，生産可能曲線が $P'A_0'Q'$ にシフトしたとする．国内生産は A_t' 点でおこなわれる．このときにも，リプチンスキーの定理にしたがって，第 1 財の生産はふえ，第 2 財は減少している.

また第 1 財の方が第 2 財より資本集約的であると仮定してあったから，第 1 財に対する保護政策のため，利潤率は上昇し，賃金率は低下する.

国内価格で評価した国民生産は，OH から OH' に増加しているから外国資本に対する支払い利潤は，HH' に等しくなることは，さきにもふれた通りである.

資本流入以前と以後

さらに，資本流入以前と以後とについて，国際価格で評価した国民所得を比較してみる．自由化以前には，図 23-4 の ON_t によって(第 2 財を尺度としてはかった)，実質国民所得の水準が表わされている．自由化以後については，生産点 A_t' の国際価格による評価額 ON_t' から流入資本に対する利潤支払い HH' を差し引いたものである.

しかしながら，リプチンスキーの定理によって，自由化以後の生産点 A_t' は以前の生産点 A_t の左上方に位置していることがわかる.

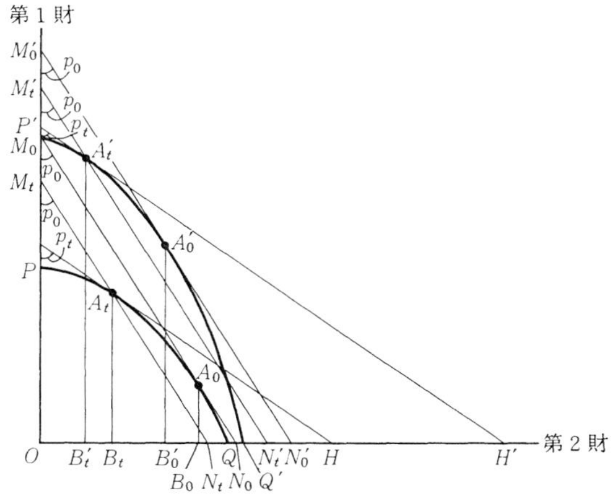

図23-4　関税と資本流入

したがって，N_0N_0' は HH' より小さくなり，自由化以後の実質国民所得 $ON_t'-HH'$ は，以前の実質国民所得 ON_t よりも低くなる．したがって，資本の流入によって，実質国民所得は減少し，最終消費の経済的厚生は低下することが検証される．

また，簡単な計算を通じて示されるように，資本自由化による実質国民所得の減少は，外国資本の流入による第1財の生産量の増加分に対する関税額と，ちょうど等しくなる．

以上の議論を通じて求められた命題は，さらに一般的につぎのように表現できる．

ヘクシャー=オリーン的な国民経済では，資本集約的な財に輸入関税が課せられると，国内における資本利潤率が上昇する．資本自由化によって，外国資本の流入があるのは，このような場合に限られる．その結果，資本集約的な財の生産は増加するが，資本の利潤率に変化はおきない．

しかし，実質国民所得は，外国資本に対する利潤支払いによる補整を考慮すれば，資本流入によって必ず減少する．その減少額は，外国資本によって生産された資本集約的な財が，もし輸入されたとしたときに課せられるであろう関税額に等しくなる．

資本流入で国民所得が低下

自由貿易のもとでは，外国資本の流入は，国民経済的厚生の面からは中立的な効果をもっていた．しかし，関税障壁の存在する場合には，実質国民所得の減少という，経済的厚生の見地からは，好ましくない効果を生みだす．

関税障壁をもうけて利潤率を高水準に保ち，ある特定の産業を保護するのは，幼稚産業について，国民経済の長期的な利益という観点から，理論的に一応正当化される．自由貿易の場合に比べて，実質国民所得は減少するが，将来，その産業が幼稚段階を脱したときにおける国民経済に対する寄与を考慮すれば，長期的にはむしろ効率的な資源配分をもたらす．

しかしながら，外国資本が，関税障壁のもとで保たれている高利潤率を享受し，その結果，実質国民所得の低下をさらに惹き起こすことは，国民経済の長期的厚生という見地からも決して望ましいものではない．

以上の分析は，ヘクシャー=オリーン理論の枠組みのなかでおこなわれた点で問題がないわけではない．とくに，企業の国際間の移動，すなわち，直接投資を問題にするときである．そのとき，ヘクシャー=オリーン理論で想定されているような，生産要素としての資本の概念をそのまま使って分析することは，必ずしも正当化されないであろう．

また，資本移動の効果を，社会的経済厚生，または実質国民所得の短期的な変化によってはかってきた．しかし，直接投資のプライマリーな効果は，外国企業が，その卓越した経営・管理的な資源，高い技術的水準，また，積極的な市場開拓，研究開発力をもって，国内市場に激しい競争的条件をつくりだすことである．その結果，企業間の競争による自然淘汰のプロセスを通じて，企業能力のすぐれたもののみが生存しうる産業構造を生みだしてゆく．そして，長期的には，わが国の希少資源のより効率的な配分をもたらし，国民経済の利益に貢献するというのが，資本自由化積極論の骨子である．

このような現象を考察するためには，通例，マクデューガル，ケンプなどによる新古典派の資本理論が援用されている[MacDougall(1960), Kemp(1969)]．しかし，それも，基本的には，上記のヘクシャー=オリーン理論における資本移動の扱い方と，軌を一にするものである．直接投資という企業の成長にかかわる現象を，このように平板的に，静学的にしか定式化できないのは，ある意味では，新古典派における企業とか，資本という概念から生ずる必然的な帰結であるとも考えられる．

しかし，この直接投資という現象は，企業が，その経営資源の限界生産性のより高い国へ進出していくものであると考えられる．企業内に蓄積された経営資源の移動が資本市場を通じておこなわれないで，直接投資の形をとるのは，これらの経営資源が，なんらかの意味で企業に固定化されているからである．すなわち，その多くの部分が，市場において，自由に売買されない面をもっていて，直接投資を通じてはじめて，外国市場に進出することが可能となる．

この点を強調したのはハイマーである．ハイマーの理論は，企業内に蓄積された経営資源の「固定性」に注目するものであって，直接投資を国際資本移動論のなかで考えるより，むしろ，産業組織論のなかでとらえようとするものである．とくに進出企業のもつさまざまな市場での独占的利益を強調する．したがって，直接投資は，独占的競争理論によってはじめて，分析可能となると考える．

直接投資の自由化が必ずしも，受け入れ国に，経済的利益をもたらすものではないことは，このハイマーの独占的競争論からも容易に想像されることである．資本自由化は，企業のもつさまざまな経営的，技術的知識の自由化を意味しない．むしろ，そのような知識を公開，または売却しないで，可能なかぎり，独占的利潤を保とうとするために，直接投資がおこなわれるからである．

このように直接投資の自由化が，必然的に独占的な要因を内蔵していることに注目すれば，この点においても，貿易自由化との差異は明確であろう．

企業成長

ハイマーの理論は，近年発展してきた企業成長の理論を，その背景にもっている．とくに企業の成長を規定するさまざまな要因について分析をおこなったペンローズ，マリスなどの理論に影響される点が多い[Penrose(1959)，Marris(1963)]．以下，企業の成長過程について，簡単な定式化を試み，直接投資の長期的効果を分析してみよう．

ここで，まず，企業内に蓄積されている経営資源が，生産活動を通じて有効に活用されるプロセスを分析しなければならない．これは，伝統的には生産曲線によって定式化されているが，企業の成長という動学的な現象を取り扱うには，必ずしも適当でない．そこで，生産曲線について，あるいは実質資本というような概念を再検討してみよう(第30章参照)．

各時点における企業の具体的構成は，工場，機械設備，土地などの物的な生産要素，特許，トレードマークなどの無形な資源，さらには経営・管理的，または技術的な資源から成り立っている．このような希少資源は，過去の投資活動の結果，企業内に蓄積されたものであり，企業に固定化され，特有な(specific)ものとなっている．企業活動は，このような固定的な希少資源に加えて，市場で自由に調達される原材料などの一般的生産要素を使用して，製品の生産，販売に従事するものである．

さて，企業能力は，その内部に蓄積されている経営的，ないしは技術的な希少資源を評価することによって得られる．しかし，そのような資源は，大部分企業に固定化されたものである．したがって，個々の希少資源を市場価格，または，なんらかの計算価格によって評価して，その集計値を求めても，企業能力を正確に反映したものは得られない．一般に，有機体的な構成をもった主体的単位の価値は，その各部分の価値の総和ではないからである．

企業能力の測定については，いくつかの方法が考えられるが，ここでは，企業活動の第一義的な目的は，利潤の極大を追求することであると考えて，つぎのように企業能力を定義してみよう．

いまかりに，可変的な生産要素(すなわち，市場で自由に調達できるもの)の市場価格が一定に保たれているとする．利潤を，産出量から可変的な生産要素に対する支払いを差し引いたものとすると，企業は毎年，最大利潤が得られるように，可変的生産要素の雇用水準を決定する．企業能力は，もし測定できるならば，利潤に比例的であろう．すなわち，t 年における企業能力

の指標 K_t をなんらかの尺度ではかることができるとし，最大利潤を P_t とすれば，

(6) $$\frac{K_{t+1}}{K_t}=\frac{P_{t+1}}{P_t}$$

がみたされていなければならない．利潤比 P_{t+1}/P_t は，一般に可変的生産要素の市場価格に依存するから，企業能力の指標 K_t もまた市場価格の変動とともに変化する．

もし利潤比が，市場価格には無関係であるとすると，(6)式によって，企業能力の指標 K_t もまた市場価格に関係なくはかることが可能である．このような場合，各年における産出量 Q_t は，その年の企業能力の指標 K_t と，可変的な生産要素の雇用量 L_t とに依存して，一意的に定められる．

(7) $$Q_t=F(K_t, L_t).$$

しかも，この生産関数 $F(K, L)$ は一次同次，すなわち，収穫一定の法則がみたされることを立証することができる．

蓄積された経営資源

さて，企業能力の指標が K_t から K_{t+1} へ増加したとすれば，それは t 年中におこなわれた投資活動の結果，企業内に蓄積された希少資源の構成に変化があったからである．

また，投資額は同じであっても，その結果生ずる企業能力指標の増加は，蓄積された経営資源の豊富な企業ほど，大きいであろう．いま成長のために必要とされる経営資源が，企業を構成する固定的な希少資源のなかで，一定の比率をもっているとする．このとき，投資率 I_t/K_t と企業能力指標の増加率 $\varDelta K_t/K_t$ との間を規定する関係は，企業成長の過程を通じて一定不変なものとなる．その関係は，一般に図 23-5 の PP 曲線のような下方に凸な曲線であらわされ

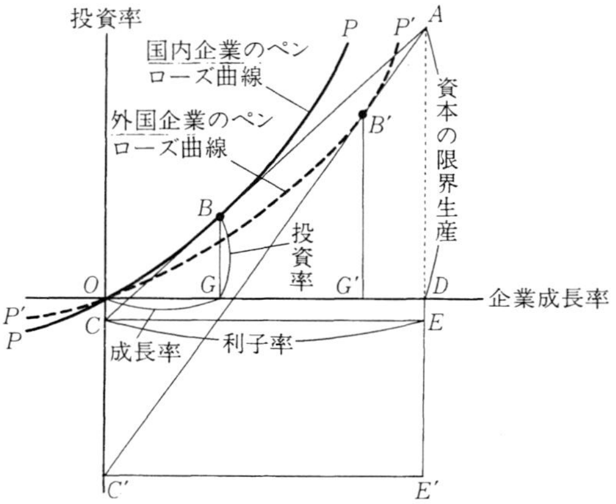

図 23-5 企業成長にかんするペンローズ曲線

る．投資率をふやせばふやすほど，成長のために必要とされる経営資源が相対的により希少となり，企業能力を比例的に増加できなくなるからである．

この曲線は，企業成長にかんするイーディス・ペンローズの理論を要約したものであり，リチャード・カーン(Richard Kahn)の発案にしたがって，通例，ペンローズ曲線と呼ばれるものである．この点については，第30章でもう一度ふれるつもりである．ペンローズの理論は，企業の成長過程において，さまざまな限定的な要因を詳細に分析したものである．とくに，企業内部に蓄積された経営的ないしは管理的希少資源が，成長拡大の過程で，どのような役割を果たすか，また，そのような資源がどのようなプロセスを経て獲得されてゆくか，という点について，すぐれた分析を加えたものである．ここで展開されている定式化は，さらに，ボウモル(W. Baumol)，ウィリアムソン(O. Williamson)などの貢献を加味したものであって，企業成長の問題を論ずるにさいして，一つの基本的な枠組みを与えるものと考えることができよう．

ペンローズ曲線は，また，企業の優劣を比較する一つの基準を与えるものである．すなわち，ペンローズ曲線が下方に位置している方が，企業としてすぐれているということができる．

また，伝統的な企業の理論はじつは，ペンローズ曲線が直線である場合を取り扱っていると考えても差し支えない．つまり，企業成長の過程で，とくに必要とされる希少資源は，企業内に常に十分なだけ蓄積されていて，それが成長を阻害する要因とはならない場合である．したがって，伝統的な新古典派の企業理論では，企業成長，または投資行動の分析を理論的に解明することができないというホーベルモの批判も起こりうるのである[Haavelmo(1960)]．

成長過程のメカニズム

一般に，企業成長というような動学的行動を分析するときに，企業がなにを最大化しているのかについては必ずしも明確でない．しかし，企業の資本調達が，ある程度競争的な株式市場，金融市場を通じてなされるとすれば，将来の(期待)純収益の現在価値を最大にするように行動すると考えてもよい．いま，r＝期待利潤率(企業能力指標単位当たりの利潤)，ρ＝利子率，z＝計画成長率($\Delta K/K$)，i＝計画投資率とする．純収益の現在価値 V は，

(8)
$$V=\frac{r-i}{\rho-z}K$$

によって与えられる．したがって，現在価値 V を最大化する投資率 i，成長率 z は図23-5のようにして求めることができる．r, ρ を座標にもつ点 A からペンローズ曲線 PP に接線を引き，その接点を B とすれば，B 点に対応する投資率 i，成長率 z が望ましいものとなる．

B 点におけるペンローズ曲線の勾配は，企業能力の限界費用，すなわち，企業の成長率を1%だけ上昇するために，投資を何%増加させる必要があるかを表わすものである．したがって，株式市場が完全競争的であるという前提のもとでは，この勾配は，また，企業能力指標1単

位当たりの株式の市場価格となる．さらに，能力指標1単位当たりの収益は，この勾配に利子率 ρ をかけたもの，すなわち，図23-5の AE に等しくなる．一方，企業の固定的な生産要素の限界生産は AD に等しい．したがって，企業内部に蓄積されている経営資源その他の固定的希少資源に帰属される超過利潤を，企業能力指標1単位当たりではかれば，$AE-DE=AD$ となる．

企業の固定的資源の生産面での貢献は，その限界生産 $r=AD$ によって与えられる．しかし，企業の所有者，すなわち，株主全体に支払われる額は，株価変動によるキャピタル・ゲインをも加えれば，限界生産 AD を DE だけ上回るものとなる．この固定的希少資源に帰属されるべき額 DE は，図23-5から明白なように成長率の高い企業ほど大きくなる．

以上に導入したペンローズ曲線の概念を使って，直接投資の効果を簡単に分析することができる．

いま，わが国の代表的な企業の成長過程が，図23-5のペンローズ曲線 PP によって，表わせるとしよう．日本企業と外国企業との間に生産技術については，大きな差異がないとすれば，外国企業が国内市場に進出可能であるのは，そのペンローズ曲線が図23-5の $P'P'$ 曲線のように，国内の代表的企業よりも効率的なものである場合に限られる．外国企業に対する資本調達のコストが，日本企業と同じであるとすれば，その成長率は，A 点から $P'P'$ 曲線に引いた接線の接点 B' によって与えられる．したがって，市場条件に変化がなくとも，外国企業の成長率は，国内企業よりも高い．外国企業のもつ経営資源，その他の固定資源に帰属される超過利潤は OC' となり，日本企業のそれよりも高くなる．

国民経済の観点からは，国内市場に進出した外国企業に支払われるべき額は，その限界的貢献よりも大きく，わが国の実質国民所得は，その分だけ減少する．直接投資による実質国民所得の減少額は，外国企業が国内市場で占めるシェアが大きいほど大きく，また，その成長率が高いほど，大きくなることも，図23-5から明白であろう．

さて，直接投資による国民所得の減少は短期的な現象である．成長率の高い外国企業の進出によって，国内市場全体の成長率も高くなり，実質国民所得は現時点，および近い将来においては，自由化によって減少するが，遠い将来の所得水準は，逆に高くなる可能性もありうる．

この点を考察するために，きわめて長期的な観点にたってみよう．上記の所論から，資本自由化の結果，国内企業の市場シェアはゼロになっているはずである．すなわち，生産活動は，すべて外資系企業によっておこなわれ，わが国の国民所得は賃金収入だけという極端な場合である．

図23-6において，B 点，B' 点はともに，自然成長率（あるいは労働供給の長期的成長率）に対応するペンローズ曲線上の点とする．長期的な市場利子率が OD によって与えられているとすれば，資本自由化以前および以後における資本の長期的利潤率は，それぞれ AD および

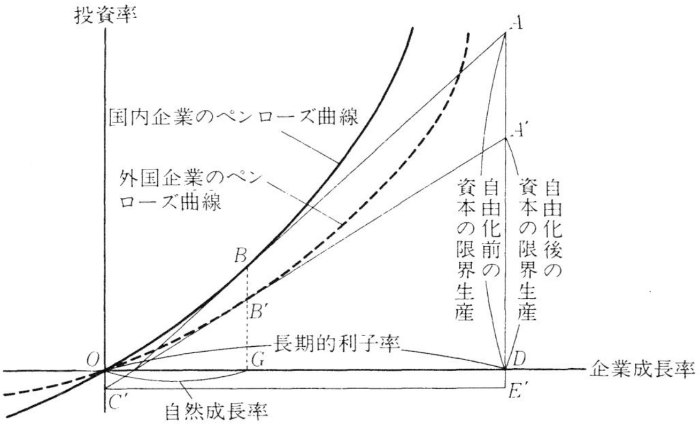

図23-6 直接投資の長期的効果

$A'D$ によってはかられる.

したがって，長期的な資本・労働比率は，自由化によって高まり，国民純生産は増加する．しかし，外国企業内に固定化されている希少資源に対する支払いを差し引くと，国民所得水準は，一般的には，逆に低下する可能性の方が強いのではないであろうか．少なくとも，この点については，上の理論的な枠組みのなかでは，断定的な結論を導きだすことは困難である．

外資系企業の長期的なシェアが100%でない一般的な場合についても，同様に直接投資の国民経済に及ぼす長期的な効果は，必ずしもポジティブでない．逆に長期的実質国民所得水準の低下というネガティブな効果の可能性が強いことを示しうる．

以上の論点からつぎのような一般的結論を求めうる．外国企業が，直接投資によって国内市場に進出するときには，その固有の経営的ないしは技術的な希少資源に対する支払いは必ず，外国企業の限界生産を超えるものとなる．長期的な視点にたてば，投資効率のよりすぐれた外国企業の国内進出によって，経済全体の成長率は上昇し，国民所得水準を高めるという効果をもつ．しかし，このような国民経済的な利益が，短期的な損失を上回るか，否かについて，確定的な結論を導きだすことはできない．

この結論は，国内市場が完全競争的であるという前提のもとで導かれたものである．独占的ないしは寡占的な市場構造をもっている場合についても，同じような推論を進めることができる．とくに，外国企業に帰属される超過利潤が，市場独占度の高いほど大きくなることは，容易に想像されるところであろう．

以上の議論を要約すれば，つぎの通りである．まず，資本移動を生産要素である資本の国際間の移動としてとらえるとき，資本自由化の一国の経済的厚生に及ぼす影響は，自由貿易のもとでは中立的である．すなわち，実質国民所得は自由化によっても，前と同じ水準を保ちうる．しかし，関税障壁(さらに，一般的な貿易障害)のもとでは，資本自由化によって，実質国民所得の低下という国民経済的に好ましくない効果をもたらす.

つぎに，資本自由化を直接投資の自由化に限定して，企業に内在する経営資源の国際間の移動と考えるとき，自由化によって，国民経済の厚生は短期的には低下し，長期的にもむしろ下降する恐れがある．そして，その傾向は外資系企業の占めるシェアが大きいほど著しい.

これらの結論は，さまざまな限定条件のもとではじめて妥当するものであることはいうまでもない.

参考文献

Haavelmo, T.(1960). *A Study in the Theory of Investment*, Chicago, University of Chicago Press.

Heckscher, E.(1919). "The Effect of Foreign Trade on the Distribution of Income," *Ekonomist Tidskrift*, Vol. 21, pp. 497-512. Reprinted in *Readings in the Theory of International Trade*, 1950, pp. 272-300.

Hymer, S. H.(1960). "International Operation of National Firms," Doctoral Dissertation, M. I. T.

Kemp, M. C.(1969). *The Pure Theory of International Trade and Investment*, Englewood Cliffs, Prentice Hall.

Lerner, A. P.(1952). "Factor Prices and International Trade," *Economica*, Vol. 19(N. S.), pp. 1-15.

MacDougall, G. D. A.(1960). "The Benefits and Costs of Private Investment from Abroad: A Theoretical Approach," *Economic Record*, and *Bulletin of the Oxford University Institute of Statistics*, Vol. 22, pp. 189-211.

Marris, R.(1963). *The Economic Theory of 'Managerial' Capitalism*, London, Macmillan.

Ohlin, B.(1952). *Interregional and International Trade*, Cambridge, Harvard University Press.

Penrose, E.(1959). *The Theory of the Growth of the Firm*, Oxford, Blackwell's.

Rybczynski, T. M.(1955). "Factor Endowment and Relative Commodity Prices," *Economica*, Vol. 22(N. S.), pp. 336-341.

Samuelson, P. A.(1948). "International Trade and the Equalization of Factor Prices," *Economic Journal*, Vol. 58, pp. 163-184.

——(1949). "International Factor-Price Equalization Once Again," *Economic Journal*, Vol. 59, pp. 181-197.

——(1953-54). "Prices of Factors and Goods in General Equilibrium," *Review of Economic Studies*, Vol. 21, pp. 1-20.

Uzawa, H.(1959). "Prices of Factors of Production in International Trade," *Econometrica*, Vol. 27, pp. 448-468. Reprinted in *Preference, Production, and Capital: Selected Papers of Hirofumi Uzawa*, New York, Cambridge University Press, 1988.

第Ⅴ部　経 済 成 長

第24章　新古典派経済成長理論

第二次世界大戦後の四半世紀の期間を通じて，世界の多くの資本主義諸国は，かなり安定的な経済成長を持続することができた．第二次世界大戦末期から直後にかけて，資本主義経済の戦後経営にかんして悲観的な予想が多くの経済学者たちによってなされたが，少なくとも1960年代の初め頃までの経済成長のパターンは，このような悲観主義が現実的なものではないということを示すものであった．もちろん，資本主義諸国のパフォーマンスは必ずしも一様なものではなく，また発展途上諸国と先進工業諸国との間の経済的格差は，この期間を通じて必ずしも縮小されるものではなかった．さらに，ソ連をはじめとする社会主義諸国との間の乖離もまた拡大化される傾向を示したが，戦後の25年間は少なくとも先進資本主義諸国にとって，安定的な均衡の時代であった．経済分析の分野でも，均衡分析が中心的なテーマであった．とくに1950年代から1960年代の前半頃までにかけての一般均衡理論を中心とした一連の創造的な研究に，この特徴は顕著に現われている．この問題領域にかんしてはすでに，第IV部でくわしく説明してきたが，第V部で取り扱う経済成長の理論，とくに新古典派的成長理論は，この時代をまさに象徴するような性格をもつものである．とくに，1950年代から60年代にかけて，ソロー，スワン，荒などの手によって構築された，新古典派経済理論はこのような時代的精神をみごとな経済分析モデルの形に定式化し，資本主義経済の長期的趨勢の一面に光を当てようとしたのであった．

資本主義経済の安定的，均衡的局面は，1960年の終わり頃から大きく崩れはじめ，1970年代を通じて不均衡の時代を迎えることになる．それにともなって，新古典派的均衡分析にもとづく経済成長理論に対する関心もとみにうすれていった．

第二次世界大戦後，先進資本主義諸国が，高度にして持続的な経済成長をつづけることができたことは，資本主義制度の輝かしい成功であったということができよう．このような成功のなかから，じつは資本主義的経済制度の矛盾が噴出してきた．同じような意味で，経済成長理論についても，新古典派理論がみごとな形で経済均衡分析の展開に成功したが，その成功のなかから，新古典派経済理論の基本的前提条件のもつ非論理性が浮き彫りにされ，その現実的矛盾が明白となっていったのである．この章では，1950年代から60年代の初めにかけて展開された経済成長理論の概要を主として，新古典派理論に焦点を当てながら振り返ってみることにしよう．

経済成長理論の評価基準

新古典派の成長理論がどのような形で展開されてきたか，ということを考えてみるためには，ニコラス・カルドアがその古典的な論文「資本蓄積と経済成長」[Kaldor(1958)]において導入した資本主義経済の成長にかんする六つの「類型化された事実」(stylized facts)を出発点とすることがもっとも明快であろう．

資本主義的経済制度をもつ国民経済について，かなり長期間にわたって(主として20世紀前半を通じて)，その経済的な変動・成長にかんして多くの共通した特徴を見いだすことができる．カルドアは，このような特徴を六つの「類型化された事実」として要約した．それはつぎのようなものである．

(1) 実質国民総生産額および労働1人当たりの実質生産額はともにほぼ一定の率で上昇しつづけてきた．短期的な変動がみられるのはもちろんであるが，労働1人当たりの実質生産額の上昇率が長期間にわたって減少するという趨勢的な傾向を見いだすことはできない．

(2) 労働1人当たりの資本ストックは年々，ほぼ一定の率でかなり長期間にわたって増加してきた．

(3) 資本利潤率は長期的にほぼ一定水準に保たれてきた．しかも，この利潤率は，長期市場利子率とは異なって，趨勢的に高い水準を保ってきた．

(4) 資本係数，すなわち資本・産出比率もほぼ一定であって，短期的な変動を別にして長期的な趨勢を見いだすことはできない．

(5) 国民所得における利潤の相対的シェアと国民総生産額における投資の相対的シェアとの間には密接な関係が存在する．一般に，利潤のシェアが高い国のほうが投資のシェアも高くなる．

(6) 実質国民生産額の上昇率も労働1人当たり実質生産額の上昇率も，どちらも国民経済の社会的，制度的条件を反映して異なったものとなっている．

このカルドアの「類型化された事実」は個々の国民経済について必ずしも厳密な意味で妥当するものではない．しかし，資本主義的な市場経済制度をとる国民経済の経済成長のパターンの特徴を的確に表わすものであるということができよう．経済成長理論の第1の課題は，このような「類型化された事実」を十分説明できるような理論モデルをどのようにしてつくり上げたらよいか，ということであった．しかし，この問題を考察するためには資本主義的経済制度のもとにおける経済循環のメカニズムをどのようにとらえたらよいか，というより根本的な点にふれなければならない．

カルドアの「類型化された事実」をどれだけ効果的に，説得的に説明できるか，ということを基準として，経済成長理論の展開をたどってみよう．

資本主義経済のもとでは，各経済主体がそれぞれ自らの私的利益を追求して生産，消費という経済活動をおこなう分権的な市場のメカニズムが中心的な役割を果たす．とくに，国民経済全体として，その生産能力が年々どのくらいの率で増加するかということは，各企業がそれぞれ私的な利潤──長期間にわたる──を「最大化」するように投資を計画し，実行してきたことによって決定される．このような供給能力の増加が，消費，投資および政府支出から構成される財貨・サービスに対する需要額の増加と果たして調和のとれるものであろうか．現代成長理論の先駆者であるハロッド[Harrod(1948)]とドマー[Domar(1957)]とが関心をもったのは，このような安定的成長にかんする問題であった．

ハロッド=ドマーの理論をもっとも単純化したモデルをもとにして説明するならば，つぎのようになるであろう．

多くの種類の財貨・サービスが生産されているとき，適当な手段で集計化し，ある1種類の財が投資にも消費にも使われるという，いわゆる「一財経済」によって表現されるような経済を考える．財を生産するためには労働と資本とを必要とし，資本はこのような財が投資を通じて蓄積されたものにすぎないとする．労働は総人口の一定比率であるとし，総人口はある特定の率で年々増加しているものとする．人口の増加率 ν は外生的に与えられると仮定する．

また，産出量を1単位だけ生産するために必要な労働および資本の量は一定不変であるとする．すなわち，労働・産出比率も資本・産出率もともに一定であり，技術的な条件によって定まると仮定する．後者は，資本係数とよばれる概念であって，v で表わすことにする．資本係数 v は一般に生産活動のプロセスの高度化を表わすものと考えてもよい．資本係数 v が高くなるとき，「資本の深化」が起きるという表現を使うことが往々にしてある．

ハロッド=ドマー・モデルで前提されているもう一つの定数は平均貯蓄性向 s である．すなわち，国民所得のうち，s の割合だけは消費されないで貯蓄され，資本蓄積に向けられると仮定する．

成長径路の不安定性　さて，国民所得 Y のうち，sY だけが貯蓄され，資本ストックの増加に当てられるときには，それにともなって産出量はどれだけ増加するであろう．資本係数は v であるから，$s/v \cdot Y$ だけ産出量を増加することになる．したがって，国民所得の増加率は s/v によって与えられ，資本ストックの増加率もまた s/v となる．

この資本ストックに見合うだけ労働の供給もふえていなければ，長期間にわたって恒常的な成長をつづけることはできない．労働，資本ストック，産出量がすべて同じ一定率で年々増加するときに，均斉的経済成長の状態にあるという．ハロッド=ドマー・モデルで均斉的経済成長が実現するためには，

$$\nu = \frac{s}{v} \qquad (1)$$

という条件がみたされていなければならない．この条件はハロッド=ドマーの動学的基本方程式といわれるものである．

このハロッド=ドマーの基本方程式(1)において，ν, s, v はそれぞれ外生的な要因によって与えられる定数であり，それらの間に(1)という条件が成立するという保証はない．むしろ，条件(1)がみたされないのが一般的な状態である．

もし，労働の増加率 ν が，資本ストックの増加率 s/v より小さかったとすればどうなるであろうか．資本ストックのほうが労働より高い率で増加するから，やがて産出高を一定率でふやすために必要な労働を供給することができなくなり，これまでと同じ率で成長することが不可能となる．

逆に，労働の増加率 ν が，s/v より大きいときには，労働供給のうち，雇用されないものの割合がふえて，均衡成長を維持することは不可能になってくる．

このようにして，ハロッド=ドマーの成長過程は不安定的であることがわかる．均斉的経済成長が実現するためには，基本方程式(1)がみたされなければならないが，それはまったく偶然的な場合である．しかも，均斉的成長径路上にないときには，不均衡の条件はさらに拡大されて，一定率の経済成長を維持することは不可能になってくる．ハロッド=ドマー的な成長過程はこのような意味で不安定なものとなる．

集計的生産関数の諸前提　資本と労働との代替性はつぎのように表現される．ある一定量の産出物を生産するために必要な資本ストックと労働の雇用量は，ハロッド=ドマー・モデルでのように必ずしも一意的に決まるものではなく，資本ストックの一部を労働によって代替するか，あるいはその逆も可能となるということである．個々の企業なり工場なりにかんしては，このような代替の可能性はきわめて限定された範囲についてしか妥当しない．しかし，国民経済全体について，実質国民純生産額と総資本ストック，労働雇用量にかんするいわゆる集計的な生産関数については，このような代替の可能性はかなりの範囲にわたって妥当すると考えてもよいであろう．同じ額の実質国民純生産額を生産するために，各企業なり工場なりがどの程度の水準のもとで操業されるか，ということについてはさまざまな組み合わせが可能であると考えられるからである．

資本と労働との代替が可能なとき，実質国民純生産額 Y は資本ストック K と労働雇用量 N との関数として表わすことができる．すなわち，

$$Y = F(K, N) \qquad (2)$$

であり，資本 K および労働 N の限界生産はともに逓減的である．とくに，

(3) $$\frac{\partial^2 F}{\partial K^2} < 0, \quad \frac{\partial^2 F}{\partial N^2} < 0.$$

資本と労働との代替可能性を表わす尺度はつぎの式によって定義される限界代替率の概念である.

(4) $$MRS = \frac{\partial F/\partial N}{\partial F/\partial K}.$$

この式によって定義される限界代替率 MRS は，労働雇用が 1 単位だけ減少したときに，資本がどれだけ増加しなければ同じ額の実質国民生産額を生産することができないか，を表わすものである．ハロッド=ドマー・モデルでは，限界代替率は無限大であると考えられているともいえよう．

(2)式によって表わされる集計的生産関数は普通，新古典派的生産関数といわれるものと同じような性質をもっている．ここでも問題となるのは，Y, K, N などの変数が現実にはどのような意味をもっているかということである．実質国民純生産額 Y については，統計的にさまざまな計測方法が考えられる．ケインズが『一般理論』で採用したように，名目国民純生産額を貨幣賃金で割って，貨幣賃金単位ではかった国民純生産額という概念が，理論的な観点からもっともしばしば使用されるものである．また，ある基準年度における市場価格にもとづいて生産物をはかり，集計した，いわゆる一定価格のもとにおける国民純生産額という概念が実証的観点から多く使われる．厳密にいうならばさまざまな問題点が生ずるが，いずれも第一近似的な点からは無視しても差し支えないといえよう．

同じような事情は労働についてもいうことができる．労働の総雇用量 N はさまざまな種類の労働を集計したものであるが，賃金率ないしはそれに準ずるものをウエートにとって集計したと考えてよい．このような集計方法については，異なる種類の労働にかんして，相対的な賃金率が一定に保たれるという仮定をもうける必要があるが，マクロ的な議論にさいしては大きな問題はおきないと考えてもよいであろう．

産出物についても，労働についても，原則として市場で取り引きされ，市場価格が成立している．これに反して，資本とくに固定的な資本にかんしては，そのストックをどのように計測して集計するか，ということについて，理論的にも実証的にも大きな問題が生じてくる．とくに，ジョーン・ロビンソンによって提起された資本概念にかんする問題点は新古典派理論の基礎にもかかわるものであって，その点を無視して議論を進めることはきわめて困難であるといわざるをえない．しかし，この点にかんしては新古典派経済成長理論ではふれられず，一財経済モデルの前提のもとで資本ストックは一意的に計測され，集計でき，しかも必要に応じてさまざまな用途に自由に変形することができるという仮定をもうける．ジョーン・ロビンソンのいうジェリー資本，またはバター資本である．

新古典派の生産関数については，さらに一次同次性の前提が仮定される．すなわち，生産のプロセスで必要とされる生産要素は資本と労働だけであり，したがって，投入量がすべて何倍かになったときには，産出量も同じだけ比例的に増加する．生産関数(2)はつぎのように表わされることになる．

(5)
$$Y = F(K, N) = Kf\left(\frac{N}{K}\right),$$

あるいは，

(6)
$$\frac{Y}{K} = f\left(\frac{N}{K}\right).$$

資本と労働との限界代替率が逓減的であるという前提はつぎのように表わされる．

(7)
$$f''\left(\frac{N}{K}\right) < 0.$$

このような性質をもつ生産関数を一般に新古典派的というのであるが，ソロー＝スワン・モデルの特徴は，集計的生産関数が新古典派的であるということによってまず表わされる．

ソロー＝スワン・モデルにかんして，第2の特徴は，経済社会を構成する経済主体にかんするものである．この点にかんして，ソロー＝スワン・モデルは新古典派理論のもつ前提条件をきわめて明白な形で表わしたものになっているということができる．

すなわち，企業とか家計とかの制度的な主体を考えないで，むしろ抽象的な個人が究極的な意味での経済主体であると考えるのである．生産活動も消費活動もすべてこのような個人が，それぞれ自らにとってもっとも都合のよい，最大の利益を生みだすような形で計画され，実行されるという前提である．各個人は労働，資本など生産要素の所有者であり，また生産，投資をおこなう主体でもある．と同時に，所得を得て，消費をおこない，貯蓄する主体でもある．しかも，各個人はそれぞれ主観的価値基準にもとづいて合理的に行動する．したがって，各個人が貯蓄するとすれば，それは投資になって現われて，貯蓄と投資との間に本質的な乖離は生じない．資本は自由に，望む形に変形され，また常に完全競争的な市場で売買される．したがって，投資という概念はもともと存在しないと考えてもよい．

均斉的成長径路の安定性　いま単純化のために，国民所得のうち，ある一定比率が消費され，残りが貯蓄されるとする．平均貯蓄性向を s とすれば，消費 C および貯蓄 S はつぎの式によって表わされる．

(8)
$$C = (1-s)\,Y,\quad S = sY.$$

貯蓄はただちに投資され，資本ストック K の増加になって現われるから，

(9)
$$\dot{K}\left(\equiv\frac{dK}{dt}\right) = sY$$

という動学方程式が成立する．

いま，労働供給の増加 ν が外生的に与えられた一定率であるとすれば，(9)式によって表わされる動学体系は安定的となる．すなわち，国民所得も，資本ストックもともに労働供給の増加率 ν と同じ率で増加するような均斉的経済成長径路が必ず存在し，しかも，任意の成長径路は必ずこのような均斉的成長径路に近づいてゆく．このようにして，新古典派の理論的前提のもとでは，市場経済の経済成長プロセスは安定的なものとなり，ハロッド=ドマーの結論とはまさに対照的な命題を求めることができるのである．この点について多少くわしく考察してみよう．

図24-1において，横軸には労働・資本比率 $n=N/K$ をとり，縦軸には資本蓄積率 $\dot{K}/K$ をとる．労働・資本比率 n に対して資本1単位当たりの産出量 Y/K は PQ 曲線によって表わされるとすると，貯蓄・資本比率 S/K は PR 曲線で表わされることになる．いま，労働の増加率 ν に見合う PR 曲線上の点を A とする．A 点に対応する労働・資本比率を n^* とし，また PQ 曲線上の点を B とする．n^* は均斉的経済成長に対応する労働・資本比率であり，また，B 点における PQ 曲線の接線の縦軸との交点は資本に対する利潤率を表わすことになる．均斉的経済成長径路の上では，資本蓄積率は s/v となり，労働供給の増加率 ν に等しくなる．

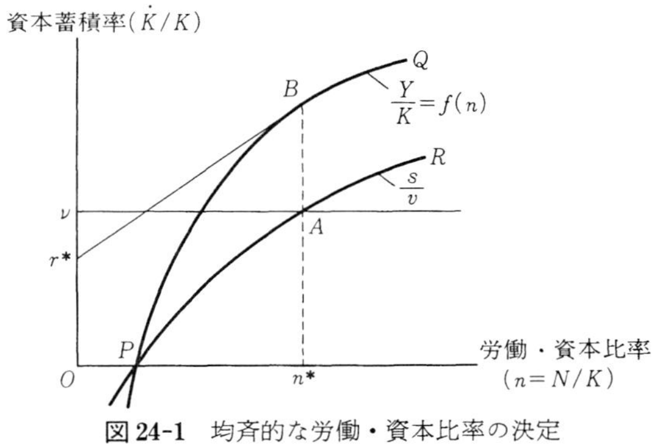

図24-1　均斉的な労働・資本比率の決定

しかも，労働・資本比率 n が n^* と異なるとき，時間の経過にともなって，n は n^* に近づく傾向をもつ．もし，労働・資本比率 n が均斉的比率 n^* より大きいときには，図24-1から明らかなように，資本ストック増加率 s/v は労働供給の増加率 ν より大きい．したがって，労働・資本比率 n は時間の経過にともなって減少し，均斉的比率 n^* に近づいていく．労働・資本比率 n が n^* より小さいときには，投資率 s/v は ν より小さく，時間の経過にともなって労働・資本比率 n は増加し，均斉的比率 n^* に近づく傾向をもつ．このようにして，新古典派成長モデルの経済成長プロセスは安定的であるということを示すことができる．

ソロー=スワン・モデルの説明力 新古典派のソロー=スワン・モデルにおける均斉的経済成長径路はどのような性質をみたすであろうか．まず，定義によって労働・資本比率は一定水準に保たれるから，実質国民生産額もまた労働1人当たりの実質生産額も一定の率で上昇する．すなわち，カルドアのいう第1の「類型化された事実」が成立する．また，資本利潤率が一定水準に保たれるという第3の事実については，図24-1から明白であろう．資本利潤率 r は，生産曲線の接線と縦軸との交点の原点からの距離によって表わされるからである．また，均斉的成長径路の上では，国民所得のなかでの利潤シェアも国民総生産額のなかでの投資シェアも一定に保たれる．このようにして，カルドアの六つの「類型化された事実」のうち，第2を除いてすべてみたされることがわかる．

第2の性質，すなわち，労働1人当たりの資本ストックが年々増加しつづけるということは，ソロー=スワン・モデルの均斉的成長径路の上ではみたされない．もしかりに，労働1人当たりの資本ストックが増加しつづけると均斉的成長の条件がみたされないのはもちろんのこと，資本利潤率 r は低下しつづけることになる．すなわち，経済成長にともなって，資本の深化が起きるときには必然的に利潤率の低下を惹き起こすという命題である．

技術進歩の問題

この点を考慮して，ソロー=スワン・モデルに修正を加えて，カルドアの第2の「類型化された事実」を検証しうるモデルをどのように作成したらよいであろうか．これは技術進歩の問題と関連している．

中立的技術進歩の3類型 技術進歩を新古典派モデルに導入しようという試みはソローなどによってなされたが，その基本的な考え方はつぎの通りである．すなわち，技術進歩は外生的な要因によって与えられ，しかも技術進歩のためになんら人的，物的資源を使用する必要はないとする．したがって，技術進歩は生産関数のシフトとして表現される．このような技術進歩はいくつかの類型に分類することができるが，その基準となる中立性については三つの考え方が存在する．ヒックス中立性，ハロッド中立性，ソロー中立性の3種類である．

ヒックス中立性は，ヒックスがその著『賃金の理論』[Hicks(1932)]のなかで導入したものである．賃金，資本レンタルの比率が一定不変のとき，技術進歩によって，労働の相対的シェアが変わらないときに，ヒックス中立的な技術進歩という．これに対して，労働の相対的シェアが上昇するときには資本節約的といい，逆に資本の相対的シェアが下降するときに労働節約的という．ヒックス中立的な技術進歩を生産関数で表わすと，

$$AF(K, N) \quad (10)$$

という形となる．ここで A は技術進歩にともなって変化するパラメータであり，基準となる

生産関数 $F(K, N)$ は不変である．

つぎに，ハロッド中立的な技術進歩は，資本利潤率が一定であるときに資本係数が一定に保たれるようなケースである．生産関数で表わすと，

(11) $$F(K, BN)$$

という形となるときがハロッド中立的な技術進歩である．ただし，B は技術進歩を表わすパラメータである．

さらに，ソロー中立的な技術進歩は，

(12) $$F(CK, N)$$

という形で表わされるものである．ここで C は技術進歩を表わすパラメータである．

ここに定義された3種類の中立性はそれぞれ特定の問題を考察するために提案されたものであるが，経済成長の問題と関連してもっとも基本的な概念はハロッド中立性である[第12章]．

もし，外生的に与えられる技術進歩がハロッド中立性で，しかも技術進歩率 $\beta=\dot{B}/B$ が一定であるとしよう．このときには，もはや均斉的経済成長径路は通例の意味とは異なるものとなる．労働・資本比率をたんなる労働雇用量 N を尺度としたものではかるのではなく，効率単位ではかった労働 BN を基準にしてはかることにする．すなわち，

(13) $$x=\frac{BN}{K}$$

を新しく労働・資本比率と考えることにする．

このとき，均斉的経済成長径路は，効率単位ではかった労働・資本比率 x が一定に保たれるような径路であると定義することができる．

このような均斉的成長径路の上では，資本係数あるいはその逆数である産出量・資本比率も一定水準に保たれる．

経済成長径路の安定性　ハロッド中立的な技術進歩のもとにおける経済成長のプロセスが安定的になるということはつぎのようにして示すことができる．図24-2で，横軸には効率単位ではかった労働・資本比率 x をとり，縦軸に産出物・資本比率 y をとる．生産曲線を PQ 曲線によって表わすとき，貯蓄曲線は PQ 曲線を縦軸に沿って s 倍した PR 曲線によって表わせる．他方，効率単位ではかった労働の増加率は高さ $\nu+\beta$ の水平線によって表わせるから，それと PR 曲線との交点 A' によって均斉的経済成長を特徴づけることができる．A' 点に対応する(効率単位ではかった)労働・資本比率を x^* とする．

もし，労働・資本比率 x が x^* より大きいときには，貯蓄(≡投資)額は PR 曲線上の点になるから，労働・資本比率 x を一定に保つために必要な率 $(\nu+\beta)$ を上回る．したがって，労働・資本比率 x は時間の経過にともなって減少する傾向をもつ．同じように，労働・資本比率

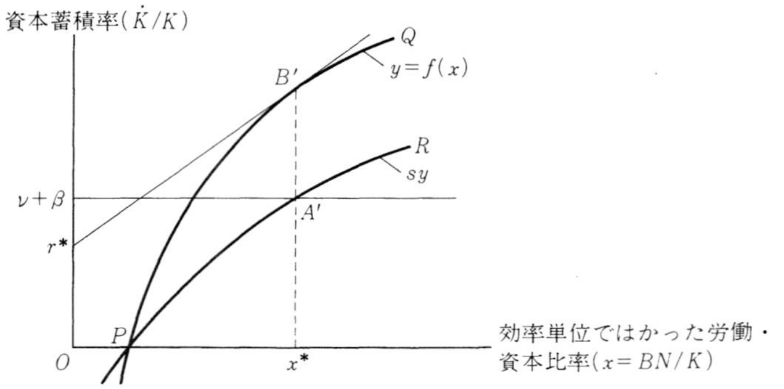

図24-2　ハロッド中立性

x が x^* より小さいときには，逆に x に上昇する傾向をもつ．いずれにせよ，時間の経過にともなって，労働・資本比率 x は均斉的比率 x^* に近づくことを示すことができる．

このようにして，均斉的労働・資本比率 x^* は安定的であるということがわかるが，均斉的成長径路では，資本ストックの増加率は，効率単位ではかった労働供給の増加率 $\nu+\beta$ に等しくなる．また，ハロッド=ドマーの基本方程式は，

(14)　$$\nu+\beta=\frac{s}{v}$$

のように修正された形で成立する．

この均斉的成長径路の上では、資本係数は一定に保たれ，またハロッド中立性の前提により，利潤率 r^* もまた一定水準に保たれる．しかも，労働1人当たりの資本ストックは年々一定率で増加するというカルドアの第2の「類型化された事実」をもみたす．このようにハロッド中立的な技術進歩をともなう新古典派の経済成長モデルは,「類型化された事実」をすべてみたすことになる．

ハロッド中立的な技術進歩を考えると，新古典派の成長理論によって，資本主義的な国民経済の経済成長の特徴を大ざっぱではあるが説明することができる．しかし，このような新古典派経済成長理論は果たしてどの程度現実の制度的な前提をふまえ，個々の経済主体の行動を的確にとらえたものになっているのであろうか．

上に述べたような新古典派的成長理論の諸前提のうち，まず問題となるのは一財経済の仮定であろう．すなわち，消費にも投資にも使用できるような単一の財のみによって構成されているという仮定である．この一財経済の前提を緩和して，より一般の経済を考察の対象とするとき，以上の結論にどのような修正が必要となるであろうか．

この点は，資本の固定性と関係することでもある．すなわち，固定的な資本としてひとたび投下された資源は，自由には他の用途に変えるということは不可能であって，投資目的に沿った用途にしか当てられない．他の用途に変えるためには，通例大きな社会的，あるいは私的費

用を必要とするか，長期の時間的経過を必要とする．このような資本の固定性にともなって，生産されたフローとしての財とひとたび投資された固定的なストックとしての資本とは異質なものとなる．このような意味で，これまでもうけてきた一財経済モデルは，資本の固定性をも否定して，投下されたストックとしての資本と年々産出されるフローとしての財との間になんら区別が存在しないという仮定を含んでいる．

二部門経済成長モデル

さて，たんに 1 種類だけでなく，いくつもの種類の財貨・サービスが生産されるときに，上のモデルはどのような修正を必要とするであろうか．もっとも単純なケースとして，消費財と資本財との 2 種類の財が生産され，それぞれ同質のものから成り立っているという前提がみたされているとしよう．いわゆる二部門経済成長モデルの場合である．ただし，この場合にも，産出物としての資本財とストックとしての資本財とはまったく同質であり，資本の固定性という問題は生じないとする．

二部門経済成長モデルについても，一財経済モデルの場合とまったく同じような命題が妥当するということを検証することができる．そのくわしい証明に立ち入って解説するのは次章にゆずるとして，ここでは，二, 三の重要な点にふれておくことにしよう．さらにくわしくは，ミードの『経済成長の新古典派理論』[Meade(1957)]，宇沢の「二部門経済成長モデルについて I, II」[Uzawa(1961-63)]を参照されたい[第 25 章]．

新古典派の二部門経済成長モデルは，消費財部門と資本財部門との二部門から構成されている．各部門における生産活動は二つの生産要素——資本と労働——によっておこなわれる．資本も労働もともにそれぞれ同質の量からなっている．ストックとしての資本は産出物としての資本財と同一視されることは一財経済モデルの場合と同じである．

任意の時点で，社会に存在する資本ストックおよび労働供給は二部門に配分される．各財の産出量は，それぞれの部門に配分された資本と労働とに依存し，新古典派的な生産関数によって規定される．消費財および資本財の市場はともに完全競争的であるという仮定がもうけられる．また，労働および資本サービスにかんしても市場は完全競争的であるとする．

新古典派の二部門モデルでは，所得のなかでの賃金および利潤のシェアには無関係に，消費および貯蓄が決まる．消費は消費財購入に向けられる支出額であり，貯蓄は資本財購入すなわち投資に当てられる額である．簡単のために，平均貯蓄性向 s は一定比率であるとすれば，名目国民所得が Y であるとき，消費需要は $(1-s)Y$，投資需要は sY に等しくなる．

短期の市場均衡は，消費財および資本財の生産額がそれぞれ消費および投資に対する需要に等しくなり，また，労働および資本サービスに対する需給が均等するときに実現する．短期市場均衡のプロセスは安定的であり，常に市場均衡が成立しているように，各財の価格，賃金率，資本のレンタル率が決められるとする．したがって，完全雇用は常に実現し，資本ストックの蓄積率はとくに平均貯蓄性向 s に依存する．

社会全体での資本・労働比率 $k=K/N$ が所与のとき，短期の市場均衡は一意的に決定され，したがって，資本ストックの増加率もまた一意的に決まる．このとき，労働供給の増加率 ν が外生的な要因によって決められるとするならば，二部門経済の動学的径路は確定し，短期市場均衡が時間の経過にともなってどのように変位するかということを分析することができる．

資本・労働比率 k が時間の経過にもかかわらず常に一定水準に保たれるとき，均斉的な経済成長が実現する．この均斉的な経済成長径路は安定的であろうか．この問題に対する解答は一般的に肯定的であるが，若干の制約条件を必要とする．それは主として要素集約性にかかわるものである．

賃金・レンタル比率が与えられたとしよう．各部門における資本と労働の雇用は，費用が最小になるような組み合わせをとる．生産関数が一次同次のときには，費用最小となるような資本・労働比率は生産規模には無関係に賃金・レンタル比率のみによって定められる．この最適資本・労働比率は消費財部門と資本財部門によって異なるのが一般的である．消費財部門における最適資本・労働比率が資本財部門のそれより高いときに，消費財部門のほうが資本財部門に比べてより資本集約的であるという．しかし，この相対的資本集約性の概念は基準としてとっている賃金・レンタル比率に依存する．もし賃金・レンタル比率のいかんにかかわらず，消費財部門のほうが資本財部門より資本集約的であるとき，消費財のほうが資本財より常に資本集約的であるという．逆の場合には，資本財のほうが消費財より常に資本集約的であるという．

新古典派の二部門モデルにおいて，消費財のほうが資本財より常に資本集約的であるときに，均斉的成長径路は安定的となる．すなわち，どのような初期条件から出発しても，時間の経過にともなって，資本・労働比率 k は均斉的資本・労働比率 k^* に近づくことを検証することができる．

これに反して，資本財のほうが消費財より常に資本集約的であるときには，均斉的成長径路は必ずしも一意的には定まらず，いくつかの均斉的成長径路が存在する可能性がある．したがって，このような場合には均斉的成長径路は必ずしも安定的ではなくなる．しかし，均斉的成長径路全体として考えたときに安定的であるということを示すことができる．すなわち，どのような初期条件から出発したとしても，時間の経過にともなって，資本・労働比率 k は均斉的資本・労働比率 k^* のいずれかに近づくのである．

このように，新古典派の二部門経済成長モデルにかんして，つぎのような命題を求めることができる．均斉的経済成長径路が存在し，安定的である．均斉的経済成長径路では，資本ストックおよび実質国民生産額はともに労働供給の増加率 ν と同じ率で増加する．また，資本利潤率は一定であり，資本と労働との相対的シェアはそれぞれ一定となる．一財経済をモデルとしたときの結論が二部門モデルにそのまま適用されると考えて差し支えないであろう．

二部門経済の新古典派理論は，そのまま消費財の数が多種類存在するような多部門経済について適用することができるであろうか．資本財の種類が多数になったときには，新古典派理論を適用することができない．新古典派理論は投資の理論を欠くものであって，投資総額は貯蓄額に等しいことはわかっても，どのような資本財にどれだけ投資されるかという問題を解くことはできないからである．このような意味で資本財が1種類しかないという前提は新古典派理論にとってきわめて重要な制約条件となっているといえよう．

その他のアプローチ　二部門経済成長理論には多少異なった前提のもとに構築されたモデルがある．稲田モデル[Inada(1966)]と呼ばれるものであって，ひとたび各部門に投資された資本財は他の部門での生産活動に当てることはできないという性質を定式化したものである．このモデルは資本の固定性を明示的にとり入れた最初の経済成長モデルであって，のちに述べるケインズ的な経済成長モデルの先駆的な意義をもつ．稲田モデルにおいても均斉的経済成長径路は存在し，一般的な条件のもとに安定的となる．

二部門経済成長モデルにはもう一つのタイプが存在する．フェルドマンの二部門モデル[Fel'dman(1928)]である．フェルドマン・モデルでは，資本財は2種類あって，一つは消費財部門で使用されるものであり，他の一つは資本財部門で使用される．これはたがいに異なる資本財であって，それぞれ異なった生産技術によって生産されるという点で稲田モデルにおける資本財とは多少違った意味をもつ．しかし，フェルドマン・モデルは主として社会主義的な計画経済について適用されるものであって，市場経済の成長過程の分析については必ずしも明示的に定式化されていない．

資本財の種類が多様化しているような経済モデルについては，第13章で論じたようなヴィンテージ・モデルが存在する．すなわち，各資本財はそれぞれ生産された年次によって異なる性格をもつとし，経済的な耐用年数を通じて生産活動に使用されるとする．ヴィンテージ・モデルについても均斉的経済成長径路の存在については一般的な条件のもとで妥当するが，その安定性については，主としてその数学的構造の複雑さの故に十分に検討されていないのが現状である．

ケインズ的経済成長理論

さきにも述べたように，新古典派の経済成長理論の前提のうち，もっとも問題となるものの一つは，経済的主体の捉え方にかかわるものである．すなわち，新古典派理論では，企業や家計という制度，組織はたんなるヴェールにすぎず，経済活動は究極的には個々の個人の行動を分析することによって解明できるという考え方がとられている．いいかえるならば，企業も家計もすべて個人の集合であって，しかも，各個人がそれぞれ自らの主観的価値判断にもとづいて合理的な行動をおこなう．このような個々人の合理的行動を集計することによって国民経済全体のマクロ経済的な分析をおこなうことができるという考え方である．この新古典派的な考え方のもとでは，貯蓄はそのまま自動的に投資に一致し，経済成長のプロセスの安定性をきわめて一般的な条件のもとで検証することができたのである．

資本主義経済の制度的前提　これに反して，ケインズ理論[Keynes(1936)]が前提としているのは，個人行動への分解可能性ではなく，むしろ企業と家計とがそれぞれ制度的に独立した組織であって，有機体的な構造をもち，ある合目的的な活動をするというように考える．投資を計画し，実行するのは生産主体としての企業であり，また貯蓄を決定する主体は家計である．企業と家計とが制度的に独立な組織となっているような現代資本主義制度のもとでは，投資と貯蓄とが事前に一致する保証は存在しない．むしろ，価格，雇用水準，さらに一般に経済活動水準を通じて調整される．

ケインズ理論の標準的な解釈とされているヒックス=サミュエルソンの所得・支出アプローチにおいては，投資と貯蓄とが均等するプロセスは，労働雇用水準の調整を通じておこなわれ，価格水準はそのプロセスを通じて一定水準に保たれるという前提がもうけられている．しかし，この解釈は必ずしも整合的なアプローチを与えない．というのは，労働の雇用量は，その限界生産が賃金率に等しい水準に決定されるというもう一つの前提条件がみたされなければならないから，もし価格，貨幣賃金率がともに不変であるときには労働雇用は一定水準に保たれるはずである．したがって，有効需要調整のメカニズムが雇用量または国民総生産額を通じておこなわれるとすれば，労働雇用水準が実質賃金と限界生産とが等しくなる点で決定されるという前提をすてるか，あるいは財市場における価格決定のメカニズムが完全競争的ではないという前提にたつより方法がない．または，有効需要調整のプロセスにおいて，価格水準が変化し，財市場における需給のバランスを回復するという機能を果たすという仮定のもとで議論を進める必要がある．

ケインズ的な成長理論のもう一つの特徴的な点は，資本の固定性にかんする前提である．工場，機械・設備などの資本は，ひとたびある特定の目的のために希少資源を使って，投資のプロセスを通じて形成されたのちに，他の目的のために転用するということは一般に不可能であるか，またはきわめて大きなコストを必要とする．ところが，上に述べたように，一財経済モデルはもちろん，二部門経済モデルについても，このような意味での資本の固定性は無視されて，可変的な生産要素として，必要に応じてどのような形にでも変形できるという仮定にもとづいてモデルが構成されている．

ケインズ的成長モデルの前提条件　ケインズ的な経済成長理論はこのような現代資本主義経済の制度的特徴ともいうべき点を考慮して，このような条件のもとでの経済成長のプロセスを分析しようとする．ケインズ的あるいは新ケインズ的経済成長モデルとよばれるものは，近年数多く作成され，いずれも上にあげた点についてある程度の配慮をはらってその前提条件が選択されている．ここでは，それらについてふれることはさけて，財市場の完全競争性を前提としながら，ケインズ理論の再検討を試み，経済成長過程の分析をおこなってみよう．ここで展開されたアプローチについては，第27章でくわしく解説するので，ここではそのアウトラインを紹介するにとどめる．

このアプローチでは，国民経済を構成する経済的主体を企業と家計とに大別して考えるという点で上に述べたケインズ的性格をもつものであるが，さらに市場の性質についても新古典派とは異なった前提がもうけられている．すなわち，労働市場については，貨幣賃金率は，失業の存在するときには各時点で歴史的に定まる水準に決まる．労働に対する超過需要が存在するときには，その超過需要をちょうど吸収するだけ貨幣賃金率が上昇する．市場性の高い短期金融資産が取り引きされる貨幣市場は効率的に組織化され，均衡価格がきわめて速やかに実現するという仮定が置かれ，また長期金融資産市場にかんしては，市場が形成されている範囲が限定されているか，あるいは市場の均衡プロセスが必ずしも完全競争的ではなく，均衡価格に到達するためには時間的おくれをともなうとする．

このような制度的前提のもとで，経済成長モデルがつくられるが，まず，つぎのような条件がみたされているときを考えよう．

(1)　財貨・サービスの種類が一つで，消費にも投資にも使われるという一財経済であるが，資本の固定性を前提とする．

(2)　生産期間がきわめて短く，しかも短期的な価格予想は確実に実現するとする．すなわち，企業が生産計画をたてるときに，その製品の市場価格を正確に予想できる．

(3)　消費にかんしても，家計について所得と支出との間に時間的おくれはない．

(4)　通常の意味における貨幣(すなわち，現金性通貨と預金性通貨との和)は政策的にコントロールできる．

(5)　財政支出率，すなわち財政支出が国民所得のうちで占める比率は政策変数としてコントロールできる．

(6)　外国との経済的取引を考慮しない．

短期市場均衡の分析　このような前提条件のもとで，雇用量，国民生産額，投資量，価格水準などの経済変量はどのようにして決まるであろうか．この短期市場均衡はヒックスの導入した $IS \cdot LM$ 分析を適当に修正しておこなうことができる．

財市場の均衡は，財貨・サービスに対する総需要額が総供給額に等しいように価格水準および雇用量が決められたときに成立する．総供給量は，企業部門に蓄積されている固定的な生産要素の量と可変的な生産要素の雇用量とに依存する．したがって，価格水準の上昇にともなって，可変的な生産要素の雇用も増加し，国民生産額も増加する．これに反して，総需要額は消費，投資，政府支出から構成されているが，とくに重要な内生的要因は投資である．投資は，企業が将来の利潤に対してどのような期待をもっているかということと，投資資金調達のコスト，すなわち実質的長期利子率とによって左右される．短期の市場均衡のプロセスにおいて，企業のもっている期待利潤は変わらないとすれば，投資の短期的変動にもっとも大きな影響を及ぼすのは長期の実質利子率である．長期市場利子率から価格水準の予想上昇率を差し引いた実質利子率が高くなれば，投資の低下を誘発し，総需要額は減少する．したがって，有効需要も減少し，財の市場価格は下がり，雇用量も低下する．したがって，財市場が均衡するような長期実質利子率 ρ と労働雇用量 N との間の関係は，図 24-3 の IS 線のように，右下がりの曲線によって表わされる．IS 曲線は，縦軸に長期実質利子率 ρ をとり，横軸には有効需要に対応する雇用量 N をとったものである．

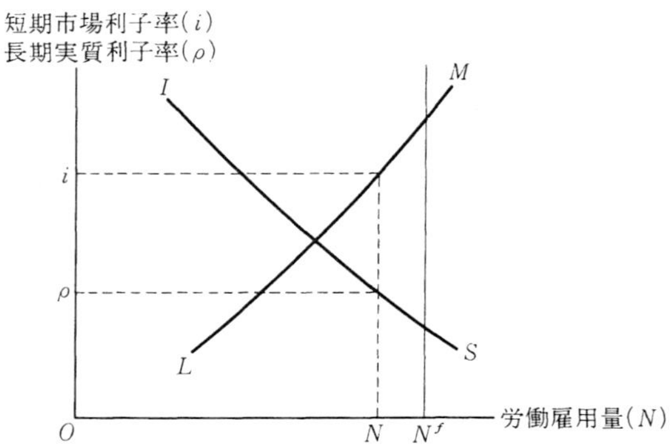

図 24-3 短期市場均衡の決定

つぎに貨幣市場における均衡過程をみてみよう．貨幣市場は貨幣と短期の金融資産が取り引きされる市場であり，中央銀行の供給する貨幣供給量と貨幣保有に対する需要とが均等するように，短期金融資産の価格あるいは短期の市場利子率が調整される．さきに仮定したように，この短期市場均衡のプロセスが効率的で速やかに調整されるとすれば，貨幣市場が財市場と同じように常に均衡状態にあると考えてもよい．さて，貨幣保有に対する需要は，実質貨幣残高が主として経済的取引のために必要な水準になるように決定され，実質国民総生産額 Y と短期市場利子率 i とによって左右される．一般に，労働雇用量 N がふえると，実質国民総生産額も高くなり，貨幣需要もふえる．また，短期市場利子率 i が上昇したときには，貨幣保有の機会費用が高くなり，貨幣需要は減少する．

貨幣市場が均衡するような短期市場利子率は一意的に定まる．雇用量 N が増加したときに，貨幣需要のスケジュールは右方にシフトするから，短期利子率 i が上昇しなければ貨幣市場の均衡は保たれない．したがって，貨幣市場が均衡するような短期市場利子率 i と労働雇用量 N との関係は，図24-3における LM 曲線のように右上がりの曲線によって表わされる．この LM 曲線は，中央銀行による貨幣供給量 M に依存し，M がふえるときに LM 曲線は右方にシフトする．

短期市場均衡の決定は，図24-3によってつぎのように説明される．長期実質利子率 ρ は過去の条件にもとづいて歴史的な要因によって決まるもので，短期の市場均衡のプロセスを通じて一定水準に保たれると仮定される．有効需要に見合う労働雇用量 N は IS 曲線上，所与の長期実質利子率 ρ に対応する水準に決められる．このとき，短期市場利子率 i は，この労働雇用量 N に見合って，貨幣市場が均衡するような，すなわち，雇用量 N に対応する LM 曲線上において決定される．

このような短期市場均衡のメカニズムは，ヒックスの IS・LM アプローチとはいくつかの本質的な点で異なるものがあるが，この点にかんしては第27章にゆずることにする．ここでは，このアプローチでは，貨幣賃金率のカットは LM 曲線の下方へのシフトとなって現われるが，有効需要には直接影響を及ぼさず，たんに短期市場利子率 i の低下を誘発するだけであるという点にふれておくにとどめる．

動学的分析の概要　短期市場均衡は時間の経過にともなってどのように変化するであろうか．とくに投資によって資本のストック量がふえ，企業部門における生産能力が高まっていったときに，労働雇用量，国民所得，価格水準にどのような影響を与えてゆくであろうか．ケインズ的な経済成長理論の課題を上のアプローチでどのように取り扱うことができるか，を簡単に説明することにする．

まず，資本ストックの蓄積は投資によって決まり，労働の限界生産のスケジュールを高める．また，長期実質利子率の変化は，金融市場における利子率決定のメカニズムと，価格の予想上昇率調整のメカニズムにも依存する．一般に，長期実質利子率は，短期市場における実質利子率との乖離に依存して変化することを示すことができる．すなわち，短期実質利子率が長期実質利子率より低いときには，長期実質利子率は低下する傾向をもち，逆の場合には上昇する傾向をもつのである．

このような資本ストック，労働供給および長期実質利子率の変化にかんする動学的な条件のもとで，経済成長径路の性質を分析することができる．とくに問題となるのは，非自発的失業が時間の経過にともなってどのように変化するか，ということである．もし，財政支出率と貨幣供給量の増加率とが十分に高いときには，非自発的失業は減少する傾向をもち，やがて完全雇用の状態に到達することがわかる．完全雇用の状態に到達したときには，これまでの分析に対して大幅な修正を加える必要が生ずる．貨幣賃金率は労働に対する超過需要をちょうど吸収するだけ上昇しなければならなくなる．完全雇用のもとにおける経済成長を分析するためには，短期および長期市場利子率，価格および貨幣賃金の上昇率の間に存在する関係が，資本ストックおよび労働供給の増加にともなってどのように変化するか，ということを検討しなければならない．くわしい点にふれる余裕はないが，二，三の一般的結論を紹介しておこう．

まず，均斉的経済成長径路の存在については，新古典派の経済成長のモデルと同じように，一意的に存在し，しかも，そこでの労働１人当たりの実質国民所得の水準は技術的条件，財政支出率などに依存するが，貨幣供給量の増加率などという貨幣政策には無関係になる．

この均斉的経済成長径路は必ずしも安定的ではない．その安定性は，貨幣政策にもっとも大きな影響をうける．もし，貨幣供給の増加率がある一定水準に保たれ，市場の条件のいかんにかかわらず，中央銀行当局によって供給されたとしよう．このとき，均斉的経済成長は不安定的であるということが検証できるだけでなく，ハイパー・インフレーションか，非自発的失業の発生かという，「ハロッドの刃」に類似した不安定性をもっている．これに反して，貨幣供給量の増加率が，短期市場利子率がある一定水準に保たれるように中央銀行当局によって調整されたとしよう．このときには貨幣供給量の増加率は必ずしも一定ではなく大きく変動する可能性を含んでいる．しかし，均斉的経済成長径路は安定的であるとともに価格上昇率もゼロではないが，ある一定水準に近づくということを証明することができる．

前者の貨幣供給政策はたとえばミルトン・フリードマンのようにマネタリズムの立場をとる人々によって主張されているものであるが，上述のようなケインズ的な理論モデルについては不安定的要因を導入するものであるということは留意する必要があろう．これに反して，後者の短期市場利子率の安定をはかろうとする貨幣供給政策はケインズ的とよばれる金融政策であるが，安定的な経済成長を実現できるという点で理論的な観点からもすぐれた政策であり，じじつ，世界の多くの資本主義諸国において現実にとられている政策に近いものである．

現代経済成長理論の限界

以上，ハロッド＝ドマー理論，新古典派の成長理論およびケインズ的な経済動学モデルについて，その理論的前提と命題についてきわめて大ざっぱなレヴューを試みてみた．過去30年間に蓄積されてきた経済成長にかんする理論的分析はきわめて多様であって，その基本的性格もまた異なるものが多く，上にあげたモデルはそのうちごく限られた側面を示すものにすぎない．しかし，これらは経済成長理論の骨子をなすものであり，また現代経済理論の性格とその限界もまた明白な形で表われているということができよう．

生産手段の私有制　現代経済成長理論に共通する特徴として，まず第1にあげなければならないのは生産手段の私有制についてである．この前提は必ずしも成長理論に限定されるものではなく，いわゆる近代経済学が常に前提としてきたことであるが，経済成長のメカニズムを分析するにさいしてとくに重要な問題点となる．というのは，経済活動のプロセスを通じて希少となってくるような資源のうち，私有を認められないものの比重が年々経済成長にともなって大きな役割をはたすようになってくるからである．私有を認めないような希少資源，すなわち社会的共通資本は，通常「環境」とよばれるものであるが，自然的，社会的環境が経済成長にともなって希少化し，しかも市場経済的メカニズムを通じては効果的に管理できない．公害，環境破壊の現象はいずれもこのような点から分析されるべきものであるが，「環境」の問題が経済成長のプロセスにどのような影響を及ぼすであろうか．第34章において，社会的共通資本の理論という観点から分析を試みる．

この生産手段の私有制と関連して，もっと広く資本主義経済体制のもとにおける制度的条件の変化をどのように理論化して，経済成長のプロセスに対するインプリケーションを論ずるかという，より困難な，一般的な問題がじつは現代経済理論にとってもっとも重要な課題であるということができよう．新古典派理論が前提としたような純粋な市場経済制度はすでになく，さまざまな制度的要因が混在したのが現代資本主義経済の特徴でもあるということができよう．また，重化学工業化，市場の拡大化にともなってたんに技術的な要因の変化だけでなく，企業などの組織，市場制度にかんしても質的に異なる制度が発生してきている．このような制度的な側面は経済成長とどのような相互連関をもつものであろうか．この問題は近代経済学がこれまで回避してきた制度の形成，崩壊についての取り扱いを必然的に迫るものであり，たんに経済成長論だけでなく，経済学一般にとって重要な課題となるであろう．

生産期間と完全競争の仮定　以上の分析を通じて，いくつかの共通の制約条件があり，そのうち，生産手段の私有制にかんする前提にかんしては上にふれたところである．その他の諸点のうち，生産期間の問題と市場の完全競争性とについて簡単に論じてみよう．

新古典派理論とケインズ理論とを問わず，生産期間はきわめて短く，産出物は投入物とほぼ同じ時点で生産されるという前提がもうけられている．このような前提のもとで，企業は生産活動をおこなうにさいして，産出物の市場価格は確定的に知っていること，また産出物の量についても事前に確定しているということなどの仮定のもとに議論が進められている．実質賃金率と労働の限界生産とが等しくなるような水準で労働に対する需要が決まるという古典的な命題も，このような前提のもとではじめて成立するものである．

しかし，生産活動の多くは，ときとしてかなり長期間にわたる生産期間を必要とし，しかも産出物が市場で販売されて，企業の収入となるまでには不確定な期間が必要となる．この生産期間の現象はいくつかの未解決の問題を提起する．労働その他可変的な生産要素に対する需要は，短期的予想にもとづく期待市場価格に依存し，また，投入物に対する需要と産出物の供給とにかんする時間的おくれの存在によって，とくに成長のプロセスにおける有効需要の決定について，標準的な理論を適用することはできない．しかも，生産期間の長さがたんに技術的な条件によって外生的に定まるものではなく，むしろ，市場利子率などの経済的条件によって変わるときには，この分析はいっそう困難なものにならざるをえない．

生産期間の問題はさらに貨幣との関連において重要なものとなる．広い意味での貨幣に対する需要は生産期間に密接に関連し，もし生産期間がゼロであるとすると，貨幣需要のうちの重要な部分が必要なくなる．

生産期間にかんする以上の考察は，所得と消費との時間的おくれについてもまったく同じように妥当するが，現実の問題としては，生産期間に比べて重要度の低いものになっているといえよう．

つぎにふれておかなければならない点は，財市場の完全競争性にかかわるものである．現代資本主義制度の特徴の一つに，寡占ないし独占の現象がみられるが，一般に不完全競争市場においては，市場を均衡させる価格という概念は意味のないものとなる．各時点で，価格をつけるのは産出物を売りだす企業であって，消費者は企業によってつけられた価格のもとで，どのような財をどれだけ購入するか，ということを決定するにすぎない．企業は，たんに短期的な利潤だけではなく，長期にわたっての利潤が「最大」になるように価格および産出量を決める．このような不完全競争的な立場における個々の企業のミクロ的行動についてはこれまで多くの研究がなされてきたが，マクロ経済的な枠組みのなかで，この現象を整合的におこなおうという試みはあまり多くされてこなかった．カレツキーの動学モデルはその数少ない貢献の一つであって，今後のマクロ分析，とくにインフレーションの分析にさいして一つの鍵を提供するものであろう．この点についてはさらに，第VI部で論ずる．

参考文献

荒憲治郎(1969)．『経済成長論』岩波書店．

Domar, E. D.(1957). *Essays in the Theory of Growth*, New York, Oxford University Press（宇野健吾訳『経済成長の理論』東洋経済新報社，1959年）．

Fel'dman, G. A.(1928).「国民所得成長の理論について」『計画経済』(原文ロシア語)．要約がDomar (1957)の第9章にある．

Harrod, R. F.(1948). *Towards a Dynamic Economics : Some Recent Developments of Economic Theory and their Application to Policy*, London, Macmillan.

——(1973). *Economic Dynamics*, London, Macmillan.

Hicks, J. R.(1932). *The Theory of Wages*, London, Macmillan, 2nd ed. 1963(内田忠寿訳『新版・賃金の理論』東洋経済新報社, 1965 年).

Inada, K.(1966). "Investment in Fixed Capital and the Stability of Growth Equilibrium," *Review of Economic Studies*, Vol. 33, pp. 19-30.

稲田献一・宇沢弘文(1972).『経済発展と変動』岩波書店.

Kaldor, N.(1958). "Capital Accumulation and Economic Growth," *The Theory of Capital*, edited by F. A. Lutz and D. C. Hague, London, Macmillan, pp. 177-220.

Keynes, J. M.(1936). *The General Theory of Employment, Interest, and Money*, London, Macmillan(塩野谷祐一訳『雇用・利子および貨幣の一般理論』東洋経済新報社, 1985 年).

Meade, J. E.(1957). *A Neo-Classical Theory of Economic Growth*, New York, Oxford University Press(山田勇監訳『経済成長の理論』ダイヤモンド社, 1964 年).

Robinson, J.(1956). *The Accumulation of Capital*, London, Macmillan(杉山清訳『資本蓄積論』みすず書房, 1957 年).

Solow, R. M.(1956). "A Contribution to the Theory of Economic Growth,"*Quarterly Journal of Economics*, Vol. 70, pp. 65-94.

——(1970). *Growth Theory : An Exposition*, Oxford, Clarendon Press(福岡正夫訳『成長理論』岩波書店, 1971 年).

Stiglitz, J. E., and H. Uzawa(1970)(eds.). *Readings in the Modern Theory of Economic Growth*, Cambridge, M. I. T. Press.

Swan, T. W.(1956). "Economic Growth and Capital Accumulation," *Economic Record*, Vol. 32, pp. 334-361.

Tobin, J.(1955). "A Dynamic Aggregative Model," *Journal of Political Economy*, Vol. 63, pp. 103-115.

Uzawa, H.(1961-63). "On a Two-Sector Model of Economic Growth : I, II," *Review of Economic Studies*, Vol. 29, pp. 40-47, and Vol. 30, pp. 105-118. Reprinted in *Preference, Production, and Capital : Selected Papers of Hirofumi Uzawa*, New York, Cambridge University Press, 1988.

第25章　二部門経済成長モデル

第1節　二部門経済モデル(Two-Sector Economic Model)

資本蓄積あるいは経済成長の問題を考察するとき，二部門経済モデル(two-sector economic model)が重要な役割を果たす．ここで，二部門というのは，生産される財が2種類あって，一つは消費財として，消費のために使われ，もう一つは投資財として，資本蓄積のために使われるものであり，それぞれ異なった生産技術によって生産されるということを意味する．消費と投資とは必ずしも異なった財ではなく，同一の財が，ときとしては消費に使われ，同時に投資のためにも用いられるというのが一般的であるが，消費および投資のために使われる財をそれぞれまとめて合成財のように考えるとすると，このような二部門経済の前提条件が明確になるであろう．

ソロー，スワン，荒などによって，1950年代につくられた新古典派経済成長モデル(neoclassical model of economic growth)では，いわゆる一財経済モデルの前提条件が置かれていた．すなわち，消費にも投資にも使うことができるような同質的な財が1種類あって，経済全体での集計的生産量と，生産に投下された生産要素の量——一般に資本と労働の2種類を想定したのであるが——との間の関係は，集計的生産関数(aggregate production function)によって表わされるという前提条件のもとに，資本蓄積のプロセスが分析された．二部門経済モデルは，このような新古典派経済成長モデルの延長線上に位置づけられるものであるが，さらに一般的な観点から経済成長のプロセスを考察するために有用な分析的枠組みを提供するだけでなく，経済循環のメカニズムを解明するために必要不可欠な分析的道具ともなっている．ここでは，経済成長の安定性条件を求めるという問題に焦点を当てながら，二部門経済モデルについて，その基本的な構造を説明することから始めよう．

二部門モデルにおける生産関数

投資財(investment goods)と消費財(consumption goods)とがそれぞれ異なる生産技術によって生産されるような経済体系を考えよう．投資財および消費財を生産する部門をそれぞれ I 部門および C 部門と呼ぶことにする．投資財と消費財とはともに二つの生産要素，資本と労働，によって生産されるという前提条件のもとで以下の議論は展開される．ここで資本というとき，単純な新古典派的な概念を差し当たって使うこととする．すなわち，投資財と同じような種類の財から構成され，たとえば機械何台，鋼鉄何トンというような形ではかることが可能であると仮定する．労働もまたすべて単純労働に還元することができ，労働者単位期間当たり何人という形ではかることが可能であるということを仮定する．

I 部門，C 部門ともに，生産過程は収穫一定の法則(constant returns to scale)と限界代替率逓減の法則(diminishing marginal rates of substitution)をみたし，結合生産物(joint products)は存在せず，外部不経済または経済(external dis-economies or economies)は存在しないと仮定する．これらの諸条件の意味は以下の議論の過程で明らかにする．

各部門における生産過程は，それぞれ生産関数によって明示的に表わされる．j 部門 ($j=I$, C) の生産関数を，

$$Y_j = F_j(K_j, L_j)$$

と記す．Y_j は j 財の産出量，K_j, L_j はそれぞれ j 部門における資本および労働の投入量である．

収穫一定の法則は，生産関数 $F_j(K_j, L_j)$ が，K_j と L_j にかんして一次同次であるということによって表現される．すなわち，

$$F_j(\lambda K_j, \lambda L_j) = \lambda F_j(K_j, L_j)$$

という条件が，すべての $K_j, L_j, \lambda(>0)$ について成立するときである．したがって，$k_j=K_j/L_j$ と置けば，

(1) $$Y_j = F_j(K_j, L_j) = L_j f_j(k_j)$$

のように表現することができる．ただし，

$$f_j(k_j) = F_j(k_j, 1), \quad k_j = \frac{K_j}{L_j}$$

によって定義される．

$k_j=K_j/L_j$ は資本・労働比率であり，資本装備率と呼ばれる概念に対応する．(1)式はつぎのように書き直すとき，その意味がもっと明瞭になるであろう．

(2) $$\frac{Y_j}{L_j} = f_j\!\left(\frac{K_j}{L_j}\right) \quad \text{あるいは} \quad y_j = f_j(k_j).$$

このとき，

(3) $$y_j = \frac{Y_j}{L_j}, \quad k_j = \frac{K_j}{L_j}.$$

(2)式が意味するところは，労働者1人当たりの産出量 y_j が労働者1人当たりの資本の投入量の関数となり，全体の産出量 Y_j はそれに労働投入量 L_j を掛ければよいということである．

第2の条件，限界代替率逓減の法則は，生産関数について表現すれば，その2階の偏微分から構成されたマトリックス(Hessian)が negative semi-definite になるという条件によって特徴づけられる．第9章で説明したように，収穫一定のもとで，この条件が成立するために必要，

十分な条件は，労働投入単位量当たりの生産関数 $f_j(k_j)$ について，資本の限界生産が逓減的であるということ，

(4) $$f_j''(k_j) < 0 \qquad (\text{すべての } k_j>0 \text{ について})$$

である．

以下の議論ではさらに，

(5) $$f_j(k_j) > 0,\ f_j'(k_j) > 0 \qquad (\text{すべての } k_j>0 \text{ について})$$

と仮定することにする．すなわち，資本・労働比率 k_j が正のときには必ず正の産出量が生産され，資本の限界生産は常に正であるという仮定である．一般的な場合についても適当な修正を施すことによって，本節の結論を拡張することができる．この点については第9章でふれた．

生産要素の配分と完全競争条件

いまある二部門経済を考える．ある時点 t における資本と労働の賦与量が経済全体でそれぞれ K, L であるとする．この集計的な賦与量 K, L はそれぞれ投資財部門と消費財部門に配分されて，生産のために使われるが，二部門経済モデルでは，その配分方法は一般に，完全競争的(perfectly competitive)であるという仮定がもうけられる．このことはつぎのような意味をもつ．

投資財および消費財の市場価格をそれぞれ p_I および p_C としよう．この価格はどのような単位をもってはかられたものであっても差し支えない．以下の議論はすべて相対価格のみに依存して，名目価格水準には無関係だからである．完全競争的市場を想定するときには，各部門に生産者が多数存在して，しかも各生産者の規模は大きくなく，その行動が市場条件に直接影響を及ぼすことはないという前提条件がもうけられている．このような完全競争的な生産者の行動はある代表的な生産者の行動によって表現され，しかもその集計的な行動が，その代表的生産者の完全競争的行動の形を通じて分析されるという仮定のもとで以下の議論は展開される．このような理論前提は，完全競争市場にかんしては少なくとも第一近似として許されるが，不完全競争市場については，より周到な検討が必要となる．

各部門 j に配分された資本および労働をそれぞれ K_j, L_j $(j=I, C)$ とする．このとき，

(6) $$K_I+K_C \leqq K,\ L_I+L_C \leqq L \qquad (K_j \geqq 0,\ L_j \geqq 0)$$

という feasibility の条件がみたされなければならない．

完全競争的条件のもとでは，資本のレンタル価格も労働の賃金も二部門の間で同一水準でなければならない．それぞれ r, w で表わすことにする．$r \geqq 0, w \geqq 0$ という条件がみたされているということは言うまでもない．ここで必ずしも $r>0$ あるいは $w>0$ でない場合もあることに注意しておこう．

各部門 j の代表的生産者は，生産関数 $Y_j=F_j(K_j, L_j)$ によって要約される生産技術をもっ

て，生産活動をおこなう．そのとき，利潤

(7)
$$\Pi_j = p_j Y_j - rK_j - wL_j$$

が最大になるような生産規模 Y_j，生産要素の投入量 K_j, L_j を選択する．完全競争市場というのは，このときに価格 p_j, r, w が所与であって，Y_j, K_j, L_j の選択には依存しないという条件がみたされているということを意味する．

利潤最大化の条件は，(7)式を K_j および L_j について偏微分してゼロと置いて得られるが，$K_j=0$ あるいは $L_j=0$ のときには特別な配慮が必要となる．すなわち，

(8)
$$p_j \frac{\partial F_j}{\partial K_j} \leqq r; \ K_j > 0 \text{ のとき } = \text{ で成立},$$

(9)
$$p_j \frac{\partial F_j}{\partial L_j} \leqq w; \ L_j > 0 \text{ のとき } = \text{ で成立},$$

が(7)式で表わされた利潤の最大化条件である．

まず，$K_j>0, L_j>0$ のときを考察しよう．このときは，(8), (9)式はいずれも等号で成立し，第9章で展開した議論がそのまま適用される．労働1単位当たりの生産量を $y_j = Y_j/L_j$，資本・労働比率を $k_j = K_j/L_j$ とすれば，

(10)
$$p_j f_j'(k_j) = r,$$

(11)
$$p_j[f_j(k_j) - k_j f_j'(k_j)] = w.$$

したがって，

(12)
$$\frac{f_j(k_j)}{f_j'(k_j)} - k_j = \omega\left(\equiv \frac{w}{r}\right).$$

(12)式の左辺は資本と労働の限界代替率を表わすから，(12)式は限界代替率と要素価格比とが等しいということを意味する．第9章で説明したように，k_j は要素価格比 ω に対応する最適資本・労働比率

$$k_j = k_j(\omega)$$

に等しくなっていなければならない．

このとき，

(13)
$$r = p_j f_j'[k_j(\omega)], \quad w = p_j\{f_j[k_j(\omega)] - k_j(\omega) f_j'[k_j(\omega)]\}$$

となって，要素価格比 ω によって一意的に定まる．

もし，二財とも生産されているとすれば，

$$K_I > 0, \ L_I > 0, \ K_C > 0, \ L_C > 0$$

がみたされる．また，要素価格も両方とも正であるとすれば，

(14)
$$k_I = k_I(\omega), \quad k_C = k_C(\omega),$$

(15)
$$r = p_I f_I'[k_I(\omega)] = p_C f_C'[k_C(\omega)].$$

したがって，相対価格 $p = p_I/p_C$ もまた要素価格比 ω によって一意的に決まってくる．

(16) $$p=\frac{f_C'[k_C(\omega)]}{f_I'[k_I(\omega)]},$$

さらに，feasibilityの条件(6)もまた等号で成立しなければならない．したがって，

(17) $$\begin{cases} k_I(\omega)L_I+k_C(\omega)L_C=K, \\ L_I+L_C=L. \end{cases}$$

簡単化のため，

$$k=\frac{K}{L},\quad l_I=\frac{L_I}{L},\quad l_C=\frac{L_C}{L}$$

と置けば，(17)式は，

(18) $$\begin{cases} k_I(\omega)l_I+k_C(\omega)l_C=k, \\ l_I+l_C=1. \end{cases}$$

(18)式を解くために，いまかりに，

(19) $$k_C(\omega)>k_I(w)$$

であるとしよう．(19)式がみたされているとき，要素価格が ω のとき，C 部門の方が I 部門より資本集約的(capital-intensive)であるという．このとき，

(20) $$l_I=\frac{k_C(\omega)-k}{k_C(\omega)-k_I(\omega)},\quad l_C=\frac{k-k_I(\omega)}{k_C(\omega)-k_I(\omega)}$$

という解が求められる．しかし，この解が経済学的に意味のあるためには，$l_I, l_C\geqq 0$ でなければならない．すなわち，

(21) $$k_I(\omega)\leqq k\leqq k_C(\omega)$$

がみたされていなければならない．経済全体の資本・労働比率 k が，二部門における最適資本・労働比率 $k_I(\omega), k_C(\omega)$ の間になければいけないということである．

しかも，要素価格比 ω と産出物の相対価格 $p=p_C/p_I$ の間には(16)式に表わされたような関係が成立していなければならない．したがって，二財とも生産されるためには，経済全体の資本・労働比率 k と相対価格 p にはなんらかの関係が存在しなければならない．この関係を考察するために，相対価格 p と要素価格比 ω の間の関係を調べてみよう．

まず，(16)式の右辺に注目しよう．これは ω の関数であるから $p(\omega)$ と記すことにする．すなわち，

(22) $$p(\omega)=\frac{f_C'[k_C(\omega)]}{f_I'[k_I(\omega)]}.$$

(22)式の両辺の対数をとって，ω について微分すれば，

(23) $$\frac{1}{p(\omega)}\frac{dp(\omega)}{d\omega}=\frac{f_C''(k_C)}{f_C'(k_C)}\frac{dk_C}{d\omega}-\frac{f_I''(k_I)}{f_I'(k_I)}\frac{dk_I}{d\omega}.$$

ただし，$k_C=k_C(\omega)$，$k_I=k_I(\omega)$．

他方，(12)式を ω について微分して[あるいは第9章から]，

$$\frac{dk_j}{d\omega} = -\frac{[f_j'(k_j)]^2}{f_j(k_j)f_j''(k_j)} \qquad (j = I, C).$$

この式を(23)式に代入して整理すれば，

$$\frac{1}{p(\omega)}\frac{dp(\omega)}{d\omega} = \frac{f_I'(k_I)}{f_I(k_I)} - \frac{f_C'(k_C)}{f_C(k_C)}.$$

ここで，(12)式に注目すれば，

(24)
$$\frac{1}{p(\omega)}\frac{dp(\omega)}{d\omega} = \frac{1}{k_I(\omega)+\omega} - \frac{1}{k_C(\omega)+\omega}.$$

したがって，$k_C(\omega) > k_I(\omega)$ ならば $p(\omega)$ は ω の単調増加関数となる．

ここで(16)式に戻ってみると，右辺 $p(\omega)$ は ω の単調減少関数となるから，相対価格 p が与えられたとき，(16)式をみたすような要素価格比 ω は一意的に定まってしまう．(16)式を p が所与のとき ω について解くと考えて，その間の関数関係を，

$$\omega = \omega(p)$$

で表わすことにしよう．このとき，各部門における最適な資本・労働比率 $k_j(\omega)$ は相対価格 p によって一意的に決まってくるから，$k_j(p)$ と記すことにすれば，

(25)
$$k_j(p) = k_j[\omega(p)]$$

となる．$\omega(p)$ が p の単調減少関数であるから，$k_j(p)$ も p の単調減少関数となる．

二部門でともに生産要素の配分が正であるための条件は(21)式であったが，相対価格 p との関連で書き直すと，

(26)
$$k_I(p) \leqq k \leqq k_C(p)$$

となる．

グラフによる説明

ここで，以上分析してきたことをグラフを使って考えてみることにしよう．

第9章で説明したように，最適資本・労働比率 $k_j(\omega)$ は，単位アイソクォントのグラフを使うか，あるいは労働投入量単位当たりの生産曲線を使って導きだされる．C 部門の方が I 部門より資本集約的であるという条件(19)がかりにすべての要素価格比 ω について成立しているとすれば，この二つの最適資本・労働比率 $k_C(\omega)$, $k_I(\omega)$ は図25-1に示すような関係となっているであろう．

経済全体に賦与されている資本・労働比率 k に対応して二つの要素価格比 $\omega_C(k)$, $\omega_I(k)$ が図のように求められる．すなわち，

(27)
$$k = k_C[\omega_C(k)] = k_I[\omega_I(k)].$$

したがって，

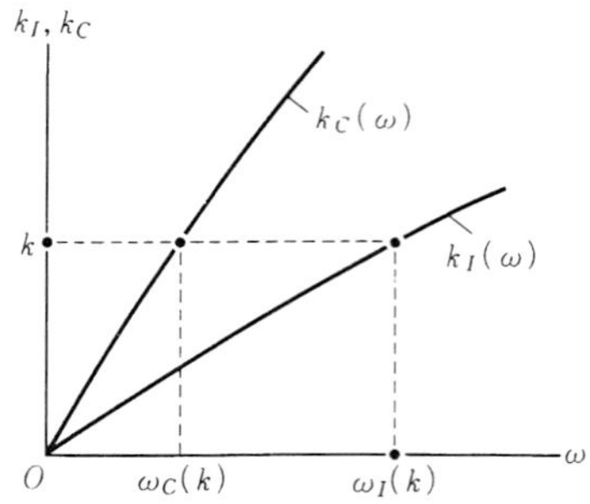

図 25-1　最適資本・労働比率の構造

$$k_I(\omega) \leqq k \leqq k_C(\omega) \iff \omega_C(k) \leqq \omega \leqq \omega_I(k). \tag{28}$$

(22)式で定義された相対価格 $p(\omega)$ が，$k_I(\omega)<k_C(\omega)$ のとき，ω の単調増加関数になるということを幾何学的に証明することができる．その証明には二つの方法がある．第1の方法は Abba Lerner(1952)によって考案されたもので，第2は Harry Johnson(1957)にもとづく．

ラーナーの証明

ラーナーの証明はアイソクォント曲線を巧みに使ったものである．要素価格比 ω が始めは ω^0 であって，少しだけ上昇して $\omega^1>\omega^0$ になったとき，相対価格が p^0 から p^1 に変化したとしよう．もし必要ならば消費財の単位を適当に修正することによって，始めの ω^0 について，相対価格 $p^0=1$ であるようにとることができる．このとき，二部門の単位アイソクォント曲線は，図 25-2 に示されているように，共通の要素価格比 ω^0 に対する等費用直線を接線としてもつ．A_I および A_C をそれぞれの接点とすれば，OA_I および OA_C の横軸に対する勾配は，最適資本・労働比率 $k_I(\omega^0), k_C(\omega^0)$ に等しく，図に示したような位置に置かれている．ここでもし，

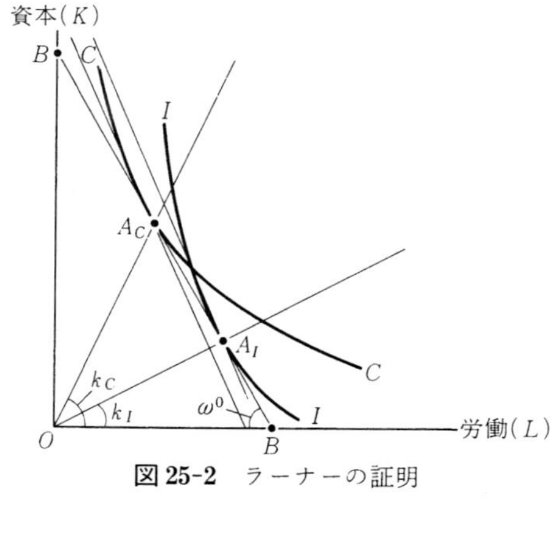

図 25-2　ラーナーの証明

要素価格比が ω^0 から ω^1 にわずかだけ上がったとしよう．そのとき，新しい単位費用最小直線をそれぞれ B_CB_C, B_IB_I とする．C 部門が I 部門より資本集約的であるから，$OB_C > OB_I$．したがって，

$$p^1 = \frac{OB_C}{OB_I} > 1 = p^0.$$

すなわち $\omega^1 > \omega^0$ のとき，$p^1 = p(\omega^1) > p^0 = p(\omega^0)$ となることが証明された．

ジョンソンの証明

第2のハリー・ジョンソンの証明は，労働単位当たりの生産曲線についてなされる．ラーナーの場合と同じように，要素価格 ω^0 のときの相対価格 p^0 が1であって，二部門の労働単位当たりの生産曲線が，図25-3に示されているように，$OD^0 = \omega^0$ となるような D^0 点から共通の接線をもっていると仮定することができる．ここで，要素価格比が ω^0 からわずかに上昇して ω^1 になったとしよう．I 部門および C 部門の生産曲線に対する接線の接点をそれぞれ B_I, B_C とすれば，図に示すような位置をとることがわかる．したがって，OB_C は横軸に対して，OB_I より低い勾配をもつようになる．したがって，$p^1 > 1 = p^0$ となることが証明された．

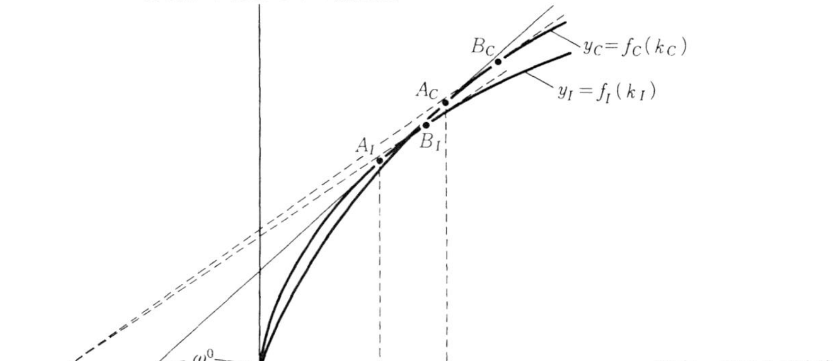

図25-3　ハリー・ジョンソンの証明

図25-4は，要素価格比 ω，相対価格 $p = p_I/p_C$，最適資本・労働比率 $k_C(\omega)$, $k_I(\omega)$ の間の関係を表わしたものである．第1象限には，要素価格比 ω と各部門における最適資本・労働比率 $k_C(\omega)$, $k_I(\omega)$ を表わしたものである．第4象限は ω と相対価格 p の関係を表わす．C 部門の方が I 部門より資本集約的であるという前提条件のもとでは，$p(\omega)$ は ω の単調増加関数となり，図に示すような形となる[ただし，相対価格は縦軸の負の方向にはかっている]．第2象限に引いた45°線を利用して，縦軸にとった資本・労働比率 k を横軸の負の方向に移せば，相対

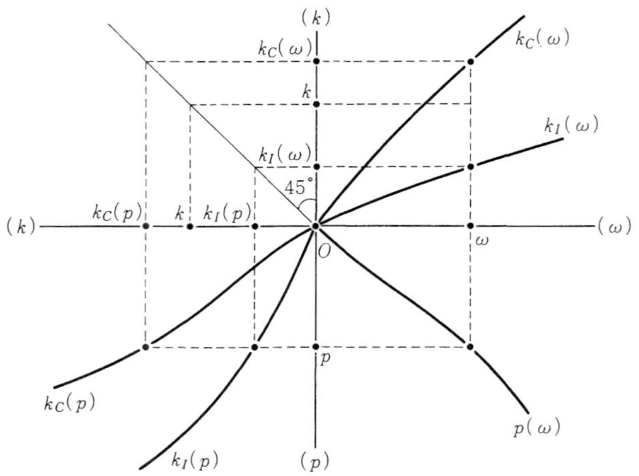

図 25-4 最適資本・労働比率と相対価格

価格 p と最適資本・労働比率の間の関係として，第３象限に示すような二つの曲線が求められる．これが，$k_C(p)$, $k_I(p)$ の曲線である．

以上のグラフィックな分析から明らかなように，消費財と投資財がともに生産されるために必要にして十分な条件は，経済全体に賦与されている資本・労働比率 k が(21)式の範囲にあるということであった．したがって，相対価格 p と要素価格比 ω とが単調増加関数によって関係づけられているということから，(21)式はつぎの条件と同値となる．

(29) $$k_I(p) \leqq k \leqq k_C(p).$$

図 25-4 に示してあるような位置に全体の資本・労働比率 k がなければならないということを意味する．

生産特化

全体的な資本・労働比率 k が(29)式をみたしていないときには，完全競争的な配分はどちらかの部門に特化することになる．

まず第１に，$k<k_I(p)$ の場合を取り上げてみよう．このときには，容易に推察されるように，投資財に特化し，I 部門に資本と労働がすべて配分されることになる．じじつ，要素価格比 ω' を $k_I(\omega')=k$ をみたすように決めたとすれば，$k<k_I(p)$ であるから，$\omega'<\omega(p)$ となる．したがって，

$$\frac{f_C'[k_C(\omega')]}{f_I'[k_I(\omega')]} = p(\omega') < p,$$

$$\frac{f_C[k_C(\omega')]-k_C(\omega')f_C'[k_C(\omega')]}{f_I[k_I(\omega')]-k_I(\omega')f_I'[k_I(\omega')]} = p(\omega') < p$$

となって，

$$K_I = K,\ \ L_I = L,\ \ K_C = 0,\ \ L_C = 0$$

という要素配分が，完全競争市場のもとにおける利潤最大条件(8)，(9)をみたすことが容易にわかるであろう．

同じようにして，$k > k_C(p)$ の場合には，生産要素をすべて消費財生産に向け，投資財はまったく生産しないようにすればよい．すなわち，

$$K_I = 0,\ \ L_I = 0,\ \ K_C = K,\ \ L_C = L$$

が完全競争的な配分となる．

完全競争市場における産出量のスケジュール

以下すべて経済全体における労働賦与量単位当たりについて考察する．念のため，つぎの諸量を記しておこう．

$k = K/L$	経済全体の資本・労働賦与比率，
$y_j = Y_j/L$	1人当たりの j 財の生産量（Y_j/L_j ではない！），
$k_j = K_j/L_j$	j 部門における資本・労働比率，
$\omega = w/r$	賃金・レンタル価格比(要素価格比)，
$p = p_I/p_C$	投資財・消費財の相対価格．

資本・労働の賦与比率 k および二財の相対価格 p が所与のとき，完全競争的条件のもとにおける生産要素の配分および二財の産出量は一意的に決まってくることがわかった．とくに，二財の産出量，y_C および y_I をそれぞれ $y_C(p, k)$, $y_I(p, k)$ と記して，この関数関係を明示的に表わすことにする．以上の議論を要約すれば，つぎのように表わすことができるであろう．

（i）　$k \leqq k_I(p)$ のとき，

$$y_C(p, k) = 0, \quad y_I(p, k) = f_I(k).$$

（ii）　$k_I(p) < k < k_C(p)$ のとき，

$$y_C(p, k) = f_C(k_C)\frac{k - k_I}{k_C - k_I}, \quad y_I(p, k) = f_I(k_I)\frac{k_C - k}{k_C - k_I}.$$

ただし，$k_C = k_C(p)$，$k_I = k_I(p)$．

（iii）　$k_C(p) \leqq k$ のとき，

$$y_C(p, k) = f_C(k), \ \ y_I(p, k) = 0.$$

これらの関係を図示すればつぎの通りである．図25-5は，市場における二財の相対価格 p が一定のとき，資本・労働の賦与量比率 k が変化したときに，消費財および投資財の産出量，$y_C(p, k)$ と $y_I(p, k)$ がどのように変わるかということを表わしたものである．$k_I(p) < k < k_C(p)$ のとき，相対価格 p が一定であるから，各部門における最適資本・労働比率も一定とな

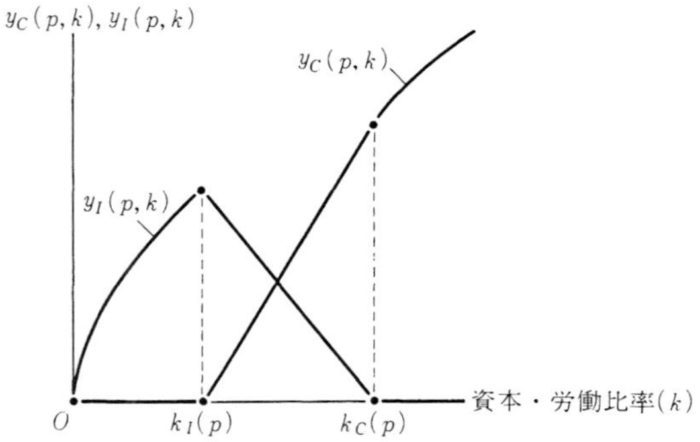

図 25-5　最適産出量と資本・労働比率

り，$y_C(p, k)$ と $y_I(p, k)$ はともに k の1次関数となり，しかも，k が増加するにつれて資本集約的な財——ここでは消費財——は増加し，労働集約的な財——ここでは投資財——は減少することになる．これが有名なリプチンスキーの命題と呼ばれるものである[Rybczynski (1955)].

図25-6は，資本・労働の賦与量比率 k を一定にして，相対価格 p が変わったとき，$y_C(p, k)$ および $y_I(p, k)$ がどのように変化するかということを図示したものである．投資財の生産量 $y_I(p, k)$ は，$p \leqq p_I(k)$ のとき0であるが，$p_I(k) < p < p_C(k)$ のときには単調に増加し，$p \geqq p_C(k)$ のときには一定となる．逆に，消費財の生産量 $y_C(p, k)$ は，$p < p_I(k)$ のときに一定の水準に保たれるが，$p_I(k) < p < p_C(k)$ の範囲では単調に減少し，$p \geqq p_C(k)$ のとき0となる．

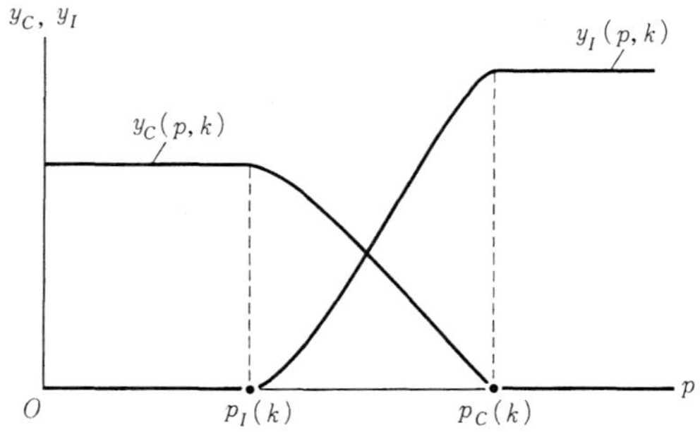

図 25-6　最適産出量と相対価格

ただし，

$$p_I(k) = p(\omega_I),\quad k = k_I(\omega_I),$$
$$p_C(k) = p(\omega_C),\quad k = k_C(\omega_C).$$

$p_I(k) < p < p_C(k)$ の範囲で，$y_I(p, k)$ が p の単調増加関数となり，$y_C(p, k)$ が単調減少関数となるということは直接計算してもわかることであるが，つぎの考察からほぼ自明のこととなるであろう．

生産可能領域

これまで，二部門経済モデルにおける完全競争的配分についてくわしく分析してきた．つぎに，多少視点を変えて，生産可能領域(production possibility set)の概念を使って考察することにしよう．経済全体における資本と労働の賦与量が K, L であるとき，資本と労働を投資財と消費財の二つの部門にさまざまな形で配分して生産をおこなったときに，投資財と消費財の生産量の組み合わせ (Y_I, Y_C) の可能性をすべてつくしたものを生産可能領域 S と呼ぶ．正確に言えば，

(30) $$S = \{(Y_I, Y_C) : 0 \leqq Y_I \leqq F_I(K_I, L_I),\ 0 \leqq Y_C \leqq F_C(K_C, L_C),$$
$$K_I + K_C \leqq K,\ L_I + L_C \leqq L,\ K_I, K_C, L_I, L_C \geqq 0\}.$$

二部門でともに限界代替率逓減の法則と収穫一定の法則がみたされているとすれば，生産可能領域は図 25-7 に示すように，凸集合(convex set)となっている．このことを証明するために，限界代替率逓減の法則をこれまでと異なった視点からみてみよう．

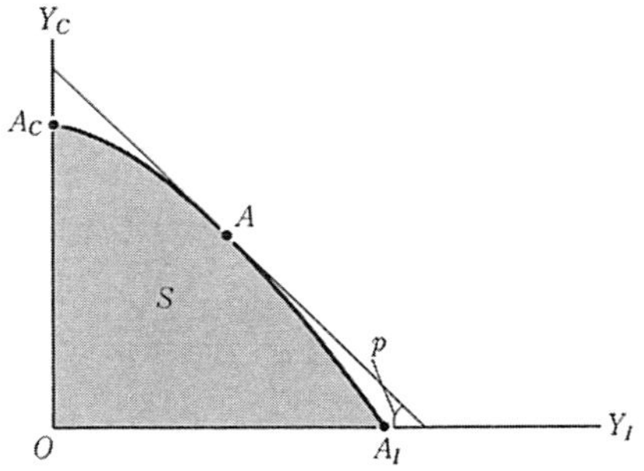

図 25-7　生産可能領域

まず，収穫一定の法則のもとでは，生産関数 $Y_j = F_j(K_j, L_j)$ が限界代替率逓減の法則をみたすための必要にして十分な条件は，$Y_j = F_j(K_j, L_j)$ が strictly concave な関数であるということである．

すなわち，

(31) $$F_j(K_j^\theta, L_j^\theta) \geqq (1-\theta)F_j(K_j^0, L_j^0) + \theta F_j(K_j^1, L_j^1)$$
(すべての (K_j^0, L_j^0), (K_j^1, L_j^1), $0 < \theta < 1$)

が成立し，しかも (K_j^0, L_j^0) と (K_j^1, L_j^1) が比例的ではないときには厳密な意味での不等号をもって成立するときである．ただし，

$$K_j^\theta = (1-\theta)K_j^0 + \theta K_j^1, \quad L_j^\theta = (1-\theta)L_j^0 + \theta L_j^1.$$

まず，(30)式で定義された生産可能領域が convex であることを証明しよう．いま，任意の

$(Y_I^0, Y_C^0), (Y_I^1, Y_C^1) \in S$, $Y_j^\theta = (1-\theta) Y_j^0 + \theta Y_j^1$, $j = I, C$, $0 < \theta < 1$, をとる．このとき，

$$0 \leqq Y_j^0 \leqq F_j(K_j^0, L_j^0),\quad K_I^0 + K_C^0 \leqq K,\quad L_I^0 + L_C^0 \leqq L,\quad K_j^0, L_j^0 \geqq 0,$$

$$0 \leqq Y_j^1 \leqq F_j(K_j^1, L_j^1),\quad K_I^1 + K_C^1 \leqq K,\quad L_I^1 + L_C^1 \leqq L,\quad K_j^1, L_j^1 \geqq 0$$

となるような生産要素の配分 $(K_j^0, L_j^0), (K_j^1, L_j^1)$ が存在する．したがって，この二つの式にそれぞれ $(1-\theta), \theta$ を掛けて足して，(31)式を使えば，

$$0 \leqq Y_j^\theta \leqq (1-\theta) F_j(K_j^0, L_j^0) + \theta F_j(K_j^1, L_j^1) \leqq F_j(K_j^\theta, L_j^\theta),$$

$$K_I^\theta + K_C^\theta \leqq K,\quad L_I^\theta + L_C^\theta \leqq L,\quad K_j^\theta, L_j^\theta \geqq 0$$

となって，$(Y_I^\theta, Y_C^\theta) \in S$ となることがわかる． Q.E.D.

しかも，生産可能領域 S は strictly convex(厳密な意味で凸)であることもわかる．すなわち，その東北方向の境界線──転形曲線(transformation curve)──が図 25-7 に示してあるように strictly convex となる．このことは，上の証明で，

$$Y_j^0 = F_j(K_j^0, L_j^0),\quad Y_j^1 = F_j(K_j^1, L_j^1),\quad j = I, C$$

$$(Y_I^0, Y_C^0) \neq (Y_I^1, Y_C^1)$$

とすれば，(K_j^0, L_j^0) と (K_j^1, L_j^1) は比例的にはなりえないから，$F_j(K_j, L_j)$ が strictly concave ということを使って，

$$Y_j^\theta = (1-\theta) F_j(K_j^0, L_j^0) + \theta F_j(K_j^1, L_j^1) < F_j(K_j^\theta, L_j^\theta),\quad j = I, C.$$

すなわち，$(Y_I^0, Y_C^0), (Y_I^1, Y_C^1)$ が境界上の異なる点であるとき，(Y_I^θ, Y_C^θ) は，生産可能領域の内部に入る． Q.E.D.

いま境界上の一点 $A = (Y_I^0, Y_C^0)$ を任意にとる．A 点の接線は一意的に決まってくるから[このことについてはもっとくわしい議論が必要である]，その勾配を p とする．このとき，(Y_I^0, Y_C^0) は相対価格 p に対する完全競争的な配分のもとにおける生産量の組み合わせとなることがわかる．この命題を証明するために，まず，相対価格 p が任意に与えられたときに，$A = (Y_I^0, Y_C^0)$ が，生産可能領域 S のなかで，$Y = Y_C + pY_I$ を最大化することを示そう．

この最大問題は，つぎのように明示的に書き表わされる．

$Y = E_C(K_C, L_C) + pF_C(K_I, L_I)$ を，

$$(32)\qquad \begin{cases} K_C + K_I \leqq K, \\ L_C + L_I \leqq L \qquad (K_j, L_j \geqq 0) \end{cases}$$

という制約条件のもとで，最大にするような (K_C, L_C, K_I, L_I) を求めよ．

このような条件付最大問題は，Lagrange の未定係数法を使って解くことができる．(32)式の制約条件に対するラグランジュ係数をそれぞれ p_C, p_I, r, w とすれば，Lagrangian は，

$$(33)\qquad L = F_C(K_C, L_C) + pF_I(K_I, L_I) + r[K - K_I - K_C] + w[L - L_I - L_C].$$

上の最大問題の解 $(Y_I, Y_C; K_I, L_I; K_C, L_C)$ はつぎの条件を解くことによって求められる．

$$\frac{\partial F_C}{\partial K_C} \leqq r \qquad (K_C>0 \text{ ならば } =),$$

$$\frac{\partial F_C}{\partial L_C} \leqq w \qquad (L_C>0 \text{ ならば } =),$$

$$p\frac{\partial F_I}{\partial K_I} \leqq r \qquad (K_I>0 \text{ ならば } =),$$

$$p\frac{\partial F_I}{\partial L_I} \leqq w \qquad (L_I>0 \text{ ならば } =),$$

$$K_I+K_C \leqq K \qquad (r>0 \text{ ならば } =),$$

$$L_I+L_C \leqq L \qquad (w>0 \text{ ならば } =).$$

これらの諸条件はちょうど，相対価格が p であるときの，完全競争的な要素配分と生産計画と一致する．

つぎに，$A=(Y_C^0, Y_I^0)$ が上の最大問題の解であるとき，A 点は当然境界線上にあるが，限界変形率――A 点における境界線に対する接線の勾配――が相対価格 p に等しくなっていることを示そう．このことが示されれば，$A=(Y_C^0, Y_I^0)$ が，生産可能領域 S のなかで $Y=Y_C+pY_I$ を最大にするような点であると同時に，そこでの接線の勾配が相対価格 p に等しくなることが証明されたことになるわけである．

境界上の任意の点を $(Y_C^0+\Delta Y_C, Y_I^0+\Delta Y_I)$ とすれば，(Y_C^0, Y_I^0) が Y_C+pY_I の最大点となっていることから，

$$(Y_C^0+\Delta Y_C)+p(Y_I^0+\Delta Y_I) \leqq Y_C^0+pY_I^0.$$

すなわち，

$$\Delta Y_C+p\Delta Y_I \leqq 0$$

がすべての $(\Delta Y_C, \Delta Y_I)$ について成り立つ．したがって，

$$\left(\frac{\Delta Y_C}{-\Delta Y_I}\right)_{\Delta Y_I<0} \leqq p \leqq \left(\frac{-\Delta Y_C}{\Delta Y_I}\right)_{\Delta Y_I>0}.$$

$\Delta Y_I \to 0$ のときの極限をとれば，

$$p = \lim_{\Delta Y_I \to 0}\left(\frac{-\Delta Y_C}{\Delta Y_I}\right).$$

すなわち，p は接線の勾配に等しいことがわかった．　Q.E.D.

ここで元に戻って，$y_C(p, k)$ が p の単調減少関数となり，$y_I(p, k)$ が p の単調増加関数となるということは，図 25-7 からただちにわかる．すなわち，相対価格 p がきわめて小さいときには，A_C にいるが，p が大きくなるとともに，境界線の上を A_C から A_I に移動してゆき，やがて A_I に位置する．A 点が A_C から A_I に移動するさい，Y_C は減少し，Y_I は増大する．

A 点が A_C にあるというのは，経済が消費財の生産に完全に特化し，投資財はまったく生産されないことを意味する．これは，相対価格 p が $p_I(k)$ より小さいときに対応することはさきにみた通りである．同じように，A 点が A_I にあるのは，経済が投資財の生産に特化し，消費財はまったく生産されないときで，$p \geqq p_C(k)$ に対応する．

効率曲線(Efficiency Locus)

以上述べてきたことは，二部門経済における完全競争的配分にかんする基本的な性質であるが，もう一つの視点から考察することができる．それはエッジワースの箱(Edgeworth's box)あるいはcontract curveの考え方であって，純粋交換の理論で使われた概念をそのまま適用したものである[第23章]．

図25-8はエッジワースの箱を示す．縦軸の長さは資本の賦与量 K，横軸の長さは労働の賦与量 L となるような箱を考える．左下の角を O_C として C 部門に配分された生産要素の量をはかるときの原点とし，右上の角を O_I とし，I 部門に配分された生産要素の量をはかる原点とする．このエッジワースの箱のなかに任意の一点 A をとると，それは，資本および労働が二部門にどのように配分されているかということを表わす．A の座標を O_C, O_I を原点としてはかったものをそれぞれ $(K_C, L_C), (K_I, L_I)$ とすれば，

$$K_C + K_I = K, \quad L_C + L_I = L$$

となるからである．逆に，二部門への生産要素の配分 $(K_C, L_C), (K_I, L_I)$ は必ずエッジワースの箱のなかの一点によって表わされる．

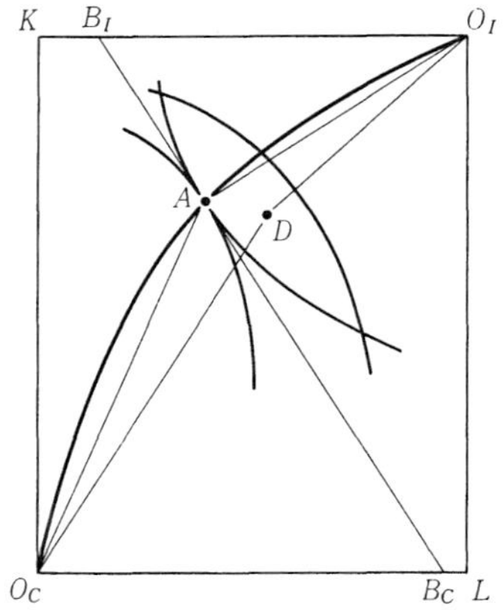

図25-8 エッジワースの箱

このエッジワースの箱に，二つのアイソクォント曲線群が構成される．一つは，C 部門のアイソクォントで，O_C を原点として，消費財の産出量がふえるにつれて，O_C から O_I に移動す

る．他の一つは，I 部門のアイソクォントで，O_I を原点として，投資財の産出量がふえるにつれて，O_I から O_C に移動してゆく．この二つのアイソクォントがお互いに接するような点が存在するが，この点の軌跡を効率曲線(efficiency locus)あるいは契約曲線(contract curve)と呼ぶ．効率曲線上の各点は，生産可能領域の境界線上の各点に対応する．いま，効率曲線上の任意の一点 A をとる．二財のアイソクォントは A 点で接しているから，もし，どちらかの財の生産量を増やそうとすると，他の財の生産量を減らさなければならなくなる．すなわち，生産可能領域の境界線──転形曲線──の上にあることになる．また，効率曲線の上にない点，たとえば D 点をとってくると，D 点を通る二つのアイソクォントは，レンズ状の形をしており，D 点からそのなかに移動すると，二財とも産出量が増えることになる．したがって，生産可能領域の内部の点に対応することがわかる．

いま A 点が効率曲線を O_C から O_I に動くとき，生産可能領域についてみれば，A 点に対応して，境界線上を，A_C から A_I に動く．

C 部門が I 部門より資本集約的であるという条件によって，図25-8に示すように，効率曲線は，対角線 O_CO_I の左上に位置していることがわかる．なお，収穫一定の法則のもとでは，効率曲線が対角線 O_CO_I と交わることはない．このことは，効率曲線の O_CA の部分は必ず，直線 O_CA の左側に位置していることが，アイソクォントがいずれも相似拡大的であることから容易にわかるからである．

このエッジワースの箱で，相対価格 p はどのようにして表わされるであろうか．A 点における二財のアイソクォントに対する共通の接線をとり，O_CL および O_IK と交わる点をそれぞれ B_C, B_I とする．O_CB_C は p_CY_C/w に等しく，O_IB_I は p_IY_I/w に等しいから，$O_IB_I/O_CB_C=p_IY_I/p_CY_C=pY_I/Y_C$.

効率曲線上で，消費財の産出量が ΔY_C だけ減少して，投資財の産出量が ΔY_I だけ増えたとき，A 点は O_C の方に，たとえば A' 点に動く．このとき，A' を通る投資財のアイソクォントが O_CA と交わる点を E とする．E 点における接線が O_CL および O_IK と交わる点をそれぞれ B_C', B_I' とする．A 点に対応する相対価格を p とし，二財の価格をそれぞれ p_C, p_I とする．このとき，

$$B_CB_C' = \frac{p_C\Delta Y_C}{w}, \quad B_IB_I' \simeq \frac{p_I\Delta Y_I}{w},$$

ここで $\simeq$ は $\Delta Y_I \to 0$ のとき，右辺の比が1に収斂するということを意味する．$B_CB_C'=B_IB_I'$ であるから，

$$\frac{\Delta Y_C}{\Delta Y_I} \simeq \frac{p_I}{p_C} = p.$$

すなわち，相対価格 p は限界変形率 $\left(\frac{\Delta Y_C}{\Delta Y_I}\right)_{\Delta Y_C \to 0}$ に等しいことが証明された．

エッジワースの箱を使って，さきに挙げたリプチンスキーの命題を証明することもできる．すなわち，相対価格 p が一定のとき，二つの生産要素の賦与量のうち，たとえば資本の賦与量が増加したときに，資本集約的な財――ここでは消費財――の生産量が増え，他の財――投資財――の生産量は減少する．この命題を証明するために，資本の賦与量が K から ΔK だけ増えて $K+\Delta K$ になったとしよう．労働の賦与量 L は変わらないとしているから，エッジワースの箱は，図 25-8 で，資本の辺が ΔK だけ大きくなって，$\square O_C L O'_I K'$ となるであろう．このとき，O'_I から $O_I A$ に平行な直線を引き，$O_C A$ の延長線と交わる点を A'' とする．A'' における C 部門の限界代替率は，A における限界代替率と等しい[収穫一定の法則！]．他方，新しいエッジワースの箱で，A'' における I 部門の限界代替率は，元のエッジワースの箱での A における限界代替率に等しくなる[平行移動！]．したがって，新しいエッジワースの箱のなかで，A'' 点で，二財のアイソクォントはお互いに接することがわかり，A'' 点は効率曲線上にあり，しかも限界代替率は相対価格 p に等しくなる．図からただちにわかるように，資本賦与量の増加によって，消費財の生産量は増加し，投資財のそれは減少する． Q.E.D.

リプチンスキーの命題を使うと，生産可能集合あるいは転形曲線が，資本あるいは労働の賦与量が増加したときに，どのように変化するかということにかんして興味ある結果が導きだされる．

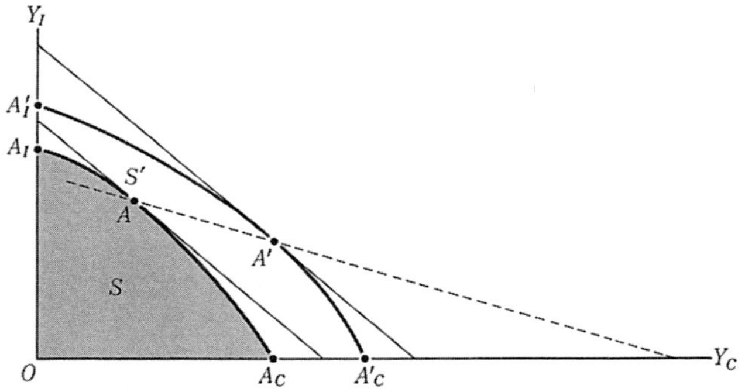

図 25-9 リプチンスキーの命題

図 25-9 は図 25-7 と同じように生産可能領域を表わす．いま，資本の賦与量が増えて，生産可能領域が S から S' に拡大され，転形曲線が $A_C A A_I$ から $A'_C A' A'_I$ に移動したとしよう．相対価格 p が変わらないとすれば，完全競争的生産点は A から A' のように，消費財の生産量は増加し，投資財の生産量は減少する．しかし，資本の賦与量が次第に増加するとき，完全競争的生産点は，図の点線で示されるような直線の上を動く．

第2節　経済成長の二部門モデル

前節では，二部門経済モデルの基本的な性質について説明した．ここでは，その結果を使って，経済成長の二部門モデルの構造を分析し，経済成長の過程にかんして，いくつかの一般的な結論を導きだすことにしたい．

まず最初に，二部門経済成長モデルは基本的には三つの類型に分類される．第1は，マルクス=フォン・ノイマン型と呼ばれるもので，経済を構成する経済主体を資本家と労働者との二大階級に分けて，それぞれ独立して，ときとしては対立関係を生みだしながら，希少資源の配分，所得分配を決定し，資本家階級のイニシアティブのもとに資本蓄積をおこなってゆく．これに反して，第2の類型は，新古典派的成長モデルの延長線上にあるもので，経済を構成する基本的な経済主体は抽象的な経済人であって，生産要素――資本と労働――を所有し，それぞれ主観的な価値基準のもとで合理的な行動を選択し，その結果として，貯蓄，投資が決まって，経済成長のパターンが決定されるというものである．第23章でくわしく説明した新古典派経済成長理論を二部門経済に適用したものと考えてよい．第3の類型は，ケインズ的経済成長理論の枠組みのなかで展開されるものであって，法人化された企業からなる生産部門と，労働者，利子生活者から構成される家計部門とが，それぞれ制度的に異なる経済主体から成り立っていて，それぞれ異なった動機にもとづいて行動する．生産の規模と労働雇用量，さらに投資量の大きさは企業部門において決定され，家計部門は所得の消費と貯蓄への分配と金融資産のポートフォリオを決定する．完全雇用は必ずしも実現されず，経済成長の過程もまた不安定的様相をつよくもつ．第3の類型について，第27章で，ケインズ的理論の一般的展開をおこなうので，そのあとでくわしく考察することにして，ここでは差し当たって，第1および第2の類型の二部門経済成長モデルを説明し，ケインズ的経済成長理論について簡単にふれることにしたい．

マルクス的二部門経済成長モデル

これまで説明してきたような二部門経済を考える．すなわち，消費財と投資財とが二つの異なった財で，異なった生産技術によって生産される．どちらの部門でも生産の過程で制約的となるような生産要素は(実質)資本と労働の2種類であって，それぞれ同質なものであって，適当な単位によってはかることができるものとする．資本は投資財の蓄積に他ならない．各部門の生産条件は例によって，生産関数 $Y_j=F_j(K_j, L_j)$ $(j=I, C)$ によって表現される．生産はいずれも，収穫一定の法則と限界代替率逓減の法則をみたし，結合生産物はなく，外部経済あるいは不経済は存在しない．したがって，各部門の生産関数 $Y_j=F_j(K_j, L_j)$ は一次同次であっ

て，すべては労働投入単位当たりの生産関数

$$f_j(k_j) = F_j(k_j, 1) \qquad (k_j = K_j/L_j)$$

によって特徴づけられる．このとき，つぎの諸条件が仮定される．

$$(34) \qquad \begin{cases} f_j(k_j) > 0,\ f_j'(k_j) > 0,\ f_j''(k_j) < 0 \qquad (\text{すべての } k_j>0), \\ f_j(0) = 0 \qquad (j = I, C). \end{cases}$$

マルクス型の二部門経済モデルでは，産出物および生産要素ともに完全競争的な市場で取り引きされるという仮定とともに，資本家は，その所得――利潤――をすべて貯蓄し(すなわち，投資に使い)，労働者は，その所得――賃金――をすべて消費するという仮定が置かれている．投資財，消費財の価格をそれぞれ p_I, p_C で表わし，賃金および資本のレンタル価格をそれぞれ w, r で表わすと，これらの仮定はつぎの諸条件の形に定式化される．

$$(35) \qquad \begin{cases} Y_j = F_j(K_j, L_j),\ j = I, C, \\ p_j\dfrac{\partial F_j}{\partial K_j} = r,\ p_j\dfrac{\partial F_j}{\partial L_j} = w,\ j = I, C, \\ K_I + K_C = K,\ L_I + L_C = L, \\ p_I Y_I = rK,\ p_C Y_C = wL. \end{cases}$$

すなわち，各部門で，各生産要素の雇用は限界生産がその要素価格に等しい水準に定まり，経済全体に賦与されている生産要素はどちらも完全に雇用され，投資額 ($p_I Y_I$) は資本家の利潤 (rK) に等しく，消費額 ($p_C Y_C$) は労働者の賃金 (wL) に等しくなる．[厳密に言うと，どちらかの財の生産に特化したとすれば，限界条件は必ずしも等式ではないかもしれないし，また，生産要素の価格がゼロならば完全雇用の条件はみたされないかもしれない．しかし，投資＝利潤，消費＝賃金という仮定からこのような特異なケースは起こりえないことがわかる.]

二部門経済モデルでおこなったと同じように，この場合に，すべてを，労働単位当たりの量に還元することができる．

$$k = \frac{K}{L},\ y_j = \frac{Y_j}{L},\ k_j = \frac{K_j}{L_j},\ l_j = \frac{L_j}{L} \qquad (j = I, C).$$

また，例によって，賃金・レンタル価格比 $\omega=\dfrac{w}{r}$ が重要な役割を果たすことになる．

均衡条件(35)はつぎの諸式に同値となる．

$$(36) \qquad \begin{cases} y_j = f_j(k_j)\, l_j, \\ k_I l_I + k_C l_C = k, \\ l_I + l_C = 1, \end{cases}$$

$$(37) \qquad \omega = \frac{f_j(k_j)}{f_j'(k_j)} - k_j,\ j = 1, C,$$

$$(38) \qquad f_I(k_I)\, l_I = f_I'(k_I)\, k.$$

(37)式は，$k_j=k_j(\omega)$ が要素価格比 $\omega=\frac{w}{r}$ に対する最適資本・労働比率であるということを意味する．したがって，(36)の諸式を解いて，

$$y_I = f_I(k_I)\frac{k_C-k}{k_C-k_I}, \quad y_C = f_C(k_C)\frac{k-k_I}{k_C-k_I}. \tag{39}$$

ただし，k は $k_I=k_I(\omega)$ と $k_C=k_C(\omega)$ の間になければならない．(39)式を(38)式に代入して，(37)式を使って整理すると，

$$\frac{k_I(\omega)+\omega}{k_C(\omega)+\omega}k_C(\omega) = k. \tag{40}$$

均衡のもとにおける賃金・レンタル比率 ω は(40)式をみたす水準として定まってくる．このような均衡解 ω は所与の k に対して存在し，一意的に決まってくるであろうか．

短期均衡解の存在　均衡条件(40)の左辺は要素価格比 ω の関数である．それを $\Phi(\omega)$ と記そう．

$$\Phi(\omega) = \frac{k_I(\omega)+\omega}{k_C(\omega)+\omega}k_C(\omega). \tag{41}$$

さきに，$f_j(0)=0$ $(j=I, C)$ と仮定したから，すべての $\omega>0$ に対して，$k_j(\omega)$ は存在して，しかも $\lim_{\omega\to 0} k_j(\omega)=0$ $(j=I, C)$ となる†．したがって，

$$0 < \Phi(\omega) < k_I(\omega)+\omega$$

となるから，

$$\lim_{\omega\to 0}\Phi(\omega) = 0. \tag{42}$$

他方，

$$\lim_{\omega\to\infty}\Phi(\omega) = \infty \tag{43}$$

となることを示そう．もしかりに，$\lim_{\omega\to\infty}\Phi(\omega)<\infty$ とすれば，$\Phi(\omega)<A$（すべての ω について）となるような A が存在する．すなわち，

$$\frac{k_I(\omega)+\omega}{k_C(\omega)+\omega}k_C(\omega) < A \qquad (\text{すべての } \omega>0 \text{ について}).$$

整理すれば，

$$\omega[k_C(\omega)-A] < k_C(\omega)[A-k_I(\omega)] \qquad (\text{すべての } \omega>0 \text{ について}).$$

しかし，$\lim_{\omega\to\infty}k_C(\omega)=\lim_{\omega\to\infty}k_I(\omega)=+\infty$ であるから矛盾する．したがって，(43)式が成立しなければならない．しかも，$\Phi(\omega)$ は $\omega>0$ にかんして連続であるから，任意の $k>0$ に対して(40)式をみたすような $\omega>0$ は必ず存在する．

† くわしくは生産関数の理論（第9章）参照．

短期均衡解の一意性　つぎに，均衡解の一意性がどのような条件のもとで成立するかをみてみよう．$\varPhi(\omega)$ の定義式(41)の両辺の対数をとって，ω について微分すれば，

$$\frac{1}{\varPhi(\omega)}\frac{d\varPhi(\omega)}{d\omega}=\frac{1+\dfrac{dk_I}{d\omega}}{\omega+k_I(\omega)}-\frac{1+\dfrac{dk_C}{d\omega}}{\omega+k_C(\omega)}+\frac{\dfrac{dk_C}{d\omega}}{k_C(\omega)}$$

$$=\left[\frac{1}{\omega+k_I(\omega)}-\frac{1}{\omega+k_C(\omega)}\right]+\frac{\dfrac{dk_I}{d\omega}}{\omega+k_I(\omega)}+\left[\frac{1}{k_C(\omega)}-\frac{1}{k_C(\omega)+\omega}\right]\frac{dk_C}{d\omega}.$$

したがって，もし，

(44)　　　$k_C(\omega) > k_I(\omega)$　　（すべての $\omega>0$ について）

という条件がみたされていれば，

$$\frac{d\varPhi(\omega)}{d\omega}>0 \qquad (\text{すべての } \omega>0 \text{ について})$$

が成立し，(40)式の解 ω は一意的に決まることになる．

この(44)式の条件がみたされているとき，消費財(あるいは C 部門)が投資財(あるいは I 部門)に比較して，常に資本集約的(always capital-intensive)であるという．すなわち，消費財が投資財より常に資本集約的であるときには(40)式をみたすような均衡賃金・レンタル価格比 ω は必ず存在して，一意的に定まる．ただし，生産関数にかんして，第9章(数学的注意)に挙げたような性質がみたされているという仮定が置かれている．

動学的過程

二部門経済において，短期市場均衡が成立し，資本と労働の二部門への配分が決まるとき，投資財の生産量が確定することになるから，経済の成長径路もまた決定される．この動学的過程を分析するのが本項の目的である．

資本の減耗率 δ は生産の規模には無関係にある一定水準に決まっていて，労働供給量の増加率 ν も一定であると仮定しよう．

いま時点 t における経済全体の資本と労働の賦与量を $K(t), L(t)$ とする．$\omega(t)$ および $p(t)$ をそれぞれ短期均衡状態における賃金・レンタル比および投資財と消費財の相対価格，$Y(t), Y_I(t), Y_C(t)$ を実質国民所得，投資財および消費財の生産量とすれば，

$$Y(t) = Y_C(t)+pY_I(t).$$

このとき，二部門経済の動学的径路はつぎの二つの方程式によって決定される．

$$(45)\qquad \begin{cases} \dot{K}(t) = Y_I(t)-\delta K(t), \\ \dot{L}(t) = \nu L(t). \end{cases}$$

収穫一定の法則のもとでは，(45)をすべて労働1単位当たりの量に還元することができる．

つぎの諸量を導入しよう．

$k(t) = K(t)/L(t)$	経済全体の資本・労働比率，
$p(t) = p[\omega(t)]$	相対価格(投資財/消費財)，
$k_I(t)$	投資財部門での資本・労働比率，
$y_I(t) = y_I[p(t), k(t)]$	労働1単位当たりの投資財生産量，
$n = \delta+\nu$	資本減耗率 ＋ 労働成長率．

このとき(45)式は，

(46)
$$\frac{\dot{k}(t)}{k(t)} = f_I'[k_I(t)] - n.$$

ただし，$k_I(t) = k_I[\omega(t)]$ であって，均衡賃金・レンタル価格比 $\omega(t)$ は(40)式から求められる：$\omega(t) = \omega[k(t)]$．

微分方程式(46)の定常解 k^* は，

(47)
$$f_I'(k_I(\omega^*)) = n$$

をみたすような ω^* に対する経済全体の資本・労働比率の水準に等しいときである．この間の事情をもっとわかりやすくみるために，これまでの議論を多少要約して説明しておこう．

まず，均衡賃金・レンタル価格比 ω は(40)式によって求められる：$\omega = \omega(k)$．この $\omega(k)$ 関数は，すべての $k>0$ について，定義され，連続である．じじつ，$\omega(k)$ は k について微分可能であり，単調増加関数となる．この均衡の $\omega = \omega(k)$ に対応する I 部門の最適資本・労働比率 $k_I = k_I(\omega)$ は，同時に k の関数でもある：$k_I = k_I[\omega(k)]$．I 部門の利潤率 r_I もまた，k の関数と考えることができる：$r_I = r_I(k) = f_I'[k_I(\omega(k))]$．このとき $r_I = r_I(k)$ は k の単調減少関数となる．したがって，図25-10に示すように，$r_I(k^*) = n$ となるような k^* はもし存在するとすれば，一意的に定まる．この k^* が長期的な均衡状態を特徴づけるものであって，もし経済全体の資本・労働比率 k が k^* に等しいときには，資本ストック K は労働供給の増加率プラス償却率と同じ率 n で増加し，経済は恒常状態(steady state)に保たれる．

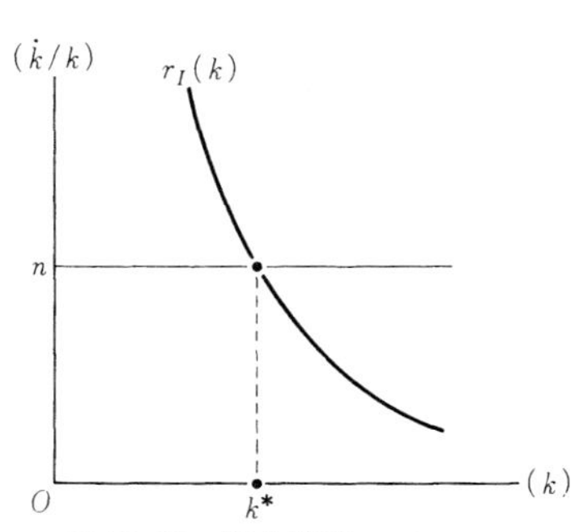

図25-10　資本蓄積のパターン

これまでの議論を要約すればつぎのようになる．

存在定理 消費財部門の方が投資財部門よりも常に資本集約的であり，かつこれまで述べてきたような数学的諸条件がみたされているとする．このとき，任意の集計的資本・労働比率 k に対して，均衡賃金・レンタル価格比率 $\omega=\omega(k)$，各部門における最適な資本・労働比率 $k_I=k_I(\omega)$，$k_C=k_C(\omega)$，および産出量 $y_I=y_I(k)$，$y_C=y_C(k)$ はすべて一意的に決まってくる．

安定性定理 労働供給の成長率 ν と資本の減耗率 δ がいずれも外生的に与えられているとき，資本・労働比率 k は，

$$\frac{\dot{k}}{k} = r_I(k) - n \qquad (n = \nu+\delta)$$

によって規定されるが，このとき，均斉的な資本・労働比率 $k^*[r_I(k^*)=n]$ が存在するとする．このとき，初期時点 $t=0$ における資本・労働比率 $k(0)$ の値がどのような水準であっても，経済成長の動学的過程を通じて，資本・労働比率 $k(t)$ は時間 t が大きくなるにつれて，必ず均斉的な資本・労働比率 k^* に収斂する．

ノート 消費財の方が投資財より資本集約的であるという条件は，安定性の議論にとって crucial である．この要素集約度条件がみたされない場合には，安定性定理は必ずしも成立しない．つぎに反例を挙げておこう［Uzawa(1961)］．

不安定な均斉的長期均衡状態が存在するような例

$$f_I(k_I) = \frac{1}{10}(k_I^{-3}+7^{-4})^{-\frac{1}{3}},$$

$$f_C(k_C) = 10(k_C^{-3}+1)^{-\frac{1}{3}}.$$

このとき，

$$k_I(\omega) = 7\omega^{\frac{1}{4}}, \quad k_C(\omega) = \omega^{\frac{1}{4}},$$

したがって，このときには I 部門の方が C 部門より資本集約的である．

短期均衡における要素価格比率 ω は，

$$\frac{\omega+7\omega^{\frac{1}{4}}}{\omega+\omega^{\frac{1}{4}}}\omega^{\frac{1}{4}} = k$$

の解として求められる．

(40)式の右辺を ω で微分したものを計算すると，

$$\frac{1}{k}\frac{dk}{d\omega} = \frac{1+\frac{7}{4}\omega^{-\frac{3}{4}}}{\omega+7\omega^{\frac{1}{4}}} - \frac{1+\frac{1}{4}\omega^{-\frac{3}{4}}}{\omega+\omega^{\frac{1}{4}}} + \frac{1}{4\omega}.$$

さて，$n=\delta+\nu=\frac{7^{\frac{4}{3}}}{160}$（≒8%）の場合を考えよう．このとき，$k^*=7$ が均斉的な資本・労働比率となる．じじつ，

$$f_I'(7)=\frac{7^{-4}}{10(7^{-3}+7^{-4})^{\frac{4}{3}}}=\frac{7^{\frac{4}{3}}}{160}.$$

そして，$\omega^*=1$ となるから，

$$\left(\frac{1}{k}\frac{dk}{d\omega}\right)_{\omega=1}=-\frac{1}{8}<0$$

となって，均斉的資本・労働比率 $k^*=7$ は不安定な均衡点であることがわかる．

大局的な安定性

上の反例が示すように，資本集約度仮説がみたされていないときには，じつは短期均衡の一意性も保証されない．もちろん，長期的な均斉均衡の安定性もまた必ずしも妥当しない．

均斉均衡解 k^* が存在するためには，

$$\lim_{k_I\to 0} f_I'(k_I)>n=\delta+\nu>\lim_{k_I\to\infty} f_I'(k_I) \tag{48}$$

がみたされなければならないが，この条件に加えて，

$$f_I(0)=0,\ \ f_C(0)=0 \tag{49}$$

が成立しているときには，成長過程はアロー，ブロック，ハーヴィッチの意味で[Arrow, Block, and Hurwicz (1959)]，大局的に安定的となる．このことを証明しよう．動学的なプロセスが大局的に安定的(globally stable)というのは，どのような初期条件から始まっても，集計的な資本・労働比率 $k(t)$ がある一つの均斉的な資本・労働比率に収斂するときをいう．このとき，均斉的な資本・労働比率は一意的に決まらなくともよく，そのなかには，局所的にも不安定的な均衡点が当然ありうることになる．

大局的な安定性にかんしては，アロー＝ハーヴィッチの条件がよく知られている．それは，ここでの問題にかんしていえば，つぎのような条件である[第 19 章]．

$$\lim_{k\to\infty}[f_I'(k_I)-n]<0,\quad \lim_{k\to 0}[f_I'(k_I)-n]>0. \tag{50}$$

仮定(48), (49)から，$k<\omega+k_I$．したがって，(50)の第 1 の条件が成立することがただちにわかる．第 2 の条件を証明するためには，$k\to 0$ のときに $\omega\to 0$ となることがわかればよい．かりにそうではなくて，$k\to 0$ のとき $\omega\to\bar{\omega}>0$ であったとする．(40)式で $k\to 0$ の極限をとると，

$$0=\frac{\bar{\omega}+k_I(\bar{\omega})}{\bar{\omega}+k_C(\bar{\omega})}k_C(\bar{\omega})$$

となって，(49)の仮定と矛盾する．このとき，$k\to 0$ のとき $\omega\to 0$，したがって，(50)の第 2 式も証明された．　Q.E.D.

大局的安定性定理 労働の成長率 ν と資本の減耗率 δ の和 $n=\delta+\nu$ について(48)式がみたされ，さらに(49)の条件がみたされているとする．このとき，少なくとも一つの均衡的資本・労働比率が存在し，しかも，初期の資本・労働比率がどのような水準であっても，二部門経済の資本蓄積過程は大局的に安定的であって，均斉的な資本・労働比率の一つに収斂する．

マルクス=フォン・ノイマン型の二部門経済成長モデルの階級的基礎づけ

資本家はその所得のすべてを貯蓄(投資)し，労働者はその所得のすべてを消費するという前提条件は，どのような意味で正当化されるのであろうか．ここでは，希少資源の配分にかんする資本家階級と労働者階級との間の対立関係という視点から，この問題を考えてみよう．資本家階級は全体として，経済全体に存在している(実質)資本 K を所有し，管理しているだけでなく，労働者を雇用し，その労働サービスを使って生産活動をおこない，利潤を獲得する．このとき，資本家の至上目的は蓄積であって，そのために投資財の産出量が最大になるように全体的な生産計画をたてるであろう．資本家階級が直面する問題はそのとき，投資財の産出量 $Y_I=F_I(K_I, L_I)$ をつぎのような条件のもとで最大にしようとするものである．

$$(51)\qquad \begin{cases} K_I+K_C \leqq K, \\ w(L_I+L_C) = F_C(K_C, L_C). \end{cases}$$

ただし，$w>0$ は賃金水準とする．

(51)式の制約条件にかんするラグランジュ係数を λ, μ とすれば，Lagrangian は，

$$F_I(K_I, L_I)+\lambda[K-K_I-K_C]+\mu[F_C(K_C, L_C)-w(L_I+L_C)]$$

となる．したがって，最適解を求めるための条件は制約条件(51)の他に，

$$\frac{\partial F_I}{\partial K_I}=\mu,\quad \frac{\partial F_I}{\partial L_I}=\lambda w,\quad \lambda\frac{\partial F_C}{\partial K_C}=\mu,\quad \frac{\partial F_C}{\partial L_C}=w.$$

ここで $p=\dfrac{1}{\lambda}$, $r=\dfrac{\mu}{\lambda}$ と置けば，

$$p\frac{\partial F_I}{\partial K_I}=r,\quad p\frac{\partial F_I}{\partial L_I}=w,\quad \frac{\partial F_C}{\partial K_C}=r,\quad \frac{\partial F_C}{\partial L_C}=w$$

となって，これまで論じてきたマルクス的な二部門分析と一致することがわかる．

参 考 文 献

Arrow, K. J., H. D. Block, and L. Hurwicz (1959). "On the Stability of the Competitive Equilibrium, II," *Econometrica*, Vol. 27, pp. 82-109.

Arrow, K. J., and L. Hurwicz (1958). "On the Stability of the Competitive Equilibrium, I," *Econometrica*, Vol. 26, pp. 522-552.

Johnson, H. G. (1957). "Factor Endowments, International Trade, and Factor Prices," in H. G.

Johnson, *International Trade and Economic Growth*, Cambridge, Harvard University Press, 1961.

Lerner, A. P.(1952). "Factor Prices and International Trade," *Economica*, N. S., Vol. 19, pp. 1-15.

Rybczynski, T. M.(1955). "Factor Endowment and Relative Commodity Prices," *Economica*, Vol. 22, pp. 336-341.

Samuelson, P. A.(1953-54). "Prices of Factors and Goods in General Equilibrium," *Review of Economic Studies*, Vol. 21, pp. 1-20.

Shinkai, Y.(1960). "On the Equilibrium Growth of Capital and Labor," *International Economic Review*, Vol. 1, pp. 107-111.

Solow, R. M.(1956). "A Contribution to the Theory of Economic Growth," *Quarterly Journal of Economics*, Vol. 70, pp. 65-94.

Swan, T. W.(1956). "Economic Growth and Capital Accumulation," *Ecomomic Record*, Vol. 32, pp. 334-361.

Uzawa, H.(1961). "On a Two-Sector Model of Economic Growth," *Review of Economic Studies*, Vol. 29, pp. 40-47. Reprinted in *Preference, Production, and Capital : Selected Papers of Hirofumi Uzawa*, New York, Cambridge University Press, 1988.

第26章　新古典派的二部門経済成長モデル

前章では，いわゆるマルクス的な前提条件のもとで，二部門経済モデルの成長のメカニズムについて分析を試みた．同じ二部門経済モデルの成長過程について，新古典派的な前提条件のもとで考えたらどのような理論的帰結を得ることができるであろうか．この問題が，本章の主題であるが，のちに展開するケインズ的経済成長理論との対比という形で，新古典派経済理論の特徴を浮き彫りにすると同時に，一財経済モデルにもとづいて展開されてきた新古典派経済成長理論のインプリケーションをより明確なものとするという意味をももつものである．

二部門経済モデルの基本的な枠組みは第25章でくわしく説明したので，ここではいちいち定義にふれないで議論を進めることにしたい．

前章で導入した，いわゆるマルクス的な二部門経済モデルでは，労働者はその賃金をすべて消費に当て，資本家は，その利潤をすべて貯蓄し，投資に向けるという前提条件のもとで，資本蓄積の過程を分析しようとするものであった．前章にもふれたように，この前提条件は，経済を構成する経済主体を，労働者階級と資本家階級との二大階級に分けて考え，それぞれ階級的な行動様式をもち，相互に対立的な関係がつくり出されているということを暗黙裏に前提している．しかも，生産条件，規模，それにともなう労働雇用量を決定するのは，あくまでも資本家階級のヘゲモニーのもとであるということが重要な意味をもつ．それに対して，新古典派的二部門経済モデルの理論的前提条件は，経済主体は基本的に経済人に還元され，すべての生産要素は，経済人に所有され，各経済人のもつ主観的価値基準のもとで最適な結果を生みだすように使用される．第5章で展開したアーヴィング・フィッシャーの時間選好理論にもとづけば，各時点で，各人の所得は，時間選好率と市場利子率が等しくなるような水準に貯蓄が決定されることになる．この章では，このような新古典派的な枠組みのなかで，貯蓄が決定され，それに応じて資本蓄積が決まってゆくという前提条件のもとで，二部門経済モデルにおける経済成長径路の性質を考察する．

平均貯蓄性向一定の場合

まず，最初に，所得のうち，ある一定割合が消費に向けられ，残りが貯蓄されるとしよう．平均貯蓄性向を s とすれば，1人当たりの所得が y のとき，sy だけ貯蓄され，$(1-s)y$ が消費に向けられる $(0<s<1)$．

このとき，短期均衡の条件は前章2節の(35)の代わりにつぎのような方程式体系によって決定される．二部門経済モデルにかんする基本的前提条件は，前章とまったく同じであるとする．

$$
(1)\qquad \begin{cases} Y_j = F_j(K_j, L_j),\ \ j = I, C, \\ p_j\dfrac{\partial F_j}{\partial K_j} = r,\ \ p_j\dfrac{\partial F_j}{\partial L_j} = w, \\ K_I + K_C = K,\ \ L_I + L_C = L, \\ Y = p_I Y_I + p_C Y_C, \\ p_I Y_I = sY,\ \ p_C Y_C = (1-s)Y. \end{cases}
$$

(1)の諸条件は，各部門で，限界生産が要素価格に等しくなるように資本と労働の完全雇用配分が決まり，国民所得のある一定割合が消費され，残りは貯蓄され，それは資本蓄積に向けられるということを示している．マルクス的な二部門経済モデルの場合と同じように，すべてを労働全供給量1単位当たりの量に還元して，モデルを簡単化することができる．前章と同じ記号を使う．

$$
k = \frac{K}{L},\ \ y_j = \frac{Y_j}{L},\ \ k_j = \frac{Y_j}{L_j},
$$

$$
y = \frac{Y}{L},\ \ p_C = 1,\ \ p_I = p,\ \ \omega = \frac{w}{r}.
$$

このとき，均衡体系(1)からつぎのような関係が求められる．

$$
\omega = \frac{f_j(k_j)}{f_j'(k_j)} - k_j,\ \ k_j = k_j(\omega),
$$

$$
p = \frac{f_C'(k_C)}{f_I'(k_I)} = p(\omega),
$$

$$
y_I = y_I(p, k) = f_I(k_I)\frac{k_C - k}{k_C - k_I},
$$

$$
y_C = y_C(p, k) = f_C(k_C)\frac{k - k_I}{k_C - k_I},
$$

$$
y = y_I + p y_C = r_C(k + \omega),
$$

$$
y_C = (1-s)y,\ \ p y_I = sy.
$$

これらの諸条件を整理すれば，

$$
[k+\omega] = \frac{[k_C(\omega)+\omega][k_I(\omega)+\omega]}{s[k_C(\omega)+\omega]+(1-s)[k_I(\omega)+\omega]},
$$

あるいは，

$$
(2)\qquad \frac{s}{k_I(\omega)+\omega} + \frac{1-s}{k_C(\omega)+\omega} = \frac{1}{k+\omega}.
$$

この式によって短期均衡が完全に決定される．すなわち，経済全体における資本・労働比率 $k = K/L$ が所与のとき，均衡要素価格比 ω が(2)式をみたすような水準に定まるとき，二部門経済モデルにおける生産要素の配分，生産の規模，ならびに資本蓄積のテンポがこの均衡要素価

格比 ω に対応して決まってくる．このような均衡要素価格比 ω は一意的に定まるであろうか．計算の便宜上，つぎのような変数を導入する．

$$Z = Z(\omega) = k+\omega, \quad Z_j = Z_j(\omega) = k_j(\omega)+\omega, \ j = I, C.$$

均衡条件(2)は，

$$\frac{s}{Z_I(\omega)}+\frac{1-s}{Z_C(\omega)} = \frac{1}{Z(\omega)}. \tag{3}$$

いま，

$$\frac{1}{g(\omega)} = \frac{s}{Z_I(\omega)}+\frac{1-s}{Z_C(\omega)}$$

と置いて，$g(\omega)$ を ω で微分して整理すれば，

$$g'(\omega) = \frac{sZ_C^2Z_I'+(1-s)Z_I^2Z_C'}{[sZ_C+(1-s)Z_I]^2}.$$

ここで，

$$Z_j' = \frac{dZ_j(\omega)}{d\omega} = \frac{dk_j(\omega)}{d\omega}+1 > 1.$$

故に，

$$g'(\omega) > \frac{[sZ_C^2+(1-s)Z_I^2]}{[sZ_C+(1-s)Z_I]^2} > 1.$$

したがって，

$$g(\omega) = Z(\omega) = k+\omega$$

の解 ω は一意的に決まり，しかも，

$$\frac{d\omega}{dk} > 0. \tag{4}$$

すなわち，均衡条件(2)をみたすような要素価格比 ω は一意的に定まり，しかも，経済全体の資本・労働比率 k が高くなるとき，要素価格比 ω は高くなる．このことは当然予想されることである．資本・労働比率 $k=K/L$ が高くなるということは，労働が資本に比べて相対的に希少となり，労働の価格——賃金——が資本の価格——レンタル価格——に比べて高くなることを意味する．均衡解の一意性ならびに(4)の条件は，資本集約度仮説を前提としないで導きだされていることに留意されたい．

この命題はつぎのように考えるとき，もっと簡単に求めることができる［Inada(1964)］．いまかりに，この二部門経済の経済的厚生がつぎのような社会的効用関数 $u=u(x_I, x_C)$ の形で表わされるとしよう．

$$u(x_I, x_C) = x_I^s x_C^{1-s}.$$

ここで，x_I, x_C は労働1単位当たりの投資財および消費財の「消費量」とする．第1章でみたように，このような効用関数 $u(x_I, x_C)$ から導きだされる需要関数 $x_I(p, y)$，$x_C(p, y)$ は，

$$x_I = s\frac{y}{p},\quad x_C = (1-s)\,y$$

（ただし，$p_C=1,\ p_I=p$）.

すなわち，新古典派的二部門経済モデルで，これまで仮定してきた需要条件と一致する．

したがって，短期均衡はつぎの最大化問題の解として求められる．すなわち，

(5)
$$\begin{cases} Y_I = F_I(K_I, L_I), & Y_C = F_C(K_C, L_C), \\ K_I + K_C \leqq k, & L_I + L_C \leqq 1 \end{cases}$$

という制約条件のもとで社会的効用関数 $u(y_I, Y_C) = y_I^s y_C^{1-s}$ を最大にせよという問題である．

(5)式をみたす二財の産出量（Y_I, Y_C）の集合は凸集合であり，効用関数は strictly quasi-concave であるから，最適解（Y_I, Y_C）は必ず存在し，一意的に定まる．しかも，最適生産点（Y_I, Y_C）は生産可能領域の境界上にあって，その点における接線の勾配——限界変形率——は価格比 p に等しい．第 9 章でくわしくみたように，この点で，価格比 p にもとづいて評価された国民所得(1 人当たりの)が最大となる．

平均貯蓄性向 s が変化したときに短期均衡解はどのように変化するであろうか．(3)式を s について微分すれば，

$$\frac{\partial\omega}{\partial s} = \frac{\dfrac{1}{Z_I}-\dfrac{1}{Z_C}}{\dfrac{sZ_I'}{Z_I^2}+\dfrac{(1-s)Z_C'}{Z_C^2}-\dfrac{1}{Z^2}}$$

$$[Z'(\omega) = 1,\ Z_I'(\omega) > 1,\ Z_C'(\omega) > 1].$$

いま，消費財部門の方が投資財部門に比べて常に資本集約的であるという条件がみたされている場合を考える．

(6)
$$k_C(\omega) > k_I(\omega) \qquad (\omega > 0).$$

このとき，

(7)
$$0 < \frac{\partial\omega}{\partial s} < \frac{\dfrac{1}{Z_I}-\dfrac{1}{Z_C}}{\dfrac{s}{Z_I^2}+\dfrac{1-s}{Z_C^2}-\dfrac{1}{Z^2}} = \frac{1}{s(1-s)\left(\dfrac{1}{Z_I}-\dfrac{1}{Z_C}\right)}.$$

すなわち，平均貯蓄性向 s が高くなると，賃金・レンタル比 ω もまた高くなることが示された．しかも $\dfrac{dp(\omega)}{d\omega}>0$ だから，相対価格 $p=p(\omega)$ も高くなる．逆に，投資財部門の方が消費財部門より常に資本集約的であるとする．

$$k_C(\omega) < k_I(\omega) \qquad (\omega > 0).$$

このときには，

$$\frac{\partial\omega}{\partial s} < 0,\quad \frac{dp(\omega)}{d\omega} < 0.$$

したがって，

$$\frac{\partial p}{\partial s} > 0.$$

すなわち，資本集約度にかんして上の条件がみたされている場合にも，平均貯蓄性向 s の上昇にともなって，投資財の方が消費財に比べて相対価格が高くなる．

長期均衡の決定

二部門経済では，投資財部門における産出量によって，経済全体の資本蓄積の大きさが規定される．均衡条件(2)から明らかなように，投資財部門の産出量は，貯蓄に等しくなるように決められる．したがって，短期均衡の条件(1)あるいは(2)によって，資本蓄積のパターンが確定する．新古典派的二部門経済の動学的径路は，前章と同じようにつぎの方程式体系によって決められる．

$$(8)\qquad \begin{cases} \dot{K}(t) = Y_I(t) - \delta K(t), \\ \dot{L}(t) = \nu L(t). \end{cases}$$

(8)式を，労働1単位当たりの量にかんする微分方程式に還元すれば，

$$\frac{\dot{k}(t)}{k(t)} = \frac{y_I(t)}{k(t)} - n \qquad (n = \nu + \delta),$$

あるいは，

$$(9)\qquad \frac{\dot{k}}{k} = sf_I'(k_I)\frac{k+\omega}{k} - n.$$

長期均斉的資本・労働比率 k^* はつぎの条件をみたす．

$$(10)\qquad \begin{cases} sf_I'(k_I^*)\dfrac{k^*+\omega^*}{k^*} = n, \\ k_I^* = k_I(\omega^*),\quad k^* = k(\omega^*). \end{cases}$$

消費財部門の方が投資財部門より常に資本集約的であるときには，(10)式をみたすような均斉状態，ω^*, k^* は一意的に定まる．

［証明］　つぎの関数 $\phi(\omega)$ を考える．

$$(11)\qquad \phi(\omega) = f_I'[k_I(\omega)]\frac{k(\omega)+\omega}{k(\omega)}.$$

ここで，$k(\omega)$ は(2)式をみたすものとする．(11)式を ω について対数的に微分し，整理すれば，

$$\frac{1}{\phi(\omega)}\frac{d\phi(\omega)}{d\omega} = -\frac{1}{k_I(\omega)+\omega} + \frac{1}{k(\omega)+\omega} + \left(\frac{1}{k(\omega)+\omega} - \frac{1}{k(\omega)}\right)\frac{dk(\omega)}{d\omega}.$$

$$\frac{dk(\omega)}{d\omega} > 0 \quad だから \quad \frac{\partial\phi(\omega)}{\partial\omega} < 0 \qquad (\omega > 0).$$

したがって，(10)式をみたすような $\omega^* = \omega^*(k)$ は一意的に定まる．　　　　Q.E.D.

安定性定理

消費財部門が投資財部門より常に資本集約的であり平均貯蓄性向が $0<s<1$ とする．このとき，均衡成長径路 $(K(t), L(t))$ に沿って，資本・労働比率 $k(t)=K(t)/L(t)$ は，一意的に決まってくる均斉的資本・労働比率 k^* に漸近的に近づく．しかも，この収斂は単調である．すなわち，初期の $k(0)$ が k^* より小さいときには，$k(t)$ は単調に増加しながら k^* に近づき，逆に $k(0)$ が k^* より大きいときには，$k(t)$ は単調に減少しながら k^* に近づく．

資本集約度条件がみたされていないときには，均斉的資本・労働比率の一意性は必ずしも保証されないで，多数の均斉比率が存在する可能性が起きてくる．しかし，成長径路 $k(t)$ について，その大局的安定性(global stability)を証明することができる．すなわち，均衡成長径路に沿って，資本・労働比率 $k(t)$ は必ずある一つの均斉的資本・労働比率 k^* に漸近的に近づき，それに応じて，1人当たりの国民所得，消費量などの諸変数もそれぞれ均斉状態に近づく．

［証明］ Arrow-Block-Hurwicz の定理［Arrow, Block, and Hurwicz(1959)］を使えば，(9)式の右辺が，$k\to 0$ のとき，$+\infty$ に近づき，$k\to+\infty$ のとき，0 に近づくことがわかればよい．したがって，(11)で定義した $\phi(\omega)$ について，

$$\text{(12)}\qquad \lim_{\omega\to 0}\phi(\omega) = +\infty, \quad \lim_{\omega\to\infty}\phi(\omega) = 0$$

ということを示せばよい．

(12)の第1の関係は容易に示すことができる．第2の関係をみるために，(11)を整理すれば，

$$\phi(\omega) = \frac{f_I[k_I(\omega)]}{(1-s)\,\omega + k_I(\omega) - \dfrac{(1-s)\,\omega[k_I(\omega)+\omega]}{k_C(\omega)+\omega}} < \frac{1}{s}\frac{f_I[k_I(\omega)]}{k_I(\omega)} \to 0 \qquad (\omega\to\infty).$$

Q.E.D.

貯蓄性向と投資誘因

前項で説明した新古典派的二部門経済成長モデルでは，平均貯蓄性向 s は一定であると仮定した．この項では，平均貯蓄性向 s が利子率に依存するような一般的な場合を考察する．とくに，利子率が，投資の限界効率に等しい水準に定まるという，いわゆるケインズ的な状況を想定する．

各時点 t における平均貯蓄性向 $s(t)$ は，利子率 $\rho(t)$ と1人当たりの国民所得 $y(t)$ に依存する．

$$s(t) = g[\rho(t), y(t)].$$

この関数 $g(\rho, y)$ について，

$$0 < \underline{g} < g(\rho, y) < \bar{g} < 1 \qquad (\rho > 0,\ y > 0)$$

となるような $\underline{g}, \bar{g}$ が存在し,

$$\frac{\partial g}{\partial \rho} \geqq 0,\ \frac{\partial g}{\partial y} \geqq 0$$

と仮定する．また限界貯蓄性向もまた1を超えないという仮定をもうけると，$g(\rho, y)$ についていえば,

$$\text{(13)} \qquad \frac{\partial g}{\partial y} \leqq \frac{1-s}{y},\ s = g(\rho, y).$$

各時点 t で，新しい資本財(投資財)の生産は，投資の限界効率がそのときの利子率に等しいような水準に決まってくる．この投資の限界効率のスケジュールは，現行のレンタル価格，あるいは利潤率と，現時点における資本のストック量，そして，新しく資本財がどのようなペースで生産されているかということに依存する.

いま，ある時点 t で，τ 年先で新しく生産される投資財にかんする収穫率に対する予想を $\hat{r}(t, \tau)$ とする．この予想収穫率 $\hat{r}(t, \tau)$ は，現時点 t における収穫率 $r(t)$，資本のストック量 $K(t)$，そのときに生産される投資財の量 $Y_I(t)$，そして労働力の供給 $L(t)$ によって決まってくるとする．すなわち，$\hat{r}(t, \tau) = \varphi(t, \tau; r(t), k(t), y_I(t))$.

このとき,

$$\frac{\partial \varphi}{\partial r} > 0,\ \frac{\partial \varphi}{\partial y_I} > 0$$

と仮定してよい.

もしかりに，予想が定常的であって，現在の利子率が将来も変らないとすれば，新しく生産される投資財の需要価格 $p_D(t)$ は,

$$p_D(t) = \int_0^\infty \hat{r}(t, \tau) e^{-(\mu+\rho(t))\tau} d\tau$$

によって与えられる.

投資財の産出量 $Y_I(t)$ は,

$$p(t) = p_D(t)$$

をみたすような水準に決定される.

市場利子率 $\rho(t)$ については，投資財の市場価格にもとづいて評価された産出量の価値が，貯蓄に等しくなるような水準に決まってくる.

前項のモデルを修正することによって，新しいモデルの構造を調べることができる．このモデルの均衡条件はつぎのように表現することができる.

$$s(t) = g(\rho(t), y(t)).$$

いまかりに，平均貯蓄性向 s がある一定の水準に決まっているとしよう．$\phi(s)$ をつぎのように定義する.

$$\psi(s) = s - g(\rho(s), y(s)),\quad 0 < s < 1.$$

ここで，$\rho(s), y(s)$ はそれぞれ，平均貯蓄性向 s に対応する均衡利子率および1人当たりの国民所得である．このとき，この関数 $\psi(s)$ は，資本集約度条件のもとでは，平均貯蓄性向 s の増加関数となる．じじつ，

$$\frac{d\psi}{ds} = 1 - \frac{\partial g}{\partial \rho}\frac{\partial \rho}{\partial s} - \frac{\partial g}{\partial y}\frac{dy}{d\omega}\frac{\partial \omega}{\partial s}.$$

ここで，均衡利子率 ρ は平均貯蓄性向 s の減少関数であるから，

$$\frac{\partial \psi}{\partial s} \geqq 1 - \frac{1}{y}\frac{\partial g}{\partial y}\left(\frac{1}{Z} - \frac{1}{Z_C}\right)\frac{\dfrac{1}{Z_I} - \dfrac{1}{Z_C}}{\dfrac{s}{Z_I{}^2} + \dfrac{1-s}{Z_C{}^2} - \dfrac{1}{Z^2}}.$$

したがって，(13)式によって，

$$\frac{\partial \psi}{\partial s} > 1 - \frac{(1-s)s\left(\dfrac{1}{Z_I} - \dfrac{1}{Z_C}\right)^2}{\dfrac{s}{Z_I{}^2} + \dfrac{1-s}{Z_C{}^2} - \dfrac{1}{Z^2}} = 0.$$

この関数 $\psi(s)$ は，$s \to 0$ のとき負となり，$s \to 1$ のとき1に近づく．したがって，$\psi(s) = 0,\ 0 < s < 1$ となるような平均貯蓄性向が存在する．

新古典派的二部門経済成長モデルで，平均貯蓄性向 s が利子率 ρ と1人当たりの実質国民所得水準 y に依存するとき，もし，消費財部門の方が資本財部門より常に資本集約的であるとすれば，短期均衡は一般に一意的に決まる．また，動学径路に沿って，資本・労働比率 $k(t)$ は必ずある一つの均斉的資本・労働比率に収斂するという意味で，大局的に安定的となる．

生産要素の固定性と経済成長の安定性

二部門経済モデルでは，生産要素がともにマリアブル(malleable)であって，投資財部門と消費財部門とのどちらにも自由に配分することができるという仮定をもうけてきた．現実にはもちろんこのような前提条件がみたされないということはいうまでもない．資本あるいは労働が固定的な場合が一般的であるが，この点にかんするくわしい議論は第VI部で本格的に展開することにする．この項では資本と労働にかんして，ある程度の固定性が存在し，賃金・レンタル価格比が固定的であるような場合について若干の考察を加えておこう．

いま，平均貯蓄性向 s が一定である場合を考える．このとき，任意の賃金・レンタル価格比 $\omega = w/r$ に対して，それがかりに均衡賃金・レンタル価格比となっていたとすれば，経済全体における資本・労働比率 $k(\omega)$ はつぎの方程式をみたすような水準に決められるはずである．

(14)
$$\frac{1}{k(\omega) + \omega} = \frac{s}{k_I(\omega) + \omega} + \frac{1-s}{k_C(\omega) + \omega}.$$

さきに示したように，(14)式をみたす $k(\omega)$ は必ず存在し，一意的に定まる．

ある時点における経済全体での資本と労働の賦与量の比率を $k=K/L$ とし，賃金・レンタル価格比は ω に固定的に決まっているとする．このとき，$k \geqq k(\omega)$ であれば，労働は完全に雇用され，1人当たりの投資財産出量 y_I は，

(15) $$y_I = sf_I'[k_I(\omega)](k(\omega)+\omega)$$

によって与えられる．逆に，$k<k(\omega)$ ならば，労働は完全に雇用されず，y_I は，

(16) $$y_I = sf_I'[k_I(\omega)](k(\omega)+\omega)\frac{k}{k(\omega)}$$

によって与えられることになる．

したがって，$k=k(t)$，$\omega=\omega(t)$ の動学的な性質は，つぎの方程式体系によって規定されると考えてもよいであろう．

(17) $$\begin{cases} \dot{k} = y_I - nk, \\ \dot{\omega} = H[k-k(\omega)]. \end{cases}$$

ここで，y_I は(15)あるいは(16)によって与えられ，$H(u)$ は連続関数で，$H(u) \gtreqqless 0 \Longleftrightarrow u \gtreqqless 0$ とする．

微分方程式体系(17)にかんして，任意の初期条件 (k_0, ω_0) $(k_0>0, \omega_0>0)$ に対して(17)の解 $(k(t), \omega(t))$ $(t>0)$ は必ず一意的に存在し，t および (k_0, ω_0) にかんして連続であるとする．

まずはじめに，投資財部門の方が消費財部門より常に資本集約的であると仮定しよう．

$$k_I(\omega) > k_C(\omega) \qquad (\omega > 0).$$

このとき，(16)式を ω について対数的に微分すれば，

$$\frac{1}{y_I}\frac{dy_I}{d\omega} = -\frac{1}{k_I(\omega)+\omega} + \frac{\frac{dk(\omega)}{d\omega}+1}{k(\omega)+\omega} > 0.$$

したがって，$k \geqq k(\omega)$ のときには，y_I は ω の増加関数となる．そして，微分方程式体系(17)の phase diagram は図 26-1 に示したような形となり，均斉的資本・労働比率 k^* とそれに対

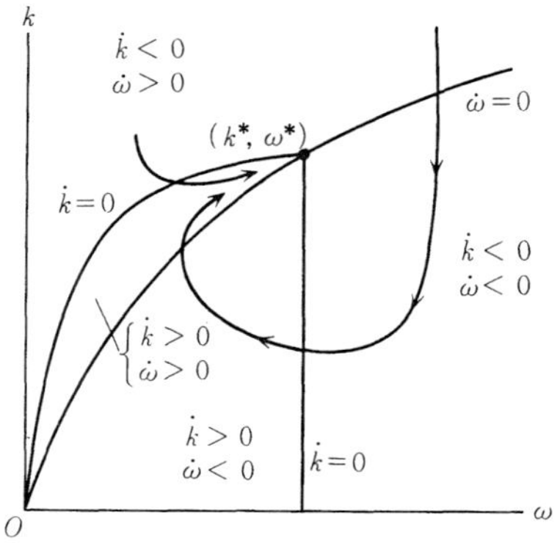

図 26-1 安定的な経済成長径路

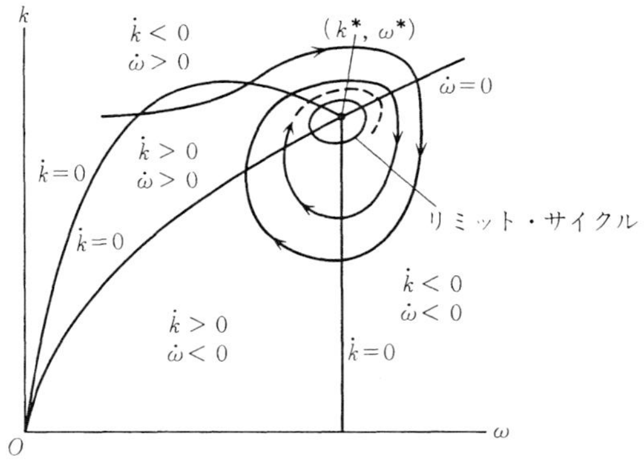

図 26-2　リミット・サイクルの存在

応する賃金・レンタル比率 ω^* は大局的な漸近的安定性をもつことがわかる．

つぎに，消費財部門の方が投資財部門より常に資本集約的であるとしよう．このとき，y_I は必ずしも ω の増加関数とはならないかもしれないが，均斉的資本・労働比率 k^* は必ず存在し，一意的に定まる．微分方程式体系(17)にかんして，ポアンカレ=ベンディクソンの定理を適用すれば，動学体系(17)の解 $(k(t), \omega(t))$ は均斉的経済成長の状態に収斂するか，あるいはリミット・サイクルが存在し，それに収斂するかのどちらかである．図 26-2 にはリミット・サイクルの存在する場合について示してある．

参 考 文 献

Arrow, K. J., H. D. Block, and L. Hurwicz (1959). "On the Stability of the Competitive Equilibrium, II," *Econometrica*, Vol. 27, pp. 82-109.

Inada, K. (1964). "On the Stability of Growth Equilibria in Two-Sector Models," *Review of Economic Studies*, Vol. 31, pp. 127-142.

Uzawa, H. (1963). "On a Two-Sector Model of Economic Growth, II," *Review of Economic Studies*, Vol. 30, pp. 105-118. Reprinted in *Preference, Production, and Capital : Selected Papers of Hirofumi Uzawa*, New York, Cambridge University Press, 1988.

第26章付論　オーカーマン=ヴィクセル理論

これまで展開した二部門経済成長モデルでは，資本財の耐久性は外生的に与えられているという前提条件のもとで議論が展開された．資本財の耐久性が外生的な条件によって決められるものではなく，そのときどきの経済的条件によって左右され，広い意味での利潤最大化の原則にしたがって決まってくるような状況をくわしく分析したのはオーカーマン[Åkerman (1923)]の書物である．オーカーマンの理論はさらに，ヴィクセルによって数学的に定式化された[Wicksell(1934)，とくに pp. 274-299 を参照のこと]．この付論では，オーカーマン=ヴィクセル理論を，これまで展開してきた二部門経済モデルの枠組みのなかで検討し，資本財の耐久性が長期的にどのような構造をもつかということに焦点を当てながら，ストックホルム学派の経済成長理論の一面を垣間みることにしたい．以下の叙述はもっぱら，Yasui-Uzawa (1964)にもとづく．

オーカーマン=ヴィクセル・モデル

ここで考察する経済モデルは基本的には二部門経済モデルの枠組みのなかで展開される．しかし，消費財は同質的な財から構成されているが，投資財は耐久性の異なるものから構成されるとする．消費財部門の生産関数は，

$$Y_C = F_C(K_C, L_C)$$

によって表わされることは，これまでとまったく同じであるが，投資財部門については，耐久性 μ が異なるとき，生産関数もまた異なったものとなる．

$$Y_I = F_I(K_I, L_I, \mu).$$

二つの部門とも，収穫一定の法則が支配し，限界代替率は逓減的であると仮定する．外部経済または不経済はともに存在しないとし，完全競争的な市場条件を前提する．以下簡単化のため，耐久性 μ の異なる投資財の生産にかんして，資本と労働の限界代替率は耐久性 μ が変わっても変わらないものとする．すなわち，投資財にかんする生産関数は，

$$Y_I = F_I(K_I, L_I)\varphi(\mu)$$

のような形に書くことができると仮定する．ここで，資本の減耗率 μ にかんして，下限 $\underline{\mu}$ と上限 $\bar{\mu}$ が存在するものと仮定する．

収穫一定の法則のもとでは，すべて労働投入量を単位とする量に還元することができる．

$$y_I = \frac{Y_I}{L_I},\ \ k_I = \frac{K_I}{L_I},\ \ y_C = \frac{Y_C}{L_C},\ \ k_C = \frac{K_C}{L_C}$$

と置けば，

(1) $$y_C = f_C(k_C), \quad y_I = f_I(k_I)\varphi(\mu)$$

となり，つぎの条件がみたされるとする．

(2) $$f_j(k_j) > 0, \ f_j'(k_j) > 0, \ f_j''(k_j) < 0 \qquad (k_j > 0), \ j = I, C.$$

(3) $$\varphi(\mu) > 0, \ \varphi'(\mu) > 0, \ \varphi''(\mu) < 0 \qquad (\underline{\mu} < \mu < \bar{\mu}).$$

この条件(3)は，投資財の耐久性が低くなるにしたがって，産出量は増加し，その増加率は逓減的となるということを意味する．さらにつぎの諸条件を仮定しよう．

(4) $$f_j(0) = 0, \ f_j(\infty) = \infty\,; \ f_j'(0) = \infty, \ f_j'(\infty) = 0,$$

(5) $$\varphi'(\underline{\mu}) = \infty, \ \varphi'(\bar{\mu}) = 0.$$

ここで，マルクス的な二部門経済モデルの前提条件がすべてみたされているとする．すなわち，生産物も生産要素もいずれも完全競争的な市場で取り引きされるものとし，労働者は，その賃金をすべて消費し，資本家は，その利潤をすべて貯蓄し，資本蓄積に当てると仮定する．つぎのような諸変数を導入する．

$K_j = j$ 部門に配分された資本財の量，

$L_j = j$ 部門に配分された労働量，

$Y_j = j$ 部門の産出量，

$p_j = j$ 財の価格　　$(j=I, C)$．

μ=資本減耗率，r=資本に対する収穫率，w=賃金率，ρ=利子率とする．このとき，資源配分の条件はつぎの諸式によって特徴づけられる．

(6) $$\begin{cases} K_I + K_C = K, \ L_I + L_C = L, \\ Y_I = F_I(K_I, L_I)\varphi(\mu), \ Y_C = F_C(K_C, L_C), \\ r = p_I \dfrac{\partial F_I}{\partial K_I}\varphi(\mu) = p_C \dfrac{\partial F_C}{\partial K_C}, \\ w = p_I \dfrac{\partial F_I}{\partial L_I}\varphi(\mu) = p_C \dfrac{\partial F_C}{\partial L_C}, \\ rK = p_I Y_I, \ wL = p_C Y_C. \end{cases}$$

ここで，

$$y_j = \frac{Y_j}{L}, \ k_j = \frac{K_j}{L_j} \ (j = I, C), \ \omega = \frac{w}{r}, \ k = \frac{K}{L}$$

と置いて，(6)の均衡条件を整理すれば，

(7) $$y_I = f_I(k_I)\frac{k_C - k}{k_C - k_I}, \quad y_C = f_C(k_C)\frac{k - k_I}{k_C - k_I}.$$

ここで，

$$k_j = k_j(\omega), \ \omega = \frac{f_j(k_j)}{f_j'(k_j)} - k_j \qquad (j = I, C)$$

と定義すれば,

$$(8)\qquad k=\frac{\omega+k_I(\omega)}{\omega+k_C(\omega)}.$$

C 部門が I 部門より常に資本集約的であると仮定すれば，(8)式をみたすような賃金・レンタル比率 ω は一意的に定まる．この均衡比率 ω を $\omega(k)$ と表わす．

最適耐久性 μ は,

$$(9)\qquad p_IY_I-rK_I-wL_I \qquad \left(ただし\ p_I=\frac{r}{\mu+\rho}\right)$$

を最大にするように決められる．この最大化の問題はまず,

$$\frac{\varphi(\mu)}{\mu+\rho}$$

を最大にするような耐久性 μ を見いだすということに帰着される．したがって，最適耐久性 μ は,

$$(10)\qquad \rho=\frac{\varphi(\mu)}{\varphi'(\mu)}-\mu$$

の解として決まってくる．つぎに，(10)を K_I について最大化するとき,

$$(11)\qquad \varphi'(\mu)=\frac{1}{f_I'(k_I)}$$

という条件が求められる．

最適耐久性 μ と均衡利子率 ρ は結局，(10), (11)をみたすように決まってくることになるから，経済全体の資本・労働比率 $k=\dfrac{K}{L}$ によって一意的に定まる．

$$\mu=\mu(k),\quad \rho=\rho(k).$$

以上の議論をまとめておこう．

存在定理　オーカーマン=ヴィクセル・モデルで，消費財の方が投資財より常に資本集約的であるとする．このとき，均衡賃金・レンタル比率 ω および均衡資本減耗率 μ はともに，経済全体の資本・労働比率 k によって一意的に定まる．このとき $\omega=\omega(k)$, $\mu=\mu(k)$ と書くことができる．集計的資本・労働比率 k が高くなるときに，賃金・レンタル比率 $\omega(k)$ は高くなり，均衡減耗率 $\mu(k)$ は低くなる．

資本に対する収穫率 $\alpha(k)=f_I'(k_I)\varphi(\mu)$ もまた一意的に定まり，k の上昇にともなって高くなる．

オーカーマン=ヴィクセル・モデルの安定性

これまでオーカーマン=ヴィクセル・モデルについて，短期市場均衡の存在と一意性について検討してきた．つぎに，その長期的な状況についてみてみよう．

各時点 t における資本と労働の賦与量をそれぞれ $K(t), L(t)$ とする．資本蓄積のプロセスは，過去からずっと引きつづいておこなわれてきたと仮定する．労働にかんしては，その増加率 ν は一定で，外生的に与えられると考える．

(12) $$L(t) = L(0)e^{\nu t}.$$

また，t 時点における資本財のストック量 $K(t)$ は過去の時点 τ においておこなわれた投資活動に依存して決まってくる．各時点 τ における資本財の産出量を $Y_I(\tau)$ とし，そのときの均衡減耗率を $\mu(s)$ とすれば，

(13) $$K(t) = \int_{-\infty}^{t} Y_I(\tau)e^{-\mu(\tau)(t-\tau)}d\tau$$

となる．

(12), (13)式を資本・労働比率 $k(t)=K(t)/L(t)$ についての関係式に還元すれば，

(14) $$k(t) = \int_{-\infty}^{t} \alpha[k(\tau)]k(\tau)e^{-\beta(k(\tau))(t-\tau)}d\tau.$$

ここで，$\beta(k)=\mu(k)+\nu$ とする．$\beta(k)$ は k の減少関数である．

(14)式の解 $k(t)$ のうち，定常的な解 k^* が必ず存在する．じじつ，

(15) $$\alpha(k^*) = \beta(k^*)$$

をみたすような k^* を求める．$\alpha(k)$ は k の減少関数，$\beta(k)$ は k の減少関数であるから，(15)式をみたすような k^* は必ず存在する．このような k^* に対して，$k(t)\equiv k^*$ と置けば，(14)式がみたされることは容易にわかる．この k^* を均衡資本・労働比率と呼ぶことにしよう．均衡資本・労働比率 k^* は必ずしも一意的には定まらない．

このときつぎの定理が成立する．

安定性定理　オーカーマン=ヴィクセル・モデルで，消費財の方が投資財より常に資本集約的であるとする．このとき，任意の均衡成長径路 $(K(t), L(t))$ の上で，資本・労働比率 $k(t)=K(t)/L(t)$ は必ずある均衡資本・労働比率 k^* に収斂し，それに対する均衡資本減耗率 $\mu(t)$ もまた均衡減耗率 $\mu^*=\mu(k^*)$ に収斂する．

［証明］ (14)をみたす径路 $k(t)$ の動学的性質についてくわしく調べてみることにしよう．ここで，$\alpha(k), \beta(k)$ はともに k の減少関数で，連続で，

(16) $$\alpha(0)=\infty,\ \ \alpha(\infty)=0\,;\ \ \beta(0)=\overline{\beta}<0,\ \ \beta(\infty)=\underline{\beta}>0$$

とする．均衡資本・労働比率 k^* は(15)式によって定義される．以下，均衡資本・労働比率 k^* は有限個しかないとし，大きさの順に並べて，$k_1^*, k_2^*, \cdots, k_\sigma^*$ とする．

(17) $$k_1^* < k_2^* < \cdots < k_\sigma^*.$$

無限個の均衡解 k^* が存在するときにも証明はまったく同じようにしておこなうことができる.

二つの均衡解 (k_{j-1}^*, k_j^*) (ただし $k_0^*=0, k_{\sigma+1}^*=\infty$) について第1種であるというのは,

$$\alpha(k) > \beta(k) \qquad (k_{j-1}^* < k < k_j^*)$$

のときを指し, 第2種であるというのは,

$$\alpha(k) < \beta(k) \qquad (k_{j-1}^* < k < k_j^*)$$

のときを指すことにする. たとえば, $\alpha(k), \beta(k)$ が図26A-1に示したような形になっているとき, (k_1^*, k_2^*), (k_3^*, k_4^*) が第1種で, (k_2^*, k_3^*) は第2種である.

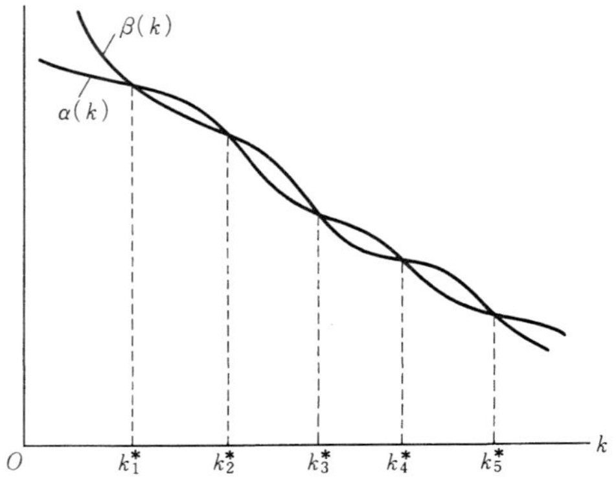

図 26A-1

$k(t)$ の構造を調べるために, (14)式を t について微分する.

$$\dot{k}(t) = \alpha(k(t))k(t) - \int_{-\infty}^{t} \beta(k(\tau))\alpha(k(\tau))e^{-\beta(k(\tau))(t-\tau)}d\tau.$$

したがって,

(18)
$$\frac{\dot{k}(t)}{k(t)} = \alpha(k(t)) - \gamma(t).$$

ここで,

(19)
$$\gamma(t) = \frac{\int_{-\infty}^{t} \beta(k(\tau))\alpha(k(\tau))k'(\tau)e^{-\beta(k(\tau))(t-\tau)}d\tau}{\int_{-\infty}^{t} \alpha(k(\tau))k(\tau)e^{-\beta(k(\tau))(t-\tau)}d\tau}$$

は t 時点における平均資本減耗率である.

このとき, つぎの Lemma をまず証明しよう.

Lemma 1　(14)の解 $k(t)$ について必ず二つの資本・労働比率 $\underline{k}, \bar{k}$ とある時間 t_0 が存在して,

(20)
$$0 < \underline{k} \leqq k(t) \leqq \bar{k} \qquad (t \geqq t_0)$$

となる.

［証明］ (16)と(19)とから，任意の t に対して，

$$\underline{\beta} \leqq \gamma(t) \leqq \overline{\beta}.$$

(16)の前半の条件から，$\alpha(\underline{k}) > \overline{\beta}$, $\alpha(\overline{k}) < \underline{\beta}$ となるような $0 < \underline{k} < \overline{k}$ が存在する．したがって，(18)式から，

$$k(t) \leqq \underline{k} \quad \text{のとき} \quad \frac{\dot{k}(t)}{k(t)} > \alpha(\underline{k}) - \overline{\beta} > 0,$$

$$k(t) \geqq \overline{k} \quad \text{のとき} \quad \frac{\dot{k}(t)}{k(t)} < \alpha(\overline{k}) - \underline{\beta} < 0.$$

したがって，(20)をみたすような t_0 が存在する．　Q.E.D.

Lemma 2　ある時間 $\hat{t}$ について，$k(\hat{t})$ が第1の類型の区間 (k_{j-1}^*, k_j^*) に属していて，$\dot{k}(\hat{t}) \geqq 0$ とする．

このとき，$t > \hat{t}$ に対して，

$$\text{(21)} \qquad k(t) = k(\hat{t}),\ k(\tau) > k(\hat{t}) \qquad (\hat{t} < \tau < t)$$

とすると，$\dot{k}(t) > 0$ となる．

［証明］ まず，

$$\gamma(t) = \frac{\int_{-\infty}^{t} \beta(k(\tau))\alpha(k(\tau))k(\tau)e^{-\beta(k(\tau))(t-s)}ds}{\int_{-\infty}^{t} \alpha(k(\tau))k(\tau)e^{-\beta(k(\tau))(t-s)}ds}$$

は時間 t の非増加関数となる．

じじつ，$\gamma(t)$ を t について微分して，シュワルツ不等式を適用すればよい．

他方，$\gamma(\hat{t}) \leqq \alpha(k(\hat{t}))$ だから，

$$\gamma(t) \leqq \gamma(\hat{t}) \leqq \alpha(k(\hat{t})).$$

すなわち，

$$\int_{-\infty}^{t} \beta(k(\tau))\alpha(k(\tau))k(\tau)e^{-\beta(k(\tau))(t-\tau)}d\tau \leqq \alpha(k(\hat{t}))\int_{-\infty}^{t} \alpha(k(\tau))k(\tau)e^{-\beta(k(\tau))(t-\tau)}d\tau.$$

(21)の仮定から，

$$\beta(k(\tau)) < \beta(k(\hat{t})) \qquad (\hat{t} < \tau < t).$$

したがって，

$$\int_{\hat{t}}^{t} \beta(k(\tau))\alpha(k(\tau))k(\tau)e^{-\beta(k(\tau))(t-\tau)}d\tau < \beta(k(\hat{t}))\int_{\hat{t}}^{t} \alpha(k(\tau))k(\tau)e^{-\beta(k(\tau))(t-\tau)}d\tau.$$

$k(t)$ は第1種の区間に属するから，$\beta(k(t)) < \alpha(k(t))$．したがって，

$$\int_{\hat{t}}^{t}\beta(k(\tau))\alpha(k(\tau))k(\tau)e^{-\beta(k(\tau))(t-\tau)} < \alpha(k(\hat{t}))\int_{\hat{t}}^{t}\alpha(k(\tau))k(\tau)e^{-\beta(k(\tau))(t-\tau)}d\tau.$$

すなわち，$\alpha(k(\hat{t}))-\gamma(t)>0$．したがって，(18)式と仮定(21)から，

$$\frac{\dot{k}(t)}{k(t)} = \alpha(k(t))-\gamma(t) > 0. \qquad \text{Q.E.D.}$$

Lemma 3 $k(\hat{t})$ が第1種の区間 (k_{j-1}^*, k_j^*) に属し，$\dot{k}(\hat{t})\geqq 0$ であるとする．このとき，$t>\hat{t}$ で，$k(\tau)>k(\hat{t})$ $(\hat{t}<\tau<t)$ かつ，$k_{j-1}^*<k(t)<k_j^*$ ならば，$\dot{k}(t)>0$．

［証明］ もし Lemma 3 が正しくないとすれば，つぎのような条件をみたす $\hat{\hat{t}}$ が存在する．すなわち，$\hat{t}\leqq\hat{\hat{t}}<t$，$k(\hat{\hat{t}})=k(t)$ は区間 (k_{j-1}^*, k_j^*) のなかにあり，

$$k(\tau) > k(\hat{\hat{t}}) \qquad (\hat{\hat{t}} < \tau < t),\ \dot{k}(\hat{\hat{k}}) \geqq 0$$

となって，Lemma 2 と矛盾する． Q.E.D.

Lemma 4 つぎのような条件をみたす区間 (k_{j-1}^*, k_j^*) と時間 $\bar{t}$ が存在する．

(22) $$k_{j-1}^* \leqq k(t) \leqq k_j^* \qquad (t \geqq \bar{t}).$$

［証明］ もしかりに，(k_{j-1}^*, k_j^*) が第1種であり，

$$k_{j-1}^* < k(t_0) < k_j^*,\ \dot{k}(t_0) > 0$$

となるような t_0 が存在したとする．このような j の最大を j_0 とする．このとき，Lemma 3 によって，

(23) $$k_{j_0-1}^* \leqq k(t) \leqq k_{j_0}^* \qquad (t \geqq t_0)$$

か，あるいは，

(24) $k(t_1) > k_{j_0}^*$ となるような $t_1 > t_0$ が存在する．

(23)のときには，(22)は $j=j_0$, $\bar{t}=t_0$ で成立する．(24)のときには，$k(t)$ $(t\geqq t_1)$ は必ず $(k_{j_0}^*, k_{j_0+1}^*)$ のなかにあることになるから，(22)が $j=j_0+1$, $\bar{t}=t_1$ について成立する．

もし，(k_{j-1}^*, k_j^*) が第1種で，(23)あるいは(24)が成立するような j が存在しないとすれば，$k(t)$ は t が十分大きくなったときには必ずある第2種の区間に属することになる． Q.E.D.

［定理の証明］ Lemma 4 によって，$k(t)$ は時間 $\bar{t}$ より大きい $t\geqq\bar{t}$ については必ず，ある区間 (k_{j-1}^*, k_j^*) のなかに留まる．

まず．この区間(k_{j-1}^*, k_j^*) が第1種のときを考えよう(図 26A-2)．このとき，Lemma 3 によって，t が十分大きいときには $\dot{k}(t)>0$，あるいは，t が十分大きいときには $\dot{k}(t)\leqq 0$，のどちらかとなる．どちらの場合にも，$k(t)$ は t について単調となり，$\lim_{t\to\infty}k(t)=\hat{k}$ が存在する．こ

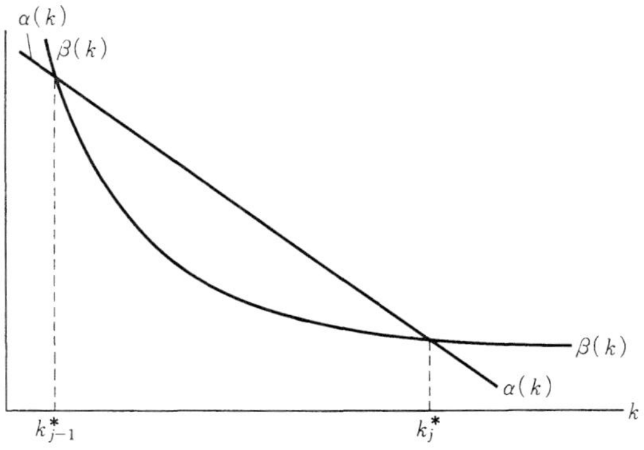

図 26A-2

のとき，$\lim_{t\to\infty}\alpha(k(t))=\alpha(\hat{k})$，$\lim_{t\to\infty}\beta(k(t))=\beta(\hat{k})$ は必ず存在して，$\alpha(\hat{k})=\beta(\hat{k})$．もし，$\alpha(\hat{k})\neq\beta(\hat{k})$ とすれば，$k(t)$ は 0 あるいは ∞ に収斂し，Lemma 1 と矛盾するからである．

つぎに，(k_{j-1}^*, k_j^*) が第 2 種の区間のときを取り上げる(図 26A-3)．このときには，

$$\lim_{t\to\infty}\gamma(t) \geqq \beta(k_j^*)$$

である．

まず，$\lim_{t\to\infty}\gamma(t)>\beta(k_j^*)$ の場合を考えてみよう．このときには，

$$\gamma(t) > \beta(k_j^*) + \delta^{(0)} \qquad (t \geqq t')$$

となるような $t'>\bar{t}$ および $\delta^{(0)}>0$ が存在する．$k^{(0)}$ を，$\alpha(k^{(0)})=\beta(k_j^*)+\frac{\delta^{(0)}}{2}$ によって定義すれば，

$$\frac{\dot{k}(t)}{k(t)} < -\frac{\delta^{(0)}}{2} \qquad (t \geqq t',\ k(t) \geqq k^{(0)})$$

となる．したがって，

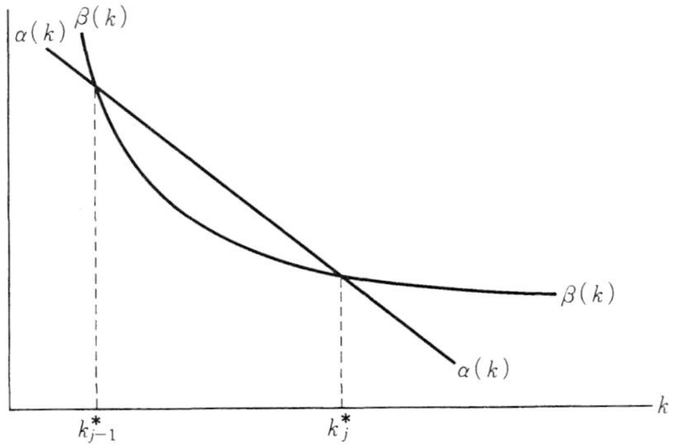

図 26A-3

$$k(t) \leqq k^{(0)} \qquad (t \geqq t^{(0)})$$

となるような $t^{(0)}>t'$ が存在する．

このようにして，

$$\alpha(k^{(n)}) = \beta(k^{(n-1)}) + \frac{\delta^{(n-1)}}{2}, \quad n = 1, 2, \cdots$$

によって $\{\delta^{(1)}, \delta^{(2)}, \cdots\}$ と $(k^{(1)}, k^{(2)}, \cdots)$ を定義すれば，

$$\lim_{n \to \infty} k^{(n)} = k_{j-1}^*.$$

したがって，

$$t^{(0)} < t^{(1)} < t^{(2)} < \cdots; \quad \lim_{n \to \infty} t^{(n)} = \infty,$$

$$k(t) \leqq k^{(n)} \qquad (t \geqq t^{(n)})$$

となるような時間の列 $\{t^{(0)}, t^{(1)}, t^{(2)}, \cdots\}$ が存在する．

したがって，

$$\lim_{t \to \infty} k(t) = k_{j-1}^*$$

となる．

$\lim_{t \to \infty} \gamma(t) = \beta(k_j^*)$ の場合にも，$\lim_{t \to \infty} k(t) = k_j^*$ となることが容易に示される． Q.E.D.

参考文献

Åkerman, G.(1923). *Realkapital und Kapitalzins*, Vol. I, Inaugural-Dissertation, Centraltryckriet, Stockholm.

Wicksell, K.(1934). *Lectures on Political Economy, Vol. I : General Theory*, London, Routledge and Kegan Paul.

Yasui, T., and H. Uzawa(1964). “On an Åkerman-Wicksellian Model of Capital Accumulation,” *Economic Studies Quarterly*, Vol. 14, pp. 1-10.［『安井琢磨著作集』第 III 巻，創文社，1971 年，に所収．］

第27章　新古典派と新ケインズ派の経済成長理論

資本主義経済制度のもとにおける成長過程が安定的であるか，否か，という問題は，現代経済成長理論においてもっとも基本的な問題である．市場機構を通じておこなわれる希少資源の動学的配分が，安定的な経済成長を実現するかどうかということは，たんに理論的な観点から興味あるだけでなく，財政・金融政策の動学的効果を考察するときにも不可欠なものとなってくるからである．

しかし，市場機構の動学的安定性にかんしては，二つの対立した見方が存在している．一つは，新古典派の経済理論にもとづいて経済成長のプロセスを分析しようとするもので，他の一つは，ケインズの『一般理論』に展開された枠組みのなかでこの問題を考察しようとするものである．新古典派の経済成長理論にもとづけば，市場的成長のプロセスは一般に動学的な意味で安定的であり，例外的な場合を除いては，物価水準の安定的な上昇(あるいは下降)と完全雇用成長とが常に両立するという帰結が得られる．これに反して，新ケインズ的な理論にしたがえば，現代の資本主義的制度のもとでの動学的資源配分はきわめて不安定的な要因を含み，安定的な成長を望むのはナイフの刃の上を歩むようなものであるという結論が導きだされる．

本章では，成長過程の動学的安定性にかんして，このような対立的な結論が見いだされるのは，どのような理論的前提にもとづくものであるかということを中心に考察し，できれば，新古典派と新ケインズ派との経済成長理論の底を流れる基本的な相違を浮き彫りにしようとするものである．

第1節　新古典派の経済成長理論

新古典派成長理論の基本的前提

経済成長にかんする新古典派的理論は，厳密にいえば，1955年から56年にかけて発表された Tobin(1955)，Solow(1956)，Swan(1956)，Ara(1958)の諸論文にはじめて定式化されたものである．しかし，その理論的背景はずっと古く，19世紀後半に，スタンレー・ジェヴォンズ，カール・メンガー，レオン・ワルラス，さらにはアルフレッド・マーシャルの手によって展開された新古典派の経済理論を動学化したものであると考えることができる．トービン，ソロー，スワン，荒の成長理論ではこのような新古典派の経済理論の特徴がより一層明瞭な形で浮き彫りにされている．と同時に，その限定的制約もまたさらに鮮明に現われている．そこで，まず新古典派理論の基本的な特徴ともいえる点について，簡単にふれることにしよう．

新古典派理論のもっとも特徴的な前提は，国民経済を構成する経済的主体についての把握である．すなわち，消費および生産活動の主体である家計と企業とをそれぞれ考えてはいながら，その制度的な面については，なんら本質的な差違はないという前提のもとにたっている．したがって，国民経済の構成要素はむしろ抽象的な個人であって，それぞれ主体的な判断にもとづいて，企業者であったり，労働者であったりすると考える．企業活動の自由と消費者主権とを主軸とする私企業制経済をその主要な考察対象とした，ワルラスを頂点とする新古典派理論にとってはきわめて自然な前提であるということができよう．また，企業の法人化という現象が，むしろ例外的であった19世紀中頃までのイギリス，西欧諸国の現実にてらしても，ある意味では妥当するものであった．のちに述べるように，ケインズの『一般理論』はこの点において，まさに対照的な考え方にたっている．トービン，ソロー，スワンの成長理論が，『一般理論』より20年もおくれて展開されたものであるにもかかわらず，新古典派成長理論とよばれるもっとも大きい理由は，この点にあるといってもよいであろう．

このような前提のもとでは，まず第1に，資本という概念に留意しなければならなくなる．過去において，消費をさしひかえることによって蓄積されてきたさまざまな生産要素が資本である．この資本に加えて，市場を通じて雇用される労働その他の可変的生産要素と組み合わせて生産活動がおこなわれる．しかし，新古典派の理論においては，資本の固定性(fixity)について，なんら考慮がはらわれていないといってよいであろう．すなわち，ストックとしての資本が取り引きされる市場が，常に想定されていて，新しく生産される資本財と過去に投資された古い資本財とが同じ市場価格で売買される．と同時に，資本財のストックとしての価格，すなわち，資本財そのものを売買する価格と，資本財のサービスに対する価格との間に，利子率を通じて，ある一定の関係が存在することになる．結局，企業者はさまざまな資本財を購入するなり，そのサービスをレントするなりして，可変的な生産要素の雇用によって生産活動に従事することになる．しかし，各々の個人もまた，同じようにして生産活動をおこなうことができるのであって，消費者と生産者との間に本質的な区別はなくなる．ワルラスの純粋交換の市場において仮定された，財の売り買いについての対称性がじつは，生産を含めた一般均衡理論にまで貫かれているともいえよう．

この前提はまた，各経済主体の資産保有についても重要なインプリケーションをもつ．つまり，各経済主体は，実物資本と金融資産とのどちらも保有することができて，所与の資産総額の制約条件のもとで，もっとも望ましいと考えられるポートフォリオを選択しようとすることになる．

このような資産選択についての新古典派理論の特徴をさらに詳細に検討するために，実物資本と金融資産とが，それぞれ1種類しかない，もっとも簡単な場合を想定してみよう．また，単純化のために，産出される財も1種類しかなく，しかも実物資本とまったく同じものであるとする．このような単純化は，以下の所論になんら本質的な影響を及ぼすものでない．さらに金融資産としては，確定利付きの短期債券，すなわち，貯蓄性預金のような資産を考えるとする．一般的な証券とは異なり，キャピタル・ゲインは存在しない．

資産保有額を実質単位ではかったものを A とする．資産保有者は，この A を実物資本 K と金融資産 B とに配分することができるとすれば，つぎのような資産制約式が成立する．

$$K+B = A$$

資産保有者は，この資産制約条件のもとで，収益が最大になるような資産構成――ポートフォリオ――を選択する．金融資産の実質利子率を ρ とすれば，利子収入の実質額は ρB である．一方，実物資本は生産要素として使用され，他のさまざまな生産要素と組み合わせて，産出物の生産がおこなわれる．いまかりに，実物資本以外の生産要素は労働だけであるとし，生産関数は $F(K, N)$ によって与えられているとする．ただし，K, N はそれぞれ，実物資本と労働の雇用量である．生産関数 $F(K, N)$ は K と N とについて一次同次であると仮定することができる．実質賃金率を w とすれば，労働 N を雇用したときの純収益は $F(K, N)-wN$ によって与えられる．したがって，労働の雇用量 N は，純収益が最大になるように，つまり，その限界生産が実質賃金率 w に等しくなるように定められる．

$$F_N(K, N) = w.$$

このときの純収益はつぎのようになる．

$$F(K, N)-wN = rK.$$

ただし，r は資本の限界生産 F_K である．

一次同次性の仮定によって，労働と資本との限界生産はどちらも，労働・資本比率 $n=N/K$ だけによって定められる．たとえば，資本1単位当たりの生産関数を $f(n)$ とすれば，

$$f(n) = F(1, n),$$

労働，資本の限界生産はそれぞれ

$$F_N = f'(n), \quad F_K = f(n)-nf'(n)$$

となる．

このようにして，ポートフォリオ (K, B) から生みだされる収益は，

$$rK+\rho B$$

となる．もし，実質資本，金融資産からの収益がともに同じ程度の不確実性をもっているとすれば，収益を最大にするようなポートフォリオ (K, B) は簡単に求められる．すなわち，$r>\rho$ のときには $K=A, B=0$ であり，$r<\rho$ のときには $K=0, B=A$ である．どちらの資産をも同時に保有しようとするのは $r=\rho$ のときに限られている．

また，各人が自由に金融資産を発行すること，すなわち，負債を発行することができるとす

れば，$r=\rho$ のときにだけ，有意味のポートフォリオの存在が示される．

さて，国民経済の構成員を $j=1, \cdots, J$ とし，それぞれが，初期時点において保有している実物資本と金融資産を K_j^0, B_j^0 とする．各単位 j の資産保有額 A_j^0 は，

$$A_j^0 = K_j^0 + B_j^0$$

となる．最適なポートフォリオ (K_j, B_j) は，

$$A_j^0 = K_j + B_j$$

という資産制約条件のもとで，収益 $rK_j + \rho B_j$ を最大にするものである．

初期時点において，社会全体に存在する実物資本および金融資産はそれぞれ

$$K^0 = \sum_j K_j^0, \quad B^0 = \sum_j B_j^0$$

によって与えられる．

したがって，実物資本と金融資産とに対する需給が均等するのは，

$$\sum_j K_j = K^0, \quad \sum_j B_j = B^0 \tag{1}$$

が成立するときである．

この条件(1)が成立するためには，資本の限界生産 r と実質利子率 ρ とが等しくならなければならない．

$$r = \rho.$$

また，労働の総供給量を N^0 とすると，労働市場の均衡は，需要が供給 N^0 に等しいような実質賃金率 w において実現する．生産関数の一次同次性の仮定から，労働の限界生産は，労働・資本比率 $n=N/K$ のみに依存する．したがって，均衡賃金率 w は，初期時点での労働・資本比率 $n^0=N^0/K^0$ に等しくなる．

$$w = f'(n^0), \quad n^0 = N^0/K^0. \tag{2}$$

いま，初期時点における経済主体 j のもっている労働を N_j^0 とすれば，

$$N^0 = \sum_j N_j^0$$

である．このとき，j の所得は，

$$Y_j = rK_j + \rho B_j + wN_j^0$$

となる．均衡状態ではこの式は，

$$Y_j = rA_j^0 + wN_j^0$$

とも書くことができる．

各構成員は，その所得のうち一部消費し，残りを貯蓄，すなわち新しい実物資本，金融資産の購入に当てる．しかし，貯蓄としての資本，金融資産の購入あるいは需要は，ストックとしての資本，金融資産の購入，需要と異なることをまず留意する必要があるであろう．各構成員

は，上に述べたストック市場での調整過程を通じて，それぞれ，もっとも望ましいと考えられる資産保有の構成を実現しているわけであるから，そのパターン (K_j, B_j) をかえるインセンティブは存在しない．

各構成員は，現在の所得だけでなく，将来にわたって，所得および他の条件がどのようになるかに対する期待を形成し，その期待にもとづいて消費と貯蓄とを決定する．もし，現在の所得水準が将来にわたってそのまま維持され，利子率 ρ にも変化がないという期待，すなわち，期待が static であるという前提をもうけるとすれば，消費および貯蓄は現在の所得 Y_j と市場利子率 ρ との関数として定められる．さらに，各構成員がもっている消費径路にかんする主体的選好関係が homothetic であるとすれば，消費関数，貯蓄関数はつぎのような形になる．

$$C_j = [1-s(\rho)]\,Y_j,$$
$$S_j = s(\rho)\,Y_j.$$

ただし，$s(\rho)$ は平均貯蓄性向であり，利子率 ρ のみに依存する．また，(6)に示されているように，$s(\rho)$ は一般に利子率 ρ の増加関数である．

国民経済全体での集計的な消費 C および貯蓄 S は，

$$C = \sum_j C_j = [1-s(\rho)]\,Y,$$

$$S = \sum_j S_j = s(\rho)\,Y.$$

ただし，Y は集計的所得額である．

$$Y = \sum_j Y_j.$$

均衡条件(1)によって，

$$Y = \sum_j (rK_j^0 + \rho B_j^0 + wN_j^0) = rK^0 + \rho B^0 + wN^0.$$

また，労働市場の均衡条件(2)によって，

$$F(K^0, N^0) = rK^0 + wN^0$$

であるから，

$$Y = F(K^0, N^0) + \rho B^0$$

となる．

もし，各構成員の発行あるいは所有している金融資産は互いに相殺し合うとすれば，

$$B^0 = 0$$

であるから，所得 Y は結局産出量 $F(K^0, N^0)$ に等しくなる．

$$Y = F(K^0, N^0).$$

以上の分析を要約すれば，つぎのような新古典派の経済成長モデルのプロトタイプが定式化

される．

国民経済を構成する経済主体を $j=1,\cdots,J$ とし，各主体 j はそれぞれ実物資本 K_j，金融資産 B_j，および労働 N_j を所有しているものとする．集計的な資本と労働は，

$$K=\sum_j K_j,\ \ N=\sum_j N_j$$

となる．また，外部的な資産がないとすれば，

$$\sum_j B_j=0$$

でなければならない．

資産市場の均衡は，利子率 ρ と資本の限界生産 r に等しいときに成立する．

$$\rho=r.$$

また，資本の限界生産 r および労働の賃金率 w は，それぞれ完全雇用の状態に対応して定められる．

$$r=f(n)-nf'(n),\quad w=f'(n).$$

ただし，$n=N/K$ は現時点における労働・資本比率である．

国民所得 Y は産出量に等しくなり，

$$Y=rK+wN=F(K,N).$$

また，消費および貯蓄水準は，

$$C=[1-s(\rho)]Y,\quad S=s(\rho)Y$$

によって与えられる．

資本の蓄積 $\dot{K}(=dK/dt)$ は結局，

$$\dot{K}=S \tag{3}$$

によって定められ，また，労働供給の増加率 ν は外生的に与えられるとすれば，

$$\frac{\dot{N}}{N}=\nu \tag{4}$$

である．

以上，考察したように，新古典派の経済成長理論のまず第1の特徴は，投資決定のメカニズムがまったく想定されていないことである．資本蓄積の動学方程式(3)が示すように，経済構成主体の決定する貯蓄がそのまま投資となり，資本蓄積となる．さきに説明したように，この性質は，新古典派理論における資本の概念からの当然な帰結である．実質資本も金融資産と同じように市場で自由に取り引きすることができるという前提のもとでは，各構成員は各時点でたえずその資産ポートフォリオを，そのときの市場条件，所得に応じて，もっとも望ましいと考える構成を保つことができる．したがって，各構成員はどの時点においても，主体的に満足できる資産構成をもっていることになり，それを変化させるインセンティブはない．貯蓄は，

所得のうちで消費されない部分が資産として蓄積されるにすぎない．

また，各時点で，金融資産に対する収益率 ρ は常に実物資本の限界生産 r に等しくなる．この性質も，各経済主体が，企業の役割も家計の役割も同時に果たすことができるという，新古典派の前提からの論理的な帰結となる．たとえば，Tobin(1955, 1965)などのモデルの基本的前提(equity capital と real capital との同一化)もこのような観点から，はじめて，その含意が明確になるであろう．

新古典派モデルの動学的安定性

このような新古典派成長モデルの動学径路については，その安定性を容易に検討することができる．いま，実質資本1単位当たりの諸変量をつぎのように定義する．すなわち，

$$n = N/K \qquad \text{労働・資本比率,}$$

$$y = Y/K \qquad \text{所得・資本比率.}$$

また，資本1単位当たりの生産関数を $f(n)$ とすれば，均衡条件および動学方程式(3)-(4)はつぎのように簡単化することができる．

$$y = f(n),$$

$$\rho = r = f(n) - nf'(n), \quad w = f'(n),$$

(5)
$$\frac{\dot{n}}{n} = \nu - sf(n).$$

ただし，$s = s(\rho)$ は平均貯蓄性向である．

生産関数については，新古典派的前提を置く．すなわち，

$$f(0) = 0, \ f(\infty) = \infty,$$

$$f'(0) = \infty, \ f'(\infty) = 0,$$

$$f'(n) > 0, \ f''(n) < 0.$$

また，平均貯蓄性向 $s = s(\rho)$ は ρ の増加関数であることも前にふれた．

(6)
$$s'(\rho) > 0.$$

このような前提のもとでは，労働・資本比率 n の変化率 $\nu - s(\rho)f(n)$ は n が増加するとともに減少する．したがって，動学方程式(5)の安定性は明白であるが，念のため，図によって示すとつぎのようになる．図27-1において，横軸と縦軸は，それぞれ労働・資本比率 $n = N/K$ および所得・資本比率 $y = Y/K$ をとる．生産曲線 $f(n)$，貯蓄曲線 $s(\rho)f(n)$ は OA, OB 曲線で表わす．それぞれ右上がりの曲線であることは，上の仮定から明らかであろう．また，労働の供給条件は，高さ ν の CC 直線で表わされる．OB 曲線と CC 直線との交点に対応する労働・資本比率を n^* とすれば，n^* は長期的な恒常成長の状態に対応する労働・資本比率となる．

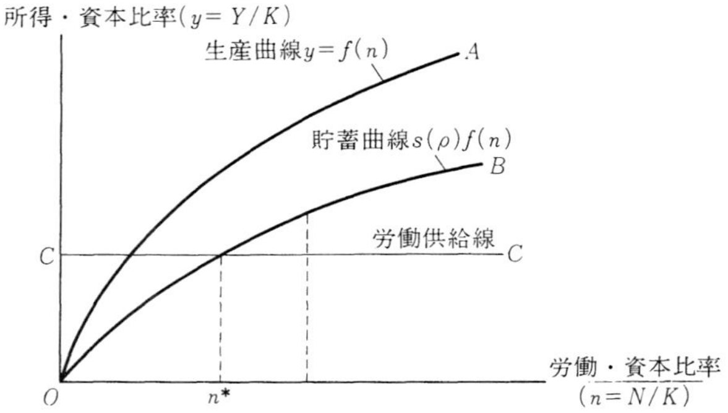

図 27-1　新古典派的成長径路

ある時点で，労働・資本比率 $n=N/K$ が長期恒常比率 n^* より大きいときには，貯蓄曲線 OB は労働供給線 CC より上方にある．すなわち，資本蓄積率 $s(\rho)f(n)$ が労働供給の増加率 ν を上回り，労働・資本比率 n は減少する傾向をもつ．n が n^* より小さいときにも，同じようにして，n が増加する傾向をもつことがわかる．すなわち，労働・資本比率 n は時間の経過とともに長期的恒常状態 n^* に近づく傾向をもつ．いいかえれば，このような新古典派的な経済成長のプロセスは動学的に安定的であるということができる[第 24 章]．

新古典派の成長プロセスの安定性は，さらに一般的な期待の条件のもとでも成立することは容易に検証することができる．たとえば，期待利子率 ρ^e がたえず現行の利子率 ρ との乖離に応じて調整されるという Nerlove-Cagan 的な adaptive expectations の仮説を前提としたときにも[Nerlove(1958)，Cagan(1956)]，成長プロセスの動学的安定性を示すことが可能である．むしろ，ここに考察したような完全予見的な期待については，動学的安定性を検証することがもっとも困難となり，その場合に安定的な動学的プロセスは，さらに一般的な adaptive expectations の仮説のもとでも，常に安定になるということができる．

貨幣的経済成長の新古典派理論

さて，以上で展開したモデルは新古典派的経済成長の過程の実物的側面に注目するものであって，貨幣はなんら役割を果たしていなかった．そこで，貨幣が本質的な役割を果たすような国民経済の成長過程はどのように定式化することができるであろうか．これは，貨幣的成長(monetary growth)にかんする新古典派理論の中心的な課題であって，Tobin(1955, 1965)，Sidrauski(1967)，Johnson(1966)，Patinkin-Levhari(1968)，Uzawa(1966)など多くの貢献がなされてきた．

新古典派の貨幣的成長理論の特徴は，まず，貨幣供給についての前提である．経済成長の実物的側面について，新古典派理論は企業とか家計とかいう制度的な要因を捨象するものであることは上にも述べた通りである．同じように，貨幣供給メカニズムについても，その制度的な要因をまったく無視する．すなわち，トランスファー・ペイメントによって中央銀行が国民経済の構成員に貨幣を与えると考えるのであって，「ヘリコプターによって一様に貨幣を撒布する」という比喩的表現がしばしば用いられる．このようにして供給された貨幣は，トランスファー所得として，各構成員の所得に追加されると考える．

貨幣の果たす役割については，新古典派の前提とするところは，必ずしも整合的でなく，上にあげた文献においても，多少ニュアンスの違った貨幣の定義と，その役割が仮定されている．しかし主として，貨幣が，一方では各人の効用水準を高める消費財としての役割を果たし，他方では労働，資本と代替的な生産要素としての役割を果たすという形での定式化がおこなわれる．したがって，貨幣保有に対する需要も，必ずしも単純な形には求められないが，ほぼ市場利子率と所得水準とに依存して定められるという前提が置かれていると考えてよいであろう．

以上の点を考慮すれば，貨幣的成長にかんする新古典派理論は，大体つぎのように定式化されると考えられる．

まず，ある時点で，各経済主体 j の保有している実物資本を K_j^0 とし，貨幣残高を M_j^0 とする．財・サービスの市場価格を P とすれば，保有資産の実質額 A_j^0 は，

$$A_j^0 = K_j^0 + \frac{M_j^0}{P}$$

によって与えられる．新古典派理論では，財の価格と資本のストックの価格とが同じであるという前提がもうけられているからである．また簡単化のために，資産は実物資本と貨幣とに限定されているものとする．

実質資本から得られる収益は，前と同じようにして求められる．もし，実質賃金率 w が所与であるとすれば，それに対応する資本の限界生産 r が収益率となる．

また，実質貨幣残高 M_j/P から得られる収益は，消費財としての限界効用と生産財としての

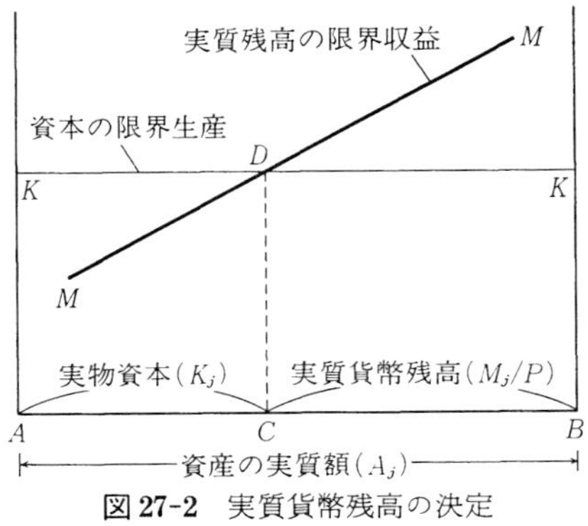

図27-2　実質貨幣残高の決定

限界生産とからなっている．そこで，もし，実質残高 M_j/P の収益率が，資本，労働，消費水準に無関係とすれば，図 27-2 に示されるように，M_j/P の増加にともなって，実質残高の限界収益は減少すると考えてよい．図において，AB は保有資産の実質額 A_j を表わし，AB 線上の点 C によって，実物資本 $AC=K$ と実質貨幣残高 $CB=M_j/P$ を表わす．縦軸の方向には，実質資本の限界生産 KK あるいは実質貨幣残高の限界収益 MM をとる．最適な資産構成は，KK 線と MM 直線との交点 D に対応する点 C によって与えられることは明白であろう．

一般に，実質貨幣残高の限界収益 MM 曲線が実物資本の額に無関係でないときにも，上と同じようにして，最適な資産構成を求めることができる．

このようにして，最適な資産ポートフォリオ $(K_j, M_j/P)$ は資本の限界生産 r によって一意的に求められる．

$$K_j = K_j(r, A_j^0),$$

$$\frac{M_j}{P} = \frac{M_j}{P}(r, A_j^0).$$

ただし，

$$K_j + \frac{M_j}{P} = A_j^0 \tag{7}$$

という資産制約条件は成立する．

したがって，実物資本と名目貨幣残高に対する需要は，資本の限界生産 r と価格水準 P との関数であると考えることができる．

$$K_j = K_j(r, P\,; K_j^0, M_j^0),$$

$$M_j = M_j(r, P\,; K_j^0, M_j^0).$$

国民経済全体での実物資本および名目貨幣残高に対する総需要は，それぞれ

$$K = \sum_j K_j, \quad M = \sum_j M_j \tag{8}$$

によって与えられる．

資本と貨幣とのストックに対する市場の均衡条件はつぎのようになる．

$$\begin{cases} K = K^0 (\equiv \sum_j K_j^0), \\ M = M^0 (\equiv \sum_j M_j^0). \end{cases} \tag{9}$$

資産制約式(7)のもとでは，(9)式の二つの均衡条件のうち一つがみたされていれば，他の一つは自動的にみたされることは周知のことである．

また，労働市場において需要と供給とが等しくなるように実質賃金率 w が決定されるとすれば，資本の限界生産は完全雇用の条件のもとでのそれに等しくなる．すなわち，

$$r = f(n^0) - n^0 f'(n^0),$$

ただし，$n^0 = N^0/K^0$ である．

したがって，実物資本と貨幣残高に対する総需要は，ともに価格水準 P の関数であると考えることができる．均衡条件(8)をみたすような価格水準 P は一般に一意的に決定されるであろう．

このように，新古典派の理論では，資産保有に対する需要と供給との均衡過程を通じて実物資本の市場価格 P が決定され，しかも，その価格 P はまた財の価格であるとも考える．

さて，産出された財・サービスがどのように消費と貯蓄とに配分されるであろうか．この点にかんしては，さきに説明したようにアーヴィング・フィッシャーの時間選好理論が適用されるのであるが，貯蓄についてはとくに留意する必要があろう．というのは，貯蓄は実物資本だけでなく貨幣残高の増加という形もとるからである．

貨幣供給の増加 $\dot{M}$ はトランスファー・ペイメントとして所得に組み入れられるから，名目所得は，

$$PF(K, N) + \dot{M} \tag{10}$$

となる．いま，価格水準の期待上昇率を，

$$\pi^e = (\dot{P}/P)^e$$

とすれば，実質所得 Y は名目所得(10)から貨幣の減耗 $\pi^e M$ を差し引いて得られる．すなわち，

$$Y = F(K, N) + \frac{\dot{M}}{P} - \pi^e \frac{M}{P}.$$

貨幣供給の増加率を，

$$\mu = \frac{\dot{M}}{M}$$

とすれば，実質所得 Y はつぎのように表わされる．

$$Y = F(K, N) + (\mu - \pi^e)\frac{M}{P}.$$

平均消費性向を $1-s(\rho)$ とすれば，消費 C は，

$$C = [1-s(\rho)]Y$$

で与えられる．他方，実質貯蓄額は $s(\rho)Y$ であるから，その名目額 S は，

$$S = [PF(K, N) + M] - PC$$

である．すなわち，

$$S = s[PF(K, N) + \mu M] + (1-s)\pi^e M.$$

また，社会全体としては名目貯蓄額 S は実物資本の購入 $P\dot{K}$ と貨幣供給の増加 $\dot{M} = \mu M$ にあてられる．したがって，新しい実物資本の購入額 $P\dot{K}$ はつぎのようにして計算される．

$$P\dot{K} = S - \mu M = sPF(K, N) - (1-s)(\mu - \pi^e)M.$$

したがって，

$$\dot{K} = sF(K, N) - (1-s)(\mu - \pi^e)\frac{M}{P}.$$

ただし，$s=s(\rho)$ は平均貯蓄性向である．

貨幣供給と労働供給とは外生的に与えられるつぎの方程式によって規定される．

$$\frac{\dot{M}}{M} = \mu, \quad \frac{\dot{N}}{N} = \nu.$$

ここで，価格水準 P は資産市場の均衡条件が成立するように定められる．もし，資産選好が homothetic であるとすれば，貨幣・資本比率に対する需要が実質利子率 ρ と実質所得・資本比率 Y/K の関係であると想定することができる．すなわち，

$$\frac{M}{PK} = \lambda\left(\rho, \frac{Y}{K}\right)$$

という実質貨幣残高に対する需要関数を仮定することができる．ただし，実質利子率 ρ は上の所論から資本の限界生産 r に等しくなる．

貨幣的成長モデルの安定性

ここに定式化された新古典派の貨幣的成長モデルの動学的構造を分析するために，つぎのような変量を導入しよう．

$$m = \frac{M}{PK} \quad \text{実質貨幣残高・資本比率,}$$

$$y = \frac{Y}{K} \quad \text{実質資本1単位当たりの所得,}$$

$$n = \frac{N}{K} \quad \text{労働・資本比率.}$$

このとき，

(11) $$y = f(n) + (\mu - \pi^e)m,$$

(12) $$m = \lambda(r, y),$$

(13) $$r = f(n) - nf'(n).$$

また，動学径路を叙述する基本方程式は，

(14) $$\frac{\dot{n}}{n} = \nu - sf(n) + (1-s)(\mu - \pi^e)m.$$

ただし，$s=s(r)$ である．

各時点で労働・資本比率 $n=N/K$ と価格の期待上昇率 $\pi^e=(\dot{P}/P)^e$ とが与えられたとき，価格水準 P，あるいは実質貨幣残高 $m=M/PK$ が資産市場の均衡条件(12)をみたすように決定される．そのとき，n の変化率は(14)式によって与えられる．

いま，価格の期待上昇率 π^e が inelastic，すなわち，与件の変化にもかかわらず期待上昇率 π^e は一定に保たれるとする．このとき，動学体系(14)は安定的となることが検証される．この安定性を証明するために，(11)，(12)式から m を消去してみよう．(11)式を m について解いて，(12)式に代入すれば，

$$(15)\qquad y=(\mu-\pi^e)\lambda(r,y)+f(n)$$

を求めることができる．所与の n に対して，(15)式をみたす y は一般に一意的に決定されると仮定してもよい．しかも，n が増加するとき，(15)式をみたす y も増加する．

さて，動学方程式(14)はつぎのように書き表わすことができる．

$$(16)\qquad \frac{\dot{n}}{n}=\nu-[f(n)-(1-s(r))y].$$

この式の右辺は，n の減少関数であるから，$\dot{n}=0$ となるような労働・資本比率 n^* が一つ存在し，長期的恒常状態に対応する．しかも，現時点での労働・資本比率 $n>n^*$ のときには，$\dot{n}<0$ となり，n は減少する傾向をもつ．逆に $n<n^*$ のときには，$\dot{n}>0$ となり，n は増加する傾向がある．すなわち，長期的恒常状態 n^* は動学的に安定である．

しかし，ここに証明した動学的安定性は，期待上昇率 π^e が inelastic であるという前提のもとではじめて成立するものである．さて，期待調節のメカニズムがつぎのような関係によって与えられているとしよう．

$$(17)\qquad \dot{\pi}^e=\beta(\pi-\pi^e),\quad \pi=\frac{\dot{P}}{P}.$$

ただし，$\beta>0$ はある定数の期待調節係数である．

(17)式の意味するところはつぎの通りである．各経済的主体は，資産のポートフォリオ選択にさいして，現在経験している物価上昇率 π にもとづいて意思決定をおこなうのではなく，現在から将来にかけての平均的な物価上昇率についての期待 π^e を基準としておこなうということである．しかも，この期待上昇率 π^e と現行の上昇率 π との間に乖離があるときには，ある比例係数 β にもとづいて，たえず現行の上昇率 π に期待を近づけようとする．inelastic な期待 π^e の場合は，Nerlove-Cagan の仮説(17)において，$\beta=0$ の場合に対応するものである．

この一般的な場合については，動学径路は n, π^e にかんする微分方程式(16)，(17)によって叙述されることになる．しかし，β が0に近いとき，すなわち，期待調節の速度が小さいときには，この動学体系は安定的であることを検証することは容易である．

しかし，新古典派の理論的枠組みのなかで考えるとき，期待調節の速度 β が小さいという根拠は少ない．むしろ，β は $+\infty$ であるか，非常に大きいと考える方がより整合的である．この点について，若干の説明を加えてみよう．

期待価格上昇率 π^e がポートフォリオ選択の過程において必要となってくるのは，つぎのよ

うな理由による．さまざまな資産から生みだされる収益の実質価値は，価格の上昇率によって影響をうける．したがって，現在の時点でポートフォリオを選択するとき，そのポートフォリオを保有している期間に価格水準がどれだけ上昇するであろうか，ということに対する期待を形成して，現在のポートフォリオを決定しなければならない．しかし，実物資本にせよ金融資産にせよ，新古典派理論の前提は，どの時点においても，取引手数料その他のコストがなく，瞬時的に，各人がそのポートフォリオを自由に変更することができるという仮定であった．このような前提のもとでは，各人が形成する価格上昇に対する期待は，現在からごく近い将来にわたっての上昇率についてであって，それ以後の価格上昇については考慮する必要がない．ごく近い将来の時点で，そのポートフォリオを再び選択し直すことができるからである．このように，資産のポートフォリオの決定については，現在からごく近い将来までの価格上昇率が決定的な役割を果たす．したがって，期待上昇率 π^e もまた，短期の期待にもとづくものであって，長期の期待ではない．さて，短期の期待上昇率 π^e については，現行の上昇率 π とほとんど乖離が生じないか，あるいは，もし乖離が生じたとすれば，きわめて大きな調節速度 β によって調節されるであろう．いいかえれば，新古典派的な前提のもとでは，期待価格上昇率 π^e は現行の上昇率 π とほぼ等しいと考えてもさしつかえない．

さて，上の動学体系において，

$$\pi^e = \pi = \frac{\dot{P}}{P}$$

という前提のもとでは，その動学的安定性はどうなるであろうか．そのために，資産市場の均衡条件(12)において，実質所得 y が m と r とによって決定されると考える．

一方，動学方程式は n にかんする方程式(14)とともに m にかんするものも必要となる．簡単な計算によって，

$$\frac{\dot{n}}{n} = \nu - f(n) + (1+s)y, \tag{18}$$

$$\frac{\dot{m}}{m} = \frac{y-f(n)}{m} - f(n) + (1-s)y \tag{19}$$

となり，この二つの方程式によって (n, m) の動学径路が叙述される．

新古典派の貨幣的成長過程は，(18)，(19)の二つの微分方程式に要約されるが，その解(n, m)は，一般に図 27-3 において，矢印のついた曲線で表わされる．新古典派的な前提のもとでは，図に示されているように，循環的なプロセスを経て，長期的恒常状態 C に近づくことを検証することができる．すなわち，期待上昇率 π^e が常に現行上昇率 π に等しい極限的な場合にも，新古典派的な成長径路は動学的に安定的であるのがもっとも普通のケースである．

以上，トービン，スワン，ソロー，荒によって展開された新古典派的な経済成長モデルについて，その基本的前提を検討し，動学的プロセスの安定性を分析した．ここに定式化されたモ

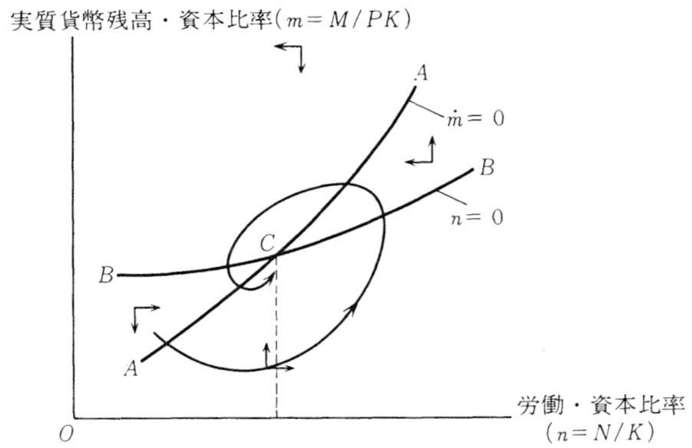

図27-3　貨幣的成長径路の安定性

デルは，必ずしもトービンたちのモデル化とは同一のものではないが，新古典派理論の主な特徴を表現するものである．すなわち，国民経済の構成主体について，企業，家計の区別はなく，また生産要素としての実質資本は，投資財のたんなる蓄積であって，ストック市場が常に完全競争的であるという前提が置かれた．また資産保有について，実質資本，金融資産，貨幣のいずれも自由に選択することが可能である．さらに，貨幣供給のメカニズムについても，たんにトランスファー・ペイメントとして，各構成員に新しい貨幣供給が分配されるという仮定が置かれていた．このような前提のもとでは，実物的成長径路も貨幣的成長径路もともに動学的に安定的であることが示されたのである．つぎに，ケインズ的な前提のもとでは，成長過程の動学的安定性が保たれるかどうかを検討してみよう．

第2節　ケインズ的な経済成長理論

前節では，経済成長のプロセスが新古典派の経済理論の立場からどのように分析されてきたか，について概観してみた．そこでつぎに，新古典派とは対照的な見方をするケインズの『一般理論』にもとづいて，成長過程を考察する．とくに，どのような定式化がおこなわれ，どのような結論が得られるか，について考察することにしよう．

これまでにも多くの経済学者によって，ケインズ的な立場にたって，経済成長モデルの構築がおこなわれてきた．たとえば，Stein(1966, 1969)，Hahn(1960, 1969)，Rose(1966, 1967, 1969)などという文献で，ケインズ的成長理論の定式化がなされてきた．しかしそのいずれも，ケインズの『一般理論』において展開されたマクロ動学的な理論が必ずしも十分な形で組み入れられていない．このことは，『一般理論』以後，さまざまな経済学者によって試みられた定式化，数学化が必ずしも，その核心にふれるものでなく，それぞれ限られた面だけが強調されてきたことにも大きく起因するように思われる．とくに，Hicks(1937)，Hansen(1947)，Lange (1944)，Klein(1947)，Modigliani(1944, 1963)などによって構築された『一般理論』の数学化，いわゆるアメリカン・ケインジアンの手になるモデル化は，ケインズがそもそも意図していたものと多少ニュアンスの相違がある．Hicks-Hansen による定式化は，普通 income-expenditure approach と呼ばれるものであるが，つぎのような点で『一般理論』の理論的枠組みとは整合的でない．第1に，財市場における価格調節機能にかんする理解についてである．ケインズの理論においては，財市場における需要と供給との不均衡は，市場価格の速やかな変化により調節され，常に需給の均衡が実現していると想定せざるをえない．しかし，income-expenditure approach においては，非自発的失業の存在するかぎり，価格水準は固定化しているという前提のもとで議論が展開されていて，ケインズの有効需要理論の真意を理解するのが困難となっている．

第2の点は，投資(および消費)決定における市場利子率の役割についてである．すなわち，income-expenditure approach においては，投資水準は，そのときどきに市場で実現する名目利子率に依存して決定されるという前提がもうけられている．投資が市場利子率に対して弾力的であるかどうかについては，『一般理論』以降，多くの実証的研究がおこなわれてきたのであるが，その結果は，income-expenditure approach の前提とは矛盾する．すなわち，企業の投資行動は，現行の市場利子率の変化によって，直接的な影響をうけることは少なく，むしろ時間的おくれをもちながら反応してゆくと考えられる．いいかえれば，投資は，現行利子率より期待利子率によって決定されると考える方が，実証的な結果と整合的である．

この点については，ケインズの説明するところは必ずしも明確でない．しかし，『一般理論』の理論的枠組みから考察するとき，投資行動は利潤，利子率などに対して，企業部門で形成される期待にもとづいて決定されると想定した方が，より整合的であるということができる．

以下ケインズ的な成長モデル，とくにその貨幣的成長のプロセスを分析するために crucial な点でもあるので，まず『一般理論』の基本的な骨組みについて，必要なかぎりふれることにしよう．

『一般理論』のモデル化

周知のように，『一般理論』は二つの支柱からなっている．有効需要の理論と流動性選好理論とである．前者は，財市場における均衡過程を通じて雇用，所得，価格水準が決定されるメカニズムを説明するものであり，後者は，貨幣その他の金融資産の価格，すなわち市場利子率体系が金融市場における調節機構を通じて決定されるプロセスを分析したものである．そして『一般理論』においては，新古典派の理論とは異なって，19世紀後半から20世紀にかけて発達し，変革してきた資本主義的な経済制度の含意するところに留意がはらわれているともいえる．

したがって，『一般理論』の論理的構成は必ずしも単純，明快ではなく，上に述べたように income-expenditure approach など，ニュアンスの異なるモデル化がおこなわれてきた．ここに展開するモデルも結局は，『一般理論』の限られた側面をだけ強調するものであるが，のちにふれるように，ケインズ的成長理論への緒を与えるという意味をもつ．

『一般理論』の骨組み

上にふれたように，『一般理論』の理論的構成を理解するためには，ケインズが，国民経済がどのような制度的構造をもっていると考えたかをまず検討する必要があるであろう[Keynes (1936)]．簡単化して表現すれば，ケインズは国民経済を構成する経済的主体は，生産活動を担当する企業，消費の主体である家計，そしてさまざまな金融資産の保有者という三つの階級に大別されると考えていたといってもよい．このうち，資産保有者は，制度的には企業でもあり，家計でもある．ここに展開するような単純化されたケインズ・モデルの設定にさいしては，たんに企業と家計という二つの異なる経済的主体によって国民経済が構成されていると考えてもよい．企業は労働その他の生産要素を雇用して，生産・販売活動に従事し，一方，家計は労働などの本源的な生産要素の所有者であり，企業などの発行した負債——金融資産——の保有者でもあるとする．

このような企業と家計とから構成される民間部門の他に政府部門が想定される．政府部門は，さまざまな公共的財・サービスを提供するものであるが，そのような財政支出は課税，貨幣の発行などによってファイナンスされる．とくに，貨幣の発行は中央銀行を通じておこなわれるが，たんに財政赤字に見合う貨幣供給だけでなく，オープンマーケット・オペレーションなどを通じてもおこなわれる．そして財政支出・歳入についての政策(財政政策)と貨幣供給についての政策(金融政策)とが，一応独立にコントロールすることができるという前提がもうけられている．このような前提はもちろん，現実的には妥当しないものであるが，財政政策と金融政策とは国民経済の循環過程にそれぞれ異なる効果を与えるものであって，その質的な相違をクローズ・アップするために，このような前提が置かれる．さて，貨幣の供給は，オープンマーケット・オペレーションなどの政策はもちろんのこと，財政赤字に見合う貨幣発行もすべて銀行制度を通じておこなわれる．銀行制度さらに金融市場一般について，どのような理解がもたれているかということが，ケインズ理論の一つの核心となっているともいえる．

『一般理論』では，市場制度についても抽象化がおこなわれている．市場は財・サービスの市場，労働市場，金融市場の三つに大別されるが，それぞれの市場における調整のメカニズムについて，つぎのような単純化のための仮定がもうけられている．まず，財・サービス市場では，価格は需要と供給との乖離にしたがってたえず調節され，また企業部門における生産量も，価格の変動に応じて速やかに調整されると考える．また労働市場では，貨幣賃金率は，労働に対する超過需要があるときには，ただちに上昇して，需給の均衡が実現するように調節される．しかし，貨幣賃金率は下方に硬直的であって，労働の超過供給は必ずしも貨幣賃金率の下降を通じては解消されないと考える．さらに，金融市場については，その核心に貨幣市場が存在し，高度に組織化され，効率的な機能を果たしていると想定されている．すなわち，中央銀行を中心として，さまざまな金融機関から構成されている貨幣市場が組織されていて，貨幣と短期性の債券の取引がきわめて効率的におこなわれているという前提である．しかし，長期的な債券あるいは証券一般について，それらが取り引きされる金融市場における価格調節機構は必ずしも効率的ではなく，むしろ，ある程度の時間的おくれをもって証券価格の調節がおこなわれ，その均衡過程は必ずしも安定的ではないとされている．

以上のような前提のもとで，価格，所得，雇用量がどのようなメカニズムによって決定されるであろうか，というのが『一般理論』の問題とするところである．まず，財・サービス市場での均衡過程から分析してみよう．

企業部門全体で供給される財・サービスの総額は，市場価格に対応して各企業のたてる生産計画の規模によって定まる．いま，企業を $j=1, \cdots, J$ とし，各企業の生産能力は過去の投資活動によって蓄積されている固定的な生産要素の量に依存するとする．市場で自由に調達できる可変的生産要素は労働だけであるという仮定をもうければ，各企業 j の生産関数はつぎのように記すことができる．

(20) $$Q_j = F_j(N_j).$$

ただし，Q_j＝産出物の量，N_j＝労働の雇用量である．前節と同じように，財・サービスの種類は一つしかないものとすれば，各企業 j の生産するものは同じ単位ではかることができる．また財・サービス市場は完全競争的であり，また貨幣賃金もまた各企業 j の労働雇用量によって影響をうけないとする．このような前提のもとでは，企業 j の産出量 Q_j と労働の雇用量 N_j とは利潤

$$P_j - WN_j$$

が最大になるように定められる．ここで，P は産出物の市場価格で，W は賃金率である．よく知られているように，最大利潤は労働の限界生産が実質賃金に等しいときに求められる．すなわち，

$$F_j'(N_j) = \frac{W}{P}$$

がみたされるような労働の雇用量 N_j のもとで，利潤が最大となる．この結論は，上に前提としたように，労働が可変的生産要素であって，各企業は自由に各時点で雇用量を加減することができるという仮定のもとではじめて成立する．

さて，各企業 j の雇用量 N_j を集計することによって，総雇用量

$$N = \sum_j N_j$$

が求められる．貨幣賃金率 W の上昇あるいは市場価格 P の低下はいずれも実質賃金の上昇となり，各企業 j の雇用量 N_j はふえ，したがって総雇用量 N もまたふえることは明白である．同じように，産出量 Q_j も増加するのであるが，その集計量についてケインズは特殊な操作をおこなう．すなわち，各企業 j の産出量 Q_j をたんに加え合わせるのではなく，貨幣賃金単位ではかった市場価値

$$P_W Q_j = \frac{PQ_j}{W} \qquad \left(P_W = \frac{P}{W}\right)$$

について集計する．このようにして求められた総供給額

$$Z = \sum_j P_W Q_j$$

をケインズは総供給価格(aggregate supply price)と呼んだのである．各企業の産出物が同じであるという前提のもとでは，この概念のもつ意味は必ずしも明確でない．しかし，さまざまな，種類の異なる財・サービスが生産されているときには，各企業の産出量を加え合わせることは不可能であって，実質的な総供給額を導きだすためには，このような操作が必要となってくる．

ケインズの総供給額という概念をこのように生産関数(20)にもとづいて定式化するときに，重要な点を指摘する必要がある．まず第1に，期待の果たす役割についてである．(20)の生産関数は，生産過程にまったく時間的おくれがないことを意味している．すなわち，ある時点で労働の雇用量 N_j を変化させたときに，ただちに産出量の変化となって現われるというのである．普通，さまざまな可変的生産要素の雇用量を変えたとき，現在の産出水準ではなく，多少時間的におくれをともなって産出量の変化となって現われ，販売量，それからの収入となって企業の net cash flow に影響を与えるためには，さらに時間的なおくれをともなう．したがって，現時点における雇用量を決定するときには，生産された財・サービスが販売されるときの市場価格に対する期待にもとづいておこなわれる．このように，固定的な生産要素の賦与量に変化がないときに，可変的生産要素の雇用の変化が，生産，販売に影響を及ぼすのに時間的おくれが存在する場合には，市場価格に対する期待が重要な役割を果たす．ケインズはこのような期待を短期的な期待と呼んで，投資決定にさいして使われる長期的な期待と区別したのであるが，『一般理論』の基本的な前提として，短期的な期待は常に実現したものと等しいという仮定が置かれている．この仮定は，(20)式で表わされる生産関数については当然みたされる．雇用決定と販売収入との間になんら時間的ずれが存在しないからである．しかし，ここで考察しようとする動学的均衡過程の分析にさいしては，生産関数(20)のもつこのような前提は，きわめて限定的なものであって，より一般的な生産過程の分析にもとづく生産関数を用いる必要

がある．

結局，総供給額 Z は，与えられた市場価格 P のもとで企業部門全体でどれだけ財・サービスの生産がおこなわれるかということを貨幣賃金単位 W ではかったものである．市場価格 P の上昇は，実質賃金 W/P の下降を誘発し，労働雇用量 N は増加し，総供給額 Z もふえる．すなわち，総供給額 Z と市場価格 P との間には，一般に図 27-4 の OZ 曲線のように右上がりの曲線で表わされる関係がある．また，労働に対する総需要 N と財・サービスの市場価格 P との関係は，たとえば図 27-5 の OA 曲線によって表わされる．貨幣賃金 W の上昇は，実質賃金率の上昇となり，総供給額曲線 OZ も労働需要曲線 OA もともに下方にシフトする．

このように財・サービスの総供給額は，生産曲線によって表わされる企業部門の生産能力と，利潤極大化をはかろうとする企業の主体的行動とによって説明することができる．これに反して，総需要額は，消費，投資，財政支出にかんする家計，企業，政府部門の行動にもとづいて決定される．

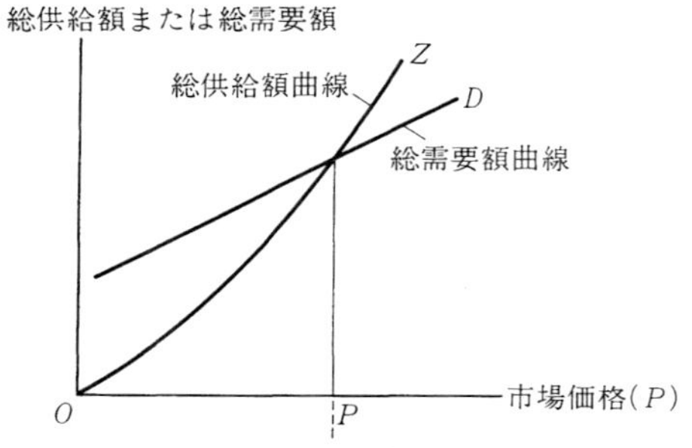

図 27-4　有効需要の決定

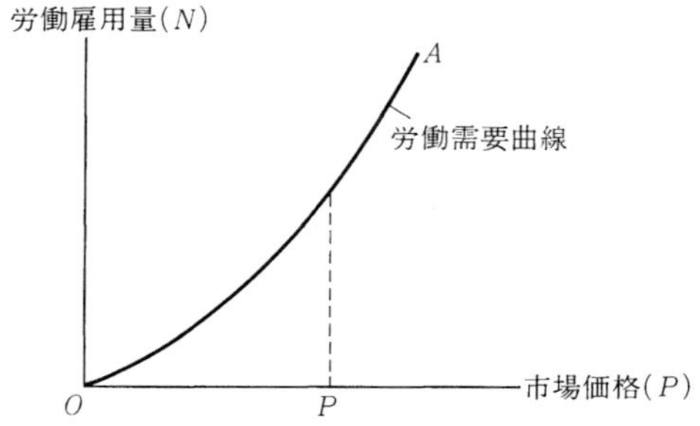

図 27-5　労働需要の決定

まず消費需要は，家計部門がその収入をどのようにして消費と貯蓄とに配分するかによって定められる．家計部門の収入は，労働に対する賃金と，保有資産に対する配当，利息などの収益とからなっている．しかし，消費水準を決定するものは，資産のキャピタル・ゲインを含め，また保有貨幣残高に対する物価上昇にともなう実質価値の減少を差し引いた，いわゆる実質所得でなければならない．さらに，たんに現在の時点における実質所得ではなく，家計部門が，将来，平均してどのくらいの実質所得を得るであろうか，ということについて形成している期待実質所得にもとづいて，現在の消費が定められるものである．この期待実質所得は，将来の実質賃金率に対する長期的な期待と，現在保有している金融資産から平均してどれだけ実質的な収益が得られるかということに依存するものである．簡単にいえば，期待実質賃金と期待収穫率(あるいは実質利子率)によって定められるものであって，普通，恒常実質所得(permanent real income)と呼ばれる．消費水準は，またこの恒常実質所得だけでなく，貯蓄，すなわち金融資産の購入をはかったときに，それから将来，平均して求められる実質利子率がどのくらいであるかという期待実質利子率にも依存するものである[第5章].

いま，貨幣賃金単位ではかった実質所得を Y_W とすれば，

(21)　$$Y_W = N + \rho A_W.$$

ただし，ρ は実質利子率(市場利子率 i から物価上昇率 π を引いたもの)であり，A_W は保有資産を市場価格で評価したものを貨幣賃金単位 W ではかった，いわゆる実質資産残高である．このとき，恒常実質所得 Y_W^e は，期待実質利子率 ρ^e と実質賃金率の期待上昇率 u^e とにもとづいて，つぎのような式で表わすことができる．

$$Y_W^e = \frac{\rho^e}{\rho^e - u^e} N + \rho^e A_W.$$

家計部門における消費需要 C_W は，この恒常実質所得 Y_W^e と期待実質利子率 ρ^e との関数である．

(22)　$$C_W = C_W(\rho^e, Y_W^e).$$

消費関数が(22)式のような形をしていることは，家計部門の行動がある時間選好の関係にもとづいて，合理的基準をみたすものであるという前提から，厳密に検証することができる．たとえば，第II部を参照されたい．とくに，主体的価値判断を表わす時間選好の関係が homothetic であるときには，消費需要の期待実質所得に対する弾力性は1となり，消費関数(22)は，

$$C_W = [1 - s(\rho^e)] Y_W^e$$

のように表わすことができる．ここで $s(\rho^e)$ は，平均貯蓄性向ともいえるものであって，期待実質利子率 ρ^e のみの関数となる．一般に，$s(\rho^e)$ は ρ^e の増加関数であると考えても差し支えない．

したがって，貯蓄の実質額は，

(23)　$$Y_W - [1 - s(\rho^e)] Y_W^e = s(\rho^e) Y_W^e + [Y_W - Y_W^e]$$

によって表わされる．(23)式は現在の実質所得 Y_W と恒常実質所得 Y_W^e との乖離，すなわち，所得の transitory な部分は，すべて貯蓄されるということを意味する．これに反して，消費需要は(23)式に示されるように，現行の市場利子率 ρ の変化の直接的な影響をうけない．

このように消費水準が恒常実質所得に依存して，現在の所得には無関係であるというフィッシャー=ケインズ的な設定のもとでは，オープンマーケット・オペレーションによる貨幣供給の増加が消費需要に及ぼす影響についてつぎのような帰結をもつ．すなわち，中央銀行が民間保有の債券を買い上げて，貨幣供給をふやすとき，民間部門における実質資産残高 A_W は減少する．また，債券価格は上昇し，市場利子率は低下するから，現行の実質所得額 Y_W は，もし雇用量 N に変化がなければ，(21)式の示すように減少する．しかし，恒常実質所得 Y_W^e は必ずしも減少するとはかぎらない．中央銀行が受け取る利息は結局は，民間部門に還流されるか，税負担の軽減という形になって現われる．したがって，もし，民間部門がこのような利益を考

慮に入れて将来の所得に対する期待を形成するとすれば，恒常実質所得 Y_W^e はオープンマーケット・オペレーションによって影響をうけないか，または，その影響はむしろ二次的な意味をしかもたないであろう．この点を最初に指摘したのは，Mundell(1960)であるが，ここでも，恒常実質所得 Y_W^e は，オープンマーケット・オペレーションによって変化しないという仮定をもうけることにする．また，期待実質利子率 ρ^e も貨幣供給量の増減にともなう市場利子率の変動によって直接的な影響はないと考えられる．現行の市場利子率，または実質利子率は，むしろ，つぎの時点での期待形成のプロセスに影響を与え，そのときの期待実質利子率が，現時点での実質利子率 ρ によって左右されるものであるからである．この期待実質利子率 ρ^e 調整の機構は，さきにくわしく論じたように，Nerlove-Cagan 型の adaptive expectations の仮説によって説明されると考えてもよい．

(24) $$\dot{\rho}^e = \beta(\rho - \rho^e), \quad \rho = i - \pi.$$

ただし，β は期待調節係数で，定数であるとする．

新古典派の理論では，物価上昇率に対する期待 π^e の調整に対して，adaptive expectations の仮説を前提したのであるが，ここでは実質利子率に対する期待 ρ^e について仮定した．この相違は，新古典派と新ケインズ派との貨幣的成長理論について重要な含みをもつものであることは，以下の所論から明らかになるであろう．

上の(24)式によって表現された期待調節の仮説，とくに期待調節係数 β は，家計部門を構成する家計の行動基準を集計し，平均化したものであると考えることができる．そのような意味で，(24)式は代表的家計の期待形成にかんする仮説であるともいえよう．

投資需要

以上，総需要のうち，消費需要がどのようにして定められるかを検討したのであるが，つぎに投資需要が決定されるメカニズムを眺めてみよう．そのために，まずケインズ理論で，資本という概念がどのようにとらえられているかについて簡単にふれておく必要があるであろう．さきに，新古典派の理論においては，資本はたんに物的な生産要素として理解され，その固定性(fixity)についてはなんら考慮がはらわれていないことを指摘した．じつは，この点は新古典派理論のもっとも特徴的なものであって，その論理的な帰結として，投資需要という概念を想定することはできなくなり，たんにストックとしての資本財に対する需要，またはストックとしての資本財の市場だけしか考えられないことも，さきにふれた通りである．ケインズ理論ではこの点について新古典派と多少異なった見方をするものであって，とくに資本の固定性に注目しようとするものである．この点については，第VI部でくわしく論ずるが，ここでその要点を述べておこう．

『一般理論』の理論的骨組みを理解するためには，生産を担当する経済的主体である企業について考察する必要がある．企業はさまざまな固定的ないしは可変的な生産要素を使って生産活動をおこなうが，企業はたんにそれを構成する物的，人的な希少資源のかたまりでなく，むしろ有機体的な構成をもつものであると考えられる．すなわち，中枢的な経営・管理機構のもとで，さまざまな希少資源が，ある一つの目的のために雇用され，利用されている．企業の目的は，生産・販売活動をおこなうことによって，利潤を最大化するものであると考えられるが，そのときに，たんに現在の利潤だけでなく，将来にわたっての利潤の流れについて最適化がおこなわれる．そのために，企業は可変的な生産要素の雇用だけでなく，将来の生産活動の効率化をはかるために，固定的な生産要素の蓄積をおこなう．固定的な生産要素というのは，土地，工場，機械・設備など物的な生産要素，さらに技術，経営，管理的な能力などという人的な希少資源などである．しかも，そのような希少資源は，一度企業内に蓄積されたときには，簡単に，あるいは多大の損失をこうむることなく処分することができない．したがって，そのような固定的な希少資源の蓄積もまた，たんに市場において購入するだけでなく，据え付けなどの費用を必要とするものである．企業に固定化された希少資源については，一般に，市場は設営されないか，または据え付けなどの費用の大きいものである．

さて各時点で，企業を構成する固定的な生産要素のかたまりが，企業活動のプロセスでどれだけの効果をもつであろうか．いいかえれば，企業能力はどのようにして考えられるものであろうか．この問題は，つぎの二つの点で困難をともなう．まず，第1に，企業を構成する固定的な希少資源はさまざまな種類からなっていて，しかも，過去において蓄積されてきたものであるという点である．したがって，企業活動のプロセスにおいて果たす役割もまた必ずしも明確に定量化できない．この点について，財・サービスが1種類しかないという前提をもうけることによって一応回避することができたのであるが，つぎの第2の点については，問題はより本質的である．すなわち，希少資源の固定性の定義によって，市場価格は存在しないか，あるいは存在したとしても，そのような希少資源が果たす役割を反映したものとはなっていないということである．また，企業の構成が有機体的であるという想定のもとでは，固定的な希少資源の各構成要素についての評価を加え合わせても，全体としての能力を表わすものとはならない．

したがって，企業内に蓄積されている固定的な希少資源の評価は，そのような資源が全体として，企業活動のプロセスでどのような役割を果たすか，に関連しておこなわなければならない．企業活動の成果を表わすものは利潤であるから，企業能力の評価をおこなうためには，所与の実質賃金率のもとで得られる利潤によってはかるのがもっとも自然であろう．すなわち，ある時点 t での実質利潤 Q_t-wN_t $(w=W/P)$ が，基準時点0における実質利潤 Q_0-wN_0 の何倍になっているかによって，t 時点での企業能力の指標 K_t を定義しようとするものである．しかし，このようにして導入された企業能力の指標化は，基準として採用されている実質賃金

率 $w=W/P$ に依存して定まるものである．異なる実質賃金率 w' を採用するときには，利潤比もまた異なったものとなり，企業能力指標もまた異なる可能性を含む．Uzawa(1969b)においては，この困難性を回避するために，利潤比は実質賃金率 w の選び方には無関係であるという公準を仮定した．このような公準のもとでは，t 時点における生産関数は，企業能力指標 K_t と労働雇用量 N_t とによって，つぎのように表わすことができる．

$$Q_t = K_t f\left(\frac{N_t}{K_t}\right). \tag{25}$$

ただし，$f(N/K)$ は基準時点0における生産関数である．

一般には，生産関数を(25)のような形に単純化できないことは当然であるが，企業内に固定化されている希少資源の果たす役割を分離して考察することができるというメリットがある．しかし以下の所論は，この公準のもとではじめて証明されるものが多く，より一般的な場合については，まだ充分な検証がおこなわれていない．

このようにして得られる企業能力指標は，結局，企業内に蓄積されている固定的な希少資源が，生産活動のプロセスでどのような役割を果たしているかを表わす．新古典派理論における実質資本(real capital)の概念に対応するものであって，以下たんに実質資本と呼ぶこともある．

実質資本 K_t は投資活動によって増加する．ここで投資活動というのは，資本財の購入，建設などを通じて物的な固定的生産要素の蓄積をはかるだけでなく，研究・開発などを通じて技術的ないしは経営・管理的な人的能力の蓄積をも意味する．しかし，以下の所論では，固定的な生産要素は主として物的なものから構成されていて，労働など人的な希少資源は可変的であるという前提をもうける．

さて，財・サービスの購入などを通じて固定的生産要素の蓄積，すなわち投資活動が実質資本 K_t に及ぼす影響はどのように計測することができるであろうか．上に説明したように，実質資本 K_t は結局短期的な生産関数のシフトによってはかられるものであった．投資の効果も同じように，生産関数がその結果どのようにシフトしたかによってはかられるものであって，投資の実質額 Φ_t とその結果生ずる実質資本の増加 $\dot{K}_t$ との間にはある一定の関係が存在すると仮定してもよい．この関係は，企業内に蓄積されている希少資源のうち，成長・拡大のプロセスでとくに必要とされるものの量によって定められる．Uzawa(1968a, 1969b)では，ペンローズ効果と名づけたのであるが，これは企業成長の理論についてパイオニア的な貢献をなしたEdith Penrose(1959)に因んだものである．ここでは，さらに一般的な立場にたって考察するものであって，たんに投資効果とよぶことにしよう．投資効果曲線は，企業内に蓄積されている成長のために必要な固定的生産要素の量に依存するもので，その量の変化にともなってシフトする．そこで，このような希少資源の量が企業能力指標 K_t に比例的に賦与されていると仮定すれば，投資率 Φ_t/K_t とその結果生ずる実質資本の増加率 $\dot{K}_t/K_t$ との間に存在する関係は実質資本 K の量に無関係なものとなるであろう．すなわち，

$$\frac{\Phi_t}{K_t} = \varphi\left(\frac{\dot{K}_t}{K_t}\right) \tag{26}$$

という関数関係 φ によって，投資の効果が規定される．この関数を投資効果関数ということにしよう．一般に，$\varphi(\dot{K}/K)$ は $\alpha=\dot{K}/K$ の増加関数で，投資効果は逓減的である．すなわち，

$$\varphi'(\alpha) > 0, \quad \varphi''(\alpha) > 0.$$

前節に展開された新古典派の成長理論は，実質投資は実質資本の増加となって現われ，投資効果関数が 45° の勾配をもつ直線であるという前提をもうけていると考えることができる．

$$\Phi = \dot{K} \quad \text{あるいは} \quad \varphi\left(\frac{\dot{K}}{K}\right) = \frac{\dot{K}}{K}.$$

企業の静学的，動学的な構造は (25) と (26) とによって表わされる生産関数，投資効果関数によって特徴づけられる．このような企業について，その投資行動を説明する投資理論は，第 VI 部，とくに第 29 章で展開されるのであるが，ここでは必要なかぎり，その要約をおこなってみよう．

企業活動の究極的な目的は利潤であるが，投資によって将来の企業能力の増加が将来の利潤に与える効果を考慮に入れるとき，結局，net cash flow の最大化が，その行動の成果をはかる基準であると考えられよう．ある時点 t での net cash flow は，そのときの利潤から投資額を差し引いたものであって，その実質額 Γ_t は，

$$\Gamma_t = Q_t - w_t N_t - \Phi_t$$

によって表わされる．ただし，Q_t＝産出量，N_t＝労働の雇用量，Φ_t＝投資額，w_t＝実質賃金である．また，

$$Q_t = K_t f\left(\frac{N_t}{K_t}\right),$$

$$\Phi_t = K_t \varphi\left(\frac{\dot{K}}{K_t}\right).$$

現在から将来にかけての net cash flow Γ_t の時間的径路の割引現在価値が，企業の最大化しようとするものであると考えられる．そのときの割引率は，たんに現行の利子率ではなくて，将来の実質利子率が平均してどの程度であるか，ということに対する期待である．net cash flow を割り引くために，このような長期的な期待にもとづく期待実質利子率を使うのは，上に述べたように投資活動によって企業内に蓄積される希少資源が，企業にとって固定的な面をもっていて，そのいわば耐久期間にわたる平均的な利子率によって割り引かなければならないからである．この点は，企業が投資のための資金をどのような形で調達するかにも依存するものであるが，ここで展開されるモデルは金融市場にかんする多くの面を捨象するものであって，

深くは立ち入らないこととする．

また，企業部門において形成される実質利子率に対する期待，およびその調節のメカニズムもともに家計部門におけるものと同じであるという前提をもうけよう．すなわち，企業と家計とは制度的な相違があるが，その間の情報の流れについて，とくに大きな障害はないものとする．したがって，期待実質利子率を ρ^e とすれば，net cash flow Γ_t の割引現在価値 V_0 は，

$$V_0=\int_0^{\infty}\Gamma_t e^{-\rho^e t}dt$$

となる．企業の最適雇用，投資計画は(25)，(26)の制約条件のもとで V_0 を最大にするようなものである．

もし，実質賃金率に対する期待 w が将来の時点 t には無関係であるとすれば，V_0 を最大にするような計画についてはつぎのような条件が成立する．まず，各時点での雇用・資本比率 N_t/K_t は期待実質賃金率 w だけに依存する定数 n である．

$$\frac{N_t}{K_t}=n,\ \ f'(n)=w.$$

また，最適投資率 Φ_t/K_t，成長率 $\dot{K}_t/K_t$ はともに時間 t には無関係である．

$$\varphi=\frac{\Phi_t}{K_t},\ \ \alpha=\frac{\dot{K}_t}{K_t}.$$

したがって，net cash flow の割引現在価値 V_0 は，

(27) $$V_0=\frac{r-\varphi(\alpha)}{\rho^e-\alpha}K_0$$

となる．ただし，r^e は雇用・資本比率 n に対する資本の限界生産であって，利潤率

$$r=f(n)-nf'(n)$$

に対応する．

(27)式を最大化する $\alpha=\dot{K}_t/K_t$ は容易に求められ，割引率 ρ^e と利潤率 r との関数である．

$$\alpha=\alpha(\rho^e, r^e),\quad \varphi=\varphi(\alpha)=\varphi(\rho^e, r^e).$$

$\alpha(\rho^e, r)$ も $\varphi(\rho^e, r)$ もともに割引率 ρ^e の減少関数で，利潤率 r の増加関数である．

以上の所論から，投資関数は結局つぎのような形に表わすことができる．

$$\Phi=\varphi(\rho^e, r^e)K.$$

したがって，貨幣賃金単位ではかった投資需要 Φ_W は，

(28) $$\Phi_W=P_W\Phi=P_W\varphi K$$

となり，現在の資本ストック量 K，期待実質利子率 ρ^e，期待利潤率 r^e の関数となることが示される．ただし，K は企業部門全体での実質資本である．

財政支出については，政策変数をどのように考えるかによってさまざまな定式化をおこなうことができる．ここでは簡単化のために，財政支出は国民所得のある一定比率 θ であり，また

課税は捨象して考えることとする．財政支出 G_W は，

(29) $$G_W = \theta Y_W$$

となり，θ が政策変数である．

財・サービスに対する総需要額 D は，消費需要 C_W，投資需要 Φ_W と財政支出 G_W との和である．

$$D = C_W + \Phi_W + G_W.$$

この総需要額は(23), (28), (29)式を使って整理すれば，

$$D = [1-s(\rho^e)]Y_W^e + P_W\varphi(\rho^e, r^e)K + \theta Y_W.$$

総需要額 D は市場価格 P の増加関数で，図 27-4 に示されているように，右上がりの曲線によって表わされる．

財市場における需給の均衡は，総供給額 Z と総需要額 D とが等しくなるときに実現する．

$$D = Z.$$

すなわち，D 曲線と Z 曲線との交点に対応する価格 P のもとで，市場均衡が成立する．あるいは，

(30) $$[1-s(\rho^e)]Y_W^e + P_W\varphi(\rho^e, r^e)K + \theta Y_W = Y_W$$

となるような価格 P のもとで財市場の均衡が成立する．(30)式を貨幣賃金単位でなく，産出物を単位とする普通の意味での実質タームではかれば，

(31) $$\varphi(\rho^e, r^e)K = [s(\rho^e)-\theta]Q + [1-s(\rho^e)]\frac{(Y_W - Y_W^e)}{P_W}$$

となる．(31)式の左辺は投資であり，右辺は国民所得計算における貯蓄である．したがって，(31)式はまた投資＝貯蓄という関係を表わす．

さて，実質賃金率 $w = W/P$ についての期待が static，すなわち，現在の実質賃金率が将来にわたって実現するという期待のもとで恒常実質所得 Y_W^e の計算がなされるとすれば，

$$\frac{Y_W^e}{P_W} = wN + \rho^e\frac{A}{P}.$$

ただし，A は民間部門における保有金融資産の市場価格による評価額である．

したがって，(31)式の右辺の第 2 項は，

$$[1-s(\rho^e)]\left(rK - \rho^e\frac{A}{P}\right)$$

となる．

いま，実質資本 K を単位とする集計量をつぎのように定義する．

$$f(n) = \frac{Q}{K} \qquad \text{産出量・資本比率,}$$

$$a = \frac{A}{PK} \qquad \text{実質資産残高・資本比率.}$$

実質資産残高・資本比率 a は,

$$a=\frac{r^e-\varphi(\alpha)}{\rho^e-\alpha}$$

によって与えられる.

財市場の均衡条件(31)は,結局つぎのように表わされる.

(32) $$\varphi(\rho^e, r^e)=[s(\rho^e)-\theta]f(n)+[1-s(\rho^e)](r-\rho^e a).$$

所与の期待実質利子率 ρ^e,期待利潤率 r^e,財政支出係数 θ のもとで,(32)式が成立するような価格水準 P,およびそれに対応する労働雇用・資本比率 $n=N/K$ は一意的に求められる.このことは,企業部門における労働需要が,

$$f'\left(\frac{N}{K}\right)=w=\frac{W}{P}$$

の条件によって定められることから容易に示される.

期待実質利子率 ρ^e の下降,あるいは期待利潤率 r^e の上昇はともに,投資需要,ときには消費需要を増加させて,有効雇用水準 N の上昇を惹き起こすことは,図 27-4 から,または(32)式から容易に示される.財政支出係数 θ の増加もまた同じような効果をもつことも明白である.いずれの場合にも,市場価格 P も上昇することが示される.期待実質利子率 ρ^e とそれに対応する雇用・資本比率 $n=N/K$ との関係は,図 27-6 に示されるように右下がりの曲線 IS によって表わされる.この IS 曲線上の各点では,財市場の均衡が実現するような期待実質利子率 ρ^e と雇用・資本比率 $n=N/K$ との組み合わせが対応する.

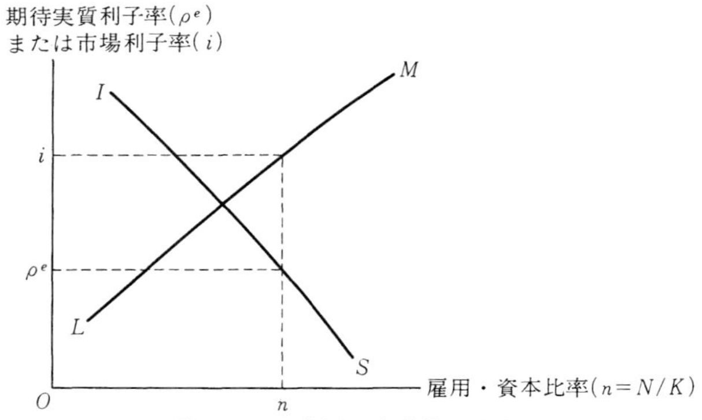

図 27-6 短期的均衡状態の決定

一般に,有効雇用水準は完全雇用水準に一致する必然性はなく,いわゆる非自発的失業の状態がおきうる.ケインズの『一般理論』はこのような状態の分析に焦点を当てるものであったが,ここでは,むしろ完全雇用の状態を中心にして考察を進めることとする.しかし,完全雇用の状態を維持することが可能であるかどうかを検討するためには,まず,市場利子率がどの

ような水準に定まるかについて，考察を進めなければならない．

市場利子率の決定

市場利子率，またはその体系は，金融資産の市場価格に関連づけられる．したがって，金融資産保有に対する需要の条件の変化に応じて，その市場価格体系，さらには市場利子率も変化する．そこで，金融資産のポートフォリオ構成がどのような要因によって決定されるか，という問題を考えてみる必要が生じてくる．第7章でくわしく述べたように，金融資産は貨幣(money)，貯蓄性銀行預金(time deposits)，債券(bonds)，株式(equity capital)の4種類に分けられると考えてもよいであろう．

貨幣は，取引決済のための一般的な支払い手段であって，現金性貨幣(中央銀行紙幣，硬貨)と預金性貨幣(銀行当座預金など)とからなっている．貨幣をこのように狭義に限定すれば，貨幣保有に対する需要は取引動機にもとづくものが主であって，投機的動機にもとづくものはほとんど無視してもさしつかえない．『一般理論』で投機的動機にもとづく貨幣需要に分析の焦点が置かれているのは，ケインズの使用した貨幣が広義のものであって，time deposits，短期性の債券の一部も含むものである．

貯蓄性預金は，その収益率は事前に確定し，名目的なキャピタル・ゲインあるいはロスが生じないような資産である．債券は，これに反して利子率は事前に確定するが，キャピタル・ゲインまたはロスの可能性を含み，債券からの収益率は不確定要因をもつ．また株式は，配当についても，キャピタル・ゲインについても不確定要因をもち，その収益率は不確実なものとなる．いずれにしても，貨幣以外の金融資産は利息・配当の他にキャピタル・ゲインを求めて保有されるものである．したがって，需要は収益率とその不確実性に依存して定まる．そのうち，短期性の貯蓄性預金や債券などで，いわゆる貨幣市場資産(money market assets)を構成するものは，貨幣との代替性が大きく，その需要については，他の金融資産と著しく異なる面をもつ．また，さきにふれたように，このような金融資産の取引にかんしては，普通，高度に組織化された貨幣市場が存在する．貨幣市場で取り引きされる金融資産の価格は市場利子率と直接関係をもち，資産保有に対する需要も市場利子率に依存している．

貨幣保有に対する需要は，まず期待される取引総額に依存する．したがって，実質貨幣残高に対する需要 L_W は，実質所得額 Y_W によって定められるが，もし，その所得弾力性が1であるとすれば，

$$L_W = \lambda Y_W$$

である．ただし，貨幣残高需要 L_W も所得 Y_W も，貨幣賃金単位ではかるとする．λ は所得1単位当たりの実質貨幣残高需要で，マーシャルの k に対応する．

さて，実質貨幣残高に対する需要 L_W は，たんに実質所得だけでなく，貨幣保有の機会費用，

すなわち市場利子率にも依存する．資産のうち，どれだけを貨幣の形で保有するかというのは，貨幣の代わりに収益を生みだす金融資産の形に保有するときにどれだけの収益が得られるか，ということに関係してくるからである．しかも，利子率の上昇は，貨幣以外の金融資産の保有をより望ましいものとし，所得1単位当たりの貨幣需要λはより大きな額となる．つまり，λは市場利子率iの減少関数である．

$$\lambda = \lambda(i), \quad \lambda'(i) < 0.$$

さて，貨幣供給の名目額Mは中央銀行当局によって決定されるものとすれば，市場利子率iは，貨幣市場における需給均等の条件

$$\lambda(i)\,Y_W = M_W\,(\equiv M/W) \tag{33}$$

がみたされるように決定される．

市場利子率iが高すぎて，貨幣保有に対する需要が供給よりも少ないとき，すなわち，

$$\lambda(i)\,Y_W < M_W$$

のときには，貨幣以外の金融資産に対する需要が供給を上回り，その価格は上昇し，市場利子率iは低下する．逆の場合にも，同じように利子率iの変動が起こり，貨幣市場の均衡は結局，(33)式が成立するときにはじめて実現する．図27-6について考えれば，LM曲線は，貨幣市場の均衡するような市場利子率iと雇用・資本比率$n=N/K$との組み合わせを表わす．所与の期待実質利子率ρ^eに対して，まず財・サービス市場の均衡が成立するような水準に労働の雇用量が決定される．つぎに，市場利子率iは貨幣市場が均衡するような水準に定められる．期待実質利子率ρ^eの低下は，有効需要を高め，労働の雇用量は増加する．と同時に，貨幣残高に対する需要もふえ，市場利子率は高くなる．

完全雇用の下での経済成長

以上，ケインズ的な国民経済で雇用量，所得，価格，市場利子率などがどのように決定されるか，ということを考察してきた．そこで，完全雇用の条件を保ちながら経済成長がつづけられてゆくときに，価格，所得，市場利子率がどのように変動するであろうか，という問題を考えてみよう．

いま，労働供給の増加率は外生的に与えられるものとし，

$$\frac{\dot{N}}{N} = \nu$$

としよう．

また，完全雇用の条件がみたされているものとし，1人当たりの実質国民所得をyとする．

$$y = \frac{f(n)}{n}, \quad n = \frac{N}{K}$$

であるから，y を独立変数とすることもできる．

完全雇用の条件をみたしながら経済成長がつづけられてゆくためには，つぎのような条件がみたされる必要がある．まず，期待実質利子率 ρ^e は，完全雇用のもとでの財・サービスの供給額に等しいだけの総需要額を生みだすような水準でなければならない．いいかえれば，(32)式が完全雇用での労働・資本比率 $n=N/K$ についてみたされるような ρ^e が期待利子率でなければならない．いま，期待利子率が ρ^e であり，財政支出係数が θ であるときに，有効需要に対応する雇用・資本比率を $n(\rho^e, \theta)$ で表わすことにする．有効雇用・資本比率 $n(\rho^e, \theta)$ の期待実質利子率 ρ^e に対する弾力性を η とする．すなわち，

$$\eta = -\frac{1}{n(\rho^e, \theta)}\frac{\partial n(\rho^e, \theta)}{\partial \rho^e}.$$

完全雇用の条件のもとで，雇用・資本比率 $n=N/K$ の変化率は，

$$\frac{\dot{n}}{n} = \nu - \alpha$$

となる．ただし，α は均衡状態における実質資本 K の増加率

$$\alpha = \frac{\dot{K}}{K} = \alpha(\rho^e, \theta)$$

である．

したがって，完全雇用成長をつづけてゆくためには，期待実質利子率 ρ^e の変化について，

(34)
$$\dot{\rho}^e = \frac{1}{\eta}(\alpha - \nu)$$

という条件がまずみたされなければならない．

他方，期待実質利子率 ρ^e は Nerlove-Cagan 的に adaptive な調節がおこなわれるという仮説

(35)
$$\rho^e = \beta(\rho - \rho^e), \quad \rho = i - \pi$$

が前提されている．そこで，期待実質利子率 ρ^e の変化が完全雇用の条件をみたすものであるためには，(34)と(35)とが同時に成立するような市場利子率 i と物価上昇率 π とが実現していなければならない．すなわち，市場利子率 i と物価上昇率 π との間には，つぎのような関係式が成立する．

$$i - \pi = \rho = \rho^e + \frac{1}{\beta\eta}(\alpha - \nu),$$

あるいは，

(36)
$$\pi = i - \rho^e - \frac{1}{\beta\eta}(\alpha - \nu).$$

この(36)式の意味するところはつぎのようである．すなわち，完全雇用成長が実現するように期待実質利子率 ρ^e の調節がおこなわれるためには，物価上昇率 π が市場利子率 i と期待実

質利子率 ρ^e との乖離に経済成長にともなう資本・労働比率の変化による調整項を考慮したものと等しくなければならない．たとえば，市場利子率 i の上昇は，それを相殺するだけの物価上昇率 π の上昇がなければ，完全雇用成長を保ちえない．

完全雇用成長のために必要な条件は，つぎに，労働市場における需給の均等が実現するように貨幣賃金率 W が変化することである．企業部門における労働需要は，実質賃金率 $w=W/P$ と労働の限界生産とが等しくなるような水準であるから，

$$f'(n)=\frac{W}{P}$$

が成立することは前にもふれた．したがって，貨幣賃金率 W の上昇率 $\omega=\dot{W}/W$ について，つぎのような関係式が成立する．

$$\omega=\pi+\varepsilon(\alpha-\nu). \tag{37}$$

ただし，ε は労働の限界生産の弾力性である．

$$\varepsilon=-\frac{n}{f'(n)}\frac{df'(n)}{dn}=\frac{s_K}{\sigma}.$$

ここで，s_K＝資本の相対的シェア，σ＝労働と資本の代替の弾力性である．

最後に，市場利子率 i は貨幣市場の均衡が成立するような水準に保たれていなければならない．貨幣市場の均衡は(33)式によって与えられるものであったが，実質資本単位に書き直せば，

$$\lambda(i)f(n)=\frac{M}{PK}. \tag{38}$$

いま，貨幣供給の増加率 μ は貨幣政策によって外生的に与えられているとする．

$$\mu=\frac{\dot{M}}{M}.$$

貨幣市場の均衡式(38)が成立しつづけるときには，

$$-\gamma\frac{di}{dt}+(1-s_K)\frac{\dot{n}}{n}=\mu-\pi-\alpha \tag{39}$$

が成立する必要がある．ただし，γ は貨幣需要の市場利子率 i に対する弾力性である．

$$\gamma=-\frac{1}{\lambda}\frac{d\lambda}{di}>0.$$

市場利子率 i の変化にかんする(39)式はさらにつぎのように書き直すことができる．

$$\frac{di}{dt}=\frac{1}{\gamma}[\pi-(\mu-\nu)+s_K(\alpha-\nu)],$$

あるいは，(36)を使って，

$$\frac{di}{dt}=\frac{1}{\gamma}\left[i-\rho^e-(\mu-\nu)-\left(\frac{1}{\beta\eta}-s_K\right)(\alpha-\nu)\right]. \tag{40}$$

一方，1人当たり実質国民所得 $y=f(n)/n$ については，

$$\frac{1}{y}\frac{dy}{dt} = s_K(\alpha-\nu). \tag{41}$$

完全雇用成長がつづけられているときに，市場利子率 i と1人当たり実質所得 y との変化について，結局，(40)と(41)という動学方程式が成立することになる．この二つの方程式が，ケインズ的な成長理論における基本的動学方程式である．

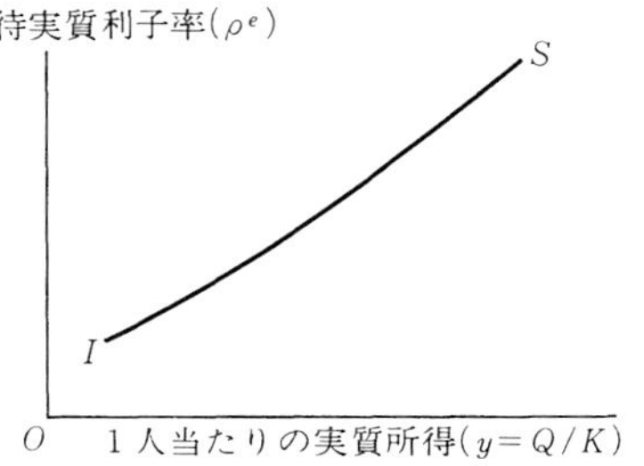

図 27-7　*IS* 曲線

この動学体系を分析するために，まず，期待実質利子率 ρ^e と資本蓄積率 α とが，1人当たり実質所得 y の変化にともなって，どのように変わるかという点を考察してみよう．1人当たり実質所得 y の増加は雇用・資本比率 n の減少を意味し，それに対応する期待実質利子率 ρ^e は上昇する．すなわち，y と ρ^e の関係は，図 27-7 に示すように，右上がりの *IS* 曲線によって表わすことができる．したがって，y の増加は資本蓄積 α の減少を誘発する．しかも，資本蓄積率 α は，市場利子率 i の変化によって直接影響をうけることがないから，(41)式で表わされる y の変動は分離して考察することができる．y の増加は α の減少となることから，$\dot{y}=0$ となるような y の水準 y^* が一意的に定まり，$y<y^*$ のときには $\dot{y}>0$，また，$y>y^*$ のときには $\dot{y}<0$ となる．すなわち，長期均衡状態に対応する1人当たり実質国民所得水準 y^* が存在し，動学的に安定となる．この y^* は貨幣政策 μ には無関係であり，財政支出係数 θ だけによって決定される．図 27-8 において，*AA* 直線は，原点 O から y^* の距離をもつ直線である．

つぎに，市場利子率 i にかんする動学方程式(40)を考察してみよう．市場利子率 i が一定水準に保たれるためには，(40)式の右辺が0となる必要がある．すなわち，$di/dt=0$ であるのは，

$$i = \rho^e+(\mu-\nu)+\left(\frac{1}{\beta\eta}-s_K\right)(\alpha-\nu). \tag{42}$$

この(42)式の右辺は，1人当たり実質国民所得 y の関数であり，一般に図 27-8 における *BB* 曲線のように右上がりの曲線で表わすことができると考えてもよい．市場利子率 i が(42)式の右辺より高いとき，すなわち，*BB* 曲線の上方では $di/dt>0$ となる．逆に，*BB* 曲線の下方では $di/dt<0$ となる．したがって，市場利子率 i の変化を叙述する動学方程式(40)は不安定となる．

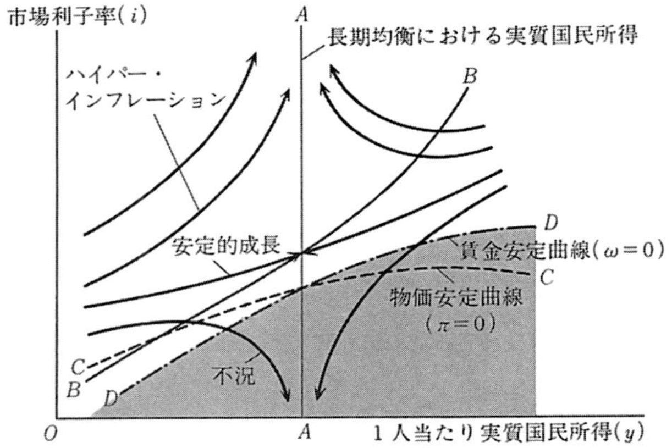

図 27-8　ケインズ的経済成長

以上の考察から明らかなように，基本的動学方程式体系(40)，(41)の解径路 (i, y) は一般に，図 27-8 における矢印のついた曲線群によって表わすことができる．とくに，この動学体系は knife-edge の不安定性という様相を呈する．すなわち，長期均衡点に近づく安定的な径路は二つしかなく，それ以外の径路については，市場利子率 i は 0 に収斂するか，$+\infty$ に発散することが示される．

さて，物価上昇率 π と賃金上昇率 ω とは(36)と(37)とによって表わすことができたから，物価水準，賃金率水準がそれぞれ定常的である状態は CC 曲線と DD 曲線とによって表わされる．とくに，賃金安定曲線 DD の下方に位置しているときには，完全雇用の条件をもはや維持することはできないで，非自発的失業が発生する．また，物価安定曲線 CC の上方に行けば行くほど，物価上昇率 π が大きくなることも(36)式からただちに検証することができよう．

このように，ケインズ的な経済においては，貨幣供給の増加率 μ が一定という条件のもとで，安定的完全雇用成長をつづけることは非常に困難となる．物価上昇率 π の無制限な上昇，すなわちハイパー・インフレーションか，あるいは非自発的失業の発生を必然的に誘発するものであって，完全雇用の状態で物価上昇率の安定化をはかることはほとんど不可能となる．均斉的経済成長は，ハロッドのいう knife-edge 的な不安定性を呈する．したがって，安定的経済成長を実現するためには，弾力的な貨幣供給政策がおこなわれなければならない．とくに，貨幣供給量 M，またはその増加率 μ を指標とするのでなく，むしろ市場利子率 i あるいは物価上昇率 π を指標とした貨幣政策がより安定的なものとなる傾向がある．たとえば，その代表的なものとして，つぎのような市場利子率安定政策を考えることができる．すなわち，完全雇用を長期にわたって可能にするような利子率の水準 i^* を設定する．現行市場利子率 i が i^* より高いときには，その乖離 $i-i^*$ に比例的に貨幣供給の増加率 μ を決める．

$$\mu = b(i-i^*).$$

同じように，市場利子率 i が i^* より低いときには，i^*-i に比例して貨幣供給を減少させるのである．貨幣供給をこのようなルールにしたがって変化させるとき，物価上昇率を安定的に保ちながら完全雇用成長を実現することが可能となることは容易に検証することができる．

前二節にわたって，経済成長のプロセスをそれぞれ新古典派の立場と新ケインズ派の立場にたつときに，どのような結論が導きだされるか，という問題を考察してきた．新古典派も新ケインズ派もともに極端に単純化されたモデルについて，この問題を分析したのであって，その帰結の一般的妥当性をここで論ずることはできない．しかし，経済成長プロセスの動学的安定性については，新古典派と新ケインズ派との理論的特徴をある程度反映するものになっているということができよう．すなわち，新古典派の経済成長モデルでは，その動学的安定性がきわめて一般的な条件のもとで成立するが，新ケインズ派の理論にしたがえば，ハロッド=ドマー的な knife-edge の不安定性によってその動学径路が特徴づけられる．

しかし，上に展開したモデルはどちらも動学的均衡の理論にもとづき，長期にわたって市場均衡が成立したときに，どのような経済成長のパターンが実現するかということを問題にするものである．財政・金融政策などの変化によって，市場の均衡が破られたときに，どのようなプロセスを経て動学的な調節がおこなわれるかという問題，すなわち動学的不均衡の理論については，第VI部で論ずることにしよう．

参考文献

Ara, K.(1958). "Capital Theory and Economic Growth," *Economic Journal*, Vol. 68, pp. 511-527.

Cagan, P.(1956). "The Monetary Dynamics of Hyperinflation," *Studies in the Quantity Theory of Money*, edited by M. Friedman, Chicago, University of Chicago Press, pp. 25-117.

藤野正三郎(1965).『日本の景気循環──循環的発展過程の理論的・統計的・歴史的分析』勁草書房.

──(1968).「ケインズ理論と国民所得の決定」館竜一郎編『ケインズと現代経済学』東京大学出版会，pp. 174-193.

Hahn, F. H.(1960). "The Stability of Growth Equilibrium," *Quarterly Journal of Economics*, Vol. 74, pp. 206-226.

──(1969). "On Money and Growth," *Journal of Money, Credit, and Banking*, Vol. 1, pp. 172-187.

Hansen, A. H.(1947). *Monetary Theory and Fiscal Policy*, New York, McGraw-Hill.

Harrod, R. F.(1939). "An Essay in Dynamic Theory," *Ecomomic Journal*, Vol. 64, pp. 14-33.

──(1948). *Towards A Dynamic Economics*, London, Macmillan(高橋長太郎・鈴木諒一訳『動態経済学序説』有斐閣，1953年).

Hicks, J. R.(1937). "Mr. Keynes and the 'Classics': A Suggested Interpretation," *Econometrica*, Vol. 5, pp. 147-159.

Johnson, H. G.(1966). "The Neo-Classical One-Sector Growth Model : A Geometrical Exposition and Extension to a Monetary Economy," *Economica*, Vol. 33, pp. 265-287.

Keynes, J. M.(1936). *The General Theory of Employment, Interest, and Money*, London, Macmillan(塩野谷祐一訳『雇用・利子および貨幣の一般理論』東洋経済新報社, 1985年).

Klein, L. R.(1947). *The Keynesian Revolution*, New York, Macmillan.

Lange, O.(1944). *Price Flexibility and Employment*, Bloomington, Principia Press.

Leijonhufvud, A.(1968). *Keynesian Economics and Economics of Keynes*, London, Oxford University Press.

Modigliani, F.(1944). "Liquidity Preference and the Theory of Interest and Money," *Econometrica*, Vol. 12, pp. 45-88.

——(1963). "The Monetary Mechanism and its Interaction with Real Variables," *Review of Economics and Statistics*, Vol. 45, pp. 79-107.

Mundell, R. A.(1960). "The Public Debt, Corporate Income Taxes, and the Rate of Interest," *Journal of Political Economy*, Vol. 68, pp. 622-626.

Nerlove, M.(1958). *Dynamics of Supply Estimation of Farmers' Response to Price*, Baltimore, The Johns Hopkins Press.

Patinkin, D., and D. Levhari(1968). "The Role of Money in a Simple Economy," *American Economic Review*, Vol. 58, pp. 713-753.

Penrose, E. T.(1959). *The Theory of the Growth of the Firm*, Oxford, Blackwell.

Rose, H.(1966). "Unemployment in a Theory of Growth," *International Economic Review*, Vol. 7, pp. 260-282.

——(1967). "On the Non-Linear Theory of the Employment Cycle," *Review of Economic Studies*, Vol. 34, pp. 153-174.

——(1969). "Real and Monetary Factors in the Business Cycle," *Journal of Money, Credit, and Banking*, Vol. 1, pp. 138-152.

斎藤謹造(1962).「総体的所得分配の短期機構について」『商学論集』Vol. 30, pp. 1-44.

——(1962).「総供給関数と巨視的分配」『経済研究』Vol. 13, pp. 314-321.

佐藤和夫(1955).「所得分析と価格理論の綜合——乗数理論の再構成」『経済学研究』Vol. 8, pp. 51-88.

Sidrauski, M.(1967). "Rational Choice and Pattern of Growth in A Monetary Economy," *American Economic Review*, Proceedings, Vol. 57, pp. 534-544.

Solow, R. M.(1956). "A Contribution to the Theory of Economic Growth," *Quarterly Journal of Economics*, Vol. 70, pp. 65-95.

Stein, J. L.(1966). "Money and Capacity Growth," *Journal of Political Economy*, Vol. 74, pp. 451-465.

——(1969). "Neoclassical, and 'Keynes-Wicksell' Monetary Growth Models," *Journal of Money, Credit, and Banking*, Vol. 1, pp. 153-171.

Swan, T. W.(1956). "Economic Growth and Capital Accumulation," *The Economic Record*, Vol. 32, pp. 334-361.

Tobin, J.(1955). "A Dynamic Aggregative Model," *Journal of Political Economy*, Vol. 63, pp. 103-115.

——(1965). "Money and Economic Growth," *Econometrica*, Vol. 33, pp. 671-684.
Uzawa, H.(1966). "On a Neo-classical Model of Economic Growth," *Economic Studies Quarterly*, Vol. 17, pp. 1-15.
——(1968a). "The Penrose Effect and Optimum Growth," *Economic Studies Quarterly*, Vol. 19, pp. 1-14.
——(1968b). "Diffusion of Inflationary Processes in a Dynamic Model of International Trade," *Economic Studies Quarterly*, Vol. 22, pp. 14-37.
——(1969a).「新古典派的成長理論への一試論」『経済学論集』Vol. 34, No. 4, pp. 1-14.
——(1969b). "Time Preference and the Penrose Effect in a Two-Class Model of Economic Growth," *Journal of Political Economy*, Vol. 77, pp. 628-652. Reprinted in *Preference, Production, and Capital : Selected Papers of Hirofumi Uzawa*, New York, Cambridge University Press, 1988.
——(1974). "Towards A Keynesian Model of Economic Growth," *Proceedings of the IEA Conference on the Theory of Economic Growth*, edited by J. A. Mirrlees and N. H. Stern, London, Macmillan, pp. 53-70. Reprinted in *Optimality, Equilibrium, and Growth : Selected Papers of Hirofumi Uzawa*, Tokyo, University of Tokyo Press, 1988.

第 VI 部　経済動学と投資理論

第28章　動学分析におけるストックとフロー

動学的な経済分析において，ストックとフローの概念を明確に区別して，理論的モデルの構成において，それぞれの果たす役割を正確に定式化することの重要性はいまここで改めて強調するまでもないことである．しかし，最近にいたるまで，この点にかんして必ずしも十分な注意がはらわれず，往々にして矛盾した結果を生みだすこともみられる．とくに，インフレーション，失業，為替レートの変動などという不均衡過程の分析にさいして，この二つの概念の混同が必ずしも例外的ではないように思われるので，ここでは，ストックとフローとの概念を一般的な立場から論じ，二,三の例についてよりくわしく考察することにしよう．

ストック量は，ある特定の時点で存在する量を表わし，フロー量は，ある一定の単位期間に変化した量を表わす．湖水を例にとるならば，ある時点における水が何立方メートル存在するかということを表わすのがストック量であり，毎分何立方メートル流れ込むか，あるいは流出するかということを表わすのはフロー量である．

経済学におけるストックとフローの概念についても，物理学の場合と同じように考えることができる．ある時点で存在する固定的な生産要素の量や貨幣供給量はストック量であるが，毎期生産あるいは消費される財・サービスはフロー量ではかられる．固定的な生産要素の蓄積量は，湖のなかに存在する水のストック量に対応し，生産あるいは消費量は，湖から流れ出る水のフロー量に対応する．ところで，個々の水分子についてみれば，それが湖に入った瞬間に，厳密にいえば湖水のストック量がふえることになるが，無数の水分子がランダムな時点に湖に注ぎ込まれたり，湖から流れ出ているため，湖に流出入する水の流れ――フロー――の概念が生まれてくる．個別的な水分子が流入，流出した時点では，湖水のストック量が瞬時的に変化しているはずであるが，全体としてみたときに，フローの概念が生まれてくる．このことを経済学でいうストック・フロー概念について，もう少しくわしく調べてみよう．

ある財の在庫が一定量存在するとする．この在庫量はストック量である．そのうちある量だけ販売されたとすれば，その時点で在庫は販売量だけ減少する．個別的な経済主体については，在庫のストック量は，販売その他の活動がなされた時点で，ストック量の変化がおきる．このとき，フローの概念に二つの種類がある．

2種のフロー概念

第1のフロー概念は，ある一定の長さ，たとえば1年間を単位期間にとったとき，この期間中に，販売その他の活動によって在庫がどれだけ変化したかということをみて，その単位期間中における在庫変化のフロー量として考えようとするものである．これは個別的な経済主体について，在庫の変化量というフロー概念を定義するものであるが，これに対して，在庫を保有する経済主体が無数に存在するとき，経済全体としてみたフロー概念が考えられる．物理学におけるフロー概念に対応するものである．

経済主体を generic な記号 α を用いて表わす．在庫は1種類しかないものとし，経済主体 α がある時点 t で保有している在庫のストック量を $Z(t, \alpha)$ とする．経済主体 α が保有する在庫のストック量 $Z(t, \alpha)$ は，時点 t で $x(t, \alpha)$ だけ変化するものとすれば，t 時点から $(t+dt)$ 時点の間における在庫の変化は，

$$(1) \qquad Z(t+dt, \alpha)-Z(t, \alpha) = \sum_{t \leqq \tau < t+dt} x(\tau, \alpha).$$

在庫の変化 $x(t, \alpha)$ は，どの期間をとっても有限回しかおきないと仮定すれば，(1)の右辺は計算可能である．このとき，

$$(2) \qquad \frac{Z(t+dt, \alpha)-Z(t, \alpha)}{dt}$$

が，期間 $[t, t+dt]$ における在庫の変化量を表わすフロー量となる．しかし，(2)式で $dt \to 0$ のときの極限をとることはできない．

このフロー概念に対して，経済主体が多数存在するとき，その全体的な在庫量の変化を表わすものとしてのフロー量が考えられる．ある時点 t における全在庫のストックを $Z(t)$ とすれば，

$$(3) \qquad Z(t) = \int Z(t, \alpha)\, d\alpha$$

で表わされる．ここで，積分記号 $\int d\alpha$ は，経済主体 α について合計したものである．以下，簡単のため，α は $[0, 1]$ のなかを動き，(3)式の積分は通例の積分であるかのように取り扱う．一般に，α が non-atomistic な測度をもっていれば，以下の議論を適用することができる．

全在庫量 $Z(t)$ の $[t, t+dt]$ における変化は，

$$(4) \qquad Z(t+dt)-Z(t) = \int \sum_{t \leqq \tau < t+dt} x(\tau, \alpha)\, d\alpha$$

となる．したがって，

$$(5) \qquad \begin{cases} \dot{Z}(t) = \lim_{dt \to 0} \dfrac{Z(t+dt)-Z(t)}{dt} \\ \qquad = \lim_{dt \to 0} \displaystyle\int \frac{1}{dt} \sum_{t \leqq \tau < t+dt} x(\tau, \alpha)\, d\alpha. \end{cases}$$

この(5)式によって，全在庫量の変化をフロー概念としてとらえたものが得られるが，(5)式の右辺の意味をどのように考えたらよいであろうか．

いま，各時点 t において，$x(t, \alpha)$ がゼロでないような経済主体 α が一つしかないとし，$\alpha=$

$\alpha(t)$ で表わす．この $\alpha=\alpha(t)$ が t に対して微分可能であるとすれば，

$$\lim_{d\alpha\to 0}\int\frac{1}{dt}\sum_{t\leqq\tau<t+dt}x(\tau,\alpha)\,d\alpha = x(t,\alpha(t))\,\alpha'(t).$$

したがって，

$$\dot{Z}(t) = x(t,\alpha(t))\,\alpha'(t). \tag{6}$$

各時点 t で $x(t,\alpha)\neq 0$ であるような経済主体 α が有限個しかないときにも，(6)式と同じような関係式が求まる．

個別的な経済主体については，在庫の変化は瞬時的におき，有限回しかおこなわれず discrete なものとなるが，経済主体の continuum を考えると，水の流れと同じように，フローとしての在庫の変化を定義することができるようになる．この間の事情を図示すれば，図 28-1 と図 28-2 のようになる．図 28-1 は，個別的な経済主体 α の在庫保有量 $Z(t,\alpha)$ の変化を表わす．在庫に変化の起きるのは，t_1, t_2, t_3 時点であって，他の時点では $x(t,\alpha)=0$ となっている．このような個別的な在庫保有量の変化をすべての経済主体 α について合計したのが，図 28-2 の $Z(t)$ 曲線である．この曲線上の各点における接線の勾配 $x(t)$ が在庫の変化をフローとしてとらえたものである．

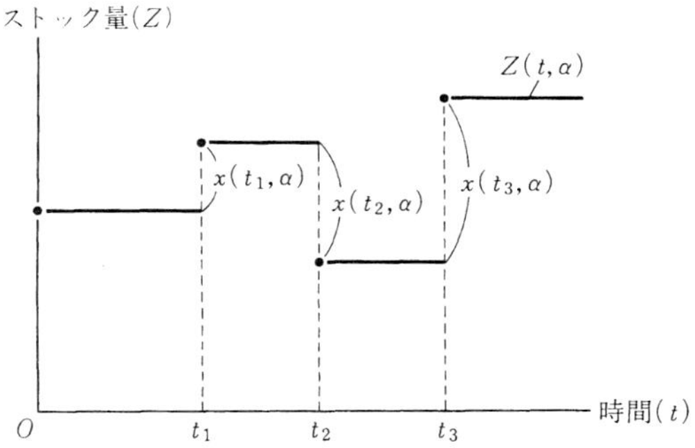

図 28-1　非連続的なストック量の変化

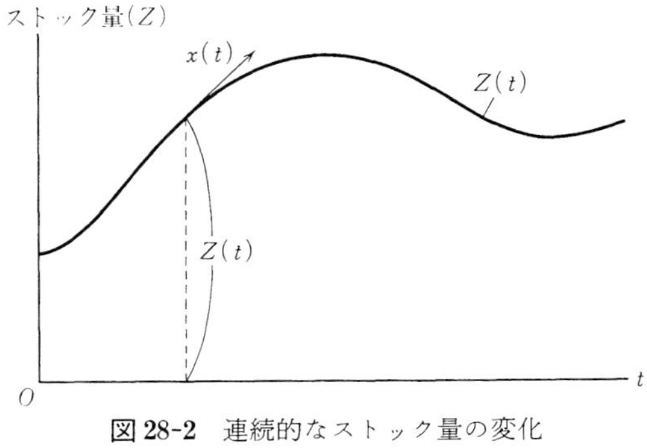

図 28-2　連続的なストック量の変化

ストックとフローの概念をこのように理解したとき，マクロ経済モデルの構成にかんして一つの困難な問題がおきてくる．それはつぎの点である．個別的な経済主体の行動は必ず，ストック量の瞬時的な変化という形での調整となって現われるが，すべての経済主体の保有する在庫量を合計してはじめて，フロー量を通じての在庫量の変化という現象がみられることになる．したがって，マクロ経済モデルをつくるさいに使われる代表的経済主体という概念をどのようにとらえたらよいかということが明確でなくなってしまう．個別的経済主体の性格をもちながら，その行動を分析し，何倍かすれば，マクロ経済的な行動分析の基礎となるというのが代表的経済主体の考え方だからである．代表的経済主体の概念は，異なった役割を果たす経済主体によって，また，市場的，制度的諸条件の相違によって，それぞれ異なるものになる．

まず生産主体について考えてみよう．ある一つの生産主体をとって，その生産関数が，

(7)
$$Q = F(K, N)$$

のように表わされているとする．Q は産出物の量，K および N はそれぞれ物的な生産要素と人的な生産要素の投入量である．いま簡単のため，K および N はそれぞれ1種類であって，ある適当な単位ではかることができるものとし，しかもこの二つの生産要素以外に，生産過程で制約条件となるような希少資源は存在しないとする．[以下の分析は，生産要素の数が二つ以上いくつあってもそのまま適用できるから，生産過程で制約条件となるような希少資源をすべて書き上げて生産関数をつくったと考えてもよいから，この形(7)は一般性を失うものではない.] このとき，生産関数 $F(K, N)$ は一次同次となるから，

(8)
$$\frac{Q}{K} = f\left(\frac{N}{K}\right)$$

のように書き直すこともできる．

生産関数(7)で，K および N をそれぞれ物的生産要素および人的生産要素の単位期間当たりの投入量として考えて，生産主体がその水準を自由に変えることができるというのが，通例新古典派の生産理論で置かれている前提条件である．すなわち，各時点で，個別的な生産主体は，K および N を自らの望む水準に自由に選び，それだけの量を市場で調達することができるという仮定である．K（実物資本）と N（労働）を調達する市場がいずれも完全競争的であり，産出物市場もまた完全競争的であるとすれば，生産主体は利潤

(9)
$$PQ - RK - WN$$

を最大にするように，生産要素の投入量 K および N を決定する．P, R, W はそれぞれ産出物，資本，労働サービスの価格である．したがって，それぞれの生産要素について，限界生産と市場価格とが等しくなるように投入することになる．

(10)
$$\frac{\partial Q}{\partial K} = r\left(\equiv \frac{R}{P}\right), \quad \frac{\partial Q}{\partial N} = w\left(\equiv \frac{W}{P}\right).$$

この条件は言うまでもなく周知のことであるが，限界性条件が成立するためには，いくつかの制度的，ないしは技術的条件がみたされていなければならないことに注意しておこう．すなわち，資本も労働もともに可変的であって，生産主体は，K も N も自由に変えることができ，産出量 Q もそれに応じて変化する．しかも価格 P, R, W は，個別的な生産主体の行動には無関係であって，市場における均衡過程を通じて決まってくるなどという条件がみたされていなければ，限界性条件(10)は成立しない．

しかし，K および N が制約的な生産要素をつくし，したがって，生産関数 $F(K, N)$ が一次同次であるときには，限界性条件(10)をみたすような解は一般に存在しない．つまり，利潤(9)は最大値をもたない($+\infty$ となる)か，ゼロ水準以外では利潤が負になるか，のどちらかが成立するのが一般的であって，(10)をみたすような解 (K, N) が存在するのはむしろ例外的である．そのとき，資本サービスと労働サービスの実質価格水準 r, w の間にはある一定の関係が成立しなければならない．(8)式の生産関数についてみれば，

$$\frac{\partial Q}{\partial K} = f'(n), \quad \frac{\partial Q}{\partial N} = f(n) - nf'(n) \qquad \left(n = \frac{N}{K}\right)$$

となるから，

$$(11) \qquad r = f'(n), \quad w = f(n) - nf'(n).$$

この式で，労働・資本比率 $n = N/K$ を変えたときに (r, w) がどのように変化するかということは，いわゆる要素価格フロンティアによって表わされる．限界性条件(10)が解をもつのは，要素価格の組み合わせ (r, w) が，AA 曲線上にあるときに限る．(r, w) が AA 曲線の上方(陰の部分)にあるときには，ゼロ水準以外では利潤が負になり，逆に下方に位置しているときには利潤が $+\infty$ となる(図28-3)．

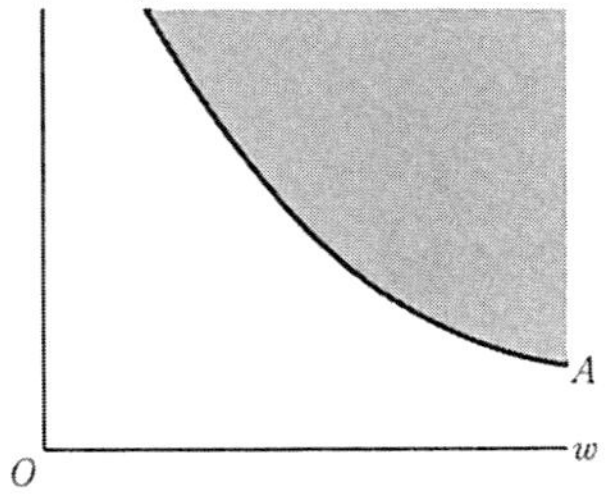

図28-3　要素価格フロンティア

しかも，AA 曲線上での最大利潤は必ずゼロとなる．すなわち，

$$(12) \qquad PQ = RK + WN.$$

したがって，生産者は，売り上げに等しい額だけ生産要素の所有者に対して支払うことになり，その純利潤はゼロとなる．K と N とが生産過程において制約的となるような希少資源を

すべて網羅しているから，生産主体に帰属する貢献分はゼロになることを示している．しかも，生産規模は不特定となり，生産要素の投入量は，その比率だけが確定する．

新古典派の世界では，生産主体は，幻影的な存在であって，さまざまな生産要素を結合して，利潤が最大になるようにするが，生産者となるためにとくに必要な希少資源は存在しないため，生産者自身に帰属するものはなにもないという結果になってしまう．しかし，全体としては，供給と需要とが等しくなるように産出物および生産要素の価格体系が決まってくる．個別的な生産主体の供給量は不確定であっても，全体として均衡状態になるようなメカニズムが存在するという前提条件が仮定されているわけである．しかし，このようなメカニズムがどのような内容をもつかという点については，新古典派理論ではなんら解明されてこなかった．じじつ，論理的にもそのようなメカニズムは存在しえないということも示される．

このようなミクロ的不確定性の問題がおきるのは，すべての生産要素が可変的であるという前提条件が仮定されているからである．もし生産要素のうちに可変的でないものがあって，生産主体が自由にその量を選択することが少なくとも短期間には不可能であるようなものがあるとすれば，事情は異なったものになる．このとき，生産関数(7)は一次同次ではなくなり，資本 K と労働 N の限界代替率が逓減的となる．利潤(9)を最大化するような (K, N) は一般に一意的に定まり，そのときの利潤は正となる．すなわち (r, w) が任意のとき，

$$\frac{\partial Q}{\partial K} = r, \quad \frac{\partial Q}{\partial N} = w \tag{13}$$

をみたすような (K, N) は一意的に定まり，

$$PQ - RK - WN > 0 \tag{14}$$

となる．

このとき，利潤

$$PQ - RK - WN$$

が帰属する経済主体は，固定的な生産要素を所有する主体である．一般に，このような固定的生産要素は生産主体──企業──のなかに蓄積された希少資源であって，その所有者は生産企業自身である．したがって，利潤は企業のなかに留保され，また一部分配当支払いなどの形で株主に還元される．企業に留保された利潤は，新株払込金，社債，銀行借入金などとともに，固定的生産要素の蓄積──投資──に当てられる．このように，固定的生産要素の存在は，生産規模の確定性のために必要であるだけでなく，生産主体のアイデンティティを明らかにするためにも不可欠なものである．

企業のなかに蓄積された固定的な生産要素については，その量は，そのときどきの時点で自由に変えることができず，過去の投資活動の結果決まってくるもので，いわば歴史的な変量であるということができる．議論を簡単化するために，物的な生産要素 K は固定的で，人的な生

産要素 N は可変的であると仮定する．ある時点 t における K の量は固定的で，ストック量として確定している．個々の企業が選択することができるのは，この固定的な生産要素をいつ，どれだけ蓄積するかということである．いわゆる固定的投資の問題であるが，上に述べたように，固定的な生産要素の場合でも厳密にいうと，新しい設備の形成をした時点で，ストック量に変化がおき，フローの次元の調整ではなくなる．しかし，企業は，固定的な生産要素を蓄積してしまうと，たとえ将来市場の条件が変わって必要なくなったとしても，大きな損失をこうむることなしに処分することはできない．したがって，固定的な生産要素をどれだけ蓄積するかという問題は，その時点における利潤を最大にするというだけではなく，現在から将来にかけてのネット・キャッシュ・フロー(net cash flow)の割引現在価値を最大にするという動学的な基準にもとづいて解かれる．その解は，将来どの時点でどれだけの生産要素の蓄積をはかるかという形で与えられるから，フローの次元での行動様式を決定することになる．代表的企業としてとらえて，企業部門全体の平均的行動様式を説明するものを考えるときはもちろん，個別的な企業の行動としてみたときにもフローの次元での投資量を決定すると考えることができる．この点にかんするくわしい議論は，たとえばペンローズの企業成長の理論に展開されている通りである[第29章]．

労働が可変的であるとすれば，各時点で雇用される労働の量は，労働の限界生産と実質賃金とが等しい水準に定まることは上にみた通りである．このとき定まるのは労働サービスのフロー量であり，ある一定量の労働を単位期間だけ雇用するという契約が結ばれることになる．

各企業のなかに蓄積されている固定的生産要素のストック量は一定であり，雇用される労働サービスのフロー量も一定となり，そこから生産される産出量は単位期間当たりある一定量というフローの量として確定する．

労働賃金と利潤とから所得が形成されるが，その一部は消費として支出される．所得も消費支出もともにフロー概念である．また，政府の財政支出もフロー量として表わされるから，消費，投資，政府支出の和としての総需要がフロー量であることはいうまでもない．

したがって，財市場における均衡過程はすべてフローの次元でおこなわれる．各時点で生産される財・サービスの総額と総需要額とが等しくないときには，価格水準なり全雇用量なりが変動して，等しくなるような方向に動く．じじつ，財市場が完全競争的であり，労働が可変的であるという前提条件のもとでは，総供給額と総需要額とが等しくないという状態はたとえ存在しても瞬時的なものであって，ただちに市場機構の力によって均衡状態に近づくことになる．しかも，不均衡状態においては，個別的な経済主体の行動が不確定となって，分権的な市場制度のもとでは整合的な記述すら不可能になってしまう．ケインズの『一般理論』では，生産手段のうち固定的なものが果たす役割の重要性を認めながら，労働の可変性を仮定したために，ストック量の調整がおこなわれることになり，財市場の不均衡状態を市場制度の分権性と矛盾することなく記述することができなくなる．したがって，財市場が均衡するような水準——有効需要水準——が常に実現する．これがケインズの有効需要の理論であるが，『一般理論』のもう一つの柱である流動性選好の理論はまったく異なった枠組みのなかで展開されている．流動性選好の理論は，金融資産(貨幣を含めて)のストックに対する需要と供給との関係から金融資産の価格体系，したがって市場利子率体系が決定されるというものである．金融資産は，実物資産とは対照的に，個別的な経済主体がその保有するストック量を自由に，コストをかけることなく変化させることができる．さまざまな金融資産の存在量と需要量とがもし異なっていたとすれば，価格体系が速やかに変化して，均衡状態が実現するように調整される．

金融資産の多くは個別的な経済主体が発行した負債であって，その価格は，発行企業のもつ実物資産，将来の収益性，発行条件などを反映しているが，それらの実物的な条件は固定的な要素を多くもっている．とくに企業のなかに蓄積されている固定的な生産要素の量が決定的な役割を果たす．これに対して，金融資産はその多くがきわめて流動性が高く，自由にコストをかけないで売買することができる．実物部門における固定性と金融部門における流動性は，別の観点からみると，フローの次元での調整メカニズムとストックの次元における調整メカニズムとの対照となって現われ，ケインズ的体系のもつ本質的不安定を反映したものであるということができよう．この不安定性は，実物部門における労働の固定性を考慮に入れるとさらにいっそう顕著な形となって現われてくる．

利子率決定にかんする古典派とケインズ

前項に述べたフローの次元とストックの次元について取引がおこなわれるような市場にかんする区別がもっとも典型的に現われているのは，利子率決定にかんする古典派とケインズの理論である．

利子率決定にかんする古典派の理論は，いうまでもなく貸付資金需要説(loanable fund theory)である．すなわち，各市場利子率水準に対応して，貸付資金に対する需要と供給とが定まる．貸付資金に対する需要は，各経済主体がどのような生産計画を現在から将来にかけてもっているかということに依存し，今期新たにどれだけ貸付資金を必要とするかというフローの次元の量である．これは別の観点からみれば，投資額と一致する．貸付資金の供給は，各経済主体が所得のうちどれだけを貸付資金に回すかということを表わし，これもまたフローの次元の量である．貸付資金の供給は貯蓄に対応する．

貸付資金需要説はこのように，フローの次元における貸付資金に対する需要と供給とが等しくなるような水準に市場利子率が決まってくると考える．すなわち，投資 I と貯蓄 S とが等しくなるような水準に市場利子率 i が定まるというのである．

この間の事情は図28-4に示される通りである．一般に，貸付資金に対する需要(投資)は，利子率が上がれば減少するから，II 曲線のように右下がりの曲線で表わされる．これに対して，貸付資金の供給(貯蓄)は，利子率の上昇にともなって増加すると考えてよいから，SS 曲線のような右上がりの曲線で表わされる．古典派の市場利子率 i_C はこの二つの曲線の交点 E_C に対応する水準に定まってくることになる．

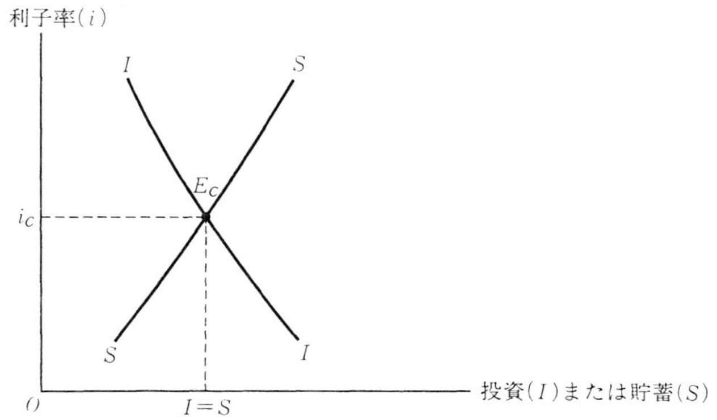

図 28-4　貸付資金需要説

ここで留意しておかなければならないのは，貯蓄曲線 SS は完全雇用に対応する所得水準のもとで描かれたものであるということである．古典派は，市場機能の働きのもとで，すべての生産要素は完全雇用あるいは最適な稼働率のもとで雇用されていると考えたからである．

これに対して，ケインズの利子理論はストックの次元における取引にかんする市場で利子率が決定されるとするものであって，流動性選好の理論と呼ばれる．すなわち，貨幣，株式，債券などさまざまな金融資産のポートフォリオをどのような形に保有するかということから貨幣保有に対する需要が発生する．この貨幣ストックに対する需要が，貨幣の供給量に等しくなる水準に金融資産の価格体系，したがって利子率が決まってくるというのがケインズの利子率決定の理論である．流動性選好の理論を図示すれば図 28-5 のようになる．ここで，縦軸は市場利子率 i を，横軸は貨幣のストック量を表わす．LL 曲線は，貨幣保有に対する需要を表わす曲線であり，貨幣保有の価格としての利子率が上昇すれば貨幣保有に対する需要が減少するから，LL 曲線のように右下がりの曲線で表わされる．MM 直線は貨幣供給量 M に対応して決まってくる．ケインズの利子率決定の理論は，この流動性に対する選好を表わす LL 曲線と貨幣ストックの供給量を表わす MM 直線との交点 E_K において利子率 i_K が決まってくると主張する．

前項に説明したような立場にたって考えるとき，市場利子率は当然ケインズの主張したように，ストックの次元における取引をおこなう市場で決定され，流動性選好理論の教えるように，i_K の水準に決まってくることになる．古典派の利子率決定の理論は，その他にいくつかの問題

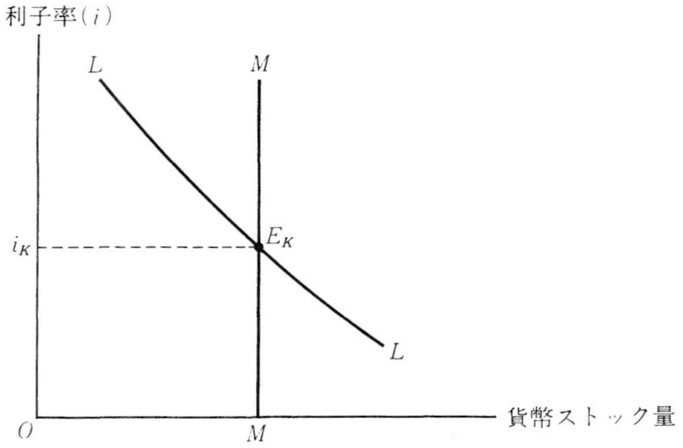

図 28-5　流動性選好理論

点を含んでいる．

まず第 1 にあげなければならない点は，貸付資金説が前提としている個別的な経済主体にかんする経済的無差別性である．すなわち，図 28-4 の II 曲線は，利子率がある水準に与えられたときに，経済のすべての構成員は，その利子率のもとで自ら欲しいだけの資金を借り入れることができるという前提のもとに描かれているということである．一般に資金を貸し付けるときに，借入れ側の経済的条件によって利子率が異なる．それは，各個人が資金を借り入れるとき，貸し手に対して借用証書を渡し，その代価として貸金の貸付を受けるわけであるから，借り手の所得，資産の状況や将来の経済的条件に対する見通しをたてて，貸し手が貸付の条件を決定する．すなわち，利子率は個々の経済主体ごとに異なる性格をもったもので，一様な市場利子率という概念は，このような状況のもとでは想定することができない．

さらに，古典派の利子理論は，投資と貯蓄というフローの次元で市場利子率が決まってくるという想定をもうけているが，これは，各時点で存在する過去に発行された負債のストック量には無関係に定まる，ということを前提とする．過去に発行された負債のストック量は膨大な額に上るが，毎期毎期新しく発行される負債とそれに対する需要とだけから，これら負債の価格体系，したがって市場利子率体系が決まってくるというのは非現実的な仮定である．この点は，ケインズも『一般理論』のなかでくわしく論じているところでもある．

市場利子率の動学過程

さて，市場で決まってくる利子率が，ケインズ的な利子率 i_K であるとしよう．図 28-6 の示すように，古典派の利子率 i_C は必ずしもケインズ的な市場利子率 i_K とは一致しない．かりに，古典派的利子率 i_C がケインズ的利子率 i_K より高い水準に位置しているとしよう(図 28-6 はこの場合を示している)．このとき，投資 I は貯蓄 S より大きくなって，AB だけ超過需要が発生することになる．この超過需要は在庫から賄われることになる．在庫ストックの減少は価格水準の引き上げを誘発し，雇用量の増大，所得水準の上昇となって現われる．所得水準の上昇によって，貯蓄曲線 SS は左方にシフトし，古典派的利子率 i_C の下降を惹き起こす．また，所得水準が上昇すれば，貨幣保有に対する需要も増加し，LL 曲線は右方にシフトする．したがってケインズ的利子率 i_K の上昇を惹き起こす．このようにして，ケインズ的利子率と古典派的利子率の格差は縮まり，やがてこの二つの利子率が等しくなるまで，在庫，価格，所得水準の調整がおこなわれることになる．もちろん，これら調整がおこなわれているときに，他の諸変数も同時に変化するわけであるから，この不均衡過程が全体として安定的であるか否かということはさらにくわしく分析する必要がある．

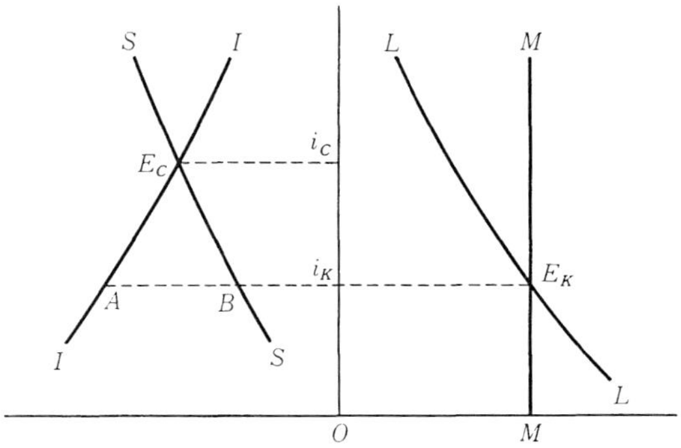

図 28-6　古典派とケインズ

ここで強調しておきたいのは，ケインズ的な利子率が，貨幣と他の金融資産との間にかんするストックの次元における取引をおこなう市場で決まってくるのに対して，古典派の利子率は，投資と貯蓄との均等というフローの次元における調整によって決まってくるものであって，現実の市場的取引に対応するものではないということである．

為替レート決定の理論

第2の例は，為替レートの決定にかんする理論である．為替レートの決定についての古典派の理論は明快である．すなわち，各国について，その輸出と輸入とが等しくなるような水準に為替レートが決まってくるというものである．古典派の考え方は図28-7に示した曲線によって説明される．ここで縦軸は為替レート π をはかり，横軸には，輸出 E または輸入 M をはかる．為替レート π は，外国通貨1単位を自国通貨ではかっていくらという形ではかられる(1ドル$=\pi$円)．また，輸出 E および輸入 M はどちらも円表示ではかった額で表わされている．

為替レート π が高くなるということは，自国の交易条件が良くなることを意味する．したがって，輸出曲線は図28-7の EE 曲線のように，右上がりの曲線によって表わされる．また，輸

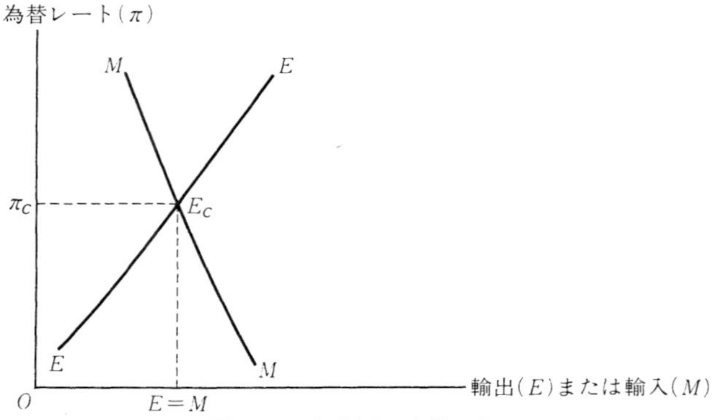

図 28-7　古典派の為替理論

入は，MM 曲線のように，右下がりの曲線によって表わされることになる．この二つの曲線の交点 E_C では，輸出と輸入とが等しくなり，貿易収支は均衡する．この均衡点 E_C に対応する為替レート π_C が古典派の為替レートである．古典派の理論では，この均衡為替レート π_C がどのようなプロセスで実現すると考えたのであろうか．

かりに，為替レート π が古典派のレート π_C より高いとしよう．このとき，自国の交易条件はよく，輸出が輸入を上回るであろう．この超過輸出は，その分だけ金の流入となって現われるから，国内の金保有量がふえて国内の貨幣供給量はその分だけ増加する．貨幣供給量の増加は，物価水準の上昇を惹き起こす．物価水準の上昇は交易条件の悪化となって現われ，輸出は減少し，輸入は増加することになる．貿易黒字はしたがって，その分だけ減少する．しかし，いぜんとして貿易黒字が存在しつづけるときにはさらに金の流入が起き，貨幣供給量の増加，物価水準の上昇，交易条件の悪化，貿易黒字の減少というサイクルがくり返される．このプロセスは，貿易収支が均衡するまでつづくであろうと古典派は考えたのである．このようにして，古典派の為替理論は，古典的な specie flow のメカニズムに準拠し，貨幣数量説の考え方にしたがったものである．そして，それは基本的にフローの次元における取引によって，均衡するような市場を想定していた．

これに反して，ケインズ的な為替理論は，ストックの次元にかんする調整メカニズムを想定するものであって，先にあげた利子率にかんする流動性選好理論の延長線上にあるものである．

いま，ある時点において自国民の保有する外貨の総額を F(外貨建てではかって)であるとしよう．これに対して，人々が保有しようと思う外貨の量は，為替レート π に依存するだけでなく，自国の国民所得 Y，さらに為替レート π の変化率 $\dot{\pi}/\pi$ に対する期待$(\dot{\pi}/\pi)^e$にも依存する．いまかりに，為替レートの変化にともなうキャピタル・ゲインにかんする問題は無視して，為替レートの水準 π 自体と国民所得水準 Y だけに焦点を当てて考えることにする．所得水準 Y が所与であるとすれば，外貨保有に対する需要 H は為替レート π の関数となる．しかも，為替レート π は外貨保有にともなう価格であるから，π の減少関数となる．したがって，図 28-8 に示すように，外貨保有に対する需要は，HH 曲線のように右下がりの曲線によって表わされる．他方，外貨保有量は FF 直線のように，縦軸から F だけの距離をもった垂直線によって表わされる．この二つの曲線の交点 E_K では，外貨保有に対する需要と供給とが等しくなる．すなわち，この点 E_K において，外貨と国内通貨との交換がおこなわれる外国為替市場が均衡することになる．この点 E_K に対応する為替レート π_K がケインズ的な為替レートである．

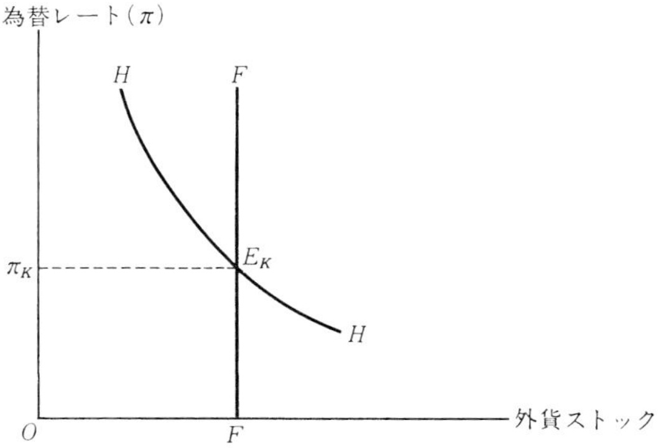

図 28-8　ケインズ的為替レート決定のメカニズム

この二つの為替レート，π_K, π_C，を用いて，為替レートの動学的調整のメカニズムを分析するのがペンティ=コウリのモデルである．便宜上，図 28-7 と図 28-8 とを一体にして図 28-9 をつくることにしよう．図 28-9 に例示するように，ケインズ的な為替レート π_K が古典派の為替レート π_C より高かったとしよう．このとき，外国為替市場で決まってくるケインズ・レート π_K のもとでは，この国の貿易収支は黒字を享受する．したがって，自国の保有する外貨の量 F は増加する．外貨保有量 F が増えて，第 1 象限の FF 直線が右の方にシフトすると，ケイ

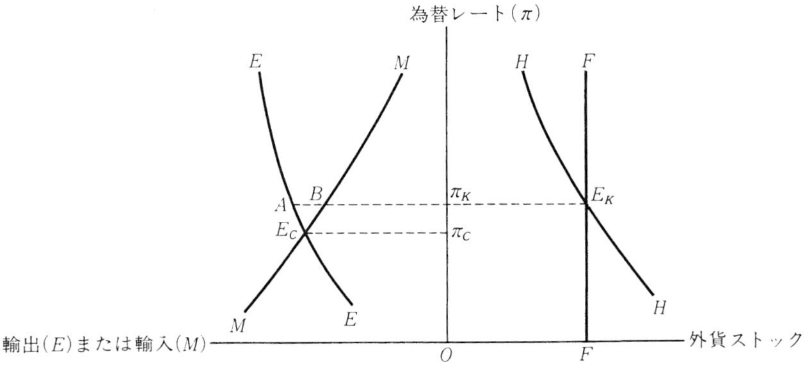

図 28-9　為替レートの動学的調整

ンズ的な為替レート π_K は減少しはじめる．そして貿易収支の黒字は減少するが，いぜんとして黒字が存在しつづけるかぎり，外貨保有量 F の増加はつづいて起き，貿易収支が均衡するまで，すなわち古典派の為替レート π_C とケインズ的為替レート π_K とが等しくなるまでこの調整過程はつづく．このようにして，古典派の為替レート π_C は，ある動学的プロセスを経て到達した長期的な均衡点に対応することが示される．

古典派の理論は，上の二つの例が示すように，フローの次元における市場の均衡を問題としたということができる．これに対して，ケインズがマクロ動学分析に導入したのは，ストックの次元における市場の均衡であって，いわゆる現代資本主義の制度的な条件にも対応するものである．現在マクロ動学分析の焦点となっている不均衡過程の動学的分析にさいして，この視点は基本的な意味をもつように思われる．

第29章　投資の理論

第1節　企業概念の再検討

一般に企業というのは，さまざまな生産要素を使って財・サービスを生産し，市場に供給し，その過程で利潤を得て，再生産のための蓄積に当てる．生産および投資を決定する主体として，国民経済のなかでとくに大きなウエートを占める経済主体である．企業家(entrepreneur)が，新しい製品あるいは技術の開発，新しい市場の開拓などによって，利潤獲得の機会を予想し，自分自身あるいは他の人々の資金を集めて，生産要素を蓄積し，生産活動をおこなうことを企業と呼んだのである．

このように企業はもともと私的な経済主体による経済活動としての意味をもっていたのであるが，19世紀後半から20世紀初めにかけて，その意味が大きく変わっていった．それは企業の法人化という現象であって，企業を生産にかんする実体的な経済組織としてとらえ，個人あるいはその集合体である家計とは，本質的に異なる性格をもつ経済主体であると考え，家計(あるいは労働者階級と利子生活者階級)とならんで資本主義的な市場経済を構成する基本的な経済単位となっていった．

これまで説明してきた生産の理論では，一つ一つの企業は，たんなる生産要素の集まりであって，一つの質点として考えられてきた．各企業を構成する生産要素は，そのときどきの市場の条件のもとで，もっとも大きな利潤を生みだすような組み合わせであった．すなわち，生産要素は一般にマリアブル(可塑的，malleable)であって，各時点で必要に応じて一つの用途から他の用途に転用することが可能であって，しかもそのためにとくに追加的な費用を必要とせず，また時間的経過もともなわないという前提条件のもとで議論が展開されてきた．このような意味で，生産要素のマリアビリティは，可変性とほぼ同じ意味に用いられていると考えても差し支えない．

生産要素のマリアビリティないしは可変性という仮定はまた，生産期間についても，それが常にゼロであるという特異な条件と関係してくることになる．生産期間という概念は大ざっぱにいって，さまざまな生産要素を投入してから，生産過程が終了し，産出物が市場に供給され，その企業の収入となって現われるまでの平均的期間を指す．新古典派の生産理論では，生産期間は一般にゼロであるという前提条件がもうけられている．生産期間にかんしては，『展開篇』でくわしく論ずることにして，ここでは，マリアビリティあるいは可変性という条件が，生産期間がゼロであるという条件と密接な関係をもつということを指摘するに止めたい．

生産要素のマリアビリティと生産期間の瞬時性という二つの条件がみたされているときには，企業はたんなる生産要素の集合体にすぎなくなってしまい，各時点において，そのときどきの市場条件に対応して，利潤が最大となるような組み合わせを選んだ結果として，その具体的構成が決まってくることになってしまう．

生産期間がゼロであるという前提は資本主義的市場経済の制度的，歴史的条件と矛盾する面をもっている．資本主義の本来の意味は，生産要素を投入してから，生産過程ないしは交換過程が終わって，収入となって現われるまでに長い時間的経過と大きな額の資本を必要とするという状況のもとで発生したものだからである．

さらに，産業革命以来，このような生産過程の大半は機械を中心としたものになっていった．機械を中心とする生産過程の基本的特徴の一つは，そこに投入されたさまざまな生産要素の多くが可変的ないしはマリアブルでなくなってしまうことである．すなわち，各機械はそれぞれある特定の機能を果たすように設計されていて，その用途を自由に変えることは一般に不可能ないしは非常に困難だからである．しかも，一つの事業所の内部だけでなく，異なる事業所の間の関係もまたこのような固定性によって特徴づけられることになり，経済全体としてみたときにも，生産要素の固定性はいっそう高くなってくる．このような状況のもとでは，生産主体である企業もまた，たんなる可変的な生産要素の集合体ではなく，さまざまな固定的な生産要素から構成され，中枢的な経営管理系統をもち，合目的的な行動を選択する有機体的な組織という面をつよくもつようになってきたのである．

機械を中心とする生産過程が大きな比重をもつような生産技術のもとでは，生産要素の固定化が進み，やがては企業があたかも生物体のような有機体的組織をもつ，一つの実体的経済単位となってゆくことをはじめて明らかにしたのはソースティン・ヴェブレン(Thorstein Veblen)であった．ヴェブレンは 1904 年に刊行された *The Theory of Business Enterprise*(『営利企業の理論』)のなかで，現代資本主義を特徴づけるものとして，企業の実体化という現象を考察し，いわゆる法人資本主義ともいうべき経済制度の中核に，このような企業概念を置いたのであった．ヴェブレン的な企業観は，法人企業における経営と所有の分離という現象となって現われる．一つの実体的，有機体的組織としての企業において，経営・管理を担当する経営者(manager)と，そこで働く労働者，技術者(engineer)との間に，その動機，行動規範の間に大きな矛盾，対立が存在するだけでなく，それらはいずれも，企業の所有者である株主集団の利害と整合的でない場合が多い．このような条件のもとでは，企業の経営と所有との間に大きな乖離が起こらざるをえないが，この現象をアメリカ資本主義の場合について実証的に検証したのが，1932 年のバーリ＝ミーンズ(Berle-Means)による *Separation of Ownership and Management in Modern Corporations*(『近代的企業における所有と経営の分離』)である．バーリ＝ミーンズの研究はさらに，バーリの *Power Without Property*(『所有なき権力』1958)によって敷衍されたが，ケインズが『一般理論』で展開したマクロ経済分析の枠組みもまた，このヴェブレン的な企業観にもとづくものであった．

ヴェブレンの企業理論はさらに，イーディス・ペンローズ(Edith Penrose)の *The Theory of the Growth of the Firm*(『企業成長の理論』1959)やロビン・マリス(Robbin Marris)の *The Economic Theory of 'Managerial' Capitalism*(『経営者資本主義の経済理論』1964)によって，ケンブリッジ学派の企業理論として展開されることになったわけであるが，この点についてはのちにくわしくふれることにしたい．

企業が有機体的組織をもつ一つの経済主体であるということはどのように分析的に表現できるであろうか．投資理論を考察しようとするとき，このことは重要な意味をもつ．

任意の時点をとってみるとき，個々の企業は，具体的には工場，機械，設備，土地などという物的な生産要素と，経営的，管理的，あるいは技術的な人的な希少資源の蓄積から構成されている．しかし，これらの希少資源は，たんに独立し，無関係な形で存在しているのではなく，中枢的な経営・管理体系のもとで，相互に関連し合い，補完的な存在となっている．これを生物にたとえるならば，個々の生物体を構成するさまざまな機能をもつ器官，組織が神経中枢の命令を受けて，なんらかの形で合目的的な行動をおこなうという状況に似ている．

各時点で企業を構成する生産要素は，その主要な部分が固定的である．ある希少資源が固定的であるというのは，物理的，あるいは制度的な意味で，企業組織の一部を成していて，その保有量を増やしたり，減らしたりしようとするときには必ず，時間的経過を必要とし，かつ追加的な費用を必要とするようなものである．上にあげた，工場，機械，設備などの物的な生産要素は多くの場合，物理的な意味で固定的であり，経営者，技術者，労働者については，制度的な意味からみても固定的な生産要素となっている場合が少なくない．

さて，企業活動は，静学的(static)な生産活動と動学的(dynamic)な成長・発展の過程とに分けられる．各時点において，市場で購入あるいは調達することのできる原材料，機械，労働などの可変的な生産要素を効率的に使用して，生産活動をおこなうという局面が静学的な企業活動である．これに反して，新しい工場，機械，設備を建設し，据え付け，研究・開発に従事したり，職場研修(training-on-the-job)を通じて，物的，技術的，人的資源の蓄積をはかろうとするのが動学的な企業活動である．別の言葉を使えば，静学的な活動は生産を指し，動学的活動は投資を意味すると考えてよい．

生産関数——実質資本の概念

企業の静学的な構造は，短期の生産関数によって特徴づけられる．新古典派的な生産関数についてはすでに第9章でくわしく説明したが，ここで上の固定性にかんする考察をふまえて，いわゆるケンブリッジ学派の生産関数の理論を展開することにしよう．

さて，企業活動は，このような固定的な希少資源に加えて，原材料，中間財，あるいは労働などの可変的な生産要素を使用して，生産，販売などに従事するものである．企業活動によって生ずる純収益，または，その現在価値の最大化をはかることが，企業の究極的な目標の一つと考えられている．そのためには，まず，経常益 Π が最大になるように可変的な生産要素の雇用水準を決定しなければならない．企業内に蓄積されている固定的な希少資源は，結局，このような経常損益 Π の大小によって，その能力が評価されると考えてもよいであろう．

かりに，産出物の市場も，可変的な生産要素の市場も，ともに完全競争的であるとする．また，単純化のために，可変的な生産要素は 1 種類，労働のみであると仮定する．この仮定は，たんに exposition の便宜上，もうけられるものであって，以下の所論は，可変的な生産要素が何種類もある場合にも，そのまま適用することができる．

また，銀行借入金その他の負債もなく，法人税もないとする．産出物を単位としてはかった純売上高 Q は，一般に，可変的な生産要素の雇用量 N に依存して定められる．その関係は，いわゆる短期的な生産関数によって規定される．図 29-1 で，労働の雇用量 N を横軸にとり，純売上高 Q を縦軸にとるとすれば，$t=0$ 時点における（短期的）生産関数は OP_0 曲線によって表わされる．企業内に蓄積されている固定的な希少資源に変化はないので，可変的な生産要素──労働──の増加は，かならずしも産出量の比例的な増加を意味しない．むしろ，固定的資源はより希少となり，労働の限界生産は一般に逓減するであろう．したがって，生産曲線は OP_0 曲線のように concave なものとなる．

いま，実質賃金率，すなわち，労働サービスの市場価格を産出物の単位としてはかったものを w とする．営業益 Π_0 は純売上高 Q_0 から賃金支払額 $W_0=wN_0$ を差し引いた額によって与えられる．

$$\Pi_0 = Q_0 - wN_0.$$

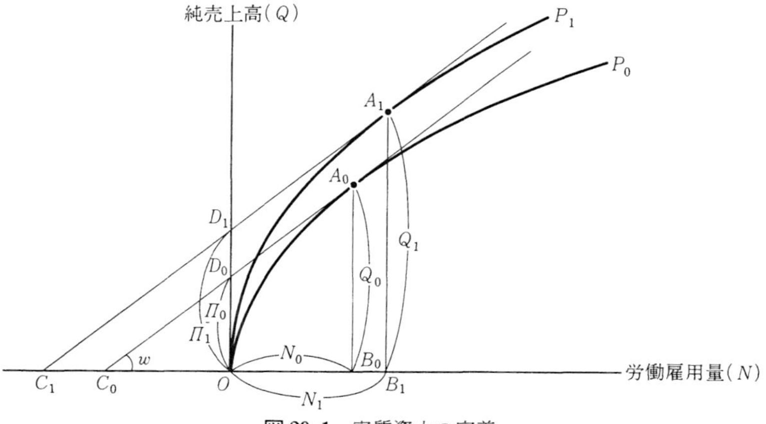

図 29-1　実質資本の定義

したがって，営業益Π_0を極大にするような労働雇用量N_0は，労働の限界生産が実質賃金率wに等しいような水準である．すなわち，図29-1において，生産曲線の勾配がwに等しいような点A_0，およびそれに対応する雇用水準OB_0が，営業益Π_0を最大にするようなものである．

企業内に蓄積されている希少な経営資源は，このような生産曲線によって要約されていると考えられ，その能力は利潤によって表わされているものと考えて差し支えないであろう．

さて，$t=0$を基準時点にとって，$t=1$時点における生産関数をOP_1曲線とする．この生産曲線のシフトは，$t=0$から$t=1$時点にかけておこなわれた投資活動の結果，企業内に蓄積されている固定資源の量に変化が生じたからである．そのために，$t=1$時点においては，$t=0$時点に比較して，同じ労働雇用量を使っても，より大きな産出量を生産することができることになる．もしかりに，実質賃金率wに変化がなければ，$t=1$時点での最適労働雇用水準はN_1となって，$t=0$時点のそれよりも高いものになるであろう．また，利潤Π_1もΠ_0に比してより高い水準となっている．

$t=0$時点から$t=1$時点にかけて，企業内に蓄積されている希少資源がどれだけ増加したであろうかという尺度は，たとえば，この利潤比Π_1/Π_0をもってはかることが可能である．すなわち，$t=0$と$t=1$とにおける企業能力の評価指標をそれぞれK_0, K_1とすれば，

$$\frac{K_1}{K_0} = \frac{\Pi_1}{\Pi_0}$$

なる関係がみたされていなければならない．

しかしながら，利潤比Π_1/Π_0は，一般に，基準として採用した実質賃金率wに依存して定められるものである．実質賃金率wの上昇にともない，利潤Π_0, Π_1はともに減少し，その比Π_1/Π_0は必ずしも一定ではない．そこで，以下，つぎのような仮定がみたされているものとして，議論を進める．

Postulate I　任意の2時点$t=0, t=1$において，最適利潤Π_0, Π_1の比Π_1/Π_0は，基準となる実質賃金率wには無関係に定められる．

この公準は，きわめて限定的な前提条件であって，一般的にみたされていないことは当然である．以下示すように，このPostulate Iは，新古典派の生産関数と密接な関係をもつものである．

企業能力の指標化を生産関数と関連づけておこなうために，図29-1の代わりに，つぎのような図29-2を考察してみよう．

労働の雇用量Nを横軸にとり，その限界生産を縦軸にとると，$t=0, t=1$時点における労働

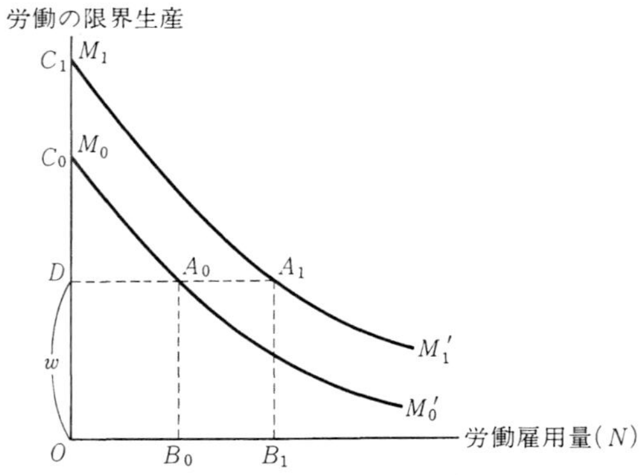

図 29-2　第一公準の意味

の限界生産のスケジュールは M_0M_0', M_1M_1' 曲線によって表わされる．基準となる実質賃金率が w であるときの雇用水準 N_0, N_1 は，図 29-2 におけるように，高さが w であるような水平線と M_0M_0', M_1M_1' 曲線との交点によって与えられる．そのときの利潤は，それぞれ，A_0C_0D, A_1C_1D の面積に等しくなる．Postulate I の意味するところは，利潤比 A_1C_1D/A_0C_0D が実質賃金率 w の取り方には無関係であることとなる．したがって，A_1B_1OD と A_0B_0OD との面積比も，また，この利潤比に等しくなり，さらに，$A_1B_1OC_1$ と $A_0B_0OC_0$ との面積比も利潤比に等しくなる．一方，$A_1B_1OC_1$, および $A_0B_0OC_0$ は，それぞれ，$t=1$, $t=0$ における産出量(純売上高) Q_1, Q_0 であるから，Postulate I からの帰結として，つぎのような関係を導きだすことができる．

(1)
$$\frac{K_1}{K_0}=\frac{\Pi_1}{\Pi_0}=\frac{Q_1}{Q_0}=\frac{N_1}{N_0}.$$

この(1)式は，実質賃金率 w のいかんにかかわらず，したがって，雇用水準 N_1, N_0 を変化させても常に成立するものである．そこで，$t=0$ 時点における短期的な生産関数をつぎのように記すこととする．

$$Q_0=f(N_0).$$

このとき，(1)式によって，

$$Q_1=Q_0\frac{K_1}{K_0}=f(N_0)\frac{K_1}{K_0}.$$

すなわち，

$$Q_1=\frac{K_1}{K_0}f\left(\frac{N_1}{K_1}K_0\right).$$

いま，基準年度 $t=0$ における企業の能力指標 K_0 は常に 1 であるとすれば，

$$Q_1 = K_1 f\left(\frac{N_1}{K_1}\right).$$

このことから一般に，t 時点における能力指標を K_t とすれば，その時点での生産関数はつぎのように表現することが可能であることがわかる．

$$Q_t = K_t f\left(\frac{N_t}{K_t}\right) \equiv F(K_t, N_t). \tag{2}$$

このようにして定義された生産関数 $F(K_t, N_t)$ が，企業能力指標 K_t と労働雇用量 N_t とにかんして一次同次であることは，(2)式から明白であろう．ここに導かれた生産関数 $F(K_t, N_t)$ は新古典派生産関数と同じような性質をもち，能力指標 K_t は，いわゆる実質資本の概念に対応する．しかしながら，新古典派の生産理論における実質資本とは異なって，企業の生産能力を反映する指標として定義されていることに注目する必要があるであろう．

企業の能力指標 K_t は t 時点において，企業内に蓄積されている固定的な希少資源を，その生産活動の面を通じて評価したものであり，必ずしも，個々の生産要素の評価額の総和とはなっていないことは上述した通りである．以下，企業能力指標 K_t を実質資本と便宜上呼ぶこともある．

企業成長の分析——Penrose 効果

以上，企業能力の指標としての実質資本 K は，生産・販売活動という，いわば静学的な側面に関連して，導入されたものである．つぎに，このような実質資本 K が，企業のさまざまな投資活動を通じて，どのように変化するかという，動学的な側面を考察してみよう．

$t=0$ 時点から $t=1$ 時点にかけて，実質資本が K_0 から K_1 へと増加したのは，その間において，さまざまな投資活動がおこなわれた結果である．企業の投資活動は，一般に，機械，設備など物的な生産要素の蓄積だけでなく，研究・開発などを通じて得られる技術的，経営的な資源の蓄積，さらには training-on-the-job などによって得られる人的資源の獲得などからも構成されているものである．このような投資活動のために支払われた額を，産出物を単位としてはかったものを実質投資と呼び，Φ で表わすとする．実質投資は単位時間当たりについてはかられるもので，いわゆる flow の次元をもっていて，実質資本など stock と対比されるものである．

実質投資の総額 Φ は，さまざまな投資活動のために使用され，その結果として，企業内に蓄積されている固定資源の増加(あるいは減耗によって減少)となって現われる．各投資プロジェクトへの配分は，上に導入したような企業能力指標——実質資本——の増加が最大になるようにおこなわれるのが，企業としてもっとも望ましい．したがって，実質投資額 Φ と，その結果得られる実質資本の増加 $\dot{K}$ との間には，ある一定の関係が成立するであろう．この関係は，企業内に蓄積されている経営的諸資源のうち，企業の成長過程において必要となる希少資源の質および量を反映している．企業の成長過程においては，たんに物的な固定資産の増加だけでなく，管理機構の能率化，生産技術の大規模化にともなうさまざまな bottleneck の除去，さらには販売網の拡張，新製品の開発などといった活動が要求されてくる．

実質投資額 Φ が増加するにつれて，このような成長のための経営的資源は相対的により希少となり，それによって得られる企業能力指標は，必ずしも比例的に増加しない．この実質投資額 Φ と，それによって得られる企業能力指標の増加 $\dot{K}(\equiv dK/dt)$ との関係は，図 29-3 における PP 曲線のように表わされる．図 29-3 は，実質投資額 Φ を縦軸にとり，企業能力指標の増加 $\dot{K}$ を横軸にはかったものである．企業内に蓄積されている成長のために必要とされる経営的資源の希少性は，この PP 曲線の convexity に反映されている．

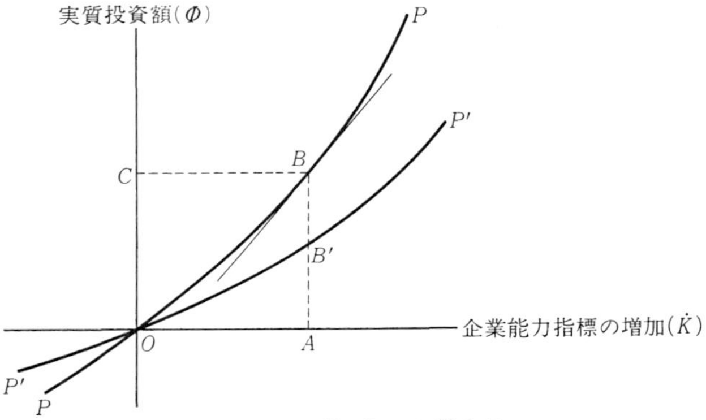

図 29-3　実質投資と企業成長

PP 曲線は，また，つぎのようにも理解することができる．企業能力指標の増加 OA をはかるために，最小どれだけの実質投資をおこなうことが必要であるかが AB によって表わされていると考えられる．したがって，この PP 曲線の B 点における接線の勾配は，企業成長の限界費用となり，企業成長率の高いほど，その限界費用が逓増することを意味している．

PP 曲線は，上述のように，企業の成長にとって limitational な希少資源の量を反映するものであって，ペンローズ(Edith Penrose)の『企業成長の理論』の骨子を定式化したものであると考えて差し支えないであろう．リチャード・カーン(Richard Kahn)の発案にしたがって，この PP 曲線をペンローズ(Penrose)曲線と呼ぶことにしよう．

さて，企業成長の結果，その内部に蓄積されている経営的諸資源の量が増大するにつれて，企業の投資効率は高まるであろう．すなわち，同じ額の投資をおこなっても，前よりも大きな企業能力指標の増加をはかることが可能となってくる．ペンローズ曲線は，PP 曲線から $P'P'$ 曲線へとシフトするであろう．

そこで，以下，分析の便宜上，実質投資率 Φ/K と企業能力指標の増加率 $\dot{K}/K$ との関係を規定するペンローズ曲線は，企業成長の過程を通じて，一定に保たれるという前提をもうけることにする．正確には，つぎの Postulate がみたされていると仮定する．

Postulate II　実質投資率 $\varphi=\Phi/K$ と，それによって得られる最大の企業能力指標の増加率(あるいは，たんに企業成長率) $z=\dot{K}/K$ との関係を規定するペンローズ曲線

$$\varphi=\varphi(z)$$

は，一定不変に保たれる．

ペンローズ曲線は，たとえば，図 29-4 の PP 曲線のように原点を通る convex な曲線で表わされる．原点を通るのは，実質投資率が，減価償却を引いた純投資について，求められているからである．

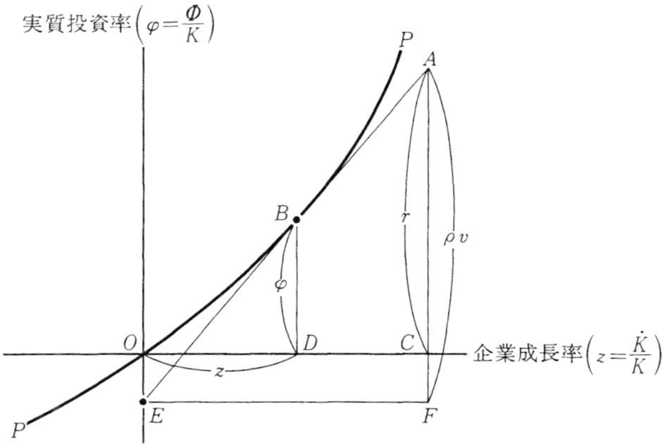

図 29-4　ペンローズ曲線

新古典派の企業理論においては，企業の成長過程にかんして limitational な希少資源の存在は仮定されていないか，または企業内に常に十分に蓄積されているという前提がもうけられている．したがって，ペンローズ曲線は直線となって，図 29-4 のような convex なものではなくなる．

次項では，このような概念にもとづいて，企業の最適成長，さらには投資関数の問題を考えることにしよう．

動学的な限界変換率

企業の静学的および動学的構造は，生産関数 $f(N/K)$ とペンローズ曲線 $\varphi(\dot{K}/K)$ とによって特徴づけられることは，前項に説明した通りである．

その所論を要約すれば，つぎのようになる．まず，生産・販売など，企業活動の面を通じて企業内に蓄積されている固定的経営的諸資源の評価をおこなう．その結果，企業能力指標 K という概念が導きだされた．企業の産出量，あるいは純売上高を Q とし，可変的な生産要素の雇用量を N とすれば，生産関数は，

$$Q = Kf\left(\frac{N}{K}\right)$$

のように一次同次関数によって表わすことができる(Postulate I)．

さらに，企業の成長過程については，実質投資率 $\varphi=\Phi/K$ と企業成長率 $z=\dot{K}/K$ との関係を規定するペンローズ曲線

$$\varphi = \varphi(z)$$

によって特徴づけられる．このペンローズ曲線 $\varphi(z)$ は一般に convex な曲線であり，成長過程を通じて不変であると仮定される(Postulate II)．

つぎに，このような企業を想定するとき，その雇用，投資水準がどのように決定されるかについて分析を加えてみる必要がある．

産出物市場も可変的な要素の市場もともに完全競争的であると仮定する．前と同様に，可変的な生産要素は労働のみであるとする．また，資金調達はすべて新株発行のみによっておこなわれ，法人税の存在しないもっとも単純な場合について考察してみる．

企業活動の成果を表わすものとしては，利潤(経常損益) Π ではなく，それから投資額 Φ を引いたもの，すなわち純収益(net cash flow) $C=\Pi-\Phi$ でなければならない．また，たんに現時点での純利益だけでなく，将来にわたる純収益の時間的径路によって，企業活動の成果が判定されるものである．そこで，まず，このような動学的過程にかんして，限界変換率(marginal rate of transformation)というもっとも基本的な概念の説明からはじめよう．この概念は貯蓄理論で，金融資産の蓄積過程について説明したが，ここではもっと一般的な場合を考察する．

限界変換率は，現時点での純収益を1単位だけ減らして投資を増やしたとき，それが将来どれだけの純収益の増加となって現われるかを示すものである．この概念を厳密に定義するために，ある時点0から将来にかけての実質資本の時間的径路を $K=(K_t)$ とし，そのときの純収

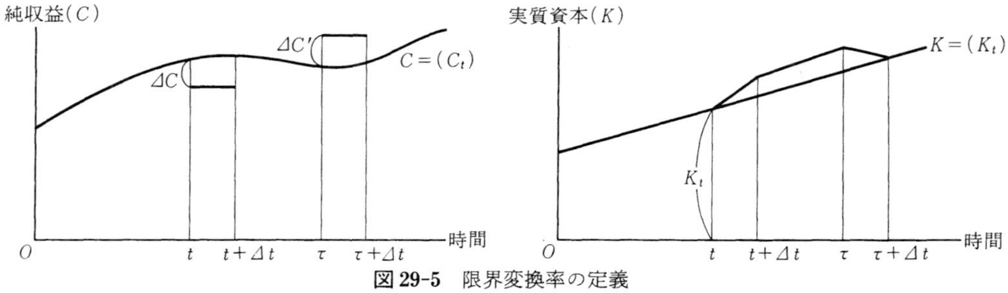

図 29-5　限界変換率の定義

益の時間的径路を $C=(C_t)$ とする．

いま，二つの異なる時点 t, τ にたいして，長さが Δt であるような期間 $[t, t+\Delta t]$, $[\tau, \tau+\Delta t]$ を考える．それぞれ第1期，第2期と呼ぶことにする．第1期での純収益を ΔC だけ減らし，その分だけ投資を増加させることによって，実質資本が，図29-5のように，第1期で前よりも多くなったとする．$\tau+\Delta t$ 時点以後の資本蓄積径路および純収益径路を前と同じ水準に保つとすれば，第2期で投資額を減らし，純収益を増やすことが可能である．この純収益の増加額を $\Delta C'$ とする．つまり，第1期の純収益の減少 ΔC を資本蓄積に当てることによって，第2期の純収益を $\Delta C'$ だけ増加させることが技術的に可能になったということを意味する．

このとき，$\Delta C'/\Delta C$ は第1期と第2期との間の変換率を表わし，ΔC が0に近づいたときの極限

$$\lim_{\Delta C\to 0}\frac{\Delta C'}{\Delta C}$$

が限界変換率である．さらに，期間の長さ Δt が0に近づいたときの極限をもって，二つの時点 t と τ との間の限界変換率 $N(t, \tau)$ であると定義する．すなわち，

$$N(t, \tau) = \lim_{\Delta t\to 0}\lim_{\Delta C\to 0}\frac{\Delta C'}{\Delta C}$$

によって限界変換率 $N(t, \tau)$ を定義する．

限界変換率 $N(t, \tau)$ は，第2時点 τ がさきに延びれば延びるだけ，一般には増加する．そこで，限界変換率 $N(t, \tau)$ が τ の変化につれて，どれだけの率で変化するかによって瞬時的な限界変換率という概念を導入する．厳密には，ある時点 t における瞬時的限界変換率 $\nu(t)$ を，

(3) $$\nu(t) = \frac{1}{N(t, \tau)}\frac{\partial N(t, \tau)}{\partial \tau}\bigg|_{\tau=t}$$

によって定義する．

以下，便宜上，瞬時的限界変換率 $\nu(t)$ をたんに限界変換率と呼ぶことにしよう．この概念はきわめて一般的なものであって，個々の動学的過程については，その限界変換率を求めることは必ずしも容易でない．しかし，上記の Postulate I および II を満足するような企業については，限界変換率を実際に計算することが可能である．そのために，資本蓄積の動学的過程をさらにくわしく定式化することからはじめよう．

いま，現時点 $t=0$ における実質資本量を K_0 とする．将来の時点 t における計画実質資本量を K_t，そのときの労働雇用量を N_t とすれば，純売上額 Q_t は，

$$Q_t = K_t f\left(\frac{N_t}{K_t}\right)$$

によって与えられる．したがって，その時点での実質賃金率が w_t であるという期待を，企業

の経営者がもっているとすれば，期待経常損益 Π_t は，

$$\Pi_t = Q_t - w_t N_t$$

となる．

他方，t 時点の計画投資量を Φ_t とすれば，その時点での期待純収益は $\Pi_t - \Phi_t$ によって与えられる．

また，実質資本の計画成長率は，

$$z_t = \frac{\dot{K}_t}{K_t}$$

であるから，計画投資率 $\varphi_t = \Phi_t / K_t$ との間につぎの関係が成立するはずである．

$$\varphi_t = \varphi(z_t).$$

企業の資本蓄積過程が効率的であるためには，各時点 t で，期待経常益 Π_t が最大になるように労働雇用水準 N_t が定められなければいけない．したがって，労働雇用水準 N_t は，労働の限界生産が実質賃金率 w_t に等しい水準になる．すなわち，

$$f'\left(\frac{N_t}{K_t}\right) = w_t.$$

労働・実質資本比率 N_t/K_t は実質賃金率 w_t のみによって決定され，実質資本量 K_t には無関係となる．このとき，期待経常益 Π_t はつぎのように表わされる．

$$\Pi_t = r_t K_t.$$

ここで，r_t は実質資本の限界生産であって，実質資本 K_t にはまた無関係に定まる．

$$r_t = f\left(\frac{N_t}{K_t}\right) - \left(\frac{N_t}{K_t}\right) f'\left(\frac{N_t}{K_t}\right). \tag{4}$$

したがって，この企業の動学過程は，つぎのように要約することができる．

$$\text{純収益} \qquad C_t = [r_t - \varphi(z_t)] K_t, \tag{5}$$

$$\text{資本蓄積率} \qquad \frac{\dot{K}_t}{K_t} = z_t. \tag{6}$$

このような動学過程について，各時点 t での限界変換率 $\nu(t)$ を，(3)の定義式をそのまま使って計算することもできるが，ここでは少し異なった方法で簡単に求めてみよう．

いま，t 時点での純収益 C_t を現在時点 0 で評価するときの割引価格を p_t とする．(5)式で与えられる純収益 C_t の現在価値 V_0 は，

$$V_0 = \int_0^\infty p_t C_t dt \tag{7}$$

となる．

もし，所与の純収益径路 $C=(C_t)$ に対して，適当な割引価格径路 $p=(p_t)$ を求めることによって，(7)式で与えられる現在価値が，この純収益径路 $C=(C_t)$ で最大になっているとする．そのとき，限界変換率 $\nu(t)$ は，

(8)
$$\nu(t) = -\frac{\dot{p}_t}{p_t}$$

という式によって求めることができる．ただし，$\dot{p}_t = dp_t/dt$ である．

この公式(8)はつぎのような考察にもとづいて確めることができる．まず，前と同じように，$[t, t+\Delta t]$, $[\tau, \tau+\Delta t]$ という二つの期間をとり，第1期での純収益の減少 ΔC が第2期での増加 $\Delta C'$ になって現われたとすれば，

$$\int_t^{t+\Delta t} p_s(-\Delta C)\,ds + \int_\tau^{\tau+\Delta t} p_s(\Delta C')\,ds = 0.$$

したがって，

$$\frac{\Delta C'}{\Delta C} = \frac{\int_t^{t+\Delta t} p_s ds}{\int_\tau^{\tau+\Delta t} p_s ds}.$$

$\Delta C \to 0$, $\Delta t \to 0$ のときの極限をとれば，

$$N(t, \tau) = \lim_{\Delta t \to 0} \frac{\frac{1}{\Delta t}\int_t^{t+\Delta t} p_s ds}{\frac{1}{\Delta t}\int_\tau^{\tau+\Delta t} p_s ds} = \frac{p_t}{p_\tau}$$

となる．この式を τ で偏微分して瞬時的な限界変換率 $\nu(t)$ を定義したのであるから，

$$\nu(t) = \frac{1}{N(t, \tau)} \frac{\partial N(t, \tau)}{\partial \tau}\bigg|_{\tau=t} = -\frac{\dot{p}_t}{p_t},$$

すなわち，公式(8)となる．

さて，現在価値 V_0 は，(5), (6)式を考慮すれば，つぎのように記すことができる．

(9)
$$V_0 = \int_0^\infty p_t\left[r_t - \varphi\left(\frac{\dot{K}_t}{K_t}\right)\right]K_t dt.$$

もし，いま考察している資本蓄積径路 (K_t) および，それに対応する純収益径路 (C_t) が，現在価値 V_0 を最大にしているものであるとすれば，(9)式についてオイラー(Euler)の条件式が成立しなければならない．(9)式の被積分関数を

(10)
$$G(K_t, \dot{K}_t, t) = p_t\left[r_t - \varphi\left(\frac{\dot{K}_t}{K_t}\right)\right]K_t$$

と記すと，オイラーの条件式はつぎのようなものである．

$$\frac{\partial G}{\partial K_t} = \frac{d}{dt}\left(\frac{\partial G}{\partial \dot{K}_t}\right).$$

オイラーの条件式は(10)式のような関数については簡単に計算することができる．すなわち，

$$p_t[r_t - \varphi(z_t) + z_t\varphi'(z_t)] = -\varphi'(z_t)\dot{p}_t - \varphi''(z_t)p_t\dot{z}_t,$$

ただし，$z_t = \dot{K}_t/K_t$, $\dot{z}_t = dz_t/dt$ である．

この式を整理すれば，

$$-\frac{\dot{p}_t}{p_t}=\frac{\varphi''(z_t)}{\varphi'(z_t)}\dot{z}_t+z_t+\frac{r_t-\varphi(z_t)}{\varphi'(z_t)}$$

となる．したがって，(8)式によって，限界変換率 $\nu(t)$ にかんするつぎのような基本的公式を導きだすことができたわけである．

(11)
$$\nu(t)=\frac{\varphi''(z_t)}{\varphi'(z_t)}\dot{z}_t+z_t+\frac{r_t-\varphi(z_t)}{\varphi'(z_t)}.$$

この公式の経済的意味は，たとえば，新古典派的前提の成立する場合を考えれば明白となる．すなわち，ペンローズ曲線 $\varphi=\varphi(z)$ が，45° の勾配をもった直線であるとすれば，

$$\varphi(z)=z,\ \ \varphi'(z)=1,\ \ \varphi''(z)=0.$$

したがって，(11)式は，

(12)
$$\nu(t)=r_t.$$

このような場合には，限界変換率 $\nu(t)$ は実質資本の限界生産 r_t に他ならない．

最適成長と投資関数

さて，企業の最適投資計画および成長のパターンがどのようにして定まるか，という問題にかえってみる．投資の効果は限界変換率によって表わされることは，前項に説明してきたことであるが，最適な成長径路については，この限界変換率と資金調達のコストとが等しくならなければならない．さきに，資金調達はすべて新株発行によっておこなわれるという前提をもうけたが，このような場合には，そのコストは株式市場での均衡収益率になる．そこで，各時点 t での期待収穫率を ρ_t とすれば，企業の計画投資径路 $K=(K_t)$，$z=(z_t)$ が最適であるためには，その限界変換率 $\nu(t)$ と ρ_t とが等しくなることが必要な条件となる．限界変換率 $\nu(t)$ にかんする公式(11)を採用すれば，最適投資計画について，つぎの条件を導きだすことができる．

(13)
$$\rho_t=\frac{\varphi''(z_t)}{\varphi'(z_t)}\dot{z}_t+z_t+\frac{r_t-\varphi(z_t)}{\varphi'(z_t)}.$$

この式は，各時点 t での最適成長率 z_t とその変化率 $\dot{z}_t$ とは，限界変換率が期待収穫率 ρ_t に等しくなるように調整されなければならないことを意味している．したがって，初期時点 $t=0$ での成長率 z_0 が与えられれば，成長径路を(13)式から一意的に求めることができる．

いま，期待実質賃金率 w_t が t には無関係な水準 w で与えられているとする．すなわち，労働市場の長期的な見通しを，ある permanent な実質賃金率で表わすことができるとすれば，期待利潤率 r_t もまた t には関係のない水準に保たれる．

(14)
$$w=f'\left(\frac{N}{K}\right),$$

(15)
$$r=f\left(\frac{N}{K}\right)-\left(\frac{N}{K}\right)f'\left(\frac{N}{K}\right).$$

また，期待収穫率 ρ_t も時間 t には無関係であって，ある permanent な水準 ρ に等しいとすれば，最適投資計画について，その成長率 $z_t=\dot{K}_t/K_t$ も一定でなければならない．

$$z=\frac{\dot{K}_t}{K_t}.$$

このことは，直観的にも明らかであろうが，簡単な証明を与えてみれば，つぎの通りである．

初期の実質資本量が K_0 であるときの最適成長径路は，もし存在するとすれば一意的に定まることは明白である．もし，二つの成長径路が異なるとすれば，その平均をとることによって，より望ましい径路を見いだすことが可能だからである．

さて，初期条件が K_0 であるときの最適資本蓄積径路を (K_s) とする．いま，ある時点 t から先の部分 $(K_s)_{s\geqq t}$ だけを考えると，それは，K_t を初期条件とするような最適径路となる．もし，K_t から出発して，よりよい径路があったとすれば，$(K_s)_{0\leqq s\leqq t}$ とつなぎ合せて，K_0 を初期条件として，はじめの (K_s) よりも望ましい径路を見いだすことができる．したがって，(K_s) が最適径路であるという最初の仮定に反するからである．

はじめの最適径路 $(K_s)_{0\leqq s<\infty}$ と，その一部分である $(K_s)_{t\leqq s\leqq\infty}$ とを比較すれば，各時点でつぎのような関係が成立しなければならない．

$$\frac{K_t}{K_0}=\frac{K_{t+s}}{K_s},$$

あるいは，

$$\frac{K_s}{K_0}=\frac{K_{t+s}}{K_t}. \tag{16}$$

したがって，$s\to 0$ のときの極限をとれば(両辺からまず1を引くことによって)，(16)式から，

$$\frac{\dot{K}_0}{K_0}=\frac{\dot{K}_t}{K_t}$$

が求められる．すなわち，成長率 $z_t=\dot{K}_t/K_t$ は時点 t には無関係となることが示された．

最適成長径路について，その成長率 $z_t=\dot{K}_t/K_t$ は，ある一定の水準 z に保たれているから，限界変換率 $\nu(t)$ は，たんに，

$$\nu(t)=z+\frac{r-\varphi(z)}{\varphi'(z)}$$

となって，最適条件(13)は，

$$\rho=z+\frac{r-\varphi(z)}{\varphi'(z)} \tag{17}$$

となる．

収穫率 ρ および利潤率 r は所与であるから，(17)式を z について解くことによって，最適成長率 z とそれに対応する投資率 $\varphi=\varphi(z)$ を求めることができる．

(17)式は，また，

(18)
$$\varphi'(z)=\frac{r-\varphi(z)}{\rho-z}$$

と書き直すこともできる．そこで，先の図 29-4 を使って，最適成長率 z を簡単に求めることが可能である．

図 29-4 で，座標が割引率 ρ と利潤率(より正確には，実質資本の限界生産) r であるような点 A をとる．A 点からペンローズ曲線に接線を引き，その接点を B とすれば，B 点に対応する成長率 z と投資率 φ とがそれぞれ最適なものとなる．

以上の所論を要約すれば，つぎのようである．実質資本量が K であるような企業を考える．もし，期待実質率が w で与えられていれば，各時点での最適な労働・資本比率 N/K は，労働の限界生産が w に等しいような水準に決定される[(14)式]．そのとき，実質資本の利潤率 r もまた(15)式によって N/K のみの関数として求められる．

最適成長率 z は，限界変換率が期待利子率 ρ に等しくなるという条件(17)によって一意的に定められる．最適成長率 z とそれに対応する投資率 φ は期待利子率 ρ と利潤率 r との関数となる．

最適投資率 φ を関数記号によって表わせば，

$$\varphi=\varphi(\rho, r).$$

この関数は投資関数と呼ばれるものである．

図 29-4 において割引率 ρ が上昇すれば，A 点は右方に移動する．したがって，最適投資率 φ は低下する．すなわち，投資関数 $\varphi(\rho, r)$ は割引率 ρ の減少関数である．

また，利潤率 r が上昇したときは，A 点は上方に移動し，最適投資率 φ は上昇する．すなわち，投資関数 $\varphi(\rho, r)$ は(期待)利潤率 r の増加関数である．

以上，企業の投資決定のメカニズムを限界変換率の概念を使って考察してきた．まったく同じ結論が，じつは，純収益の現在価値最大の原理からも導きだされる．上の分析との関連を明確にするために，簡単に述べておこう．

t 時点での期待純収益は $C_t=\Pi_t-\Phi_t$ であったから，期待割引率を ρ とすれば，現在価値 V_0 は，

$$V_0=\int_0^\infty(\Pi_t-\Phi_t)e^{-\rho t}dt$$

によって与えられる．

企業が現在価値最大化の原理にしたがって行動するとすれば，初期の時点 0 で与えられた実質資本 K_0 に対して，

$$z_t=\frac{\dot{K}_t}{K_t},$$

$$\varphi_t = \frac{\Phi_t}{K_t} = \varphi(z_t)$$

をみたすような蓄積径路 (K_t) のうちで，現在価値 V_0 を最大化するような径路を求めようとするものである．

もし，期待賃金率 w が時間 t には無関係であるとすれば，前と同様に，最適蓄積径路については，その成長率 $z=\dot{K}_t/K_t$ もまた時間 t には無関係となる．したがって，現在価値 V_0 は，

$$V_0 = \frac{r-\varphi(z)}{\rho-z}K_0 \tag{19}$$

のように簡単に計算することができる．現在価値最大化の原理は，(19)式を最大にするような成長率 z を求めることに帰着される．したがって，前とまったく同じ問題となって，(18)式をみたすような成長率 z によって，(19)式が最大となることは容易に示されることである．

代数的には，(19)式の右辺を z について微分してゼロに等しいとおけばよい．適当な変形によって，(18)式を導きだすことができる．

限界変換率原理，または，現在価値最大化の原理のいずれによっても，企業の最適成長率 z と，それに対応する最適投資率 $\varphi=\varphi(z)$ とは，実質資本1単位当たりの現在価値

$$v = \frac{r-\varphi(z)}{\rho-z} \tag{20}$$

を最大にするように定められる．そのとき，(18)式で与えられる条件が成立していなければならない．したがって，実質資本1単位当たりの企業の現在価値 v はつぎの条件をもみたす．

$$v = \varphi'(z).$$

すなわち，企業の現在価値 v は，企業成長の限界費用 $\varphi'(z)$ に等しい．

企業の現在価値総額 V は，

$$V = vK = \varphi'(z)K$$

によって与えられることは明白である．

したがって，均衡株価 p は，企業の現在価値 V を発行株式総数 S で割ったものとする．

$$p = \frac{V}{S} = v\frac{K}{S}.$$

市場が不完全な場合，また，銀行借入金などによって資金調達が可能であるといった一般的な状況における企業の投資行動についても，上述の議論を適当に修正し，投資関数の理論を導きだすことができる．これらの点については，ここではくわしくふれないことにする．

独占的な企業については，その投資水準は，期待利潤率 r，割引率 ρ の他に，需要の期待伸び率，また需要の弾力性にも依存して定められる．このような投資関数についても，とくに，利潤率の上昇，割引率の低下，需要伸び率の増加などいずれも投資水準の上昇を誘発することが示される．

銀行借入金を通じて資金調達が可能なときには，上に求めた企業の現在価値の評価式(19)は修正を要する．すなわち，各時点での借入金の最適残高 Λ は，実質資本量 K に比例的であって，借入金の増加率 $\dot{\Lambda}/\Lambda$ は成長率 $z=\dot{K}/K$ に等しくならなければならない．したがって，最適な借入金残高・実質資本比率を $\lambda=\dfrac{\Lambda}{K}$ とすれば，企業の現在価値は，

$$V_0=\frac{(r-\iota\lambda)-\varphi(z)+z\lambda}{\rho-z}K_0$$

によって与えられる．ただし，ι は平均支払利子率である．

株式市場において，評価される企業の成長率 $(\dot{V}/V)^e$ が，この企業の計画成長率 z に等しいときには，(19)式はじつは，均衡株価の評価式に他ならない．

これらの点について，第2節で解説することにして，以下再び，資金調達は株式市場をのみ通じておこなわれるという前提をもうけよう．

企業の現在価値の評価について

前項の所論によって，企業の現在価値 V はつぎのような公式によって与えられることがわかった．

(21)
$$V=\frac{r-\varphi}{\rho-z}K.$$

ただし，r = 利潤率(資本の限界生産)，
ρ = 割引率(株式の均衡収益率)，
z = 最適成長率，
$\varphi=\varphi(z)$ = 最適投資率

である．

企業がその生産活動を通じて国民生産に貢献した額は，純生産から可変的生産要素に対する支払い分を差し引いた額，すなわち，経常損益である．現在の場合，企業の国民経済に対する純貢献分は rK によって与えられる．

他方，企業の所有者である株主の集団に帰属される額は，配当支払いと株価の変動にともなうキャピタル・ゲインとである．すなわち，現在価値 V に均衡収益率 ρ を掛けたもの，ρV，が株主全体に帰属される金額を表わすことになる．

企業の成長率 z およびそのための投資率 φ は，現在価値(21)を最大にするように選択されたものであった．定常状態における現在価値は，$z=0, \varphi=0$ に対応するから，rK/ρ に等しくなる．したがって，最適成長率がゼロでないような企業を考えると，そのときの現在価値(21)は rK/ρ より大きくなければならない．つまり，

(22)
$$V>\frac{rK}{\rho}$$

あるいは，

$$\rho V > rK$$

が成立する．

いま，実質資本1単位当たりについて考えると，貢献分は，資本の限界生産 r に等しく，企業に帰属される額は $\rho v = \rho\varphi'(z)$ となる．図29-4に即して考察すれば，限界生産 r は AB によって与えられ，ρv は AF に等しくなる．ABE の勾配が $v = \varphi'(z)$ であるからである．したがって，企業の成長率が正であるときには，企業に帰属される額 ρv は，その限界生産 r より必ず大きくなり，その乖離は OE に等しくなる(E は AB の延長線と縦軸との交点とする)．

この乖離 OE は，企業内に蓄積されている固定的な希少資源の評価が，成長の限界費用にもとづいておこなわれることから生ずるものである．企業成長率が高ければ高いほど，A 点は右方に移動し，乖離 OE が大きくなる．

企業の所有者である株主に帰属されるべき額が，成長の過程においては，その企業の純貢献分を超えるということは，産出物の分配という観点から，重要なインプリケーションをもつものである．とくに，企業全体について考えれば，消費または投資のために使用される財の総生産額は，需要に等しくなければならない．したがって，$\rho V - rK$ という乖離は，結局，国民生産を超えるものであって，現在の世代が消費または投資をおこなうことができない．すなわち，現在の世代から将来の世代にたいして，$\rho V - rK$ に相当するだけのトランスファーがおこなわれているわけである．

さて，前にふれたように，ここで展開されたアプローチによる均衡株価の評価公式(21)は，通例おこなわれている評価，たとえばPER方式(price-earnings ratio)とは異なるものである．PER方式によれば，均衡株価は rK/ρ によって与えられる．(22)式の示すように，rK/ρ は(21)式によって与えられる評価より必ず低くなっている．このことは，ある意味では，当然であって，PER方式では，将来の企業成長について直接的には考慮されていないからである．

第2節　独占的市場における投資の決定

独占的市場のメカニズム

これまで展開してきた投資理論は，独占的な市場における企業についても応用することが可能である．ここでは，独占的ということを，企業の産出物に対する需要曲線が弾力的に与えられていて，それが当該企業の価格・産出量政策によって影響を受けることがないというきわめて一般的な形を考えて，以下考察を進めてみよう．

このような独占的企業は，将来の予想需要を，期待賃金率および同利子率のもとで，現在価値を極大にするよう生産・投資計画をたてるが，完全競争的企業と異なり，需要条件の予測が決定的な役割を演ずる．いま，需要曲線が一様に 100 θ% の割合で伸びている，すなわち，価格が不変であるときの需要量の伸び率が年間 100 θ% であるとしよう．t 年度における需要 X_t は，

$$X_t = e^{\theta t}X_0(p). \tag{23}$$

t 年度における計画雇用量 N_t は，期待需要をみたすように定められる．

$$X_t = K_t f\left(\frac{N_t}{K_t}\right).$$

したがって，実質資本の成長率が $z_t = \dot{K}_t/K_t$ であれば，純支払いは，

$$P_t = p_t X_t - wN_t - \varphi(z_t)K_t$$

となる．この現在価値 V を最大にするような投資が最適なものとなるわけである．このような変分法の問題は，前節のように，オイラー=ラグランジュの方法によって解くことができるが，ここでは帰属価格(imputed price)の概念を使って最適成長径路を求めてみよう．

ある時点 t における実質資本 K_t の帰属価格 ψ_t というのは，その時点で実質資本を1単位だけ増加したときに(すなわち，企業能力が1単位だけ増えたときに)，増加するであろう将来の収益を期待利子率で割り引いたもの，あるいはたんに，企業の現在価格の限界的増分として定義される．帰属価格を計算する前に，まず独占企業の産出量決定のよく知られたメカニズムについて簡単に言及しよう．

将来の時点 t における計画産出量 X_t は，(23)式で与えられる需要条件のもとで，限界収入が限界費用に等しくなるような水準に決定される．すなわち，需要の弾力性を η_t と記せば，

$$p_t\left(1-\frac{1}{\eta_t}\right) = \frac{w}{f'(n_t)}$$

をみたすような水準に価格 p_t と実質資本1単位当たりの労働雇用 n_t とが定まる．均衡産出量が正の水準で，独占的企業の雇用が定まるためには，弾性率 η_t が1よりも大きくなければならないことは，この式から容易に検証できる．

図 29-6 において，限界費用は右上がりの MC 曲線，限界収入は一般に右下がりの MR 曲線で示されている．需要の弾力性 η が大きくなるにつれて，MR 曲線は上方にシフトし，完全競争的な場合，すなわち弾力性が無限大に近づくにつれて，均衡産出量は当然増加する．実質資本 K の増加は，MC 曲線の下方へのシフトとなって現われ，実質資本1単位当たりの雇用は上昇する．

帰属価格によるモデル

いま，実質資本 K_t と，産出量 X_t を，期待需要からの乖離ではかったものを k_t，x_t とする．

$$k_t = K_t e^{-\theta t},\quad x_t = X_t e^{-\theta t},$$

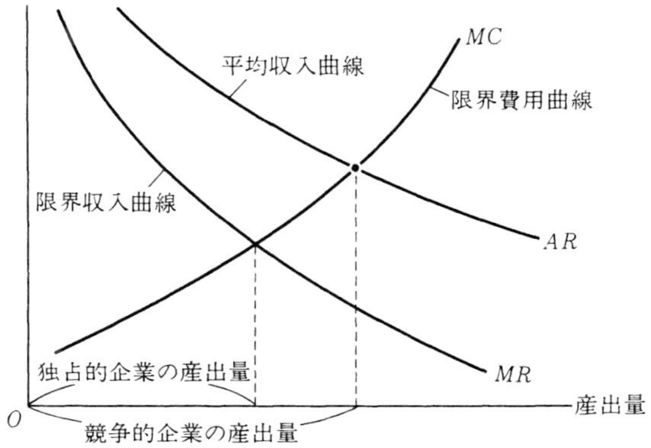

図 29-6　独占的企業における産出量決定

したがって,

$$p_t = p(x_t), \quad x_t = k_t f(n_t)$$

と表わせる. そして, 平均利潤率 r_t は一般に k の関数として次式で表わされる.

$$r_t = r(k_t) = \frac{p_t \dot{x}_t}{k_t} - wn_t$$

$$= [p_t f(n_t) - w\eta_t].$$

実質資本 k_t の増加につれて, 平均利潤率は逓減し, したがって限界利潤率 $\hat{r}_t = \hat{r}(k_t)$ より低い. 限界利潤率を計算するとつぎのように表わすことができる.

$$\hat{r}_t = \hat{r}(k_t) = r(k_t)k_t + r(k_t) < r(k_t).$$

このとき, 企業の現在価値 V はつぎのようになる.

$$V = \int_0^\infty [r(k_t) - \varphi(z_t)]e^{-(\rho-\theta)t}dt.$$

ここで, k_t については,

(24)
$$\frac{\dot{k}_t}{k_t} = z_t - \theta.$$

t 時点で実質資本が1単位増加したことによる将来の限界純利潤の増加は,

$$\hat{r}(k_\tau) - \varphi'(z_\tau)(z_\tau - \theta)$$

によって与えられるから, 帰属価格 ψ_t は,

$$\psi_t = \int_t^\infty [\hat{r}(k_\tau) - \varphi'(z_\tau)(z_\tau - \theta)] \cdot e^{-(\rho-\theta)(\tau-t)}dt,$$

あるいは,

(25)
$$\dot{\psi}_t = (\rho - \theta)\psi_t - [\hat{r}(k_t) - \varphi'(z_t) \cdot (z - \theta)].$$

一方, 成長の限界費用は $\varphi(z_t)$ であると考えることができるから, 最適成長率 z_t は, それが

帰属価格 ψ_t に等しくなる水準に定まる．

$$\psi_t = \varphi'(z_t).$$

したがって，帰属価格 ψ_t の変化を規定する微分方程式(25)を，

$$\frac{\varphi''(z_t)}{\varphi'(z_t)}\dot{z}_t = \rho - z_t - \frac{\hat{r}(k_t) - \varphi(z_t)}{\varphi'(z_t)} \tag{26}$$

のように書き直すことができる．

最適な成長計画は，この二つの微分方程式(24)と(26)式との安定的な解として求めることができることは，通常の最適成長理論の場合と同様である[第VII部]．まず k が，定常的になるのは，成長率 z が需要伸び率 θ に等しいときにかぎられる．また，z が定常的である，つまり(26)式の右辺が0となるためには，k と z との間につぎのような関係式が成立する必要がある．

$$\frac{\hat{r}(k) - \varphi(z)}{\rho - z} = \varphi'(z).$$

すなわち，図29-4のペンローズ曲線にもどって，A 点の代わりに，限界利潤 $\hat{r}$ を縦軸座標とするような点から，ペンローズ曲線に接線を引いたとき，その接点に対応する成長率に z が等しい場合に，z は定常的である．

この軌跡は図29-7における BB' 曲線によって与えられている．k の増加は，限界利潤 $\hat{r}(k)$ の減少を惹き起こし，したがって成長率は低下し，BB' 曲線は，図29-7に示されるように右下がりの曲線であり，$z=\theta$ 直線と一点で交わる．その交点の k 座標を k^* としよう．(24)式と(26)式との安定的な解は図 MM' 曲線のように，BB' 曲線と $z=\theta$ 直線との中間に位置する．とくに，k が k^* よりも小さいときには，MM' 曲線は BB'曲線の下にあって，k が k^* に近づくにつれて，$z=\theta$ に近づいてゆく．実質資本 k に対する最適成長率 z は，MM' 曲線に

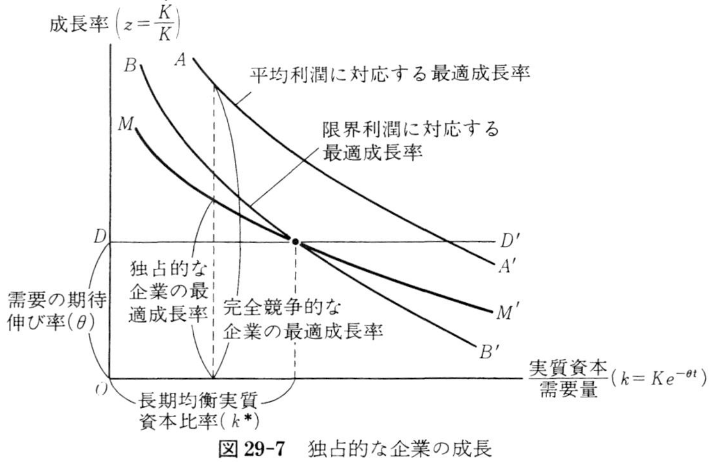

図29-7　独占的な企業の成長

よって与えられ，市場および期待 k^* にかんする条件に変化がなければ，計画実質資本 k_t は，k^* に近づき，同時に最適成長率 z も需要の伸び率 θ に近づいていく．このような意味で，k^* を長期均衡実質資本比率と呼ぶことができよう．

独占的市場の企業成長モデル

実質資本 K_0 に対する最適成長率 z のスケジュールから，最適投資率 φ にかんする条件も，ペンローズ曲線を介して導きだすことができる．最適成長率 z ないしは投資率 φ は，実質資本 K_0 のみならず，需要の期待伸び率 θ，市場利子率 ρ，実質賃金 w にも依存している．とくに独占的な企業の投資関数は，完全競争的な場合と異なり，需要の期待伸び率 θ が，最適投資率 φ の決定に重要な役割を演じていることは，すでに説明した通りである．

もし需要期待伸び率 φ がなんらかの事情で上昇したとすれば，図 29-7 における $z=\theta$ 直線は上方にシフトし，長期均衡実質資本比率 k^* は減少する．MM' 曲線を規定する微分方程式(24)式と(26)式とから簡単に検証されるように，MM' 曲線全体も上方にシフトする．したがって，需要の期待伸び率 θ の上昇は必ず，最適成長率ないしは投資率の増加を惹き起こすという結論が得られる．あるいは，実質賃金 w の上昇，または市場利子率 ρ の下降により，最適投資率が増加することも，同様にして示すことができる．

さて，独占的市場における企業の最適成長率の決定に当たって，MM' 曲線は，長期均衡実質資本比率 k^* の左側においては，限界利潤に対応する BB' 曲線の下方に位置しているということにふれたが，完全競争的な市場における場合との比較において，このことは重要な意味をもつ．

図 29-7 において，平均利潤に対応する成長率のスケジュールを AA' 曲線で表わそう．この曲線は，各実質資本比率 k に対して，平均利潤 r に依存する完全競争的市場の最適成長率 z の軌跡をトレースしたものであって，必ず BB' 曲線の上方に位置している．したがって，k^* より小さい k に対しては，AA' 曲線は MM' 曲線より高い位置にある，すなわち，完全競争的市場における企業の計画成長率は，独占的市場におけるより高く，したがって計画投資率も，独占的市場におけるほうが低くなっていることが検証されたわけである．その乖離は，独占度の高いほど，つまり需要の弾力性の低いほど大きくなる．

独占的市場における企業の計画する雇用量と産出量は，ともに完全競争的市場におけるより低くなっているという静学的な結論が，図 29-6 における平均収入曲線と限界収入曲線との相対的位置によって示されたが，それと同じような形で，図 29-7 の AA' 曲線と BB' 曲線とから，企業の動学的な成長にかんしてこのような結論が得られることは，さらに一般的な企業の動学理論への接近を考えるとき，興味のないことではないであろう．

参考文献

Marris, R.(1964). *The Economic Theory of 'Managerial' Capitalism*, London, Macmillan.

Penrose, E. T.(1959). *The Theory of the Growth of the Firm*, Oxford, Basil Blackwell.

Uzawa, H.(1969). "Time Preference and the Penrose Effect in a Two-Class Model of Economic Growth," *Journal of Political Economy*, Vol. 77, pp. 628-652. Reprinted in *Preference, Production, and Capital : Selected Papers of Hirofumi Uzawa*, New York, Cambridge University Press, 1988.

第30章　不均衡動学の枠組み

マクロ経済学とミクロ経済学

経済学はときとして，マクロ経済学(macro-economics)とミクロ経済学(micro-economics)との二つの分野に分類されることがある．マクロ経済学は，国民経済全体にかかわる経済的変量，たとえば，国民所得，国民総生産，全雇用量，消費，投資，市場利子率，貨幣供給量，物価水準というような諸量の間にどのような関係が存在するか，またこれらの経済的変量はどのようなメカニズムによって決定されるのか，という問題を考察する．これに反して，ミクロ経済学は，国民経済を構成する個別的な経済単位，企業，家計，ときとしては政府の行動を分析し，これらの個別的な経済単位の行動を集計して，国民経済全体のマクロ経済的な側面とどのような形で関連しているのか，という問題を考察する．マクロ経済学は巨視的な立場から国民経済全体の動きをとらえ，ミクロ経済学は微視的な立場から個別的な経済主体の行動を分析する．このように，マクロ経済学とミクロ経済学との二分法は経済学研究の実態に即した，一見整合的な分類だということができる．

しかしよく考えてみると，この二分法は必ずしも，経済学研究の実情を的確に反映していないし，また相互に関連する面が多く，必ずしも排他的な分け方ではない．個別的な経済主体の行動を分析するためにはどうしても，経済全体のマクロ的な諸変量の大きさ，それらの動きに対する知識を必要とする．逆に，マクロ経済的な分析をおこなうためには，個別的な経済主体の行動と市場条件とにかんする知識を前提とすることは言うまでもない．しかし，マクロ経済学とミクロ経済学とでは，取り扱う対象も異なるし，その分析的手法も異質な点が多く，現在おこなわれている二分法は，とくに経済分析の入門的な取り扱いという面からは有益で，有効であるように思われる．

マクロ経済学とミクロ経済学をこのように大ざっぱな二分法としてとらえてみたときに，経済学の主題はどちらかというと，マクロ経済学の方に焦点が置かれていて，ミクロ経済学は，マクロ経済分析の重要な構成要因をなしていると考えた方がより自然ではないかと思われる．しかしながら，経済学研究の現段階で見るかぎり，ミクロ経済分析の方が，全体的な理論的統一もあり，また精緻な分析が展開されている．これに反して，マクロ経済分析にかんしては必ずしも整合的な理論が展開されているとは言いがたい．この章では，マクロ経済分析について，その概略を解説して，経済学の本題的なテーマであるインフレーション，失業などがどのように取り扱われているのかということを論じたい．

国民経済の主要な構成主体

マクロ経済学が考察の対象とする国民経済の基礎的な経済制度は，現代資本主義という言葉でもっとも適切に表現されるように思う．日本，アメリカ，イギリスなどいわゆる先進的資本主義の諸国について，共通の制度的な特徴があり，経済循環のメカニズムについて同じ法則性が支配していると考えてよい面を多くもっている．

マクロ経済理論は，このような現代資本主義的な市場制度をもつ国々について，共通な制度的な特徴を抽象化して，マクロ経済モデルをつくり，その理論モデルを使って，経済循環のメカニズムを解明しようとする．このとき，理論モデルは，現実の経済の制度的な諸条件を抽き出して，主要なマクロ経済的な諸変量の間にどのような関係が存在するのかということを浮き彫りにすることができるようなものでなければならない．と同時に，各国はそれぞれ特有の風土的条件と歴史的条件とをもち，異なった社会的，政治的制度をもっている．すなわち，各国の文化的特質は異なったものであるから，マクロ経済モデルにどのようにして，その相違を投影するか，ということが重要な問題となってくる．このような点に留意しながら，マクロ経済モデルの構築を考えてゆくことにしよう．

家　計　ある一国の経済をとってみよう．そこでは，多数の人々が生活の場をもち，働いたり，学んだり，遊んだりしている．共通の語らいの場をもったり，あるいは病いの床に臥しているかもしれない．このような人々の生活はすべて，有形，無形の財・サービスの生産，消費，あるいは交換という経済活動に直接あるいは間接にかかわりをもっている．経済学というのは，人々の生活が相互に経済的なかかわりをもつ面に焦点を当てて，その，輻輳した相関関係を，財貨・サービスの生産，消費，交換という視点から解きほぐそうとする．このために，国民経済を構成する経済単位を，経済循環にかかわる機能面からとらえて，抽象化し，単純化する必要が起きてくる．

第1の範疇は，生活を営んでいる個々の個人であるが，国民経済の主体的構成員として見るときには，たんなる個別的な個人ではなく，家族のように，具体的な経済活動の決定について，ある程度斉一的な単位として選択することのできる組織でなければならない．したがって，個人というよりは，家族などのような生活共同体を経済主体と考えて，便宜上家計(households)と呼ぶことにする．

家計は，個人または個人の集合体であって，生活共同体的な性格をもち，内部では非市場経済的な規範にしたがって，所得の分配，生産，消費活動の分担がなされるが，他の経済主体との経済関係においては，一つの独立した経済単位として行動する．

各家計を構成する人々はある特定された場所において生活を営む．家計の構成員が営む生活を経済的な次元に投影すれば，生産活動と消費活動とに分類される．生産活動は多くの場合，自ら直接に，家計の生活の場でおこなわれるのではなく，他の経済主体——多くの場合，企業であるが——によって雇用され，その指定する場で，指定された仕事に従事する．消費活動は，さまざまな財・サービスを市場を経由して，あるいは市場を経由することなく手に入れて，その家計の構成員の間になんらかの非市場的な基準にしたがって分配され，消費される．家計は個人の集合体として，整合的な意志決定をおこなう，一つの経済主体となるような組織であるから，たんに現在時点だけで存在するのではなく，将来にわたっても存在しつづける．したがって，各家計は，その収入を全部現時点で消費しきってしまわずに，一部分を将来のために貯えておくことが往々にしてあるであろう．これが貯蓄であるが，その具体的な形態はさまざまな形をとる．土地，家屋，家財道具，美術品，あるいは工場，機械設備などという実物資産の形態をとることもあろうし，あるいは貨幣，銀行預金，株式，社債，公債などの金融資産の形をとって貯蓄することもあろう．いずれにしても，これらの貯蓄は将来の家計収入を増やし，その消費水準を高めるという役割を果たす．

家計の経済活動のうち無視できない部分が，いわゆる文化的な活動のために支出されたり，子弟の教育のために費やされたりし，また医療費に当てられる額も少なくない．これらの諸支出はいずれも，家計がどのような社会的，文化的環境のなかで営まれているかということによって左右される．たとえば，医療，教育，交通などが公共的な形で供給されているような制度のもとでの家計の経済行動は，これらのサービスが市場的なメカニズムを通じて供給されている場合とはまったく異なった様相を呈するであろう．

家計は一面では労働者であり，もう一面では利子生活者でもある．また，消費者であるという面と貯蓄者という面をも備えている．

家計が，市場経済と直接的にかかわりをもつのは，企業を通じてである．家計の一部分は労働者として，労働力を企業に提供し，その対価として賃金の支払いを受ける．また，家計の消費者としての側面は，企業の生産した財・サービスの購入者となって現われる．さらに利子生活者あるいは貯蓄者としての機能を通じて，企業が生産活動をおこなうために必要な資本の供給者となって現われる．

このようにして，家計は，市場経済のもう一つの主体的構成要因としての企業と密接なかかわりをもつことになる．

企　業　企業は多様な形態をとって現われる．ここでは主として私企業を中心にして考察し，公企業については『展開篇』で考察することにする．私的企業の特徴は，それが利潤追求を目的とする営利企業(business enterprise)であるということである．

私企業は，私的な資本を投下して，さまざまな生産要素を購入し，財・サービスを生産して，販売するという活動を営む．そして利潤を獲得して，出資者に配当として支払うか，あるいは企業活動のために再投下する．このようにして，企業は永久に存続する可能性をもった組織として，国民経済を構成する重要な経済主体となる．

企業は大ざっぱに言って，生産企業と流通企業とに分類される．しかし，流通企業も異なった性格の財を生産しているとみなして，一般に生産企業のカテゴリーに入れることができる．銀行などの金融機関ももちろん企業であって，このどちらにも分類しかねるため，往々にして金融機関ないしは金融的企業として別のカテゴリーを考えることもある．

企業の実態をある特定の時点でとらえてみると，過去に蓄積されたさまざまな生産要素の集合体であって，これに加えてそのときどきの時点で，市場で調達されてきた生産要素，原材料，中間財などを使って，生産または販売活動がおこなわれる．

ある時点で，各企業がどのようなものを，どれだけ生産するかということは，まず第1に，その企業のなかに蓄積されている生産要素がどのような性格のものであり，どのような生産技術を利用することができるかに依存する．第2には，生産された財・サービスに対してどのような需要が存在しているかということによって左右される．需要の条件は一般に，価格をある水準につけたときに，どれだけ売れるかということによって表わされる．企業が完全競争的な市場に直面しているときには，市場価格より低い価格をつけたときには，供給した量だけ売れるが，価格が市場価格より高いときには販売量はゼロとなる．これに反して，不完全競争市場に直面している場合には，企業がつけた価格に対応して，どれだけ需要があるかという弾力的な関係が存在し，いわゆる需要曲線をもって表わすことができる．

企業活動をおこなうために必要な生産要素のうち，その多くの部分は，そのときどきの必要に応じて調達できるような性質のものではない．たとえば，工場，機械，設備の大部分は，それぞれ建設資材なり，機械なりを発注して，建設，据え付けの工事をおこなわなければならない．このためにはかなりの時間的経過を必要とし，短期間の間に必ずしも十分なだけの水準を確保することができないことが多い．また労働力についても，必要とするだけの人数を雇用するためには，新規の労働力を求め，職場内訓練などを経て，企業内の生産過程に調整してゆかなければならない．そのための追加的な費用，時間的経過は無視できないであろう．また，雇用量を減らそうとするときにはペナルティを支払わなければならないのが一般的な状況である．したがって，物的な生産要素も労働力も必ずしも企業がそのときどきに望むような水準に保つことができない．経済学の言葉を用いれば，これらの生産要素は可変的ではなく，固定的な性格をもっているということである．

新古典派の経済理論の特徴の一つとして，生産要素の可変性という条件がもうけられていることはこれまでも何回かふれてきた．企業がすべての生産要素について，そのときどきの市場価格の変化に対応して，もっとも望ましいと思われる水準に生産要素の使用を調整できるという前提条件である．この可変性条件から，新古典派経済理論の基本的命題が演繹されたのであるが，この可変性の前提条件は，われわれが考慮している現代資本主義についてはもはや成立しない．すなわち生産要素の多くの部分が固定的であって，そのときどきの市場条件の変化に対応して必ずしも簡単に変えることができない．このことが経済理論にどのような意味をもつか，ということについては前章で論じたところでもある．

政　府　国民経済を構成するもう一つの重要な経済単位として政府(中央政府，地方自治体を合せて)が存在する．政府がどのような経済的機能を果たすかということが，じつはマクロ経済学における重要な論点の一つでもあるが，差し当たっては，政府の経済的機能は主として，(1)通貨を供給し，金融制度の円滑な運営をはかる，(2)私的企業の生産した財・サービスを購入して，社会的共通資本の建設，維持をはかり，公共的サービスの供給をおこなう，(3)政府支出を賄うために租税ならびに公債発行をおこなう，の三つの分野にかりに分類できるものとしておこう．政府の経済的機能としてもっとも正統的なものとしては，私有財産制度の保証を含めた公正な取引制度の維持および主として所得再分配政策を通ずる貧困者の救済が挙げられるが，ここでは上の三つの分類に一応限定する．

現代資本主義の制度的特徴

以上，現代資本主義的な国民経済の主要な経済主体──家計，企業，政府──について説明した．つぎにこれらの経済主体が経済循環のプロセスでどのような役割を演ずるかを考察する．

固定的・一意的な労働および実物資本　単純化のために，労働力の雇用はすべて，企業によってなされると仮定しよう．すなわち，家計部門の賃金収入は，企業部門の賃金支払いに等しくなり，その額は，賃金率に全雇用量を掛けたものとなる．

労働雇用は一般的に可変的なものではなく，固定的な性格をもつ．すなわち，ある時点である企業が使用することのできる労働力の量は，その時点ですでに労働契約を結んでいる労働者の数によって規定される．その時点で調節できるのはたかだかレイオフ(一時帰休)か，超過勤務の程度にすぎない．しかしレイオフあるいはオーバー・タイムの場合の単位時間当たりの労働費用は，現行の貨幣賃金率よりも高くなるのが一般的な状況である．労働雇用量を変えるためには，現在時点で新しく雇用契約を結ぶか，あるいは現契約を解約して，労働者を解雇しなければならない．いずれの場合にも，企業の現在時点における労働雇用量には直接変化を与えず，将来の労働雇用量に対して影響を及ぼすだけである．このような意味で労働雇用は固定的である．したがって，各時点における労働雇用量は，過去において結ばれた雇用契約のうち，現時点で有効なものの総和となる．このような意味で，労働雇用量は「歴史的な」変数であり，各時点で自由に変えることはできない．

このように，労働雇用を固定的であると仮定すると，労働雇用量が，労働の限界生産が実質賃金に等しくなるという命題は当然妥当しなくなる．企業が，労働雇用量を調節して，利潤が最大になるような水準に決めることができるときにはじめて，この限界生産にかんする命題が成立するからである．

労働雇用量が，労働の限界生産と実質賃金とが等しくなるような水準に決められるという命題が妥当しないとすれば，労働雇用量はどのようにして決まるのであろうか．この点は，マクロ経済モデルをつくるときに最大の問題点の一つとなるわけであるが，のちほどくわしく考察することとしよう．上に説明したような意味における労働の固定性はとくに，賃金率の決定が，労働組合と経営者との間での団体交渉によっておこなわれるという状況のもとでは重要な意味をもつ．かりに労働雇用が可変的であるとすれば，労働者がある特定の企業で働くか，否かということは，賃金率が決まってから決定されることになる．したがって，賃金率の水準が決まる前には，労働者がその企業で雇用されるか，否かということは確定しない．賃金率が決まってからはじめて，この企業がある労働者を雇うか，どうかを決めることになるわけであるから，賃金率の決定に労働組合が関与するということはありえない．団体交渉を通じて賃金決定に関与する労働組合は，ある特定の企業と雇用契約を結んでいる労働者を構成員として組織されている組合でなければならない．たとえば，全国的な職能別組合が存在していても，ある特定の企業なり，事業所の労働雇用にかんする条件を交渉する当事者は，その事業所と雇用契約をもっている労働者の集団であって，全国組合のローカルとなっているものである．したがって，労働雇用が可変的であるという前提のもとでは，団体交渉による賃金決定のメカニズムを分析することはできない．

周知のように，ケインズは『一般理論』のなかで，新古典派理論を二つの公準によって特徴づけた．第1の公準は，労働雇用に対する需要にかかわるというもので，労働雇用は，その限界生産が実質賃金に等しいという，われわれがここで問題としている命題である．第2の公準は，労働の供給にかんするものであって，労働供給量は，労働雇用にともなう限界非効用が実質賃金に等しくなるような水準に定まるというものである．

ケインズは，新古典派の第二公準が現実的条件に合致しないとして，『一般理論』は，この第二公準が必ずしも妥当しない一般的な状況を分析するための理論的枠組みを構築するものであると主張した．しかし，第一公準はそのまま残して，『一般理論』でも妥当すると述べている．このことは，労働の可変性を前提として，『一般理論』での議論が展開されているということを意味する．が，果たしてそうであろうか．この点にかんする疑問は多くの経済学者によって提起されてきたことであるが，『一般理論』の全体像を理解するためにも，また現代資本主義の制度的前提条件をとらえるためにも，労働雇用が固定的であって，第二公準が妥当しないような状況を考えた方がより現実的でもあり，理論的整合性をも保ちうるのではなかろうか．以下の所論では，ケインズの言う第一公準も第二公準もどちらもみたされないような世界を想定することになる．

企業は生産活動をおこなうために，労働力だけでなく，工場・機械・設備などの有形の物的生産要素や，技術的なノウハウ，マーケッティングにかんする知識などの無形の生産要素を用いる．また，原材料，中間財在庫などが必要となってくるが，これらの生産要素についても，その大部分は可変的なものではなく，固定的な面をもったものが多い．ある企業が，各時点で雇用するこれらの生産要素の量は，その時点で自由に選択することができるのではなく，過去におこなわれた蓄積の結果として決まることになる．労働の場合と同じように，これらの生産要素についても，限界生産と市場価格とが等しくなるという命題は成立しない．

議論を単純化するために，労働以外の生産要素は1種類だけしかなく，実物資本(real capital)と呼ぶことにしよう．機械，設備の類いを想定して，しかも一意的にはかることができると仮定する．すなわち，生産要素は労働と実物資本の2種類であって，それぞれ同質なものであって，一意的にはかることができるとし，しかもいずれの生産要素も固定的であって，可変的ではないと仮定する．したがって，各時点における生産量は，その時点において雇用されている労働量と過去の投資活動を通じて蓄積された実物資本とによって一意的に定まり，その時点では自由に調節できないことになる．レイオフ，オーバー・タイムを通ずる労働投入量の調節，実物資本の操業度の調節を通じて，生産量の短期的変化はありうるが，その点については無視して考えを進めよう．

生産要素が固定的であって，各生産企業の生産量が瞬時的には調節できないという前提条件をもうけると，生産市場が完全競争的であるという条件はもはや論理的にも正当化することがむずかしくなる．生産企業の場合には，完全競争性の前提はある程度容認されても，流通企業の場合には，その直面する市場は必然的に不完全競争的とならざるをえない面をもっている．以下，簡単化のために生産企業の直面する市場は完全競争的であるが，流通企業のそれは不完全競争的であるとする．しかし，いずれの場合にも，産出量の水準は，瞬時的には調節されないで，その時点において，「歴史的」に決まってくる労働雇用量と実物資本蓄積量とによって一意的に決まる．

このとき，労働の全雇用量は事前に確定し，国民所得もそれに応じて決まってくる．この国民所得のもとでどれだけの需要が発生するかということは，家計部門の消費性向，企業部門の投資需要，政府の財政支出性向に依存する．

家計の消費性向を決定する要因　各家計がどれだけ消費支出を計画するかということを決定する要因は，まず第1に，家計の獲得する所得である．所得が高ければ高いほど，消費支出は高くなる．したがって消費支出の変動を説明する基本的な要因は所得である．厳密に言うと，消費支出を決定する主要因は現在時点における所得ではなく，現在から将来にかけてどの程度の所得を平均して期待できるかという期待所得，あるいは恒常所得(permanent income)であると言った方がよい[第I部]．

消費支出を決定する第2の要因は，家計の生活のうち，どれだけの部分が市場で私的な財・サービスに依存し，どれだけの部分が公共的に供給されているのかということである．たとえば，消費活動がすべて私的な形で，市場で求めなければならないとすれば，消費支出は大きな額に上るであろう．逆に，すべての消費が公共的な形で供給されているとすれば，消費支出はゼロになってしまうであろう．このように，消費性向は，さまざまな財・サービスのうち，どれだけが私的な形で市場を通じて供給され，どれだけが公共的な形で分配されるかということに依存する．消費性向を決定する要因としてこの二つの他に，市場利子率の体系などを挙げることができるが，その影響はここでは無視して考えることにする．

所得から消費支出を差し引いた残りは，貯蓄である．上に述べたように，貯蓄はときとしては，実物資産の蓄積という形態をとることもありうるが，ここでは，すべて金融資産(貨幣を含めて)の蓄積という形態をとって貯蓄がおこなわれると仮定する．この点に関連して，マクロ経済分析でもっとも困難な問題の一つが起こる．それは，ストックとフローとの関係にかかわるものである．

金融資産市場と通貨制度　各個人が保有する金融資産にはさまざまな種類が存在する．金融資産は，ごくわずかな手数料で，市場で売買することができるということがもっとも特徴的な点である．このような金融資産市場の形成が現代資本主義の基本的な制度の一つである．したがって，各個人は自らのもっている金融資産のポートフォリオを，そのときどきの市場の条件に応じて自由に調整して，自らの判断にもとづいてもっとも望ましいと考えるポートフォリオを実現することができる．別の言葉で言えば，各人は，金融資産のストック量を，瞬時的に調整して，常に最適なポートフォリオをもっていると仮定できる．

労働雇用量や実物資本量が固定的であって，そのストック量は各時点で瞬時的に調節することができず，そのフロー量を各時点で各経済主体が望ましいと思われる水準に調節する．これに反して，金融資産にかんしては，そのストック量を各人が自由に調節して，最適なポートフォリオを実現する．この双対関係が，現代資本主義における経済循環のプロセスを分析するさいに決定的な役割を果たすことになる．

金融資産市場が高度に組織化されているということと関連して，その中核に位置する通貨制度にふれなければならない．貨幣量の概念には大ざっぱに言って二つの異なったカテゴリーが存在する．ハイパワード・マネーまたはマネタリー・ベースと，経済的取引の決済にかんする一般的な手段として使われる M_1 または M_2 の意味における貨幣量とである．マネタリー・ベースは中央銀行を核とする金融当局が政策的にコントロールすることのできる政策変数であると考えてもよいが，M_2 の水準は，内生的要因に大きく依存している．人々がどれだけ貨幣残高を手元に置きたいかということは，所得水準，物価水準，市場利子率体系など内生的な条件によって左右されるからである．

マネタリー・ベースの水準が政策的変数であると言ったが，厳密には，マネタリー・ベースのストック量についてか，その変化率，フロー量についてかということを明確にしておかなければならない．中央銀行がオープン・マーケット・オペレーションによって，マネタリー・ベースを大幅に，瞬時的に変化することができるとすれば，マネタリー・ベースのストック量が政策的に選べるということになる．これに反して，財政収支によってマネタリー・ベースが少しずつ変化するという面に焦点を当てれば，マネタリー・ベースそのものではなく，その変化率，フロー量が政策的な変数であるということになる．ここでは，単純化のために，オープン・マーケット・オペレーション，財政収支とを問わず，マネタリー・ベースに与える影響は連続的であって，マネタリー・ベースのストック量は「歴史的」な変数であり，その変化率，フロー量が政策的な変数であるという仮定をもうける．

ストックとフロー　第28章で論じたように，経済分析において，ストックとフローの二つの概念を正確に区別することが大切である．ストック量はある時点において存在する量であり，フロー量は，ストック量の変化率を表わす．ストックは量のディメンジョン(次元)をもち，フローは量を時間で割ったディメンジョンをもつ．たとえば，労働の雇用量，実物資本量，貨幣供給量などはストック量であり，産出量，投入量，国民所得，投資，消費，貯蓄などはフローの次元をもった量である．この区別は一見明確のようであるが，経済分析の場合，よく考えてみると必ずしも単純ではない．

たとえば，貨幣供給量の場合について見てみよう．ある時点におけるマネタリー・ベースの存在量は確定していて，ストック量として与えられる．しかし，オープン・マーケット・オペレーションによってマネタリー・ベースが変化した途端に，このストック量は非連続的な変化をする．これは，財政赤字によってマネタリー・ベースが変化した瞬間にも，ストック量の非連続的なジャンプが起きる．したがって，マネタリー・ベースについてみると，ストック量という概念は存在しても，その連続的な変化率というフロー概念は存在しないことになる．

同じような現象は，より一般的に言えることである．ある財の生産，消費について考えてみよう．いまこの財の在庫のストック量をとってみると，ある量だけ販売されたときに，在庫のストック量はそれだけ非連続的にジャンプすることになる．生産されて，在庫に追加されたときにも，その量だけ非連続的に増加することになる．したがって，この場合にも，在庫ストック量の連続的な変化としての生産あるいは消費という概念は意味をもたず，すべてストック量の非連続的なジャンプという形をとることになってしまう．ミクロ経済的な観点にたてば，すべての経済活動はストック量の瞬時的な変化という形態をとることになる．しかし，経済主体の数が多く，一つ一つの規模が全体に比べて無視できるような大きさであり，しかも経済取引がランダムな時間でなされるとすれば，全体として見たときに，ストック量の連続的な変化，すなわちフローの概念が導きだされることになる．投資，消費，産出量などがフローの次元をもった量として取り扱われるのは，このような状況を念頭に置いているからである．

これに反して，最初に挙げた貨幣供給量，マネタリー・ベースというような政策的に決められる量であって，しかも中央銀行が単一に，独立に，これらの量を変化させるときには，厳密な意味ではストック量の非連続なジャンプという現象しか見られない．しかし，私的なマクロ経済的諸量については，ストック量が連続的に変化するということを想定している以上，貨幣供給量という政策的な変量についても，そのストック量は「歴史的」な変数であって，その時間的変化率が政策的変数と考えた方が，マクロ経済モデルを作成するのにより容易であり，また現実的状況を説明するのにより整合的であるように思われる．

ストックとフローの関係について，これまで経済学の文献で往々にして混乱した取り扱いが見られる．たとえば，投資理論において，望ましい資本量と現在の資本量との差をもって投資と呼ぶ経済学者もいるが，二つのストック量の差はあくまでストックのディメンジョンをもつ量であって，フローのディメンジョンをもつ量ではない．

また，時間の概念については往々にして，特異な取り扱い方を導入して，ストックとフローとの差違が不明確になってしまうようなアプローチがとられる．たとえば，ヒックスの『価値と資本』における「週」概念の導入，パティンキンの『貨幣，利子，および物価』における同じような取り扱い方である．周知のように，ヒックスの「週」のなかでは，きわめて多様で，複雑な経済的調整がおこなわれていて，長い時間的経過を必要とすることが当然の前提となっているようにみえるが，じつは，1「週」の間に，時間は静止したままで一瞬も先に進まない．日曜日の夜に，時計の針が1コマだけ進んで，夜が明けたときに，つぎの週が始まる．別の言葉で述べれば，ヒックスの世界には二つの時間がある．外的な時計と内的な時計である．ヒックスの1「週」の間には外の時計は静止していて，内の時計だけが進んでゆく．ヒックスの1「週」間が終わるまでには内の時計は無限大に近いような長い時間を経過しているが，外の時計は止まったままで，1「週」間が終わった瞬間に，外の時計の針が1コマだけ進む．ヒックスは，このようにして，ストックとフローとの差が存在しないようなモデルをつくったのであった．そのあとを受けて，パティンキンが，貨幣保有の一般理論を構築して，利子率，価格水準の決定のメカニズムを解明した．しかし，パティンキンの理論では，ヒックス的な時間概念が採用されていて，インフレーションもたんに二つの異なる均衡価格水準の差という形でとらえられないような結果となってしまう．

政府の経済的機能　現代資本主義の制度的特徴としてつぎに考察しなければならないのは政府の役割である．先に述べたように，政府のプライマリーな経済的機能は，人々が生活するための場をつくり，社会的に必要とされるような公共サービスを提供することである．このなかには，都市環境，自然環境などのように，生活のために直接必要な場の形成にかかわるものもあり，また，道路，港湾，上下水道などのように生産基盤的な共通資本の形成にかかわるものもある．また公共的に供給されるサービスとしては，司法，警察などのように政府が直接供給するものもあれば，教育，医療，交通などのように，私的な経済主体によって生産された財・サービスを政府が購入したり，あるいは補助金制度などによって間接的に供給にかかわるような性格のものも存在する．これらはいずれも，私的な経済主体相互間の経済的関係がたんに資源配分の効率性という観点からだけでなく，実質的な生活水準の安定性という公正基準をも考慮に入れて，社会的に望ましい形になるようにという社会的な意思をなんらかの方法によって具体的な政策的枠組みとして具現したものであると考えてよい．マクロ経済分析の観点から重要なことは，このような政府の経済的機能が，上に述べたような私的経済主体の経済行動にどのような影響を及ぼすのか，またその影響が政府の経済的機能にどのような形ではね返ってくるのか，という問題を分析できるような理論的枠組みの作成である[第 34 章]．

政府の経済的機能としてはこの他に，通常の意味における金融・財政政策の発動というケインズ主義的な政策選択が存在し，さらに名目的所得分配の平等化のための再分配政策が存在するが，これらは最初に挙げた共通資本の建設，公共的サービスの供給というカテゴリーに比してむしろ二次的な意味しかもたないと考えてもよいであろう．

マクロ経済分析は，ここに説明したようないわゆる現代資本主義の制度のもとにおける国民経済での経済循環のメカニズムを解明するための理論的枠組みの構築を前提とする．この課題は具体的にはどのようにして解決されるであろうか．

前項では，いわゆる現代資本主義といわれる経済制度で，主体的な役割を果たす経済主体はどのような性格をもっているかということを簡単に眺めてきた．つぎに，これらの経済主体の行動についてもう少しくわしく分析して，マクロ経済モデル構築の準備をすることにしよう．

経済主体の企業行動様式

資本主義経済で主導的な役割を果たすものは，いうまでもなく企業，とくに生産企業である．社会的に希少な資源を，どのような目的のために，どのように使うかという，いわゆる資源配分の問題を解くのは，生産企業である．各生産企業は，生産活動をおこなうために，さまざまな生産要素を使用しなければならない．これらの生産要素のうち私的な生産要素については，各企業は，その使用に対して，市場で成立する価格を支払わなければならない．前項で説明したように，生産要素は実物資本──機械，設備の類い──と労働との 2 種類に分けられ，それぞれ同質な要素から成り立っていて，一意的な尺度で測ることができるとする．しかし，これらの生産要素はいずれも固定的であって，可変的ではない．すなわち，ある企業が，各時点で使用することのできる生産要素の量は，そのときどきの市場条件に対応して自由に選択することはできないで，過去の蓄積ないしは契約によってすでに定まってしまっている．実物資本についてみれば，ある時点で使用することのできる量は，その企業が投資活動を通じて，過去に蓄積してきた結果に依存して定まり，その時点で新しく市場で調達したり，あるいは逆に過去の蓄積を市場で処分したりすることはできないという仮定である．

同じように，ある企業が使用することのできる労働力は，過去に結ばれた雇用契約で，その時点で有効なものに限定される．企業は当然，新しい雇用契約を結んで，その使用する労働力を大きくすることができるし，また場合によっては，すでに結ばれた雇用契約を破棄して，その雇用する労働力を減らすこともできる．しかし，現時点における労働雇用量に直接影響を及ぼすことはできず，将来の雇用量を変化させることができるにすぎない．

前項でふれたように，実物資本の操業度にかんする調整の可能性もなく，また，労働雇用にかんするレイオフ，オーバータイムの可能性もないとすれば，各企業がある時点で生産する産出量の大きさは，その時点における市場の条件によって調節することはできず，過去の選択によって一意的に決まってしまうことになる．したがって，国民経済全体について，総産出量も労働の全雇用量もともに歴史的な変数として，各時点において事前に確定してしまう．

しかし，企業部門全体で考えたときに，その総産出量がそのまま，市場への供給量に等しくなるであろうか．必ずしもそうではない．ある一つの生産企業をとってみよう．その生産する財・サービスが完全競争的な市場ではなく，不完全競争的な市場で売られているとすれば，当然，この企業は必ずしも生産したものをすべて市場に供与するということはしないし，またたとえ供給したとしても，すべて売り切れてしまうという保証はない．

このとき，企業はどのような行動をとるであろうか．企業の産出物を売買する市場が，完全競争的な場合と不完全競争的な場合とによって，その様相は異なる．

市場が完全競争的な場合　まず，完全競争的な市場で産出物が売買される場合を考えることにしよう．産出物の市場価格 P を賃金単位 W ではかったものを実質価格と呼び，一般に p で表わすことにしよう．すなわち，

$$p=\frac{P}{W}$$

によって定義される．以下，所得その他の経済的諸量についても，賃金単位ではかったものを実質量と呼ぶことにする．

いま，企業の産出量を Q とし，労働雇用量を N とすれば，実質利潤は，

$$pQ-N$$

によって与えられる．もしかりに，労働の雇用が可変的であれば，企業は，この利潤が最大になるように，労働の雇用量 N を決めることができるであろう．すなわち，利潤を労働雇用量 N で微分して，ゼロと置けば，

$$p\frac{dQ}{dN}=1, \tag{1}$$

あるいは，

$$p=\frac{dN}{dQ} \tag{2}$$

が求められる．(1)式は言うまでもなく，労働の限界生産と実質賃金率とが等しいという関係を表わし，(2)式は，実質価格が限界主要費用(MPC)に等しいということを表わしている．

ケインズは『一般理論』の第2章で，新古典派理論を二つの公準によって特徴づけた．第一公準は，労働雇用に対する需要の条件にかんするもので，ここに述べた(1)式あるいは(2)式に対応する．第二公準は労働の供給にかかわる条件であって，労働の供給が，労働の限界負効用と実質賃金が等しくなるような水準に定まるというものであった．この二つの公準が同時にみたされるとき，完全雇用の状態になる．ケインズは『一般理論』において，第二公準を否定し，第一公準をそのまま維持したのであった．そこではじめて，非自発的失業の状態が一般的なものであって，完全雇用は一つの極限的な状況にすぎないという主張が生まれたのである．

しかし，第一公準は労働雇用の可変性を前提としてはじめて妥当するということに留意する必要があろう．前項でくわしく説明したように，現代資本主義を考えるとき，その制度的条件の一つとして，労働雇用の固定性を想定しなければならなくなる．このときには，第二公準だけでなく，第一公準もまた妥当しなくなるような経済を考察することになる．

議論を明確にするため，ある時点 t で，企業が雇用することのできる労働力の量を N で表わすこととし，産出物の実質価格を p とする．産出量 Q は，労働雇用量 N と企業内に蓄積されている実物資本の量とによって一意的に定まる．この関数関係は短期の生産関数

$$Q=f(N)$$

によって表わされるとする．実質価格 p に対応して，労働の限界生産と実質賃金率とが等しくなるような労働の雇用量を N^o で表わす．すなわち，

$$p=\frac{1}{f'(\mathrm{N}^o)} \tag{3}$$

であって，労働雇用量が N^o のときに利潤は最大となる．しかし，労働の雇用は固定的であるために，現時点における雇用量 N は，過去において結ばれた雇用契約の蓄積であって，たとえ最適雇用量 N^o と異なっていても，ただちに雇用量 N を調整することはできない．労働雇用

量 N の調整は必ず，時間的経過を必要とする．いうなれば，各企業は N を通じて調整するのでなく，$\dot{N}=dN/dt$ を適当に選択することによって，実際の雇用量が最適雇用量に近づくように努力する．

しかし，最適雇用量 N^o もまた，市場価格 p の変化に対応して変化する．さらに実物資本の蓄積量が異なれば，最適雇用量水準 N^o もまたそれに応じて異なったものとなる．実際の雇用量が最適雇用量より大きいときには，企業は新規雇用を差し控えるのはもちろん，可能なかぎり，すでに雇用契約を結んでいる労働雇用についても，解雇するなり，他の適当な方法を講じて労働雇用を減らそうとする．すなわち，$\dot{N}$ をマイナスの量にすることによって，将来の労働雇用量を小さくしようとする．労働雇用量の減少がどの程度であるかということは，労働者を解雇したときに，企業がペナルティとしてどれだけの支払いをしなければならないかということに依存する．

逆に，現在時点における雇用量 N が，最適雇用量 N^o より小さいときには，企業は新しく労働者を雇用して，実際の雇用量 N が最適雇用量 N^o に近づくように計画する．この場合にも，最適雇用量 N^o は市場条件の変化にともなって変わってゆくから，実際の雇用量 N が最適雇用量 N^o に等しくなることはない．

新規雇用量は $\dot{N}$ によって表わされるが，それがどの程度の大きさであるかということは，新しく雇用された労働者を企業の労働力として，生産過程の一つの有機的な要素として組み込んでゆくためにどれだけの費用が必要となり，またそのためにどれだけの時間的経過を必要とするかということによっても左右される．さらに新しく雇用される可能性をもった労働者が，経済全体のなかでどの程度存在するかということにも依存する．したがって，新規雇用量 $\dot{N}$ は失業者の数ないしは失業率によっても左右されることになる．

各時点で，労働雇用量の変化，すなわち解雇者の数と新規雇用者の数とがどのような要因によって，どのようにして定まるかということについては，企業の動学的行動にかんする一般的な分析を前提としなければならないが，ここで差し当たって必要なことは，労働雇用量の変化 $\dot{N}$ が，最適雇用量 N^o と現在時点における雇用量 N との大小によって，その符号が確定するということである．

労働雇用の帰属価格と帰属費用　一般的に言って，労働雇用にともなって企業がどれだけの便益を見込んでいるのかということは，労働雇用の帰属価格によってはかられる．ある一つの企業を考える．労働雇用が限界的に1単位だけ増えたときに，将来利潤がどれだけ限界的に増加するかということを計算し，その割引現在価値をとったものが労働の帰属価格といわれる概念である．このとき，将来の利潤の限界的増分はもちろん正確に予知することはできないから予想されたものである．まず割引現在価値を計算するときに，どのような率で割り引いたらよいかということも，将来の市場利子率に対する予想にもとづいて割引率が求められる．かりに資本市場が完全であったとすれば，長期の市場利子率が用いられるが，資本市場の完全競争性は一般には妥当しない．したがって，ここで使われている割引率は，将来の市場利子率に対する予想にもとづいて形成される期待利子率でなければならない．

労働雇用にともなって，企業はどれだけの支出ないしは負担をこうむるであろうか．もしかりに労働者が雇用されつづけるとすれば，現在から将来にかけての賃金率に対する期待を形成して，その割引現在価値をとったものが，労働雇用を限界的に1単位だけ増やしたときの，企業にとっての負担ないしは帰属費用という概念となる．

一般に，帰属価格と帰属費用とは一致しない．というのは，各時点における労働雇用量は，この企業がそれまでどのような雇用契約を結んできたかという過去の雇用政策の結果決まってしまっていて，その時点では変えることができない．それに反して，将来の利潤の限界的な増加や賃金率に対する予想はいずれも，将来の経済的，市場的条件によって左右されることになって，過去の条件とは一応無縁であり，現時点での労働雇用量のもとで，帰属価格と帰属費用とが等しくなるという保証は存在しないからである．

帰属価格が帰属費用より大きいときには，企業は労働を新しく雇用しようとする．逆に帰属価格が帰属費用より小さいときには，企業は新しい労働契約を結ぼうとしないのはもちろん，できれば既契約の労働者を解雇しようとするであろう．

もし将来の収益，賃金率に対する予想が定常的であって，現時点の水準がそのまま将来ずっと実現するであろうという予想を企業がもっているとしよう．このとき，労働雇用の帰属価格は労働の限界生産そのものを割引率で割った額になり，他方，帰属費用は賃金率を割った額となる．したがって，帰属価格と帰属費用との大小関係は，労働の限界生産と賃金率の大小関係と一致する．労働の限界生産が賃金率より大きいときには，企業は新しい労働の雇用を求め，逆の場合には解雇しようとするであろう．もし労働が可変的であるときには，労働の限界生産と賃金率とが等しくなるように労働雇用量を調節することができる．しかし，労働が固定的であるという条件のもとでは，労働雇用の調節は，時間的経過をともなってはじめて可能になる．

労働の新規雇用（解雇）量の決定　このとき，労働の新規雇用量あるいは解雇量はどのような水準に決められるであろうか．このためには，労働の新規雇用あるいは解雇の限界効率という概念が必要となってくる．労働の新規雇用の限界効率は，新規雇用を限界的に1単位だけ増やしたときに，将来の労働の限界生産がどれだけ大きくなるかということを計算して，その割引現在価値が，将来の労働賃金率の予想の割引現在価値と等しくなるような割引率によって定義される．すなわち，現在 t の労働雇用水準が N であるときに，労働の新規雇用量 n を限界的に1単位だけ増やしたときに，将来の τ 時点で予想される労働の限界生産を Δ_τ とする．この

$\varDelta_\tau$ は，現時点 t における労働雇用量 N_t と計画されている新規雇用量 n_t に依存し，つぎのような関数記号で表わすことができる．

$$\varDelta_\tau = \varDelta_{\tau,\,t}(N_t,\, n_t).$$

また，将来時点における賃金率に対する予想を W_τ とする．この予想賃金率 W_τ は，現在および過去の経済的諸条件，とくにこれまでの賃金率のパターンに依存する．いま，労働の雇用契約の期間が t 時点から T 時点までの $T-t$ 期にわたっていたとすると，新規雇用の限界効率 m は，つぎの条件をみたすものとして定義されることになる．

$$\int_t^T \varDelta_\tau e^{-m(\tau-t)} \alpha\tau = \int_t^T W_\tau e^{-m(\tau-t)} d\tau. \tag{4}$$

この(4)式をみたすような m は必ずしも一意的に定まらないことがある．しかし，生産技術にかんして，限界代替率逓減の法則が成立し，限界生産および賃金率に対する期待にかんしてある種の条件がみたされていれば，(4)式をみたすような m が一意的に定まることがわかる．(4)式で定義された新規雇用の限界効率 m は，現時点における労働雇用量 N と計画されている新規雇用量 n とに依存する．

$$m = m(N,\, n).$$

このとき，雇用の限界効率関数 $m(N, n)$ の形は，将来の限界生産と賃金率の予想に依存する．現在の雇用量 N が大きくなれば，労働の限界効率 m は低くなる．新規雇用量 n が増えたときにも，労働の限界効率 m は低くなる．すなわち，

$$\frac{\partial m}{\partial N} < 0, \quad \frac{\partial m}{\partial n} < 0.$$

現在の労働雇用がある水準 N に与えられているとき，企業にとって最適な新規雇用量 n は，新規雇用にともなう限界効率 m が割引率に等しくなるような水準に決まる．新規雇用量 n は，割引率あるいは市場利子率が高くなれば低くなる．

新古典派理論では，労働の可変性が仮定されているから，上のような議論を展開することはできない．しかし，(4)式で，契約期間がきわめて短い場合として，T が t に近づいたときの極限をとると，

$$\varDelta_t = W_t$$

となる．すなわち，t 時点における労働の限界生産 $\varDelta_t$ と賃金率 W_t とが等しくなるという条件である．また，限界生産 $\varDelta_t$ は t 時点における労働雇用量 N_t のみに依存して新規雇用量 n_t には無関係であるから，新規雇用量 n_t は(4)式の条件から求めることはできない．じじつ，各時点 t で労働雇用量 N_t をその限界生産 $\varDelta_t$ が賃金率 W_t に等しくなるように決めるわけであるから，雇用量 N_t の変化率 n_t は t 時点では決まらないはずである．というのは，

$$n_t = \lim_{dt \to 0} \frac{N_{t+dt} - N_t}{dt}$$

であるから，一瞬間先の労働雇用量 N_{t+dt} を知らなければ，n_t は求まらないことになるからである．

労働の限界生産と実質賃金率とが必ずしも一致せず，それぞれ異なった要因にもとづいて変動するということは，景気循環の各局面における労働雇用量 N，物価水準 P，貨幣賃金 W の時間的変化の間に存在するさまざまな相関関係を説明するために，新古典派より大きな自由度をもつことを意味する．新古典派的な労働の可変性を前提するときには，一般につぎのような関係が成立する．

$$MPL(\text{労働の限界生産}) = \frac{W}{P}.$$

したがって，この式の時間的変化をとると，つぎのような関係が成立することがわかる．

$$\frac{M\dot{P}L}{MPL} = \frac{\dot{W}}{W} - \frac{\dot{P}}{P},$$

あるいは，

$$\frac{\dot{P}}{P} = \frac{\dot{W}}{W} - \varepsilon\frac{\dot{N}}{N}. \tag{5}$$

ここで，ε は労働限界生産の労働雇用量 N に対する弾力性である．

景気上昇の局面をとると，物価の上昇率 $\dot{P}/P$ は必ず貨幣賃金の上昇率 $\dot{W}/W$ より高くならなければならないことになる．しかし，この条件は往々にしてみたされないことがあり，とくにいわゆるコスト・プッシュのインフレーションの状態では，貨幣賃金の上昇率が物価上昇率より高くなるのが普通である．また景気下降の局面では，物価上昇率が貨幣賃金の上昇率より低くなるという結論が(5)式から導きだされるが，この条件もまた必ずしも一般には妥当しない．このように，物価上昇率と貨幣賃金の上昇率との間には必ずしも新古典派的な相関は存在しない．その間に存在する一般的な関係を求めるためには，他の諸条件，とくに投資にかんする条件を解明しなければならない．

物的生産要素量の決定　これまでの議論では，労働雇用のみに焦点を当ててきたが，物的な生産要素およびその蓄積(投資)に焦点を当てようとすると，どのような修正が必要になってくるであろうか．労働が可変的であって，物的な生産要素のみが固定的となるようなケースについてはすでに一般的な知識となっているが，要約しておこう．

物的な生産要素――ここでは実質資本あるいはたんに資本と呼ぶことにしよう――がかりに可変的であるとすれば，各時点で各企業が生産活動のために使用する資本の量を自由に選択することができる．したがって，資本の限界生産と資本のレンタル価格とが等しくなるような水準に，各企業の使用する実質資本の量が調節される．労働雇用の場合と同じように，各時点における実質資本のストック量を自由に選べるわけであるから，ストック量の変化率である投資量は不確定的とならざるをえない．資本の限界生産がレンタル価格に等しくなるような水準を資本の望ましいストック量 K^* と呼ぶことにする．現実の資本ストック量を K とすれば，資本が可変的な場合には，各時点 t において，

$$K_t = K_t^*$$

でなければならない．このとき，t 時点における望ましい資本ストック量 K_t^* は，そのときのレンタル価格に依存して決まってくる量である．したがって，投資量

$$I_t = \lim_{dt \to 0} \frac{K_{t+dt} - K_t}{dt}$$

を知るためには，一瞬間先における望ましい資本ストック量 K_{t+dt}^* を知っていなければならない．したがって，t 時点における投資量 I_t は，t 時点における市場条件だけからは知ることができないで，つぎの瞬間における市場条件をも正確に知らなければならない．このような点からも，新古典派理論の投資という概念は，論理的にみて存在しえないというホーヴェルモの指摘は正しい[Haavelmo(1960)].

資本が固定的なときには，各時点 t における資本のストック量 K_t は必ずしも望ましいストック量 K_t^* とは一致しない．一般に，望ましいストック量 K_t^* が現在のストック量 K_t より大きいときには，投資がおこなわれ，逆の場合には，純投資が負になるような状況が起きると考えられる．最適投資量の決定は，労働の場合とまったく同じように，帰属価格および帰属費用の概念を用いて解くことができる．資本ストック量が K_t のときに，今期 I_t だけの投資がおこなわれているとしよう．このときの投資の帰属価格というのは，投資量が I_t から限界的に 1 単位だけ増加したときに，将来の企業の純利潤がどれだけ増加するかということを予測して，その割引現在価値をとったものである．これに対して，投資の帰属費用は，普通の費用と同じ概念に帰着する．望ましい投資量 I_t は，その帰属価格が帰属費用に等しくなるような水準である．このプロセスを投資の限界効率の概念を使って説明すれば，つぎのようになるであろう．投資量が I_t から限界的に 1 単位だけ増えたときに，将来の時点 τ における純利潤の増分を Δ_τ とする．この Δ_τ は，t 時点における資本ストック量 K_t と計画投資量 I_t とに依存するだけでなく，将来の市場条件をどのように予想しているかということにも依存する．

$$\Delta_\tau = \Delta_{\tau,\, t}(K_t, I_t).$$

一般に，K_t が増加すれば Δ_τ は減少し，I_t の増加も Δ_τ の減少をもたらすと考えてよい．投資を限界的に 1 単位だけ増やすときの費用の限界的増分を C_t とすれば，投資の限界効率 m はつぎの条件をみたすような割引率として定義される．

$$\int_t^T \Delta_\tau e^{-m(\tau - t)} d\tau = C_t. \tag{6}$$

ただし，実質資本の経済的寿命は $T-t$ である．投資の限界的費用 C_t は，投資量 I_t の増加関

数であると仮定してもよいから，(6)式をみたすような割引率 m は一意的に定まり，資本ストック量 K_t または投資量 I_t の増加にともなって減少する．すなわち，

$$m_t = m(K_t, I_t),$$

$$\frac{\partial m}{\partial K} < 0, \quad \frac{\partial m}{\partial I} < 0.$$

望ましい投資量 I_t は，投資の限界効率 m_t と長期市場利子率とが等しくなるような水準に定められるので，望ましい投資量は，長期市場利子率 i_L の減少関数であり，資本ストック量 K_t の減少関数でもある．

$$I = I(i_L, K),$$

$$\frac{\partial I}{\partial i} < 0, \quad \frac{\partial I}{\partial K} < 0.$$

この投資関数の形は，将来の市場条件に対する期待が変わったときには，シフトすることになる．すなわち，投資は，各企業が将来の市場条件に対してどのような予想を形成しているのかということによって左右される．と同時に，現在における生産の条件は，過去における投資の結果としてほとんど動きの取れないような形で決まっている．ジョーン・ロビンソンの言葉を借りるならば，現在は，未知の将来と変更することのできない過去との間にある断崖であって，ケインズ理論の特徴の一つをこの点にとらえることができる．

第29章で説明した投資理論では，労働は可変的な生産要素であるという前提をもうけた．すなわち，期待純利潤はすべて，将来の各時点で労働雇用がその限界生産と賃金とが等しい水準に定められるということが前提となっていた．労働が固定的なときには事情は多少異なるが，基本的に同じような結論を導きだすことが可能である．このときには，投資および雇用の限界効率がともに長期市場利子率に等しくなるような水準に，実質資本の蓄積および労働の新規雇用が決まってくる．どちらも，長期市場利子率の上昇にともなって減少し，現在の資本ストックおよび労働の雇用量が増加したときにも，望ましい投資および新規雇用はともに減少する．

中間業者を導入したモデル

生産企業の直面している産出物の市場が完全競争的であっても，消費者の直面する市場が完全競争的であるとはかぎらない．そのもっとも代表的な場合として，いわゆるホートレイ=小谷・モデルを考えてみよう．このモデルは，生産企業と消費者の間に流通部門の存在を想定し，中間業者——ホートレイのいうトレーダー——がそれぞれ製品在庫をもっていて，お互いに積極的に取り引きするような在庫市場が存在するような経済を考える．中間業者たちは，生産企業からその産出物を買い入れ，在庫のストックとして貯えておき，消費者に販売する．もちろん，中間業者のなかにもさまざまな種類があって，これらの機能のうち一部分だけに特化している

ものが多いが，ここでは流通過程を担当する中間業者全体を考えて，その代表的なものを想定している．消費者は生産企業から直接に財・サービスを購入することはできないものとし，しかも，消費者と中間業者との間に存在する関係は不完全競争的であると仮定する．この仮定は，中間業者が多くあって，ある種の製品差別化がおこなわれていて，各中間業者──小売商──は，価格について弾力的な需要のスケジュールに直面しているということを意味する．したがって，生産企業は完全競争的な市場に置かれているが，市場経済全体をとってみると，不完全競争的な条件が支配することになる．

中間業者は在庫を保有する．その動機は大きく分けて二つのタイプに分けられる．第 1 は，在庫価格の変動にともなうキャピタル・ゲインないしはロスに対する期待(expectations)あるいは予想である．第 2 は，在庫を保有し，販売活動に従事することによって得られる収益である．第 1 のキャピタル・ゲイン(あるいはロス)にかんしては，それが事前に確定するものではなく，あくまでも現在の時点で利用することのできる情報をできるだけ有効に使って，未知の将来の市場条件に対してたてる予想であることに留意しておこう．したがって，いわゆる「合理的期待形成仮説」と呼ばれる考え方は適用することができない．

「合理的期待形成仮説」というのは，もともと 1961 年『エコノメトリカ』に発表されたジョン・ミュースの論文に最初の定式化がなされたものである．その後，ルーカス，バロー，ウォーレス，サージェントなどの人々によって，精緻化され，一般化された．その経緯については『展開篇』にゆずって，ここではふれないが，「合理的期待形成仮説」は，個々の経済主体が，現在および将来の市場価格を決定する要因について，くわしい情報をもっており，現在あるいは将来の市場価格の**客観的確率分布**を正確に知ることができ，しかもそのためになんらコストを必要としないし，時間的なおくれも必要ないという前提条件が仮定されている．そして，このような仮定のもとで市場価格の確率的平均値(**客観的**確率分布にかんしてであって，**主観的**確率分布にかんしてではないことに留意されたい)に等しくなるように期待を形成するというのが「合理的期待形成仮説」である．個別的な経済主体がすべて，政府をも含めて，それぞれある時点で利用可能な情報をできるだけ有効に用いることによって，将来の市場条件にかんする期待を形成し，それにもとづいてどのような行動を選択するかという本来的な問題の解決にさいして重要な要因として考えるというのが，通例の意味における期待形成の概念である．

「合理的期待形成仮説」は「期待形成」という表現を用いてはいるが，本来の用語法に矛盾するものである．しかも，「合理的期待形成仮説」の前提条件がみたされるような状況のもとでは，市場の成立にかんする要件が欠如してしまう．人々はすべて，他の経済主体の需要および供給の条件にかんして正確な知識をもっていて，市場価格の確率分布を知ることができるという前提がみたされているときには，市場そのものもまったく無意味なものとなってしまう．すべての人々が市場価格を計算することができるからである．

第2の動機にかんしては多少くわしい説明が必要となるように思われる．中間業者が，在庫の保有量を増やしたとき，なぜ販売活動にともなう収益が増加するのであろうか．このことは必ずしも明白でないからである．各中間業者は，消費者の注文に応じて，自らの在庫のなかから，その嗜好に適合したものを選んで販売するが，中間業者の手許にある在庫ストックの量が多ければ多いほど，またその種類も多様であればあるほど，消費者の注文により適切に対応することができるであろう．このことは，単位販売量に対応する費用が，在庫ストック量が多ければ多いほど低くなることを意味する．在庫保有の第2の動機は，在庫ストック量が限界的に1単位だけ多くなったときに，それにともなう販売の増加分に対応する経常的費用の低減から，在庫保有にかかわるコストの増分を差し引いた額によって表わされる．これが，在庫ストック量の限界的増分に対して，販売活動にともなう限界的便益である．

在庫保有にかんしてこれまで説明してきたことを図で表示すれば，つぎのようになるであろう．いま，ある特定の中間業者を考える．図30-1は，在庫保有量がある水準Zであるときに，販売量Xおよび販売価格pがどのようにして決まってくるかということを図示したものである．図30-1で，横軸は販売量X──単位時間当たり，実物単位で測ったもの──を表わし，縦軸は，販売価格p──これも，名目価格Pを貨幣賃金率Wで割った実物価格をとる──がはかられている．在庫のストック量Zが所与であるとき，販売量Xが増加するとき，販売活動にともなう経常的費用の限界的増分もまた大きくなるから，限界的費用は曲線(MC)のように右上がりの曲線によって表わされる．これに反して，販売量Xが増加したとき，それにともなう収入の限界的増分は小さくなる．この関係は，図30-1のMR曲線のように，右下がりの曲線によって表わされる．

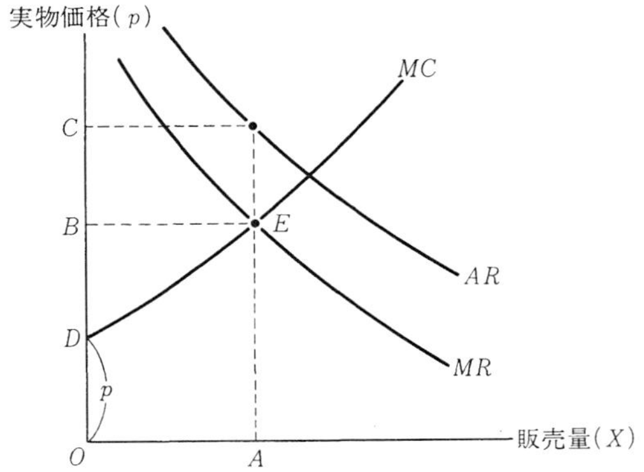

図30-1　販売量Xと限界費用，限界収入

限界収入曲線はまた，つぎのようにして導きだされる．実質所得yが所与のときに，実質価格pと需要量Xとの関係は，AR曲線のような右下がりの曲線で表わされる．AR曲線は，

中間業者が販売価格を p にしたときにどれだけ売れるかということを表わしたものであって，一般に，中間業者が需要の条件をどのようにみているのかという予想にかかわるものである．

以下の議論では，主観的な需要曲線が客観的なものと乖離しても，それは無視できるという前提のもとで議論を進める．この単純化の仮定は，個別的な中間業者について成立するものであって，さきに批判した「合理的期待形成仮説」とまったくその性格を異にするものであるということを強調しておこう．

いま実質国民所得を Y とし，需要関数を，

$$X = X(p, Y)$$

で表わす．このとき，限界収入曲線 MR は，収入 pX を供給量 X で微分したものとなる．

$$MR = \left(1-\frac{1}{\eta}\right)p.$$

ここで，η は需要の価格弾力性である．

$$\eta = -\frac{p}{X}\frac{\partial X}{\partial p}.$$

したがって，MR 曲線は平均収入を表わす需要曲線 AR に $\left(1-\frac{1}{\eta}\right)$ を掛けたものだと思えばよい．

在庫市場の動学化 以上の分析は在庫保有量 Z がある一定水準に与えられていて，変化しないものとして考えてきた．在庫保有量 Z が変化したときには，在庫保有にともなう収穫率も変化する．一般に，在庫保有にともなう(限界的)収穫率は，在庫保有量が増加するにしたがって減少する．各中間業者がどれだけ在庫を保有しようとするかということは，この収穫率と短期市場利子率とが等しくなるという条件によって規定される．したがって，在庫保有に対する需要は，短期市場利子率が高くなれば減少する傾向を一般にもつ．また，在庫の市場価格の上昇は，在庫保有にともなう限界収穫率の減少となって現われるから，在庫需要は減少する．

このようにして，在庫市場における市場価格は，現在存在する在庫の総ストック量と中間業者の在庫保有に対する総需要量とが等しくなるような水準に決定される．言うまでもなく，各中間業者が在庫ストックをどれだけもつかということを決定して，注文を出し，実際に入手するまでに，多少の時間的経過を必要とする．しかしこの時間的経過は，労働雇用量，生産設備の調整に要する時間に比べてはるかに小さいと考えられるので，時間的経過を必要としないで，在庫のストック市場における調整がおこなわれ，需給が均衡するような価格が各時点で成立しているという仮定をもうけてもよいであろう．

この仮定が置かれるのは，在庫ストックを取り引きする市場が，実際に在庫ストックの移動をともなわないで，在庫の所有権が取り引きされると考えてよいからである．在庫ストックの

物理的移動はたとえ起きたとしても，その時間的変化は連続的であるから，この仮定は，ミクロ経済的な整合性を失うものではないと言えよう．

各時点で存在する在庫ストック量が所与であるとき，中間業者の在庫保有に対する需要が所与のストック量に等しいような水準に在庫の市場価格が定まる．この市場価格に対応して，消費者に販売される価格が決まってくることは上にみた通りであるが，生産者に対する価格はどのようにして決定されるであろうか．

生産者価格の決定について，いくつかの要因が存在すると考えられよう．第1の要因は，在庫市場における市場価格である．生産企業の倉庫をたとえば，中間業者の一つであると考えれば，在庫の市場価格がそのまま生産者に対して支払われる価格となると仮定できる．ホートレイ=小谷・モデルと呼んだモデルは，このような前提条件のもとで展開されたものである．しかし，生産要素がすべて固定的であるという前提のもとで議論を展開しようとするときには，この点について若干の考察が必要となってくる．このときには，たとえ生産物の市場が完全競争的であっても，各企業はその生産の規模を調節することはできない．歴史的に決まってくる実質資本量および労働雇用量によって，現時点における産出量は決まってくるからである．

このとき，供給と需要とが等しくなるようなメカニズムは存在しない．供給は「歴史的」な条件によって決まり，需要はそのときに生みだされる所得にもっぱら依存する．価格水準は，在庫市場での均衡価格か，あるいは生産者が，現在から将来にかけてもっとも大きな期待利潤を獲得できると考えるような水準に決まってくる．そのときどきの総生産額と総需要額とが等しくなるような市場均衡価格に決まるのではない．このような意味で，不均衡状態であるのが一般的である．

いま短期市場利子率が上昇したとしよう．在庫保有に対する需要のスケジュールは下方にシフトするから，在庫市場の均衡価格は下がる．在庫価格の下落は生産者に対しても影響を与えるが，現時点での生産量には直接変化は起きない．しかし，現在の純利潤は減少し，将来の予想利潤は低くなり，労働の新規雇用量と実物資本に対する投資はともに減少する．このため，生産量は時間の経過にともなって徐々に減少するか，あるいはその増加率が低くなる傾向をもつ．したがって，所得水準もまた同じような影響を受け，総供給額と総需要額の乖離も相対的に減少することになる．これらのマクロ経済的な諸変数の間にどのような関係が存在するかということは，よりくわしい理論モデルをつくって考察しなければならないが，短期市場利子率の変化は，雇用量，国民所得，物価水準に対してある時間的おくれをもちながら影響を及ぼすことになる．

これに対して，長期市場利子率の変化はより直接に投資量に対して影響を与え，雇用量，所得，物価水準に変化が起きる．短期利子率の変化が，在庫市場の均衡過程に影響を及ぼし，雇用量などのマクロ経済的な変量を変化させてゆくプロセスに焦点を当てたのがホートレイ・モデルであり，これに対して長期市場利子率の変化が及ぼす直接的な影響を重要視したのがケインズ・モデルであったといってよい．

たとえば，貨幣供給量の変化が経済循環のプロセスに及ぼす影響について考えてみよう．貨幣供給が増えたとすれば，その影響がまず第一に現われるのはマネー・マーケットであって，短期市場利子率が低くなる．短期市場利子率の低下は上に述べたように，ただちに在庫市場における市場価格の上昇を誘発し，消費者物価水準および生産者物価水準も上昇する．しかし，雇用量，国民所得，投資に変化が現われるのは，多少の時間的経過のあとである．そして，雇用量，所得水準の徐々の上昇が，将来の市場条件に対する期待を変えて，投資が誘発され，乗数効果を通じて，雇用，所得を増加させてゆくことになる．他方，短期市場利子率の変化は，金融資産市場一般における均衡条件に対して影響を及ぼし，長期市場利子率が変化し，それによって投資量に直接影響が及ぶ．マクロ経済モデルを完結するためには，短期市場利子率と長期市場利子率との間にどのような関係が存在するかということを明確にしなければならない．

二つの市場利子率の関係　まず，この二つの利子率をどう定義したらよいかということから考えてみよう．短期市場利子率は，単位期間後において，事前に確定しているような価格で売却することができるような金融資産にかんして定義される利子率である．その代表的なものは割引手形である．このような短期的金融資産について，単位期間後に 1 円の価値をもつようなものを単位としてとる．ある時点 t における市場価格を P_t とすれば，短期市場利子率 i_t は，

$$i_t = \frac{1-P_t}{P_t} = \frac{1}{P_t} - 1$$

によって与えられる．この市場利子率は短期的金融資産の収穫率そのものともなっている．

これに対して，長期市場利子率 i_L は，単位期間後の価値が事前に確定しないで，将来の時点での市場の諸条件によって左右されるような金融資産にかかわる概念である．毎期 1 円の利息を生みだすような金融資産を単位としてとる．その単位金融資産の t 時点における市場価格を P_t とすれば，長期市場利子率 i_L は，

$$i_L = \frac{1}{P_t}$$

によって与えられる．しかし，この市場利子率は，長期的金融資産に対する収穫率を与えない．収穫率 r_t は，つぎの時点 $t+1$ における市場価格に対する予想を $P^e{}_{t+1}$ とすれば，

$$r_t = \frac{p^e{}_{t+1} - p_t}{p_t} + 1$$

によって与えられる．

以上の考察を，連続的な時間変数に直して表現すると，つぎのような結論を導きだすことができる．短期的金融資産にかんしては，その収穫率 r_s は短期利子率そのものに等しくなるが，長期的金融資産にかんしては，収穫率は，将来の長期市場利子率 i_L の変化に対する予想にもと

づいて計算される．すなわち，

$$r_S = i_t,$$
$$r_L = i_L - \pi_L{}^e.$$

ただし，$\pi_L{}^e$ は長期市場利子率 i_L の変化率

$$\pi_L = \frac{1}{i_L}\frac{di_L}{dt}$$

に対する期待である．

したがって，短期的および長期的金融資産に対するポートフォリオがどのようにして決定され，短期市場利子率と長期市場利子率との間にどのような関係が存在するかということを解明するためには，長期的金融資産がどのような基準にもとづいて評価され，その市場価格の変化に対して人々はどのような形で期待を形成するかという問題を考察する必要が起きてくる．この問題を株式の場合について考えてみよう．

いま，純粋な意味における株式会社を例にとってみる．資金調達をすべて株式発行か，内部留保に依存するような会社である．ある時点 t におけるこの企業の株式市場における評価額を V_t とする．発行済株式総数を S_t とし，株価を P_t とすれば，

$$V_t = P_t S_t.$$

各時点 t において，この企業から株主全体に支払われる純支払額を C_t とする．純支払額 C_t は，支払配当総額から新株払込金を差し引いたものである．このとき，つぎの関係が成立する．

$$V_0 = \int_0^T C_t e^{-\delta t} dt + V_T e^{-\delta t}. \tag{7}$$

ここで，割引率 δ は，この企業の経営条件，将来の市場の条件の不確実性を反映したものであって，将来を通じて一定と仮定しているが，将来の各時点で変化するような一般的な場合についてもまったく同様に(数学的表現は複雑になるが)考察できるので，ここでは割引率 δ が常に一定である場合を考えることにする．

(7)式でもし，企業の価値評価額 V_T が，漸近的に，割引率 δ より低い率で増加するとき，つまり，

$$\lim_{T\to\infty} V_T e^{-\delta T} = 0 \tag{8}$$

という条件がみたされるときは，つぎのような公式が求められる．

$$V_0 = \int_0^\infty C_t e^{-\delta t} dt < +\infty.$$

逆に，この式がみたされたときには，

$$V_T e^{-\delta T} = \int_T^\infty C_t e^{-\delta(t-T)} dt \to 0 \qquad (T\to\infty).$$

すなわち，企業の評価が可能になるためには，(8)式の条件がみたされることが必要かつ十分

な条件となる．

企業の評価方程式を t 時点で表現すれば，

$$V_t = \int_t^\infty C_t e^{-\delta(T-t)} dt$$

となるから，時間 t で微分すれば，

$$\dot{V}_t = -C_t + \delta V_t.$$

すなわち，

$$\delta = \frac{C_t}{V_t} + \frac{\dot{V}_t}{V_t}.$$

この式から，個別的な株式にかんして，つぎのような関係式を求めることができる．

$$\text{(9)} \qquad \delta = \frac{\alpha_t}{P_t} + \frac{\dot{P}_t}{P_t}.$$

ここで，α_t は1株当たりの配当額，P_t は株価である．

各時点 t において，株価の上昇率 $\dot{P}_t/P_t$ は未知であるから，(9)式はつぎのように読み替えなければならない．

$$\delta = \frac{d_t}{P_t} + \left(\frac{\dot{P}_t}{P_t}\right)^e.$$

すなわち，割引率 δ は，株価1円当たりの配当 d_t/P_t と，株価の上昇率に対する期待 $(\dot{P}_t/P_t)^e$ との和に等しくなる．しかし，この関係は上に述べたように，市場における企業の評価額 V_T について，(8)式の有限性条件がみたされていなければならない．この条件は，株価 P_t の変化率に対する期待にかんする条件に置き換えると，

$$\left(\frac{\dot{P}_t}{P_t}\right)^e < \delta.$$

すなわち，株価変動にともなうキャピタル・ゲイン率に対する期待が，市場割引率を上回らないという仮定である．期待キャピタル・ゲイン率に対しては，このような前提条件は必ずしもみたされないことは明白である．キャピタル・ゲインに対する期待の形成は必ずしも安定的ではなく，したがって市場における企業の評価額と，その実質的価値との間に乖離が起きる可能性が存在し，しかもそれは必ずしも例外的な現象ではない．たとえば，企業から株主に対する純支払額 C_t がゼロとなるような極端な場合を考えてみよう．

$$C_t = 0.$$

このときには，(7)式は，

$$V_0 = V_T e^{-\delta T}$$

となるが，有限性の条件(8)式がみたされていないときには，V_0 はゼロとはならない．個別的な株式についてみれば，配当額 α_t が常にゼロであっても，株価の変化率に対する期待にかんして，

$$\delta = \left(\frac{\dot{P}_t}{P_t}\right)^e$$

という条件がみたされ，株価 P_t がゼロではなくなる．もちろん，このような状況が長期間にわたって妥当することはないが，たんに論理的な可能性だけでなく，現実にこのような現象が重要な意味をもつこともある．そのもっとも典型的な事例は，1920 年代のアメリカにおけるさまざまな投機的な活動と，そのクライマックスとしての 1929 年のニューヨーク株式市場における史上空前の高値とそれにつづく大暴落である．

「大恐慌」生成の原因から導かれるもの　世界的規模における大恐慌の引き金となった，この株式市場の大暴落についてはここでくわしく立ち入る余裕はないが，大恐慌生成の原因にかんする数多くの研究からほぼ共通して引き出すことのできる一つの命題についてふれておこう．それは，企業の実質的な価値と，市場における評価との乖離が存在するのが一般的な状況であって，その乖離がときとしては加速度的に増大する傾向をもつのが，現代資本主義のきわめて特徴的な点であるということである．

この現象は，一方では，生産過程の大部分が近代的技術を体化した機械を使った過程によっておこなわれるようになり，規模の経済と経営管理機構の専門化が進んでゆき，生産企業の多くは，これまで説明してきたような固定的な側面が支配的になる傾向がますます強くなる．そして，生産企業が一つの実体的な組織として，それ自体の目的と意志をもって，法的な所有者である株主とは少なくとも短期的には，独立に行動する．その反面，このような実体的な組織の株式やその発行した負債が金融資産として，自由に市場で取り引きされる．人々はこのような負債を金融資産として保有し，企業の生産活動の実質的内容とは無関係に，ただ，市場価格の変動にともなうキャピタル・ゲインの可能性を求めて行動する．

一方では，きわめて固定性の高い生産要素と組織をもった生産企業によって生産活動がなされ，他方では，それらの企業の株式や負債がきわめて流動性の高い金融資産として，主としてキャピタル・ゲインを求めて投機的に取り引きされる．これがいわゆる現代資本主義の基本的な特徴であって，そこには，ソースティン・ヴェブレンの言うインダストリー(産業)とビジネス(営利)の乖離，あるいは生産と利潤の対立が，市場経済における資源配分のプロセスをますます不安定的なものとしてゆく．このような市場経済制度のもとにおける不安定性の高まりは，1920 年代におけるアメリカ経済の繁栄の基本的性格と，そのあと襲った大恐慌とに典型的に現われている．マクロ経済分析の枠組みのなかで，この不安定性をどのように表現したらよいであろうか．この問題に解答を与えようとしたのがケインズの『一般理論』だったのである．しかし，ケインズ以後，とくにヒックスによって代表されるケインズ解釈はこの点をまったく無視したものになってしまった．

マクロ経済理論の主要な課題は，雇用量，国民所得，投資，消費，物価水準，賃金，利子率などというマクロ経済的な諸変量がどのようなメカニズムを通じて決定されるかということを解明しようとするものである．この問題を考察するためには，資本主義的な市場経済の制度的な諸条件を明らかにし，それらが経済循環のプロセスにかんしてどのようなかかわりをもつかということを明らかにしなければならない．このとき，とくに重要なことは，国民経済を構成するさまざまな種類の市場について，その価格形成のメカニズムがどのような点において相違しているのか，ということを明確にすることである．市場は，その均衡過程にかんする条件によって二つのタイプに分けられる．第1は，需要と供給とが等しくなるような均衡価格が常に成立しているような市場である．第2のタイプは，需要と供給とが乖離しても必ずしもその乖離を是正するようなメカニズムが作用しないか，あるいは作用しても，均衡価格に到達するまでにかなりの時間的経過を必要とし，その間に他の市場や経済的変量もまた変わってしまうような性格をもつものである．

第1のタイプの市場は一般に，ストックの次元における取引がおこなわれるような市場に対応する．ストックの次元における取引というのは，各時点でそのときどきに存在する財あるいは資産の所有権にかんして，その売買をおこなうような市場である．そのもっとも典型的なケースは，短期金融資産を売買するいわゆるマネー・マーケットである．マネー・マーケットは，ロンドンのインターバンク・マーケット，ニューヨークのフェデラルファンド・マーケット，あるいは東京のコール市場にみられるように，主として銀行，金融機関など限定された組織が市場を構成し，電話などを利用して，大量の資産をきわめて短時間の間に取り引きする市場であって，各時点で現に存在する資産の所有権を売買するものである．株式市場，公社債市場などの国内金融資産市場，さらに外国為替市場など多様な形態をもっている．また，在庫を取り引きする市場もまた，在庫に対する所有権，倉荷証券の売買であって，必ずしも現物の移動を意味しないから，マネー・マーケットと同じように，ストックの次元における取引をおこなう市場である．これらの市場については，もし需要と供給とが異なるときには，ただちにその乖離をなくそうとする動きが起こって，価格が動き，需要と供給とが等しくなるような価格が実現するまで，市場における調整がつづけられることになろう．外生的な条件が変化したときには，それによって，生ずる需要と供給との乖離をただちに解消するように市場の構成員が動き，価格が調整される．一般に，ストックの次元における取引がおこなわれるような市場は，第1のタイプの均衡型の市場となっていると考えてよい．

これに反して，フローの次元における取引がおこなわれる市場については，第2のタイプの市場形態が一般的である．フローの次元における取引がおこなわれるような市場というのは，供給も需要もともに価格の変化に応じてただちに変えることができないような技術的，空間的，ないしは制度的な条件が存在する場合であって，単位時間当たりの供給量ないしは需要量の変化率を変えることによって調整することができるような場合である．たとえば，生産要素がすべて固定的であって，生産量の調節については時間的経過を必要とするような財・サービスについて，価格が変わっても生産量をただちに調節することが不可能であって，企業は必ずしも利潤が最大となるような規模ないしは生産要素の組み合わせをもって生産活動をおこなうことはできない．需要面にかんしても同じような制約条件が存在するときには，需要量は，効用最大の水準に必ずしも調節されない．一般に，財・サービスの取引にかんする市場はこのような性格をもち，第 2 のタイプに属すると考えてよい．

以上の説明から類推されるように，ストックの次元における取引がなされるような市場については，各時点で需給が均等しているような状況が実現していると仮定し，フローの次元において取引がなされる市場にかんしては，不均衡状態が一般的である．この考察にもとづいてマクロ経済モデルの構築を試みることにしよう．

新古典派的なマクロ均衡

新古典派のマクロ経済理論においては，フローの次元とストックの次元とのどちらについても，均衡が成立しているように考える．新古典派理論は，セーの法則，貨幣数量説と貸付資金説とによって特徴づけられるが，利子率にかんする貸付資金説はつぎのような内容をもつ．利子率がある水準に与えられたときに，その利子率のもとで人々がどれだけ資金に対する需要をもち，また貸付資金をどれだけ供給しようとするかということから，貸付資金に対する需要と供給とが定まる．貸付資金に対する需要がその供給を上回るときには，利子率は上昇する傾向をもち，逆の場合には利子率の下降を惹き起こす．均衡市場利子率は，貸付資金にかんする需要と供給とが等しくなるような水準に決まってくるというのが，新古典派の利子率決定の理論であった．貸付資金に対する需要はとりもなおさず投資のための資金需要であり，その供給は貯蓄の額に等しい．したがって，貸付資金説は，投資と貯蓄とが等しくなるように市場利子率が決定されるということを意味する．すなわち，フローの投資量とフローの貯蓄量との均等によって利子率が決まるということを前提としている．

この新古典派の利子率決定理論では，貯蓄は所得水準によって大きく左右されるから，利子率水準は，所得が決まらなければ決まらない．新古典派では，所得水準は完全雇用に見合う水準に決まってくると考える．また，投資は現在の所得水準には直接関係なく，むしろ現在から将来にかけて所得がどう変わるかということに対して企業が形成する予想にもとづいて左右される．

完全雇用に見合う所得水準に対して，貯蓄額が利子率の変化に対応してどのように変わるかということを明示したのが図 30-2 の第 2 象限にある SS 曲線である．利子率 i は縦軸にとり，横軸は(実質単位ではかった)貯蓄額あるいは投資額をはかる．利子率 i の上昇に対して，貯蓄

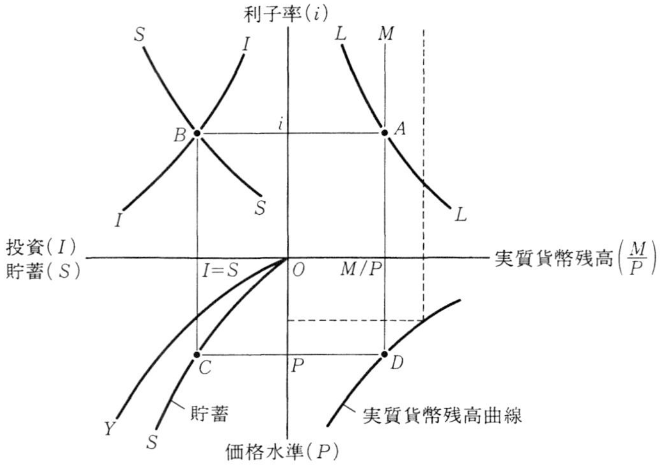

図 30-2　新古典派の図式

額は多少とも増加する傾向をもつ．これに対して，投資額は II 曲線によって表わされるが，利子率 i の上昇にともなって投資量は減少する．新古典派の利子率は，この二つの曲線，SS と II の交点 B に対応して決められる．

利子率 i の変化にともなって，人々が貨幣保有に対してもっている需要量がどのように変わるかということは，図 30-2 の第 1 象限の LL 曲線によって表わされる．横軸は，実質貨幣残高(名目的な貨幣残高 M を物価水準 P で割ったもの)がはかられている．利子率 i の上昇は，実質貨幣残高に対する需要の減少を惹き起こす．名目的貨幣供給量 M は政策的に与えられており，物価水準 P が決まっているときには，MM 曲線のように垂直線によって貨幣供給量が表わされることになる．物価水準 P は，第 2 象限の II, SS 曲線の交点 B から決まってきた利子率がちょうど LL 曲線と MM 曲線との交点 A に対応するように決まっていなければならない．もしかりに，物価水準 P が A 点に対応するものより高く，したがって MM 曲線が左方に位置していたとすれば(破線で描かれているように)，貨幣保有に対する需要が供給を上回り，人々は財に対する需要を減らして，貨幣を求めようとするであろう．このとき，価格水準は低下して，MM 曲線は右の方にシフトすることになる．逆に，MM 曲線が A 点に対応するものより右方に位置していたとすれば，貨幣保有に対する需要が供給を下回り，人々は貨幣を財に替えようとし，財に対する需要が増加し，物価水準は上昇する．このとき，MM 曲線は右方にシフトする．

このようにして，物価水準 P の調整を通じて，A 点に対応するように物価水準が決まってくる．すなわち，第 1 象限と第 2 象限とにおいて決まってくる利子率 i が一致するのは，貨幣数量説の考え方にもとづいて物価水準 P が定まってくると仮定するからである．参考のために，第4象限に物価水準 P と実質貨幣残高 M/P との関係を示す．

第3象限は，市場利子率 i が均衡水準に与えられているとき，総供給額曲線 OY と貯蓄曲線 OS とを物価水準 P との関係において図示したものである．

ケインジアンの考え方

このような新古典派の考え方に対して，普通ケインジアンと呼ばれる人々の考え方はつぎのように要約されよう．図30-3には図30-2と同じような曲線群が描かれているが，その意味はまったく異なった性格のものとなっている．第1象限の MM 曲線は，名目的な貨幣供給量 M を価格 P で割った実質貨幣残高の供給量で，政策的に与えられていることは図30-2の場合と同じである．それに反して，LL 曲線は貨幣保有に対する需要のスケジュールを表わすが，所得水準は，総供給額と総需要額とが等しくなるような有効需要に見合うものであって，そのときに，貨幣保有に対する需要が利子率の変化にともなってどう変わるかということを表わす．利子率は，貨幣と他の金融資産とが交換されるような市場で決定されると考える．すなわち，利子率 i は，貨幣を単位額だけ単位期間保有するということに対して支払う価格であって，広義のマネー・マーケットで決まってくるものであって，さきに述べたように，ストックの次元における取引をおこなう市場で決定されることになる．この間の事情を表現したのが，図30-3の第1象限の図であって，貨幣保有に対する需要と供給とを表わす LL 曲線と MM 曲線との交点 A において市場利子率が決定される．

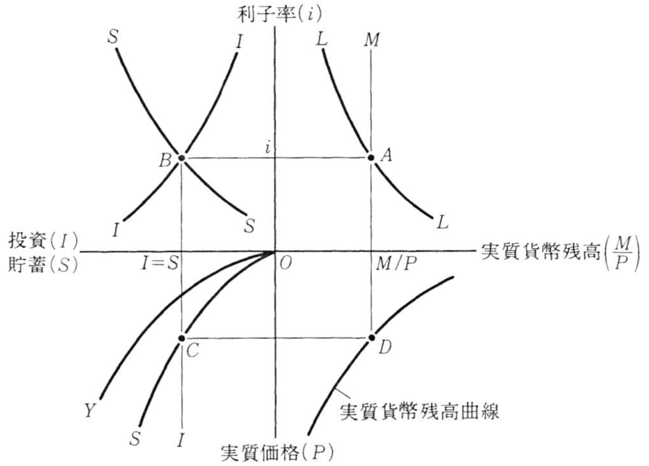

図30-3　ケインジアンの図式

もし市場利子率が A 点に対応する水準より高いときには，貨幣保有に対する需要が供給より小さくなり，人々は，貨幣の代わりに金融資産を求めることになり，証券価格が高くなり，

市場利子率 i は低下する傾向をもつ．逆の場合には，市場利子率は上昇する傾向をもつ．ストックの次元における価格調節のスピードははやく，市場均衡が常に達成されていると考えれば，A 点に対応する利子率が市場で実現するものとなる．これが利子率決定にかんするケインズの流動性選好理論である．

労働雇用量，国民所得は，有効需要の理論によって決定される．その要点は第3象限に図示される．第1象限の A 点によって決まってきた利子率に対応して，投資量が第2象限の II 曲線から求められる．これによって，第3象限の II 直線の位置が定まるが，貯蓄曲線 OS は，総供給額曲線 OY から求められたものである．総供給額曲線 OY は，（賃金単位ではかった）価格 P に対応して，限界主要費用が価格 P に等しくなるような生産水準に見合った額として定まってくる．したがって，総供給額曲線 OY 上の各点において，すべての企業は利潤が最大となるような規模で生産がおこなわれていることを意味する．有効需要は，第3象限の II 曲線と OS 曲線とが交わる点 C によって与えられる．

このようにして決まってくる有効需要に対応する所得水準 Y がじつは，第1象限における貨幣保有に対する需要曲線 LL を導きだすときに使われたものと一致し，さらに，第2象限の貯蓄曲線 SS を描いたときの所得水準とも一致する．しかし，新古典派の場合と異なって，ケインジアンの場合には，完全雇用は必ずしも実現しないで，非自発的失業の発生をみる．この間の事情はたとえば，ヒックスの IS・LM 分析など，標準的なケインジアンの図式から明らかであり，この点については周知のことであるのでここではふれないが，一つだけ言及しておきたいことがある．それは，有効需要の理論は労働の雇用が可変的であって，市場価格の変化にともなって瞬時的に生産規模を調節することが可能であるという前提のもとに展開されているということである．この前提はまた，財市場が完全競争的であるということをも意味することになり，価格が財の供給と需要との乖離に応じてきわめて速いスピードで調整されるということも暗黙裏に想定していると考えざるをえない．財の供給や需要という概念はフローの次元をもつものであり，さきに述べたように，このような市場において均衡が瞬時的に実現するという前提条件を仮定することは必ずしも容易でないし，また，さきに述べたように，現代資本主義の制度的前提条件を忠実に描写したものであるとはいいがたい．そこで，標準的なケインジアンの考え方とは異なって，不均衡動学の立場から，マクロ経済モデルの構築を試みたらどのような展開が可能となるのかということをみてみよう．

まず，もっとも単純なケースから始めることにして，価格の問題をまったく考慮しないマクロ・モデルの作成から説明することにしよう．

ある時点をとってみると，そのときの労働雇用量 N，実質国民所得 Y，名目的貨幣供給量 M，貨幣賃金率 W はすべて所与であって，短期的には変化しない．このとき，市場利子率 i は，貨幣保有に対する需要が供給に等しくなるような水準に定まる．この点はケインズの流動性選好理論と同じであるが，貨幣保有に対する需要のスケジュールは，有効需要に見合う国民所得水準に対応して導きだされたものではなく，所与の所得水準 Y に対応して求められたものである．このスケジュールは，図 30-4 において，LL 曲線によって表わされる．第 1 象限で，縦軸は利子率 i をはかり，横軸は貨幣残高 M をはかる．貨幣供給は MM 線によって与えられ，LL 曲線との交点 A に対応して市場利子率 i が決まってくる．

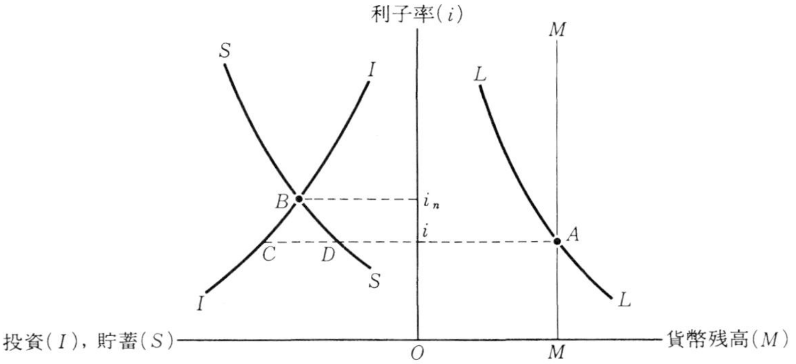

図 30-4　自然利子率と貨幣残高の関係

第 2 象限には，投資曲線 II と貯蓄曲線 SS とが描かれている．投資曲線 II が図のように左下がりになっているのは，利子率 i が上昇したとき，投資量 I は減少するということを意味している．また，貯蓄曲線 SS は，所与の所得水準 Y に対応して描かれたものであって，利子率 i が上昇すれば，貯蓄額も多少は増加するという仮定がもうけられている．貨幣保有に対する需給の均等条件から決まってきた市場利子率 i は必ずしも，投資と貯蓄の均等条件から求められる利子率の水準(i_n と呼ぶことにしよう)とは一致しない．投資と貯蓄とが等しくなるような利子率 i_n は，自然利子率と呼ばれるものと考えてもよい．図 30-4 で示している場合については，自然利子率 i_n は市場利子率 i より高く，投資が貯蓄を CD だけ上回る．このとき，財市場では超過需要が CD だけ存在することになり，雇用水準 N あるいは所得水準 Y の上昇を惹き起こす．国民所得の上昇は一方では，貯蓄曲線 SS の左方へのシフトを誘発し，II 曲線との交点 B は下方に動き，自然利子率 i_n は低下する傾向をもつ．他方では，LL 曲線は右上方にシフトし，貨幣供給線 MM との交点 A は上方に動き，市場利子率 i は上昇する．その結果，自然利子率 i_n と市場利子率 i との乖離は小さくなり，長期的には，この二つの利子率が一致する傾向をもつ．すなわち，さきにケインジアンの場合として論じた状態が，このようなメカニズムを通じて実現したことになる．

動学的な不均衡過程

つぎに価格を明示的に取り入れて，動学的な意味で不均衡な過程としてとらえてみよう．こ

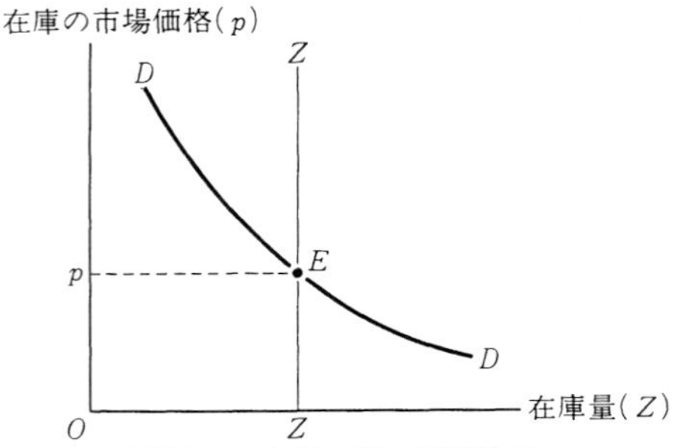

図 30-5　在庫市場の価格決定

のために，労働雇用量 N だけでなく，財の在庫量 Z もまた各時点で所与の変量となる．在庫が取り引きされるようなストックの次元の市場を想定すると，そこで決まってくる市場価格 p は，在庫保有に対する需要と在庫の現存在量が等しくなるような水準である．このように，在庫市場における均衡過程は，マネー・マーケットとまったく同じような性格をもつことになる．

図 30-5 は，在庫市場における価格決定のメカニズムを図示したものである．縦軸は，実質価格 p(名目価格 P を貨幣賃金率 W で割ったもの)をはかり，横軸は在庫のストック量 Z をはかる．在庫保有に対する需要は図の DD 曲線のように右下がりの曲線によって表現される．在庫のストックを表わす ZZ 曲線と DD 曲線との交点 E において，在庫市場の均衡が成立する．この在庫市場の均衡価格 p は，一方では生産者価格を左右し，他方では消費者価格に影響を与える．在庫保有に対する需要は，市場利子率 i によって影響をうける．市場利子率 i が上昇すれば，在庫保有のコストが大きくなり，DD 曲線は左下方にシフトする．したがって，均衡市場価格 p は下落する．したがって，価格水準 p と市場利子率 i との間に存在する関係は，

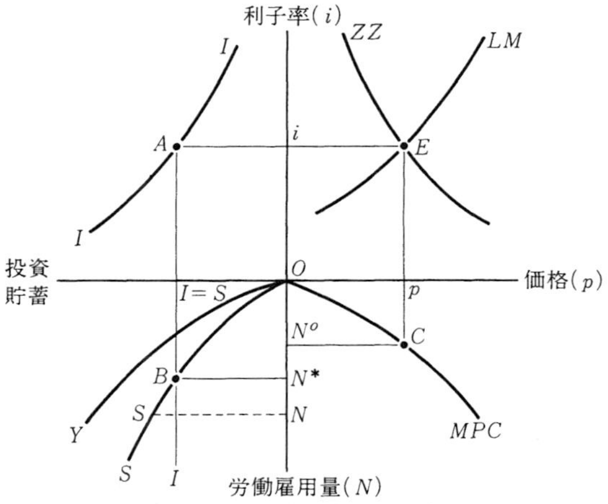

図 30-6　不均衡動学の図式

図 30-6 の第 1 象限に描かれている ZZ 曲線で表わされる．この ZZ 曲線上の各点で，在庫保有に対する需要が在庫の存在量 Z と等しくなっている．これに対して，LM 曲線は，貨幣に対する需要が供給と等しくなるような利子率と価格水準との組み合わせを表わす．

いま集計的生産関数を，

$$Q = f(N)$$

によって表わせば，(賃金単位ではかった)国民所得 Y はつぎのようにして定義される．

$$Y = pf(N).$$

ただし，p は財の市場価格であり，N は現時点で所与の労働雇用量とする．財の市場価格 p が変化するとき，雇用量 N は一定水準に保たれるが，実質国民所得 Y はそれに応じて変化する．

価格水準 p が高くなると，所得 Y も高くなり，貨幣保有に対する需要は増加し，したがって，市場利子率 i も高くなる．この間の事情は図 30-7 に図示されている．

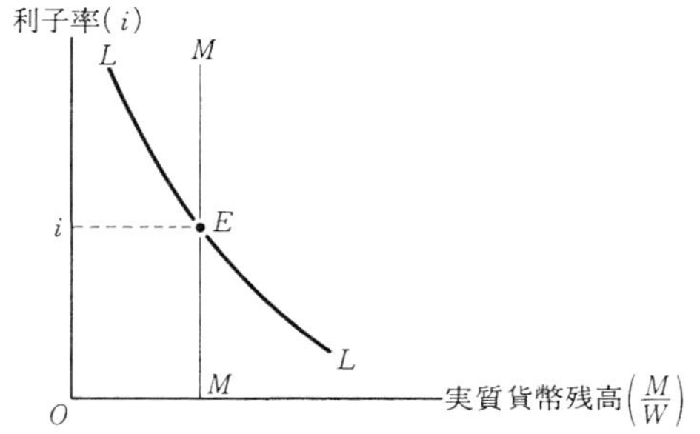

図 30-7　市場利子率と貨幣残高

縦軸は市場利子率 i をはかり，横軸は(賃金単位ではかった)実質貨幣残高 M/W をとる．貨幣保有に対する需要のスケジュールは，LL 曲線のように右下がりの曲線によって表わされる．貨幣供給量 M と貨幣賃金率 W とは所与であるから，実質貨幣残高は MM 線のように垂直な直線によって表わされる．マネー・マーケットの均衡は，LL 曲線と MM 直線との交点 E によって与えられ，そのときの利子率 i が均衡市場利子率となる．財の市場価格 p の上昇は，実質国民所得水準 Y の上昇を誘発し，LL 曲線は右上方にシフトすることになる．このとき，市場利子率も上昇する．

したがって，マネー・マーケットが均衡するような財の市場価格 p と市場利子率 i との間には，図 30-6 の第 1 象限にある LM 曲線のように右上がりの曲線によって表わされることになる．在庫市場とマネー・マーケットとがともに均衡するような点は，ZZ 曲線と LM 曲線との交点 E によって与えられる．

図 30-6 の第 4 象限には限界主要費用 MPC のスケジュールが表わされている．縦軸には(負の方向に)労働雇用量をとっていて，第 1 象限の均衡条件から求められた市場価格 p に対応し

て，限界主要費用のスケジュール MPC から労働雇用量 N^o を求めることができる．すなわち，労働雇用量が N^o のときに，各生産者の利潤が最大になるような規模で生産活動がおこなわれていることになる．

ちなみに，雇用量 N^o のときに，労働の限界生産が実質賃金に等しくなって，ケインズが『一般理論』で導入した第一公準がみたされることになる．

有効需要に対応する労働雇用

つぎに，有効需要に対応する労働雇用量 N^* を求めてみよう．図 30-6 で，第 2 象限には投資の限界効率を表わす曲線 II が描かれている．横軸には実質投資額を負の方向にとり，各投資水準に対して，その限界効率を示したのが II 曲線である．在庫市場とマネー・マーケットとの均衡条件から求まった市場利子率に対応して，投資量 I がこのスケジュールから定まる．

他方，第 3 象限には，総供給額曲線 OY と貯蓄曲線 OS とが描かれている．総供給額曲線 OY は，労働雇用量のある水準が与えられたときに，その水準だけの労働雇用をおこなったときに生産者の利潤が最大となるような価格を用いて，生産物を評価したものであると考えてもよい．貯蓄曲線 OS は，総供給額曲線 OY から，利子率には依存しないような貯蓄性向を掛けて得られたものとする．式で表わせば，つぎのようになるであろう．

$$Y = pf(N), \quad p = \frac{1}{f'(N)}.$$

さて，第 2 象限から得られた投資と，第 3 象限に描かれている貯蓄曲線とが交わる点を B とする．B 点に対応する労働雇用量を N^* とすれば，この水準 N^* のときに，投資と貯蓄とは等しくなり，有効需要に見合う水準となることがわかるであろう．

以上導きだされた雇用量 N^o と N^* とは，それぞれ利潤最大条件と財市場均衡条件とに対応するものとなっている．しかし，現実の雇用量 N が，これらの N^o あるいは N^* と一致する保証はない．現時点における労働雇用量 N は，過去において企業と労働者との間に交わされた雇用契約によって決まってしまっているもので，現時点ではそれを変えることが不可能であるか，あるいはかりに可能であっても，企業は大きなペナルティを支払わなければならないからである．

利潤最大点に対応する労働雇用量 N^o が現実の雇用量 N より小さいときには(図 30-6 に例示してあるように)，各生産企業はその労働雇用量を減らすように努めるであろう．したがって，時間的経過にしたがって，労働の雇用量 N は減少する傾向を示すであろう．逆に，N が N^o より大きいときには，雇用量 N は時間の経過にともなって増加する傾向を示すに違いない．すなわち，

$$\dot{N} \sim N^o - N.$$

ここで，$\dot{N}$ は雇用量 N が時間的経過にともなってどれだけ変化するかということを表わし，ティルダ(～)は，式の両辺が常に同じ符号をもっているということを示す．

つぎに，有効需要に見合う雇用水準 N^* について考察してみよう．図 30-6 に例示してあるように，現時点での雇用量 N が有効需要に見合う水準 N^* より大きかったとしよう．このとき，実際の投資および貯蓄は，第 3 象限の直線および OS 曲線によって与えられることになるから，貯蓄 S が投資を上回る．したがって，在庫投資がおこなわれ，在庫のストック量 Z は増加する．実際の雇用量 N が N^* より小さいときには，逆に投資が貯蓄を上回り，在庫ストック量が減少する．この間の事情を式で表わせば，

$$\dot{Z} \sim N - N^*$$

となる．ただし，$\dot{Z}$ は在庫ストックの変化率を表わす．

ストックの次元の市場については，各時点で需給が均等し，フローの市場にかんしては，必ずしも均衡が実現していないという点に焦点を当てたのが，ここに紹介した不均衡動学の考え方である．くわしい点については宇沢(1986)にゆずることにして，ここでは簡単にふれておこう．

不均衡動学の基礎

まず，現時点の労働雇用量 N が増えたとき，どのような影響があるだろうか．N の増加は，実質国民所得 Y の上昇をもたらすから，図 30-5 で在庫保有に対する需要曲線 DD は上方にシフトし，市場価格 p は高くなる．したがって，図 30-6 で，第 1 象限の ZZ 曲線は右上方にシフトする．また，図 30-7 の LL 曲線も右方にシフトするから，図 30-6 の LM 曲線も上方にシフトする．したがって，ZZ 曲線と LM 曲線との交点 E は上方に動き，市場利子率は高くなる．価格水準 p が高くなるかどうかということは，在庫保有および貨幣保有に対する需要の価格，利子率弾力性の大小に依存するが，一般に，現在の労働雇用量 N の増加は，市場価格 p の上昇をもたらすと考えてよいであろう．現在の労働雇用量 N の増加によって市場利子率 i が上昇するから，第 2 象限からみられるように投資量 I は減少し，有効需要に見合う労働雇用量 N^* もまた減少することになる．また，市場価格 p の上昇は，図 30-6 の第 4 象限の限界主要費用 MPC のスケジュールからわかるように，最適雇用水準 N^o の上昇を惹き起こす．したがって，在庫水準に変化が起きないような状態 ($\dot{Z}=0$) も，労働雇用量に変化が起きないような状態 ($\dot{N}=0$) もどちらも，図 30-8 に示すように，それぞれ右下がりの曲線 AA および BB によって表わされる．図 30-8 は，横軸に在庫ストック量 Z をとり，縦軸には実際の雇用量 N をとる．AA 曲線は，$\dot{Z}=0$ となるような (Z, N) の組み合わせ，BB 曲線は $\dot{N}=0$ となるような組み合わせを表わす．図 30-8(a)のようなケースのときには，長期均衡点 $(\bar{Z}, \bar{N})$ は不安定となり，サドル・ポイント的な様相を呈する．これに対して，(b)のようになるときには，安定的

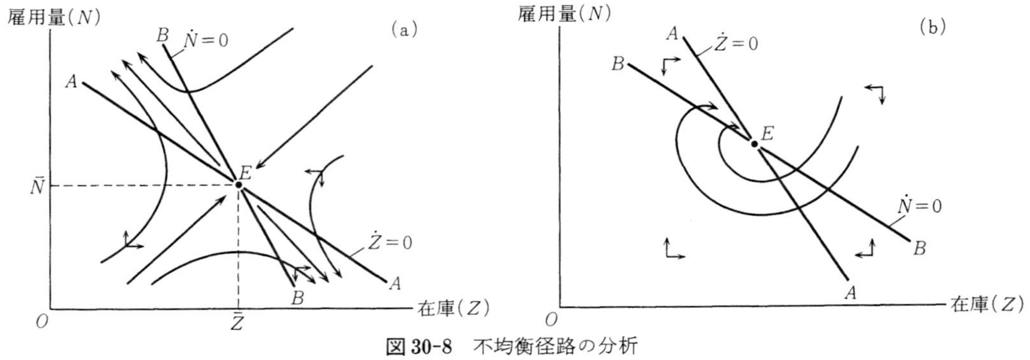

図 30-8　不均衡径路の分析

か，あるいは循環的となる．いずれの場合にも，定常状態 $(\bar{Z}, \bar{N})$ は瞬時的に実現するものではなく，労働雇用量 N および在庫量 Z の調整を経て，近づいてゆくような状態である．この定常状態ではいうまでもなく，

$$N = N^o = N^*$$

が成立する．すなわち，ケインズの第一公準が妥当し，かつ労働雇用量が有効需要に見合う水準となっている．したがって，この定常状態が，ヒックスの $IS \cdot LM$ 分析にもとづく均衡点であることになる．いわゆるケインズ=ヒックス均衡であるが，この均衡は瞬時的均衡ではなく，在庫および労働雇用の調整を経たのちの均衡(マーシャルの意味の短期的均衡に相当すると考えてよい)であることを改めて注意しておきたい．

したがって，貨幣供給量の変化や財政支出の変化という経済政策のマクロ経済的な効果を検討するためには，定常状態 $(\bar{Z}, \bar{N})$ がどのように変化するのかということをみることによって分析することはできない．

いま，貨幣供給量 M がなんらかの事情によって増加したとしよう．図 30-7 の MM 線は右方にシフトするから，図 30-6 の第 1 象限における LM 曲線は下方にシフトする．このとき，市場利子率 i は低下し，投資 I が増加し，有効需要は大きくなる．したがって，N^* は増大する．しかし，現時点での労働雇用量 N は変化しないから，貯蓄 S と投資 I との乖離が(図 30-6 の場合)減少し，在庫投資が減少する．また，LM 曲線の下方へのシフトは，財の市場価格 p の上昇を惹き起こすから，第 4 象限のスケジュールから明らかなように，最適雇用水準 N^o は高まる．N と N^o との関係が図 30-6 に示されているようなケースについて考えれば，貨幣供給量 M の増加は，労働雇用量 N の低下傾向を緩和するという効果をもっている．貨幣供給量が新しい水準のまま維持されるとすれば，それに対して定常状態 $(\bar{Z}, \bar{N})$ も変化する．

定常状態がどのようにして決まってくるかということをみるために，図 30-9 のように横軸に現時点での労働雇用量 N をとり，縦軸に最適雇用量 N^o または有効需要雇用量 N^* をとる．

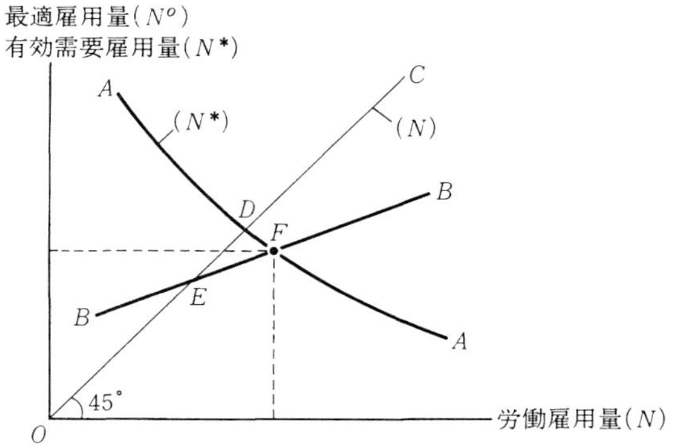

図 30-9　定常状態の決定

在庫ストック量 Z が所与のとき，有効需要 N^* は，現時点の雇用量 N が大きくなるにつれて減少するということが図 30-6 から示されるということは前に述べた通りである．したがって，有効需要量 N^* は，図 30-9 の AA 曲線のように右下がりの曲線によって与えられる．これに反して，現時点での雇用量 N の増加は，図 30-6 の第 1 象限の ZZ 曲線と LM 曲線とを同時に上方にシフトさせ，均衡価格 p を上方にシフトさせると仮定した．したがって，N の増加は最適雇用量 N^o をも増加させる．したがって，最適雇用量 N^o のスケジュールは，図 30-9 の BB 曲線のように右上がりの曲線で与えられる．これら二つの曲線が，45° 線 OC と交わる点をそれぞれ D, E とする．また，AA 曲線と BB 曲線との交点を F とすれば，定常状態はこの三つの点 D, E, F がすべて一致するような雇用量 N および在庫ストック量 Z の組み合わせ ($\bar{Z}$, $\bar{N}$) が実現したときである．

労働雇用量 N が所与のとき，在庫ストック量 Z の減少は，図 30-6 の第 1 象限の ZZ 曲線のみの上方へのシフトとなるから，利子率 i も価格水準 p もどちらも上昇する．したがって，有効需要量 N^* は減少し，最適雇用量 N^o は増加する．すなわち，在庫量 Z の減少によって，図 30-9 の AA 曲線は下方にシフトし，BB 曲線は上方にシフトする．つまり，所与の雇用量 N に対応して，D, E の 2 点が一致するような在庫量が存在する．この在庫量を Z^Δ と記すことにすれば，この Z^Δ は最初に与えられた雇用量 N の関数となる．

$$Z^\Delta = Z^\Delta(N).$$

またこのとき，D 点または E 点に対応する雇用量を N^Δ で表わすことにすれば，

$$N^\Delta = N^\Delta(N).$$

このとき，最初の雇用量 N が増加すれば，N^Δ は減少するから，$N = N^\Delta$ となるような雇用水準が必ず一つ存在する．この雇用量を $\bar{N}$ とすれば，

$$\bar{Z} = Z^\Delta(\bar{N})$$

とともに定常状態となることは明らかであろう．

貨幣供給量を増やしたとき，最適雇用量 N^o も有効需要 N^* もともに増加することは図 30-6 から明白である．したがって，図 30-9 の AA 曲線も BB 曲線もどちらも上方にシフトする．この場合，定常状態に対応する雇用量 $\bar{N}$ は前より大きくなり，同時に在庫水準 $\bar{Z}$ もまた高くなる．

財政政策の効果について，まったく同じようなことが主張される．すなわち，財政政策を変え，マクロ経済的な諸変量にどのような影響がみられるかということを分析する場合に，定常状態 $(\bar{Z}, \bar{N})$ がどのように変化するかということを問題にするのではなく，むしろ労働雇用量 N の変化率 $\dot{N}$ にどのような影響が及ぼされるのか，さらに在庫投資 $\dot{Z}$ にどのような変化が起き，これらを総合して，つぎの時点で価格，雇用量，投資などにどのような変化が惹き起こされるのかということをみなければならない．

このようなマクロ経済理論をさらに展開するためには，不均衡状態における個別的な経済主体の行動が均衡状態の場合とどのように異なるのかということを明らかにし，さらに市場における取引が不均衡状態のもとではどのようになされ，価格がどのようにして形成されるかということを分析しなければならない．

さらにストックの次元における取引にかんする市場については，将来の市場価格がどのような水準に決まるかということに対する予想が，需要のスケジュールを決めるときに重要な，おそらく決定的な役割を果たすであろう．このような問題について，これまでどのような考え方が導入され，どのような理論が展開されてきたかということを明らかにし，現在どのような試みが世界の経済学者の手によってなされているであろうか．この点は，『展開篇』にくわしく述べることにしたい．

参 考 文 献

Friedman, M.(1975). *A Theory of the Consumption Function*, Princeton, Princeton University Press(今井賢一・宮川公男訳『消費の経済理論』巌松堂，1961).

Haavelmo, T. V.(1960). *A Study in the Theory of Investment*, Chicago, University of Chicago Press.

Hicks, J. R.(1939). *Value and Capital*, Oxford, Clarendon Press(安井琢磨・熊谷尚夫訳『価値と資本』岩波書店，1951).

Keynes, J. M.(1936). *The General Theory of Employment, Interest and Money*, London, Macmillan(塩野谷祐一訳『雇用，利子および貨幣の一般理論』東洋経済新報社，1983).

Lerner, A. P.(1944). *The Economics of Control*, New York, Macmillan(桜井一郎訳『統制の経済学』文雅堂).

小谷清(1978).「市場経済分析の新たな枠組」『季刊現代経済』第 30 号.

――(1988).『不均衡動学』東京大学出版会.

Patinkin, D.(1956). *Money, Interest, and Prices*, Evanston, Row, Peterson(貞木展生訳『貨幣・利子および物価』勁草書房，1971).
宇沢弘文(1977).『近代経済学の再検討』岩波書店.
——(1986).『経済動学の理論』東京大学出版会.

第 VII 部　最 適 理 論

第31章　最適経済成長の理論

国民経済の最適成長径路について，すなわち，年々産出される国民総生産のうち，どれだけを消費および投資に当てるべきであるかという問題にかんしては，Frank Ramsey(1928)の古典的研究をはじめとして，Cass(1965)，Koopmans(1965)などによって，現代経済成長論における一つの基本的課題――いわゆる最適経済成長論(theory of optimum economic growth)――として論究されてきた．完全雇用のもとでは，経済成長率の増加，つまり投資財の産出量の増加は，希少資源の消費財部門への配分の減少をもたらし，現在の時点における消費水準の低下を招く．その消費水準の低下と，資本蓄積による将来の産出量の増加とをなんらかの基準によって比較し，希少資源の消費財および投資財部門への最適配分を求めて，国民経済の最適成長率を考察するのが，最適経済成長論の核心である．しかしながら，Ramsey-Cass-Koopmans の理論においては，消費径路にかんする選択基準がいかなる経済的主体の価値判断にもとづいてなされるのかという点については明確な規定がおこなわれていない．むしろ，きわめて抽象的な中央集権的な経済計画機構のもつ選択基準によって消費径路が比較されるとされていて，その選択基準が国民経済の構成要素である家計その他の経済的主体のもつ主体的価値基準にどのような意味で関連しているかについてはなんら論及されていない．分権的市場機構によって希少資源の配分がおこなわれる資本制経済においてのみならず，中央集権的社会主義経済においても，国民経済の成長径路についての選択基準は当然，それを構成する各経済的主体の主体的価値基準を反映すべきものであって，上に述べたような Ramsey-Cass-Koopmans 理論の概念的枠組みにはこの点に重要な問題が存在すると考えられる．

最適経済成長の理論は近年ようやくその萌芽的概念形成の域を脱して，価格論における動学的考察の主要な用具として，さらには最適経済政策または公共投資の問題を論ずるさいに，その理論的な枠組みを提供しつつある．このような現状において，その基本的思考方法をとくに各経済単位のもつ主体的価値基準の概念構成に焦点を合わせながら，解説することにしよう．

社会的な見地からする最適資本蓄積

第5章においては，個々の経済的単位が，その主体的選択基準にもとづいて所得の消費，貯蓄に対する配分をおこなうとき，その配分が所得水準または利子率によってどのような影響をうけるかについて論じてきた．このような私的な立場からの希少資源の動学的最適配分の問題に対応して，社会的な立場からの最適配分の問題を動学的に分析しようとするのが，最適経済成長論の目的である．このような社会的最適配分の問題を考えるにあたって，まずどのような選好基準によって最適性(optimality)を規定するかということを明確にする必要がある．さきにふれたように，最適経済成長論の先駆的論文である Ramsey(1928)をはじめとして，Cass(1965)，Koopmans(1965)などいずれも，選好基準については，たんにそれが抽象的な中央集権的な計画機構によって規定されるものであって，経済社会を構成している個々の経済的単位のもつ主体的価値基準との関連は明らかでない．ここでも，差し当たっては，社会的選好基準は，社会的に代表的な世帯(representative household)のもつ価値基準——くわしくは Fisher 的な時間選好関係——によって与えられるという前提にたつこととする．すなわち，すでに論じたような分権的市場機構における資源配分を決定する要因となっている主体的な価値基準がそのまま社会的資源配分に対して妥当するという前提である．静学的な希少資源の配分が問題となっているときには，分権的市場機構を通じての資源配分が Pareto の意味で最適である(Pareto optimum)という新古典派的厚生経済学の基本命題はそのまま妥当し，市場的配分と最適配分との乖離は生じない．しかしながら，動学的な資源配分については，この命題の妥当性については必ずしも充分な検討がおこなわれていないのが現状である．

さて，静学的な希少資源の配分について，以上に述べたように厚生経済学の基本命題が成立していると考え，動学的な問題に焦点を合わせるために，社会的な生産過程についてきわめてドラスチックな単純化をおこない，Solow-Swan 型の経済モデルを想定する．すなわち，生産物は1種類のみであり，消費財，投資財の区別はないとする．生産要素は資本，労働の二つのみであり，生産過程は限界代替率逓減の法則にしたがい，規模の経済，不経済はないと仮定する．したがって，1人当たりの国民総生産 y_t は資本・労働比率 k_t のみによって定まる．この生産関数を $f(k)$ とすれば，

$$y_t = f(k_t)$$

である．この生産関数 $f(k)$ については，つぎのような条件がみたされているとする．

$$f(0) = 0,\ \ f'(0) = \infty,$$
$$f''(k) < 0.$$

国民純生産 y_t は一部消費 c_t に当てられ，残りは資本蓄積 $\dot{k}_t$ に充当される．労働の増加率を n とすれば，資本蓄積の過程はつぎの方程式によって与えられる．

(1) $$\dot{k}_t = f(k_t) - c_t - nk_t,\ \ 0 \leqq c_t \leqq f(k_t).$$

初期時点0における資本量 k_0 から出発して，(1)式をみたす実現可能な(feasible)消費径路(c_t)のうち，代表的世帯のもつ時間選好基準のもとで，最適な径路を選ぶことを考えよう．以下簡単化のため，代表的世帯の時間選好基準は分離的かつ homothetic であると仮定し，したがって Fisher 曲線は消費水準 c の増加率 $\lambda = \dot{c}/c$ のみの関数 $\delta(\lambda)$ であるとする．

最適径路を求めるために，(1)式の動学過程について，限界変換率を計算する必要がある．第29章におけると同様にして各時点 t における限界変換率 r_t を厳密に定義し，(1)式によって規

定される動学的な生産過程について計算すれば，

$$r_t = f'(k_t) - n$$

によって与えられる．すなわち労働の増加率 n による補正項を無視すれば，限界変換率 r_t はその時点における資本の限界生産 $f'(k_t)$ に等しくなる．

消費径路 (c_t) が最適なるためには，時間選好率 δ_t が限界変換率 r_t に等しくなければならない．

$$r_t = \delta_t,$$

あるいは

$$(2) \qquad f'(k_t) - n = \delta(\lambda_t) \quad ただし \quad \lambda_t = \frac{\dot{c}_t}{c_t}.$$

最適径路を特徴づける二つの微分方程式(1), (2)の解の構造は図 31-1 の phase diagram によって分析される．

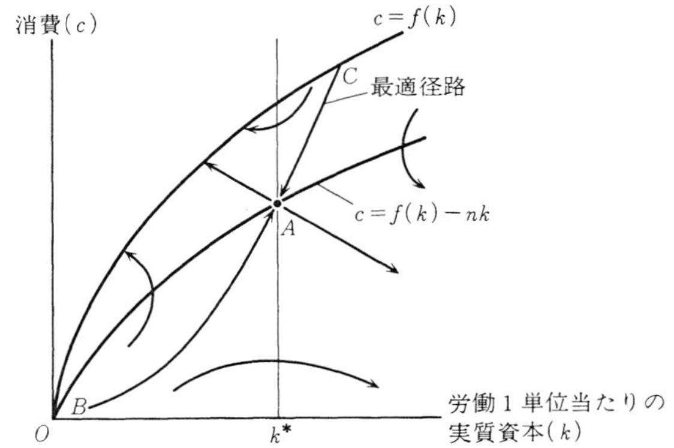

図 31-1　社会的見地からの最適資本蓄積径路

まず，消費水準 c が定常的であるのは限界変換率 $f'(k) - n$ が $\delta(0)$ に等しい場合，すなわち，資本・労働比率 k がつぎの条件をみたす k^* に等しいときである．

$$f'(k^*) - n = \delta(0).$$

k が k^* より小さいときには $\dot{k} > 0$ であり，k が k^* より大きいときには，$\dot{k} < 0$ である．

他方，資本・労働比率 k が定常的となるのは，消費 c が国民純生産 $f(k) - nk$ に等しい場合である．$c = f(k) - nk$ 曲線の下方では $\dot{k} < 0$ であることは(1)式より明白である．ただし消費 c は粗生産 $f(k)$ を超えてはならないという制約条件から，$c = f(k)$ 曲線の下方に限定されている．

したがって，(1), (2)式をみたす解は，一般に図 31-1 における矢印のついた曲線群によって表わされる．とくに定常点 $A = (k^*, c^*)$，ただし $c^* = f(k^*) - nk^*$，は鞍点となり，BA およ

び CA のような安定的な解が二つある．それらを $c=\psi(k)$ のように関数関係によって表示すれば，最適消費径路は，

$$c_t = \psi(k_t)$$

によって与えられる．すなわち，消費水準を適当に調節して，常に安定的な曲線 BAC 上にとどまりうるようにすれば，その結果得られた消費径路は最適なものとなる．

このようにして，最適資本蓄積径路は，feasibility の条件(1)とともに，限界変換率と時間選好率とが等しいという条件(2)とから一意的に定められる．

分権的市場機構が果たしてこの最適条件(2)をみたすような資源配分を実現するか否かについては，各経済的主体が将来の賃金率または利子率についてどのような期待を形成するかという点にかかわってくる．一般的に，将来の市場的条件の予見について完全予見(perfect forsight)の仮定がみたされていれば，市場機構を通じての動学的資源配分は最適となる．しかしながら，この完全予見の条件は，完全競争的市場の基本的前提とは整合的にはなりえない面をもっていて，市場機構になんらかの攪乱を与えないかぎり，その資源配分は動学的な見地からは最適になりえない．

市場的成長径路の最適性

分権的な市場機構を通じて実現する希少資源の配分は，動学的見地からすれば必ずしも社会的最適配分とはなりえないことはこれまでに多くの人々によって指摘されてきたところである．本項では，以上に展開してきた最適成長理論の方法を応用して，市場的成長径路の最適性を考察し，その最適成長径路からの乖離を分析してみよう．議論を単純化するために，Solow-Swan 型のマクロ・モデルによって問題とする経済社会の構造を類推することができるというこれまでの前提に加えて，経済社会を構成する代表的単位のもつ将来の市場利子率および実質賃金率にかんする期待は静学的(static)であると仮定する．すなわち，各代表的単位は，その消費・貯蓄行動を決定するにさいして，現在の市場利子率および実質賃金率がそのまま将来にわたって実現するのであろうと考えて計画をたてるものとする．Solow-Swan 型のモデルにおいては，市場利子率は実質資本の限界生産に等しくならなければならないから，ある時点 t にて資本・労働比率を k_t とすれば，そのときの市場利子率 ρ_t は，

$$\rho_t = f'(k_t)$$

となる．ただし，$f(k)$ は1人当たりの国民純生産を表わす集計的生産関数とする．

いま，労働供給の増加率を n とすれば，資本・労働比率 k_t の変化はつぎの式によって与えられる．

$$\dot{k}_t = s(\rho_t)f(k_t) - nk_t, \qquad (3)$$

ただし，$s(\rho)$ は第5章に導入された平均貯蓄性向関数である．

(3)式によって表現される市場均衡成長の動学的過程を分析するために，図31-2のように，横軸に(集計的な)資本・労働比率 k をとり，縦軸に平均貯蓄性向 $s=s(\rho)$，ただし $\rho=f'(k)$，あるいは $nk/f(k)$ をとる．市場利子率 $\rho=f'(k)$ は k の増加とともに減少するから，平均貯蓄性向 $s(\rho)$ も一般に k の増加とともに減少し，そのグラフは曲線 AA' のように右下がりの曲線によって表わされる．他方 $nk/f(k)$ は，限界生産逓減の法則によって，k の増加とともに増加し，そのグラフはたとえば曲線 BB' によって表現される．この二つの曲線 AA' と BB' との交点 C に対応する資本・労働比率を k^* とすれば，k^* は動学過程(3)の長期均衡比率となる．すなわち，資本・労働比率 k_t が k^* に等しいときには，この動学過程は定常状態にある．図31-2から明白なように，もし k_t が k^* より低いときには，平均貯蓄性向 $s_t=s(\rho_t)$ は，資本・労働比率を k_t に保つために必要な水準 $nk_t/f(k_t)$ よりも高くなり，資本・労働比率 k_t は増加する傾向にある $(\dot{k}_t>0)$．他方，k_t が k^* より高いときには，資本・労働比率は減少する傾向にあり $(\dot{k}_t<0)$，この動学過程(3)は安定的(stable)であることが証明される．すなわち，初期の時点の資本・労働比率の水準の如何にかかわらず，集計的な資本・労働比率 k_t は時間 t の経過とともに均衡比率 k^* に近づいていく．

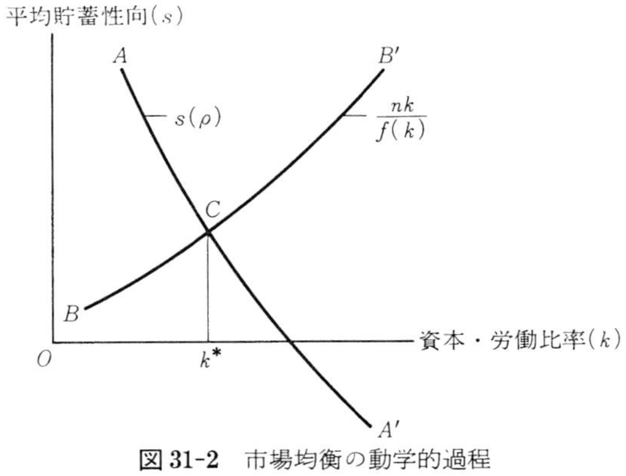

図31-2　市場均衡の動学的過程

このような安定的な長期的均衡資本・労働比率 k^* は，生産技術にかんする条件 $f(k)$，時間選好についての Fisher 関数 $\delta(\lambda)$ とならんで，労働供給の増加率 n とに依存して決定される．生産技術の革新はたとえば，生産関数の上方へのシフトを意味し，図31-2における BB' 曲線の下方へのシフトを誘発し，長期均衡比率 k^* の上昇をもたらす．また，時間選好率の増加は，たとえば Fisher 曲線の上方へのシフトによって表現されると考えれば，平均貯蓄性向曲線 AA' の下方へのシフト，したがって長期均衡比率 k^* の低下を誘発する．最後に，労働の増加率 n の上昇は，BB' 曲線の上方へのシフトをもたらし，長期均衡比率 k^* は当然低下する．

さて，このような市場均衡成長過程の最適性を論ずるために，Fisher 曲線が消費水準には依存しないで，その上昇率 $\dot{c}/c$ のみの関数である場合を考察する．動学過程(1)にかんする最適条件(2)を所得水準 $y=f(k)$ と平均消費性向 $x=c/y$ にかんする動学的条件に書き直せば，つぎのような微分方程式に変形することができる．

$$(4)\quad \begin{cases} \dfrac{\dot{y}}{y} = r\left(1-x-\dfrac{n}{a}\right), \\ \dfrac{\dot{x}}{x} = \lambda - r\left(1-x-\dfrac{n}{a}\right). \end{cases}$$

ただし，$\lambda=\dot{c}/c$ は消費水準の増加率，$a=f(k)/k$ は資本1単位当たりの生産量であるし，かつ $\delta(\lambda)=f'(k)$ をみたすものとする．

動学的条件(4)式の解を分析するために，図 31-3 におけるように，その phase diagram を考えてみる．y および x をそれぞれ横軸，縦軸にとって，$\dot{y}=0$ ならびに $\dot{x}=0$ に対応する曲線を求める．まず，$\dot{y}=0$ に対応する (y, x) は，

$$(5)\quad x = 1-\frac{n}{a},$$

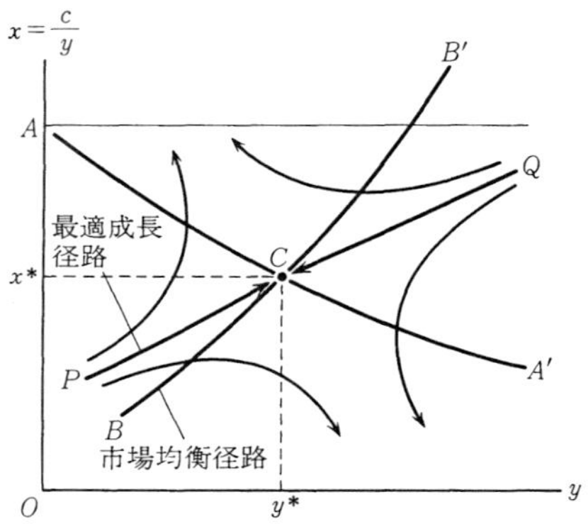

図 31-3　最適成長径路

ただし，$a=f(k)/k$, $y=f(k)$ によって与えられる．したがって，y の増加は k の増加をもたらし，(5)式によって与えられる x は減少する．すなわち，$\dot{y}=0$ は，たとえば AA' のように右下がりの曲線によって与えられる．他方，$\dot{x}=0$ をみたす (y, x) は，

$$(6)\quad x = 1-\frac{n}{a}-\frac{\lambda}{r}.$$

ただし，$\lambda=\dot{c}/c$, $r=f'(k)$．y の増加は，r の減少を誘発し，λ/r は減少する傾向にある．したがって，$\dot{x}=0$ に対応する曲線は，図 31-3 における BB' 曲線のように，必ずしも右上がりではないが，AA' 曲線よりも大きな勾配をもつ．したがって，AA' 曲線と BB' 曲線とは必ず一点 C で交わり，それに対応する y, x をそれぞれ y^*, x^* とする．この交点 C は(4)式によって与えられる動学過程の定常状態であり，その解は一般に矢印をもった曲線のような形をもっている．とくに C は鞍点で，PC および QC 曲線のように定常点 C に収斂する(4)式の解が二つあ

り，それがそれぞれ最適径路を与えることは，前項に論じた通りである．この最適径路 PCQ は，所得水準 y が均衡水準 y^* より低いときには，BB' 曲線の上方にあることは図31-3より推論される．

図31-3における BB' 曲線は，(3)式より明白なように，市場均衡成長径路に対応することもまた，第29章の所論と(6)式とから容易に導くことができる．すなわち，市場均衡径路は BC 曲線によって，最適成長径路は PC 曲線によって表現されるわけである．とくに資本・労働比率 k が長期均衡比率 k^* より低いとき，すなわち所得水準 y が y^* より低いときには，市場均衡状態における平均消費性向は最適消費性向より低いことが結論される．したがって市場均衡状態における資本蓄積率は最適成長率を上回ることを証明することができる．この結論は代表的単位の将来の市場条件にかんする期待が静学的であるという仮定にきわめて crucial に依存している点，必ずしも一般的なものではありえないが，市場均衡径路と最適成長径路との乖離を論ずるにさいして，一つの基準を与えるものと考えることができよう．

参考文献

Cass, D. (1965). "Optimum Savings in an Aggregative Model of Capital Accumulation," *Review of Economic Studies*, Vol. 32, pp. 233-240.

Fisher, I. (1930). *The Theory of Interest,* New York, Macmillan.

Hirschleifer, J. (1958). "On the Theory of Optimal Investment Decision," *Journal of Political Economy*, Vol. 66, pp. 329-352.

Koopmans, T. C. (1960). "Stationary Ordinary Utility and Impatience," *Econometrica*, Vol. 28, pp. 287-309.

——(1965). "On a Concept of Optimum Economic Growth," *Pontificiae Academiae Scientiarium Scripta Varia*, pp. 225-287.

Mills, F. (1968). "The Fisherian Schedule of Time Preference and the Optimum Propensity to Save," unpublished.

Ramsey, F. P. (1928). "Mathematical Theory of Saving," *Economic Journal*, Vol. 28, pp. 543-559.

Uzawa, H. (1968). "Time Preference, the Consumption Function, and Optimum Asset Holdings," in *Value, Capital, and Growth : Papers in Honour of Sir John Hicks*, edited by J. N. Wolfe, University of Edinburgh Press. Reprinted in *Preference, Production, and Capital : Selected Papers of Hirofumi Uzawa*, New York, Cambridge University Press, 1988.

——(1968). "Market Allocation and Optimum Growth," *Australian Economic Papers*, Vol. 7, pp. 17-27. Reprinted in *Optimality, Equilibrium, and Growth : Selected Papers of Hirofumi Uzawa*, Tokyo, University of Tokyo Press, 1988.

——(1969).「最適経済成長理論の再検討」『季刊理論経済学』第20号.

第32章　二部門成長モデルにおける最適資本蓄積

二部門経済の最適成長

二部門経済の資本蓄積過程について，これまで市場経済制度の文脈において分析してきた．このような市場経済制度のもとにおける資本蓄積過程が果たして社会的な観点から望ましい結果を生みだすであろうか．この問題は経済学にとって基本的な重要性をもつものであると同時に，経済計画，とくに発展途上諸国での経済計画を策定するさいに，中心的な問題となっている．これは，国民所得のうち，どれだけを現在の消費に当て，どれだけを貯蓄すべきかという問題であり，かつてラムゼイによって取り上げられたものであり，近くはキャス，クープマンスなどの経済学者によってさらに展開されたものである．この点についてくわしいことは第31章で説明したので，ここではもっぱら二部門経済モデルの枠組みのなかで，この最適資本蓄積ないしは最適成長の問題を考察してみよう．これは，さまざまな希少資源をどのようにして消費財産業と投資財産業とに配分すべきかという問題として定式化され，スリニヴァサン[Srinivasan(1964)]，宇沢[Uzawa(1964)]によって展開されたものである．もともと二部門経済モデル自体がじつは，この最適蓄積の問題を解決するためにつくられたものであるともいえよう．

問題を単純化するために，技術革新，外国貿易(とくに資本流入)など，一般に経済発展の過程において重要な要因と考えられる面を捨象して考えることにする．これらの点については，『展開篇』で議論することにしたい．

経済成長の過程をどのような基準によって判断すべきであろうか．第5章では，アーヴィング・フィッシャーの時間選好理論にもとづいて，個別的な経済主体の消費計画にかんする選好基準を考察した．社会全体の経済厚生を考えるときには，基本的には，このような inter-temporal preference ordering にもとづいて，その異時点間にわたる蓄積径路を比較すべきであろうが，ここではもっと単純化して，1人当たりの消費について，現在から将来にかけて，割引現在価値によって，一国の経済成長の経済厚生的パフォーマンスを判断するという前提のもとで議論を進めることにしよう．しかし，これまで説明してきた二部門経済モデルは主として，先進工業諸国に焦点を当ててきたので，いくつかの重要な点で修正しなければならない．ここで考察している二部門経済モデルでは資本蓄積が必ずしも十分おこなわれていなくて，しかも技術的な水準も高くないという点に留意しなければならない．とくに，ある一定の人口増加率を保つためには，少なくとも1人当たり最低水準の生活を維持するために必要な消費財の生産がおこなわれていなければならない．資本・労働比率がある程度高くなっている経済については，この前提条件は常にみたされていると考えてよい．しかし，資本・労働比率が低く，人口増加率が比較的高いような経済にかんしては，いわゆる「貧困の悪循環」(vicious cycle of poverty)という現象が起こる可能性を排除することができない．このような現象がどのような状況で起こるのであろうか，という問題についても，これから展開する二部門経済モデルの最適成長理論のなかで考察したい．

ここで問題となっていることを数学的に定式化すれば，すべての実現可能な成長径路のなかで，1人当たりの消費の割引価値を積分した値を最大にするような径路を見いだすというものであって，ハーヴィッチ[Hurwicz(1958)]によって展開された線型空間のなかでのリニヤー・プログラミング(linear programming)の問題である．ハーヴィッチやその他の人々によって展開された方法，とくにクーン=タッカー定理の拡張を適用できる領域である．しかし，具体的な解を求めるためにはむしろ，古典的な変分法の手法を適用する方が有用である．ただし，ここで考察する問題は，その最適解が内点ではなく，いわゆるコーナー解(corner solution)をもつので，標準的なオイラー=ラグランジュの方程式の形には還元されない．むしろ，ポントリャーギンの最大法(Pontryagin's maximum method [Pontryagin et al.(1962)])が有効である．このような数学的な側面については，ここではふれないで，本章では，第25章で展開したような二部門経済モデルにかんする性質を活用して，問題を解くことにしよう．主要な分析用具は，オイラー=ラグランジュ方程式の簡単な拡張である．そのさい，基礎となる微分方程式体系は，消費財が投資財より資本集約的であるか，否かにしたがって，まったく異なった構造をもっている．第25章で，市場経済制度のもとで二部門経済成長モデルを論じたときに，この資本集約度条件が重要な役割を果たしたのであるが，ここでも同じような状況がみられる．

結論を先取りしていえば，最適経済成長径路はつぎのような構造をもつことが示される．資本・労働比率があるクリティカルな水準より低いときには，まず消費財を最低の生存水準をみたすだけ生産し，残りはすべて資本蓄積に当てられる．資本・労働比率が高くなって，もう一つのクリティカルな水準に達したときに，消費財の生産が徐々にふえ，均斉的な水準に近づいてゆく．しかし資本集約度条件の如何によって，具体的な資本蓄積のパターンはそれぞれ本質的に異なった面をもつ．

ここで考察する二部門経済モデルの基本的構造は第25章で導入したものである．説明の便宜上，ここで繰り返して本章の議論に必要なかぎりその要約を述べておこう．ここで考察する経済は，投資財と消費財の二つの財を生産しているが，それぞれ資本と労働を用いて，異なる生産技術を使って生産されている．各部門——I部門とC部門——の生産技術はそれぞれ生産関数

$$y_j = F_j(K_j, L_j) \qquad (j = I, C)$$

によって表現されるものとする．第9章で仮定したように，収穫一定の法則と限界代替率逓減の法則とがみたされ，結合生産物の可能性は排除する．労働人口 $L(t)$ は外生的に与えられるものとし，その増加率

(1) $$\frac{\dot{L}(t)}{L(t)} = \nu$$

は一定であり，経済的な諸条件によって影響を受けないとする．

また，労働人口は総人口の一定割合を占め，消費にかんする外部不経済は存在しないとする．[第34章で展開するような社会的共通資本を無視して考えるということを意味する．この点については第34章でくわしく議論することにしたい．] したがって，労働人口の増加率を ν の水準に保つために必要な最低限の消費財の量は一定であると仮定できる．この最低生存水準を，消費財を単位としてはかって $w_{\min}$ で与えられているとしよう．

各時点 t における資本の賦与量 $K(t)$ は過去になされた資本蓄積の結果として決まってくる．いま t 時点における投資財の産出量を $Y_I(t)$ とすれば，

(2) $$\dot{K}(t) = Y_I(t) - \mu K(t).$$

ここで，μ は資本の減耗率で，一定であると仮定する．

投資財の産出量 $Y_I(t)$ は，I 部門に配分された資本と労働の量，$Y_I(t), L_I(t)$ によって決まってくる．

(3) $$Y_I(t) = F_I(K_I(t), L_I(t)).$$

他方，t 時点における消費財の産出量 $Y_C(t)$ は，C 部門に配分された資本と労働の量，$K_C(t), L_C(t)$ に依存して決まってくる．

(4) $$Y_C(t) = F_C(K_C(t), L_C(t)).$$

I 部門と C 部門に配分された資本と労働は，その時点で利用可能な賦与量を超えてはならない．

(5) $$K_I(t) + K_C(t) \leqq K(t), \quad K_I(t), K_C(t) \geqq 0,$$

(6) $$L_I(t) + L_C(t) \leqq L(t), \quad L_I(t), L_C(t) \geqq 0.$$

第25章で議論したように，この二つの条件(5)，(6)は，生産要素がともに，なんら費用をかけることなく一つの部門から他の部門に自由に移動させることが可能であり，またそのために必要な時間も無視できるという仮定のもとにはじめて成立するものである．すなわち，資本も労働もともに変形可能(malleable)という仮定がもうけられているのである．この点についてはこれまで何回か議論したが，二部門経済における経済計画の策定という差し当たっての問題にかんするかぎり，この malleability の仮定はあまり深刻な障害とはならないといってよいであろう．

上に述べたように，生存可能な最低水準 $w_{\min}$ をみたすだけの消費財の生産がおこなわれなければならない．すなわち，

(7) $$Y_C(t) \geqq w_{\min} L(t).$$

さて，現在時点を $t=0$ とする．現在利用可能な資本の量 K_0 は過去の蓄積の結果として所与のものである．その他に技術的な諸条件および人口成長にかんする条件 $L(t)$ も外生的に与えられている．ここで，ある消費の時間的径路 $\{Y_C(t)\,;\, t \geqq 0\}$ が実現可能(feasible)であるというのは，初期条件 (K_0, L_0) から出発して，上の制約条件(1)-(7)をすべてみたすような，資本と労働の二部門間への配分 $(K_I(t), L_I(t), K_C(t), L_C(t))$ $(t \geqq 0)$ が存在するときである．

実現可能な消費径路 $\{Y_C(t)\}$ のなかから，なんらかの経済厚生的基準にしたがって，ある一つの消費径路を最適なものとして選択するわけであるが，さきに述べたように，将来の消費を適当な割引率で割り引きして現在の消費と比較可能となるようにする．いま1人当たりの消費量にかんする割引率を δ とし，経済厚生指標として，

(8) $$\int_0^\infty \frac{Y_C(t)}{L(t)} e^{-\delta t} dt$$

を用いることにしよう．

最適経済成長の問題は，(1)-(7)の制約条件のもとで，(8)を最大にするような資本蓄積径路を求めよ，という形に定式化される．このような成長径路を最適(optimum)であるという．社会的経済厚生の指標(8)は $n=\nu+\mu>0$ のとき必ず有限となる．

第25章と同じように，各部門の生産関数 $F_j(K_j, L_j)$ は一次同次であって，つぎの条件をみたしていると仮定する．1人当たりの生産関数を $f_j(k_j)=F_j(k_j, 1)$ によって定義するとき，

$$f_j(k_j) > 0,\ f_j'(k_j) > 0,\ f_j''(k_j) < 0 \qquad (\text{すべての } k_j>0 \text{ について}),$$
$$k(0) = 0.$$

このとき，最適径路はもし存在するとすれば必ず一意的に定まる．この命題を証明するために，もしかりに，二つの異なる成長径路 $(K_I^0(t), L_I^0(t), K_C^0(t), L_C^0(t))$, $(K_I^1(t), L_I^1(t), K_C^1(t), L_C^1(t))$ があって，どちらも最適であったとしよう．

このとき，この二つの径路の線型結合によって一つの径路 $(K_I^\theta(t), L_I^\theta(t), K_C^\theta(t), L_C^\theta(t))$ をつくってみよう．このとき，$(K_I^\theta(t), L_I^\theta(t), K_C^\theta(t), L_C^\theta(t))$ もまた実現可能であって，(8)の値が最初の二つの径路の場合よりも大きくなることが簡単にわかるであろう．したがって，最適径路はもし存在するとすれば一意的に定まる．このことは，以下の議論からも明らかになるであろう．

オイラー=ラグランジュの方程式と帰属価格

上に述べた最大問題を解くために，変分法の方法を使うが，いくつかの点で古典的な方法と

は異なってむしろポントリャーギンの最大法を使う．しかし，ポントリャーギンの最大法を理解していなくても，二部門経済モデルの性質を利用することによって，最適解を見いだすことができる．以下，この点について説明しよう．

制約条件(2)-(6)に対応して補助変数（ラグランジュ乗数）を $q(t), p_I(t), p_C(t), r(t), w(t)$ を導入する．これらの変数は，それぞれ資本ストック，投資財，消費財，資本サービス，労働サービスの帰属価格（imputed price）として役割を果たす．制約条件(7)に対応するラグランジュ乗数を $v(t)$ とする．いずれも割引係数を掛ける前の値とする．このときラグランジュ形式 $\boldsymbol{L}$ はつぎのようになる．

$$\begin{aligned}\boldsymbol{L} = \int_0^\infty \{ & Y_C(t) + p_C(t)[F_C(K_C(t), L_C(t)) - Y_C(t)] \\ & + p_I(t)[F_I(K_I(t), L_I(t)) - Y_I(t)] \\ & + r(t)[K(t) - K_C(t) - K_I(t)] \\ & + w(t)[L(t) - L_C(t) - L_I(t)] \\ & + q(t)[Y_I(t) - \mu K(t) - \dot{K}(t)] \\ & + v(t)[Y_C(t) - w_{\min} L(t)]\} e^{-(\nu+\delta)t} dt.\end{aligned}$$

ただし，これらの諸変数はすべての負の値はとらず，$K(0) = K_0$ は所与の値とする．

ラグランジュ形式 $\boldsymbol{L}$ は，$Y_C(t), Y_I(t), K_C(t), K_I(t), L_C(t), L_I(t), K(t)$ にかんして concave である．このことは，生産関数 $F_j(K_j, L_j)$ にかんする concavity の仮定から明らかであろう．第II部で説明した方法と同じようにラグランジュ形式を用いることができる．すなわち，ラグランジュ形式 $\boldsymbol{L}$ を，$Y_C(t), Y_I(t), K_C(t), K_I(t), K(t), L_C(t), L_I(t)$ にかんして，負の値をとらないという制約条件だけのもとで最大化したときの解が，(2)-(7)の制約条件をみたすときに求める最適解となる．このような補助変数の値を $p_C(t), p_I(t), q(t), r(t), w(t), v(t)$ としよう．

さて，ラグランジュ形式 $\boldsymbol{L}$ は concave であるから，その最大解はつぎの諸条件をみたすものから求められる．

(9) $p_C(t) \geqq 1$, ただし $Y_C(t) > w_{\min} L(t)$ のときには等号，

(10) $p_I(t) \leqq q$, ただし $Y_I(t) > 0$ のときには等号，

(11) $$p_C(t)\frac{\partial F_C(t)}{\partial K_C(t)} \leqq r(t), \quad p_C(t)\frac{\partial F_C(t)}{\partial L_C(t)} \leqq w(t),$$

ただし $Y_C(t) > 0$ のときには等号，

(12) $$p_I(t)\frac{\partial F_I(t)}{\partial K_I(t)} \leqq r(t), \quad p_I(t)\frac{\partial F_I(t)}{\partial L_I(t)} \leqq w(t),$$

ただし $Y_I(t) > 0$ のときには等号，

(13) $$r(t) - \mu q(t) = (\nu + \delta) q(t) - \dot{q}(t).$$

ここで $K(0)=K_0$ は所与の初期条件で，すべての変数は負の値をとらず，しかも有界でなければならない．

最適条件の単純化

上に挙げた条件(11), (12)は二部門経済モデルの分析(第25章)で現われた条件と一致する．じじつ，各時点 t で，所与の $K(t), L(t)$ のもとでの生産可能領域 $(Y_C(t), Y_I(t))$ のなかから，$p_C(t)Y_C(t)+p_I(t)Y_I(t)$ を最大にするような資源配分，生産計画がたてられているというのが，(11)と(12)の意味である．そこでまず，すべてを労働1単位当たりの量に還元して，オイラー=ラグランジュの条件(9)-(13)を単純化することにしよう．

$$y_j(t)=\frac{Y_j(t)}{L(t)}\qquad (j=I, C),$$

$$k(t)=\frac{K(t)}{L(t)},\quad \omega(t)=\frac{w(t)}{r(t)},\quad p(t)=\frac{p_I(t)}{p_C(t)}.$$

このとき，(11), (12)式はつぎのように簡単化される．

$$y_j(t)=y_j[p(t), k(t)]\qquad (j=I, C). \tag{14}$$

ここで，$y_j(p, k)$ は第25章で導入した記号であって，経済全体の資本・労働比率が k であるとき，労働1単位当たりの生産可能領域のなかで，$(y_C(p, k), y_I(p, k))$ が y_C+py_I を最大にするような産出量の組み合わせを表わす．

したがって，オイラー=ラグランジュの条件(9)-(13)を整理すると，

$$\dot{k}(t)=y_I(t)-nk(t), \tag{15}$$

$$\dot{q}(t)=(\delta+n)q(t)-r_C(t), \tag{16}$$

$$y_C(t)\geqq w_{\min}, \tag{17}$$

$$y_I(t)>0\quad のとき\quad p(t)\leqq q(t), \tag{18}$$

$$y_C(t)>w_{\min}\quad のとき\quad p(t)\geqq q(t), \tag{19}$$

ただし，

$$y_C(t)=y_C[p(t), k(t)],\quad y_I(t)=y_I[p(t), k(t)],\quad r_C(t)=r_C[p(t), k(t)],$$

$$n=\nu+\mu,\quad k(0)=\frac{K_0}{L_0}：\ 所与の初期条件.$$

ここで導入した補助変数 $q(t)$ は，t 時点において消費財を単位としてはかった資本の需要価格と考えることができる．(17), (18), (19)はつぎのような意味をもっている．すなわち，資本の供給価格 $p(t)$ がその需要価格 $q(t)$ より高いときには資本財の生産はおこなわれない $(y_I(t)=0)$．また，資本の需要価格 $q(t)$ が供給価格 $p(t)$ より高いときには，消費財の生産は1人当たり最低必要な量 $w_{\min}$ だけしか生産されないということを意味する．

このようにして，最適成長の問題を解くためには，(15)-(19)の条件をみたすような資本蓄積

径路 $(k(t))$ を求めるということに帰着されたことになる．ところが，この解の構造は，資本集約度条件の如何によって異なる側面をもっている．まず，消費財の方が投資財より常に資本集約的である場合を考察し，つぎに，投資財の方が消費財より常に資本集約的である場合を取り上げる．そして最後に資本集約度になんら仮定が置かれていない一般的な場合を考察することにしよう．

消費財の方が投資財より常に資本集約的である場合

まず消費財の方が投資財より常に資本集約的である場合，すなわち，

$$k_C(\omega) > k_I(\omega) \quad (\text{すべての } \omega>0 \text{ について}) \tag{20}$$

がみたされる場合を取り上げる．

このとき，投資財と消費財の相対価格 $p=p(\omega)$ が賃金・レンタル価格比の単調増大関数となることは，第25章で示した通りである．

(15)-(19)の方程式体系を解くために，資本財が生産され $[y_I(t)>0]$，かつ消費財も最低水準以上に生産されている $[y_I(t)>w_{\min}]$ ような場合を考えよう．このとき，$p(t)=q(t)$ となるから，(15)-(19)は，

$$\begin{cases} \dot{k}(t) = y_I(p(t), k(t)) - nk(t), \\ \dfrac{\dot{p}(t)}{p(t)} = n+\delta - r_I(p(t)). \end{cases}$$

ただし，r_I は I 部門における資本の限界生産(あるいは利潤率)を表わす．以下簡単化のため時間変数 t を省略する．すなわち，

$$\begin{cases} \dot{k} = y_I(p, k) - nk, \\ \dfrac{\dot{p}}{p} = n+\beta - r_I(p). \end{cases} \tag{21}$$

この微分方程式体系を，最適問題に対する補助微分方程式体系と呼ぶことにしよう．

ところで，

$$y_I(p, k) = f_I(k_I(p))\frac{k_C(p)-k}{k_C(p)-k_I(p)}.$$

ただし，$k_j(p)=k_j[\omega(p)]$ は相対価格 p に対応する賃金・レンタル価格比 $\omega(p)$ のもとにおける j 部門の最適資本・労働比率である $(j=I, C)$．

このことを使って補助方程式体系を整理すると，

$$\begin{cases} \dot{k} = \left\{\dfrac{f_I[k_I(p)]}{k_C(p)-k_I(p)}+n\right\}(\hat{k}(p)-k), \\ \dfrac{\dot{p}}{p} = n+\delta - r_I(p). \end{cases} \tag{22}$$

ただし，

$$\hat{k}(p) = \frac{f_I(k_I(p))}{f_I(k_I(p)) + n[k_C(p) - k_I(p)]} k_C(p)$$

である．ここで定義した $\hat{k}(p)$ が常に $k_C(p)$ より小さいことは資本集約条件(20)から明らかである．また $\hat{k}(p) > k_I(p)$ となるためには，

$$\frac{f_I[k_I(p)]}{k_I(p)} > n$$

がみたされているということが必要にして十分である．いま，$\hat{p}_n$ を，

$$\frac{f_I[k_I(\hat{p}_n)]}{k_I(\hat{p}_n)} = n$$

をみたすような相対価格とする．I 部門における資本の平均産出量 $f_I(k_I)/k_I$ は k_I の減少関数となるから，このような $\hat{p}_n$ は一意的に定まる．したがって，

$$k_I(p) < \hat{k}(p) < k_C(p) \iff p < \hat{p}_n$$

となる．

また，均斉相対価格 p^* をつぎの式によって定義する．

$$f_I'[k_I(p^*)] = n + \delta.$$

すなわち，I 部門における資本の限界生産が $n+\delta$ に等しくなるような相対価格である．

ここで定義された $\hat{p}_n, p^*$ を賃金・レンタル価格比 $\hat{\omega}_n = \omega(\hat{p}_n)$, $\omega^* = \omega(p^*)$ の次元に移して，図示すれば，図 32-1 のようになる．

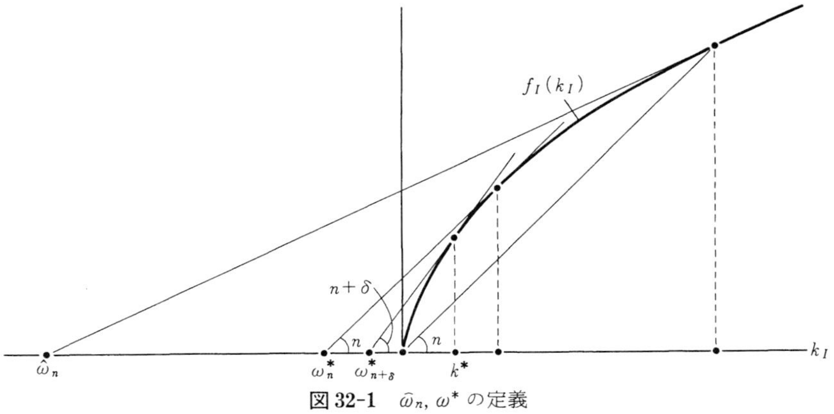

図 32-1　$\hat{\omega}_n, \omega^*$ の定義

このとき $\hat{\omega}_n$ は均斉的比率 ω^* より大きく，また

$$k_I^* = k_I(p^*) < k^* < k_C^* = k_C(p^*)$$

が成立することは明白である．

図 32-2 には，$k_C(p), k_I(p), \hat{k}(p)$ の間の関係が示されている．

さて，

$$\dot{k} \gtreqless 0 \iff k \lesseqgtr \hat{k}(p),$$
$$\dot{p} \gtreqless 0 \iff r_I(p) \lesseqgtr n+\delta$$

となることから，補助微分方程式体系(22)の解 (k, p) は，図 32-2 で矢印のついた曲線群によって表わされることになる．(k^*, p^*) は補助微分方程式体系の特異点であって，二部門経済モデルの均斉的成長径路に対応している．

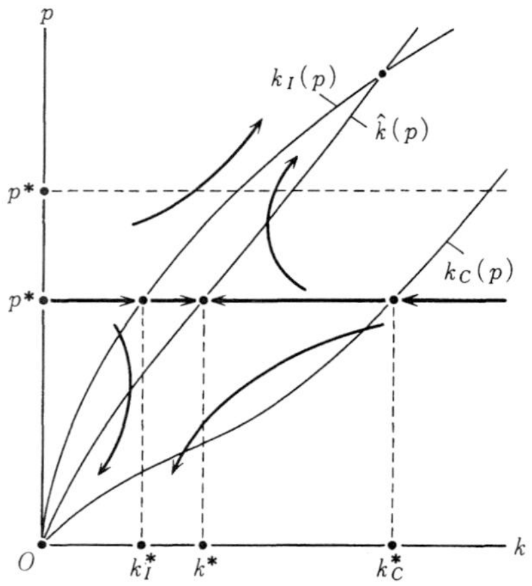

図 32-2　補助微分方程式の解径路($k_C > k_I$)

資本・労働比率 k は，$k < \hat{k}(p)$ のときに増加し ($\dot{k} > 0$)，$k > \hat{k}(p)$ のときには減少する ($\dot{k} < 0$)．他方 p の変化率はもっと単純である．$r_I(p)$ は，p の減少関数であるから，$r_I(p^*) = n + \delta$ となるような p^* は一意的に決まってくる．そして，$p > p^*$ のときには p は増加し ($\dot{p} > 0$)，$p < p^*$ のときには p は減少する ($\dot{p} < 0$)．すなわち，大ざっぱにいって k については安定的で，p については不安定となる．

この補助微分方程式の特異点は (k^*, p^*) となるが，経済学的な用語法を用いれば，均斉的成長径路を規定するものである．

特殊な場合：$w_{\min}=0$　補助微分方程式の解は一般にこのような性質をもっている．とくに特異点が鞍点となっていることを使って，最適性の条件(15)-(19)を解くことができる．一般的な場合を説明する前に，$w_{\min}=0$ であるような特殊な場合について，解き方をみてみよう．

まず，最初につぎの性質に注意しておこう．もし，$k_I(p)$ 曲線上で，p^* 線の下方のところで，資本の供給価格 $p(t)$ が，その需要価格 $q(t)$ に等しくなったとして，しかも経済が投資財の生産に特化していたとすれば，方程式(16)から需要価格 $q(t)$ は減少するが，供給価格 $p(t)$

は上昇する．したがって，経済は投資財の生産に特化しつづけるであろう．

同じようにして，もし，$k_C(p)$ 曲線上で p^* 線の上方のところで資本の供給価格 $p(t)$ が，その需要価格 $q(t)$ に一致し，しかも経済が消費財の生産に特化していたとすれば，最適径路に沿って需要価格 $q(t)$ は上昇し，供給価格 $p(t)$ は低下し，経済は消費財の生産に特化しつづけることになるであろう．

上の考察から容易に推定できるように，つぎの命題が成立する．

(a)　初期時点 $t=0$ における資本・労働比率 k_0 がクリティカルな水準 $k_I^*=k_I(p^*)$ より低いときには，最適径路はつぎのような構造をもつ．まず，資本・労働比率 $k(t)$ がクリティカルな水準 k_I^* に達するまで，投資財の生産に特化し，消費財は生産しない．クリティカルな水準 k_I^* に達したときにはじめて，投資財と消費財ともに生産するが，そのときに帰属価格と賃金・レンタル価格比はそれぞれ均斉的状態の p^*, ω^* に保たれ，不変である．このようにして，最適径路 $k(t)$ は，p^* 線に沿って，漸近的に均斉的な資本・労働比率 k^* に収斂する．

この最適径路を解析的に表わすことができる．経済が投資財の生産に特化しつづけ，やがて二つの財を生産しはじめるクリティカルな時間 t^* はつぎの積分によって与えられる．

$$t^* = \int_{k_0}^{k_I^*} \frac{dk}{f_I(k)-nk}.$$

最適径路の上で $k(t), y_I(t), y_C(t), p(t), q(t)$ はつぎのように表わされる．

<u>$0 \leqq t \leqq t^*$ のとき</u>

$$k(t) = k_I[p(t)],$$

$$y_I(t) = f_I[k(t)],\quad y_C(t) = 0,$$

$$q(t) = e^{-(n+\delta)(t^*-t)}\left\{\int_t^{t^*} f_C'[k_C(p(t))]e^{(n+\delta)(t^*-t)}d\tau - p(t^*)\right\}.$$

$p(t)$ は $k_I(t) = k_I[p(t)]$ によって決定される．

<u>$t > t^*$ のとき</u>

$$k(t) = k^* - (k^* - k_I^*)e^{-\theta(t^*-t)},$$

$$\theta = \frac{f_I(k_I^*)}{k_C^* - k_I^*} + n,$$

$$k_I^* = k_I(p^*),\quad k_C^* = k_C(p^*),$$

$$y_I(t) = f_I(k_I^*)\frac{k_C^* - k(t)}{k_C^* - k_I^*},\quad y_C(t) = f_C(k_C^*)\frac{k(t) - k_I^*}{k_C^* - k_I^*},$$

$$p(t) = q(t) = p^* = p(\omega^*).$$

このようにして定義された $k(t)$ は増加しながら k^* に近づく．他方，$y_I(t)$ は一様に減少しながら，$y_I^*=f_I(k_I^*)\dfrac{k_C^*-k^*}{k_C^*-k_I^*}$ に収斂し，$y_C(t)$ は一様に増加しながら，$y_C^*=f_C(k_C^*)\dfrac{k^*-k_I^*}{k_C^*-k_I^*}$ に収斂する．

(b)　初期時点 $t=0$ における資本・労働比率 k_0 がもう一つのクリティカルな水準 $k_C^*=k_C(p^*)$ より高いときには，最適経路はつぎのような構造をもつ．まず，資本・労働比率 $k(t)$ がクリティカルな水準 k_C^* に達するまで，消費財の生産に特化し，投資財は生産しない．クリティカルな水準 k_C^* に達したときにはじめて，投資財の生産もおこなわれ，そのときに(a)の場合と同じように帰属価格と賃金・レンタル価格比はそれぞれ p^*, ω^* に保たれる．最適経路 $k(t)$ はこの場合も，p^* 線に沿って漸近的に均斉的な資本・労働比率 k^* に収斂する．

最適経路を解析的に表わすとつぎのようになる．まず，クリティカルな時間 t^* は，

$$t^*=\frac{1}{n}\log\frac{k_0}{k_C^*}$$

によって与えられる．

<u>$0\leqq t\leqq t^*$ のとき</u>

$k(t)=k_0e^{-nt}$ となり，$p(t)$ は $k(t)=k_C[p(t)]$ によって決まる．

$y_I(t)=0,\ \ y_C(t)=f_C[k(t)].$

$q(t)$ は，(a)の場合と同じである．

<u>$t\geqq t^*$ のとき</u>

$k(t)=k^*+(k_C^*-k_I^*)e^{-\theta(t-t^*)}.$

ここで，$\theta, p(t)=q(t), y_I(t), y_C(t)$ は(a)の場合と同じようにして決められる．

この場合には，$k(t)$ は減少しながら k^* に収斂し，$y_I(t)$ は増加しつつ，また $y_C(t)$ は減少

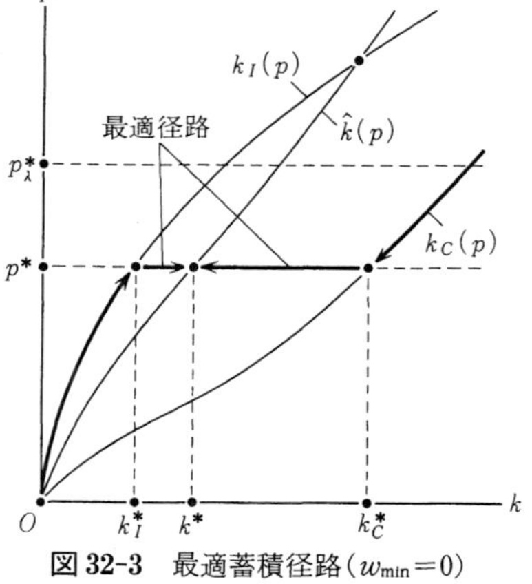

図 32-3　最適蓄積径路($w_{\min}=0$)

しつつ，それぞれ y_I^*, y_C^* に近づいてゆく．

図 32-3 で最適径路は矢印をつけた曲線で示されている．

$w_{\min}>0$ の場合　これまで展開した $w_{\min}=0$ の場合にかんする分析は，そのまま最低賃金率 $w_{\min}$ が正となるような一般の場合に拡張される．まず，最適径路の上で二財とも生産されているとしよう．資本・労働比率が k で，帰属価格が p であるときに，労働 1 単位当たりの消費財の産出量 y_C は，

$$y_C = y_C(p, k) = f_C(k_C(p))\frac{k-k_I(p)}{k_C(p)-k_I(p)}$$

で与えられるから，

$$y_C(p, k) \geqq w_{\min} \iff k \geqq k_{\min}(p).$$

ただし，

$$k_{\min}(p) = k_I(p) + \frac{k_C(p)-k_I(p)}{f_C(k_C(p))}w_{\min}.$$

消費財の方が投資財より資本集約的な場合を考察しているから，$k_{\min}(p)$ は常に $k_I(p)$ より大きく，さらに，

$$k_{\min}(p) < k_C(p) \iff f_C(k_C(p)) > w_{\min}.$$

まず，最低限の相対価格 $p_{\min}$ をつぎのように定義する．

$$f_C[k_C(p_{\min})] = w_{\min}.$$

このとき，

$$k_I(p) < k_{\min}(p) < k_C(p) \iff p > p_{\min}.$$

また，$k_{\min}(p) < \hat{k}(p)$ となるのは，

$$\frac{f_I(k_I(p))-nk_I(p)}{[f_I(k_I(p))-nk_I(p)]+nk_C(p)}\cdot f_C(k_C(p)) > w_{\min}$$

の場合にかぎられる．この式の左辺は p が p_n^* より小さいときに増加関数となる．ただし，p_n^* は投資財部門における資本の限界生産が n に等しいような相対価格である．すなわち，

$$f_I'(k_I(p_n^*)) = n.$$

ここで，もう一つのクリティカルな相対価格 $\hat{p}$ をつぎの式によって定義する．

$$(23)\qquad \frac{f_I(k_I(\hat{p}))-nk_I(\hat{p})}{[f_I(k_I(\hat{p}))-nk_I(\hat{p})]+nk_C(\hat{p})}f_C(k_C(\hat{p})) = w_{\min}.$$

このとき，$p<p_n^*$ のときには，

$$k_{\min}(p) < \hat{k}(p) \iff p > \hat{p}$$

となる．

したがって，新しく導入された $k_{\min}(p)$ 曲線と，$k_C(p)$, $k_I(p)$, $\hat{k}(p)$ の三つの曲線との関係

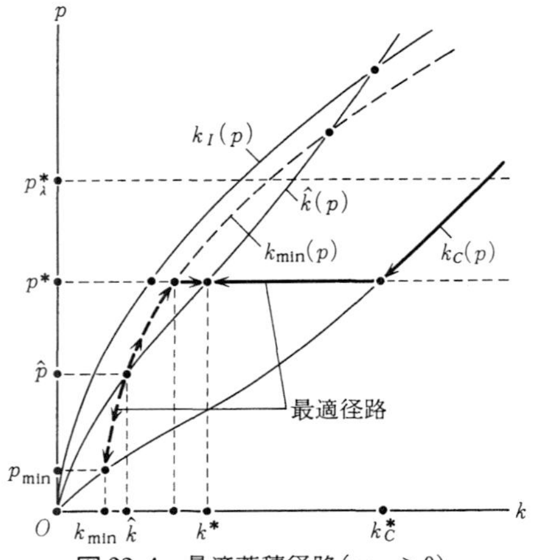

図 32-4　最適蓄積径路($w_{min}>0$)

は図 32-4 に示されるようなものとなることがわかるであろう．

$w_{min}>0$ のときの最適径路は，$k_C(p)$ 曲線の代わりに $k_{min}(p)$ 曲線で置き換えたものになるであろうということは，ただちに予想することができる．

じじつ，つぎのようなクリティカルな帰属価格 $\hat{p}$, p_{min} とそれに対応する資本・労働比率 $\hat{k}$, k_{min} を導入する．

$$\hat{k} = \hat{k}(\hat{p}) = k_{min}(\hat{p}),$$

$$k_{min} = k_C(p_{min}) = k_{min}(p_{min}).$$

初期時点における資本・労働比率 k_0 がこのクリティカルな水準 $\hat{k}$ より低いときには，実現可能な径路上では，資本・労働比率 $k(t)$ は常に減少しつづけ，やがてクリティカルな水準 k_{min} に近づいてゆく．資本・労働比率 $k(t)$ がこのクリティカルな水準 k_{min} より低くなると，たとえ資本と労働をすべて消費財の生産に投入しても，最低賃金水準 w_{min} を満足させることはできなくなってしまう．すなわち，資本・労働比率 k がクリティカルな水準 k_{min} より低いときには，どのような径路をとっても，最低賃金水準 w_{min} をみたすことができなくなり，最初に仮定された人口増加率を ν の水準に維持することは不可能となる．この点にかんする分析は，人口増加と最低消費水準の間の関係について，さらにくわしいマルサス的な理論の展開が必要となるであろう．このような「貧困の悪循環」からはなんらかの形で脱出して，初期時点 $t=0$ における資本・労働比率 k_0 がクリティカルな水準 $\hat{k}$ をすでに超えているという前提を置くことにしよう．

このとき，つぎの命題が成立する．

(a)　初期時点における資本・労働比率 k_0 が k_I^* より低く，しかもクリティカルな水準 $\hat{k}$ より高いとする．このとき最適径路の上では，資本・労働比率 $k(t)$ が $k_{min}(p^*)$ に到達するまで，消費財の生産は最小必要量 $w_{\min}$ だけおこなわれ，残りはすべて投資財の生産に向けられる．$k(t)$ が $k_{\min}(p^*)$ に到達したときにはじめて，帰属価格 p^* のもとで，消費財も投資財もともに効率的に生産される．最適径路に沿って，資本・労働比率 $k(t)$ は増大しながら均斉的な資本・労働比率 k^* に収斂する．

(b)　初期における資本・労働比率 k_0 が k_C^* より高いときには，$w_{\min}=0$ の場合とまったく同じである．

解析的な表現は，$w_{\min}=0$ の場合と同様である．この場合も，最適径路は，図 32-4 のなかで矢印のついた曲線で示されている．

投資財が消費財より常に資本集約的である場合

この項では，投資財の方が消費財より常に資本集約的である場合を取り上げる．すなわち，

$$k_I(\omega) > k_C(\omega) \qquad (\text{すべての } \omega>0 \text{ について})$$

が成立しているとする．

この場合には，補助微分方程式体系(21)はつぎのように書き直すことができる．

$$\text{(24)} \qquad \begin{cases} \dot{k} = \left\{\dfrac{f_I[k_I(p)]}{k_I(p)-k_C(p)} - n\right\}(k-\hat{k}(p)), \\ \dfrac{\dot{p}}{p} = n+\delta-r_I(p). \end{cases}$$

ここで，

$$\hat{k}(p) = \frac{f_I[k_I(p)]}{f_I[k_I(p)]-n[k_I(p)-k_C(p)]}k_C(p).$$

投資財の方が消費財より資本集約的になっているときには，$k_I(p)$ と $k_C(p)$ とはともに帰属価格の減少関数になっていることに留意しなければならない．

このように定義された $\hat{k}(p)$ は常に $k_C(p)$ より大きい．

また，

$$\hat{k}(p) < k_I(p) \iff p > \hat{p}_n,$$

ただし，$\hat{p}_n$ は，

$$\frac{f_I[k_I(\hat{p}_n)]}{k_I(\hat{p}_n)} = n$$

によって定義された．

この三つの曲線 $k_C(p), k_I(p), \hat{k}(p)$ の間の関係は図 32-5 に示したようなものになっている．

もし，帰属価格 p が，

$$\frac{f_I[k_I(p)]}{k_I(p)-k_C(p)} > n$$

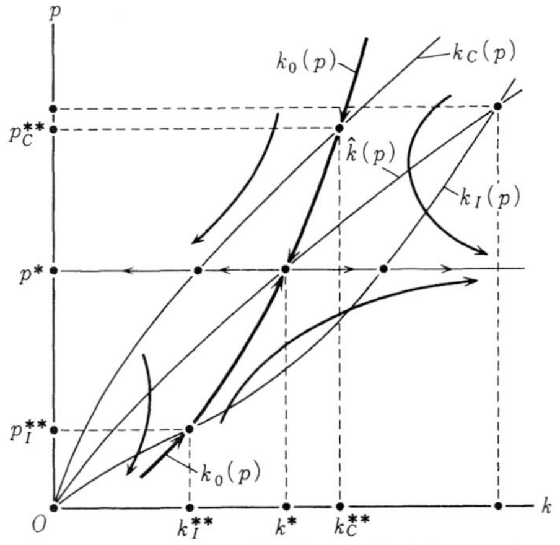

図 32-5　補助微分方程式の解径路($k_I > k_C$)

という条件をみたしていれば，

$$\dot{k} \sim k - \hat{k}(p).$$

$\sim$ という記号は，両辺の符号が同じであるということを表現したものである．すなわち，$k > \hat{k}(p)$ のときには，k は増加し，逆に $k < \hat{k}(p)$ のときには $\dot{k}$ は減少する傾向をもつ．

したがって，補助微分方程式体系(23)は k について不安定となる．

また，$r_I(p)$ は投資財部門における資本の限界生産で，くわしくは，

$$r_I(p) = f_I'[k_I(\omega)], \quad p = p(\omega)$$

と書くべきものであった．$k_C(\omega) < k_I(\omega)$ のときには，$p(\omega)$ は ω の減少関数であるから，$r_I(p)$ は p の増加関数となる．したがって，(24)は p については安定的となる．

このとき，任意に与えられた相対価格 p_0 に対応して，つぎの条件をみたすような資本・労働比率 k_0 を見いだすことができる．

$(k(t), p(t))$ を初期条件 (k_0, p_0) に対する補助微分方程式体系(23)の解とするとき，

$$\lim_{t\to\infty} k(t) = k^*, \quad \lim_{t\to\infty} p(t) = p^*.$$

このような k_0 はつぎのように求められる．

$$\alpha(p) = \frac{\dfrac{f_I[k_I(p)]}{k_I(p) - k_C(p)} - n}{f_I'[k_I(p)] - n - \delta}, \quad A(p, p_0) = \int_p^{p_0} \alpha(p)\,dp$$

と置いて，

$$k_0 = \int_{p^*}^{p} e^{-A(p,p_0)} \alpha(p)\,\hat{k}(p)\,dp \qquad (25)$$

とすればよい．

じじつ，初期 (k_0, p_0) に対する補助微分方程式体系(23)の解 $(k(t), p(t))$ は，

$$k(t) = e^{A[p(t),p_0]}\left\{k_0 - \int_{p(t)}^{p_0} e^{-A(p,p_0)}\alpha(p)\,\hat{k}(p)\,dp\right\}.$$

ここで，

$$\lim_{t\to\infty} p(t) = p^*, \quad \lim_{p\to p^*} A(p, p_0) = +\infty.$$

もし $k(t)$ が k^* に収斂するとすれば，

$$k_0 = \lim_{t\to\infty}\int_{p(t)}^{p_0} e^{-A(p,p_0)}\alpha(p)\,\hat{k}(p)\,dp = \int_{p^*}^{p_0} e^{-A(p,p_0)}\alpha(p)\,\hat{k}(p)\,dp.$$

逆に k_0 が(25)で与えられているときには，ロピタルの法則を使って，

$$\lim_{t\to\infty} k(t) = \lim_{p\to p^*}\frac{k_0 - \int_{p}^{p_0} e^{-A(p',p_0)}\alpha(p')\,\hat{k}(p')\,dp'}{e^{-A(p,p_0)}}$$

$$= \lim_{p\to p^*}\frac{\alpha(p)\,\hat{k}(p)\,e^{-A(p,p_0)}}{-\frac{\partial A}{\partial p}e^{-A(p,p_0)}} \qquad [\frac{\partial A}{\partial p} = -\alpha(p)]$$

$$= \lim_{p\to p^*}\hat{k}(p) = \hat{k}(p^*). \qquad \text{Q.E.D.}$$

ここで定義された関係を $k_0 = k_0(p_0)$ という関数記号で表わすことにする．$k_0(p_0)$ と $k_C(p)$, $k_I(p)$, $\hat{k}(p)$ との間の関係は図 32-6 に示されているような形であるという仮定をもうけて議論を進めることにしよう．

$w_{\min}=0$ の場合　このとき，$k_0(p)$ 曲線が，$k_I(p)$, $k_C(p)$ と交わる点をそれぞれ，(k_I^{**}, p_I^{**}), (k_C^{**}, p_C^{**}) とする．

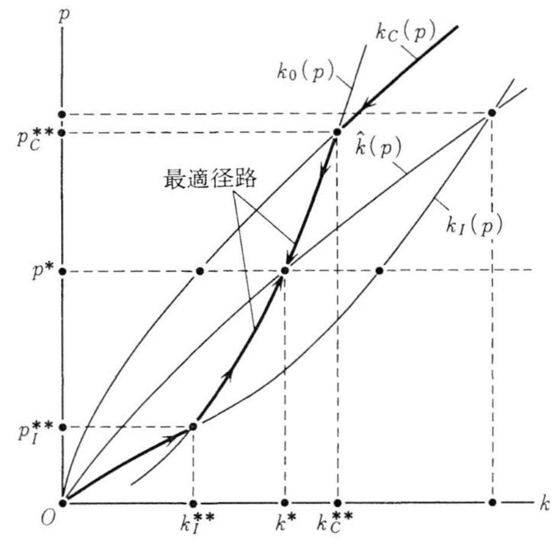

図 32-6　最適蓄積径路($w_{\min}=0$)

$$k_I^{**} = k_0(p_I^{**}) = k_I(p_I^{**}), \quad k_C^{**} = k_0(p_C^{**}) = k_C(p_C^{**}).$$

ここで，

$$k_I^{**} < k^* < k_C^{**}$$

がみたされることは明らかである．

このとき，つぎの命題が一般に成立する．

(a) 初期時点 $t=0$ における資本・労働比率 k_0 が k_I^{**} より低いときには，資本・労働比率 $k(t)$ が k_I^{**} に等しくなるまで，最適径路の上では資本財の生産に特化する．このクリティカルな水準 k_0^{**} に到達したあとは，経済は $k_0(p)$ 曲線に沿って成長し，均斉的な状態 (k^*, p^*) に収斂する．

(b) 初期時点 $t=0$ における資本・労働比率 k_0 が k_I^{**} より大きいときには，最適径路の上では，資本・労働比率 $k(t)$ が k_C^{**} に等しくなるまで，消費財の生産に特化し，投資財は生産されない．$k(t)$ が k_C^{**} に等しくなったあとは，経済は $k_0(p)$ に沿って進み，均斉的状態 (k^*, p^*) に収斂する．

解析的な表現は前項とまったく同様である．最適径路は図 32-6 で矢印の曲線で示されている．

$w_{\min}>0$ の場合　このとき，$k_{\max}(p)$ をつぎのように定義する．

$$k_{\max}(p) = k_I(p) - \frac{k_I(p) - k_C(p)}{f_C[k_C(p)]} w_{\min}.$$

1 人当たりの消費量 y_C が最低賃金率 $w_{\min}$ より高くなるための必要十分条件として，

$$y_C(p, k) > w_{\min} \iff k < k_{\min}(p).$$

また，

$$k_C(p) < k_{\max}(p) < k_I(p) \iff f_C[k_C(p)] > w_{\min}.$$

さらに，(23)式で定義された $\hat{p}$ を使うと，

$$k_{\max}(p) > \hat{k}(p) \iff p < \hat{p}.$$

$k_{\min}(p)$ と，$k_C(p), k_I(p), \hat{k}(p)$ の間の関係は図 32-7 に示したようなものとなる．

このとき，クリティカルな資本・労働比率，$\hat{k}, k_{\min}$ はつぎのようにして決まってくる．

$$\hat{k} = \hat{k}(\hat{p}) = k_{\max}(\hat{p}),$$

$$k_{\min} = k_C(p_{\max}) = k_{\max}(p_{\max}).$$

前項の場合と同じように，資本・労働比率 k がクリティカルな比率 $\hat{k}$ より低いときには，希少資源の配分をどのようにしても，k は減少しつづけるということを意味する．さらに，$k_{\min}$ より低くなると，すべてを消費財の生産に向けても，1 人当たり最低水準 $w_{\min}$ の消費量を生産することができなくなる．初期における資本・労働比率 k_0 が，$\hat{k}$ より大きいときには，最

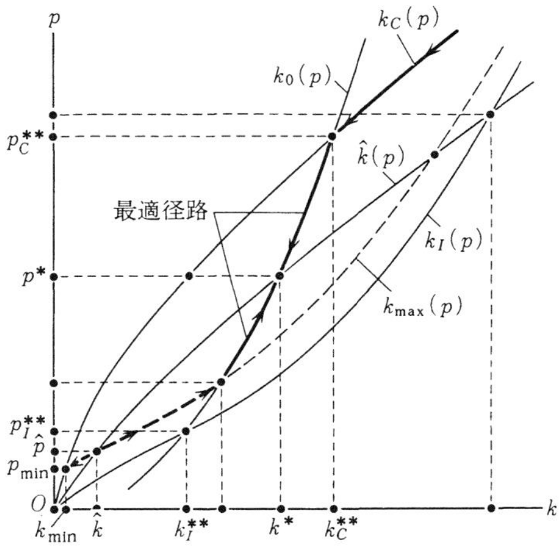

図 32-7　最適蓄積径路($w_{\min}>0$)

適径路は上の場合とまったく同じ構造をもち，図 32-7 で矢印の曲線によって表わされる．

資本集約度になんら仮定がもうけられていない場合

これまで展開してきた分析は，相対的な資本集約度にまったく制約条件がつけられていないような場合にも，そのまま適用することができる．

均斉的な帰属価格比 p^* のもとで消費財の方が投資財より資本集約的な場合には，最適径路は図 32-8 に示したような構造をもつ．

他方，均斉的な帰属価格比 p^* のもとで，投資財の方が消費財より資本集約的な場合には，最

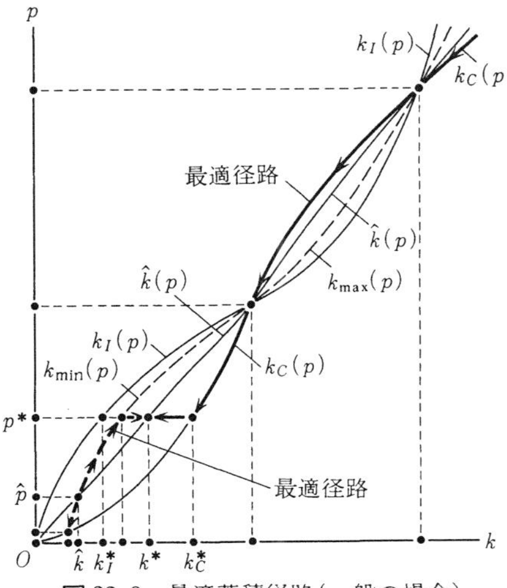

図 32-8　最適蓄積径路(一般の場合)

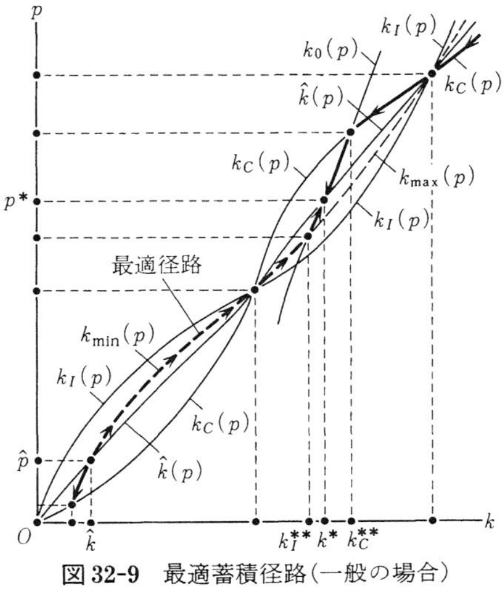

図 32-9　最適蓄積径路(一般の場合)

適径路は図 32-9 に示したような構造をもつ.

参 考 文 献

Buttrick, J. A. (1960). "A Note on Growth Theory," *Economic Development and Cultural Change*, Vol. 9, pp. 75-82.

Hurwicz, L. (1958). "Programming in Linear Spaces," *Studies in Linear and Nonlinear Programming*, by K. J. Arrow, L. Hurwicz, and H. Uzawa, Stanford, Stanford University Press, pp. 38-102.

Meade, J. A. (1961). *A Neo-Classical Theory of Economic Growth*, New York, Oxford University Press.

Myrdal, G. (1957). *Economic Theory and Under-Developed Regions*, London, Gerald Duckworth.

Nurkse, R. (1953). *Problems of Capital Formation in Underdeveloped Countries*, New York, Oxford University Press.

Pontryagin, L. S., et al. (1962). *The Mathematical Theory of Optimal Processes*, New York, Interscience.

Srinivasan, T. N. (1964). "On a Two-Sector Model of Growth," *Econometrica*, Vol. 32, pp. 358-373.

Tsiang, S. C. (1964). "A Model of Economic Growth in Rostovian Stages," *Econometrica*, Vol. 32, pp. 619-648.

Uzawa, H. (1963). "On a Two-Sector Model of Economic Growth, II," *Review of Economic Studies*, Vol. 30, pp. 105-118.

—— (1964). "Optimal Growth in a Two-Sector Model of Capital Accumulation," *Review of Economic Studies*, Vol. 31, pp. 1-24. Reprinted in *Preference, Production, and Capital : Selected Papers of Hirofumi Uzawa*, New York, Cambridge University Press, 1988.

第33章　最適財政政策と経済成長

これまで展開してきた最適経済成長理論は，さまざまな動学的問題を解くために有効な手段を提供する．本章では，財政政策の最適規模の問題を，このような枠組みのなかで考察するということを考える．この問題は，第34章でさらに社会的共通資本の理論という一般的な分析的視点から考察するので，ここでは，最適成長理論の一つの応用ということに焦点を当てながら，最適財政政策の問題を分析することにしたい．

第二次世界大戦後，先進的と後進的とを問わず，世界の多くの資本主義諸国で，財政政策を用いて，たんに短期的な経済調節だけでなく，広く長期的な経済目標を達成しようという考え方が支配的となっていった．財政政策の動学的インプリケーションについては，ガーリー[Gurley(1953)]，ブラウン[Brown(1956)]，スミス[Smith(1954)]，マスグレーヴ[Musgrave(1959)]などによってはやくから分析が展開されたが，最適経済成長理論が構築されるとともに，その枠組みのなかで考察され，その経済的インプリケーションがさらにくわしく論ぜられるようになった．

もともと最適経済成長の理論は，1928年に発表されたラムゼイの古典的な論文[Ramsey(1928)]にはじめてその分析的枠組みが明示的につくられたが，1960年代になってから，キャス[Cass(1965)]，クープマンス[Koopmans(1963)]，スリニヴァサン[Srinivasan(1964)]，クルツ[Kurz(1965)]，ストレリュー[Stoleru(1965)]，ヴァイゼッカー[von Weizsäcker(1965)]，稲垣[Inagaki(1964)]，宇沢[Uzawa(1964)]などによって精力的に展開されていった．この点については，第31章でくわしく論じたところであるが，ここでも，この1960年代に展開されていった最適成長理論を基礎におく．ラムゼイ・モデルは，一つの中央集権的な経済を想定し，年々の産出物をどのような基準にしたがって，消費と投資に分配するときに，長期的な観点からもっとも望ましい資源配分を実現することができるかという問題を分析したのである．しかし，資本主義経済については，政府が直接に資源配分のプロセスに介入することはできない．むしろ，財政・金融政策を通じて，間接的に資源配分のプロセスに影響を与えることによって，社会的な観点から望ましいと思われる資源配分を達成し，長期的な政策目標を実現しようとする．ラムゼイにはじまる最適成長の理論はまた，このような間接的介入の状況についても，一つの有効な分析的用具を提供する．

ここで用いるモデルは基本的には金融政策の動学的インプリケーションを論じたトービン・モデル[Tobin(1955)]にもとづき，公共部門の役割を明示的に取り入れたものである．すなわち，政府部門によって生産される財・サービスは，私的部門の生産物と本質的に異なる性格をもつと仮定し，公共財と呼んで，私的財と区別することにする．公共財も私的財もともに同質なものからなっていて，相互に代替的である．公共財は瞬時的に消費されるが，私的な財は消費されるか，あるいは資本財として蓄積されるとする．公共部門も私的部門もともに，労働と資本との二つの生産要素によって生産され，収穫一定の法則にしたがい，限界代替率逓減の法則が支配する．公共部門は，課税あるいは貨幣供給を通じて収入を得て，雇用する生産要素に対する支払いに当てる．公共部門がコントロールすることができるのは，所得税率と貨幣供給の変化率であって，生産要素の配分および，金融資産と実物資産の間のポートフォリオは私的部門で決められるものとする．

最初に，ヒックスとメツラーによって展開されたモデルを考える[Hicks(1937)，Metzler(1951)]．このモデルは，財政・金融政策(所得税率，貨幣供給の変化率)が外生的に与えられ，問題とする期間を通じて一定に保たれるものとする．そして，代表的な経済的主体の効用は，1人当たりの消費水準と，各時点において供給される公共財の量とに依存して決まると考えて，現在から将来にかけての効用水準を，ある適当な社会的割引率によって割り引いた現在価値を最大にするような動学的な資源配分のパターンを求める．そして，平均消費性向が一定で，貨幣の流通速度が利子率とは無関係となる場合に，最適財政政策の構造がどのようになっているのかということをくわしく分析する．

最適財政政策モデル

まず最初に，モデルの基本的構成を説明しておこう．ここで考察する経済体系は，私的部門と公共部門の二つの部門から構成されている．私的部門は，企業と家計とに分けられる．企業は，実物資本を所有するか，あるいはレントし，労働力を雇用して生産活動をおこなう．家計は，労働を市場に供給して，賃金を得，さらに，その所有実質資本あるいは金融資産に対して収穫を得る．私的部門で生産されたものは同質的な財から構成されていて，消費に使われると同時に，資本ストックとして蓄積もされる．これに反して，公共部門で生産されるものは，私的財とはまったく性格の異なる財であって，サミュエルソンの言う意味での公共財(public goods)としての性格をもつ[Samuelson(1954)]．すなわち，公共部門で生産されたものも同質的な財から構成され，経済の全構成員に一様に配分され，各人の効用は，公共財の全供給量のみによって決まる．公共部門は，労働と実物資本を使って生産活動をおこない，その収入は，課税と貨幣供給によって賄われる．公共部門は，所与の公共財の産出量に対して必ず，その支出額――労働とレンタル支払い――を最小にするように生産要素の組み合わせを決める．資本蓄積は私的部門でだけおこなわれるとし，公共財はすべて消費されてしまうと仮定する．これらの点については，第34章でくわしく論ずるので，ここでは，分析を簡単にするためにこのような条件を前提として議論を進めることにしたい．

各時点 t で，実物資本のストック量 $K(t)$，労働の供給量 $L(t)$，貨幣供給量 $M(t)$ は所与であるとする．公共部門が政策変数として選ぶことのできるものは，(平均)所得税率 $\tau=\tau(t)$ と貨幣供給量の増加率 $\theta=\theta(t)$ である．ここで，貨幣の供給はトービン・モデルの場合のように，公共部門の財政赤字として供給されるものとする[Tobin(1955)]．

私的部門における産出量 $Y_C(t)$ は，私的部門で雇用されている実物資本 $K_C(t)$ と労働 $L_C(t)$ の量によって決まってくる．

(1) $$Y_C(t) = F_C[K_C(t), L_C(t)].$$

ここで，生産関数 $F_C(K_C, L_C)$ は一次同次で，限界代替率逓減の法則などの条件をみたす．すなわち，

$$f_C(k_C) = F_C(k_C, 1), \quad k_C = \frac{K_C}{L_C}$$

と置けば，

$$f_C(k_C) > 0,\ f_C'(k_C) > 0,\ f_C''(k_C) < 0 \qquad (k_C > 0),$$
$$f_C(0) = 0,\ f_C(\infty) = \infty;\quad f_C'(0) = \infty,\ f_C'(\infty) = 0.$$

私的部門では，完全競争の条件が支配していると仮定する．したがって，実質賃金 $w(t)$，実質レンタル率 $r(t)$ はそれぞれ労働，資本の限界効率に等しくなる．

(2) $$w(t) = \frac{\partial F_C}{\partial L_C}, \quad r(t) = \frac{\partial F_C}{\partial K_C}.$$

一方，公共部門では，市場価格で評価した全費用が最小になるように労働と資本を組み合わせると仮定しているから，完全競争の条件とまったく同じとなる．

公共部門の生産関数をつぎのように表わす．

(3) $$Y_V(t) = F_V[K_V(t), L_V(t)].$$

ここで，$Y_V(t)$ は t 時点における公共財の産出量，$K_V(t)$ および $L_V(t)$ は公共部門における資本と労働の雇用量とする．公共部門の生産関数についても，通例の新古典派の条件がみたされているとする．すなわち，$F_V(K_V, L_V)$ は一次同次で，

$$f_V(k_V) = F_V(k_V, 1), \quad k_V = \frac{K_V}{L_V}$$

と置くとき，

$$f_V(k_V) > 0,\ f_V'(k_V) > 0,\ f_V''(k_V) < 0 \qquad (k_V > 0),$$
$$f_V(0) = 0,\ f_V(\infty) = \infty;\quad f_V'(0) = \infty,\ f_V'(\infty) = 0.$$

公共部門における全費用が最小化されているときには，労働と資本の限界代替率が賃金・レンタル比率 $\omega(t)=\dfrac{w(t)}{r(t)}$ に等しくなる．

(4) $$\frac{f_V(k_V)}{f_V'(k_V)} - k_V = \omega(t).$$

実質国民所得 $Y(t)$ は，

(5) $$Y(t) = r(t)K(t) + w(t)L(t)$$

となり，公共部門の税収入は $\tau(t)Y(t)$ となる．また貨幣供給量の増加率は $\theta(t)$ であるから，実質貨幣残高の増加は $\theta(t)M(t)/P(t)$ となる．ここで $P(t)$ は，私的産出物の価格水準で，キャピタル・ゲインあるいはロスを考慮には入れないものとする．

このとき公共部門の経常収支はつぎのようになるであろう．

(6) $$r(t)K_V(t) + w(t)L_V(t) = \tau(t)Y(t) + \theta(t)\frac{M(t)}{P(t)}.$$

また，生産要素に対する需給均等の条件は，

(7) $$K_C(t) + K_V(t) = K(t),$$

(8) $$L_C(t) + L_V(t) = L(t).$$

私的財の産出量 $Y_C(t)$ は消費 $C(t)$ と投資 $Z(t)$ に分けられる．

(9) $$C(t) + Z(t) = Y_C(t).$$

私的な生産物 $Y_C(t)$ がどのようにして，消費 $C(t)$ と投資 $Z(t)$ に分けられるかということは，すでに消費および貯蓄の理論でくわしく論じてきたが，ここではとくに公共財の供給量 $Y_V(t)$ が重要な役割を果たすことに留意しなければならない．

家計部門で，所得がどのような基準にしたがって，消費と貯蓄に分けられるかということは，第5章で展開した分析的枠組みのなかで考察することができる．消費水準を決定する主要な要素は可処分所得

(10) $$Y^d(t) = (1-\tau(t))Y(t),$$

全資産の実質額

(11) $$A(t) = K(t) + \frac{M(t)}{P(t)},$$

さらに実質利子率 $\rho(t)$ である．すなわち，

(12) $$C(t) = C[\rho(t),\ Y^d(t), A(t)]$$

のような消費関数 C によって，これらの諸変数の間の関係が規定されると考えてよい．

消費関数 $C(\rho,\ Y^d, A)$ は Y^d と A にかんして一次同次であり，その偏微分についてはつぎの条件がみたされていると仮定する．

$$\frac{\partial C}{\partial \rho} \leqq 0, \quad \frac{\partial C}{\partial Y^d} > 0, \quad \frac{\partial C}{\partial A} \geqq 0.$$

以下の議論を通じて，経済の代表的家計の瞬時的効用水準は，私的財と公共財の消費量に依存し，その全効用は，現在から将来にかけての瞬時的効用水準の割引現在価値によって表わされると仮定するが，ここでは簡単化のために消費関数 $C(\rho,\ Y^d, A)$ は公共財の水準には依存しないと仮定する．

他方，投資関数は，第 29 章で説明したように，投資の限界効率原則によって定められるとする．私的部門の企業は，資本の供給価格が，収益の割引現在価値に等しくなるような水準に決められる．一般に，投資水準 $Z(t)$ は，期待収穫率 $r^e(t)$，物価水準 $p(t)$，利子率 $\rho(t)$，現に存在する資本のストック量 $K(t)$ に依存する．ここで，期待収穫率 $r^e(t)$ の弾力性が 1 であり，資本 1 単位当たりの産出水準と資本ストックの増加率に依存するとすれば，投資水準はつぎのような関数関係によって表わされると仮定してよい．

$$\frac{Z(t)}{K(t)} = Z\left(\rho(t), \frac{Y(t)}{K(t)}\right). \tag{13}$$

この投資関数にかんして，

$$\frac{\partial Z}{\partial \rho} < 0, \quad \frac{\partial Z}{\partial\left(\frac{Y}{K}\right)} \geqq 0,$$

$$Z\left(0, \frac{Y}{K}\right) = \infty, \quad Z\left(\infty, \frac{Y}{K}\right) = 0.$$

経済のなかには二つのタイプの資産が存在する．実物資本と貨幣であるが，取引需要，予備的需要あるいは投機的需要のために，私的部門全体として，ある水準の貨幣残高を保有しようとする．典型的には，トービンによって示されたように[Tobin(1955)]，実質貨幣残高に対して，望ましい水準 M/p は利子率 ρ，可処分所得 Y^d，実物資本のストック量 K に依存し，しかもつぎのような形で表わされると仮定する．

$$\frac{M/p}{K} = \lambda\left(\rho, \frac{Y^d}{K}\right). \tag{14}$$

このとき，貨幣需要関数 $\lambda(\rho, Y^d/K)$ について，つぎの条件を仮定する．

$$\frac{\partial \lambda}{\partial \rho} < 0, \quad 0 \leqq \frac{\partial \log \lambda}{\partial \log\left(\frac{Y^d}{K}\right)} \leqq 1.$$

各時点 t で，資本のストック量 $K(t)$，労働力の供給 $L(t)$，貨幣供給の残高 $M(t)$ は所与であり，所得税率 $\tau(t)$ と貨幣供給の増加率 $\theta(t)$ とは政策的に決められていると仮定する．このとき，短期均衡状態は，上の方程式(1)-(14)をみたすような，$K_C(t), K_V(t), L_C(t), L_V(t), Y_C(t), Y_V(t), C(t), Z(t), \rho(t)$ によって特徴づけられる．以下の項で，これらの均衡変数は一意的に決まってくるということを示す．

資本の蓄積は，

$$\dot{K}(t) = Z(t) - \mu K(t) \qquad [\text{初期条件 } K_0] \tag{15}$$

によって与えられる．ここで，μ は資本の減耗率であって，外生的に決まる定数であるとする．

労働力の供給にかんしては，その増加率 ν は外生的に与えられているものとする．

$$\dot{L}(t) = \nu L(t). \tag{16}$$

財政政策 $(\theta(t), \tau(t))$ がすべての時点 t について決まっているとすれば，微分方程式(15)，(16)によって，資本 $K(t)$ の時間的径路が確定する．ここで導入したマクロ経済モデルについてその動学的構造を調べるためにまず，短期均衡の様相について考察しておこう．

短期均衡の分析

モデルの構造を調べるために，つぎの諸変数を導入しておく．

$k=\dfrac{K}{L}$　　集計的な資本・労働比率，

$y_j=\dfrac{Y_j}{K}$　　資本1単位当たりの j 財の産出量 $(j=C, V)$，

$l_j=\dfrac{L_j}{L}$　　j 部門に対する労働配分率 $(j=C, V)$，

$k_j=\dfrac{K_j}{L_j}$　　j 部門における資本・労働比率 $(j=C, V)$，

$y=\dfrac{Y}{K}$　　資本1単位当たりの実質国民所得［資本係数の逆！］，

$y^d=\dfrac{Y^d}{K}$　　資本1単位当たりの実質可処分所得，

$c=\dfrac{C}{K}$　　資本1単位当たりの消費，

$z=\dfrac{Z}{K}$　　資本1単位当たりの投資，

$m=\dfrac{M}{pK}$　　資本1単位当たりの実質貨幣残高，

$a=\dfrac{A}{K}$　　資本1単位当たりの実質資産残高，

$\omega=\dfrac{w}{r}$　　賃金・レンタル比率．

各 j 部門における資本・労働比率 k_j は，

$$\omega=\frac{f_j(k_j)}{f_j'(k_j)}-k_j$$

によって与えられ，最適資本・労働比率 k_j は $k_j=k_j(\omega)$ のように表わす $(j=C, V)$．第25章でみたように，最適資本・労働比率 $k_j(\omega)$ は，賃金・レンタル比率 ω の単調増加関数で，ω が 0 から $+\infty$ に増加するとき，$+\infty$ から 0 への値をとる．労働配分率 l_C, l_V は，

$$l_C=\frac{k-k_V}{k_C-k_V},\quad l_V=\frac{k_C-k}{k_C-k_V}.$$

ここで，$k_j=k_j(\omega)$．いま，私的部門の方が公共部門より常に資本集約的であると仮定すれば，二つの最適資本・労働比率 $k_C(\omega), k_V(\omega)$ の間には，図 33-1 に例示するような関係が存在す

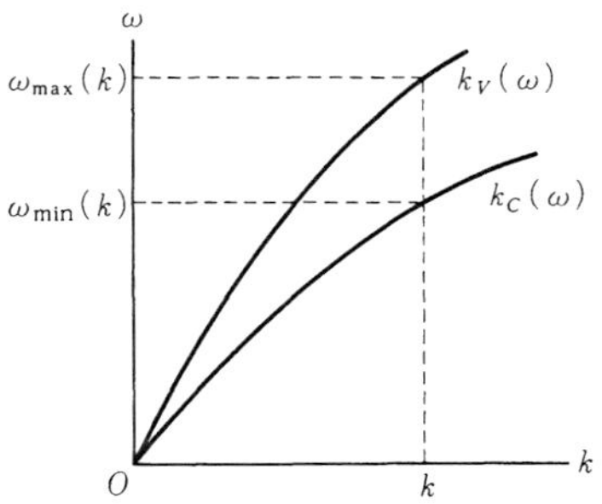

図33-1　最適資本・労働比率

る．また，

$$y_j = y_j(\omega, k) = f_j(k_j(\omega))\frac{l_j}{k} \qquad (j = C,\ V).$$

このとき，賃金・レンタル比率 ω と $y_j(\omega, k)$ の間の関係は図33-2に示すような形となる．

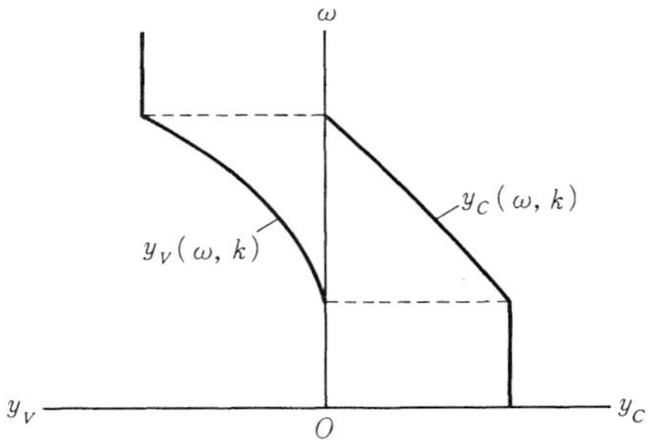

図33-2　最適産出量

このとき，短期均衡の条件(1)-(13)はつぎの方程式体系に単純化される．

$$y = \frac{r(k+\omega)}{k}, \quad r = f_C'(k_C),$$

$$y^d = (1-\tau)y, \quad a = 1+m,$$

$$c = c(\rho, y^d, a), \quad z = z(\rho, y).$$

(17)　$c+z = y_C(\omega, k)$　私的部門の均衡，

(18)　$m = \lambda(\rho, y^d)$　ポートフォリオ・バランス，

(19)　$\dfrac{r(k_V+\omega)l_V}{k} - \tau y = \theta m$　公共部門の予算均衡．

実質国民所得にかんしては，

$$y = y_C + py_V = \frac{[rl_C(k_c+\omega)+rl_V(k_V+\omega)]}{k}.$$

したがって，(19)式は，

(20)
$$\theta m = (1-\tau)\, y(\omega, k) - y_C(\omega, k)$$

と書き直せる．

いま k の値が一定のとき，(20)式の右辺は賃金・レンタル比率 ω の増加関数となる．したがって，貨幣供給の増加率 $\theta(>0)$ が所与のとき，(20)式をみたすような賃金・レンタル比率 ω と実質貨幣残高 m の間には財政政策 (τ, θ) が所与のとき，図 33-3 の FF 曲線で示されるような関数が存在する．FF 曲線上の各点では，公共部門の予算均衡条件がみたされるような賃金・レンタル比率 ω と実質貨幣残高 m の組み合わせに対応している．税率 τ，貨幣供給の増加率 θ，あるいは資本・労働比率 k が高くなるとき，図 33-3 の FF 曲線は左方にシフトする．

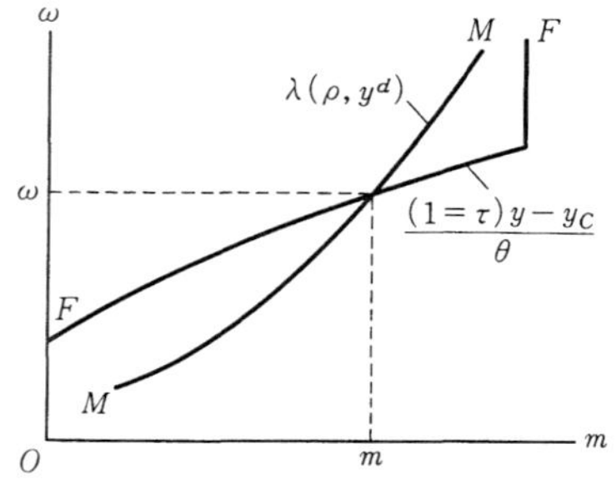

図 33-3　公共部門の予算均衡とポートフォリオ・バランス

また，利子率 ρ が所与のとき，均衡条件(17)をみたすような実質貨幣残高 m と賃金・レンタル比率 ω の関係は，図 33-3 の MM 曲線によって表わされる．貨幣需要関数 $\lambda(\rho, y^d)$ の可処分所得 y^d にかんする弾力性は 1 より大きくないと仮定しているから，MM 曲線と FF 曲線と交わる点で，MM 曲線の勾配の方が大きいから，この二つの曲線は，図 33-3 のような関係にあることがわかる．

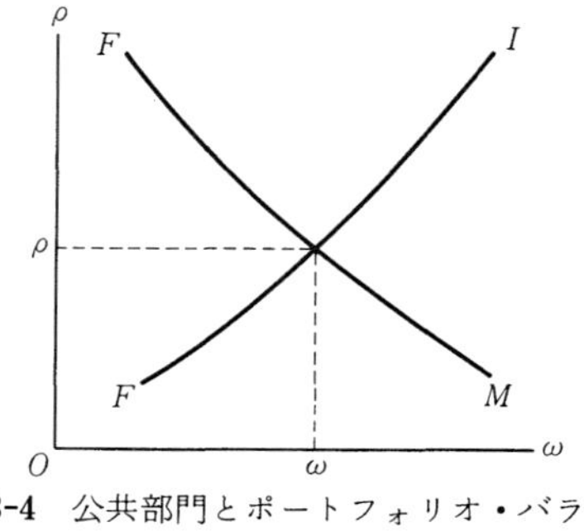

図 33-4　公共部門とポートフォリオ・バランス

利子率 ρ が高くなったとしよう．このとき，MM 曲線は左方にシフトし，均衡賃金・レンタル比 ω も均衡実質貨幣残高 m もともに低くなる．図 33-4 の FM 曲線は，公共部門の予算収支が均衡し，同時に私的部門におけるポートフォリオ・バランスが均衡するような利子率 ρ と賃金・レンタル比 ω の組み合わせを表わす．税率 τ が高くなったり，貨幣供給の増加率 θ が高くなったり，あるいは経済全体の資本・労働比率 k が高くなるとき，図 33-4 の FM 曲線が左方にシフトするということは容易にわかるであろう．

私的部門で，財・サービス市場が全体として均衡するような条件を求めるために，均衡条件(9)をつぎのように書き直しておこう．

$$z(\rho, y) = y_C(\omega, k) - c(\rho, y^d, 1+m). \tag{21}$$

利子率 ρ の水準が所与のとき，投資関数 $z(\rho, y)$ は実質国民所得 y の増加関数であり，他方，y は賃金・レンタル比 ω の増加関数となっている．したがって，(21)式の左辺は，ω の増加関数となっている．このことは，図 33-5 の II 曲線が右上がりになっているということで示される．(21)式の右辺は ω の減少関数となるから，図 33-5 の SS 曲線のように右下がりの曲線によって表現される［資本集約度条件 $k_C(\omega) > k_V(\omega)$！］．$II$ 曲線と SS 曲線とが交わるような点は一意的に決まり，したがって，財・サービス市場で需要と供給とが等しくなるような利子率 ρ と実質貨幣残高 m の水準が一意的に決まってくる．

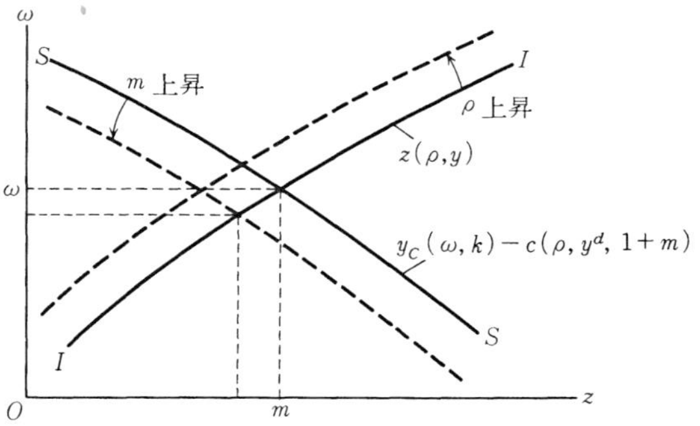

図 33-5　財市場の均衡

実質貨幣残高 m の増加は，消費水準 C の上昇をもたらし，SS 曲線の左方へのシフトを意味する．したがって，m が増加したとき，均衡賃金・レンタル比 ω は減少する．実質貨幣残高 m の増加は消費水準の上昇をもたらし，賃金・レンタル比 ω が低くならなければ，財・サービス市場は均衡しなくなるからである．財・サービス市場が均衡するような賃金・レンタル比 ω と実質貨幣残高 m の組み合わせは，図 33-6 の IS 曲線のように，右下がりの曲線によって表わされる．

IS 曲線と FF 曲線の交点 (ω, m) は，所与の市場利子率の水準 ρ に対応して，公共部門と

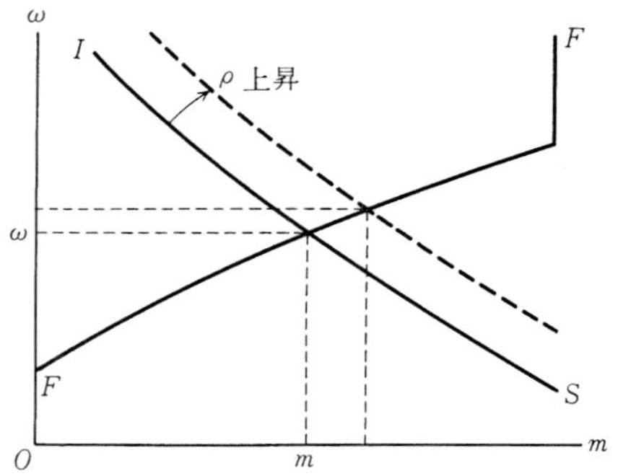

図 33-6 財市場と公共部門の均衡

財・サービス市場とが同時に均衡するような状態を表わす．利子率 ρ の水準が高くなれば，投資 $z(\rho, y)$ も消費 $c(\rho, y^d, 1+m)$ もともに高くなって，IS 曲線を上方にシフトする．したがって，利子率 ρ の上昇は財・サービス市場が均衡するような賃金・レンタル比 ω と実質貨幣残高 m をともに押し上げる．

公共部門と私的部門との両方で利子率 ρ と賃金・レンタル比 ω がともに均衡するような組み合わせは，図 33-4 の FI 曲線によって表わされる．この FI 曲線が右上がりであることは容易に検証することができる．他方，FM 曲線はさきに述べたように右下がりとなる．したがって，この二つの曲線の交点は一意的に決まる．ここで，FI 曲線と FM 曲線が交わるような利子率 ρ と賃金・レンタル比率 ω，およびそれに対応するような実質貨幣残高 m によって，(1)-(14)の短期均衡条件がすべてみたされることになる．

一定な平均消費性向と貨幣数量説

短期均衡をすべてみたすような資源配分，価格体系，利子率がかなり一般的な条件のもとで一意的に決められるということをみた．つぎにその動学的な構造を調べることにしたい．動学的過程は微分方程式体系(15)，(16)によって特徴づけられるが，つぎの微分方程式に還元される．

$$\frac{\dot{k}}{k} = z - \nu - \mu. \tag{22}$$

ただし，$k=K/L$ は資本・労働比率，$z=z(\rho, y)$ は資本 1 単位当たりの均衡投資率，ν, μ はそれぞれ労働力の増加率，資本減耗率である．

このような動学的過程の構造は，前章で展開したような手法によって分析することができるが，ここでは，平均消費性向 γ が一定で，貨幣の流通速度 λ もまた利子率には無関係となって一定となるようなケースを考えることにしよう．このとき，均衡条件(17)-(19)はつぎの方程式体系のように簡単化される．

$$(23)\qquad \theta m = (1-\tau)y - y_C,$$

$$(24)\qquad z(\rho, y) = y_C - \gamma(1-\tau)y,$$

$$(25)\qquad m = \lambda(1-\tau)y.$$

したがって，

$$(26)\qquad y_C = (1-s)y,$$

$$(27)\qquad z = \beta y_C.$$

ここで，

$$s = 1-(1-\tau)(1-\lambda\theta), \quad \beta = 1-\frac{\gamma}{1-\lambda\theta},$$

このとき，つぎの条件がみたされていなければならない．

$$(28)\qquad \theta < \frac{1-\gamma}{\lambda}, \quad 0 \leqq \tau \leqq 1.$$

動学方程式(22)はつぎのように書き表わせる．

$$(29)\qquad \frac{\dot{k}}{k} = \alpha f_C'(k_C)\frac{k+\omega}{k} - \nu - \mu.$$

ここで，$\omega = \omega(k)$ は均衡賃金・レンタル比で，

$$\alpha = (1-\tau)(1-\lambda\theta-\gamma).$$

所得税率 τ と貨幣供給の増加率 θ が一定であるときには，(29)式によって表わされる動学的過程は第 25 章で論じたのとまったく同じような数学的構造をもっている．そこで示された安定性にかんする性質はそのまま，この場合にも適用される．とくに，パラメータ τ, γ, θ が上の(28)をみたすとき，長期の均斉状態は一意的に定まり，動学体系(29)は大局的に安定的となることがわかる．

最適財政政策

これまで，政策変数は税率 τ と貨幣供給の増加率 θ によって表わされたが，どちらも一定の水準ないしは外生的に決められるという前提のもとで議論を進めてきた．ここで，これらの政策変数が政策的に決められるような状況を考えて，なんらかの形で定式化された社会的厚生を最大にするような最適な財政政策がどのようにして求められるかという問題を分析することにしたい．このとき，第 32 章で展開した最適経済成長の理論をそのまま適用することができる．

ここで考察している経済は，私的な財と公共財という 2 種類の財を生産しているが，代表的な消費者の効用は，1 人当たりの私的財の消費量 c と公共財の供給量 x に依存すると仮定する．そして，全効用は，現在から将来にかけての効用水準を適当な社会的割引率 δ で割り引いたものとする．すなわち，

$$\int_0^{\infty} u[c(t), x(t)]e^{-\delta t}dt \tag{30}$$

とし，人口が一定でないときには適当な方法で施すことにする．

動学的な財政政策 $(\tau(t), \theta(t))$ というのは，現在から将来にかけての各時点 t での所得税率 $\tau(t)$ と貨幣供給の増加率 $\theta(t)$ を特定したものであって，$\tau(t)$ および $\theta(t)$ は時間 t の関数として，piecewise に連続であるとする．動学的な財政政策 $(\tau(t), \theta(t))$ が与えられたとき，(17)-(19), (22)によって，各時点における資源配分および資本蓄積の動学的径路が確定する．このような実現可能な径路のなかで，社会的厚生関数を最大にするような動学的財政政策 $(\tau(t), \theta(t))$ が最適な政策である．

この最大問題は複雑な数学的構造をもち，その解を求めることは必ずしも容易でない．そこでまず，標準的な解を見いだすことのできるような形に，問題の定式化を多少修正することからはじめよう．

最適経済成長

最適問題を再定式化するために，政府が公共部門における資源配分だけでなく，私的部門における資源配分も決定することができることにしよう．このとき最適問題はつぎのような標準的な形に定式化される．

最適経済成長問題：つぎの制約条件をみたすような動学的径路 $(K_C(t), K_V(t), L_C(t), L_V(t), C(t), Z(t), X(t))$ のうち，社会的効用

$$\int_0^{\infty} u\left[\frac{C(t)}{L(t)}, \frac{X(t)}{L(t)}\right]e^{-\delta t}dt$$

を最大にするようなものを求めよ．

$$C(t)+Z(t) \leqq F_C(K_C(t), L_C(t)),$$
$$X(t) \leqq F_V(K_V(t), L_V(t)),$$
$$K_C(t)+K_V(t) \leqq K(t),$$
$$L_C(t)+L_V(t) \leqq L(t),$$
$$\dot{K}(t) = Z(t)-\mu K(t),$$
$$\dot{L}(t) = \nu L(t).$$

ここで，初期条件 $K(0), L(0)$ は所与とする．

あるいは，1人当たりの変量を用いればつぎのようになる．

最適問題：つぎの制約条件のもとで，社会的効用

(31)
$$\int_0^\infty u(c,x)e^{-\delta t}dt$$

を最大にせよ．

(32)
$$c+z=f_C(k_C)l_C,$$

(33)
$$x=f_V(k_V)l_V,$$

(34)
$$k_Cl_C+k_Vl_V=k,$$

(35)
$$l_C+l_V=1,$$

(36)
$$\dot{k}=z-(\nu+\mu)k.$$

ここで初期条件 $k(0)$ は所与とする．

効用関数 $u(c,x)$ にかんしては，2回連続微分可能で，限界効用は正であり，(c,x) にかんして厳密な意味で concave で，Hessian matrix

$$\begin{pmatrix} u_{CC} & u_{Cx} \\ u_{xC} & u_{xx} \end{pmatrix}$$

は常に負定型であるとする．また，私的財と公共財とはお互いに代替であって，

$$u_{Cx}\leqq 0$$

という条件がみたされているとする．さらに，私的財は劣等財ではないと仮定する．以上の諸条件はつぎのように要約されよう．

$$u_C>0,\quad u_x>0,$$
$$u_{CC}<0,\quad u_{xx}<0,\quad u_{xC}\leqq 0,$$
$$\varDelta=u_{CC}u_{xx}-u_{Cx}^2>0,$$
$$\frac{u_{xx}}{u_x}-\frac{u_{Cx}}{u_C}<0,\quad \frac{u_{CC}}{u_C}-\frac{u_{xC}}{u_x}<0.$$

このとき，最適解はもし存在したとすれば一意的に定まることがわかる．

最適解は，第32章で展開した方法を用いて求めることができる．制約条件(32)-(36)と対応するラグランジュ変数をそれぞれ，$q_C(t), q_V(t), r(t), w(t), q(t)$ とし，ラグランジュ形式 L を定義する．

$$L=\int_0^\infty\{u(c,x)+q(z-(\nu+\mu)k)+q_C(f_C(k_C)l_C-z-c)+q_V(f_V(k_V)l_V-x)$$
$$+r(k-k_Cl_C-k_Vl_V)+w(1-l_C-l_V)\}e^{-\delta t}dt.$$

変数 $q_C(t), q_V(t)$ はそれぞれ，t 時点における私的財および公共財の帰属価格であり，$q(t)$ は投資財の帰属価格としての意味をもつ．また $r(t), w(t)$ はそれぞれ資本のレンタル価格および賃金である．[すべて効用を単位としてはかったものである．]

最適問題はこれらの帰属価格の時間的径路を求めることによって解くことができる．すなわち，つぎの Lemma が成立する．

Lemma $(c(t), x(t), z(t), k(t), k_C(t), k_V(t), l_C(t), l_V(t))$ が実現可能な動学径路であるとし，帰属価格の時間的径路 $q(t), q_C(t), q_V(t), r(t), w(t)$ がつぎの諸条件をみたしているとする．

(37) $q(t), q_C(t), q_V(t)$ は，時間 t の連続関数で，正で，有界である．

(38) $r(t), w(t)$ は，時間 t の piecewise に連続な関数である．

(39) 各時点 t で，$(c(t), x(t), z(t), k_C(t), k_V(t), l_C(t), l_V(t))$ は，

$$u(c, x) + q(t)z + q_C(t)[f_C(k_C)l_C - z - c] + q_V(t)[f_V(k_V)l_V - x] \\ + r(t)[k(t) - k_C l_C - k_V l_V] + w(t)[1 - l_C - l_V]$$

を最大にする．

(40) $$\dot{q}(t) = (\nu + \mu + \delta)q(t) - r(t).$$

このとき，$(c(t), x(t), z(t), k(t))$ は最適径路となる．

(39)の条件を整理すれば，

$$u_C[c(t), x(t)] = q_C(t), \quad u_x[c(t), x(t)] = q_V(t),$$
$$z(t) = 0 \qquad (q(t) < q_C(t)),$$
$$k_j(t) = k_j[\omega(t)], \quad j = C, V.$$

$\omega(t) = \dfrac{w(t)}{r(t)}$ で，$k_j(\omega)$ は賃金・レンタル比 ω に対する j 部門の最適資本・労働比率であって，

$$r(t) = q_C(t) f_C'[k_C(t)] = q_V(t) f_V'(k_V(t)).$$

ここで，

$$p = \frac{q_V}{q_C}, \quad p(\omega) = \frac{f_C'[k_C(\omega)]}{f_V'[k_V(\omega)]}$$

と置けば，最適条件はつぎのようになる．

(41) $$\begin{cases} \dot{k} = z - (\nu + \mu)k, \\ \dot{q} = (\nu + \mu + \delta)q - r. \end{cases}$$

ここで，

(42) $$u_C(c, x) = q_C, \quad u_x(c, x) = p q_C.$$

(43) $$q \leqq q_C \qquad [z > 0 \text{ のときには等号 = で成立する}],$$

(44) $$p = p(\omega),$$

(45) $$c + z = y_C(\omega, k) \equiv f_C(k_C(\omega)) \frac{k - k_V(\omega)}{k_C(\omega) - k_V(\omega)},$$

(46) $$x = y_V(\omega, k) \equiv f_V(k_V(\omega)) \frac{k_C(\omega) - k_V(\omega)}{k_C(\omega) - k_V(\omega)},$$

(47) $$r = q_C f_C'(k_C(\omega)).$$

資本集約度条件のもとでは，$p=p(\omega)$ は ω の単調関数となるから，$y_j(\omega, k)$ は $y_j(p, k)$ とも書くことができる $(j=C, V)$.

(42) の方程式体系は (p, q_C) が所与のとき (c, x) にかんして一意的に解くことができる．したがって，

$$c = c(p, q_C), \quad x = x(p, q_C).$$

(42) を微分して，(dc, dx) について解けば，

$$\begin{pmatrix} dc \\ dx \end{pmatrix} = \frac{1}{\Delta}\begin{pmatrix} u_{xx} & -u_{Cx} \\ -u_{Cx} & u_{CC} \end{pmatrix}\begin{pmatrix} dq_C \\ pdq_C + q_C dp \end{pmatrix}.$$

したがって，

$$\frac{\partial c}{\partial q_C} = \frac{u_{xx} - pu_{Cx}}{\Delta} < 0, \quad \frac{\partial c}{\partial p} = \frac{-q_C u_{Cx}}{\Delta} \geqq 0,$$

$$\frac{\partial x}{\partial q_C} = \frac{-u_{xC} + pu_{CC}}{\Delta} < 0, \quad \frac{\partial x}{\partial p} = \frac{q_C u_{CC}}{\Delta} > 0.$$

他方，資本集約度条件 $[k_C(\omega) > k_V(\omega)]$ から，

$$\frac{\partial y_C}{\partial p} < 0, \quad \frac{\partial y_C}{\partial k} > 0,$$

$$\frac{\partial y_V}{\partial p} > 0, \quad \frac{\partial y_V}{\partial k} < 0.$$

したがって，

(48)
$$x(p, q_C) = y_V(p, k)$$

は p にかんして一意的に解くことができる．図 33-7 は，(q_C, k) が与えられたときに，(48) をみたすような解 $p=p(q_C, k)$ が一意的に決まることを示す．

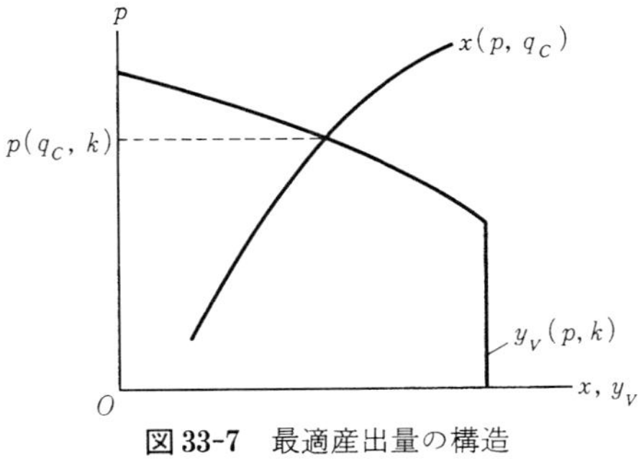

図 33-7　最適産出量の構造

まず最初に，投資 $z(t)$ が常に正となる場合を考察しよう．このとき，動学方程式体系 (41) はつぎのように表わすことができる．

$$(49)\quad \begin{cases} \dot{k} = y_C(p, k) - c(p, q) - (\nu+\mu)k, \\ \dfrac{\dot{q}}{q} = (\nu+\mu+\delta) - f_C'(k_C), \end{cases}$$

ここで，$p=p(q, k)$ である．

このとき，投資の帰属価格 q が定常的となるのは，

$$p(q, k) = p^*$$

のときである．ただし，p^* は，

$$f_C'[k_C(p^*)] = \nu+\mu+\delta$$

をみたすような均衡価格である．

$$\left(\frac{dq}{dk}\right)_{\dot{q}=0} = \left(\frac{dq}{dk}\right)_{p=p^*} = \frac{\dfrac{\partial y_V}{\partial k}}{\dfrac{\partial x}{\partial q}} > 0.$$

したがって，$\dot{q}=0$ 曲線は常に正の勾配をもち，また，$\dot{q}>0$ となるのは，(q, k) が $\dot{q}=0$ 曲線の下方に位置している場合である．

他方，$\dot{k}=0$ 曲線の勾配は，

$$\left(\frac{dq}{dk}\right)_{\dot{k}=0} = \frac{\dfrac{\partial c}{\partial q} - \left(\dfrac{\partial y_C}{\partial p} - \dfrac{\partial c}{\partial p}\right)\dfrac{\partial p}{\partial q}}{\dfrac{\partial y_C}{\partial p} - \dfrac{\partial c}{\partial p}\dfrac{\partial p}{\partial k} + \dfrac{\partial y_C}{\partial k} - \nu - \mu}.$$

$\left(\dfrac{\partial q}{\partial k}\right)_{\dot{k}=0}$ の符号は不確定であるが，$p=p^*$ のときには負となることが容易にわかる．また，$f_C'(k_C)=\nu+\mu+\delta$ のとき，

$$\frac{\partial y_C}{\partial k} = \frac{f_C(k_C)}{k_C-k_V} = f_C'(k_C)\frac{k_C+\omega}{k_C-k_V} > \nu+\mu.$$

動学体系(49)に対する解径路 $(q(t), k(t))$ は典型的には，図 33-8 に示すような構造をもつ．

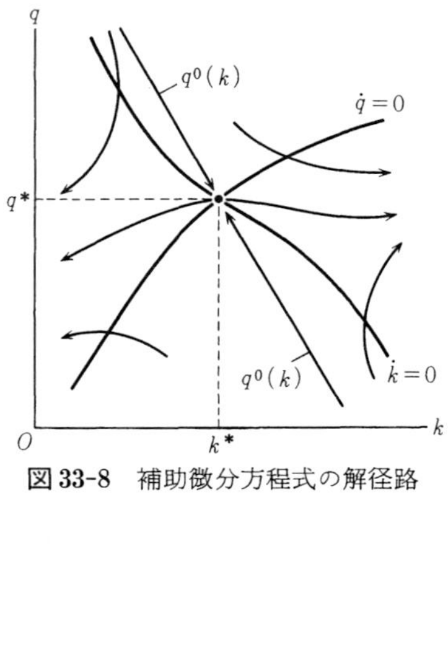

図 33-8　補助微分方程式の解径路

ここで定常解 (q^*, k^*) は,

(50)
$$\begin{cases} p(q^*, k^*) = p^*, \\ y_C(p^*, k^*) = c(p^*, k^*) + (\nu+\mu)k^* \end{cases}$$

によって特徴づけられる.

(50)によって定義される定常解 (q^*, k^*) は鞍点となることが容易に示される. したがって, (q^*, k^*) に収斂するような解径路が二つ存在する. このような解径路に対応する曲線を $q^0 = q^0(k^0)$ のような関数表現を用いて表わす. $q^0 = q^0(k)$ は k の単調減少関数となることがわかる.

関数 $p = p(q, k)$ は連続微分可能であるから, 微分方程式体系(49)を, (p, k) にかんする微分方程式体系に還元することができる. この解径路 (p, k) は, 図 33-9 に示すような構造をもつ. このときにも, 任意の資本・労働比率 k^0 に対応して, 一意的に定まるような価格比 $p^0 = p^0(k^0)$ が存在して, (p^0, k^0) を通る動学方程式体系(49)の解径路は必ず定常点 (p^*, k^*) に収斂する. この曲線 $p = p^0(k)$ も右下がりになる.

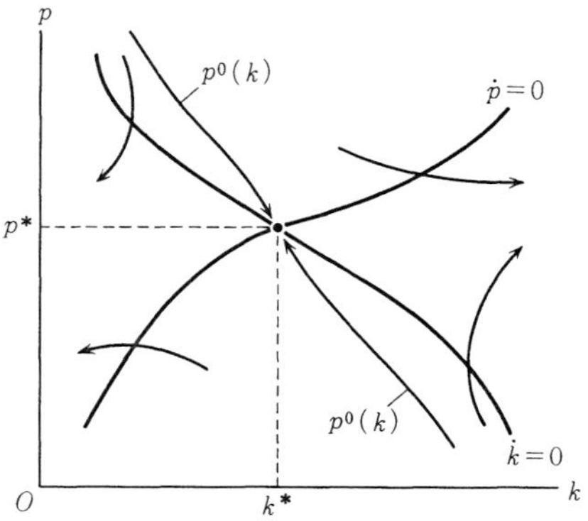

図 33-9　(p, k) にかんする解径路

以上の議論で, $z \geqq 0$ という制約条件を無視してきた. $z \geqq 0$ となるような (q, k) 平面上の集合の境界は,

(51)
$$\begin{cases} c(p, q) = y_C(p, k), \\ x(p, q) = y_V(p, k) \end{cases}$$

によって定義される.

このとき,

$$\left(\frac{dq}{dk}\right)_{z=0} = \frac{\dfrac{\partial y_C}{\partial k}\left(\dfrac{\partial x}{\partial p} - \dfrac{\partial y_V}{\partial p}\right) - \dfrac{\partial y_V}{\partial k}\left(\dfrac{\partial c}{\partial p} - \dfrac{\partial y_C}{\partial p}\right)}{\dfrac{\partial c}{\partial q}\left(\dfrac{\partial x}{\partial p} - \dfrac{\partial y_V}{\partial p}\right) - \dfrac{\partial x}{\partial q}\left(\dfrac{\partial c}{\partial p} - \dfrac{\partial y_C}{\partial p}\right)} > 0.$$

このような境界を $q = \hat{q}(k)$ によって表わし, それに対応する (p, k) の曲線を $p = \hat{p}(k)$ に

よって表わす．定常状態 (q^*, k^*) は必ず境界の上部に位置していることはただちにわかる．

さて，(q, k) が曲線 $q=q(k)$ の上部に位置しているときには，最適投資水準 z は0とならなければならない．このとき，(43)は不等号 ≦ で成立し，動学方程式(41)はつぎのようになる．

$$(52)\qquad \begin{cases} \dfrac{\dot{k}}{k} = -(\nu+\mu), \\ \dfrac{\dot{q}}{q} = \nu+\mu-\delta-f_C'(k_C). \end{cases}$$

ここで，

$$k_C = k_C(p),\quad p = p(k, q).$$

動学方程式体系(52)の解径路のなかで，境界の $\hat{q}(k)$ 曲線上で，$q^0(k)$ 曲線と交わるようなものがある．この曲線を使って，$q^0(k)$ 曲線を境界 $\hat{q}(k)$ を超えて延長することができる．$p^0(k)$ 曲線も同じように境界 $\hat{p}(k)$ を超えて延長する．この間の事情は図33-10に示す通りである．

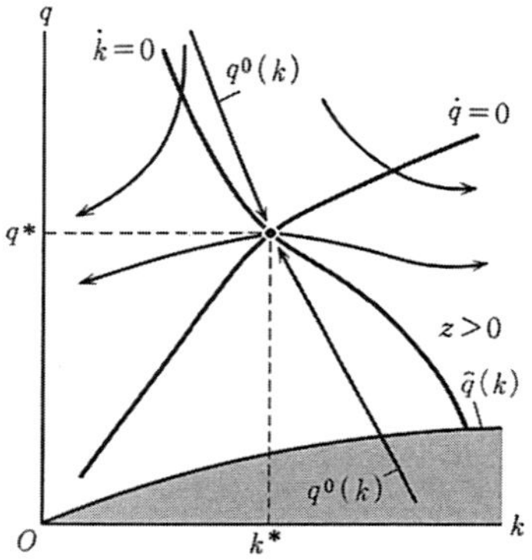

図33-10 最適径路の構造

このとき，任意の初期資本・労働比率 k_0 に対して，最適径路は，初期価格を $q_0=q^0(k_0)$ として動学方程式体系(41)の解径路 $(q(t), k(t))$ を求め，各時点で(42)-(47)の条件がみたされるような資源配分を求めるとき，最適な動学径路が求まることになる．

私的財ではかった公共財の帰属価格 p_0 もまた $p_0=p^0(q, k_0)$ によって求められ，各時点における資源配分のパターンが確定する．このとき，国民総生産のなかで私的財の占める最適な相対的シェア，$1-s^0(k)$，および私的部門における最適な投資比率 $\beta^0(k)$ もまた一意的に決まってくる．

$$1-s^0(k) = \frac{y_C[p^0(k), k]}{y[p^0(k), k]},\quad \beta^0(k) = 1-\frac{c[p^0(k), q^0(k)]}{y_C[p^0(k), k]}.$$

ここで求めた最適経済成長径路にかんして，動学的な財政政策 $(\tau(t), \theta(t))$ を適当に選んで実現可能な径路を最適径路に近づけることができる．とくに，可処分所得に対する平均貯蓄

性向 γ と貨幣の流通速度 λ がともに定数であるような場合については，最適な所得税率 τ^0 および貨幣供給の増加率 θ^0 はつぎの条件をみたすようにして与えられる．

$$1-s^0(k) = [1-\tau^0(\lambda)][1-\lambda\theta^0(\lambda)],$$

$$\beta^0(k) = 1-\frac{\gamma}{1-\lambda\theta^0(k)}.$$

したがって，

$$\theta^0(k) = \frac{1-\dfrac{\gamma}{1-\beta^0(k)}}{\lambda},$$

$$\tau^0(k) = 1-\frac{1-s^0(k)}{1-\lambda\theta^0(k)} = 1-\frac{1}{\gamma}(1-s^0(k))(1-\beta^0(k))$$

となる．

参 考 文 献

Brown, E. C. (1956). "Fiscal Policy in a Growing Economy : A Further Word," *Journal of Political Economy*, Vol. 64, pp. 170-172.

Cass, D. (1965). "Optimum Economic Growth in an Aggregative Model of Capital Accumulation," *Review of Economic Studies*, Vol. 32, pp. 233-240.

Gurley. J. G. (1953). "Fiscal Policy in a Growing Economy," *Journal of Political Economy*, Vol. 61, pp. 523-535.

Hicks, J. R. (1937). "Mr. Keynes and the 'Classical': A Suggested Interpretation," *Econometrica*, Vol. 5, pp. 147-159.

Inagaki, M. (1964). "A General Proof of Existence in Optimum Savings," unpublished manuscript.

Koopmans, T. C. (1965). "On the Concept of Optimal Economic Growth," *Pontificiae Academiae Scientiarium Scripta Varia*, Vol. 21.

Kurz, M. (1965). "Optimal Paths of Capital Accumulation under the Minimum Time Objective," *Econometrica*, Vol. 33, pp. 42-66.

Metzler, L. A. (1951). "Wealth, Saving, and the Rate of Interest," *Journal of Political Economy*, Vol. 59, pp. 93-115.

Mirrlees, J. A. (1968). "Optimal Planning for a Dynamic Economy," unpublished manuscript.

Musgrave, R. A. (1959). *The Theory of Public Finance : A Study of Public Economy*, New York, McGraw-Hill.

Ramsey, F. P. (1928). "A Mathematical Theory of Savings," *Economic Journal*, Vol. 38, pp. 543-559.

Samuelson, P. A. (1954). "The Pure Theory of Public Expenditure," *Review of Economics and Statistics*, Vol. 36, pp. 387-389.

Smith, W. L. (1954). "Professor Gurley on Fiscal Policy in a Growing Economy," *Journal of*

Political Economy, Vol. 62, pp. 440-441.

Solow, R. M.(1956). "A Contribution to the Theory of Economic Growth," *Quarterly Journal of Economics*, Vol. 32, pp. 65-95.

Srinivasan, T. N.(1964). "Optimal Saving in a Two-Sector Growth Model," *Econometrica*, Vol. 32, pp. 358-373.

Stoleru, G.(1965). "An Optimal Policy for Economic Growth," *Econometrica*, Vol. 33, pp. 321-348.

Swan, T. W.(1956). "Economic Growth and Capital Accumulation," *Economic Record*, Vol. 32, pp. 358-373.

Tobin, J.(1955). "An Aggregative Dynamic Model," *Journal of Political Economy*, Vol. 63, pp. 103-115.

Uzawa, H.(1963). "On a Two-Sector Model of Economic Growth, II," *Review of Economic Studies*, Vol. 30, pp. 105-118.

——(1963). "Optimum Investment in Social Capital," Paper presented at a NSF-Purdue Conference on Quantitative Methods in Economics.

——(1964). "Optimal Growth in a Two-Sector Model of Capital Accumulation," *Review of Economic Studies*, Vol. 31, pp. 1-24.

——(1966). "An Optimum Fiscal Policy in an Aggregative Model of Economic Growth," *The Theory and Design of Economic Development*, edited by Irma Adelman and Erik Thorbecke, Baltimore, The Johns Hopkins Press, pp. 113-139. Reprinted in *Preference, Production, and Capital : Selected Papers of Hirofumi Uzawa*, New York, Cambridge University Press, 1988.

von Weizsäcker, C. C.(1965). "Existence of Optimal Programs of Accumulation for an Infinite Time Horizon," *Review of Economic Studies*, Vol. 32, pp. 85-104.

第34章　社会的共通資本の理論

これまで議論してきたことはほとんどすべて，その経済制度的な前提として，純粋な意味における市場経済制度のもとにおける資源配分のメカニズムを分析するということに関わるものであった．ここで，純粋な意味における市場経済制度というとき，その基本的な特徴として，生産および消費の過程で制約的(limitational)となるような希少資源(scarce resources)がすべて，個別的な経済主体に分属されていて，市場を通じて取り引きされるという，いわゆる生産手段の私有制(private ownership)を意味している．市場経済制度というときにはさらに，究極的な経済主体である個々の個人が，第1章でくわしく説明したように，それぞれ主観的な価値判断基準をもっていて，その基準のもとで最適な行動を選択するという，合理的な経済人(homo economicus)を前提としている．このような視点を論理的に追求しようというのが新古典派経済理論の基本的な立場であったし，ケインズ経済学でも，この経済人の合理的行動仮説は暗黙裏に仮定されていたといってもよい．

このような分権的な市場経済制度のもとでは，異なる個人間の接触は，市場における交換の過程でしかありえないし，また，文化的，社会的，歴史的な諸条件はこのような経済的側面とはまったく切り離されたものとして考えようという新古典派的な理論枠組みも，このような観点から正当化されるものであった．

さまざまな希少資源が，分権的な市場機構を通じて配分されるとき，効率的な配分がもたらされるということは，経済学の歴史では，アダム・スミスにまでさかのぼって，基本的な命題とされてきたといってもよい．経済社会の各構成主体が，それぞれ自らの経済的利益のみを追求したとしても，さまざまな生産物，生産要素が交換される市場が完全競争的であれば，社会的な観点からも，もっとも効率的な資源配分が実現するという主張である．アダム・スミスは「見えざる手」に導かれて，このような社会的効率性がもたらされると説いたが，近代経済学は，市場経済の制度的諸条件を理論的な枠組みのなかに組み込んで，論理的に，この命題を証明するということに対して，少なくない人的資源を投入したのであった．本書でも，一般均衡の問題を論ずるさいに，この点にふれたが，1930年代におけるワルト(Abraham Wald)，フォン・ノイマン(J. von Neumann)に始まって，ヒックス，サミュエルソン，クープマンス，さらには1950年代から1960年代にかけて，アロー，デブリュー，ハーヴィッチ，ゲール，マッケンジー，稲田，二階堂，スカーフなどという重量級の経済学者の興味の焦点は，この問題に置かれていたのである．

市場的配分の効率性がどのような制度的，技術的条件のもとで妥当するかという点にかんしては，これらの経済学者の手によってくわしく分析され，その実証的，政策的なインプリケーションについても，精緻な考察がなされていったということは，第二次世界大戦後の新古典派経済理論の果たした輝かしい貢献のうちに挙げられなければならないであろう．しかし，これらの考察にほぼ共通して欠如している基本的問題意識がある．それは社会的共通資本(social overhead capital)に関わる問題であって，たんに理論的だけでなく，社会的，政治的にも重要なインプリケーションをもつものである．

まず，短期の問題ないしは静学的な次元で考えてみよう．生産(あるいは消費)の過程で必要とされるような希少資源は，第VI部でくわしく説明したように，固定的な生産要素と可変的な生産要素に分けられる．短期というときには，固定的な生産要素は，各経済主体にとって固定的(fixed)，特定的(specific)なものであって，いま考察している期間中に変えることができないようなものである．それに対して，可変的な生産要素は，単位期間中に自由に調節することができるものである．国民経済全体について，所与の可変的な生産要素を，各経済主体にどのように配分し，なにをどれだけ生産したら，もっとも効率的な資源配分が実現するであろうか，という問題を考察するのが，静学的効率性(static あるいは short-term efficiency)に関わる問題である．

市場を通じおこなわれる可変的な生産要素の配分が静学的に効率的な配分となるためにどのような条件が前提とされなければならないであろうか．生産物および可変的な生産要素にかんする市場が完全競争的であること，生産過程が不可分的(indivisible)でないこと，外部経済または外部不経済は存在しないことなどが主要な条件として挙げられる．また，社会的効率性の基準としては，いわゆるパレート最適(Pareto-optimum)の概念が採用されてきた．すなわち，ある一つの資源配分の結果得られた，すべての経済主体にかんする消費パターンについて，もし，ある一人の消費主体の効用を高めようとするとき，必ず他のだれかの効用を低めるような結果となるような状態をパレート最適といい，社会的効率性の基準としてきたのである．したがって，所得分配の平等性ないしは公正という問題にはまったくふれられていない．とくに，第1章で論じたように，効用の可測性という概念を否定して，序数的な選好関係にもとづいて消費者行動の理論が確立するに及んで，社会的最適性(social optimum)という考え方もはるかに後退して，パレート最適性の概念に象徴されるように，効率性が真正面に出され，公正という考え方は，選好関係のもとでは正当化されないという根拠として否定されるという傾向をもってきた．効用の可測性とその異なる個人間の比較可能性を必ずしも前提しないで，近代的消費理論の結論を有効に利用しながら，資源配分の社会的最適性という問題を解決することができるであろうか．これは現代経済学に課せられた基本的な課題の一つであるが，これから説明しようとする社会的共通資本の理論は，この課題に対して一つの解決への道を見いだそうとするものである．

さて上のような意味で，静学的効率性の問題を考察するとき，これまでのいわゆる新厚生経済学(new welfare economics)の研究に共通してとられてきた前提条件がある．それが生産手段の私有制である．可変的な生産要素がすべて私有され，いずれかの経済主体に分属され，完全競争的な市場で交換される．しかも，生産過程の変更，市場における交換にさいしてなんら追加的な費用を必要とせず，そのための時間的経過は無視することができるという前提条件が，新厚生経済学の基本的命題が成立するために，もっとも重要な仮定であった．

つぎに長期の問題，ないしは動学的次元で考えてみよう．静学的な次元では，所与のものと仮定されていた固定的生産要素は，動学的な次元では可変的な性格をもつようになる．すなわち，各経済主体はその所有する固定的な生産要素を，投資のプロセスを通じて蓄積することによって，将来の時点における固定的生産要素の賦与量を調整することができる．各時点における固定的生産要素の賦与量は所与であって，単位期間中に自由に変えることはできないが，動学的な次元にたつとき，投資のプロセスを通じて，将来の固定的生産要素の賦与量を自由に調節することが可能となるということによって，市場機構の動学的効率性が妥当する可能性が見いだされることになる．この点を強調したのが，新古典派的な厚生経済学の基本的視座でもあったのである．

動学的資源配分の効率性はどのような条件のもとでみたされるのであろうか．第 31, 32 章でくわしく考察した最適経済成長の問題，第 33 章の主題であった経済計画，さらに二部門経済モデルの枠組みのなかにおける最適成長の問題など，この問題に対する洞察を与えようとするものであった．その形式的な側面についても，キャス=ヤーリ[Cass and Yaari(1966)]，クープマンス[Koopmans(1965)]，マランヴォー[Malinvaud(1953)]，ヴァイゼッカー[von Weizsäcker(1965)]，マックファデン[McFadden(1967)]などによってその主要な性質が明らかにされてきた．

このような動学的資源配分の効率性は，完全競争的な市場機構を通じて実現可能であろうか．市場機構の静学的効率にかんする新古典派的な厚生経済学の基本的な命題が，動学的効率性にかんしても成立するであろうか．この設問にかんする上記の経済学者の研究は否定的ないしは懐疑的であったが，1970 年代に流行した「合理的期待形成仮説」(“rational expectations hypothesis”)の立場にたつ人々はまったく異なった理論的帰結を導きだそうとしたのであった．

合理的期待形成仮説については，その基本的な考え方について，本章の主題との関連に焦点を当てながら要約しておこう．合理的期待形成仮説は，確率論的な状況を想定して定式化されているが，deterministic な状況に適用すればつぎのようになる．経済はつねに市場均衡の状態にあり，各経済主体は，現在から将来にかけての均衡市場価格体系すべてを正確に知っていて，また現在の時点における行動が現在および将来の市場価格に対してどのような影響を及ぼすかということについても正確な知識をもっているとする．そのとき，各経済主体は現在から将来にかけて，どのような生産および消費の計画をたてたときに，それぞれの主観的価値基準のもとで最適な状態を実現できるかということを計算して，最適な行動を選択するということを前提として，議論が組み立てられる．第5章で展開したアーヴィング・フィッシャーの時間選好理論をそのまま市場経済制度のもとにおける異時点間にわたる資源配分の問題に適用し，市場経済制度のもとで，最適な資源配分が動学的な観点からみても最適なものとなるという命題を導きだした．そのとき，完全予見のもとで，完全競争的な市場均衡の状態が，現在から将来にわたって実現するということが暗黙裏に仮定されている．言うならば，現在から将来にかけての市場がすべての財・サービスにかんして同時に開かれ，市場均衡がすべての市場にかんして成立し，生産および消費の計画もまたその均衡状態に対応して計画され，実行に移されるということを想定したのであった．このような意味で，完全競争的な市場経済制度のもとで，動学的効率性，あるいはさらにつよく，動学的最適性がみたされるという命題が導きだされた．合理的期待形成仮説はこのような抽象的な次元における，一つの思考実験ともいうべき性格をもつ理論であったが，社会的，政策的にも無視しえないような影響をもち，アカデミックな経済学の分野においても，1970年代を通じて，ある意味では支配的な役割を果たした．しかし，さきに述べたように，1980年代に入るとともに，理論的な整合性という観点からも，また政策的なインプリケーションという観点からも，合理的期待形成仮説の基本的な欠陥が明らかになってきた．

合理的期待形成仮説の考え方にしても，またより中立的な新古典派的厚生経済学の基本的枠組みも，生産手段の私有制を当然の前提として，議論が展開されていった．

社会的共通資本の概念

市場機構を通じて実現する希少資源の配分が，静学的な観点から効率的であるという命題が成立するためには，可変的生産要素の私有制という条件が不可欠であることは上に強調したことであるが，動学的な効率性を論ずるためには，さらに固定的な生産要素もまた各経済主体に分属され，完全競争的市場で取り引きされるという前提条件がみたされていなければならなかった．しかし，このような意味における生産手段の私有制という制度的前提条件は，現実の資本主義社会では決してみたされていない．さらに一般に現代の経済社会では，どのような経済体制を前提としたものであっても，個別的な私的経済主体に分属されないで，社会的に管理される，いわゆる社会的共通資本が，たんに生産の過程においてだけでなく，消費活動にさいしても，重要な，不可欠な役割を果たしているからである．完全競争的な市場という概念自体も，このような社会的共通資本の概念と切り離して考えることはできないといってもよく，たんに経済的な次元を超えて，広く文化的，社会的な次元に関わり，しかも，市場機構を通ずる資源配分過程のパフォーマンスを論ずるさいにもまた不可欠な存在となっている．

経済活動に必要となってくるような希少資源は，固定的なものと，可変的なものに分類されるが，固定的な希少資源についてさらに，私的資本と社会的共通資本に分類される．私的資本(private capital)は，これまで経済学で普通に使われてきた概念であって，個別的な経済に分属され，投資のプロセスを通じて蓄積されるものであって，いわゆる固定資本に対応するものである．工場，建物，設備，機械などの物的な，有形固定資本にはじまって，技術的な知識，ノウハウ，マーケッティングに関わる情報などという人的な，無形資本の多くは，このような意味における固定的な生産要素である．このような固定的な生産要素の蓄積は投資活動を通じておこなわれるが，それもまた，工場，設備などの有形な固定資本の建設，据え付けだけでなく，新しい製品，技術を求めてなされる研究・開発，企業内における人的資源の訓練，教育などの無形資産の蓄積をも含んだものである．このような私的資本はいずれも，過去における投資活動の結果として決定されるものであって，そのときどきの市場条件に対応して自由に調節することはできない．同じような状況は，消費主体にかんする私的資本についても妥当する．各消費者は，生活のために必要な，固定的な希少資源を過去における投資活動を通じて蓄積する．それはまた，住宅，さまざまな生活用具などという有形の資産だけでなく，技能的，技術的知識の蓄積などという無形の人的能力をも含むものである．教育，訓練もまた，このような人的能力の蓄積という意味で投資とみなされる面をもつ．

しかし，生産，消費という経済活動にさいして，このような私的な資本に加えて，私有されない希少資源，社会的共通資本が重要な，ときとしては基本的な役割を果たす．

社会的共通資本は，個々の私的経済主体に分属されることなく，社会全体にとって共通な資産として，その建設・管理が社会的な観点からおこなわれ，そこから生みだされるサービスが市場的な基準ではなく，社会的な基準にしたがって，各経済主体に分配されるような固定資本的な希少資源である．

社会的共通資本は，その機能的な側面からみて，三つのカテゴリーに分類されよう．自然資本，社会資本，制度資本の三つである．

自然資本は，大気，土壌，河川，地下水，湖沼，海洋，森林など，自然に賦与されているものであって，人々の生存のために不可欠であり，また生産活動，消費活動という面からも基本的な役割を果たすものである．このような自然資本の多くについて，私有を認めないで，社会的共通資本として社会的に管理されているのはなぜであろうか．それは，大気，水，土地のように，人々の生存に不可欠なものであって，私的な経済主体に分属されて，利潤追求の対象とされるとき，実質的所得分配の平等，公正性という観点から，きわめて好ましくない結果をもたらし，社会的不安定性を高めるからである．この点について，ここではくわしくふれない[Uzawa(1982)参照]．しかし，自然資本について，私有制が一般的でなかったのは，このような社会的安定性に対する配慮というより，一方では，技術的な見地からこのような資源にかんする私有制が不可能であるか，あるいはそのため必要な行政的，経済的コストが高いからであり，他方では，経済活動の水準があまり高くないときには，このような自然資本の希少性がきわめて低く，いわば自由財として取り扱われていたからであるともいえよう．しかし，そのような状況のもとでも，自然資本の相対的希少性は，地域的，局所的にはきわめて高い場合が少なくなかった．このような自然資本が，私的資本に比して，相対的に不足して，その希少性が全体的に高くなるとき，その管理をあやまるとき，きわめて大きな社会的，人道的問題を惹き起こすことになる．大気の汚染，水の汚濁，土壌の汚染などにともなって発生してきた多くの公害，環境破壊の現象が，近年大きな問題をいたるところで惹き起こしてきた．工場や自動車を発生源として大規模に起こってきたこれらの公害問題は究極的には，自然資本という社会的共通資本の管理に関わる問題に帰着するといってよい．

第2のカテゴリーである社会資本は，道路，鉄道，港湾などの運輸・通信施設，電力，上下水道などの公共的施設にはじまって，警察，消防，学校，病院，公園などという社会的インフラストラクチャーを包含したものである．これが普通の意味での公共的な性格をもつ社会資本であるが，ここでは社会的共通資本という，より高次な次元をもつ概念の一形態として考えている．

第3のカテゴリーはいわゆる制度資本(institutional capital)である．司法制度，市場制度，金融制度，とくに管理通貨制度などであるが，このような制度を社会的に運営することによって，たんに社会的公正という観点からだけでなく，経済的な効率性という観点からも重要な意味をもつ．このような観点から，制度資本として，社会的共通資本の一つのカテゴリーを形成していると考えられる．

以上挙げた三つのカテゴリーは必ずしも排他的でもなく，また網羅的でもない．社会的共通資本の基本的性格を浮き彫りにするために便宜上分類したものにすぎないといってよい．たとえば，教育資本は，社会資本とみなされるが，じつは制度資本という面をもつよくもっている．さらには，都市のように，上の三つのカテゴリーをあわせもつような機能を果たす共通資本も存在する．

社会的共通資本はまた，生産のプロセスで必要とされるか，あるいは消費のプロセスで必要とされるかという観点からも分類することができる．前者は普通産業基盤的社会資本と呼ばれるものであり，後者は生活関連施設と呼ばれているものである．

ここで資本(capital)という言葉の使い方について，説明を必要とするであろう．ここで用いている資本の概念はアーヴィング・フィッシャーが，かれの『利子論』(*The Theory of Interest*, 1904)のなかで導入したものであって，ある時点に現に存在する希少資源のストック(stock)という広義の意味に用いられる．このような資本から，毎期毎期生みだされるサービスがフロー(flow)として，各経済主体によって利用されることになり，その所得(income)を形成する．ここでは，このような広い意味におけるフィッシャー的な資本概念のうち，とくに固定性に注目して定義されているものであって，マルクス経済学における資本主義的制度に特有な概念としての資本と異なることに注意しておきたい．

社会的共通資本はsocial overhead capitalの訳語であるが，普通は社会的間接資本と訳されているが，ここでは，社会にとって共通な資産という面に焦点を当てるため，共通資本という言葉を用いた．この概念は，1920年代までの経済学の教科書で重要な地位を占めていた．たとえば古典的なタウシグ(F. W. Taussig)の教科書*Principles of Economics*が典型的であるが，とくに第二次世界大戦後，いわゆる「新新古典派経済学」の潮流のなかに埋没してしまった．この概念を経済学における一つの中心的なものとして再確認したのは，1956年に刊行されたハーシュマンの『経済発展の諸戦略』(A. Hirshman, *Strategies for Economic Development*)であった．ハーシュマンは発展途上諸国の経済発展における社会的共通資本の果たす基本的な役割を分析し，社会的共通資本ないしはインフラストラクチャーに対する投資こそ，経済発展の過程で先駆的な意味をもつということを強調したのであった．以下本章で展開する社会的共通資本の理論は，このハーシュマンのヴィジョンを定式化するという面ももっている．

社会的共通資本の理論を具体的に説明する前に，この社会的共通資本という概念は必ずしも，技術的ないしは行政的な制約条件によって規定されるものではなく，むしろ，社会的，文化的，歴史的な条件によって大きく左右されるということを再び強調しておこう．ある希少資源が私的な資本として，個別的な経済主体に分属され，市場で取り引きされることが認められるか，あるいは社会的共通資本として社会的に管理されるか，ということは，なんらかの意味における社会的決定のプロセスを経て決定されるものである．すなわち，技術的，テクニカルな基準というよりは，社会的，文化的，歴史的な過程として，ある種の希少資源は私的な資本として，ある種のものは社会的共通資本として分類される．このとき，さきに述べたように，社会的不安定性(social instability)にかんする社会的価値判断が重要な役割を演ずることになる．この点は社会的共通資本の分析にかんする理論的枠組みの構築自体と密接な関わりをもつ．

サミュエルソンの公共財概念

社会的共通資本から生みだされるサービスは，私的な経済主体に分属されることなく，ある一つの経済社会の構成員はそのサービスを斉しく享受することができる．このような意味で，公共財(public goods)であるといってもよい．ところで，経済理論で公共財というとき，人々はただちにサミュエルソンによって導入された「公共財」の概念を想起するであろう[Samuelson(1954), (1955)]．じじつ，サミュエルソンの論文以来，「公共財」という概念はもっぱらかれが定義された意味に用いられ，サミュエルソンの定義をみたさない財・サービスを「私的財」ないしは「混合財」と分類するというのが一般的となってきたといってもよい．

サミュエルソンの「公共財」はつぎの二つの性質によって特徴づけられる．第1に，各人が「公共財」から享受することができる効用は，経済全体でそのような「公共財」がどれだけ供給されているかということだけで決まってくる．各人がそれぞれ，この「公共財」をどれだけ使うかということを選択する余地はないということである．第2に，各人がこのような「公共財」から得る効用は，他の人々がどのような規模で経済活動を営み，この「公共財」をどの程度享受しているかということにはまったく無関係であるという条件である．別の言葉を使えば，混雑(congestion)という現象は決して起こらないということである．

この二つの条件をみたすような「公共財」について，いま消費活動に限定して定式化すればつぎのようになる．消費者を番号づけて，$\beta=1, \cdots, B$ とし，各人 β が享受している私的消費財の量を C_β とすれば，社会全体で利用可能な消費財の量が C のとき，

$$\sum_\beta C_\beta = C$$

という関係式が成立する．［ここで，消費財の種類が多様であるときにはベクトル表現となることはいうまでもない．］各人 β の効用関数を $U_\beta(\cdot)$ とすれば，このとき β の享受している効用水準は $U_\beta(C_\beta)$ によって与えられる．

さて，公共財が社会全体で X だけ供給されているとする．［ここでも，公共財の種類が多様のときには X はベクトルとなるが，簡単のため，あたかもスカラー量のように取り扱う．］サミュエルソン的な前提条件のもとでは，各人 β の享受する効用は，

$$U_\beta(C_\beta, X)$$

のように表わされる．つまり，公共財の社会的供給量 X がそのまま，各人の効用関数に現われることになって，私的な消費 C_β とまさに対照的となる．

一般に，私的な消費も公共財もともに，その限界効用は正であると仮定される．

$$\frac{\partial U_\beta}{\partial C_\beta} > 0, \quad \frac{\partial U_\beta}{\partial X} > 0.$$

また，公共財の供給量 X と私的財の社会的産出量 C の間には，技術的な条件によって規定される関係が存在する［生産可能領域あるいは変形曲線！］．

$$T(C, X) = 0.$$

このような前提条件のもとで，最適な公共財の供給量 X と私的財の産出量 C の水準が決定され，私的消費の最適な分配 C_β が決められる．最適配分のために必要な条件は，各人 β について，私的財と公共財との間の限界代替率の和が，私的財と公共財との間の限界変形率に等しいという周知の条件となることが示されることとなる．すなわち，

$$\sum_\beta \frac{\frac{\partial U_\beta}{\partial X}}{\frac{\partial U_\beta}{\partial C_\beta}} = -\frac{\frac{\partial T}{\partial X}}{\frac{\partial T}{C}}.$$

このような「公共財」の概念は，形式的な分析を容易にするものであるが，その経済学的意味について考察するとき，いくつかの点で困難な問題を含んでいる．それは，サミュエルソンの定義自体に関わるものである．まず第1に，一般に公共財ないしは公共サービスとして理解されているものにかんしては，各人がそのサービスをどれだけ使用するかということを，それぞれの置かれている経済的条件と，そのような公共サービスがどのような条件で各人に供与されているかということに依存して決めることができるということである．このことはとくに，社会的共通資本から生みだされるサービスについて妥当することであって，各人の効用がたんに，社会全体でどれだけ「公共財」が供給されているかということによって，受動的に決まってしまうものではないという点である．

第2の点は，公共財にかんして，とくに社会的共通資本から生みだされるサービスにかんしては，混雑現象が一般的であって，例外的ではないということである．このような公共財にかんして，混雑現象が起こらないようにするためには，私的な経済活動の水準に比較して，公共財の供給を膨大なものにしなければならない．このことは，たとえば道路の例をとってみたときに明白となるであろう．ところが，公共財にかんしてもっとも重要な問題はむしろ，私的な経済活動の規模との比較において，公共財の供給に対して希少資源を割り当てるときに，社会的な観点からもっとも望ましいかというものである．つまり，混雑度をどの程度にしたときに社会的に最適な資源配分がもたらされるかという問題である．混雑現象は決して起こらないという，サミュエルソン的公共財の前提条件は，ある意味では公共経済学におけるもっとも基本的な問題の一つを，仮定によって排除してしまう結果となっている．

社会的共通資本の定式化――生産者の場合

上に述べたサミュエルソンの「公共財」概念に対する批判を念頭に置きながら社会的共通資本の定式化を説明する．ここでの叙述はもっぱらUzawa(1974)に準拠しているが，多少修正を施した部分もあることをまずお断りしておきたい．説明の便宜上，社会的共通資本が生産要素としての役割を果たす場合について考察することにしよう．

生産主体は数が多く，その一つ一つの規模は，全体からみて無視しうるものであると仮定する．いわゆる完全競争的な市場に直面した企業群を仮定するわけであるが，ここでは数学的な取り扱いを容易にするために，ある連続的な濃度をもって，たとえば$[0, 1]$のなかに分布しているような状況を想定する．オーマン，デブリュー，スカーフ，マス-コレルなどのいう連続的市場(continuous market)の場合である．企業をβで表わし，ある測度をもって$[0, 1]$の間に分布されているとする．企業βの産出量を一般にQ_βで表わす．以下の議論はすべて各企業が多様な生産物を生産している場合，すなわちQ_βがベクトルの場合にもそのまま適用することができるが，説明を簡単にするために，Q_βは一次元のスカラー量であるかのように取り扱うことにする．

産出量Q_βは，企業βのなかに蓄積されている固定的な生産要素および市場で調達してくる可変的な生産要素の量に依存する．固定的な生産要素については，第29章で展開したヴェブレン=ケインズ的な企業理論の枠組みのなかで考えを進める．したがって，各時点で企業βのなかに蓄積されている固定的生産要素は，その利潤獲得能力の大きさをもって尺度化することができ，K_βという形で表現可能であるという前提をもうける．じつは，第29章では，私的な生産要素のみを考慮して，社会的な生産要素を考えなかったので，実質資本K_βの計測可能性にかんしては若干の修正が必要となってくるが，基本的な考え方には変化はない．ここでは，固定的な生産要素はすべて物的な資源から成り立っているという仮定のもとに議論を進める．他方，可変的な生産要素は労働だけであって，一般にN_βという記号で表わすことにしよう．

企業βの生産関数はこのようにして，

$$Q_\beta = F^\beta(K_\beta, N_\beta)$$

のように書き表わすことができる．これが，これまでの生産理論であるが，ここでは，社会的共通資本の果たす役割に注目しなければならない．

いま社会的共通資本が全体としてVだけ存在するとしよう．社会的共通資本をどのようにして計測するかという問題は，私的な固定的資本の場合よりいっそう困難な性格をもつ．しかしここでは，実際に計量可能であるかどうかという問題を解決しようとするのではなく，社会的共通資本が経済循環のメカニズムのなかでどのような機能を果たすであろうかという点に焦点を置いているので，計測性の問題は一応解決したものとして議論を進めることにしよう．

さて，経済全体で，社会的共通資本のストックがVだけ存在したとする．しかし，各生産主体にとって，このストック量Vは直接関わりのあるものではない．各生産主体にとって重要な意味をもつのは，社会的共通資本から生みだされるサービスをどれだけ使うかというものであって，それはまたフローの次元をもつ量でもある．企業βが，単位期間に使用する社会的共通資本のサービスをX_βとしよう．このとき，企業βの生産関数は，

$$Q_\beta = F^\beta(K_\beta, N_\beta, X_\beta)$$

のような形をとらなければならない．このとき，X_βの限界生産は逓減的であると仮定することができよう．すなわち，

$$F^\beta_{X_\beta X_\beta} < 0.$$

[関数につけた suffix は偏微分を表わす.]

このようにして，各生産主体が，社会的共通資本から生みだされるサービスをどれだけ使用

するかということを自ら決定することができるという，第 1 の問題点を定式化することができた．しかし社会的共通資本のサービスを X_β だけ使用したときに，企業 β にとって，どれだけ生産に貢献するかということは，この X_β から企業 β が実質的な便益をどれだけ受けるかということによって決まってくるが，それは，同じ社会的共通資本を，他の経済主体がどれだけ使用して，その結果どれだけの混雑が生みだされているかということによって左右される．この混雑度を表わすもっとも端的な尺度は，社会的共通資本から生みだされるサービスを，この経済を構成する生産主体が全体としてどれだけ使用しているかということである．これを X で表わすと，

(1)
$$X = \int X_\beta d\beta.$$

ただし，積分の範囲は生産企業全体であるが，ここでは一応 $[0,1]$ の区間であると仮定してある．この積分はたんなる和と同じように取り扱ってもよい．ただ，各企業 β が X_β を単独で変えても，全体の X にはなんら影響を与えないという仮定がもうけられている．すなわち，β の測度は non-atomistic であるとする．さらに，全体の使用量 X が同じであって，混雑度は当然，社会的共通資本のストック量 V に依存して決まってくることになる．したがって，企業 β の生産関数は結局，つぎのような形をとることになる．

(2)
$$Q_\beta = F^\beta(K_\beta, N_\beta, X_\beta, X, V).$$

ここで，X の増加は企業 β にとって，社会的共通資本のサービス X_β の限界生産を低下させるだけでなく，可変的な私的生産要素 N_β の限界生産のスケジュールもまた低下するという仮定をもうける．すなわち，

(3)
$$F^\beta_X < 0, \quad F^\beta_V > 0,$$

(4)
$$F^\beta_{N_\beta X} < 0, \quad F^\beta_{X_\beta X} < 0.$$

サミュエルソンの「公共財」は，この定式化の文脈についていえば，

(5)
$$F^\beta_{X_\beta} \equiv 0, \quad F^\beta_X \equiv 0$$

という極限的な場合となっていると考えてよいであろう．

さて，われわれの出発点となる生産関数の一般的な形は(2)式によって与えられ，(3)の条件がみたされることになった．さらに，生産関数 F^β は $(K_\beta, N_\beta, X_\beta, X, V)$ について concave であると仮定し，また，可変的な生産要素 N_β と共通資本のサービス X_β とは補完的(complementary)であるという仮定を必要とすることもある．すなわち，

(6)
$$F^\beta_{N_\beta X_\beta} > 0.$$

市場的配分と社会的共通資本

社会的共通資本の果たす機能が生産の過程で，上に述べたような形で定式化されるとき，完

全競争的市場における資源配分の効率性は果たして成立するであろうか．生産関数が(2)の形で与えられているということからただちに類推されるように，外部不経済(external diseconomies)が存在することになり，市場的配分の静学的効率性は成立しない．このことをもっとくわしくみてみよう．

各企業 β のなかに蓄積されている固定的資本の量 K_β は所与であって，いま考察している期間を通じて変わらないとする．また可変的生産要素——ここでは労働で表わしているが——についても，経済全体の供給量 N は一定で変わらない．さらに，社会的共通資本のストック量 V も一定であるとして，市場的配分が果たして静学的効率性をみたしているかどうか，という問題である．

完全競争的な市場を前提とするとき，各企業 β は，生産物の価格 p および賃金 w をパラメータとして，利潤

$$\Pi_\beta = pQ_\beta - wN_\beta$$

が最大となるように労働の雇用量 N_β および共通資本のサービスの使用量 X_β を決定する．したがって，(N_β, X_β) はつぎの限界条件がみたされるような水準に決まってくる．

$$F^\beta_{N_\beta} = w, \quad F^\beta_{X_\beta} = 0. \tag{7}$$

［ここで簡単化のため，価格 p は常に1であるとする．この仮定は少なくとも静学的効率性の問題を考察しているときには，一般性を失うことなく，前提とすることができる．］

議論を進める前に，賃金率 w の変化が，(N_β, X_β) にどのような影響を及ぼすかということをみておこう．(7)式を N_β, X_β について微分すれば，

$$\begin{pmatrix} F^\beta_{N_\beta N_\beta} & F^\beta_{N_\beta X_\beta} \\ F^\beta_{X_\beta N_\beta} & F^\beta_{X_\beta X_\beta} \end{pmatrix} \begin{pmatrix} dN_\beta \\ dX_\beta \end{pmatrix} = \begin{pmatrix} dw \\ 0 \end{pmatrix}.$$

したがって，

$$\begin{pmatrix} dN_\beta \\ dX_\beta \end{pmatrix} = \frac{1}{\Delta_\beta} \begin{pmatrix} F^\beta_{X_\beta X_\beta} & -F^\beta_{N_\beta X_\beta} \\ -F^\beta_{X_\beta N_\beta} & F^\beta_{N_\beta N_\beta} \end{pmatrix} \begin{pmatrix} dw \\ 0 \end{pmatrix}. \tag{8}$$

ただし，

$$\Delta_\beta = F^\beta_{N_\beta N_\beta} F^\beta_{X_\beta X_\beta} - (F^\beta_{N_\beta X_\beta})^2.$$

限界代替率逓減の法則から，

$$\Delta_\beta > 0, \quad F^\beta_{X_\beta X_\beta} < 0, \quad F^\beta_{N_\beta N_\beta} < 0.$$

また，X_β と N_β とは補完的であるという仮定(6)から，

$$\frac{dN_\beta}{dw} < 0, \qquad \frac{dX_\beta}{dw} < 0.$$

すなわち，(実質)賃金率 w の上昇にともなって，労働雇用量 N_β も共通資本のサービスの使用量 X_β もともに減少することが示された．

労働の供給量 N が所与であるから，均衡賃金率 w は，

(9)
$$N = \int N_\beta d\beta$$

という均衡条件をみたすような水準に定まる．また，社会的共通資本のサービスの全使用量 X は，

(10)
$$X = \int X_\beta d\beta$$

となる，じつは，各生産主体 β が，利潤が最大となるように労働雇用量 N_β と共通資本の使用量 X_β を決定するとき，共通資本の全使用量 X がわかっていなければならない．(10)式は，各生産主体が生産計画をたてるときに前提としている X と，各生産主体が最適な生産規模を選んだ結果としての共通資本の使用量とが等しくなっているということを意味する．このように X の決定が，各生産主体の選択に依存しているとするとき，均衡条件(9)はもっと複雑なものとならざるをえない．したがって，可変的な生産要素――労働――に対する需要 N^d はつぎのような方程式体系がみたされるようなものでなければならない．すなわち，(7),(10)をみたすような N_β, X_β, X について，

(11)
$$N^d = \int N_\beta d\beta.$$

したがって，X の変化をも考慮して，(7)式を微分すると，(8)式の代わりに，

$$\begin{pmatrix} dN_\beta \\ dX_\beta \end{pmatrix} = \frac{1}{\Delta_\beta}\begin{pmatrix} F^\beta_{X_\beta X_\beta} & -F^\beta_{N_\beta X_\beta} \\ -F^\beta_{X_\beta N_\beta} & F^\beta_{N_\beta N_\beta} \end{pmatrix}\begin{pmatrix} dw - F^\beta_{N_\beta X} dX \\ -F^\beta_{X_\beta X} dX \end{pmatrix}$$
$$= \frac{1}{\Delta_\beta}\begin{pmatrix} F^\beta_{X_\beta X_\beta} & -F^\beta_{X_\beta X_\beta}F^\beta_{N_\beta X} + F^\beta_{N_\beta X_\beta}F^\beta_{X_\beta X} \\ -F^\beta_{X_\beta N_\beta} & F^\beta_{X_\beta N_\beta}F^\beta_{N_\beta X} - F^\beta_{N_\beta N_\beta}F^\beta_{X_\beta X} \end{pmatrix}\begin{pmatrix} dw \\ dX \end{pmatrix}.$$

この式の一部を(1)に代入して整理すれば，

$$\frac{dX}{dw} = \frac{-\int \frac{F^\beta_{X_\beta N_\beta}}{\Delta_\beta} d\beta}{\int \left[1 + \frac{-F^\beta_{X_\beta N_\beta}F^\beta_{N_\beta X} + F^\beta_{N_\beta N_\beta}F^\beta_{X_\beta X}}{\Delta_\beta}\right] d\beta} < 0,$$

$$\frac{dN_\beta}{dw} = \frac{F^\beta_{X_\beta X_\beta}}{\Delta_\beta} - \frac{(F^\beta_{X_\beta X_\beta}F^\beta_{N_\beta X} - F^\beta_{N_\beta X_\beta}F^\beta_{X_\beta X})\frac{dX}{dw}}{\Delta_\beta}.$$

したがって，

$$\frac{dN^d}{dw} = \int \frac{F^\beta_{X_\beta X_\beta}}{\Delta_\beta} d\beta + \frac{\int \frac{F^\beta_{X_\beta X_\beta}F^\beta_{N_\beta X} - F^\beta_{N_\beta X_\beta}F^\beta_{X_\beta X}}{\Delta_\beta} d\beta \cdot \int \frac{F^\beta_{X_\beta N_\beta}}{\Delta_\beta} d\beta}{\int \left[1 + \frac{F^\beta_{N_\beta N_\beta}F^\beta_{X_\beta X} - F^\beta_{N_\beta X_\beta}F^\beta_{N_\beta X}}{\Delta_\beta}\right] d\beta}.$$

この式の右辺が負になることは，生産関数 $F^\beta(K_\beta, N_\beta, X_\beta, X, V)$ が (N_β, X_β, X) について concave であるということと，仮定(4),(6)とから，簡単な計算によって導きだされる．

$$\frac{dN^d}{dw} < 0.$$

労働に対する需要 N^d は，賃金率 w の変化にともなって生ずる社会的共通資本サービスの使用量 X の変化を考慮に入れたときには，賃金率 w の減少関数となる．したがって，労働に対する需給均等の条件(9)をみたすような賃金率 w は一意的に定まる．この均衡賃金率 w は，労働供給量 N の他に，各生産主体のなかに蓄積されている固定資本の量 (K_β) と社会的共通資本の賦与量 V に依存する．上にみたように，労働供給量 N の増加は均衡賃金率 w を低下させるが，(K_β) あるいは V の増加は，w の上昇となって現われる．

このとき，実質国民所得

(12)
$$Q^0 = \int Q_\beta d\beta$$

もまた一意的に定まる．これが，(定全競争)市場的配分の結果得られた実質国民所得であって，この大きさによって，経済的効率性をはかることができる．

共通資本のサービスに対する料金制

これまで説明してきた，完全競争的な市場における資源配分のメカニズムは，社会的共通資本の存在によって，必ずしも効率的ではないということは容易に予想されることである．すなわち，実質国民所得が(12)式で得られた水準より高くなるように，可変的な私的生産要素――労働――を再配分し，社会的共通資本の使用を変えることが可能になるのではないであろうか．この問題を考察するために，共通資本のサービスに対して使用料金を課したときに，実質国民所得水準がどのように変化するかということをみてみよう．

社会的共通資本にかんして，その管理にかんして，どのような制度的なアレンジメントを考えたらよいかという点について，これまでまったくふれてこなかった．この問題については，個別的な共通資本の性格，その生みだすサービスに対する社会的評価，経済発展の段階に応じてそれぞれ異なった対応が当然想定され，また現実にも多様な管理形態が存在している．ここでは，それぞれ特定の社会的共通資本にかんして，公団あるいは公社の形態をとる，独立した機関が管理，維持されているという前提のもとで議論を進めよう．このような管理機関が，社会的共通資本のサービスの使用に対して使用料金を課することが可能であり，しかもこのためになんら行政的な費用は必要としないという前提をもうける[この前提は crucial である]．共通資本のサービス1単位当たりの使用料金を θ とする[これまでと同じように生産物を単位としてはかった実質額である]．企業 β が共通資本のサービスを X_β だけ使用したときには θX_β だけの料金を管理機関に支払うことになる．したがって，企業 β が，労働を N_β，共通資本のサービスを X_β だけ使って，生産物を Q_β だけ生産したとすれば，その利潤 Π_β は，

$$\Pi_\beta = Q_\beta - wN_\beta - \theta X_\beta$$

となる．生産関数は $Q_\beta = F^\beta(K_\beta, N_\beta, X_\beta, X, V)$ であって，変化はないものとすれば，利潤最大化の条件は，

(13)　$$F^\beta_{N_\beta} = w, \quad F^\beta_{X_\beta} = \theta.$$

限界条件(13)をみたすような労働雇用量 $N_\beta = N_\beta(w, \theta)$ と共通資本のサービス使用量 $X_\beta = X_\beta(w, \theta)$ とは，賃金率 w，料金率 θ の関数となる．この関数は当然，固定資本の蓄積量 K_β，共通資本の賦与量 V ならびに共通資本の全使用量 X に依存する．共通資本の使用料金 θ が与えられたときに，労働雇用に対する総需要 $N^D(w, \theta)$ は，

$$N^D(w, \theta) = \int N_\beta(w, \theta)\, d\beta.$$

また，共通資本の全使用量 $X = X(w, \theta)$ もまた，

$$X(w, \theta) = \int X_\beta(w, \theta)\, d\beta$$

によって与えられる．

賃金率 w は労働市場の均衡条件

(14)　$$N^D(w, \theta) = N$$

をみたすような水準に決まってくる．したがって，均衡賃金率 w は，使用料金率 θ の関数となる：$w = w(\theta)$．このとき，

$$N^d(w(\theta), \theta) = N.$$

したがって，共通資本の全使用量もまた θ に依存することになる．

$$X = X(\theta).$$

このとき，一つ留意しなければならないことがある．それは，労働の全雇用量 $N(w, \theta)$ も共通資本の全使用量 $X(w, \theta)$ もじつは，各企業 β が生産計画をたてるときに，所与であると仮定している共通資本の全使用量 X に依存しているということである．$N^d(w, \theta; X)$ および $X^d(w, \theta; X)$ という表現を用いる．

したがって，均衡賃金率 w はつぎの二つの方程式を解いて求められるはずである．

(15)　$$N^d(w, \theta; X) = N,$$

(16)　$$X^d(w, \theta; X) = X.$$

(16)式から，

$$\frac{dX}{dw} = \frac{-X^d_w}{1 - X^d_X}.$$

したがって，

$$\frac{dN^d}{dw} = N^d_w + N^d_X \frac{dX}{dw} = \left(N^d_w - \frac{X^d_w}{1 - X^d_X} N^d_X\right) < 0.$$

$$[N_w^d < 0,\ \ X_w^d < 0,\ \ X_X^d < 0,\ \ N_X^d < 0].$$

このようにして，均衡賃金率 w は(15)式から一意的に決まってくることがわかる．

共通資本の使用料金率 θ に対して決まってくる均衡賃金率 w，労働雇用量 N_β，および産出量 Q_β をそれぞれ，

$$w = w(\theta),\ \ N_\beta = N_\beta(\theta),\ \ Q_\beta = Q_\beta(\theta)$$

と記す．

このとき，実質国民所得 Q の水準もまた θ に依存して決定される．

(17) $$Q = Q(\theta) = \int Q_\beta(\theta)\,d\beta.$$

上に説明した完全競争的な市場のもとにおける実質国民所得 Q^0 はじつは，$\theta=0$ のときに対応する：$Q^0=Q(0)$．$Q(\theta)$ が，K_β, V によって左右されることはいうまでもない．

さて，実質国民所得 $Q(\theta)$ は料金率 θ の変化にともなってどのように変化するであろうか．(17)式を θ について微分して，限界条件(13)を考慮に入れれば，

$$\frac{dQ(\theta)}{d\theta} = \int \frac{dQ_\beta(\theta)}{d\theta}d\beta = \int \left[F_{N_\beta}^\beta \frac{dN_\beta}{d\theta} + F_{X_\beta}^\beta \frac{dX_\beta}{d\theta} + F_X^\beta \frac{dX}{d\theta}\right]d\beta$$

$$= w\int \frac{dN_\beta}{d\theta}d\beta + \theta\int\frac{dX_\beta}{d\theta} + \int F_X^\beta d\beta\cdot\frac{dX}{d\theta}.$$

ここでは短期の状況を問題としているから，(14)式から，

$$\int\frac{dN_\beta(\theta)}{d\theta}d\beta = 0.$$

他方，X の定義から，

$$\int\frac{dX_\beta(\theta)}{d\theta}d\beta = \frac{dX(\theta)}{d\theta}.$$

したがって，

(18) $$\frac{dQ(\theta)}{d\theta} = \left(\theta + \int F_X^\beta d\beta\right)\frac{dX(\theta)}{d\theta}.$$

このとき，$-F_X^\beta$ は，混雑度の限界的な上昇にともなって，生産主体 β がどれだけ損失をこうむるかという大きさを表わす．したがって，$\int -F_X^\beta d\beta$ は，混雑度の限界上昇が経済全体で生産面についてどの程度の損失をもたらすかということを集計したものである．すなわち，社会的共通資本の使用にともなう限界的な社会的費用(marginal social costs)の大きさを表わす．これを MSC と略記すれば，

(19) $$MSC = \int -F_X^\beta d\beta.$$

他方，簡単に示すことができるように，

(20) $$\frac{dX(\theta)}{d\theta} < 0$$

となる．

したがって，(18)式はつぎのように書き直せる．

$$\frac{dQ(\theta)}{d\theta} = [MSC - \theta]\left(-\frac{dX(\theta)}{d\theta}\right). \tag{21}$$

このとき，

$$\frac{dQ(\theta)}{d\theta} \gtreqless 0 \iff \theta \lesseqgtr MSC$$

となって，$Q(\theta)$ は $\theta = MSC$ のときに最大値をとる．社会的共通資本の使用料金 θ が社会的費用 MSC に等しいときに，実質国民所得 $Q(\theta)$ が最大になるということが示されたわけである．これを普通，限界的な社会的費用にもとづく価格付けの原理(principle of marginal social costs pricing)という．この考え方は，すでに 1838 年デュプイ[Dupuit(1844)]によって提示されたものであって，ホテルリング[Hotelling(1938)]によってより一般的な立場から取り扱われた．社会資本の経済理論ないしは公共経済学で基本的な役割を果たしてきたものである．

共通資本の使用にともなう社会的費用 MSC は，料金率 θ に応じて，共通資本のサービスが全体としてどれだけ使用されているか，つまり $X(\theta)$ の大きさに依存する．$X(\theta)$ が大きくなればなるほど，社会的費用は大きくなる．逆に，料金率 θ が高くなって，$X(\theta)$ が小さくなればなるほど，社会的費用は小さくなる．

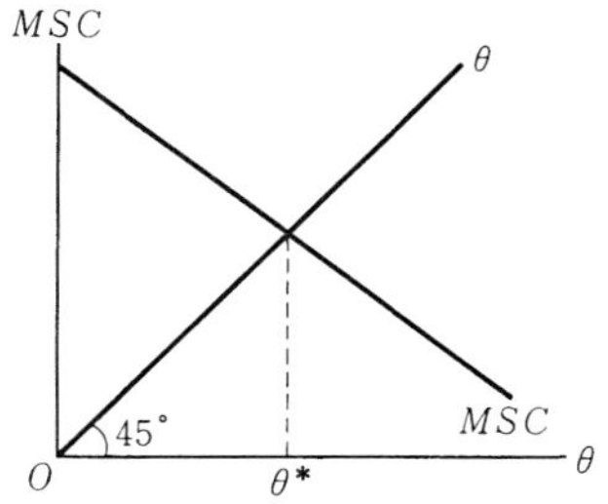

図 34-1　社会的費用と使用料金 (θ)

料金率 θ と社会的費用 MSC の間を示したのが，図 34-1 である．MSC 曲線は，θ が高くなるとともに減少する．θ 直線は原点 O からの 45 度線である．この二つの交点に対応する料金率を θ^* としよう．上の公式(21)からわかるように，料金率 θ が 0 から θ^* の間にあるときには，料金率 θ の上昇にともなって，実質国民所得 $Q(\theta)$ は増加する．他方，θ が θ^* を超えると，料金率 θ の上昇にともなって，実質国民所得 $Q(\theta)$ は減少しはじめる．実質国民所得は料金率が θ^* のとき，すなわち，料金率 θ が社会的費用 MSC に等しいような水準で，実質国民所得 $Q(\theta)$ が最大となる．

これまでの議論をまとめておこう．

社会的費用による価格付けにかんする命題　社会的共通資本の使用にかんして，サービス1単位当たり θ という料金を課すことができるとする．このような価格付けにともなう行政的な費用は無視しうるものとする．料金率 θ の上昇にともなって，社会的共通資本のサービスの全使用量 $X(\theta)$ は減少する．限界的な社会的費用 MSC を(19)式によって定義するとき，料金率 θ の上昇にともなって，MSC は減少する．限界的な社会的費用に等しいような料金率を θ^* とする： $\theta^*=MSC$.

このとき，実質国民所得 $Q(\theta)$ は，料金率が $\theta=\theta^*$ の水準のときに最大化される．とくに，完全競争的な市場のもとにおける希少配分に対応する実質国民所得 $Q(0)$ は必ず $Q(\theta^*)$ より小さい．

ここで展開してきた議論からただちにわかるように，サミュエルソンの「公共財」は，$F^{\beta}_{X_\beta}\equiv 0, F^{\beta}_{X}\equiv 0$ という仮定が置かれていたわけであるから，料金率 θ の如何にかかわらず，各企業 β の生産規模 $Q_\beta(\theta)$，雇用量 $N_\beta(\theta)$，共通資本の使用量 $X_\beta(\theta)$ がいずれも不変であるような極限的な場合に対応していることになる．混雑現象ということを仮定によって排除してしまっているため，ここで議論してきたように，最適混雑という概念が存在する余地はないといってもよい．

共通資本と効率的資源配分

ところが，上の命題は，限界的な社会的費用にもとづく価格付けによって得られる希少資源の配分が効率的であるということを主張するものではない．私的な生産要素にかんして完全競争的な市場を想定し，社会的共通資本の使用にかんしても料金にもとづいて配分されるという分権的な条件のもとで，実質国民所得 $Q(\theta)$ が最大となるという，限定的な最大問題の解になっているということを意味しているにすぎないからである．もしなんらかの形で，中央集権的な経済計画にもとづいて希少資源の配分がなされたとすれば，上に求めた $Q(\theta^*)$ より大きな実質国民所得を実現できるという可能性を排除したものではない．

かりに，中央集権的な計画当局があったとして，各生産主体 β の生産技術にかんする条件，すなわち生産関数 $F^\beta(\cdot)$ にかんして正確な知識をもつとともに，そのなかに蓄積されている K_β について知っているとする．これらの制約条件に加えて社会的共通資本の賦与量 V が所与であるとき，計画当局は，実質国民所得 Q が最大となるような資源配分計画を策定するものとする．そして，このような計算にともなう費用も，またこのような制度によって発生する社会的費用も，いま考慮に入れないとする．このとき計画当局が解くべき問題を数学的に定式化すれば，つぎのような条件付き最大問題の解を求めるということに帰着される．

可変的生産要素――労働――の全供給量 N と社会的共通資本の賦与量 V が所与であると，

$$\int N_\beta d\beta = N, \quad \int X_\beta d\beta = X$$

という制約条件のもとで，実質国民所得

$$Q = \int F^\beta(K_\beta, N_\beta, X_\beta, X, V)\, d\beta$$

を最大にするような資源配分のパターン (N_β, X_β, X) を求めよ．

この最大問題は，積分の形となっているが，ラグランジュの方法によって解くことができる．労働および共通資本にかんする制約条件に対応するラグランジュ係数をそれぞれ w, θ として，ラグランジュ形式 L を定義しよう．

$$L = \int F^\beta(K_\beta, N_\beta, X_\beta, X, V)\, d\beta + w\left(N - \int N_\beta d\beta\right) + \theta\left(X - \int X_\beta d\beta\right).$$

このラグランジュ形式の被積分項をそれぞれ，$N_\beta, X_\beta, X, w, \theta$ にかんして偏微分して，ゼロと置いた方程式係数を解くことによって，上の最大問題の解を求めることができるということは通例の場合とまったく同様である．w および θ にかんする条件は，上の制約式と同一となる．N_β, X_β, X にかんする条件はそれぞれ，

$$F^\beta_{N_\beta} = w, \quad F^\beta_{X_\beta} = \theta, \quad \int F^\beta_X d\beta + \theta = 0.$$

これらの諸条件は，共通資本の使用に対する料金率が，限界的な社会的費用 $MSC = \theta$ に等しいときの条件と完全に一致する．すなわち，このようにして得られた効率的な資源配分は，限界的な社会的費用にもとづく価格付けの場合となることがわかったわけである．

静学的効率性の命題　可変的な私的生産要素および生産物にかんする市場は完全競争的であるとする．社会的共通資本の使用にかんしては，サービス 1 単位当たり θ という料金を課することができ，そのためになんら行政的な費用を必要とせず，また各企業体 β の生産技術の諸条件にも変化は起きないとする．料金率 θ を，共通資本の使用にともなう限界的な社会的費用 MSC に等しくしたとする．このとき，実現する実質国民所得 $Q(\theta)$ は，所与の希少資源から得られるすべての可能な水準のうちでもっとも高いものとなる．他のどのような方法によっても，この $Q(\theta)$ より高い実質国民所得の水準を求めることはできない．すなわち，私的な希少資源および社会的共通資本にかんして，もっとも効率的な配分が実現する．

効率的な資源配分――消費者の場合

これまで，国民経済の構成員として生産者だけを考えてきた．そして，社会的共通資本の使用を含めて，実質国民所得水準の最大化という意味で効率的な資源配分が，限界的な社会的費

用にもとづく価格付けの方法によって実現するという命題を証明した．この項では，消費者が究極的な経済主体であるような国民経済を対象としたときに，これまでの議論がどのような形で修正されなければならないかということをみてみよう．このとき，たんに効率性だけでなく，公正性という視点も当然考慮に入れなければならなくなる．

まず，消費主体にとって，社会的共通資本の存在がどのような意味をもつかということを考えてみよう．消費者についても，生産者の場合と同じように，その数が多く，また一つ一つの消費主体の規模はきわめて小さく，それぞれ単独の行動は全消費量にはなんら影響を及ぼすものではないという前提条件をもうける．このことを数学的に表現すれば，各消費者を α とし，α はたとえば $[0, 1]$ のなかである non-atomistic な分布をもっているということである．各消費者 α の効用水準 U_α は可測であり，異なる個人間の比較もまた可能であるという，ベンサム的な状況を前提しよう．この効用水準 U_α はまず，消費者 α の享受する私的な財の消費に依存する．生産者の場合と同じように，以下の議論は，消費財の種類が多様である場合にもまったく同じように適用されるが，説明の簡単化のために，各消費者 α の私的消費量 C_α はスカラー量であるとする．消費者 α の効用 U_α はさらに，社会的共通資本の使用量 X_α にも依存する．さらに，共通資本から得られるサービスが消費者 α にどれだけの効用をもたらすかということは，経済での共通資本の使用量 X および共通資本の賦与量 V に依存するということも，生産者の場合とまったく同様である．すなわち，

$$U_\alpha = U^\alpha(C_\alpha, X_\alpha, X, V)$$

と仮定することができる．このとき，一般に

$$U^\alpha_{C_\alpha} > 0,\ \ U^\alpha_{X_\alpha} \gtreqless 0,\ \ U^\alpha_X < 0,\ \ U^\alpha_V > 0$$

という条件がみたされる．さらに効用関数 $U^\alpha(\cdot)$ は concave であるとする．

社会的共通資本が社会全体でどれだけ使用されているか，を表わす X は，消費者を考慮に入れるとき，

$$X = \int X_\alpha d\alpha + \int X_\beta d\beta$$

となる．

このとき，共通資本の使用にともなう限界的な社会的費用 MSC はどのようにして定義したらよいであろうか．

共通資本の全使用量 X が限界的に増加したときに，各消費者 α の受ける限界的な損失は，効用を単位としてはかったときに，$-U^\alpha_X\left(\equiv -\dfrac{\partial U^\alpha}{\partial X}\right)$ となるから，生産物を単位としてはかり直すとき，$-U^\alpha_X/U^\alpha_{C_\alpha}$ となるはずである．すなわち，私的消費 C_α と共通資本の全使用量 X との間の限界代替率 MRS_α によって，共通資本の使用の限界的な上昇にともなって消費者 α の

受ける限界的損失をはかることができる．したがって，全消費者にかんする限界的損失は，

$$\int \frac{-U_X^\alpha}{U_{C_\alpha}^\alpha} d\alpha$$

によって与えられるであろう．この考察から，共通資本の使用にともなう消費者 (α) と生産者 (β) とにかんする限界的な社会的費用 MSC はつぎのように定義したらよいということがわかる．

$$MSC = \int \frac{-U_X^\alpha}{U_{C_\alpha}^\alpha} d\alpha + \int -F_X^\beta d\beta. \tag{22}$$

限界的な社会的費用 MSC の定義(22)が適切なものであるということは，消費者を考慮に入れて最大化問題を解いてみるときに明らかになるであろう．

ここで，社会的最適性をはかる基準として，つぎのようなベンサム的な社会的効用を定義しよう．

$$U = \int U_\alpha d\alpha, \tag{23}$$

ただし，$U_\alpha = U^\alpha(C_\alpha, X_\alpha, X, V)$．社会的厚生(social welfare)をはかる尺度として，この社会的効用をとったときに，最適な資源配分と所得配分はどのような特徴をもつかという問題を考察する．

私的な消費水準 C_α にかんしてはつぎのような制約条件がみたされなければならない．

$$\int C_\alpha d\alpha = Q = \int F^\beta(K_\beta, N_\beta, X_\beta, X, V) d\beta,$$

$$\int N_\beta d\beta = N,$$

$$\int X_\alpha d\alpha + \int X_\beta d\beta = X.$$

このような制約条件のもとで，(23)で表わされる社会的効用 U を最大にするというのが，社会的に最適な資源配分を求めるために解かなければならない問題となる．

この問題に対しても，ラグランジュの方法を適当に修正することによって適用することが可能である．すなわち，上の制約条件に対応するラグランジュ係数をそれぞれ $p, pw, p\theta$ とし，ラグランジュ形式 L を定義する．

$$L = \int U^\alpha(C_\alpha, X_\alpha, X, V) + p\left[\int F^\beta(K_\beta, N_\beta, X_\beta, X, V) d\beta - \int C^\alpha d\alpha\right]$$
$$+ pw\left[N - \int N_\beta d\beta\right] + p\theta\left[X - \int X_\alpha d\alpha - \int X_\beta d\beta\right].$$

ラグランジュ形式 L の被積分項を $C_\alpha, X_\alpha, N_\beta, X_\beta, X$ について微分して，ゼロと置くことによって，つぎの条件式が得られる．

$$
(24)\quad \begin{cases} U^{\alpha}_{C_\alpha} = p, \quad \dfrac{U^{\alpha}_{X_\alpha}}{U^{\alpha}_{C_\alpha}} = \theta, \\ F^{\beta}_{N_\beta} = w, \quad F^{\beta}_{X_\beta} = \theta, \\ \theta + \displaystyle\int \frac{U^{\alpha}_{X}}{U^{\alpha}_{C_\alpha}} d\alpha + \int F^{\beta}_{X} d\beta = 0 \quad \text{あるいは} \quad \theta = MSC. \end{cases}
$$

この制約条件からわかるように，(22)式によって定義された限界的な社会的費用 MSC に等しいような使用料金を課するとき，完全競争的市場において，消費者は効用の最大化を求め，生産者は利潤の最大化を求めて行動するときの条件と一致することになる．

ただし，この場合，上の制約条件のなかにあるもう一つ重要な条件がみたされていない．すなわち，すべての消費者 α について，

$$
U^{\alpha}_{C_\alpha} = p.
$$

すなわち，任意の2人の消費者 α_1, α_2 について，その限界分配率(marginal rate of distribution) $MRD(\alpha_1, \alpha_2)$ を，

$$
MRD(\alpha_1, \alpha_2) = \frac{\dfrac{\partial U^{\alpha_1}}{\partial C_{\alpha_1}}}{\dfrac{\partial U^{\alpha_2}}{\partial C_{\alpha_2}}}
$$

によって定義するとき，

$$
MRD(\alpha_1, \alpha_2) = 1 \qquad (\text{すべての } \alpha_1, \alpha_2)
$$

になるように，所得の再分配がおこなわれているということが前提となっている．

以上の分析を要約しておこう．

静学的最適性の命題　可変的な私的生産要素および生産物の市場は完全競争的であるとする．可変的な私的生産要素の全供給量および社会的共通資本の賦与量は所与であるとし，共通資本の使用にかんして，その限界的な社会的費用 MSC に等しい料金を課したとしよう．このとき，もし，異なる個人間の限界分配率 MRD がすべて1となるように所得の再分配がおこなわれたとすれば，この社会的費用にもとづく価格付けのもとで実現する資源配分とそれにともなう所得分配は，ベンサム的な社会的効用を最大にするという意味で，最適な配分となる．

社会的共通資本の動学的分析

社会的共通資本にかんしてこれまで展開してきた分析は，各時点における共通資本の賦与量 V が私的な固定資本の蓄積 K_β および可変的な生産要素の供給 N とともに所与であるという静学的な状況を対象とした．つぎに，共通資本の蓄積をどのような基準にしたがっておこなったときに，異時点間にわたる資源配分について，社会的に最適なパターンを実現することがで

きるかという問題を取り上げたい．この問題は，社会的共通資本の理論的分析という観点から重要な意味をもつだけでなく，公共政策という現実の問題意識との関わりにおいても無視しえない影響をもつものである．これはとくに，つぎの意味においてである．

静学的効率性という観点から，社会的共通資本から生みだされるサービスの最適な配分を考察したときに，限界的な社会的費用にもとづく価格付けの原理を適用した．すなわち，社会的共通資本の使用水準が限界的に1単位だけ増加したときに，各消費主体および生産主体がそれぞれの効用あるいは利潤という面からどれだけの損失をこうむるかということを生産物を単位としてはかり，その個別的な限界的損失をすべての経済主体について集計した額が，限界的な社会的費用という概念であった．共通資本の使用にともなう限界的な社会的費用 MSC は共通資本の賦与量が，私的な固定的資本の蓄積や経済活動の一般的水準に比較して，相対的にどれだけ希少であるかということを表わす尺度であるということもできる．共通資本の賦与量は一定であっても，私的な資本の蓄積が増加したり，経済活動の一般的な水準が高くなれば，その相対的希少性は高くなり，限界的な社会的費用 MSC は高くなる．逆に，共通資本に対する投資がおこなわれて，その賦与量が増えれば，共通資本の相対的希少性は低下し，限界的な社会的費用のスケジュールもまた下方にシフトする．しかも社会的共通資本の蓄積に対して，どれだけ希少資源を投下するかということは，社会的に決定されることである．したがって，共通資本の使用に対して支払うべき，限界的な社会的費用に見合う料金率の大きさもまた社会的に決められることであって，動学的な見地からみるとき，所与の条件ではなく，選択可能な変数となる．社会的共通資本は，消費者にとってとくに，重要な役割を果たす．各消費者が生存をつづけ，健康を維持するために不可欠なサービスを供与しているだけでなく，文化的，市民的生活を営むために基礎的な環境としての役割を果たしている．このことは，社会的共通資本の存在は，実質的所得分配という点から基本的な意味をもち，経済循環のメカニズムの安定性という問題と密接な関わりをもつ．

さて，社会的共通資本の蓄積にかんして，動学的な観点から，効率的ないし最適な投資基準を求めるために，第5章，第28章その他のところで展開してきた，異時点にわたる希少資源の配分にかんする手法をそのまま適用することができる．

まず，社会的共通資本の理論的前提条件について，簡単に要約しておこう．

消費者も生産者もともにnon-atomisticな分布をもち，それぞれ α, β というgenericな記号で表わす．各時点 t における消費者 α の効用 $U_\alpha(t)$ は，私的な消費水準 $C_\alpha(t)$，社会的共通資本の使用量 $X_\alpha(t)$，その全使用量 $X(t)$，および共通資本のストック量 $V(t)$ によって決まってくる．

$$U_\alpha(t) = U^\alpha[C_\alpha(t), X_\alpha(t), X(t), V(t)].$$

また，生産者 β の産出量 $Q_\beta(t)$ は，t 時点で蓄積されている私的な固定的資本のストック量

$K_\beta(t)$，労働の雇用量 $N_\beta(t)$，共通資本の使用量 $X_\beta(t)$，その全使用量 $X(t)$，共通資本のストック量 $V(t)$ に依存する．

$$Q_\beta(t) = F^\beta[K_\beta(t), N_\beta(t), X_\beta(t), X(t), V(t)].$$

さらに，社会的共通資本の維持ならびにサービスの供与のために必要な費用を明示的に導入することにする．共通資本のストック量が $V(t)$ であるとき，そのサービスを $X(t)$ だけ供給するために必要な経常的費用 $W(t)$ は，

$$W(t) = W[X(t), V(t)]$$

によって与えられると仮定する．この関数 $W(X, V)$ は (X, V) にかんして concave で，

$$W_X = \frac{\partial W}{\partial X} > 0, \quad W_V = \frac{\partial W}{\partial V} < 0$$

という仮定をもうける．

いまここで，ベンサム的効用概念を仮定することにする．各時点 t における社会的効用 $U(t)$ は，

(25) $$U(t) = \int U_\alpha(t)\,d\alpha$$

によって与えられる．将来の効用水準にかんする，社会的割引率 δ は一定であると仮定すれば，現在から将来にかけての社会的効用 $U(t)$ の割引現在価値

(26) $$U = \int_0^\infty U(t)e^{-\delta t}dt$$

によって，社会的最適性をはかる尺度としよう．

動学的な最適問題は，初期時点 $t=0$ において，各企業 β のなかに蓄積されている私的な固定資本 $K_{\beta 0}$ および社会的共通資本のストック量 V_0 が与えられているとき，(26)によって表現される社会的効用を最大とするような，私的資本と共通資本の蓄積経路および生産物の分配経路を求めようとするものである．

このためには，私的な固定資本ならびに社会的共通資本の蓄積にかんするメカニズムを明らかにしておかなければならない．第29章で私的な固定資本形成について，いわゆるヴェブレン=ケインズ理論の輪郭を説明した．この考え方は，ペンローズ曲線を通じて定式化されたが，ここでも，その定式化をそのまま用いる．すなわち，各企業 β がある時点 t において，$I_\beta(t)$ だけの実質投資をおこなったときに，それによって得られる企業能力尺度としての実質資本 $K_\beta(t)$ の増加 $Z_\beta(t)=\dot{K}_\beta(t)$ との間につぎのような関係が存在する．

(27) $$I_\beta(t) = \Phi_\beta[\dot{K}_\beta(t), K_\beta(t)], \quad Z_\beta(t) = \dot{K}_\beta(t).$$

この関数 $\Phi_\beta(\dot{K}_\beta, K_\beta)$ はペンローズ関数と呼ばれるものである．$\Phi_\beta(\dot{K}_\beta, K_\beta)$ は convex な関数と仮定する．

社会的共通資本の蓄積にかんしても同じような関係が成立すると仮定しよう．すなわち，ある時点 t において，共通資本のストック $V(t)$ を $Z_V(t)=\dot{V}(t)$ だけ増やすために必要な投資額を生産物を単位としてはかったものを $I_V(t)$ とすれば，

(28)
$$I_V(t) = \Phi_V[\dot{V}(t), V(t)], \quad Z_V(t) = \dot{V}(t).$$

この関数 $\Phi_V(\dot{V}, V)$ もまた $(\dot{V}, V)$ にかんして convex であると仮定する．

したがって，

$$C(t) = \int C_\alpha(t)\,dt, \quad Q(t) = \int Q_\beta(t)\,dt, \quad I_K(t) = \int I_\beta(t)\,d\beta$$

と置けば，つぎのような条件が成立しなければならない．

(29)
$$Q(t) = C(t) + I_K(t) + I_V(t) + W(t).$$

この式の意味するところはつぎの通りである．各時点 t における(実質)国民純生産 $Q(t)$ は，消費 $C(t)$，民間投資 $I_K(t)$，政府による固定資本形成 $I_V(t)$，経常的支出 $W(t)$ の和に等しくなるという，国民所得勘定にかんする二面等価の原則を表わしている．さらに，

(30)
$$N(t) = \int N_\beta(t)\,d\beta,$$

(31)
$$X(t) = \int X_\alpha(t)\,d\alpha + \int X_\beta(t)\,d\beta.$$

結局解かなければならない問題は，社会的効用(26)を制約条件(27)-(31)のもとで最大にするような，私的資本および社会的共通資本の蓄積径路と各時点における希少資源の配分ならびに生産物の分配の時間的径路を求めるという最大問題として表現されることになる．

この問題を解くために，制約条件(27),(28),(29),(30),(31)に対応するラグランジュ乗数を，割引係数 $e^{-\delta t}$ を除いて，それぞれ $p(t)\lambda_\beta(t), p(t)\lambda_V(t), p(t), p(t)w(t), p(t)\theta(t)$ とすれば，ラグランジュ形式 L は，

(32)
$$L = \int_0^\infty L(t)\,e^{-\delta t}dt,$$

(33)
$$\begin{aligned} L(t) = {} & \int U_\alpha(t)\,d\alpha + p(t)\left[\int Q_\beta(t)\,d\beta - \int C_\alpha(t)\,d\alpha - \int I_\beta(t)\,d\alpha - I_V(t) - W(t)\right] \\ & + p(t)\,w(t)\left[N(t) - \int N_\beta(t)\,d\beta\right] \\ & + p(t)\,\theta(t)\left[X(t) - \int X_\alpha(t)\,d\alpha - \int X_\beta(t)\,d\beta\right] \\ & + \int p(t)\lambda_\beta(t)\left[Z_\beta(t) - \dot{K}_\beta(t)\right]d\beta + p(t)\lambda_V(t)\left[Z_V(t) - \dot{V}(t)\right], \end{aligned}$$

ただし，

$$U_\alpha(t) = U^\alpha[C_\alpha(t), X_\alpha(t), X(t), V(t)],$$
$$Q_\beta(t) = F^\beta[K_\beta(t), N_\beta(t), X_\beta(t), X(t), V(t)],$$

$$W(t)=W[X(t),V(t)],\quad I_\beta(t)=\Phi_\beta(Z_\beta(t),K_\beta(t)),$$
$$Z_\beta(t)=\dot{K}_\beta(t),\quad I_V(t)=\Phi_V(Z_V(t),V(t)),\quad Z_V(t)=\dot{V}(t).$$

この $L(t)$ を $C_\alpha(t), X_\alpha(t), N_\beta(t), X_\beta(t), X(t), Z_\beta(t), Z_V(t)$ について偏微分してゼロと置けば,

(34) $$U^\alpha_{C_\alpha}(t)=p(t),\quad \frac{U^\alpha_{X_\alpha}(t)}{U^\alpha_{C_\alpha}(t)}=\theta(t),$$

(35) $$F^\beta_{N_\beta}(t)=w(t),\quad F^\beta_{X_\beta}(t)=\theta(t),$$

(36) $$\theta(t)=\int\frac{-U^\alpha_X(t)}{U^\alpha_{C_\alpha}(t)}d\alpha+\int-F^\beta_X(t)\,d\beta+W_X(t),$$

(37) $$\lambda_\beta(t)=p(t)\frac{\partial I_\beta}{\partial Z_\beta}(t),\quad \lambda_V(t)=\frac{\partial I_V}{\partial Z_V}(t).$$

さらに，ラグランジュ形式 L について，state variable である $K_\beta(t)$, $V(t)$ についてオイラー=ラグランジュの条件を導きだすと，つぎのような関係式を得ることができる．

(38) $$\frac{\dot{\lambda}_\beta(t)}{\lambda_\beta(t)}=\delta-z_\beta(t)-\frac{r_\beta(t)-\varphi_\beta(z_\beta(t))}{\varphi'_\beta(z_\beta(t))},\quad r_\beta(t)=F^\beta_{K_\beta}(t),$$

(39) $$\begin{cases}\dfrac{\dot{\lambda}_V(t)}{\lambda_V(t)}=\delta-z_V(t)-\dfrac{r_V(t)-\varphi_V(z_V(t))}{\varphi'_V(z_V(t))},\\[2ex] r_V(t)=\displaystyle\int\frac{U^\alpha_V(t)}{U^\alpha_{C_\alpha}(t)}d\alpha+\int F^\beta_V(t)\,d\beta.\end{cases}$$

最大化の問題は，上の条件式(34)-(39)，およびはじめの制約式(27)-(31)をみたすような時間的径路を求めることによって解くことができる．このような径路のうち，安定的なものが最適解となる．

(34)式はつぎのようにも書き表わすことができる．

(40) $$\frac{U^{\alpha'}_{C_{\alpha'}}(t)}{U^{\alpha''}_{C_{\alpha''}}(t)}=1\qquad(\text{すべての }\alpha',\alpha''\text{ について}).$$

この左辺は α' と α'' との間の限界分配率であるから，(40)式は，すべての α', α'' に対して限界分配率が1に等しくなるという最適分配にかんする条件である．

また，(36)式の右辺は社会的共通資本の使用にともなう限界的な社会的費用 MSC である．静学的なケースとは異なって，消費者および生産者にかかわる限界的な社会的費用に加えて，社会的共通資本の減耗にともなう社会的費用を追加しなければならない．すなわち，(36)式の右辺の第3項のように，社会的共通資本の限界的減耗をその帰属価格 $\lambda_V(t)/p(t)$ によって評価したものを追加する必要がある．$\lambda_V(t)/p(t)$ を共通資本の帰属価格であるというのはつぎのような意味である．社会的共通資本のストック量が限界的に1単位だけ増えたときに，現在から将来にかけて社会的効用がどれだけ増えるか，という限界的増加額を社会的割引率 δ で割り引いた現在価値を実質額ではかったものが $\lambda_V(t)/p(t)$ となるからである．

(34)式および(35)式は，消費者および生産者に対して，社会的共通資本の使用にさいしてその限界的な社会的費用を使用料金として課するという制度に対応するものである．このことは静学的な場合とまったく同様である．

また，(37)式は私的資本の蓄積について，投資の限界的費用が帰属価格に等しくなるまでおこなわれるという，いわゆる投資にかんする限界効率の原理を定式化したものとなっている．同じように，(40)式は共通資本にかんして，投資の限界的費用がその帰属価格に等しくなるまで投資がおこなわれるということを示すものである．

さらに，私的資本および社会的共通資本の帰属価格 $\lambda_\beta(t)$ および $\lambda_V(t)$ にかんする条件式(38)および(39)式は，それぞれ完全競争的な資本市場を想定したときの均衡条件に対応するものである．別の言葉を使えば，それぞれの資本について，限界代替率と限界変換率とが等しくなるという最適成長にかんする基本的な命題を適用したものであるともいえる．この点については，本書の第31章を参照されたい．

さて，ここで考察している動学的最適配分の問題を一般的に解くことは非常に困難であって，現在のところ，その最適解の存在についても必ずしも十分な検討がなされていない．最適解の存在および特性についてある程度の分析がなされているのはいわゆる新古典派的な集計的経済モデルにかんする最適成長の問題か，あるいは二部門経済成長モデルのきわめて特殊なケースに限定されている．この点にかんしては第32章の他に，たとえば，Cass(1965)，Koopmans(1965)，Ryder(1969)などを参照されたい．

ここでは，上に述べたような動学的最適配分の問題にかんして，最適成長径路を求めるということは一応断念して，いわば近似解に相当するものを求め，その性格を分析することにしよう．このような近似解については，その定性的特徴を分析することは比較的容易であり，しかも最適解がもつであろう特性にかんしてもある程度の推定をすることが可能である．

近似的な最適資源配分のパターンを求めるために，帰属価格，$\lambda_\beta(t)$ および $\lambda_V(t)$，にかんする基本的方程式(38)および(39)式に注目してみよう．これらの動学的方程式は帰属価格の時間的変化を規定するものであるが，もしかりに帰属価格がある時点 t でまったく変化しないとすれば，そのときに帰属価格の水準および他の経済的変量の間にはどのような関係が成立しなければならないであろうか．この問題をまず私的資本の帰属価格について考察してみよう．以下，記述を簡単にするために，時間変数 t を省略してみると，ある時点 t で帰属価格 λ_β が一定に保たれているとすれば，(38)式の右辺はゼロでなければならない．
すなわち，

$$\delta - z_\beta - \frac{r_\beta - \varphi_\beta(z_\beta)}{\varphi'_\beta(z_\beta)} = 0,$$

あるいは，

$$\frac{r_\beta-\varphi_\beta(z_\beta)}{\delta-z_\beta}=\varphi'_\beta(z_\beta) \tag{41}$$

が成立する．

いま，私的資本の限界生産 r_β および社会的割引率 δ が所与であるとすれば，(41)式をみたすような資本蓄積率 z_β は一般には一意的には定められない．しかし，最大化問題の解として意味をもちうる蓄積率 z_β はそのうちで社会的割引率 δ より小さいものであることを容易に示すことができる．私的資本の蓄積率 z_β の決定を図示すれば図 34-2 のようになる．図 34-2 では，私的資本の蓄積率 z_β は横軸に，また投資率 φ_β (資本 1 単位当たりの実質投資額)は縦軸にはかられている．曲線 OP は資本蓄積とそのために必要な実質投資量との関係を表わすペンローズ曲線であり，図 34-2 のように右上がりで，かつ下方に凸な曲線で表わされる．(41)式をみたすような蓄積率 z_β を求めるためには，まず，座標が (δ, r_β) であるような点 A をとり，A 点からペンローズ曲線に引いた接線の接点を B とする．B 点の座標を (z_β, φ_β) とすれば，z_β は(41)式をみたすような蓄積率となり，このとき，この接線の勾配が $\varphi'_\beta(z_\beta)$ となる．このようにして決定された資本蓄積率 z_β および投資率 φ_β をそれぞれつぎのような記号で表わすことにする．

$$z_\beta=z_\beta(\delta, r_\beta),\quad \varphi_\beta=\varphi_\beta(\delta, r_\beta).$$

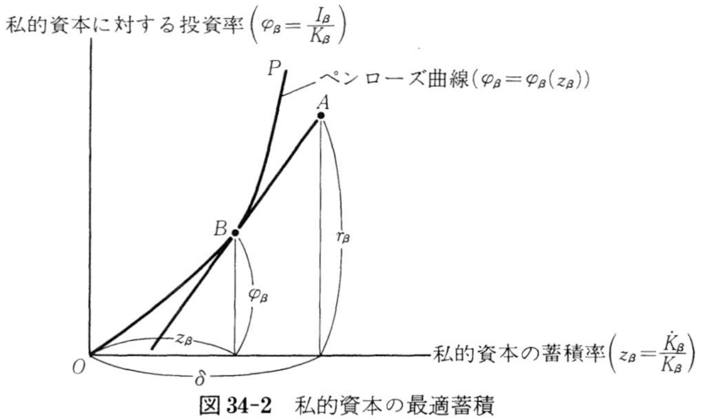

図 34-2　私的資本の最適蓄積

図 34-2 から明らかなように，社会的割引率 δ の上昇は，最適蓄積率 z_β および投資率 φ_β の低下を誘発するが，私的資本の限界生産 r_β の増加は逆に最適蓄積率 z_β および投資率 φ_β の上昇となって現われる．

私的資本の実質帰属価格 λ_β/p については，投資の限界的費用 $\varphi'_\beta(z_\beta)$ に等しくなるということは上にふれた通りである．

$$\varphi'_\beta(z_\beta) = \frac{\lambda_\beta}{p}.$$

共通資本の帰属価格 λ_V と資本蓄積率 z_V との間についても，私的資本の場合とまったく同じような関係が存在する．近似的な最適径路を求めるために，共通資本の帰属価格 λ_V がある時点 t で定常的である場合を考えよう．すなわち，(39)式で右辺がゼロに等しいときである．このときにはつぎの関係が成立しなければならない．

(42)
$$\frac{r_V - \varphi_V(z_V)}{\delta - z_V} = \varphi'_V(z_V).$$

社会的割引率 δ と共通資本の社会的限界生産 r_V が所与であるときに，最適蓄積率 z_V および投資率 φ_V がどのようにして決定されるか，ということは図 34-3 によって示される．図 34-3 は図 34-2 とまったく同じような構造をもっているので，ここで改めて説明を要しないであろう．このようにして決定された共通資本の最適蓄積率 z_V および投資率 φ_V も，つぎのような関数記号を用いて表わすとする．

$$z_V = z_V(\delta, r_V), \quad \varphi_V = \varphi_V(\delta, r_V).$$

また，共通資本の実質帰属価格 λ_V/p についても共通資本に対する投資の限界的費用に等しい

$$\varphi'_V(z_V) = \frac{\lambda_V}{p}$$

という関係式が成立する．

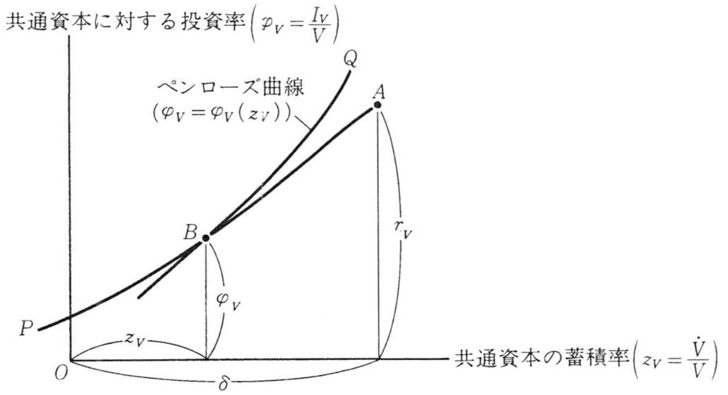

図 34-3　共通資本の最適蓄積

社会的共通資本の使用にともなう限界的な社会的費用 θ はつぎの式によって定義されるものであった．

(43)
$$\theta = \int \frac{-U_X^\alpha}{U_{C_\alpha}^\alpha} d\alpha - \int -F_X^\beta d\beta + \frac{\lambda_V}{p}\mu'(x), \quad x = \frac{X}{V}.$$

各経済主体が共通資本のサービスをどれだけ使用するか，ということはそれぞれについての限

界生産が限界的な社会的費用 θ に等しい水準に対応して定められる．

$$(44)\qquad \frac{U^{\alpha}_{X_\alpha}}{U^{\alpha}_{C_\alpha}} = \theta,$$

$$(45)\qquad F^{\beta}_{X_\beta} = \theta.$$

各消費者 α および生産者 β の社会的共通資本のサービスの使用水準 X_α, X_β は，(44) および (45) をみたすように定められる．したがって，総使用量 X は，

$$(46)\qquad X = \int X_\alpha d\alpha + \int X_\beta d\beta$$

によって決定される．ところが，消費者 α の限界代替率 $U^{\alpha}_{X_\alpha}/U^{\alpha}_{C_\alpha}$ および生産者 β の限界生産 $F^{\beta}_{X_\beta}$ はいずれも社会的共通資本のサービスが全体としてどれだけ使用されているか，つまり X に依存して定められるものである．したがって，各経済主体による共通資本のサービスの使用量，X_α, X_β，および総使用量 X は (43)-(46) 式を同時にみたすように決定されることになる．このような同時決定によって，X_α, X_β, X および限界的な社会的費用 θ が一意的に決まるということを示すことができるが，そのくわしい証明は省略する．静学的な場合とまったく同じようにして証明することができるからである．

さて，各消費者 α がどれだけ私的な消費をおこなうか，つまり C_α は財の帰属価格 p によって一意的に定められる．
すなわち，

$$(47)\qquad U^{\alpha}_{C_\alpha} = p$$

がみたされるような水準に消費者 α の消費額 C_α が決定される．

また，総消費額 C も，

$$C = \int C_\alpha d\alpha$$

であるから，財の帰属価格 p が所与であるときに一意的に確定する．

さらに，投資需要について考えてみよう．私的資本 K_β に対する投資はその限界生産 r_β によって決定されることは上に示した通りであるが，r_β は社会的共通資本が各経済主体によってどれだけ使用されているか，すなわち，X_α, X_β，および X に依存する．したがって，私的投資額 I_β は間接的ではあるが共通資本の使用に対する料金 θ に依存する．同じようにして，共通資本に対する投資額 I_V もまた，共通資本の使用料金 θ に依存することがわかる．

したがって，財の帰属価格 p および共通資本の使用料金 θ は，(47) および (43) とつぎの財市場の均衡式とがみたされるような水準に定められる．

$$C + I_K + I_V = Q,$$

ただし，

$$I_K = \int I_\beta d\beta,$$

$$Q = \int Q_\beta d\beta$$

である．

さて，最適解の構造を近似するために，各消費主体の効用関数も各生産主体の生産関数もともに一次同次である特殊な場合を考察することにしよう．すなわち，

$$U_\alpha = u^\alpha(c_\alpha, x_\alpha, x)\,V,$$

$$c_\alpha = \frac{C_\alpha}{V}, \quad x_\alpha = \frac{X_\alpha}{V}, \quad x = \frac{X}{V},$$

$$Q_\beta = f^\beta(k_\beta, x_\beta, x)\,V,$$

$$k_\beta = \frac{K_\beta}{V}, \quad x_\beta = \frac{X_\beta}{V}.$$

このとき，近似最適径路を特徴づける条件式を整理すればつぎの通りとなる．

$$c = \int c_\alpha d\alpha, \quad c = \frac{C}{V}, \quad c_\alpha = \frac{C_\alpha}{V},$$

$$q = \int q_\beta d\beta, \quad q = \frac{Q}{V}, \quad q_\beta = \frac{Q_\beta}{V},$$

$$k_\beta = \frac{K_\beta}{V},$$

$$x = \int x_\alpha d\alpha + \int x_\beta d\beta,$$

$$x = \frac{X}{V}, \quad x_\alpha = \frac{X_\alpha}{V}, \quad x_\beta = \frac{X_\beta}{V},$$

$$c + \int \varphi_\beta(z_\beta)\,k_\beta d\beta + \varphi_V(z_V) = q,$$

$$\frac{\dot{K}_\beta}{K_\beta} = z_\beta,$$

$$\frac{\dot{V}}{V} = z_V - \mu(x),$$

$$\frac{r_\beta - \varphi_\beta(z_\beta)}{\delta - z_\beta} = \varphi'_\beta(z_\beta),$$

$$\frac{r_V - \varphi_V(z_V)}{\delta - z_V} = \varphi'_V(z_V).$$

ただし，

$$r_\beta = f^\beta_{k_\beta},$$

$$r_V = \int \frac{(u^\alpha - u^\alpha_{c_\alpha} - u^\alpha_{x_\alpha})}{u^\alpha_{c_\alpha}} d\alpha + \int (f^\beta - f^\beta_{k_\beta} k_\beta - f^\beta_{x_\beta} x_\beta)\,d\beta,$$

(48) $$u^{\alpha}_{C\alpha} = p,$$

(49) $$\frac{u^{\alpha}_{x_\alpha}}{u^{\alpha}_{C\alpha}} = \theta, \quad f^{\beta}_{x_\alpha} = \theta,$$

(50) $$\theta = \int \frac{-u^{\alpha}_{x}}{u^{\alpha}_{C_\alpha}} d\alpha + \int -f^{\beta}_{x} d\beta + \varphi'_V(z_V)\mu'(x).$$

このような近似的な最適解の性質を分析するために，まず，その恒常状態を取り上げてみよう．

恒常状態は，各生産主体 β について，その固定資本 K_β の増加率 z_β がすべて等しく，また共通資本の蓄積率 $z_\beta - \mu(x)$ にも等しくなるときである．その共通の蓄積率を z とすれば，つぎのような条件がみたされなければならない．

(51) $$\frac{\dot{K}_\beta}{K_\beta} = \frac{\dot{V}}{V} = z,$$

(52) $$z_V = z + \mu(x).$$

このとき，共通の蓄積率 z についてどのような条件をみたさなければならないか，ということをみてみよう．まず，蓄積率 z に対して，私的資本および共通資本に対する最適投資率はそれぞれ $\varphi_\beta(z)$ および $\varphi_V(z_V)$ である．したがって，財の帰属価格 p と共通資本の使用料金 θ とに対して，(49), (50)をみたすような $c_\alpha, x_\alpha, x_\beta$ が定まる．また，財の市場均衡条件は，

$$c + \int \varphi_\beta(z) k_\beta d\beta + \varphi_V(z_V) = q$$

である．

財の帰属価格 p が所与であるとするとき，共通資本の使用料金 θ に対して，その総使用量 x のスケジュールをつぎのように導きだすことができる．

各消費主体 α および生産主体 β がどれだけ共通資本のサービスを使うか(ただし，共通資本のストック1単位当たり)，ということはつぎのような最大値問題を解くことによって決定される．まず，私的資本および共通資本の帰属価格をそれぞれ λ_β および λ_V とする．私的資本および共通資本のストックが所与であって，それぞれ K_β および V とする．

このとき，最大値問題はつぎのようになる．

(53) $$\int C_\alpha d\alpha + \int \varphi_\beta(z_\beta) K_\beta d\beta + \varphi_V(z_V) V = \int F^\beta(K_\beta, X_\beta, X, V) d\beta,$$

(54) $$\int X_\alpha d\alpha + \int X_\beta d\beta = X$$

という制約条件のもとで，つぎの式によって定義される実質国民所得額

(55) $$\int U^\alpha(C_\alpha, X_\alpha, X, V) d\alpha + \int \lambda_\beta z_\beta K_\beta d\beta + \lambda_V [z_V - \mu(x)] V$$

を最大にするという問題である．この最大値問題で，(53)および(54)式に対するラグランジュ乗数をそれぞれ p および p^θ とすれば，(49), (50)の均衡条件式をみたすということは前にもふ

れたところである．

さて，U^α および F^β が一次同次であるという前提のもとで，この最大値問題を簡単化してつぎのような形にできる．

共通資本 1 単位当たりの社会的効用

$$\int u^\alpha(c_\alpha, x_\alpha, x)\,d\alpha + \int \lambda_\beta z_\beta k_\beta d\beta + \lambda_V(z_V - \mu(x))$$

をつぎの制約条件のもとで最大化せよという問題である．

$$\int c_\alpha d\alpha + \int \varphi_\beta(z_\beta)\,k_\beta d\beta + \varphi_V(z_V) = \int f^\beta(k_\beta, x_\beta, x)\,d\beta,$$

$$\int x_\alpha d\alpha + \int x_\beta d\beta = x.$$

この問題の解 ($c_\alpha, x_\alpha, x_\beta, x, z_\beta, z_V$) が一意的に決まることは容易に示すことができる．その解は，所与とされている変数 $k_\beta, \lambda_\beta, \lambda_V$ の関数と考えられる．他方，近似的最適径路については，私的資本 K_β と共通資本 V の最適蓄積率 z_β, z_V はそれぞれ(51)と(52)式とから求められるのであった．したがって，上の最大化問題の最適解 (z_β, z_V) とこのようにして求められた (z_β, z_V) とが一致しなければならない．このような同時決定が一意的におこなわれ，近似的最適解が一意的に定められるということを証明することができるが，ここでは省略することにして，つぎの特殊な場合についてくわしく論ずることにしよう．

動学的最適径路——特殊な場合　動学的な観点から最適な径路の性質を分析するために，もっとも単純な場合について考察する．これはサミュエルソン的な場合であって，そのときどきの時点で存在する社会的共通資本のストック量 V のみに各経済主体の効用水準ないし産出量が依存して定められるものである．このような単純な場合を考察することによって，より一般的なケースについてもある程度の推測をおこなうことができる．

ここで考察の対象とするのは，消費主体および生産主体がそれぞれ一つであって，しかも，さきに述べたような混雑現象もまた各経済主体がどれだけ共通資本のサービスを使用するかについて選択の可能性が存在しないときである．このとき，社会的効用 U は，

$$U = U(C, V) = u(c)\,V, \quad c = \frac{C}{V}$$

のように，また，生産関数も，

$$Q = F(K, V) = f(k)\,V, \quad k = \frac{K}{V}$$

として表わすことができる．

社会的効用 U の割引現在価値

$$\int_0^\infty U_t e^{-\delta t} dt$$

を制約条件

(56) $$\frac{\dot{K}}{K} = z_K,$$

(57) $$\frac{\dot{V}}{V} = z_V,$$

(58) $$C + \varphi_K(z_K)K + \varphi_V(z_V)V = Q$$

のもとで最大にするというのが，ここで考察している動学的最適径路を求める問題である．

制約条件(56), (57), および(58)に対応するラグランジュ乗数をそれぞれ λ_K, λ_V, および p とすれば，最適径路にかんするオイラー=ラグランジュの条件はつぎのように表わすことができる．

(59) $$u'(c) = p,$$

(60) $$\varphi_K'(z_K) = \frac{\lambda_K}{p},$$

(61) $$\varphi_V'(z_V) = \frac{\lambda_V}{p},$$

(62) $$\frac{\dot{\lambda}_K}{\lambda_K} = \delta - z_K \frac{r_K - \varphi_K(z_K)}{\varphi_K(z_K)},$$

(63) $$\frac{\dot{\lambda}_V}{\lambda_V} = \delta - z_V - \frac{r_V - \varphi_V(z_V)}{\varphi_V'(z_V)},$$

(64) $$\frac{\dot{k}}{k} = z_K - z_V, \quad k = \frac{K}{V}.$$

ただし，

$$r_K = f'(k),$$

(65) $$r_V = \left[\frac{u(c)}{u'(c)} - c\right] + \left[f(k) - kf'(k)\right],$$

(66) $$c + \varphi_K(z_K)k + \varphi_V(z_V) = f(k).$$

この条件式から帰属価格 λ_K, λ_V, p を消去すれば，つぎの動学方程式を求めることができる．

(67) $$\frac{\varphi_K''(z_K)}{\varphi_K'(z_K)} \dot{z}_K = \delta - z_K - \frac{r_K - \varphi_K(z_K)}{\varphi_K'(z_K)} - \frac{u''(c)}{u'(c)} \dot{c},$$

(68) $$\frac{\varphi_V''(z_V)}{\varphi_V'(z_V)} \dot{z}_V = \delta - z_V - \frac{r_V - \varphi_V(z_V)}{\varphi_V'(z_V)} - \frac{u''(c)}{u'(c)} \dot{c},$$

(69) $$\frac{\dot{k}}{k} = z_K - z_V.$$

ただし，

(70) $$c = f(k) - \varphi_K(z_K)k - \varphi_V(z_V)$$

である．

(k, z_K, z_V) を基本的な変数と考えたとき，その時間的径路は動学方程式(67)-(69)をみたさなければならない．最適な動学径路はそのうち，長期均衡状態に収斂するようなものである．ところが，微分方程式(67)-(69)から簡単にわかるように，このような安定的な径路は(67)および(68)式の右辺において $\dot{c}=0$ とおいて求めた微分方程式体系について安定的な径路とまったく同じような定性的な性質を保有する．したがって，最適径路の構造を分析するために，(67)-(69)の体系の代わりにつぎのような微分方程式体系の安定径路を調べればよい．

$$\frac{\varphi_K''(z_K)}{\varphi_K'(z_K)}\dot{z}_K = \delta - z_K - \frac{r_K - \varphi_K(z_K)}{\varphi_K'(z_K)}, \tag{71}$$

$$\frac{\varphi_V''(z_V)}{\varphi_V'(z_V)}\dot{z}_V = \delta - z_K - \frac{r_V - \varphi_V(z_V)}{\varphi_V'(z_V)}, \tag{72}$$

$$\frac{\dot{k}}{k} = z_K - z_V. \tag{73}$$

もし，(71)および(72)式でそれぞれ r_K および r_V が k には無関係な一定の定数であるときには，この体系の安定解を求めることは容易である．すなわち，(71)および(72)式は相互には独立となり，安定的な解は定常解に限られるからである．したがって，

$$\delta - z_K - \frac{r_K - \varphi_K(z_K)}{\varphi_K'(z_K)} = 0,$$

および，

$$\delta - z_V = \frac{r_V - \varphi_V(z_V)}{\varphi_V'(z_V)} = 0$$

が成立することになる．

さきに説明した近似的最適解はこのような場合に正当化されるものである．

財の帰属価格 p がかりに与えられたとしよう．最適な消費水準 c は(69)によって定められる．帰属価格 p が上昇すれば，(69)式をみたす消費水準 c は低下する．したがって，帰属価格

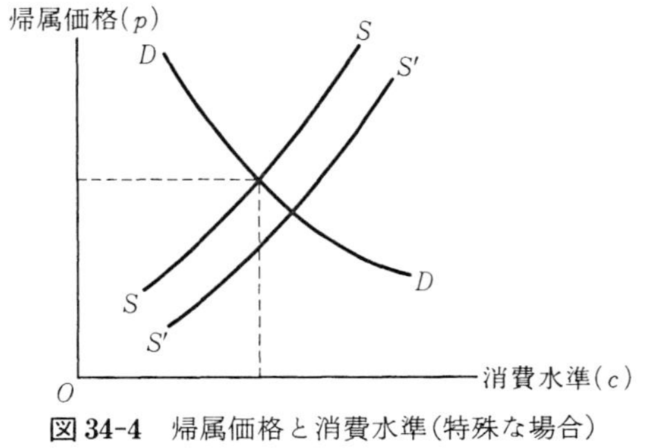

図 34-4　帰属価格と消費水準(特殊な場合)

pと消費水準 c との関係は，図 34-4 における DD 曲線のように右下がりの曲線によって表わされる．

他方，供給の条件は(70)式から求められる．帰属価格 p の増加は私的および社会的資本の限界生産の上昇となって現われ，私的資本および共通資本の蓄積率が高まり，(70)式によって決められる消費水準は低下することになる．図 34-4 で SS 曲線によってこのようなスケジュールが表わされている．したがって，消費水準 c は DD 曲線と SS 曲線との交点によって決められる．

資本比率 k が高くなれば SS 曲線は右方にシフトするが，DD 曲線は変わらない．したがって，資本比率 k が高まれば消費水準 c が高くなり，帰属価格 p は低くなる．このとき，私的資本の最適蓄積率 z_K は低下し，共通資本の最適蓄積率 z_V は上昇する．

おわりに

これまで社会的共通資本について，きわめて抽象的な観点から，その資源配分におよぼす影響について考察してきた．この項では，これまで求められたいくつかの結論が具体的にどのような意味をもつか，ということについて多少一般的な観点にたって論ずることにする．

このために，まず社会的共通資本の概念について，もう一度振り返ってみよう．はじめに述べたように，私有を許されないような希少資源であって，社会の構成員によって原則としては自由にその使用が認められるようなものを社会的共通資本と呼んだのである．しかし，希少資源を私的なものと社会的共通資本とに分類する基準について必ずしも十分な検討を加えないで，すでに所与のものとして取り扱ってきた．ここで，どのような基準によって分類されるべきであるか，ということを簡単に考えてみよう．

ある希少資源を社会的共通資本として私有を認めないようにするのは，大気などの自然環境が典型的に示すように，私有にともなうコストが非常に大きいか，あるいは技術的に不可能である場合がまず第1の理由としてあげられよう．このような場合にはたとえ私有を許しても，他の経済主体による使用を排除するために莫大なコストをかけなければならず，私有制のメリットを享受できなくなる．したがって，このような社会的共通資本は自然発生的なものであり，技術的要因に主として依存することになる．上にあげたように自然環境はこのようなカテゴリーに属するものと考えられよう．この他には，道路など社会資本もこのカテゴリーに属すると普通考えられている．

このように主として技術的要因にもとづいて社会的共通資本として分類されるようなものに対して，制度的な要因にもとづいて共通資本とされるものがある．それは希少資源から生みだされるサービスが市民の基本的権利にかかわるものであって，しかも市場機構を通じて配分されるときに，さらに不公正な所得分配を誘発するようなものである．

このような制度的な社会的共通資本とでも呼ばれるべきものの典型的な例は基礎教育である．基礎教育を生みだすような人的，物的な資源は，政府によって建設，運営され，それから生みだされる基礎教育サービスは各人が自由に享受できるような制度である．言いかえれば，基礎教育を生みだす資本は社会的共通資本とみなされているのであり，しかも，各人がそのサービスを無料で享受しても混雑現象がおきないだけ十分なキャパシティが用意されている．このような基礎教育資本については，排除不可能性とか，外部経済性とかの経済技術的な条件にもとづいて共通資本とみなされているのではなく，むしろ，そこに生みだされる基礎教育サービスが市民の基本的権利を構成していることについて社会的合意が成立しているからである．すなわち，各人が十分な基礎教育サービスを受けることは，市民として当然享受されるべき市民の基本的権利であって，政府は各人がこのようなサービスを享受するために必要な人的および物的資源を蓄積し，管理する責務が発生するということにかんして，広い社会的合意が成立していることを意味するものである．

このとき，上に述べたように，各人が無料でこのようなサービスを使っても混雑現象が発生しないように十分なキャパシティをもった基礎教育資本を政府は蓄積しなければならない．前項までの言葉を使えば，基礎教育サービスの使用にともなう限界的な社会的費用がゼロになるまで教育資本を蓄積することが必要となってくる．すなわち，V を十分に大きくして，限界的な社会的費用 θ がゼロになるようにするのである．

このように限界的な社会的費用がゼロになるまで蓄積されるべき社会的共通資本のもう一つの例として歩行のための道路をあげることができよう．いうまでもなく，自由な制限されない歩行は市民社会におけるもっとも基本的な権利を構成していることについてはたんに日本だけでなく，世界中のほとんどすべての国々で社会的合意が成立している．したがって，政府は，各市民がこのような歩行の自由を享受できるように，十分な道路を建設し，安全な歩行を可能にするために必要な措置をしなければならなくなる．もちろん，この徒歩通行の自由も相対的なものであって，具体的にどのような内容をもつか，という点にかんしてはそのときどきの社会的，経済的条件に依存するものであるということは言及するまでもないであろう．このような意味で，歩行の自由を享受できるだけの道路を建設，管理することは政府の果たすべき重要な役割を構成するのが近代市民社会のもっとも特徴的な面であるということができるのであるが，このときにも，混雑現象がおきないように，つまり歩行にともなう限界的社会費用がゼロになるまで歩行道路のキャパシティをふやす必要がおきてくる．もちろん，このときに歩行にともなう限界的な社会的費用という概念は，上のような意味で，社会的合意の成立している，いわば正常な歩行活動にともなうものであることはいうまでもない．

一般に限界的な社会的費用がゼロになるまで社会的共通資本を蓄積し，そのサービスを市民に無料で提供しても混雑現象がおきないようにするためには，その共通資本の蓄積のために膨大な希少資源の投下を必要とするであろう．したがって，普通の社会的共通資本については，そのサービスの使用にともなう限界的な社会的費用が必ずしもゼロではなく，ある程度まで低くなるまで蓄積がなされる．限界的な社会的費用をどの程度まで低くするか，ということは，一方では，この共通資本から生みだされるサービスが市民の基本的権利にどのような関わりをもつか，ということと，他方では，そのキャパシティをふやすためにどれだけ希少資源を使わなければならないか，ということとを比較して決定されるものである．このような決定のプロセスは社会的選択の問題であって，たんに資源配分の効率性だけでなく，所得分配の公正性にかんする社会的価値判断にももとづくものである．前項では，この問題を，とくに動学的資源配分の効率性という観点から考察し，共通資本の再生産の難易度によって蓄積率がどのように影響をうけるか，ということについて簡単に考察した．一般に，共通資本の再生産が困難となればなるほど，その蓄積率は低下するという命題が求められたのであるが，とくに自然資本にかんしてこの命題の意味するところを考えてみよう．

自然資本については再生産のコストが高く，たとえ，そこから得られるサービスが，大気，水のように市民の基本的生活に重要な関わりをもつものであっても，限界的な社会的費用がゼロまたは非常に小さくなるまで資本蓄積をおこなうためには多くの希少資源を投下しなければならない．したがって，前項の示すように，自然資本の蓄積は必ずしも高くなく，その使用にともなう社会的費用を十分に低くすることはできない．そのために，規制や料金制度によって社会的共通資本の使用を制限することが必要となってくる．これは一般に汚染者負担の原則と呼ばれている環境使用にかんする原則に対応する．

希少資源をどのような基準にもとづいて私的な資本と社会的な共通資本とに分類するか，ということは結局そこに生みだされているサービスが市民社会でどのような役割を果たすか，ということに第一義的な意味において依存するものであるということは上に述べたところである．このような分類はたんに経済技術的な条件によって決まってくるものではなく，さまざまな財・サービスの果たしている役割について社会的選択の結果決定されるものであって，社会的価値判断を反映したものである．このような社会的価値判断は第1に，市民の基本的権利が具体的にどのような内容をもったものであるか，ということにかんするものである．第2には，国民経済の主体的構成員がこのような市民的権利を享受できるようにするためにはどのような経済制度が望ましいか，ということにかんしてである．とくに，市場機構を通じて配分されるような財・サービスと公共財的に配分されるようなものとをどのような基準によって選択したらよいか，という問題が一つの重要なものとなるであろう．この問題はここで展開した社会的共通資本と密接な関わりをもつ．

参 考 文 献

Cass, D. (1965). "Optimum Savings in an Aggregative Model of Capital Accumulation," *Review of Economic Studies*, Vol. 32, pp. 233-240.

Cass, D., and M. E. Yaari (1971). "Present Values Playing the Role of Efficiency Prices in the One-good Growth Model," *Review of Economic Studies*, Vol. 38, pp. 331-339.

Dupuit, A. J. E. J. (1844). "De la mesure d'utilité et travaux publics," *Annales des Ponts et Chaussées* (2), Vol. 8, pp. 332-375.

Hotelling, H. (1938). "The General Welfare in Relation to Problems of Taxation and of Railway and Utility Rates," *Econometrica*, Vol. 6, pp. 242-269.

Koopmans, T. C. (1965). "On a Concept of Optimum Economic Growth," *Pontificiae Academiae Scientiarium Scripta Varia*, pp. 225-287.

Malinvaud, E. (1953). "Capital Accumulation and Efficient Allocation of Resources," *Econometrica*, Vol. 21, pp. 233-268.

McFadden, D. (1967). "The Evaluation of Development Programmes," *Review of Economic Studies*, Vol. 34, pp. 25-50.

Ryder, H. E. (1969). "Optimal Accumulation in a Two-Sector Neoclassical Economy with Non-Shiftable Capital," *Journal of Political Economy*, Vol. 77, pp. 665-683.

Samuelson, P. A. (1954). "The Pure Theory of Public Expenditures," *Review of Economics and Statistics*, Vol. 36, pp. 387-389.

—— (1955). "Diagramatic Exposition of a Pure Theory of Public Expenditures," *Review of Economics and Statistics*, Vol. 37, pp. 350-356.

Uzawa, H. (1968). "The Penrose Effect and Optimum Growth," *Economic Studies Quarterly*, Vol. 19, pp. 1-14.

—— (1969). "Time Preference and the Penrose Effect in a Two-Class Model of Economic Growth," *Journal of Political Economy*, Vol. 77, pp. 628-652.

—— (1974). "Sur la théorie économique du capital collectif social," *Cahiers du Seminaire d'Econométrie*, pp. 101-122. Reprinted in *Preference, Production, and Capital : Selected Papers of Hirofumi Uzawa*, New York, Cambridge University Press, 1988.

—— (1982). "Social Stability and Collective Public Consumption," in *The Grant Economy and Public Consumption*, edited by R. C. O. Matthews and G. B. Stafford, Macmillan, pp. 23-37. Reprinted in *Optimality, Equilibrium, and Growth : Selected Papers of Hirofumi Uzawa*, Tokyo, University of Tokyo Press, 1988.

von Weizsäcker, C. C. (1965). "Existence of Optimal Programs of Accumulation for an Infinite Time Horizon," *Review of Economic Studies*, Vol. 32, pp. 85-104.

数学付論

I 関数と位相

本書では関数の概念が用いられ，連続性，微分可能性が仮定され，さらには位相空間にかんしてごく初歩的な知識が使われている．これらのことについては，数学の教科書には必ず書かれていることであるが，本書でとくにひんぱんに用いられている概念と基本的な定理について，ここで簡単にまとめておこう．

まず集合の概念，演算からはじめよう．そのときどきの問題に応じて，ある大きな集合 Ω のなかで考える．Ω はある特定の問題を考察しているあいだ固定されている．Ω はときとしては実数の全体 R^1 であったり，n 次元ベクトル $x=(x_1, \cdots, x_n)$ の全体 R^n，あるいは正ベクトルの全体 $R^n_+=\{x: x=(x_1, \cdots, x_n),\ x\geqq 0\}$ であったりする．空集合は ϕ と記す．集合 A に対して，補集合は $A^c=\{x: x\in X,\ x\notin A\}$.

二つの集合 A, B が X のなかにあるとき，積集合 $A\cap B$ は，

$$A\cap B=\{x: x\in A,\ x\in B\},$$

および和集合は，

$$A\cup B=\{x: x\in A\ \text{あるいは}\ x\in B\}.$$

同じように，集合の列 $\{A_\nu\}$ に対しても，

$$\bigcap A_\nu=\{x: \text{すべての}\ \nu\ \text{について}\ x\in A_\nu\},$$

$$\bigcup A_\nu=\{x: \text{ある}\ \nu\ \text{について}\ x\in A_\nu\}.$$

集合 X として実数の全体 R^1 を考える．一番簡単な集合は区間である．すなわち，二つの実数 a, b $(a<b)$ に対して，開区間 $(a, b)=\{x: a<x<b\}$ および閉区間 $[a, b]=\{x: a\leqq x\leqq b\}$ が定義される．

ある集合 A が開集合(open set)であるというのは，A の各点 x に対して，x を含むような開区間が集合 A のなかに含まれているときである．あるいは，つぎのように表現しても同じである．

$$x\in A \Longrightarrow [|x-y|<\delta \Longrightarrow y\in A\ \text{となるような}\ \delta>0\ \text{が存在する}].$$

補集合 A^c が開集合のとき，A は閉集合(closed set)という．有限個の開集合があるとき，その和集合も積集合もともに開集合となる．開集合が無限個あるとき，その和集合は開集合となるが，積集合については必ずしもそうでない．

ある実数 $\{x_\nu; \nu=1, 2, \cdots\}$ の列が極限 x_0 をもつというのは，$\varepsilon>0$ をどんなに小さくとっても，十分大きな N をとれば，

$$|x_n-x_0|<\varepsilon \qquad (n\geqq N)$$

となるときである．このとき，$x_0=\lim_{\nu\to\infty} x_\nu$ と書く．

実数の集合 A に対して，$\sup A$, $\inf A$ をそれぞれつぎのように定義する．

$\sup A$:　（i）$\sup A \geqq a$ $(a \in A)$,　（ii）$\bar{a} \geqq a$ $(a \in A) \Longrightarrow \bar{a} \geqq \sup A$.

$\inf A$:　（i）$\inf A \leqq a$ $(a \in A)$,　（ii）$\underline{a} \leqq a$ $(a \in A) \Longrightarrow \underline{a} \leqq \inf A$.

$\overline{\lim}\, x_\nu$, $\underline{\lim}\, x_\nu$ の概念はつぎのようにして定義される．

$$\overline{\lim}\, x_\nu = \inf_\nu \sup_{k \geqq \nu} x_k, \quad \underline{\lim}\, x_\nu = \sup_\nu \inf_{k \geqq \nu} x_k.$$

すなわち，$\bar{x} = \overline{\lim}\, x_\nu$ となるのは，

（i）任意の $\varepsilon > 0$ が与えられたとき，ある n_ε が存在して，$x_k < \bar{x} + \varepsilon$ $(k \geqq n_\varepsilon)$.

（ii）任意の $\varepsilon > 0$ と n が与えられたとき，$x_k > \bar{x} - \varepsilon$ となるような $k \geqq n$ が存在する．

また，$\underline{x} = \underline{\lim}\, x_\nu$ となるのは，

（i）任意の $\varepsilon > 0$ が与えられたとき，ある n_ε が存在して，$x_k > \underline{x} - \varepsilon$ $(k \geqq n_\varepsilon)$.

（ii）任意の $\varepsilon > 0$ と n が与えられたとき，$x_k < \underline{x} + \varepsilon$ となるような $k \geqq n$ が存在する．

$$\underline{\lim}\, x_\nu \leqq \overline{\lim}\, x_\nu.$$

$\{x_\nu\}$ について，$\lim x_\nu$ が存在するために必要にして十分な条件は，

$$\underline{\lim}\, x_\nu = \overline{\lim}\, x_\nu.$$

いまある集合 D で定義された関数 $f(x)$ $(x \in D)$ を考えてみよう．$f(x)$ がある点 $x \in D$ で連続(continuous)であるというのは，どんなに小さな正数 $\varepsilon > 0$ に対しても，十分に小さな正数 $\delta > 0$ をとれば，

$$y \in D, \ |x-y| < \delta \Longrightarrow |f(x) - f(y)| < \varepsilon$$

となるときである．$f(x)$ が D のすべての点 x で連続のときには，D で連続であるという．また，$f(x)$ が D で一様連続(uniformly continuous)であるというのは，任意の正数 $\varepsilon > 0$ に対して，

$$x, y \in D, \ |x-y| < \delta \Longrightarrow |f(x) - f(y)| < \varepsilon$$

となるような正数 $\delta > 0$ が存在するときである．ある集合 D で定義された関数の列 $\{f_\nu(x) : \nu = 1, 2, \cdots\}$ が $f(x)$ に収斂するというのは，

$$\lim_{\nu \to \infty} f_\nu(x) = f(x), \quad x \in D$$

のときをいう．すなわち，任意の正数 $\varepsilon > 0$ と $x \in D$ に対して，ある整数 N が存在して，

$$n \geqq N \Longrightarrow |f(x) - f_n(x)| < \varepsilon$$

のときを指す．

$\{f_\nu\}$ が f に D で一様に収斂するというのは，任意の正数 $\varepsilon > 0$ に対して，ある整数 N が存在して，

$$x \in D, \ n \geqq N \Longrightarrow |f(x) - f_n(x)| < \varepsilon$$

のときである．

多変数関数

n 次元のベクトル $x=(x_1, \cdots, x_n)$ の全体を R^n で表わす．二つのベクトル $x=(x_1, \cdots, x_n)$ と $y=(y_1, \cdots, y_n)$ との間の距離 $\rho(x, y)$ を，

$$\rho(x, y) = \|x-y\| = [(x_1-y_1)^2+\cdots+(x_n-y_n)^2]^{\frac{1}{2}}$$

によって定義する．このとき，

（i） $$\rho(x, y) \geqq 0,$$

（ii） $$\rho(x, y) = 0 \Longleftrightarrow x = y,$$

（iii） $$\rho(x, y) = \rho(y, x),$$

（iv） $$\rho(x, y) \leqq \rho(x, z)+\rho(z, y).$$

この四つの性質をみたすような $\rho(x, y)$ を一般に距離(metric)という．

これまで実数空間 R について述べてきたことはそのまま R^n にも当てはまる．R^n のなかの集合 A が開集合であるというのは，A のすべての点 x に対して，$\rho(x, y)<\delta \Longrightarrow y \in A$ となるような正数 $\delta>0$ が存在するときである．

R^n および空集合（ϕ）は開集合である．有限個の開集合の積もまた開集合である．任意の開集合の集まりについて，その和が開集合となることも定義から明らかであろう．

ある集合 A に対して，その閉包(closure)というのは，つぎのように定義し，一般に $\bar{A}$ で表わす．

$\bar{A} = \{b : b \in R^n$，任意の $\delta>0$ に対して，$\rho(a, b)<\delta$ となるような $a \in A$ が存在する$\}$．

$A=\bar{A}$ のとき，A は閉集合(closed set)であるという．閉集合 A の閉包は A に一致する（$\bar{A}=A$）．また A が閉集合であるための必要十分な条件は，A の補集合

$$A^c = \{b : b \in R^n,\ b \notin A\}$$

が開集合のときである．

位相空間

これらの概念はもっと一般的に，位相空間(topological space)について妥当する．

位相空間というのは，ある空でない集合 X と，X の部分集合の集まり $\boldsymbol{O}$ のペア $\langle X, \boldsymbol{O}\rangle$ から成り立っていて，つぎのような性質がみたされている場合として定義される．

（i） $$X \in \boldsymbol{O},\quad \Phi \in \boldsymbol{O},$$

（ii） $$O_1 \in \boldsymbol{O},\ O_2 \in \boldsymbol{O} \Longrightarrow O_1 \cap O_2 \in \boldsymbol{O},$$

（iii） $$O_\sigma \in \boldsymbol{O} \Longrightarrow \bigcup_\sigma O_\sigma \in \boldsymbol{O}.$$

$\boldsymbol{O}$ に属する集合を開集合と呼ぶ．これはユークリッド空間 R^n の場合とまったく同様である．ユークリッド空間 R^n については距離 $\rho(x, y)$ によって開集合の集まり $\boldsymbol{O}$ が定義されたが，このような場合には位相空間 $\langle X, \boldsymbol{O}\rangle$ は metrizable であるという．

X, ϕ は閉集合である．有限個の閉集合の和は閉集合であり，任意の閉集合の集まりについて，その積もまた閉集合となる．

ある一つの位相空間 $\langle X, \boldsymbol{O}\rangle$ から他の位相空間 $\langle Y, \boldsymbol{R}\rangle$ への写像 $y=f(x)$ $(x \in X,\ y \in Y)$ が連続(continuous)であるというのは，任意の $R \in \boldsymbol{R}$ に対して，

$$f^{-1}(R) = \{x : x \in X, f(x) \in R\} \in \boldsymbol{O}$$

となるときである．

位相空間 $\langle X, \boldsymbol{O}\rangle$ がコンパクト(compact)というのは，ある開集合の集まり O_σ で X が覆われた(cover)とき，すなわち，

$$\bigcup_\sigma O_\sigma = X$$

であるとき，必ずそのうちの有限個の $O_1, \cdots, O_N$ によって X が覆われることである．

$$\bigcup_{i=1}^N O_i = X.$$

位相空間 X がコンパクトであるために必要十分条件は，閉集合の集まり F_σ について，その積が空集合であるとき，すなわち，

$$\bigcap_\sigma F_\sigma = \phi$$

のときには，必ずそのうちの有限個の $F_1, \cdots, F_N$ について，

$$\bigcap_{i=1}^N F_i = \phi$$

となることである．

［証明］ もし，$\bigcap_\sigma F_\sigma = \phi$ であるとすれば，$O_\sigma = X - F_\sigma$ と置くことによって，

$$\bigcup_\sigma O_\sigma = X \qquad (O_\sigma \text{ は開集合}).$$

したがって，有限個の $O_1, \cdots, O_N$ が存在して，

$$\bigcup_{i=1}^N O_i = X \quad \text{すなわち} \quad \bigcap_{i=1}^N F_i = \phi. \qquad \text{Q.E.D.}$$

X がコンパクトのとき，その閉部分集合も必ずコンパクトになる．ユークリッド空間 R^n にかんしては，その部分集合 X がコンパクトになるのは，X が有界閉集合の場合であり，また，その場合に限られる．

ある集合 X がコンパクトであるときには，つぎの性質がみたされる．

ボルツァーノ=ワイヤーストラス(Bolzano-Weierstrass)**の性質**　X のなかの任意の列 $\{x_\nu;\nu=1,2,\cdots\}$ に対して，必ず収斂するような部分列 $\{x_{\nu_k};k=1,2,\cdots\}$ が存在する．

［証明］　任意の列 $\{x_\nu\}$ に対して，

$$A_\nu=\{x_\nu,x_{\nu+1},\cdots\}$$

とし，A_ν の閉包を $\bar{A}_\nu$ とする．有限個の $\bar{A}_{\nu_1},\cdots,\bar{A}_{\nu_r}$ をとってみると，

$$\bar{A}_{\nu_1}\cap\cdots\cap\bar{A}_{\nu_r}\neq\phi.$$

したがって，X がコンパクトな集合であることから，

$$\bigcap_\nu\bar{A}_\nu\neq\phi.$$

このとき，$x\in\bigcap_\nu\bar{A}_\nu$ をとれば，k をどんなに大きくとって，また O がどのように小さな開集合であっても，

$$x_{\nu_k}\in O,\quad \nu_k\geqq N$$

となるような x_{ν_k} が存在することがわかる．すなわち，

$$\lim_k x_{\nu_k}=x.\qquad\text{Q.E.D.}$$

ユークリッド空間 R^n の部分集合 X については，X がコンパクトであることとボルツァーノ=ワイヤーストラスの性質がみたされるということは同値になる．

$f(x)$ をコンパクトな集合 X から Y への写像とする．$f(x)$ が連続ならば，$f(X)=\{f(x):x\in X\}$ もまた Y のなかでコンパクトな集合になる．

［証明］　開集合 O_λ' の集まり $\{O_\lambda'\}$ が $f(X)$ を覆っているとする．

$$\bigcup_\lambda O_\lambda'\supseteqq f(X).$$

このとき，$O_\lambda=f^{-1}(O_\lambda')=\{x:x\in X,\ f(x)\in O_\lambda'\}$ とすれば，O_λ は X の開集合で，

$$\bigcup_\lambda O_\lambda=X.$$

X はコンパクトな集合であるから，有限個の $O_1,\cdots,O_N$ が存在して，

$$O_1\cup\cdots\cup O_N=X.$$

したがって，

$$O_1'\cup\cdots\cup O_N'\supseteqq f(X).\qquad\text{Q.E.D.}$$

とくに，コンパクトな集合 X の上で定義された実関数 $f(x)$ $(x\in X)$ について，$f(x)$ が連

続のとき，つぎのボルツァーノ=ワイヤーストラスの定理が成立することがわかる．

任意の列 $\{x_\nu\,;\,\nu=1, 2, \cdots\}$ に対して，$\{f(x_{\nu_k})\,;\,k=1, 2, \cdots\}$ が収斂するような部分列 $\{x_{\nu_k}\,;\,k=1, 2, \cdots\}$ が存在する．

ブラウワーの不動点定理(Brouwer's Fixed-Point Theorem)　R^n のなかで，simplex S をつぎのように定義する．

$$S = \{x = (x_1, \cdots, x_n) : x_i \geqq 0\ (i = 1, \cdots, n), \sum_{i=1}^{n} x_i \leqq 1\}.$$

いま，$f(x)$ を S から S 自体への連続な写像とするとき，$f(x)$ は必ず不動点をもつ．すなわち，

$$x^* \in S,\quad f(x^*) = x^*$$

となるような点 x^* が存在する．

角谷の不動点定理(Kakutani's Fixed-Point Theorem)　X を，n 次元のユークリッド空間のなかで，コンパクトで convex な集合とする．$f(x)$ は X の上で定義され，すべての $x \in X$ に対して，$f(x)$ は空でない，convex 集合であり，また $f(x)$ は閉集合を閉集合に移す写像のとき，$f(x)$ は必ず不動点 x^* をもつ．

$$x^* \in X,\ f(x^*) = x^*.$$

Kakutani, S.(1941). "A Generalization of Brouwer's Fixed Point Theorem," *Duke Mathematical Journal*, Vol. 17, pp. 457-459.

本書でしばしば用いた定理にヤングの定理(Young's Theorem)というのがある．これはつぎのようなものである．

ヤングの定理　ある2次元の領域 D において定義された関数 $f(x, y)$ について，f_x, f_y がともに存在して，ある一点で微分可能であるとすれば，その点で $f_{yx}=f_{xy}$ となる．

また，2次元の領域 D で定義された二つの関数 $f(x, y)$，$g(x, y)$ について，D の各点で微分可能であり，

$$f_y = g_x$$

が常に成立しているとすれば，

$$f = \varphi_x,\quad g = \varphi_y$$

となるような関数 $\varphi(x, y)$ が D の上で存在する[積分可能性]．

関数と位相にかんする基本的な文献としてつぎの書物をあげておこう．

高木貞治(1961).『解析概論』改訂版，岩波書店.

Royden, H. L.(1968). *Real Analysis*, Second Edition, New York, Macmillan.

II　凸性(Convexity)

凸集合(Convex Sets)

n 次元のユークリッド空間 R^n のなかにある集合 A が凸集合であるというのは，A のなかの任意の 2 点 a, b をとったときに，その 2 点を結ぶ線分が必ず A のなかに含まれているときをいう．形式的にはつぎのように定義されよう．

定義：R^n のなかの集合 A が凸集合(convex)であるというのは，すべての $a, b \in A$ に対して，

$$(1-\theta)a+\theta b \in A \qquad (0 \leqq \theta \leqq 1)$$

がみたされるときである．

三角形，円などは凸集合の代表的な例である．図 A-1 で，(i)は凸集合を示し，(ii)は凸集合ではない．

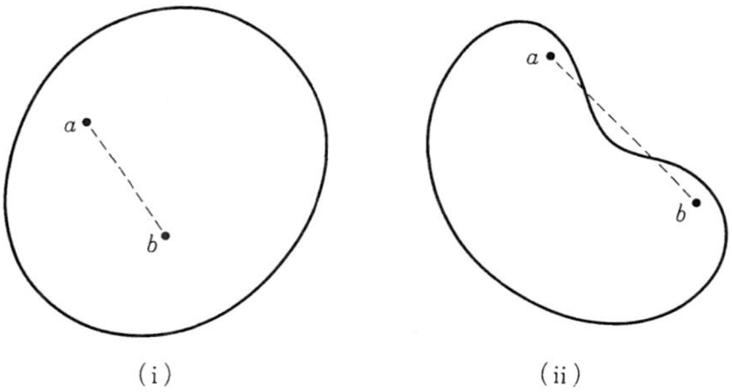

図 A-1　凸集合，非凸集合の例

ある集合 A が凸集合であるとき，A の閉包(closure)$\bar{A}$ も凸集合となる．$\bar{A}$ は A を含む閉集合のうち最小の集合を指す．

また，A が R^n のなかの凸集合のとき，任意の数 t に対してつぎの条件によって定義された集合 tA も凸集合となる．

$$tA = \{ta : a \in A\}.$$

さらに，A, B が凸集合のとき，その積 $A \cap B$ および和 $A+B$ もまた凸集合となる．

$$A \cap B = \{c : c \in A, c \in B\}, \quad A+B = \{a+b : a \in A, b \in B\}.$$

凸集合のなかに重要な役割を果たすものがある．それは超平面(hyperplane)である．いま，$p \neq 0$ であるようなベクトル $p \in R^n$ と実数 α に対して，

$$H = \{x : x \in R^n, px = \alpha\}$$

によって定義される超平面 H は凸集合となる．

また，同じようにして半空間

$$H = \{x : x \in R^n,\ px \geqq \alpha\}$$

を定義すれば，H もまた凸集合となる．

また r 個のベクトル $p^1, \cdots, p^r \in R^n$ と m 個の実数 $\alpha_1, \cdots, \alpha_r$ に対して，

$$H = \{x : x \in R^n,\ p^1x \geqq \alpha_1, \cdots, p^rx \geqq \alpha_r\}$$

もまた凸集合となる．

R^n のなかの二つの集合 A, B に対して，$p \neq 0$ となるようなベクトル p と実数 α とが存在して，

$$p \cdot a \leqq \alpha \leqq p \cdot b \qquad (a \in A,\ b \in B)$$

となるとき，A, B は超平面

$$H = \{x : x \in R^n,\ px = \alpha\}$$

によって分離される(separated)という．

分離定理 I(Separation Theorem)　A は R^n のなかの凸集合で，空でない閉集合とする．このとき，任意の点 $b \in R^n, b \notin A$ に対して，b と A を分離するような超平面が存在する．すなわち，

(1) $$pb < pa \qquad (a \in A)$$

という性質をみたすような $p \in R^n$, $p \neq 0$ が存在する．

［証明］ A のなかで b 点からの距離が最短となるような点を a^0 とする．すなわち，

(2) $$\|b - a^0\| = \min_{a \in A} \|b - a\|, \quad a^0 \in A.$$

A は閉集合であるから，このような点 a_0 の存在は保証されている．このとき，

$$p = a^0 - b$$

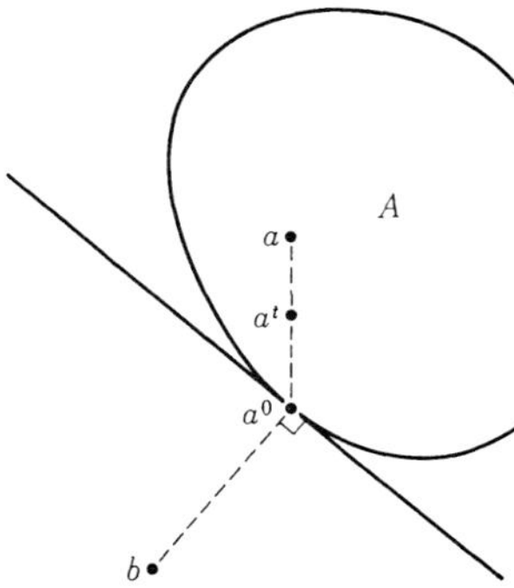

図 A-2　分離定理の証明

と置けば，$a^0 \in A$ から $p \neq 0$．しかも，

$$p \cdot b = p \cdot (a^0 - p) < p \cdot a^0. \tag{3}$$

A は凸集合であるから，任意の $a \in A$ に対して，

$$a^t = (1-t)a^0 + ta \qquad (0 < t < 1)$$

もまた A に属する．

$$b - a^t = b - a^0 - t(a - a^0)$$

であるから，(2)に代入して，

$$\|p\| \leqq \|p + t(a - a^0)\| \qquad (0 < t < 1).$$

すなわち，

$$\|p\|^2 \leqq \|p\|^2 + 2tp \cdot (a - a^0) + t^2\|a - a^0\|^2 \qquad (0 < t < 1).$$

したがって，

$$2p \cdot (a - a^0) + t\|a - a^0\|^2 \geqq 0 \qquad (0 < t < 1).$$

$t \to 0$ のときの極限を考えれば，

$$p(a - a^0) \geqq 0.$$

すなわち，

$$p \cdot a \geqq pa^0 \qquad (a \in A). \tag{4}$$

(3)と(4)は，

$$H = \{x : x \in R^n, p \cdot x = \alpha\} \qquad (\alpha = pa^0)$$

が b と A を分離する超平面であることを示している． Q.E.D.

上の分離定理の証明からわかるように，

$$p \cdot b < \min_{a \in A} p \cdot a$$

が成立する．

分離定理 II A は R^n のなかの凸集合で，空ではない閉集合とする．b が A の境界上にあるときにも，

$$p \cdot b \leqq p \cdot a \qquad (a \in A) \tag{5}$$

をみたすような $p \neq 0$ が存在する．

［証明］ b は A の境界にあるから，A の外にある点列 $\{b^\nu\}$ で b に収斂するようなものが存在する．

$$\lim_{\nu} b^\nu = b, \quad b^\nu \notin A \qquad (\nu = 1, 2, \cdots).$$

各 b^ν について，分離定理 I を適用して，

$$\tilde{p}^\nu b^\nu < \tilde{p}^\nu a \qquad (a \in A)$$

となるようなベクトル $\tilde{p}^\nu \neq 0$ が存在する．

いま，$p^\nu = \tilde{p}^\nu / \|\tilde{p}^\nu\|$ と置けば，

$$\|p^\nu\| = 1, \quad p^\nu b^\nu < p^\nu a \qquad (a \in A). \tag{6}$$

$\{p^\nu\}$ は有界であるから，収斂するような部分列 $\{p^{\nu_k}\}$ が存在する．その極限を p とすれば，

$$\|p\| = 1, \quad p = \lim_k p^{\nu_k}. \tag{7}$$

(6), (7) から，

$$p \neq 0, \quad p\cdot b \leqq p\cdot a \qquad (a \in A)$$

となる．　Q.E.D.

分離定理 III (Minkowski's Theorem)　A, B は R^n のなかの，空でない凸集合とし，共通点をもたないとする ($A \cap B = \phi$)．このとき，A と B を分離する超平面が存在する．

［証明］　$C = B - A = \{b - a : b \in B, a \in A\}$ は空でない凸集合であり，A と B とは共通点をもたないから，$0 \notin C$ である．したがって，分離定理 II を適用すれば，

$$p \neq 0, \quad p\cdot 0 \leqq p\cdot c \qquad (c \in C)$$

となるようなベクトル p が存在する．したがって，

$$p \neq 0, \quad p\cdot a \leqq p\cdot b \qquad (a \in A, \ b \in B)$$

となって，A と B を分離する超平面の存在が示される．　Q.E.D.

凸錐 (Convex Cones)

R^n のなかの集合 A についてつぎの条件がみたされているとき，A は凸錐であるという．

任意の二つの点 $a, b \in A$ に対して，

$$\alpha a + \beta b \in A \qquad (\alpha > 0, \ \beta > 0)$$

が成立する．

A, B が凸錐であるとき，$A+B$, $A \cap B$ はどちらも凸錐となる．一般に $A_\lambda (\lambda \in \Lambda)$ を凸錐の集まりとするとき，

$$\bigcap_{\lambda \in \Lambda} A_\lambda$$

もまた凸錐となることは自明である．したがって，A を任意の集合とするとき，A を含む最小の閉凸錐が存在する．それを $[A]$ という記号で表わす．

$$[A] = \bigcap_{\substack{C:\,\text{閉凸錐} \\ C \supseteqq A}} C.$$

A を R^n のなかの任意の空でない集合とするとき，その正規錐 (normal cone) はつぎのよう

に定義され，A^+ という表現を用いて表わす．

$$A^+ = \{b : b \in R^n,\ b\cdot a \geqq 0\ (a \in A)\}.$$

A^+ は閉凸錐となることは自明であろう．つぎの性質はしばしば用いられるが，これも定義から明らかであろう．二つの集合 A, B に対して，

$$(A\cup B)^+ = A^+\cap B^+, \quad (A\cap B)^+ \supseteqq A^+\cup B^+.$$

双対定理　A が閉凸錐であるとすれば，

$$A^{++} = A.$$

［証明］

$$A^{++} = (A^+)^+ = \{c : c\cdot b \geqq 0\ (b \in A^+)\}$$

であるから，

$$a \in A \quad ならば \quad a\cdot b \geqq 0 \quad (すべての\ b \in A^+),$$

したがって，$a \in (A^+)^+$ となる．すなわち，

$$A \subseteqq A^{++}$$

となることがわかる．

ここでかりに，

$$A \subsetneqq A^{++}$$

であったとしよう．すなわち，

$$c \in A^{++}, \quad c \notin A$$

となるような点 c が存在したとしよう．このとき，c と A に分離定理 I を適用できるから，

$$(8) \qquad p \neq 0, \quad p\cdot c < \min_{a\in A} p\cdot a.$$

A は凸錐であるから，

$$\min_{a\in A} p\cdot a = 0$$

でなければならない．すなわち，

$$p\cdot a \geqq 0 \qquad (a \in A)$$

となって，$p \in A^+$．しかし，(8)から，

$$p\cdot c < 0$$

となり，$c \in A^{++}$ に矛盾する．したがって，$A = A^{++}$ でなければならないことが示された．

Q.E.D.

一般に A が必ずしも閉凸錐でないときには，

$$A^{++} = [A]$$

となることが容易に示される．

双対定理が成立することから，A が閉凸錐のときには，正規錐 A^+ を A の極錐(polar cone)と呼ぶことがある．

A, B がともに閉凸錐であるときには，

$$(A \cap B)^+ = A^+ + B^+$$

が成立する．

［証明］ $A = A^{++}, B = B^{++}$ であるから，

$$A \cap B = A^{++} \cap B^{++} = (A^+ + B^+)^+.$$

したがって，

$$(A \cap B)^+ = (A^+ + B^+)^{++} = A^+ + B^+. \qquad \text{Q.E.D.}$$

凸関数(Convex Functions)

R^n のなかの凸集合 D の上で定義された実関数 $f(x)$ $(x \in D)$ を考えよう．以下いつでも実関数だけを考えるので，たんに関数と呼ぶことにする．

$f(x)$ $(x \in D)$ がつぎの条件をみたすとき，凸関数(convex function)と定義する．

(9) $$f[(1-\theta)x + \theta y] \leqq (1-\theta)f(x) + \theta f(y)$$
$$(x, y \in D,\ x \neq y,\ 0 < \theta < 1).$$

(9)式の不等号が厳密な意味で成立するときには，$f(x)$ は厳密な意味で凸関数(strictly convex)であるという．

(9)の代わりに，

(10) $$f[(1-\theta)x + \theta y] \geqq (1-\theta)f(x) + \theta f(y)$$
$$(x, y \in D,\ x \neq y,\ 0 < \theta < 1)$$

が成立するとき，$f(x)$ は凹関数(concave function)であるという．厳密な意味での凹関数は，同じように定義される．

凸関数についてつぎの性質がみたされる．

(i) $f(x)$ $(x \in D)$ が凸関数であるために必要にして十分な条件は，

$$[D, f] = \{(x, t) : x \in D,\ t \geqq f(x)\}$$

が R^{n+1} のなかで凸集合であることである．

$f(x)$ が線型関数(linear function)のとき，$f(x)$ は凸関数でもあり同時に凹関数でもある．

(ii) $f_1(x), \cdots, f_r(x)$ $(x \in D)$ を r 個の凸関数とするとき，任意の正数 $\lambda_1, \cdots, \lambda_r > 0$ に対して，

$$\lambda_1 f(x) + \cdots + \lambda_r f_r(x) \qquad (x \in D)$$

もまた凸関数である．

(iii) $f(x)$ $(x\in D)$ が凸関数のとき，任意の r 個の $x_1,\cdots,x_r\in D$ に対して，

(11) $$f\left(\sum_{i=1}^{r}\theta_i x_i\right)\geqq\sum_{i=1}^{r}\theta_i f(x_i)\qquad\left(\theta_1,\cdots,\theta_r>0,\ \sum_{i=1}^{r}\theta_i=1\right).$$

［証明］ r にかんする数学的帰納法による．$r=1$ のときには(11)は自明．$r-1$ のとき(iii)が成立したと仮定する．$\theta_r=1$ のときには(11)は正しい．

$\theta_r<1$ のときには，

$$1-\theta_r=\sum_{i=1}^{r-1}\theta_i,$$

$$\sum_{i=1}^{r}\theta_i x_i=(1-\theta_r)\sum_{i=1}^{r-1}\frac{\theta_i}{1-\theta_r}x_i+\theta_r x_r$$

であるから $f(x)$ の凸性を使って，

$$f\left(\sum_{i=1}^{r}\theta_i x_i\right)\geqq(1-\theta_r)f\left(\sum_{i=1}^{r-1}\frac{\theta_i}{1-\theta_r}x_i\right)+\theta_r f(x_r).$$

さらに，数学的帰納法の仮定から，

$$f\left(\sum_{i=1}^{r}\theta_i x_i\right)\geqq(1-\theta_r)\sum_{i=1}^{r-1}\frac{\theta_i}{1-\theta_r}f(x_i)+\theta_r f(x_r)$$

$$=\sum_{i=1}^{r-1}\theta_i f(x_i)+\theta_r f(x_r).$$ Q.E.D.

(iv) $f(x)$ $(x\in D)$ が凸関数であると同時に凹関数であれば，$f(x)$ は D で線型となる．

［証明］ (iii)から，$f\left(\sum_{i=1}^{r}\theta_i x^i\right)=\sum_{i=1}^{r}\theta_i f(x^i)$ $\left(\theta_1,\cdots,\theta_r>0,\ \sum_{i=1}^{r}\theta_i=1\right)$.

いま，$x^1,\cdots,x^r\in D$ を任意の r 個の点とし，

$$x=\sum_{i=1}^{r}\alpha_i x^i\in D,\ \ \sum_i\alpha_i=1,\ \ \alpha_i\gtrless 0$$

とする．

$(x^1,\cdots,x^r)$ の重心を z とする．

$$z=\frac{1}{r}\sum_{i=1}^{r}x^i.$$

このとき，(iii)によって，

(12) $$f((1-t)z+tx)=(1-t)f(z)+tf(x)$$
$$=\sum_i\frac{1-t}{r}f(x^i)+tf(x)\qquad(0<t<1).$$

しかし，

$$(1-t)z+tx=\sum_{i=1}^{r}\left(\frac{1-t}{r}+t\alpha_i\right)x_i,$$

$$\sum_{i=1}^{r}\left(\frac{1-t}{r}+t\alpha_i\right)=1$$

であるから，t を十分 0 に近くとれば，

$$\frac{1-t}{r}+t\alpha_i>0 \qquad (i=1,\cdots,r)$$

となる．したがって，(iii)を使って，

$$f((1-t)z+tx)=\sum_{i=1}^{r}\left(\frac{1-t}{r}+t\alpha_i\right)f(x_i). \tag{13}$$

(12)と(13)とから，

$$\sum_{i=1}^{r}\frac{1-t}{r}f(x^i)+tf(x)=\sum_{i=1}^{r}\left(\frac{1-t}{r}+t\alpha_i\right)f(x_i).$$

したがって，

$$f(x)=\sum_{i=1}^{r}\alpha_i f(x_i).$$ Q.E.D.

(v) $f(x)$ $(x\in D)$ は凸関数であるとする．$f(x)$ は D で高々一つしか局所的な最少値をとらない．このような局所的な最少値は D のなかでの最少値になる．

［証明］ $x^0\in D$ が $f(x)$ の局所的最少値をとるとする．任意の $x\in D$ に対して，

$$(1-\theta)x^0+\theta x\in D \qquad (0<\theta<1)$$

であるから，θ を十分 0 に近くとれば，

$$\begin{aligned} f(x^0) &\leqq f((1-\theta)x^0+\theta x) \\ &\leqq (1-\theta)f(x^0)+\theta f(x). \end{aligned}$$

したがって，$f(x^0)\leqq f(x)$ となる． Q.E.D.

1 次元の凸関数 R^1 のなかの凸集合 D を定義域とする凸関数 $\varphi(t)$ $(t\in D)$ を考える．このとき，つぎの性質がみたされる．

(i) $\varphi(t)$ $(t\in D)$ が凸関数のとき，任意の 2 点 $t_0, t_1\in D$ に対して，

$$\frac{\varphi(t)-\varphi(t_0)}{t-t_0}\leqq\frac{\varphi(t_1)-\varphi(t_0)}{t_1-t_0} \qquad (t_0<t<t_1). \tag{14}$$

逆に(14)式がみたされていれば，$\varphi(t)$ は凸関数である．

［証明］ $\varphi(t)$ が凸関数であるから，

$$\varphi((1-\theta)t_0+\theta t_1)\leqq(1-\theta)\varphi(t_0)+\theta\varphi(t_1) \qquad (t_0, t_1\in D,\ 0<\theta<1). \tag{15}$$

$t_0<t_1$ とし，$t=(1-\theta)t_0+\theta t_1$ と置けば，(15)式は，

$$\varphi(t)-\varphi(t_0)\leqq\theta[\varphi(t_1)-\varphi(t_0)] \qquad (0<\theta<1)$$

と同値となる．ここで $t_0<t_1$ のとき，

$$t_0<t<t_1 \Longleftrightarrow 0<\theta<1.$$

また，

$$t-t_0=\theta(t_1-t_0)$$

であるから，(15)式は，

$$\frac{\varphi(t)-\varphi(t_0)}{t-t_0} \leqq \frac{\varphi(t_1)-\varphi(t_0)}{t_1-t_0} \qquad (t_0 < t < t_1)$$

と同値となる. Q.E.D.

(ii) $\varphi(t)$ $(t \in D)$ が凸関数であるとすれば,

$$\varphi'_+(t) = \lim_{\substack{h>0 \\ h\to 0}} \frac{\varphi(t+h)-\varphi(t)}{h},$$

$$\varphi'_-(t) = \lim_{\substack{h<0 \\ h\to 0}} \frac{\varphi(t+h)-\varphi(t)}{h}$$

は常に存在する[$-\infty$ あるいは $+\infty$ の場合をも含めて].

しかも,

$$\varphi'_-(t) \leqq \varphi'_+(t).$$

[証明] (14)式から明らかなように,

$$\frac{\varphi(t+h)-\varphi(t)}{h}$$

は $h>0, h\to 0$ のとき一様に減少し, $h<0, h\to 0$ のとき一様に増加するからである. Q.E.D.

(iii) $\varphi(t)$ がある区間 D で定義され, 凸関数であるとする. そのとき, $\varphi(t)$ は D の内点で必ず連続となり, $\varphi'_-(t), \varphi'_+(t)$ が存在する. $\varphi'_-(t), \varphi'_+(t)$ はともに単調増大関数となり, その値は高々可付番個の点を除いては一致する. さらに $\varphi''(t)$ はほとんどいたるところで存在し, 必ず非負の値をとる.

(iv) $\varphi(t)$ はある区間 D で定義され, D で連続な関数であるとし, D の内部で $\varphi''(t)$ が存在するとする. このとき, D の内点 t で常に,

$$\varphi''(t) \geqq 0$$

が成立すれば, $\varphi(t)$ は凸関数となる.

[証明] (14)式が成立することを示せばよいが, 平均値定理によって, $t_0<t<t_1$ のとき,

$$\frac{\varphi(t_1)-\varphi(t_0)}{t_1-t_0} - \frac{\varphi(t)-\varphi(t_0)}{t-t_0} = \varphi''(\tilde{t})$$

となるような $\tilde{t}$ $(t_0<\tilde{t}<t_1)$ が存在するからである. Q.E.D.

スムースな凸関数(Smooth Convex Functions) R^n のなかの凸集合 D で定義された凸関数 $f(x)$ $(x \in D)$ で, 常に連続的に二階微分可能な場合を取り上げる.

$f(x)$ が凸関数となるための必要十分条件は, 任意の $x^0, x^1 \in D$ に対して,

$$\varphi(t) = f[(1-t)x^0 + tx^1] \qquad (0 < t < 1)$$

が1次元の凸関数となることである.

$$\varphi''(t) = \sum_{i,j=1}^{n} f_{ij}(x^t)(x_i^1 - x_i^0)(x_j^1 - x_j^0) \qquad (x^t = (1-t)x^0 + tx^1),$$

$$\varphi''(0) = \sum_{i,j=1}^{n} f_{ij}(x^0)t_i t_j, \quad t_i = x_i^1 - x_i^0 \qquad (i = 1, \cdots, n)$$

となるから，$f(x)$ が凸関数となるための必要十分条件は，

$$\sum_{i,j=1}^{n} f_{ij}(x^0)t_i t_j \geqq 0$$

がすべての $x^0 \in D$, $t = (t_1, \cdots, t_n)$ に対して成立することである．すなわち，

$f(x)$ $(x \in D)$ が凸関数となるための必要十分条件は，すべての点 $x \in D$ で，

$$(f_{ij}(x^0))_{ij}$$

が非負値定行列となることである．

convexity にかんする解説は，数理経済学の教科書には必ずなされているので，ここでとくに文献をあげる必要はないであろう．一つだけ古典的な文献をあげておこう．

Fenchel, W.(1953). *Convex Cones, Sets, and Functions*, Department of Mathematics, Princeton University.

である．これは Fenchel が 1951 年春学期に Princeton 大学でおこなった Lecture の Notes であり，数理経済学，ゲーム理論の分野でしばしば引用される文献である．ここでも，Fenchel の Notes から証明をいくつか借用した．

III　微分方程式

微分方程式について

経済分析，とくに動学的な分析のさい，微分方程式が重要な数学的用具としてしばしば使われる．本書もその例外ではないが，微分方程式の標準的教科書にはここで使われているような命題は取り扱われていない場合が多い．専門的な立場からあまりにも初等的であったり，また数学的な見地からあまり興味のないものであることが多いからである．ここでは，本書の理解をたすける意味で，微分方程式について簡単な解説を試みてみた．この点にかんして，もっとも参考になったのは，ポントリャーギン(L. S. Pontryagin)の常微分方程式にかんする教科書 *Ordinary Differential Equations* (1962)である．ポントリャーギンの書物は，微分方程式論にかんする，おそらくもっともすぐれた入門書ではないかと思われるが，深遠な考え方を平易な形で説明し，読者をして思わず美麗な数学の世界に引き込んでゆく筆致は，さすがに当代最高峰の数学者ポントリャーギンにしてはじめて可能なのかもしれない．ここでの解説ももっぱらポントリャーギンの書物に準拠したが，読者にぜひ原書を読了されることをすすめたい．

ここで問題とするのは，常微分方程式

$$\dot{x} = f(t, x) \tag{1}$$

についてである．ここで，t は独立変数，x は未知の関数，$\dot{x}$ はその微分 $\dot{x}=\dfrac{dx}{dt}$ である．このような微分方程式は独立変数が一つであって，常微分方程式(ordinary differential equation)と呼ばれ，独立変数が二つ以上ある場合の偏微分方程式(partial differential equation)と区別される．経済分析で使われるのは主として常微分方程式であるので，ここではたんに微分方程式と呼ぶことにする．ただし，第2章では例外的に偏微分方程式が主役を演じたのであるが，偏微分方程式ははるかに困難なトピックであるので，ここではふれないことにする．興味のある読者は第2章付論を参照されたい．

さて，微分方程式(1)について，その解が存在するかどうか，またその解がどのような性質をもっているか，ということがここで問題となる．

まず，(1)の右辺の関数 $f(t, x)$ が定義されている (t, x) の範囲 Γ を，f の定義域という．ここでは定義域 Γ は開集合であるとする．経済分析でしばしば現われるのは，$\{t : a<t<+\infty\}$ あるいは $\{t : -\infty<t<+\infty\}$ が，この定義域 Γ になっている場合である．いまある初期条件 (t_0, x_0) が与えられているとする．(t_0, x_0) は定義域 Γ のなかにある．この (t_0, x_0) を初期条件とする(1)の解というのは，つぎのような条件をみたす関数 $x=\varphi(t)$ $(t \in \Pi)$ を意味する．

$$\begin{cases} \dot{\varphi}(t) = f[t, \varphi(t)] \qquad (t \in \Pi), \\ \varphi(t_0) = x_0. \end{cases} \tag{2}$$

Π は関数 $x=\varphi(t)$ の定義域であるが，$t\in\Pi$ に対して必ず，$[t,\varphi(t)]\in\Gamma$ となっていなければならないことはいうまでもない．また当然，$\varphi(t)$ はすべての $t\in\Pi$ で微分可能となっている．

ここでは主として，関数 $f(t,x)$ はすべての点 $(t,x)\in\Gamma$ で連続で，その偏微分 $\dfrac{\partial f}{\partial x}$ も存在し，連続であるという条件をみたすような微分方程式のみを問題とする．

存在定理 いま，$f(t,x)$ が，変数 (t,x) のある開集合 Γ で定義され，f もその偏微分 $\dfrac{\partial f}{\partial x}$ もともに，すべての $(t,x)\in\Gamma$ で連続であるとする．このとき，任意の初期条件 $(t_0,x_0)\in\Gamma$ に対して，微分方程式(1)の解 $x=\varphi(t)$ $(t\in\Pi)$ は必ず存在して，一意的に定まる．

この存在と一意性定理はもっと一般的な微分方程式について妥当する．いま，n 個の未知関数 $x_1,\cdots,x_n$ について，つぎの微分方程式体系を考える．

$$\dot{x}_i=f_i(t,x_1,\cdots,x_n)\qquad(i=1,\cdots,n).$$

このとき，$f_i(t,x_1,\cdots,x_n)$ の定義域は，$(n+1)$-次元空間のなかの集合 Γ で，開集合であると仮定する．このような微分方程式体系について，その解は，ある区間 $\underline{t}<t<\overline{t}$ で定義された連続関数の体系 $x_i=\varphi_i(t)$ $(i=1,\cdots,n)$ で，

$$\mathring{\varphi}_i(t)=f_i(t,\varphi_1(t),\cdots,\varphi_n(t))$$

がみたされるときであると定義される．

さらに，ある所与の $(t_0,x_{10},\cdots,x_{n0})\in\Gamma$ が初期条件として与えられているときに，

$$\varphi_1(t_0)=x_{10},\quad\cdots,\quad\varphi_n(t_0)=x_{n0}$$

がみたされる．

ベクトル記号 $x=(x_1,\cdots,x_n)$ を用いて表わせば，

(3) $$\dot{x}=f(t,x),\ \ (t,x)\in\Gamma.$$

$x=\varphi(t)=(\varphi_1(t),\cdots,\varphi_n(t))$ が，初期条件 $(t_0,x_0)\in\Gamma$ をもつ(3)の解であるというのは，ある区間 $\underline{t}<t<\overline{t}$ で定義され，

(4) $$\dot{\varphi}(t)=f[t,\varphi(t)],\quad\varphi(\dot{t}_0)=x_0$$

という条件がみたされるときである．

この一般的な場合にもさきの存在定理が成立する．このような微分方程式体系(4)の解 $x=\varphi(t)$ は定義区間 $\underline{t}<t<\overline{t}$ を拡張して，最大な定義区間まで拡張することができる．したがって最初の定義区間 $\underline{t}<t<\overline{t}$ がすでにこの最大の区間であるとしても差し支えない．とくに，$\underline{t}=-\infty$ あるいは $\overline{t}=+\infty$ の場合も含まれている．

上の(3)の形で与えられた微分方程式体系を n 次の正規微分方程式と呼ぶ．普通 n 次の微分方程式というのは，

(5) $$y^{(n)}=f(t,y,\dot{y},\cdots,y^{(n-1)})$$

の形をした微分方程式を指す．ここで $y=y(t)$ はスカラー量の関数で，$y^{(n)}$ は y を t について n 回微分したものである．

この(5)の形の微分方程式は，(3)のような n 次の正規微分方程式に還元される．すなわち，

$$x_1=y,\quad x_2=\dot{y},\quad \cdots,\quad x_n=y^{(n-1)}$$

とおけば，(5)は，

$$\text{(6)}\qquad \begin{cases} \dot{x}_1 = x_2 \\ \dot{x}_2 = x_3 \\ \vdots \\ \dot{x}_{n-1} = x_n \\ \dot{x}_n = f(t, x_1, \cdots, x_n) \end{cases}$$

と書き直すことができるからである．

また，(3)で $f(t, x)$ が t に無関係である場合，すなわち，

$$\text{(7)}\qquad \dot{x} = f(x)$$

の形をもつときに，自立的(autonomous)な微分方程式体系という．

微分方程式体系(3)について，$f(t, x)$ が複素変数 x の複素関数の場合も，その解 $x=\varphi(t)$ $(\underline{t}<t<\overline{t})$ を考えることができる．両辺の実数部分と虚数部分がそれぞれ等しいという条件に分けられるからである．

［例］　複素関数 $z=x+iy$ にかんする微分方程式

$$\dot{z} = \lambda z$$

の解を求めよ．ここで $\lambda=\alpha+i\beta$ も複素数である．

この解は，

$$z = Ae^{\lambda t}$$

と予想されるが，じじつ，

$$\begin{aligned} z &= Ae^{\lambda t} = Ae^{\alpha t}\cos\beta t + iAe^{\alpha t}\sin\beta t, \\ \dot{z} &= Ae^{\alpha t}[\alpha\cos\beta t - \beta\sin\beta t + i(\alpha\sin\beta t + \beta\cos\beta t)] \\ &= Ae^{\alpha t}(\alpha+i\beta)(\cos\beta t + i\sin\beta t) = \lambda e^{\lambda t}. \end{aligned}$$

定係数の一次同次微分方程式

経済分析でしばしば現われてくるのが，定係数の一次微分方程式である．これは一般につぎのような形をしている．

$$\text{(8)}\qquad z^{(n)} + a_1 z^{(n-1)} + \cdots + a_{n-1}\dot{z} + a_n z = b(t),$$

ここで，$a_1, \cdots, a_n$ は定数で，$b(t)$ は t の関数である．

いま，$z_0=\varphi(t)$ が(8)の解であるとする．

$$z_0^{(n)}+a_1 z_0^{(n-1)}+\cdots+a_{n-1}\dot{z}_0+a_n z_0 = b(t).$$

このとき，$u=z-z_0$ とすれば，u はつぎの一次同次微分方程式の解となる．

(9)
$$u^{(n)}+a_1 u^{(n-1)}+\cdots+a_{n-1}\dot{u}+a_n u = 0.$$

逆に，(8)の任意の解は，(9)の解と特殊な解 z_0 の和として表現される．そこでまず，一次同次の場合，すなわち，(8)で $b(t)\equiv 0$ の場合を考察しよう．

(10)
$$z^{(n)}+a_1 z^{(n-1)}+\cdots+a_{n-1}\dot{z}+a_n z = 0.$$

いま，微分を $Dz=dz/dt$ というオペレーターを使って表現すれば，(10)式は，$f(D)=D^n+a_1D^{n-1}+\cdots+a_{n-1}D+a_n$ という多項式を用いて，

$$f(D)z = 0$$

の形に表現できる．

この微分オペレーター D にかんする多項式 $f(D)$ については，普通の多項式とまったく同じような演算をおこなうことができる．

$$f(D)(z_1+z_2) = f(D)z_1+f(D)z_2,$$
$$(f(D)+g(D))z = f(D)z+g(D)z,$$
$$f(g(D)z) = (f(D)g(D))z.$$

また，

(11)
$$f(D)e^{\lambda t} = f(\lambda)e^{\lambda t}$$

という公式が得られることは上の例から明らかであろう．多項式 $f(D)$ を微分方程式(10)の特性多項式(characteristic polynomial)という．

$$f(\lambda) = 0$$

の根 $\lambda_1, \cdots, \lambda_n$ がすべて異なるときには，(10)の解は，

(12)　$z = c_1e^{\lambda_1 t}+\cdots+c_ne^{\lambda_n t}$　　$(-\infty < t < +\infty\,;\, c_1, \cdots, c_n$：任意の定数)

によって与えられる．

［証明］ (12)の形をした関数が(10)の解となることは上の公式(11)から明らか．

逆に，z が(10)の解であるとしよう．存在と一意性にかんする定理から，z の定義域は $-\infty<t<+\infty$ であると仮定してよい．いま，$z_1=e^{\lambda_1 t}, \cdots, z_n=e^{\lambda_n t}$ と置いたとき，

(13)　$z^{(s)}(0) = c_1z_1^{(s)}(0)+\cdots+c_nz_n^{(s)}(0)$　　$(s = 0, 1, \cdots, n-1)$

をみたすような定数 $(c_1, \cdots, c_n)$ が存在することがわかれば，解の一意性から，(12)式が成立することがわかり，証明は終わる．

公式(11)を使って(13)式を計算すれば，

$$z^{(s)}(0) = c_1\lambda_1^s+\cdots+c_n\lambda_n^s \qquad (s = 0, 1, \cdots, n-1),$$

あるいは,

$$(14)\qquad \begin{pmatrix} z(0) \\ \dot{z}(0) \\ \vdots \\ z^{(n-1)}(0) \end{pmatrix} = \begin{pmatrix} 1 & 1 & \cdots & 1 \\ \lambda_1 & \lambda_2 & \cdots & \lambda_n \\ & \cdots\cdots & & \\ \lambda_1^{n-1} & \lambda_2^{n-1} & \cdots & \lambda_n^{n-1} \end{pmatrix} \begin{pmatrix} c_1 \\ c_2 \\ \vdots \\ c_n \end{pmatrix}$$

となる．この1次方程式体系の行列式は，$\lambda_1, \cdots, \lambda_n$ がすべて異なるときにゼロではないことが容易に証明できるから[Vandermond の行列式！]，任意の $(z(0), \dot{z}(0), \cdots, z^{(n-1)}(0))$ に対して，(14)式をみたすような $(c_1, c_2, \cdots, c_n)$ が存在する． Q.E.D.

特性方程式の係数がすべて実数で，初期条件も実数の場合を考えよう．根 $\lambda_1, \cdots, \lambda_n$ がすべて実数のときは，(12)式のままでよいが，複素根の場合には，多少計算を必要とする．複素根は必ず，$\lambda=\mu+i\nu$, $\bar{\lambda}=\mu-i\nu$ (μ, ν は実数)のようにペアになっている．しかも，その係数もまた，$c=\alpha+i\beta$, $\bar{c}=\alpha-i\beta$ (α, β は実数)となっていなければならないから，

$$\begin{aligned} ce^{\lambda t}+\bar{c}e^{\bar{\lambda}t} &= (\alpha+i\beta)e^{(\mu+i\nu)t}+(\alpha-i\beta)e^{(\mu-i\nu)t} \\ &= e^{\mu t}[(\alpha+i\beta)(\cos\nu t+i\sin\nu t)+(\alpha-i\beta)(\cos\nu t-i\sin\nu t)] \\ &= e^{\mu t}[2\alpha\cos\nu t-2\beta\sin\nu t]. \end{aligned}$$

つぎに，特性多項式の根のなかに多重根が入っている一般の場合を考えよう．いま λ_0 が $f(\lambda)=0$ の k 次の多重根であるとする．すなわち，

$$f(\lambda) = (\lambda-\lambda_0)^k g(\lambda)$$

となるような多項式 $g(\lambda)$ が存在する．

このとき，$k(t)$ が任意の回数微分可能な関数とすれば，一般に λ の多項式 $P(\lambda)$ にかんして，

$$P(D)(e^{\lambda t}k(t)) = e^{\lambda t}P(D+\lambda)k(t)$$

という関係が成立することが，公式(11)から容易に証明できる．したがって，

$$(15)\qquad f(D)(t^s e^{\lambda_0 t}) = e^{\lambda_0 t}f(D+\lambda_0)t^s = 0 \qquad (s=0, 1, \cdots, n-1).$$

このことから，つぎの定理が成立することが類推される．

特性多項式の根を $\lambda_1, \cdots, \lambda_m$ とし，各根の重複度を $k_1, \cdots, k_m$ とする．$k_1+\cdots+k_m=n$ である．このとき，一次同次の微分方程式(10)の任意の解 z は，

$$(16)\qquad z=\sum_{j=1}^{m}(c_{j0}+c_{j1}t+\cdots+c_{j,k_j-1}t^{k_j-1})e^{\lambda_j t}, \quad -\infty < t < +\infty$$

(ここで $c_{j0}, c_{j1}, \cdots, c_{j,k_j-1}$ はすべて定数)の形に表現することができる．

[証明] 関数 z が(16)のような形をしているとき，(10)の解となっているということは，(15)式から明らか．

逆に，z を(10)の任意の解としたとき，(16)式をみたすような定数 (c_{js}) が存在することを示

したい．いま，記号を簡単にするために，$t^s e^{\lambda_j t}$ $(j=1, \cdots, m\,;\, s=0, 1, \cdots, k_j-1)$ を適当に番号をつけて，$z_1, \cdots, z_n$ とする．一意性の定理から，ある $t_0(-\infty<t_0<+\infty)$ について，

$$z^{(s)}(t_0) = \sum_{j=1}^{n} c_j z_0^{(s)}(t_0)$$

となるような定数 $(c_1, \cdots, c_n)$ の存在を示せばよい．そのためには，つぎの行列式がゼロでないことを証明すれば十分である．

$$\det\begin{pmatrix} z_1(t_0) & \cdots & z_n(t_0) \\ & \cdots\cdots & \\ z_1^{(s)}(\bar{t}_0) & \cdots & z_n^{(s)}(t_0) \\ & \cdots\cdots & \\ z_1^{(n-1)}(t_0) & \cdots & z_n^{(n-1)}(t_0) \end{pmatrix}.$$

かりにこの行列式がゼロであったとすれば，

$$b_0 z_j^{(n-1)}(t_0) + b_1 z_j^{(n-2)}(t_0) + \cdots + b_{n-2}\dot{z}_j(t_0) + b_{n-1} z_j(t_0) = 0 \tag{17}$$

となるような定数 $(b_0, b_1, \cdots, b_{n-1}) \neq (0, 0, \cdots, 0)$ が存在するはずである．いま，

$$g(\lambda) = b_0\lambda^{n-1} + b_1\lambda^{n-2} + \cdots + b_{n-2}\lambda + b_{n-1}$$

と置くとき，公式(15)を使うと，(17)は，λ_j が $g(\lambda)=0$ の根であって，その多重度は少なくとも k_j であることがわかる．したがって，$(n-1)$ 次の多項式 $g(\lambda)$ が，多重度を考慮に入れると $k_1+\cdots+k_n=n$ 個の根をもつことになって矛盾する．　Q.E.D.

特性方程式 $f(\lambda)$ の根がすべて実数の場合には上のままでよいが，複素根の場合に実数表現に書き直す手続きは，単純根ばかりの場合とまったく同じように計算できる．

安定性条件

定係数の一次同次微分方程式(10)の解 $z(t)$ が一般に(16)式のような形に表現されることがわかった．このとき，$t\to+\infty$ のときに解 $z(t)$ がどのような性質をもつかということが重要な問題となる．とくに，$t\to+\infty$ のときに，初期条件 (t_0, z_0) の如何にかかわらず，微分方程式体系(10)の解 $z(t)$ が 0 に収斂するとき，(10)は安定的(stable)であるという．この安定性の概念が経済分析で中心的な役割を果たすものであるということは本書の叙述からも明らかであろう．

さて，$t^s e^{\lambda t}$ という関数が，$t\to+\infty$ のときに収斂するために必要十分な条件は，λ の実数部分 $R(\lambda)$ が負である．

$$R(\lambda) < 0 \tag{18}$$

ということである．このとき $\lim_{t\to\infty} t^s e^{\lambda t}=0$ となる．

したがって，微分方程式体系(10)が安定的であるために必要にして十分な条件は，特性多項

式 $f(\lambda)$ の根について，(18)式が成り立つことである．このような多項式自体をまた安定的であるという．

特性方程式

(19) $$f(\lambda) = a_0\lambda^n + a_1\lambda^{n-1} + \cdots + a_{n-1}\lambda + a_n$$

の安定条件を明示的に求めることができる．

$n=1$：　$f(\lambda)=a_0\lambda+a_1$ の場合，

$$a_0 > 0,\quad a_1 > 0.$$

$n=2$：　$f(\lambda)=a_0\lambda^2+a_1\lambda+a_2$ の場合，

$$a_0 > 0,\quad a_1 > 0,\quad a_2 > 0$$

となることは，2次方程式の根の公式から明らか．

一般に，多項式(19)が安定的であるときには，その係数はすべて正となる：$a_0>0, a_1>0, \cdots, a_n>0$.

［証明］ 任意の多項式 $f(\lambda)$ は必ず，実係数の1次関数あるいは2次関数の積に因数分解することができる．$f(\lambda)$ が安定的なときには，これらの1次および2次の因子は，すべての係数が正でなければならない．したがって，その積である $f(\lambda)$ についても，すべての係数が正となる． Q.E.D.

$n=3$： $$f(\lambda) = a_0\lambda^3 + a_1\lambda^2 + a_2\lambda + a_3$$

の安定条件は，

$$a_0 > 0,\quad a_1 > 0,\quad a_2 > 0,\quad a_3 > 0,\quad a_1a_2 > a_0a_3.$$

［証明］ ポントリャーギンによるみごとな証明を紹介しておこう．簡単化のため，正係数($a>0$, $b>0$, $c>0$)の3次多項式

(20) $$f(\lambda) = \lambda^3 + a\lambda^2 + b\lambda + c$$

について，安定条件が，

(21) $$ab > c$$

となることを証明する．

多項式の根は，その係数の連続関数となっていることを使う．まず，$f(\lambda)$ の根のうち，純虚数となるものがあったとしよう．(20)を書き直して，

$$f(\lambda) = (\lambda+a)(\lambda^2+b) - ab + c.$$

この根が0となることはない．$c>0$ だからである．純虚数の根が $i\omega, \omega \neq 0$ と表現されるとしよう．

$$(i\omega+a)(-\omega^2+b) - ab + c = 0.$$

したがって，$\omega^2=b$ となり，$ab=c$ となる．逆に，$ab=c$ ならば，

$$f(\lambda) = (\lambda+a)(\lambda^2+b)$$

となって，$f(\lambda)$ は純虚数となるような根をもつ．

さて，(21)式がみたされていなかったとしよう．すなわち，$ab=c$ かあるいは $ab<c$．$ab=c$ のときにはいまみたように，$f(\lambda)$ は純虚数の根をもつ．したがって安定的ではない．$ab<c$ のときには，(a, b, c) と $(0, 0, c)$ を常に $ab<c$ がみたされるような連続曲線で結んでおく．係数が $(0, 0, c)$ のときには，$f(\lambda)=\lambda^3+c$ となって，$R(\lambda)>0$ となるような根が二つある．$f(x)$ の係数が $(0, 0, c)$ から (a, b, c) に連続的に動くとき，根もまた連続的に動くが，その途中で決して虚軸の上にくることはない．したがって $f(\lambda)$ の根のうち，二つは実数部分が正である．すなわち，$f(\lambda)$ は安定的ではない．

逆に，(21)の条件がみたされているとしよう．いま，$\varepsilon>0$ を非常に小さな正数で，

$$c_0=(b-a\varepsilon+\varepsilon^2)\varepsilon>0,\quad a-\varepsilon>0$$

となるようにとっておく．このとき，

$$\lambda^3+a\lambda^2+b\lambda+c_0=(\lambda+\varepsilon)[\lambda^2+(a-\varepsilon)\lambda+(b-a\varepsilon+\varepsilon^2)]$$

のように因数分解される．したがってこの多項式の根について，実数部分がすべて負である．係数を (a, b, c_0) から (a, b, c) に，(21)の条件がみたされるように連続的に移動させるとき，多項式の根もまた連続的に動き，決して虚軸の上にくることはない．したがって，多項式 $f(\lambda)$ についても，その根の実数部分は負となり，安定的となる．　Q.E.D.

4次の多項式

$$n=4: \qquad f(\lambda)=a_0\lambda^4+a_1\lambda^3+a_2\lambda^2+a_3\lambda+a_4$$

の安定条件は，

$$a_0>0,\ \ a_1>0,\ \ a_2>0,\ \ a_3>0,\ \ a_4>0,\ \ a_1a_2a_3-a_0a_3^2-a_1^2a_4>0$$

となる．

[問題]　4次多項式の安定条件を，3次の場合と同じような方法で証明できる．

定係数の同次線型微分方程式体系

正規同次線型微分方程式体系で，定係数のものは一般に，

$$\text{(22)} \qquad \dot{x}_i=\sum_{j=1}^{n}a_{ij}x_j \qquad (i=1, \cdots, n)$$

のように表現することができる．

ベクトル記号を用いれば，

$$x=\begin{pmatrix} x_1 \\ \vdots \\ x_n \end{pmatrix},\quad A=\begin{pmatrix} a_{11} & \cdots & a_{1n} \\ & \cdots\cdots & \\ a_{n1} & \cdots & a_{nn} \end{pmatrix}$$

として，(22)の体系は，

(23) $$\dot{x} = Ax$$

のように表現される．

A の固有根(eigenvalue)λ というのは，

(24) $$Av = \lambda v, \quad v \neq 0$$

をみたすような v が存在するときである．このとき，v を固有ベクトル(eigenvector)という．このような固有根 λ に対して，

$$x = ve^{\lambda t}$$

は必ず(23)の解となる．$\dot{x} = \lambda ve^{\lambda t} = Ave^{\lambda t} = Ax$ だからである．固有根は，線型微分方程式体系(23)についての特性方程式

(25) $$\det|A - \lambda I| = 0$$

の解である．逆に特性方程式(25)の解は A の固有根となる．

A の固有根がすべて異なるときは，(23)の解を求めることは容易である．すなわち，$\lambda_1, \cdots, \lambda_n$ を A の n 個の異なる固有根であるとし，$v_1, \cdots, v_n$ をそれぞれに対応する固有ベクトルとすると，(23)の解は，

(26) $$x = c_1 v_1 e^{\lambda_1 t} + \cdots + c_n v_n e^{\lambda_n t} \qquad (-\infty < t < +\infty)$$

(ただし，$c_1, \cdots, c_n$ は定数)となる．

［証明］ (26)で定義された関数 x が(23)の解になるということは明らか．

逆に，$x = \varphi(t)$ が(23)の任意の解であるときに，(26)の形に書けるということを証明する．$\varphi(t)$ は最大区間 $-\infty < t < +\infty$ で定義されていると考えてよいから，$t=0$ における値も存在する．いま，固有根 $\lambda_1, \cdots, \lambda_n$ に対応する固有ベクトル $v_1, \cdots, v_n$ は1次独立となる．したがって，

$$\varphi(0) = c_1 v_1 + \cdots + c_n v_n$$

となるような定数 $c_1, \cdots, c_n$ が存在する．$\varphi(t)$ と $c_1 v_1 e^{\lambda_1 t} + \cdots + c_n v_n e^{\lambda_n t}$ はともに(23)の解で，しかも $t=0$ における値が一致する．したがって，一意性の定理によって，

$$\varphi(t) = c_1 v_1 e^{\lambda_1 t} + \cdots + c_n v_n e^{\lambda_n t} \qquad (-\infty < t < +\infty).$$ Q.E.D.

A の固有根のなかに重根があるときには，(23)の解はもっと複雑な形となる．

いま，λ が，重複度 k をもつ固有根であるとすると，つぎのような条件をみたすベクトル $v_1, \cdots, v_k$ が存在することがわかる．

$$Av_1 = \lambda v_1, \quad Av_2 = \lambda v_2 + v_1, \quad \cdots, \quad Av_k = \lambda v_k + v_{k-1},$$

このとき，

$$\omega_r(t) = \frac{t^{r-1}}{(r-1)!}v_1 + \frac{t^{r-2}}{(r-2)!}v_2 + \cdots + v_r \qquad (r = 1, \cdots, k)$$

という関数を導入する．さらに，

(27)
$$x_r(t) = \omega_r(t)e^{\lambda t} \qquad (r = 1, \cdots, k)$$

とする．

このとき，$x_r(t)$ は(23)の解となり，しかも $x_r(0) = v_r$．

［証明］

$$\dot{\omega}_r(t) = \omega_{r-1}(t), \ (r = 1, \cdots, k), \quad \omega_0(t) = 0,$$
$$A\omega_r(t) = \lambda\omega_r(t) + \omega_{r-1}(t), \ (r = 1, \cdots, k).$$

したがって，

$$\dot{x}_r(t) = \dot{\omega}_r(t)e^{\lambda t} + \lambda\omega_r(t)e^{\lambda t} = [\omega_{r-1}(t) + \lambda\omega_r(t)]e^{\lambda t} = Ax_r(t).$$

すなわち，$x_r(t)$ は(23)の解となる．　Q.E.D.

このことから，(23)の解について，その一般的な形を求めることができる．すなわち，微分方程式体系(23)に対して A の各固有根 λ について，上のような関数 $x_r(t)$ $(r=1, \cdots, k)$ をつくる．このような関数をすべての固有根についてつくって，番号を変えて，その全体を $x_1(t), \cdots, x_n(t)$ とする．

(23)の解 x は，

(28)
$$x = c_1x_1 + \cdots + c_nx_n \qquad (c_1, \cdots, c_n \text{ は定数})$$

によって表わされる．

［証明］　(28)のような形の関数 x が(23)の解であることは，上の議論から明らか．

逆に，任意の解 $x = \varphi(t)$ が(28)のような形に書けることは，$v_1, \cdots, v_n$ が1次独立であることからわかる．　Q.E.D.

定係数の同次線型微分方程式体系：$n=2$

これまで説明してきたことをとくに $n=2$ の場合に適用して，くわしい結果を導きだすことができる．

ここで考察するのは，

$$\begin{cases} \dot{x}_1 = a_{11}x_1 + a_{12}x_2, \\ \dot{x}_2 = a_{21}x_1 + a_{22}x_2, \end{cases}$$

あるいは，

(29)
$$\dot{x} = Ax$$

という微分方程式体系である．

この方程式体系で，$x = (0, 0)$ が均衡状態である．$\det A \neq 0$ のときには，この均衡状態は一意的に定まる．

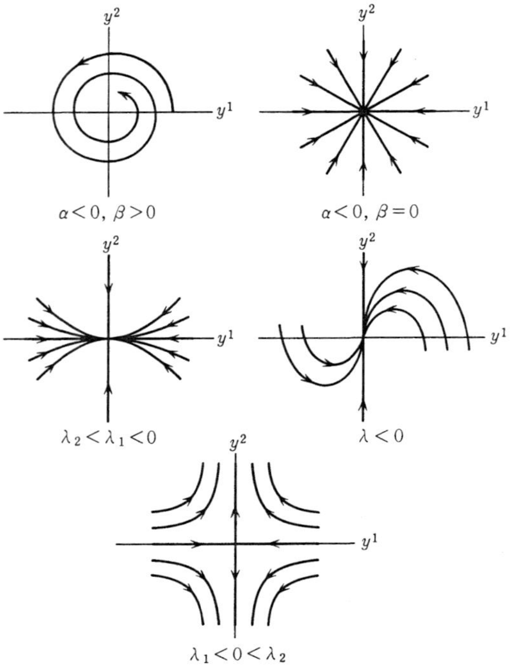

図 A-3 $n=2$ の場合の類型

固有根 λ_1, λ_2 が実数の場合,

(i) $\lambda_1 < 0,\ \lambda_2 < 0$　安定的な節(node),

(ii) $\lambda_1 > 0,\ \lambda_2 > 0$　不安定的な節,

(iii) $\lambda_1 < 0,\ \lambda_2 > 0$　鞍点(saddle point).

固有根が複素数の場合,

$$\lambda_1 = \alpha + i\beta, \quad \lambda_2 = \alpha - i\beta.$$

$\alpha \neq 0$ のとき，対数的な螺旋(logarithmic spiral)であって,

(iv) $\alpha < 0$　安定的な焦点(focus),

(v) $\alpha > 0$　不安定的な焦点.

$\alpha=0$ のとき，円周を描く.

固有根が等しい場合,

(vi) $\lambda < 0$　均衡に向かって安定的な，退化した節(stable degenerate node),

(vii) $\lambda > 0$　発散的な，退化した節.

$\det A=0$，すなわち少なくとも一つの根が0である場合，

(viii)　$\lambda_1<0,\ \lambda_2=0$　安定的な直線，

(ix)　$\lambda_1>0,\ \lambda_2=0$　不安定的な直線，

(x)　$\lambda_1=0,\ \lambda_2=0$　すべての点が均衡(定数)かあるいは，ある一直線がすべて均衡となる．

自立的な微分方程式体系

微分方程式体系(3)で，$f(t,x)$ が時間 t に無関係であるような場合を自立的な微分方程式体系(autonomous system of differential equations)という．すなわち，

(30)　$$\dot{x}=f(x).$$

ここで，$f(x)$ はある定義域 Ω(開集合)で定義された連続関数で，偏微分可能で，$\partial f/\partial x$ も Ω で連続であると仮定する．

さきに分析した，定係数の線型同次微分方程式は，自立的(autonomous)な体系の例である．

このような自立的な体系(30)が与られているとき，$f(a)=0$ となるような定数(ベクトル)a が特別な意味をもつ．すなわち，$x(t)=a$ が(30)の解となっているわけで，(30)はこのような点 a で均衡状態にあるという．

(30)のような自立的体系の解の構造を調べるためには，n 次元空間 R^n のなかで，関数 $f(x)$ $(x\in\Omega)$ に注目すればよい．(30)の体系は，各点 $x\in\Omega$ で，速度 $f(x)$ が与えられているような運動を表わす．このとき，x の動く径路が phase trajectory と呼ばれるもので，この点に注目して分析するのが phase diagram の方法である．

安定性の諸概念

自立的な体系(30)の均衡点を a としよう．このとき，(30)の解が，均衡点 a にかんして，安定的であるか，否かという問題が経済分析で主要なものとなり，本書でも何か所かでこの安定性の問題を取り上げてきた．しかし，安定性についてはいくつかの概念があって，それぞれ異なる内容をもつ．ここでは，主な安定性の概念について説明することにしよう．

リヤプーノフ安定性(Lyapunov Stability)と漸近的安定性　いま，初期条件 $(0,\xi)$ をもつ(30)の解を $x=\varphi(t,\xi)$ によって表わす．

$$x(0,\xi)=\xi.$$

微分方程式体系(30)の均衡点 a がつぎの条件をみたすとき，リヤプーノフの意味で安定的(Lyapunov stable)であるという．

(i)　(30)の解 $\varphi(t,\xi)$ が $\|\xi-a\|<\rho$ で定義されているような正数 ρ が存在する．

（ii）　任意の正数 $\varepsilon>0$ に対して，必ず，

$$\|\xi-a\|<\delta \Longrightarrow \|\varphi(t,\xi)-a\|<\varepsilon \qquad (すべての\ t>0\ について)$$

となるような $\delta(<\rho)$ が存在する．

リヤプーノフの意味で安定的な体系(30)がさらに，漸近的に安定的(asymptotically stable)というのは，ある正数 $\sigma(<\rho)$ が存在して，

$$\|\xi-a\|<\sigma \Longrightarrow \lim_{t\to\infty}\|\varphi(t,\xi)-a\|=0$$

が成立するときである．

ここで定義した $x(t,\xi)$ にかんしてつぎの公式が成立する．

(31)
$$\varphi(t,x(s,\xi))=\varphi(s+t,\xi).$$

たとえば，線型同次微分方程式

(32)
$$\dot{x}=Ax$$

について，A の固有根の実数部分がすべて負であれば，(32)はリヤプーノフの意味で安定的であり，漸近的にも安定的となる．

このとき，いわゆるリヤプーノフ関数(Lyapunov function) $W(x)$ をつくることができる．すなわち $W(x)$ は x にかんして，正値定2次形式であって，(32)の任意の解 $x=\varphi(t)$ について，

(33)
$$\left.\frac{dW}{dt}\right|_{x=\varphi(t)} \leqq -\beta W(x)$$

という不等式が，すべてのベクトル x について成立する．ただし，$\beta>0$ は定数であるとする．

リヤプーノフ関数 $W(x)$ は具体的につぎのようにしてつくられる．$(0,\xi)$ を初期条件とする(32)の解を前と同じように $\varphi(t,\xi)$ で表わす．このとき，

$$\varphi(t,\xi)=\sum_i \xi_i\varphi_i(t)$$

と書き表わすことができる．

(34)
$$W(\xi)=\int_0^\infty \|\varphi(t,\xi)\|^2 d\tau$$

と定義する．A の固有根の実数部分がすべて負のときには，この積分が有限であることがただちにわかる．$W(\xi)$ が正値定2次形式であることは，(34)から明らかである．いま，$x=\varphi(t,\xi)$ を(32)の解として，(34)式に代入すれば，

(35)
$$W(\varphi(t,\xi))=\int_0^\infty \|\varphi(\tau,\varphi(t,\xi))\|^2 d\tau=\int_0^\infty \|\varphi(t+\tau,\xi)\|^2 d\tau$$
$$=\int_t^\infty \|\varphi(\tau,\xi)\|^2 d\tau,$$
$$\left.\frac{dW(\varphi(t,\xi))}{dt}\right|_{t=0}=\left.\frac{d}{dt}\int_t^\infty \|\varphi(\tau,\xi)\|^2 d\tau\right|_{t=0}=-\|\varphi(0,\xi)\|^2=-\|\xi\|^2.$$

他方，A の固有根の実数部分がすべて負であることから，

(36) $$W(\xi) \leqq \gamma\|\xi\|^2$$

となるような $\gamma>0$ が存在することがわかるから，

$$\left.\frac{dW(\varphi(t,\xi))}{dt}\right|_{t=0} \leqq -\frac{1}{\gamma}W(\xi).$$

$\beta=\frac{1}{\gamma}$ とすれば，(33)式が成立することがわかる．

リヤプーノフの定理　正規微分方程式体系(30)を考えよう．$f(x)$ の均衡点 a での偏微分から構成される行列を A とする．

$$A=\left(\frac{\partial f_i(a)}{\partial x_j}\right).$$

A の固有根の実数部分がすべて負であるとき，(30)の均衡点 a は漸近的に安定的となる．じじつ，$\sigma>0$ を十分小さくとってくると，初期条件 $(0,\xi)$ をもつ(30)の解 $\varphi(t,\xi)$ に対して，

$$\|\varphi(t,\xi)-a\| \leqq R\|\xi-a\|e^{-\alpha t} \qquad (\text{すべての } \|\xi-a\|<\sigma,\ t>0 \text{ について})$$

となるような正定数 R, α が存在する．

［証明］(35)で定義されたリヤプーノフ関数 $W(\xi)$ について，(33)式がみたされることからわかる．いま $a=0$ とする．

$$w(t) = W(\varphi(t,\xi))$$

と置けば，

$$\dot{w}(t) \leqq -\beta w(t),\quad w(t)>0,$$

したがって，

$$w(t) \leqq w(0)e^{-\beta t},$$
$$W(\varphi(t,\xi)) \leqq w(0)e^{-\beta t}.$$

(36)式を使えば，

$$\|\varphi(t,\xi)\| \leqq \frac{w(0)}{\gamma}e^{-\beta t},$$

したがって，$\lim_{t\to\infty}\varphi(t,\xi)=0$.　Q.E.D.

完全不安定性　(30)の均衡点 a が完全に不安定(completely unstable)であるというのは，均衡点 a の周りの小さな球 $\{\xi:\|\xi-a\|<\sigma\}$（σ はある正数）の中の任意の点 $\xi\neq a$ から出発する解 $\varphi(t,\xi)$ が決して，この球には戻らないときを指す．すなわち，$\xi\neq a, \|\xi-a\|<\sigma$ となるような任意の点 ξ に対して，ある正数 $T=T(\xi)$ が存在して，

$$t>T(\xi) \Longrightarrow \|\varphi(t,\xi)-a\| \geqq \sigma$$

という条件がみたされるときである.

リミット・サイクルとポアンカレ=ベンディクソンの定理

経済分析で現われる微分方程式体系は $n=2$ の場合が多いが，そのような微分方程式体系にかんして，ポアンカレが導入したリミット・サイクル(limit cycle)が重要な役割を果たす.

体系(30)のリミット・サイクルというのは，均衡点以外の孤立した周期解を指す．すなわち，ある開曲線 K があって，(30)の解と一致する場合である.

ポアンカレ=ベンディクソンの定理(Poincaré-Bendixon's Theorem)　$n=2$ のとき，(30)の解が常に有界であるとする．このとき，均衡点 a は漸近的に安定であるか，そうでなければ，リミット・サイクルが存在する.

よりくわしくはつぎの定理が成立する.

定　理　$n=2$ のときの微分方程式体系(30)の解 $\varphi(t)$ がすべての $t \geqq t_0$ に対して，定義されていて，ある有界な閉集合のなかに入っているとする．いま B を，この解 $\varphi(t)$ の ω 極限点の集合とする．すなわち，

$$B = \{b : b = \lim_{k\to\infty} \varphi(t_k)\ (\text{ある時間列}\ t_1 < t_2 < \cdots < t_k < \cdots,\ \lim_{k\to\infty} t_k = \infty\ \text{について})\}.$$

もし，B のなかに均衡点が存在しないとすれば，B は一つの開曲線となる．この場合つぎの二つの場合が起こりうる.

(i)　$\varphi(t)$ が B の上を動く周期関数となる.

(ii)　$\varphi(t)$ は $t\to\infty$ のとき，B に螺旋的に巻きついてゆく.

リプシッツの条件と存在定理　以上，ポントリャーギンにならって，微分方程式体系(30)として $f(t, x)$ が (t, x) にかんして，連続で，しかも連続的に偏微分可能であるような体系のみを考察の対象としてきた．しかし，経済分析で現われてくる微分方程式体系は，必ずしもこのような条件をみたしていない場合もある．たとえば第1章，第2章で取り扱った体系については，連続偏微分可能性は必ずしもみたされていない.

いま，微分方程式

$$\dot{x} = f(t, x) \tag{37}$$

を考える．$f(t, x)$ の定義域は D とする．$f(t, x)$ が D の上で連続で，つぎの条件をリプシッツ(Lipschitz)の条件という.

$$|f(t, x_1) - f(t, x_2)| \leqq K|x_1 - x_2| \tag{L}$$

[すべての $(t, x_1), (t, x_2) \in D$ について]

が成立するような K が存在する．

このとき，

存在定理　$f(t, x)$ の定義域 D は，

$$D = \{(t, x) : |t-t_0| \leqq a,\ |x-x_0| \leqq b\} \qquad (a, b > 0)$$

であり，連続で，リプシッツの条件(L)をみたすとする．

$$M = \max_{(t,x)\in D} |f(t, x)|, \quad \alpha = \min\left(a, \frac{b}{M}\right)$$

と置く．このとき，初期条件が (t_0, x_0) であるような微分方程式(37)の解が，$\{t : |t-t_0| \leqq \alpha\}$ で存在し，しかも一意的に定まる．

この存在定理はそのまま，微分方程式体系

$$\dot{x}_i = f_i(t, x_1, \cdots, x_n) \qquad (i = 1, \cdots, n)$$

に適用することができる．ベクトル記号を使えば，

$$x = (x_1, \cdots, x_n), \quad f = (f_1, \cdots, f_n),$$

(38)
$$\dot{x} = f(t, x).$$

このときにも，リプシッツの条件は上と同じように定義できる．すなわち，n 次元の関数 $f(t, x) = (f_1(t, x), \cdots, f_n(t, x))$ が定義域 $D = \{(t, x)\}$, $x = (x_1, \cdots, x_n)$ でリプシッツの条件をみたすというのは，

$$\|f(t, x_0) - f(t, x_1)\| \leqq K\|x_0 - x_1\| \qquad [\text{すべての } (t, x_0) \in D, (t, x_1) \in D \text{ について}]$$

をみたすような K が存在するときである．

存在定理　$f(t, x)$ が n 次元の関数で，$(n+1)$ 次元の (t, x) 空間のなかの定義域 D の上で，連続で，リプシッツの条件をみたしているとする．定義域 D は，

$$D = \{(t, x) : |t-t_0| \leqq a,\ \|x-x_0\| \leqq b\} \qquad (a, b > 0)$$

の形とする．

このとき，初期条件 (t_0, x_0) をもつ微分方程式体系(38)の解は，α を十分に小さくとれば，$|t-t_0| < \alpha$ で必ず存在し，しかも一意的に定まる．

この点については，くわしいことは，

Coddington, E. A., and N. Levinson (1955). *Theory of Ordinary Differential Equations*, New York, McGraw-Hill.

IV　ポントリャーギンの最大原理

経済分析における動学的問題は，多くの場合，異時点間にわたる資源配分の最適性を基礎にしている．それは数学的には，変分法の問題として定式化されるが，古典的な変分法の方法，とくにラグランジュ＝ルジャンドルの方法が必ずしもそのまま適用される場合は多くない．古典的な問題には，最適解が，制約集合のなかの内点であるのが普通であるが，経済分析で取り扱われる動学的な問題については，最適解が，いわゆる corner solution であって，制約集合の境界上にあることが多いからである．このような観点から，われわれが必要としているのは，変分法の現代的な成果であるが，とくに重要な役割を果たすのが，ポントリャーギンの最大原理である．以下，経済動学の枠組みのなかで，ポントリャーギンの方法がどのような意味をもつかということを中心に簡単に解説しておきたい．基本的な文献はいうまでもなく，ポントリャーギンの書物である．

Pontryagin, L. S., V. G. Boltyanskii, R. V. Gamkrelidze, and E. F. Mishchenko (1962). *The Mathematical Theory of Optimal Processes*, New York, Interscience.

経済の状態を表わす変数(state variables)を$x_1, \cdots, x_n$とする．ベクトル記号を用いれば，$x=(x_1, \cdots, x_n)$とする，n次元の空間のなかで，これらの状態変数のベクトルからなる集合Xを考える．この状態変数のベクトルが時間tにともなってどのように変化するかということを考察するのが，経済動学の数学的問題である．すなわち，$x(t)=(x_1(t), \cdots, x_n(t))$と置く．

各時点tで経済的な状態を変えるために選択することができるような変数をコントロール変数(control variables)といって，$\alpha_1, \cdots, \alpha_s$によって表わす．ベクトル記号を用いれば，$\alpha=(\alpha_1, \cdots, \alpha_s)$であり，$\alpha$の集合を$A$とする．また時間$t$を明示的に表わすとき，$\alpha(t)=(\alpha_1(t), \cdots, \alpha_s(t))$となる．

二部門経済モデルを例にとれば，状態変数は各時点tにおける資本と労働の賦与量，$K(t)$, $L(t)$であり，コントロール変数は，資本と労働の二部門への配分，$K_I(t), K_C(t), L_C(t), L_I(t)$である．このとき，$X=\{(K, L) : K \geqq 0, L \geqq 0\}$であり，

$$\begin{aligned} A^{(t)} &= A(K^{(t)}, L^{(t)}) \\ &= \{(K_I, K_C, L_I, L_C) : K_I, K_C, L_I, L_C \geqq 0,\ K_I+K_C \leqq K^{(t)},\ L_I+L_C \leqq L^{(t)}\} \end{aligned}$$

となる．

コントロール変数の時間的経過$\alpha(t)=(\alpha_1(t), \cdots, \alpha_s(t))$をたんにコントロールと呼ぶことにする．コントロール$\alpha(t)$ $(0 \leqq t < \infty)$にかんして，piecewise に連続であるという仮定をもうける．すなわち，$[0, \infty)$を有限個の区間に分割して，$\alpha(t)$は各区間で連続になるようにする

ことができると仮定する．すなわち，$\alpha(t)$ $(0\leqq t<\infty)$ に有限個の t を除いては連続となり，しかも不連続点 τ では，

$$\alpha(\tau-0)=\lim_{\substack{t\to\tau\\ t<\tau}}\alpha(t),\quad \alpha(\tau+0)=\lim_{\substack{t\to\tau\\ t>\tau}}\alpha(t)$$

が存在し，有限である．したがって，$\alpha(t)$ は，任意の有限な区間 $[t_1, t_2]$ $(t_1<t_2)$ で有界となる．以下の分析では，便宜上，

$$\alpha(\tau)=\alpha(\tau-0)$$

がみたされているとする．このような条件がみたされるようなコントロールを admissible なコントロールであるという．

経済動学における最適問題は一般につぎのような形に定式化される．状態変数 $x=x(t)=(x_1(t), \cdots, x_n(t))$ の時間的変化が，

$$\frac{dx_i}{dt}=f^i(x_1, \cdots, x_n,\ \alpha_1, \cdots, \alpha_s),\quad i=1, \cdots, n \tag{1}$$

のような微分方程式体系によって規定される．

あるいは，ベクトル記号を用いれば，

$$\frac{dx}{dt}=f(x, \alpha). \tag{2}$$

ここで，$f(x, \alpha)=(f^1(x, \alpha), \cdots, f^n(x, \alpha))$ は $x=(x_1, \cdots, x_n)\in X$, $\alpha\in A$ で定義され，(x, α) について連続であり，x について連続的に微分可能であるとする．すなわち，$f^i(x_1, \cdots, x_n, \alpha)$, $\dfrac{\partial f^i(x_1, \cdots, x_n, \alpha)}{\partial xj}$ $(i, j=1, \cdots, n)$ がすべて $(x_1, \cdots, x_n, \alpha)$ にかんして連続であると仮定する．

ここで，(1)の体系は自立的(autonomous)であることに注意しておこう．すなわち，(1)の右辺の関数 $f^i(x, n)$ がすべて時間 t には無関係であるということである．

$\alpha(t)=(\alpha_1(t), \cdots, \alpha_s(t))$ を一つの admissible なコントロールとすれば，

$$\frac{dx}{dt}=f(x, \alpha(t))\qquad (x(0)=x_0) \tag{3}$$

によって，経済の動学的径路 $x(t)$ は一意的に決まってくる．

いま，経済状態のパフォーマンスを評価する関数を $f^0(x, \alpha)$ とするとき，最適な動学径路 $(x(t), \alpha(t))$ は，admissible なコントロール $\alpha=\alpha(t)$ のなかで，

$$\int_0^{\infty} f^0(x(t), \alpha(t))\,dt \tag{4}$$

が最大となるようなものである．

ポントリャーギンの最大原理(Maximum Principle)

上の最大問題を解くために，ラグランジュ形式にならって，つぎのような形式を導入する．

(5)
$$H(\psi, x, \alpha) = \sum_{i=0}^{n} \psi_i f^i(x, \alpha).$$

ここで，$\psi=(\psi_0, \psi_1, \cdots, \psi_n)$ は動学方程式(1)ないしは(2)に対応するラグランジュ変数である.

定　理　$\alpha(t)$ $(t \geqq 0)$ が，(4)が最大となるような admissible なコントロールであるとし，$x(t)$ がそれに対応する動学径路であるとすれば，連続な関数 $(\psi_0(t), \psi_1(t), \cdots, \psi_n(t)) \neq 0$ が存在して，

(i)　各時点 $t \geqq 0$ において，$H(\psi(t), x(t), \alpha)$ $(\alpha \in A(t))$ は $\alpha(t)$ のとき最大となる.

(ii)
$$\lim_{t\to\infty} \psi_0(t) \geqq 0, \quad \lim_{t\to\infty} H(\psi(t), x(t), \alpha(t)) \leqq 0.$$

さらに，ハミルトニヤン方程式(Hamiltonian equation)

(6)
$$\frac{dx_i}{dt} = \frac{\partial H}{\partial \psi_i} \qquad (i = 0, 1, \cdots, n),$$

(7)
$$\frac{\partial \psi_i}{\partial t} = -\frac{\partial H}{\partial x_i} \qquad (i = 0, 1, \cdots, n)$$

が成立し，$\psi_0(t)$，$H(\psi(t), x(t), \alpha(t))$ はともに定数となる.

事 項 索 引

ア 行

カ 行

サ 行

タ 行

ナ 行

ハ 行

マ 行

ヤ 行

ワ 行

人 名 索 引

N

O

P

R

S

T

U

V

W

Y

■岩波オンデマンドブックス■

経済解析 基礎篇

1990年2月27日 第1刷発行
2003年7月24日 第3刷発行
2015年5月12日 オンデマンド版発行

著　者　宇沢弘文（うざわひろふみ）

発行者　岡本　厚

発行所　株式会社 岩波書店
〒101-8002 東京都千代田区一ツ橋2-5-5
電話案内 03-5210-4000
http://www.iwanami.co.jp/

印刷／製本・法令印刷

ISBN 978-4-00-730184-1　　Printed in Japan